国家社会科学基金重点项目《两种工业化战略进程中比较优势动态升级与战略匹配研究》（批准号15AJY012）

经济管理学术文库·经济类

两种工业化战略进程中 比较优势动态转换与产业升级研究

牛志伟　邹昭晞／著

经济管理出版社

ECONOMY & MANAGEMENT PUBLISHING HOUSE

图书在版编目（CIP）数据

两种工业化战略进程中比较优势动态转换与产业升级研究/牛志伟，邹昭晞著. —北京：经济管理
出版社，2021.2
ISBN 978-7-5096-8190-9

Ⅰ．①两⋯　Ⅱ．①牛⋯ ②邹⋯　Ⅲ．①制造工业—产业结构升级—研究—中国　Ⅳ．①F426.4

中国版本图书馆 CIP 数据核字（2021）第 149987 号

组稿编辑：张丽原
责任编辑：任爱清
责任印制：黄章平
责任校对：张晓燕

出版发行：经济管理出版社
　　　　　（北京市海淀区北蜂窝 8 号中雅大厦 A 座 11 层　　100038）
网　　址：www.E-mp.com.cn
电　　话：（010）51915602
印　　刷：河北华商印刷有限公司
经　　销：新华书店
开　　本：787mm×1092mm /16
印　　张：29.75
字　　数：724 千字
版　　次：2021 年 2 月第 1 版　　　2021 年 2 月第 1 次印刷
书　　号：ISBN 978-7-5096-8190-9
定　　价：98.00 元

前　言

　　本书以两种工业化战略为基点，通过对国内外比较优势与产业升级理论的梳理，创新性地将其概括为比较优势动态转换的三条途径与产业升级的四个维度，并将两者融会贯通，构建中国制造业比较优势动态转换与产业升级演进轨迹的理论框架，对中国制造业细分产业间比较优势的动态转换与产业升级进行系统全面的实证研究。

　　两种工业化战略进程中比较优势动态转换与产业升级一脉相承，本书的研究思路依据产业升级的主要框架展开。

　　第二章至第五章，依据产业升级的第一个层面——产业结构升级的框架展开。

　　第二章至第四章，着重研究产业垂直结构升级。

　　在第二章"中国制造业细分产业比较优势分析"中，首先确定产业比较优势分析主要指标。由于 VRCA 指数同时考虑了某国某产业的出口和进口对该产业比较优势的影响，且以该产业世界贸易整体状况为基础，因此被认为更能如实地反映某国某产业在世界中真正的比较优势。本书运用 VRCA 指数，依据 WIOD 网站提供的 2016 年版 2000～2014 年世界投入产出表，按照总产出数值的大小并参考其代表性，选择了 18 个经济体（澳大利亚、巴西、加拿大、瑞士、中国、德国、西班牙、法国、英国、印度、意大利、日本、韩国、墨西哥、俄罗斯、中国台湾、美国、其他经济体），对制造业 18 个细分产业的比较优势进行测算，最终将中国制造业 18 个细分产业 VRCA 指数按比较优势数值由高向低排序。用两种工业化战略的思路来表述，比较优势地位高的产业，采用了（或适合采用）出口导向型战略；比较优势地位低的产业，采用了（或适合采用）进口替代型战略。

　　在第三章"中国制造业发展规模指标的国际比较"中，仍然依据 WIOD 网站提供的 2016 年版 2000～2014 年世界投入产出表，选择前述的 18 个主要经济体和制造业 18 个细分产业，对三个发展规模指标——总产值、增加值、出口额进行国际比较。得到三点结论：一是中国制造业细分产业，无论是处于比较优势地位的，还是处于比较劣势地位的，在 2000～2014 年，其总产值、增加值、出口额都得以迅猛发展。二是反映了中国在加入 WTO、融入全球化进程中，原先处于比较优势地位的产业，成功地实现了从比较优势向竞争优势的升级转化；而原先处于相对劣势地位的产业，在全球化进程中，迅猛赶超，大大缩小了与优势产业的差距。三是中国制造业细分产业已经实现了全方位的崛起，完成了从低端产业向高端产业的垂直结构升级。

　　为了印证中国制造业细分产业发展规模比较优势的阶梯推进与动态升级状况，第三章对中国制造业细分产业发展规模指标进行了收敛性分析，得出如下结论：中国制造业细分产业三个发展规模指标——总产值、增加值、出口额，在 2000 年以后，从不同的时间点开始，呈现绝对 β 收敛性。具体而言，中国制造业 18 个细分产业的总产值、增加值和出口额指标分别从 2008 年、2000 年、2005 年开始，收敛于共同的稳态水平，并具有相同的增长率。

在第四章"中国制造业发展规模指标的所有制结构分析"中，研究转向国内，基于将两种工业化战略与跨国公司直接投资因素相联系的思路，对中国制造业发展规模指标的所有制结构进行分析，以期研究中国制造业比较优势动态转换中不同所有制企业所发挥的作用。

依据《中国工业统计年鉴》提供的 1999~2016 年相关数据，对中国制造业 27 个细分产业中国有控股企业、民营企业、外商与港澳台投资企业三类所有制企业的工业总产值和出口额指标进行测算和比较。从两种工业化战略进程中比较优势动态提升视角考察，得到四点结论：①在拥有比较优势地位、以出口导向为其主要战略定位的细分产业中，民营企业已经成长为中国制造业的主体力量。②在不具备比较优势、以进口替代为其主要战略定位的细分产业中，国有控股企业在政府政策的保护和支持下，在处于劣势地位的产业中形成了不可或缺的支撑力量，对劣势产业的赶超发挥了重要的作用。然而，随着比较优势的转换、国际竞争规则压力的加大、政府政策保护力度的减弱，国有控股企业坚守的领地正在日趋减少。③外商与港澳台投资企业对于中国制造业比较优势动态提升功不可没。④外商与港澳台投资企业在科技含量较高的细分产业中依然保持显著的竞争优势。

第五章着重研究产业水平结构升级。主要分析中国制造业在全球价值链（GVC）的发展状况，分两步展开对中国制造业在全球价值链发展状况的比较研究。

第一步，依据世界经合组织（OECD）国家投入产出表提供的 2005~2015 年数据，对世界 17 个主要经济体制造业 15 个细分产业垂直专业化指数 VSS 和进口中间品国内增值率 LVDI 进行国际比较，得到两点结论：①从整体角度考察来看，中国制造业细分产业 VSS 数值在世界 17 个经济体中排序靠后，说明中国制造业细分产业出口产品中承接国外材料加工比重较小。中国制造业全部细分产业 VSS 指数 2015 年数值低于 2005~2015 年平均值，呈现逐年降低的态势。②中国制造业大多数细分产业 LVDI 指标在世界 17 个经济体中排序名列前茅，说明中国制造业大多数细分产业出口产品承接国外进口中间品在国内生产循环体系中的增值比例较大，即中国制造业大多数细分产业国内集成配套能力较强。中国制造业中大多数细分产业 LVDI 指数 2015 年数值高于 2005~2015 年平均值，呈现逐年增长的态势。

第二步，依据 WIOD 网站提供的 2000~2014 年世界投入产出表数据，对世界 17 个主要经济体制造业 15 个细分产业 GVCK 和 IVRIE 两个指数进行国际比较，得出两点结论：①从 GVCK 和 IVRIE 两个指数综合考察来看，中国制造业细分产业在世界 17 个经济体中 GVC 分工地位相对较高的只有金属制品业和电气设备制造业。②中国制造业大多数细分产业在世界 17 个经济体中 GVC 分工地位较低，可以归为两种情况：一是 GVCK 低-IVRIE 低，说明这些产业在 GVC 分工中居于下游阶段，且价值增值很低；二是 GVCK 高-IVRIE 低，说明这些产业虽然在 GVC 分工中居于中上游阶段，但价值增值很低。中国制造业大多数细分产业在 GVC 分工地位较低，反映出中国制造业大多数产业还没有摆脱发达国家跨国公司的技术主导与控制，尚未实现从 GVC 低端向高端的跨越。

第六章至第七章，依据产业升级的第二个层面——产业素质提升的框架展开。

第六章着重研究产业效率。依据世界经合组织（OECD）网站提供的国家投入产出表最新时间区间（2005～2015）的数据，选择 50 个经济体（涵盖 OECD 提供的 64 个经济体中的绝大多数经济体），从以下三个角度展开探索性研究：①进行全方位的国际比较，估量中国制造业整体及其细分产业增长效率在世界中的真实水平；②引入和设置在全球价值链发展状况的变量，分析影响中国制造业增长效率的主要因素；③比较技术效率与全要素生产率两个增长效率指标的测算结果，剖析驱动中国制造业增长效率的内在机制。得到三点结论：

（1）从整体考察来看，中国制造业技术效率处于全球领先地位，且中国制造业的技术效率呈现出逐年提高的趋势。

（2）三个主要影响因素变量参数估计结果：垂直专业化指数（VSS）对产业的技术效率有负向影响，在 50 个经济体中，中国制造业大部分细分产业的 VSS 值较低，对技术效率的负向影响不大；进口中间品国内配套增值率指数（LVDI）对产业的技术效率有正向影响，而在 50 个经济体中，中国制造业大部分细分产业的 LVDI 值较高，这是提升中国制造业技术效率的主要因素之一；产业贸易竞争力指数（TV）对产业技术效率的影响也是正向的，中国制造业贸易竞争力指标 TC 表现参差不齐，但总体尚处于 50 个经济体的中上游水平，对于中国制造业细分产业技术效率的影响以正向为主。

（3）从整体考察来看，中国制造业全要素生产率在世界排名较低。好在 2005～2015 年，中国制造业全要素生产率逐年提升。"中国制造业细分产业 2005～2015 年全要素生产率（TFP）平均值分解"，解释了导致中国制造业各细分产业在技术效率与全要素生产率两个指标之间在全球水平的显著差异的主要原因。TFP 指标＝技术效率指标×技术进步指标，在 16 个细分产业中，12 个产业技术进步指标低于技术效率指标，只有其余 4 个产业技术进步指标高于技术效率指标。这表明技术创新不足是导致中国制造业全要素生产率低下的主要原因。

第七章着重研究产业效益。依据经济合作与发展组织（OECD）网站 2005～2015 年世界各国投入产出表提供的数据，依然选择 17 个代表性经济体，对中国制造业 16 个细分产业的增加值率（增加值/总产值）、劳动报酬占比（劳动报酬/增加值）、利润占比（企业盈利/增加值）、税收占比（税收/增加值）以及出口占总产值比重几个指标进行国际比较。得到五点结论：

（1）从整体角度考察来看，中国制造业细分产业增加值率在 17 个经济体中处于十分低下的位置，且 2005～2015 年中国制造业细分产业增加值率呈逐年递减的态势。中国制造业细分产业增加值率低下，且逐年下降，反映出企业盈利能力和发展水平尚存在较大差距。

（2）从整体角度考察来看，中国制造业细分产业劳动报酬占比在 17 个经济体中处于十分低下的位置。好在中国制造业大多数细分产业劳动报酬占比呈逐年递增的态势。

（3）中国制造业各细分产业利润占比在 17 个经济体中的排序表现出很不相同的状态，从总体考察来看，处于中等偏低的水平。中国制造业 16 个细分产业利润占比的发展变化状况也表现出较大的差异，在 16 个产业中，有 7 个产业利润占比呈现逐年递增的态势；另外 9 个产业呈逐年递减的态势。

（4）中国制造业细分产业税收占比2005~2015年平均值或2015年数值在17个经济体中名列前茅，且与其他经济体差距悬殊。16个细分产业中除了石油制品业位居第2位，其他15个细分产业税收占比均位居第1位，且不仅比排序最后的经济体高出数十倍之多，比排序次低的经济体也高出许多。中国制造业16个细分产业税收占比的发展变化状况也表现出较大的差异，16个产业中，有7个产业税收占比呈逐年递增的态势，而另外9个产业呈逐年递减的态势。税收占比如此高企可能是一个制约中国制造业创新发展不容忽视的问题。

（5）从整体角度考察来看，中国制造业细分产业出口占总产值比重平均值在17个经济体中的排序偏后，且2005~2015年中国制造业大多数细分产业出口占总产值比重呈现逐年下降趋势，反映出中国内需市场的巨大潜力和回旋空间。

第八章对第一章至第七章的研究结果进行系统梳理，总结中国制造业在两种工业化战略进程中比较优势动态转换与产业升级的基本状况，进而有针对性地提出六点对策建议：一是全面贯彻实施中国制造业发展战略，加快实现制造大国向制造强国的转变；二是提升创新层次，推进产业转型升级；三是适时调整产业政策，健全公平竞争的动力机制；四是进一步加大吸引外资力度，不断优化投资环境；五是改进制造业国民收入分配格局，努力降低企业税负，优化完善营商环境；六是巩固和加强内需市场，奠定企业全球竞争的基础。

目　录

第一章

绪　论

第一节　研究背景

自改革开放 40 余年来，中国制造业创造了举世瞩目的发展奇迹，然而当前也面临着前所未有的严峻挑战。中国制造业进入产业转型升级的关键时期。此时此刻，确切了解和把握中国制造业的发展历程与发展现状，对于清醒地掌控其未来发展方向、制定和实施正确的发展战略，日益显现出至关重要的理论与现实意义。

国内关于中国制造业的发展历程与发展现状的看法可谓众说纷纭。盲目自大与妄自菲薄两种大相径庭的极端意见，混杂在各类观点之中。究其原因，对中国制造业发展现状的研究尚存在以下四点不足。

（1）缺少对中国制造业细分产业的分类研究。仅限于将中国制造业作为一个整体进行分析，得出的结论难免过于笼统和空泛。中国制造业并非铁板一块，不同的细分产业具有不同的发展背景和条件，发展阶段、发展路径、发展状况也存在很大差异。即使科技含量较高的"装备制造业"，其不同的细分产业也是如此。例如，计算机电子光学制造业与机动车辆制造业，就是本书的研究基点——"两种工业化战略"不同类型的代表性产业。

（2）缺少对中国制造业细分产业之间发展阶段动态转换的研究。仅限于将中国制造业作为一个整体分析其发展阶段的演变，既难以揭示处于不同地位的细分产业之间比较优势的阶梯推进与转换的进程，也难以评判在中国制造业发展不同时期所制定的系列配套产业政策的必要性及其实施效果。例如，改革开放以来，针对处于不同比较优势地位的细分产业，中国政府分别采用出口导向和进口替代两种产业政策，并依据劣势产业的发展状况渐进调整和降低保护力度。对于如此"双轨制"产业政策，学术界的意见褒贬不一。

（3）对中国制造业发展现状的研究指标体系不够系统全面。评价一个产业发展状况涵盖多个指标，衡量比较优势动态转换与产业升级也涉及多个层面。如若不能运用系统全面的评价指标体系对中国制造业进行分析和研究，很难准确把握改革开放 40 余年来迅猛发展的中国制造业的全貌。之所以会出现"好得很"与"糟得很"两种针锋相对的不同意见，正是因为双方各自强调中国制造业发展状况的某一些指标，难脱"瞎子摸象"的片面性。

（4）对中国制造业发展各类指标的实证研究尚不到位。关于中国制造业发展状况，学术界和实际工作部门已经有一些成型的提法，例如，"规模指标世界领先""具有完备的集成配套能力""在全球价值链分工地位低下""效率低于发达国家"等。这些结论有些不准确，例如，关于"效率低于发达国家"的看法与本书的研究结果截然相反；有些则不够精准，例如，"规模指标世界领先"，领先到什么程度？各细分产业占世界份额多少？又如"在全球价值链分工地位低下"，哪些指标说明中国制造业在全球价值链分工地位低下？各细分产业在全球价值链的地位是否存在差异？再如，"具有完备的集成配套能力"，这种集成配套能力在全球价值链分工中如何体现？等等。因此，深入把握中国制造业的发展状况，需要严格的实证研究作支撑。

本书将以两种工业化战略为基点，对中国制造业细分产业间比较优势的动态转换与产业升级进行系统全面的实证研究，力求能够比较准确地解析中国制造业的发展状况，为中国制造业的发展方向提出切实可行的对策建议。

第二节　相关概念与国内外研究综述

本书的研究基点"两种工业化战略"是人们熟知的"按贸易战略划分的两种工业化战略"。相关文献回顾与综述也从这两种工业化战略开始。

一、两种工业化战略

从两部门到三部门；从贸易战略到跨国投资战略。

（一）按贸易战略划分的两种工业化战略

20 世纪 70 年代初期以来，一些发展经济学家开始以贸易战略为标准划分发展中国家的工业化战略。按照这种思路，工业化过程可以分为以下两类：

（1）进口替代（型）工业化。进口替代（型）工业化指工业为国内市场生产从前需要进口的制造业产品的工业化过程。

（2）出口导向（型）工业化。出口导向（型）工业化指工业为国际市场生产出口制造业产品的过程。

关于两种工业化的定义，可广泛地见于发展经济学的有关著作中，没有大的分歧。在这里，本书选取一个简洁明了的定义，取自 Kirkpatrick、Lee 和 Nixson 的著作（1984）。

一般认为，两种工业化战略，是政府使用某些政策手段有意选择的结果。进口替代战略经常采用的政策措施，主要目的是保护和鼓励面向国内市场的工业发展，包括对进口工业品征收较高的关税、对替代产业进口的机器设备、原材料、零部件等给予进口许可证或减免关税的优惠，这些产业还往往享受到贷款优先权或低息贷款，以及减免产品税收等鼓励性措施。出口导向战略支持出口产业的发展，政府往往采用对出口产业进口的资本货物减免关税、给予出口产业贷款优惠和对出口产品实行补贴、退税、外汇分成等鼓励政策。

在有些文献中，尽管工业化过程被划分为内向型与外向型，但其划分标准仍然是基于贸易体制的倾向。虽然这种分类与前面的分类从定义上不完全相同，但这种差别只在纯粹理论分析中存在，在实践中含义是一样的，在前一种分类中被划为进口替代或出口导向的国家，在后一种分类中总是相应地划为内向型国家和外向型国家。

（二）两种工业化战略的理论基础

1. 进口替代型工业化的理论基础

进口替代型工业化的理论基础可以追溯到德国经济学家李斯特（List，1841）的扶持幼稚产业理论。该理论的主要观点是：当后进国家的新兴工业刚起步时，就如幼儿一样没有自主能力，在自由贸易、自由竞争的环境下必然会被国外同行业的产品打垮而永无成长之可能。因此，政府必须限制国外同类产品的竞争，保护本国幼稚产业发展，待幼稚产业成熟起来并具有竞争能力后，再取消保护，提倡自由贸易，享受自由贸易的利益。

该战略的主要依据：

（1）不同的行业其市场前景是不同的，进口替代产业（幼稚产业）需求弹性比较大。并且任何行业不可能一蹴而就，都有一个成长的过程。处于发展初期的部门是无法与国外处于成熟阶段的部门进行同等竞争的，如果对它进行一定程度、一定时期的扶持之后能够与国外产品形成竞争能力，那么对该部门的扶持就是合理的。

（2）发展进口替代产业（幼稚产业）可以帮助一国发展实现现代化所必需的广泛的技能，提高技术实力。

（3）发展进口替代产业（幼稚产业）可以发展需求弹性高、物耗低而效益高的部门，实现延长产业链条、提高生产迂回化程度，改善国际贸易条件。

2. 出口导向型工业化的理论基础

出口导向型工业化的理论基础则可追溯到大卫·李嘉图（David Ricardo，1817）在其《政治经济学及赋税原理》中提出的比较优势理论。

比较优势理论是在亚当·斯密（Adam Smith，1776）的绝对优势理论基础上提出来的。根据亚当·斯密在《国富论》中提出的绝对优势理论，贸易的产生是基于各国之间生产技术的绝对差别，进而造成在劳动生产率和生产成本上的绝对差异。

李嘉图在其《政治经济学及赋税原理》中提出了比较优势理论。他认为，即使一国在两种产品的生产上都处于绝对劣势，但它可以选择劣势较轻的产品（比较优势部门）进行专门化生产并出口，处于优势的国家则在优势较大的产品实行专门化生产，同样可以因贸易而获益。也就是所谓的"两利相权取其重，两弊相权取其轻"。

该战略的主要依据有四点：一是发挥比较优势能够增进世界福利，也能促进本国的经济增长；二是面向出口能促进竞争，国际竞争能力能够经得起市场的检验；三是以出口为导向对商品的需求不受该国收入的限制；四是通过干中学和技术外溢实现技术进步。

（三）世界各国工业化战略的选择

研究世界各国工业化战略的成果有不少，本书选择几个有代表性的国家（或地区）工业化战略的研究成果。

1. 美国与进口替代战略

美国曾是英国统治下的殖民地，在其工业化之前，90%以上的人口从事农业，生产英国以及欧洲所需要的农产品。美国独立后，工业化问题很快被提上了日程。为了使本国工业能够建立起来，美国实施了保护关税制度。在第一阶段（1820~1860年），美国首先建立了棉纺业、毛纺业、生铁冶炼、机器制造和其他日用品制造工业，开始替代进口。第二阶段（1860~1919年）则利用新技术革命的有利时机，建立和发展起一系列新型工业，如钢铁、电力、石油采炼，汽车制造等，大部分产业完成了进口替代。第三阶段（1919~1945年），由于国内市场出现饱和最终酿成大萧条，美国开始削减关税扩大出口，产品由国内销往国际市场，到20世纪40年代，完成出口替代①。

2. 日本与出口导向战略

在工业化之前，日本也是落后的农业国，主要出口农产品及其他初级产品，进口工业制成品，贸易条件极为不利，存在巨额的贸易逆差。日本在不平等条约下开始工业化道路的，没有条件通过关税来对本国工业进行保护，同时日本的自然资源相当匮乏，因此日本在获取关税自由后也不能改变其开放市场的自由贸易政策。其工业化的第一阶段（1870~1906年），通过引进技术建立棉纺织业，完成了替代进口并转向出口。第二阶段（1907~1945年），一方面，继续扩大轻纺工业品出口，换取更多的外汇；另一方面，出于军事目的实行一系列鼓励政策，发展重工业。第三阶段（1945~1975年），日本依靠引进外国资本与技术，实现产业结构的重化工业化，把钢铁、汽车、造船、电子等产品推向市场。

3. 拉丁美洲国家与进口替代战略

第二次世界大战之后，拉丁美洲国家采取了与东亚国家截然不同的经济战略。这些发展中国家亲眼目睹了20世纪30年代苏联斯大林时期经济的迅猛发展，而此时那些更自由的西方资本主义经济体还在大萧条中挣扎，因此采用了以政府为主导的发展模式和进口替代贸易战略。在20世纪50~70年代，许多拉丁美洲国家都采取了类似的进口替代政策，其中，包括智利、秘鲁、巴西、墨西哥、阿根廷、厄瓜多尔等。拉丁美洲国家通过数十年的贸易替代政策获得了高速的经济增长。到了20世纪80年代，这些国家先后陷入困境，它们开始拖欠贷款，美洲大陆正式迈入"迷失的十年"（the lost decade）。

4. 东亚经济体与出口导向战略

东亚经济体从"二战"后到20世纪60年代末，大体都处于恢复经济或完善经济结构的阶段，其主要途径或手段是重点发展工业。东亚经济体大体都走发展进口替代型工业的道路，建立自己的工业体系，摆脱对外国产品的严重依赖，从而逐步达到经济上的独立，同时带动整个国民经济的增长。由于除日本之外的东亚经济体工业基础薄弱，因此，实际上能够发展的只是部分消费品生产，重要的生产资料仍需进口。但在60年代后期，进口替代工业化的局限日益明显。由于当时东亚多数经济体的发展水平很低，国内市场相对狭小，因而进口替代产业在发展到一定水平后，就遇到了国内市场需求不足的"瓶颈"，开始出现停顿，导致整个经济陷入停滞甚至衰退。为克服内部市场的局限，东亚经济体开始

---

① 出口替代工业化是从动态发展角度定义出口导向工业化。出口替代政策是指一国采取各种措施扩大出口，发展出口工业，逐步用轻工业产品出口替代初级产品出口，用重化工业产品出口替代轻工业产品出口，以带动经济发展，实现工业化的政策。

逐步向发展出口导向型工业转变，以期利用更为宽广的外部市场求得生产与市场的平衡。由此，东亚经济体开始进入一个新的历史阶段。

5. 中国工业化战略的选择

对于中国出口贸易战略的演变，安妮·奥斯本·克鲁格（Anne Osborn Kruege，1983）在其研究中指出，1960~1978 年中国实行的是"闭关自守"的贸易政策，1978 年以后开始由内向型经济向外向型经济转变。

世界银行在关于中国出口贸易改革的国别研究报告（World Bank，1994）中，认为中国在改革开放以前实施纯粹的进口替代型战略，而改革开放以来至 20 世纪 90 年代初期逐渐转向"有保护的出口鼓励战略"，这种战略类似于韩国在 20 世纪 70 年代推行的出口贸易战略，其基本特征是进口替代与出口鼓励政策并存，在实行进口替代的过程中发展新的出口产品。

20 世纪 90 年代初期，国内学者曾就中国应当采用何种工业化战略有过许多争议。主流经济学家曾大力宣传亚洲"四小龙"出口导向的成功经验，主张中国走亚洲"四小龙"那样的出口导向之路。进口替代战略则因推行这种政策的拉美国家的经济不尽如人意而备受批评。1997 年东南亚金融危机与 2008 年国际金融危机爆发，使中国出口受阻，出口导向政策的脆弱性也随之显露出来。中国对外贸易由此也受到了重大影响，面对现实，人们重新审视以往对出口导向和进口替代的评价和看法。

（四）对两种工业化战略的评价

1. 对进口替代工业化战略的评价

（1）对进口替代工业化战略的负面评价。早在 20 世纪 40 年代，西方传统贸易自由主义者就对发展中国家的进口替代工业化战略提出质疑。在他们看来，发展中国家只要按自由贸易原则办事，就能发挥比较优势，就能使资源配置达到最优化。世界银行 1949 年 5 月 14 日给联合国经济与就业委员会的一份备忘录就是这种思想的典型代表："为了工业的缘故而过分强调工业，特别是重工业，这样可能使一个不发达国家徒具发展的外表而没有发展的实质。……资本应该用于获得最大收益的地方。"这实际上对发展中国家进口替代战略持否定态度。20 世纪 50 年代末，普雷维什（Prebisch·R）在《欠发达国家的贸易政策》一书中指出进口替代存在两个严重问题：一是在单个国家中进行进口替代面临市场狭小限制；二是过分地保护导致了经济的低效率。1964 年，他在《迈向发展的新贸易政策》报告中指出进口替代存在以下五个问题：

1）进口替代的容易阶段在一些国家已经发展到了极限，开始进入技术上更加复杂的高级进口替代阶段，它们通常需要大量的资本和庞大的市场，并增加了进口压力，恶化了国际收支。

2）狭小的国内市场使工业成本过高，往往求助于过高的保护，反过来又对工业结构造成不利的影响，削弱了引进现代技术的刺激，延缓了生产率的提高，对于制成品的出口而言，实际上形成一种恶性循环。

3）工业化通常不是计划的结果，而是由不利的外部条件导致的，因此通常不考虑其经济性。

4）进口替代工业化仍然对初级产品出口存在很大的依赖性，而且随着进口层次的提高，其依赖性越大。

5）过分的保护主义使国内市场脱离了外部竞争，削弱了提高产品质量和降低生产成本所必需的刺激。

从 20 世纪 60 年代开始，东亚、东南亚一些发展中经济体的出口导向发展模式取得了令人瞩目的成功，进口替代战略与出口导向战略的绩效形成了鲜明对比。新自由主义兴起了批判进口替代的高潮。安妮·克鲁格（Krueger Anne，1983）提出了国内资源成本概念，揭示进口替代体制下资源配置的无效性。1966 年约翰·H. 保尔（John H. Power，1966）也指出了进口替代战略的缺陷：

1）经济上的低效率，即进口替代导致资源配置失调。

2）技术上的低效率，进口替代难以降低生产成本。

3）储蓄缺口的形成，即进口替代难以充分增加国内储蓄。

1964 年，巴西激进学派经济学家塔瓦雷斯（Tavares，1964）全面考察了进口替代所出现的问题，认为进口替代工业化一方面限制了经济的增长，另一方面在吸收劳动力和改善收入分配上也失败了。圣地亚哥·马卡里奥（Santiago Marcario，1964）也对进口替代战略提出批评，他认为进口替代并没有注意资源成本问题，所建立的工业是低效率和高成本的。

1970 年，由世界经济合作与发展组织（OECD）发起、利特尔（I. M. D Little，1970）等对一系列发展中国家工业化的研究，揭示了进口替代体制下的高保护程度和远未达到预期目标的经济实绩，认为进口替代工业化政策是有害的，主要有六点：

1）抑制出口。进口替代产业往往得到种种优惠，而且汇率偏高，挫伤了出口产业的积极性。

2）工业资产利用效率不足。由于进口资本货物受到优惠和得到财政信贷等方面的支持，进口替代产业往往出现资本货物装备过度的问题。贸易保护主义又使这些企业即使开工率较低，也能获得可观的利润。

3）劳动力利用不充分。在各种实际上鼓励使用资本货物的政策刺激下，产生了资本替代劳动，不符合发展中国家劳动力廉价的要素特征，导致就业严重不足的问题。

4）进口倾向增强。替代产业的生产往往依靠进口的机器设备、原材料、零部件和其他投入品。这种新的对进口的需求，有时超过它所替代的部分。

5）进口替代过程受阻。由于国内市场容量有限和对相关产业带动效应不明显，替代空间可能很快缩小甚至消失。

6）政府干预过度。政府实施贸易保护政策的过程和其他行政干预活动，往往导致官僚主义和腐败现象。

世界银行在 1987 年世界发展报告中，除了复述以上各点之外，还特别强调了以下两点：

1）贸易保护政策带来的损失，不仅指通常意义上的效率损失，还包括所谓"寻租"成本。进口替代战略实行进口许可证、信贷及财政补贴、平价外汇配给等制度，得到这些配额或优惠的企业，等于得到一笔额外收益，使生产成本降低，竞争力增强。为了争取这种利益，企业会进行一系列的游说活动，甚至不惜采用行贿和其他拉拢手段，导致资金和企业家的精力流入非生产性的活动中，这部分资源被称为"寻租"成本，或叫作寻求额外收益的成本。

2）进口替代战略不具备自行改正的机制，出口导向战略则具备这种功能。例如，当汇率定值过高时，对外贸易会出现赤字，在出口导向战略实施过程中，汇率会自动下降，直至新的平衡形成。进口替代战略则往往采取抑制进口的方法，问题并未得到根本纠正。

到20世纪80年代，在长期奉行进口替代战略的拉美国家陷入严重的债务危机和经济危机后，进口替代工业化在拉美的失败便成了几乎所有各派经济学家的一致看法。此后，对进口替代理论和实践的批判似乎成为时代的潮流。此外，国内学术界对中国20世纪中期的进口替代的发展战略（赶超战略）也有很多的批评和反思。

20世纪90年代以后，国外围绕进口替代工业化的争论开始逐渐平息下来，在各派学者看来，进口替代工业化的失败已经是不争的事实。一句话，进口替代工业化的理论及实践早就应该丢到历史的垃圾堆了。

（2）对进口替代工业化战略的不同看法。虽然对进口替代工业化的批评与反思是主流的意见，然而不同的看法始终存在。

格林沃尔德和斯蒂格利茨（Greenwald and Stiglitz，2006）研究发现，通过贸易限制发展幼稚产业的动态收益也许要大于静态收益。克鲁格曼（Krugman，1987）也认为，通过一步一步的幼稚产业保护，可以使一个国家能够不断扩大，从而提升比较优势的产业基础。

国内学者耿伟（2008）的研究表明，进口替代与扶持幼稚产业战略强调动态规模经济和动态学习效应，其前提是经过一段时间的保护以后，新兴部门能够成长起来，其边际成本的下降速度要快于优势国家、最终超过优势国家。这样尽管存在开始时期静态资源配置损失，但从动态的观点来看，保护幼稚部门仍然是值得的。然而，王岳平（2012）认为，由于这一战略存在前述的种种弊端，实施的风险和难度的确很大。

周怀峰和张岳恒（2006）的研究表明，在近代，进口替代是当时落后国家追赶先进国家的一个重要途径。大部分已经实现工业化的国家在19世纪跟着开路先锋英国进入工业革命时，走的就是这条路。阿瑟·刘易斯（W. A. Lewis，1955，1969，1978）说得更具体："世界历史上的任何一个发展中国家都采取了进口替代。任何一个国家工业化的第一步都是既加工出口原料，又要进行进口替代。"他们认为，采用进口替代战略的关键是要注重其具备三个条件：一是存在一个发展中的国内大市场；二是国内要素动员的基本障碍已经克服，资本和劳动对预期的报酬率的变化都有积极的反应；三是国内经济中具有潜在比较优势。所谓的潜在比较优势是指在要素动员或要素整合以后，能够明显地发挥出国内经济的某些优势。这些优势既包括先天的要素禀赋比较优势，也包括后天创造的优势。

2. 对出口导向工业化战略的评价

（1）对出口导向工业化战略的正面评价。在指出进口替代战略存在上述弊病的同时，一些经济学家推荐出口导向型战略，其优势是相对于进口替代型战略而言的。Balassa（1981）对出口导向型战略的优点做过概括性评述，他认为，出口导向型战略"能引导资源按比较优势配置，生产能力能更充分地得到利用，允许生产取得规模经济效益，促进技术革新以适应国际市场的需要，对劳动力剩余的国家来说，能够提供更多的就业机会"。

从20世纪60年代开始东亚一些发展中经济体实施的出口导向发展模式取得了令人瞩

目的成功，进口替代战略与出口导向战略的绩效形成了鲜明对比。亚洲"四小龙"（韩国、中国香港、中国台湾、新加坡）和拉美四国（巴西、智利、阿根廷、墨西哥）相比，在 1965~1993 年，亚洲"四小龙"的年均增长率几乎达到 9%，是拉美四国的 2 倍以上；1992 年亚洲"四小龙"的人均收入达 11000 美元，几乎也是拉美四国人均收入的 2 倍。

这一实践结果促使理论界对出口导向战略正面评价在相当一段时期内成为主流。

Amsden（1989）指出，发展中国家的企业实现升级和创新的最优路径是从简单的委托代工制造过渡中研究设计，并最终创新自己的品牌。

Lee 和 Chen（2000）进一步提出，代工生产（Original Equipment Manufacturing，OEM）企业通过两种不同的战略实现升级和创新。第一种战略是从 OEM 到 ODM 再到 OBM 逐步升级（原始设计生产 Original Design Manufacturing，ODM；原始品牌生产 Original Brand Manufacturing，OBM），这与 Amsden 在 1989 年提出的观点一致。第二种战略是发展中国家的企业通过建立研发能力、设计能力和营销能力直接向 OBM 升级的路径。

在世界经济论坛出版的《2002—2003 年全球竞争力报告》中，通过对亚洲"四小龙"从"非核心创新国（或地区）"发展为"核心创新国（或地区）"的研究，从另一角度印证了采取出口导向型发展模式的经济体的企业从贴牌到自主创新的历史进程。

国内学者的研究大都针对中国企业实施出口导向战略的方向给予充分肯定的同时，对如何通过干中学和技术外溢实现技术进步提出对策建议。

汪建成、毛蕴诗（2007，2008）以案例分析的方式，对中国企业自主创新、实现国家化生产的路径，即由 OEM 到 ODM 再到 OBM 进行了深入的研究和分析。

夏先良（2003）提出，自 20 世纪 90 年代兴起的外包全球化给中国发展代工带来新机遇的同时也提出了巨大的挑战。代工模式的好处来自专业化合作创造了协同效应和优势互补，以及生产规模经济、干中学、订单带来的自动投资和批量贸易优势。然而，代工模式也存在利润边际微薄、无法控制营销过程、市场风险高以及可能会妨碍推广自主品牌等缺点。中国企业需要提升和利用现有能力，坚持走 OEM 与 OBM 业务同时并举的多元化发展模式，增强核心能力，谋求向 ODM/OBM 水平升级。

徐印州和屈韬（2005）认为，品牌战略的选择决定了企业跨国经营的方式和路径。OEM 作为重要的合作加工模式，为中国家电企业迈向国际市场提供了捷径。OEM 为中国家电企业带来协同效应、规模效应的同时，也存在边际利润微薄、外销渠道无法控制、市场稳定性差的缺陷。OEM 向 ODM 和 OBM 的战略转变，预示着以授权贴牌加工为主的中国家电企业创牌经营的决心。OEM 向 ODM 和 OBM 的战略转变，将帮助企业在多元化品牌输出战略中逐步建立起核心竞争力，为从代加工企业到自有品牌输出企业的角色转变提供战略参考。

吕宏芬和余向平（2006）基于 OEM 的产业升级模式探讨提出，在设计和品牌升级上，应实现 OEM 方式到 ODM 的转化，同时针对浙江万向集团收购美国著名汽车零部件制造商 UAI 公司 21% 股权，提出反向 OEM 模式，即收购一家国外采购商然后为它 OEM。

周旭和庞东（2006）在分析 OEM 的利弊的基础上，提出中国制造业的发展趋势是从 OEM 到 ODM，最终通过 OBM 来实现产业升级，并在具体实施上提出提高自身技术创新能力、规范管理模式、实施生产流程再造、加强制度建设等建议。

于明超和刘志彪（2006）以中国台湾笔记本电脑在内地的封闭式生产网络为例，研究国内当地企业在全球价值链下面临的升级问题。由于技术能力弱、生产规模小等原因，当地企业被边缘化从而限制了升级潜力。在分析中国台湾笔记本电脑行业内地生产网络的形成及网络封闭性的原因后，提出要突破产业升级困境获取全球价值链的好处，需要宏观环境支持和微观基础的保证。

（2）对出口导向工业化战略的负面评价。亚洲金融危机之后，人们就已经开始对东亚出口导向工业化战略表现出的问题提出质疑，2008年全球金融危机之后，针对中国实施出口导向战略的产业面临的巨大危机，理论界开始了对出口导向战略进行重新审视，对这种模式的弊端的研究也日益深入。

魏喆和江小涓（2007）、余永定（2010）、Kai Guo 和 Papa N'Diaye（2009）的研究表明，中国出口导向型发展模式严重依赖外需，本身就存在难以持续的固有缺陷。特别是在后危机时代，全球经济的衰退导致外需大幅下滑、贸易保护主义日益蔓延、贸易摩擦加剧，使这一外需依赖式的出口导向模式难以为继。

Chow、Gregory C 和 Kui-Wai Li（2002）、杨先明和赵果庆（2007）、CEPII（2010）的研究表明，中国出口导向型模式是建立在低成本优势基础之上的，随着土地和劳动等要素价格的上升，以低成本要素价格为基础的粗放型出口导向发展模式已经走到尽头，难以为继。

Bosworth 和 Barry（2007）、卢映西（2009）的研究认为，中国出口导向型发展模式实质上是资源对外输出发展模式，如果将资源枯竭对可持续发展的致命影响纳入视野，可以发现：自然资源的供给日益趋紧并成为经济发展的"瓶颈"、环境问题等较为突出，这一模式不可持续。

王岳平（2012）的研究则是从更深层次总结和概括了出口导向模式的主要弊端。他指出，从出口导向战略来看，它以自由贸易理论为基础，通过发挥比较优势能够提高资源配置效率和增加世界福利，也有利于本国经济的增长。这在一定范围内是合理的，但也有三个方面的不足：一是它假定任何国家对世界市场没有决定性的影响，不致影响该产品的国际价格；二是它假定技术为既定和外生，世界分工格局取决于资源禀赋或生产要素禀赋等比较优势；三是没有考虑行业的长期盈利能力和相对竞争地位。由于发展中国家现有分工产品的生产供给弹性大、易于进入，而需求弹性小，因此，在国内外市场上都面临着贸易条件恶化的挑战。

从现有的理论研究来看，比较普遍的结论是按照比较优势参与分工会导致发展中国家的分工锁定和贸易条件恶化，而要在发挥比较优势前提下实现真正起飞则需要非常苛刻的条件。如克鲁格曼、卢卡斯等的研究表明，技术扩散、边干边学虽然会提高生产率，但仍然会使比较优势得到强化和分工锁定。

（五）两种工业化战略研究的新视角

1. 三大部门概念的视角

王岳平（2012）的研究提出了"三大部门"概念，用于更好地解释世界各国在发挥比较优势、实施出口导向战略效果的巨大差距，为中国产业如何跳出分工锁定、实现跨越提供了新的视角和思路。

王岳平认为，现实中，在实施出口导向战略的经济体中，既有分工锁定、经济增长缓慢的国家，也有成功起飞的国家。现有的理论为什么不能很好地解释这一巨大差距，主要是绝大部分学者采用的是两部门模型。两部门模型自身的局限决定了发展中国家要么分工锁定、要么与发达国家分工反转，这与现实情况有很大的差距。为此，需要建立三部门模型，使中间道路成为可能。即将一国产业分成具有静态比较优势的出口部门、进口部门（幼稚产业部门）和处于两者之间的"边际部门"①，该模型能够将出口导向战略（扶持比较优势部门）、进口替代战略（扶持幼稚产业）和支持边际部门三种观点纳入一个模型中加以讨论。按照比较优势论的观点是重点发展具有比较优势的出口部门，扶持幼稚部门论的观点是重点发展第二类部门即进口部门，而边际部门论则是重点发展具有成为未来比较优势部门潜力的"边际部门"。三个观点或产业结构战略所强调的重点不同，在市场需求弹性、引起国际贸易冲突、面临的风险和促进产业结构升级的速度等方面表现也存在较大的差异，如表1-1所示。

表1-1   发展中国家三种产业结构战略特点比较

类别 / 三种产业结构特点	出口导向战略	进口替代/扶持幼稚产业战略	边际部门战略
需求弹性	小	大	中
竞争能力	强	弱	中
长期效益	小	大	中
近期效益	大	小	中
国际冲突	小	大	中
风险	中	大	中
结构升级	慢	快，但不确定	较快

王岳平指出，不同的发展模式和政策主张，有着不同的理论依据。"基于比较优势的出口导向战略"与"基于扶持幼稚产业的进口替代战略"的理论依据本节前面分别在"两种工业化战略的理论基础"中已经阐述，以下重点阐述"边际部门论"的理论依据。

"边际部门论"认为，发展的重点既不是现有的密集比较优势的部门，也不是需求弹性较高、技术水平很高的进口部门，而是处于两者中间的边际部门。其主要有两点依据：一是一国的贸易条件取决于边际部门。二是进口替代部门或幼稚产业虽然具有更高需求弹性、更高技术水平，但与本国落差比较大，对政策的依赖程度大，最终形成具有国际竞争能力的难度很大；而边际部门密集的是中间技术，既代表了该国技术升级和比较优势升级的趋势，又反映了该国的实际技术能力。

边际部门实际上是具有出口或进口替代的潜力部门，代表了综合要素提升的方向，比现在的比较优势部门略高一些层级（既可能是在现有比较优势部门基础上的功能提升，也可能是新的行业，但能够利用不断提升的人力资本、产业技术基础、配套条件、金融支持、社会组织网络等要素积累）。边际部门具有了形成比较优势的潜力，通过适当的支持，

---

① 边际部门包括两类，一类是具有潜在出口潜力的出口边际产业，另一类是具有潜在进口替代能力的进口替代边际产业，本书重点研究前者。

通过加快学习，便可以与出口部门进行竞争。当然，在全球化和分工深化条件下，边际部门并不一定是与比较优势部门有显著差异的部门，也包括比较优势部门中具有潜在比较优势的边际环节。

干春晖和余典范（2013）采用 Lafay 指数，运用马尔科夫链的方法测算了中国产业比较优势的动态转化过程，结果表明，中国产业的确存在着很多中间的产业部门，如果对其中具有潜力的产业进行合理、适当的扶持，其将有可能成为中国在国际上具有竞争力的产业。

2. 与跨国公司国际战略相联系的视角

如前所述，两种工业化战略主要是依据发展中国家对外贸易战略进行划分的，近年来一些研究将这两种模式与跨国公司的国际战略联系起来，提出了一个新的研究视角。

余永定（2010）提出，出口导向的另一个主要内容是吸引外资（外国直接投资和间接投资）。外国直接投资（FDI）被认为不仅可以解决发展融资问题以提高投资率，而且可以带来发达国家的先进技术和管理经验，从而使引资国得以通过提高生产效率，进一步提高经济增长速度。

本书作者之一邹昭晞（2008，2009，2012）运用国际生产要素最优配置理论将跨国公司两种国际战略与发展中东道国两种工业化战略联系起来，将其转换为与跨国公司两种国际战略相对应的东道国两种引资战略。

（1）跨国公司垄断优势理论与东道国区位优势理论。依据国际投资基本理论，跨国投资谋求国际生产要素的最优组合依托于跨国企业的垄断优势和东道国的区位因素的结合。

1）垄断优势理论。1960 年美国经济学家 Hymer 在其博士学位论文《国内企业的国际经营：关于对外直接投资的研究》中，首次提出了垄断优势理论。垄断优势理论是一种以不完全竞争为前提，依据企业特定垄断优势开展对外直接投资的理论。后经 Kindleberger（1969，1970，1973）和 Johnson（1968，1970）等学者的补充，发展成为研究国际直接投资最早的、最有影响力的理论，也公认为国际跨国公司直接投资理论的奠基之作。

Hymer 认为，所谓不完全竞争是指由于规模经济、技术垄断、商标、产品差别以及政府课税、关税等限制性措施引起的偏离完全竞争的一种市场结构，寡占是不完全竞争的主要形式。正是在这种不完全竞争市场中，美国企业所具有的各种垄断优势才是导致其对外直接投资的决定因素。Kindleberger 列举了跨国公司拥有的各种垄断优势：一是来自产品市场不完全的优势，例如，产品差别、商标、销售技术与操纵价格等；二是来自生产要素市场不完全性的优势，包括专利与技术诀窍、资金获得条件的优惠、管理技能等；三是企业拥有的内外部规模经济。企业之所以选择直接投资来利用其垄断优势，一是为了绕过东道国关税壁垒，维持和扩大市场；二是为了技术资产的全部收益。

20 世纪 70 年代初，Johnson 等学者在 Hymer 和 Kindleberger 的理论基础上，进一步发展了垄断优势理论。他们提出"知识的转移是直接投资过程的关键"，对知识资产如技术、诀窍、管理与组织技能、销售技能等无形资产的占有是跨国公司垄断优势的来源。

2）区位理论。区位理论被用来解释跨国公司对外直接投资的投向问题。1953 年经济学家 Southard 在其《美国在欧洲的企业》一书中，最早研究了"跨国公司为何在 A 国而不是在 B 国投资生产"的问题，并提出在国内买方市场条件下，企业如果已达到了最大盈利水平，就会到国外寻找生产要素成本最低的地方进行直接投资，以获得供给方面的优势。

1956 年，Walterlasare 在其扩展的区位优势理论认为，跨国公司之所以向特定地区进行投资，是因为可以获取一定的区位优势，而这种区位优势在其他东道国或地区却是没有的。具有劳动力成本等要素成本低、运输成本低、市场潜力大、基础设施好、人力素质高、投资风险低、实行贸易保护主义等区位优势的东道国往往是跨国公司对外直接投资的热点地区。

（2）国际生产要素最优配置理论基础上的、与跨国公司两种国际战略相对应的东道国两种引资战略。国际生产要素最优配置理论基础上的、与跨国公司两种国际战略相对应的东道国两种引资战略的理论基础可以追溯到蒙代尔（Mundell，1957）的"反贸易导向型"对外直接投资模型和小岛清（Kojima，1973）的"贸易导向型"对外直接投资模型。

蒙代尔理论阐述了在东道国存在较高的贸易壁垒或要素成本发生很大变化等情况下，跨国公司为维护或扩大其产品在东道国市场的销售份额，需要以当地生产、当地销售的直接投资生产来替代过去母国生产的出口品，从而减少或替代东道国过去需从外国进口的同类产品。

小岛清模型则从传统国际分工角度来解释对外直接投资的理论，他的观点是，日本在海外的投资是属于贸易导向型的，这包括开发自然资源的投资；在传统产业，如纺织、服装以及钢材加工业的投资；还有在汽车装配和电子元件生产上的投资。这种投资充分利用了东道国的比较利益，具有代表性的是它们的自然资源和劳动力禀赋，这同样帮助了缺少劳动力和自然资源的日本经济。

自世界进入 21 世纪以来，随着经济全球化的进程，小岛清理论已经不仅解释垂直转移形式的跨国投资，也同样适用于全球价值链分工中不同阶段的水平分工类型的跨国投资。

事实上，蒙代尔模型和小岛清模型各自从不同角度阐述了跨国公司的垄断优势和东道国的区位因素结合而实现国际资源配置的模式。蒙代尔模型强调将跨国公司的技术优势与东道国的市场优势及贸易壁垒因素相结合；而小岛清模型则强调跨国公司的渠道优势、规模经济优势与东道国劳动力优势、其他资源因素，以及政府政策相结合。

蒙代尔"反贸易导向型"对外投资理论和小岛清"贸易导向型"对外投资理论奠定了跨国公司"多国本土化"和"全球化"两种国际战略的理论基础，也成为 20 世纪 70 年代以后发展中国家对外开放的贸易与引资政策的两种类型——"进口替代型"和"出口导向型"战略的理论依据。

综上所述，邹昭晞梳理有关跨国公司投资与东道国对外开放的基本理论，得出一条清晰的脉络，见图 1-1。

（3）中国对外开放与引资战略的整体布局。1979 年以前，中国实行的是单一的进口替代型发展战略，1979 年改革开放之后，曾经尝试学习亚洲"四小龙"的经验，实行出口导向型发展战略。但对于中国这样一个历史悠久、要素禀赋多元性的发展中大国，很难完全照搬别国的经验。中国的对外开放和吸引外资必须坚持统筹兼顾的整体战略布局。

20 世纪 80 年代中期，当中国对外开放的基本国策尚处于起步阶段，中国政府提出了引进外资的"以市场换技术"策略，同时又提出鼓励外商投资企业向"两型企业"——"先进技术型"和"产品出口型"企业发展。这标志着中国的引资政策已经摒弃了单一的

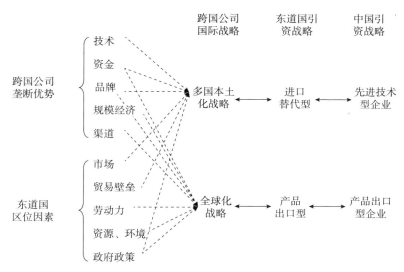

图 1-1 跨国公司垄断优势与东道国区位因素不同的组合模式

模式，而是依据基本国情，同时采用进口替代和出口导向两种发展战略，以市场和劳动力两大基本要素为基础，同时实现获取先进技术、促进产业结构优化提升，以及充分就业等多种目标。

（六）关于两种工业化战略现有研究成果的评述与启示

（1）理论与实践的进展，使发展中国家两种工业化战略的理论基础、应用条件、各自的利弊等方面的研究日益清晰和全面，为分析实施两种战略的国家（或同一国家中的不同产业）的发展状况、主要问题及其原因以及发展方向奠定了重要的理论基础。但传统的两种工业化战略理论[①]还存在以下不足：

1）两种工业化战略理论建立了两部门模型。如王岳平所说，两部门模型自身的局限决定了发展中国家要么分工锁定、要么与发达国家分工反转，这与现实情况有很大的差距。究其原因，两部门模型只是以静态的思路分析问题，不能反映发展中国家多层次产业动态的发展状况；同时，由于缺少动态发展的视角，人们对两种工业化战略的评价往往容易片面和极端，一些国家（或产业）在某一个时期内、在某一种外部环境条件下实施某一种战略获得了较大的利益，理论界的主流就会对该种工业化战略给予充分的肯定，而当外部环境发生了重大变化，实施该种战略出现了一些问题，理论界的主流又会对该种战略进行广泛的批判。这种现象在本章前面"对两种工业化战略的评价"中表现得很明显。

2）仅仅以贸易战略作为标准划分发展中国家的工业化战略，没有考虑跨国公司直接投资的因素，简单地将出口导向型战略与进口替代型战略与外向型和内向型相匹配，不能准确、全面地把握两种工业化战略的本质内涵，难以分析经济全球化背景下两种工业化战略发展的新情况、新问题。

（2）两种工业化战略研究的新视角为本研究提供了新的工具和平台。

1）三大部门概念的提出，事实上赋予发展中国家两种工业化战略进程中产业比较优

---

① 为了便于讨论，这里将两个新视角以前的两种工业化战略理论称为"传统的两种工业化战略理论"。

势动态转换升级的思路，体现了比较优势的培育从"出口部门→边际部门→进口部门"的阶梯推进转换的发展轨迹，能够更好地解释实施两种工业化战略的国家（或同一国家中的不同产业）的发展状况、主要问题及其原因；对于分析各类产业下一步应当选择的发展方向奠定了重要的理论基础。

2）将发展中国家两种工业化战略与跨国公司国际战略相联系，揭示了两种工业化战略不仅是发展中国家的自主选择，还要考虑跨国公司的投资目的和意愿，是发展中国家和跨国公司双方博弈的结果。外商直接投资及其不同的目的和意愿，应当成为影响发展中国家两种工业化战略选择及其实施效果的重要的变量。

二、比较优势：从静态比较优势到动态比较优势

如前所述，传统比较优势理论是在斯密（Smith，1776）的绝对优势理论基础上提出来的。李嘉图（Ricardo，1817）在绝对优势的基础上发展了相对比较优势理论，认为即使一国在两种产品的生产上都处于绝对劣势，但它可以选择劣势较轻的产品（比较优势部门）进行专门化生产并出口，处于优势的国家则在优势较大的产品实行专门化生产，同样可以因贸易而获益。后来赫克歇尔和俄林（Heckscher-Ohiln，H-O，1919，1922，1924，1934）又将创造价值和导致生产成本差异的单一生产要素（一般是劳动）拓展到至少两种以上要素，并提出几种不同要素相对稀缺性差异是导致比较成本差异的原因，此即要素禀赋理论，又称要素比例学说。无论是李嘉图的理论还是 H-O 理论，都是以规模报酬不变、技术水平不变、要素质量和数量不变、完全竞争和产品无差异等静态的假设为前提的，因而，传统比较优势理论也被称为静态比较优势理论。

随着经济全球化的进程，传统比较优势理论的假设和前提已经发生了变化。在技术变革迅速、分工日益深化、要素流动日益频繁的新形势下，如果发展中国家仍旧固守传统的静态的比较优势而不积极地寻求比较优势动态的转换与升级，可能会陷入"比较优势陷阱"，固化在低端产业或产业链低端。动态比较优势理论因此应运而生。

动态比较优势理论是对静态比较优势理论的延伸和发展，其核心思想在于放松静态比较优势的一些前提假设条件，研究后发国家潜在的、未来可能形成的新的优势。总体来看，关于动态比较优势理论的研究，可以分为以下三类：

（一）基于要素变化的动态比较优势理论

该类理论着重研究由一国要素禀赋结构的变化和某类产品要素密集度的变化而导致的比较优势的转化。代表性理论包括动态比较成本说（筱原三代平，1955）、雁行理论（赤松要，1932；小岛清，2000）、比较优势阶梯论（Balassa，1977）、内生动态要素禀赋理论（Oniki & Uzawa，1965）和产品生命周期理论（Vernon，1966）等。这些理论强调物资资本、人力资本等要素禀赋及其相对结构在一国的经济发展的不同阶段都会发生变化，且不同国家或地区之间要素变化的阶段和速度并不一致，从而会导致一国在世界经济中的比较优势发生变化。对于后发国家，如果能够促进要素禀赋变化的速度，使该国特定产业中的高附加值产品从原先的比较劣势转为比较优势，则可极大地改变该国在国际分工中的地位。

（二）基于技术进步的动态比较优势理论

该类理论以"干中学"（Arrow，1962；Romer，1986）和"技术外溢"（Krugman，1987；Lucas，1988）等理论为代表。"干中学"理论强调生产过程中的经验积累效应，即在产品的生产过程中技术经验得到积累，使下一代产品的技术含量得以提高或者使生产单位产品所需投入的要素得以减少；"技术外溢"理论强调知识的非竞争性和非排他性，通过向外部学习来获取更先进的技术。该理论还认为，后发国家为了避免技术差距进一步扩大，摆脱专业化的分工锁定，必须依靠政府有意识的政策介入。

（三）基于资源配置能力提升的动态比较优势理论

这是本书对这类理论概括的名称，是中国制造业比较优势动态转换与产业升级一个独到且重要的特征。该类理论着重研究对于静态的资源禀赋进行动态配置的能力的变化而形成的优势。例如，杨小凯和张永生（2001，2002）将分工专业化视为动态比较优势的来源，并通过超边际分析法将其内生化，说明分工后的总生产力水平之所以会高于自给自足条件下的水平，是因为分工后的专业化生产会内生出比较优势。因此，后发国家通过参与分工来提高自己的专业化水平，可以获得内生比较优势，并且内生比较优势会随着分工水平的提高而提高。这种内生的比较优势既有"干中学"效应的作用，也有规模经济的作用。雷丁（Stephen Redding，1999）论证了政府如果对处于不同比较优势地位的产业进行选择性干预，对有前景和未来生产率的产业进行适当的支持和保护，就有可能使该产业从最初不具备静态比较优势到之后在政策的作用下发生逆转。张平（2016，2019）则认为，中国经济发展的高质量转型就是从比较优势到要素质量升级，除了传统要素的升级之外，还要增加知识产权保护制度、信息、网络等新要素的供给，新要素加入的关键是激励创新，尽管政府干预有其历史贡献，但到创新的现阶段，这种创新不可能靠国家干预产生，而是要靠一套制度安排予以激励。

三、产业升级：从单一的产业垂直结构升级到多维度产业升级

正如恩斯特（Ernst，2001）所说，产业升级的概念比较复杂，在不同的国家和产业中产业升级会表现出不同的特性。尽管产业升级已经成为当前中国产业发展方向的共识，但是，无论是其内涵还是外延，国内外关于产业升级概念的表述尚不十分一致与清晰。

产业升级在字面上理解，就是产业从较低级别到较高级别的上升过程。传统的产业升级理论主要集中在产业结构演化的过程，以经济发展的动态眼光，以产业发展及其比例关系为研究对象，探寻产业结构演变的一般规律，形成了一系列较为成熟的理论。其中，代表性的产业结构升级理论主要包括配第—克拉克（Petty－Clark）定理、库兹涅茨（Kuznets）法则、钱纳里（Chenery，1959，1969，1975，1979）工业化阶段理论、霍夫曼（Hoffmann，1931）定理、罗斯托（Rostow，1960，1971）经济发展阶段论和主导产业理论等。传统的产业结构升级理论着眼于产业垂直结构的升级，即从低端产业向高端产业的升级。

全球产业链（价值链）分工体系形成后，产业结构升级的概念从垂直升级延展至水平

升级，即延伸至从产业链（价值链）低端向产业链（价值链）高端的升级。埃里克（Eric，1988）立足全球价值链的意义划分产业升级方式包括产业间升级、需求升级、要素间升级、功能升级及价值链升级等。汉弗莱和施密茨（Humphrey & Schmitz，2000）引入全球价值链概念，提出工艺升级、产品升级、功能升级和链条升级等产业升级四种具体模式。

随着对产业升级的内在动力机制的深入探究，产业升级的概念从表象的产业结构升级进一步深化到要素禀赋比较优势的转换和资源配置能力的提升，这一过程与技术进步紧密相关。波特（Poter，1990）提出，产业升级通常被认为是由于要素的充裕程度发生变化，从而使某国的竞争优势发生改变，产业也相应地由劳动密集型向资本和技术密集型转移的过程。开普林斯基和莫里斯（Kaplinsky R. & Morris 2003）认为，产业升级就是更好地制造产品、制造更好的产品或者生产活动中具有更多的技能活动。国内学者刘拥军（2005）更加明晰了这一概念：产业升级就是某产业基于自身比较优势的要素禀赋，随着产业发展环境的变化，在人类技术进步的前提下的发展能力的孕育、成长和发挥，是一个转换要素禀赋、强化竞争能力、优化产业结构的动态过程。换句话说，产业升级通常表现为优化产业结构和产业要素配置效率的提高。

国内学者刘增恒（1994）和管怀鎏（1997）用"产业素质"来描述产业内在的资源和能力。依据他们的研究，产业素质就是产业系统的质量，它是决定产业系统整体功能的主要依据。因而，本书将产业升级深化到要素禀赋比较优势的转换和资源配置能力的提升概括为产业素质的提升。

关于产业素质，国内外学者大多着重于产业效率的研究。自 Farrell（1957）提出经济效率理论之后，学术界逐步完善了一整套关于产业增长效率的理论与方法，例如，测算的角度可分为技术效率与配置效率、单要素生产率与全要素生产率等，测算的方法可分为参数方法（Parameter Estimation）和非参数方法（No-parameter Estimation）等。在测算方法中，参数方法以随机前沿模型（Stochastic Frontiers Approach，SFA）为代表，非参数方法则以数据包络分析（Data Envelopment Analysis，DEA）为代表。

本书认为，产业素质还应当包括产业效益。尽管产业效率与产业效益均建立在产业投入与产出比例关系基础之上，但两者分析角度有很大的差异。产业效率侧重于体现产业技术进步和技术效率的增长效率；而产业效益即产业经济效益，可以通过财务指标进行衡量，如增加值率、劳动报酬率、盈利率、税率等。由于测算产业效率与产业效益的角度不同，可能会出现两者结论相反的情况，例如，产业技术效率高而产业增加值率低下，或者反之亦反之。也正因为此，只有从产业效率与产业效益两个方面综合评价产业素质，才能完整地展示产业素质的全貌。

综合上述研究，本书将产业升级概括为产业结构升级与产业素质提升两大部分。而产业结构升级又包括产业垂直结构升级与产业水平结构升级；产业素质提升则包括产业效率提升与产业效益提升。

第三节　研究思路与框架

两种工业化战略进程中比较优势动态转换与产业升级一脉相承。比较优势动态转换是动态比较优势理论的另一表达方式，三类动态比较优势理论可以看作比较优势动态转换的三种途径。本书将依据产业升级的主要框架——产业垂直结构升级、产业水平结构升级、产业效率提升、产业效益提升四个维度展开，并展示动态比较优势三种途径在产业升级四个维度的具体功能与作用。

本书研究思路与框架如表 1-2 所示。

表 1-2　本书研究思路与框架

产业升级维度			比较优势动态转换途径		
			要素变化	技术进步	资源配置能力提升
产业结构升级	产业垂直结构升级	产业比较优势指数的确定与国际比较 产业比较优势分析主要指标与选择 中国制造业细分产业比较优势的国际比较 发展规模指标比较优势动态转换 国际 中国制造业细分产业发展规模主要指标国际比较 国内 中国制造业细分产业发展规模主要指标所有制结构分析	中国制造业细分产业比较优势从传统劳动密集型向资本密集型和技术密集型阶梯推进与转换的进程		
	产业水平结构升级	在全球价值链（GVC）发展状况的国际比较 垂直专业化指数 VSS 与进口中间品国内配套增值率指数 LVDI 的国际比较 GVC 分工地位指数 GVCK 与进出口中间品增值率指数 IVRIE 的国际比较	中国在 GVC 中垂直专业化指数 VSS 的高低与发展趋势	中国制造业在 GVC 中分工地位的高低与发展趋势	中国制造业进口中间品国内配套增值率指数 LVDI 的高低与发展趋势
产业素质提升	产业效率提升	产业增长效率国际比较与分析 增长效率测算 中国制造业细分产业技术效率国际比较 中国制造业细分产业全要素生产率及其分解国际比较 增长效率影响因素 垂直专业化指数 VSS 进口中间品国内配套增值率指数 LVDI 贸易竞争力指数（出口-进口）/（出口+进口）	垂直专业化指数 VSS 与贸易竞争力指数（出口-进口）/（出口+进口）的高低对技术效率的影响	全要素生产率分解中"技术进步"与"技术效率"的比例关系	中国制造业技术效率的高低与发展趋势；进口中间品国内配套增值率指数 LVDI 的高低对技术效率的影响
	产业效益提升	产业效益指标的国际比较 产业增加值率 增加值构成：劳动报酬，盈利，税收 产业出口占总产值比重	增加值的构成，劳动报酬与资本盈利所占比例能够直接反映要素结构的状况与变化	中国增加值率的高低与发展趋势	

一、产业垂直结构升级研究的框架结构

产业垂直结构升级，本书安排两个部分：产业比较优势指数的确定与国际比较；发展规模指标比较优势动态转换研究。

在第二章"中国制造业细分产业比较优势分析"中，首先确定产业比较优势分析主要指标；之后对中国制造业细分产业比较优势进行国际比较，明确中国制造业细分产业在世界市场的比较优势（劣势）地位。

在第三章"中国制造业发展规模指标的国际比较"中，对中国制造业细分产业总产值、增加值、出口额三大发展规模指标进行国际比较，展示比较优势动态转换的进程，并进行收敛性分析加以印证。

在第四章"中国制造业发展规模指标的所有制结构分析"中，研究转向国内，对中国制造业发展规模指标的所有制结构进行分析，研究在中国制造业比较优势动态转换中，外商与港澳台投资企业、国有控股企业、民营企业三类不同所有制企业所发挥的作用。

从比较优势动态转换的途径考察这一部分的研究，主要涉及"要素变化"，即展示中国制造业细分产业比较优势从传统劳动密集型向资本密集型和技术密集型阶梯推进与转换的进程。

二、产业水平结构升级研究的框架结构

产业水平结构升级，第五章主要研究中国制造业在全球价值链（GVC）的发展状况，分两步展开对中国制造业在全球价值链发展状况的比较研究。

第一步，对中国制造业细分产业垂直专业化指数 VSS 与进口中间品国内增值率 LVDI 进行国际比较，分析中国制造业出口产品中在产业下游承接国外材料加工比重和产业国内集成配套能力的状况。

第二步，对中国制造业细分产业狭义 GVC 分工地位指数 GVCK 与进出口中间品增值率指数 IVRIE 进行国际比较，分析中国制造业在全球价值链分工中的地位。

从比较优势动态转换的途径考察，这一部分的研究，"要素变化"体现在中国在 GVC 中垂直专业化指数 VSS 的高低与发展趋势；"技术进步"体现在中国制造业在 GVC 中分工地位的高低与发展趋势；"资源配置能力提升"则体现在中国制造业进口中间品国内配套增值率指数 LVDI 的高低与发展趋势。

三、产业效率研究的框架结构

关于产业效率，第六章从两个角度对中国制造业的增长效率进行国际比较。

第一，对中国制造业细分产业技术效率进行国际比较，同时将第四章中全球价值链分析几个主要指数作为技术无效项（对技术效率的影响因素）进行研究。

第二，对中国制造业细分产业全要素生产率进行国际比较，并从全要素生产率的分解中找到影响中国制造业全要素生产率提升的主要原因。

从比较优势动态转换的途径考察，这一单元的研究，"要素变化"体现在垂直专业化指数 VSS 与贸易竞争力（出口–进口）／（出口+进口）指标的高低对技术效率的影响；"技术进步"体现在全要素生产率分解中"技术进步"与"技术效率"的比例关系；"资源配置能力提升"则体现在中国制造业技术效率的高低与发展趋势，以及进口中间品国内配套增值率指数 LVDI 的高低对技术效率的影响。

四、产业效益研究的框架结构

第七章分两步展开对中国制造业产业效益的国际比较。

第一步，对中国制造业细分产业增加值率进行国际比较，研究中国制造业经济效益的高低及发展趋势。

第二步，对中国制造业增加值构成（劳动报酬、企业盈利、税收）进行国际比较，进一步研究影响中国制造业增加率与技术效率高低的内在机制。此外，顺势对中国制造业细分产业出口占总产值比重进行国际比较，分析中国内需市场的发展潜力。

从比较优势动态转换的途径考察，这一部分的研究，"技术进步"体现在中国增加值率的高低与发展趋势，增加值率的高低与在全球 GVC 中的地位、技术创新能力密切相关；"要素变化"则体现在增加值的构成，劳动报酬与资本盈利所占比例能够直接反映要素结构的状况与变化。

五、总结与建议

在第八章，对本书第一章至第七章的研究结果进行系统梳理，总结中国制造业在两种工业化战略进程中比较优势动态转换与产业升级的基本状况，进而有针对性地提出对策建议。

第二章

中国制造业细分产业比较优势分析

第一节　产业比较优势分析主要指标

如第一章所述，在两种工业化战略进程中，中国制造业细分产业并非铁板一块，不同的细分产业具有不同的发展背景和条件，发展路径、发展状况也大相径庭。因此，研究"比较优势动态提升"，首先要将评价比较优势的主要指标确定下来。

依据比较优势的基本理论，一国的比较优势应该根据该国参与贸易前的"相对要素价格"进行计测。但由于过去对世界各国各产业"相对要素价格"进行统计分析比较困难，因此，学术界一般采用各国参与国际贸易的数据，间接地推测贸易参与国的如产品或产业的比较优势或劣势①。

国内学者康成文（2014）比较细致地总结了"二战"后在美国等西方国家主导的国际贸易自由化和贸易保护主义浪潮中，莱斯纳（Liesner）、麦凯利（Michael Michaely）、巴拉萨（Bela Balassa）、拉菲（Lafay）等学者先后从不同的角度提出的利用贸易数据计测某产品（产业或国家）的比较优势的指数和方法，并从"中性点""非对称性""片面性""综合客观性"几个性能和特征对这些指数和方法进行比较和评价。其结论是，除沃尔拉斯（Vollrath & Vo, 1988; Vollrath, 1991）提出的 RTA（Relative Trade Advantage，为区别于一般的统称，康成文论文称此为 VRCA）和 Rooyen 等（1999, 2000）提出的 RTA（Relative Revealed Comparative Trade Advantage）指数外，其他指数均在其性能方面存在不同的缺陷。

在这里着重阐述 VRCA 与 RTA 两个指数的内涵，之后介绍适合在一国内比较的拉菲（Lafay）指数（LI）。

---

① 事实上，随着国际数据的日益公开和完善，测算"相对要素价格"已经成为可能。本书将在第七章测算出 2000~2011 年制造业各细分产业世界主要经济体单位产出的劳动力成本。在这里，我们先按照通行的国际贸易理论，运用国际贸易数据进行测算。

一、显示性相对比较优势指数（VRCA）

沃尔拉斯（Vollrath & Vo，1988；Vollrath，1991）提出了兼顾供应和需求、可选择或替代的显示性竞争力指数 VRCA。该指数由表示某国某产业的显示性出口比较优势指数即相对出口优势指数和表示该产业的显示性进口比较优势指数即相对进口优势指数构成，将该两个指数之差称为相对贸易优势指数，来表示该国该产业的贸易比较优势。由于 VRCA 指数同时考虑了出口和进口，因此，也被称为显示性进出口比较优势指数。其计算公式为：

$$VRCA_{ij} = \frac{X_{ij}/X_j}{X_{iw}/X_w} - \frac{M_{ij}/M_j}{M_{iw}/M_w} \qquad (2-1)$$

其中，$VRCA_{ij}$ 表示 j 国 i 产品的显示性相对比较优势指数，X_{ij} 和 M_{ij} 分别表示 j 国 i 产品的出口总值和进口总值，X_j 和 M_j 分别表示 j 国的出口总值和进口总值，X_{iw} 和 M_{iw} 分别表示世界 i 产品的出口总值和进口总值，X_w 和 M_w 分别表示世界总出口值和总进口值。如果 $VRCA_{ij}>0$，表明 j 国在 i 类产品出口上具有比较优势；如果 $VRCA_{ij}<0$，表明不具有比较优势；如果 $VRCA_{ij}=0$，则表明自我平衡。$VRCA_{ij}$ 绝对值的大小也可以作为同一产业进行国际比较时各经济体在该产业比较优势与劣势的程度。

由于 VRCA 指数同时考虑了某国某产业的出口和进口对该产业比较优势的影响，且以该产业世界贸易整体状况为基础，因此，被认为更能如实地反映某国某产业在世界中真正的比较优势。

二、显示性贸易综合比较优势指数（RTA）

RTA 指数是 Vollrath、Rooyen 以及 Isogai 等学者对巴拉萨 BRCA 指数的应用、发展和"精致化"的结果。

该指数的计算公式及相关指数的关系如下：

$$BRCA_{ij} = \left(\frac{X_{ij}/X_j}{X_{iw}/X_w} - 1 \right) \times 100\%$$

$$RCDA_{ij} = \left(\frac{M_{ij}/M_j}{M_{iw}/M_w} - 1 \right) \times 100\%$$

$$RTA_{ij} = BRCA_{ij} - RCDA_{ij} = \left(\left(\frac{X_{ij}/X_j}{X_{iw}/X_w} - 1 \right) - \left(\frac{M_{ij}/M_j}{M_{iw}/M_w} - 1 \right) \right) \times 100\% \qquad (2-2)$$

其中，$BRCA_{ij}$ 和 $RCDA_{ij}$ 分别表示 j 国 i 产品的显示性比较优势和显示性比较劣势指数，该两个指数之差 RTA_{ij} 表示 j 国 i 产品的显示性贸易综合比较优势指数。X_{ij} 和 M_{ij} 分别表示 j 国 i 产品的出口总值和进口总值，X_j 和 M_j 分别表示 j 国的出口总值和进口总值，X_{iw} 和 M_{iw} 分别表示世界 i 产品的出口总值和进口总值，X_w 和 M_w 分别表示世界总出口值和总进口值。如果 $RTA_{ij}>0$，表明 j 国在 i 类产品出口上具有比较优势；如果 $RTA_{ij}<0$，表明不具有比较优势；如果 $RTA_{ij}=0$，则表明自我平衡。RTA_{ij} 绝对值的大小也可以作为同一产业进行国际比较时各经济体在该产业比较优势与劣势的程度。

事实上，RTA 指数的计算方法和实质等同于沃尔拉斯的 VRCA 指数，两种指数的差别仅在于是否用百分数表示而已。

三、拉菲指数（LI）

拉菲（Lafay，1987，1992）提出了根据某国某产品的进出口数据来测算该国该产业的专业化情况或比较优势的拉菲指数（LI：Lafay Index）。其计算公式如下：

$$LI_{ij} = \left(\frac{X_{ij} - M_{ij}}{X_{ij} + M_{ij}} - \frac{X_j - M_j}{X_j + M_j} \right) \times \frac{X_{ij} + M_{ij}}{X_j + M_j} \tag{2-3}$$

其中，拉菲指数 LI_{ij} 表示 j 国 i 产品的比较优势，X_{ij} 和 M_{ij} 分别表示 j 国 i 产品的出口值和进口值，X_j 和 M_j 分别表示 j 国的总出口值和总进口值。括号内的第一项 $\frac{X_{ij} - M_{ij}}{X_{ij} + M_{ij}}$ 表示 j 国 i 产品的贸易竞争力指数，第二项 $\frac{X_j - M_j}{X_j + M_j}$ 表示 j 国所有产品的总贸易竞争力指数，该两项之差表示 j 国 i 产品的贸易竞争力指数与 j 国总贸易竞争力指数的偏差值；括号外的 $\frac{X_{ij} + M_{ij}}{X_j + M_j}$ 表示 i 产品的总进出口值在 j 国总进出口值中所占的比重。当 $LI_{ij} > 0$，且越大时，认为 j 国在 i 产品上具有比较优势，且越强；如果 $LI_{ij} < 0$，表明 j 国的 i 产品更依赖于进口，认为 j 国在 i 产品上不具有比较优势。

从 LI 指数计算公式的构造中可以看出，LI 指数是将某产品或产业在某国整体贸易中的综合权重，即相对竞争力指数（专业化程度）或对贸易平衡的贡献度视作比较优势指数的指标，因此，该指数比较适合于一国内各产业贸易的比较优势测算。但与前面两种指数相比较，LI 指数没有以该产业世界贸易整体状况为基础，缺少世界其他经济体相关数据作比较，因而反映某国某产业在世界中的比较优势还是不到位。

需要说明的是，无论是 VRCA 指数（或 RTA 指数）还是 LI 指数，其数值只是显示出各国在各产业上的比较优势，而非绝对优势。下面的测算数据可以看到，某国某产业 VRCA 指数（或 RTA 指数）数值是正值，且很高，但该国在该产业的出口所占比重可能是很小的；对偶地，某国某产业 VRCA 指数（或 RTA 指数）数值很小，甚至是负值，而该国在该产业的出口所占比重可能是很大的。这也正是"比较优势"的内涵所在。

第二节　中国制造业细分产业比较优势的国际比较

依据 WIOD 网站提供的 2016 年版 2000~2014 年世界投入产出表，按照总产出数值的大小并参考其代表性，本书选择了 18 个主要经济体，按世界投入产出表所列按经济体英文名的排列顺序为澳大利亚、巴西、加拿大、瑞士、中国、德国、西班牙、法国、英国、印度、意大利、日本、韩国、墨西哥、俄罗斯、中国台湾、美国，并将其余的经济体合并为一个经济体，简称"其他经济体"。① 制造业细分产业基本遵照世界投入产出表的分类，只是将"家具制造和其他制造"与"机械设备修理"合并（因为不少经济体后者的数据为0），称为"家具制造等"。这样将制造业划分为18个细分产业，依次为食品加工、纺织服装、木制品（家具制造除外）、纸制品、印刷、石油制品、化工制品、医药制品、橡胶和塑料制品、其他非金属制品、基础金属制品、金属制品（机械设备除外）、计算机电子光学制造、电气设备制造、机械和设备制造、机动车辆制造、其他交通设备制造、家具制造等。

一、制造业细分产业 VRCA 指数国际比较

如前所述，RTA 指数的计算方法和实质等同于沃尔拉斯的 VRCA 指数，本书主要展示依据 WIOD 网站提供的 2016 年版 2000~2014 年世界投入产出表测算出来的 VRCA 指数国际比较结果。需要说明的是，在该数据表中，俄罗斯的印刷业、医药制品业、金属制品业、电气设备制造业、其他交通设备制造业五个产业的数据全为0，因而下面各细分产业 VRCA 指数国际比较中，这 5 个细分产业是在除俄罗斯之外的 17 个经济体之间进行比较，其他 13 个细分产业是在包括俄罗斯在内的 18 个经济体之间进行比较。

（一）食品加工业 VRCA 指数国际比较

如表 2-1 所示：

（1）2000~2014 年，中国食品加工业 VRCA 指数始终为负值，绝对值相对较高，说明中国食品加工业在世界范围内不具备比较优势。

（2）中国食品加工业比较优势在世界范围内呈现提升的态势。2000 年，中国食品加工业 VRCA 指数为-1.09，仅高于俄罗斯（-2.67）和日本（-1.83）；2014 年，中国食品加工业 VRCA 指数提升至-0.19，有较大改观，高于日本（-1.26）、俄罗斯（-1.04）、加拿大（-1.01）、英国（-0.56）、韩国（-0.45）、中国台湾（-0.44）、墨西哥（-0.39）。

（3）食品加工业比较优势高的经济体有巴西（2000 年为 2.94，2014 年为 3.09）、印度（2000 年为 0.66，2014 年为 0.77）、澳大利亚（2000 年为 0.19，2014 年为 0.57）、美国（2000 年为 0.16，2014 年为 0.20）等。

（4）比较优势不等于绝对优势（或竞争优势）。表 2-1 第 1 列展示了 2000 年 18 个经济体出口占全球出口比重。与 2000 年 VRCA 指数相比较，可以看到，VRCA 指数名列前茅的巴西和印度，其出口占全球出口比重只排在 17 个经济体中的第 10 位和第 12 位；而出口占全球出口比重名列第 1 位的美国，其 VRCA 指数只排在 17 个经济体的第 5 位；中国 VRCA 指数居倒数第 3 位，而其占全球出口比重排在 17 个经济体的第 8 位。从第三章表 3-55 还可以看到，2014 年，中国食品加工业出口占全球出口比重达到 7.23%，居 17 个经济体第 3 位，而此时中国食品加工业 VRCA 指数却呈负值，因为与中国国内其他细分产业相比，食品加工业处于相对劣势地位。

---

① 将其余的经济体合并为一个"其他经济体"，是为了更清楚地展示各细分产业国际贸易的全貌。由于"其他经济体"的国家（地区）很多，体量很大，在具体分析时，不考虑这一组合经济体的情况，即后面所述的各指标的排列顺序，就只限于前 17 个经济体中。

表 2-1　2000~2014 年食品加工业 18 个经济体 VRCA 指数

国家（地区）＼比重年份	出口占全球出口比重（2000）	2000	2001	2002	2003	2004	2005	2006
澳大利亚	2.51	0.19	0.29	0.29	0.20	0.43	0.29	0.02
巴西	2.17	2.94	3.73	3.93	4.00	4.11	4.09	4.09
加拿大	2.66	0.48	0.53	0.53	0.50	0.51	0.44	0.43
瑞士	0.52	0.12	0.12	0.13	0.14	0.17	0.19	0.22
中国	2.21	-1.09	-0.93	-0.88	-0.84	-0.79	-0.77	-0.87
德国	5.17	0.12	0.15	0.10	0.08	0.08	0.15	0.18
西班牙	2.19	-0.08	-0.09	-0.09	-0.05	0.01	0.01	0.04
法国	5.37	0.07	-0.02	-0.03	-0.01	0.02	0.06	0.10
英国	4.17	-0.34	-0.47	-0.43	-0.45	-0.50	-0.63	-0.70
印度	0.81	0.66	0.60	0.56	0.30	0.30	0.34	0.45
意大利	2.92	-0.33	-0.34	-0.26	-0.28	-0.27	-0.22	-0.22
日本	0.47	-1.83	-1.86	-1.84	-1.77	-1.75	-1.69	-1.60
韩国	0.56	-0.62	-0.70	-0.72	-0.65	-0.59	-0.56	-0.55
墨西哥	0.92	-0.63	-0.71	-0.71	-0.79	-0.79	-0.74	-0.70
俄罗斯	0.09	-2.67	-2.67	-2.65	-2.36	-2.04	-2.04	-1.77
中国台湾	0.26	-0.43	-0.50	-0.50	-0.51	-0.45	-0.49	-0.50
美国	8.04	0.16	0.16	0.10	0.11	0.05	0.06	0.05
其他经济体	58.97	0.29	0.23	0.25	0.24	0.22	0.18	0.18

国家（地区）＼比重年份	2007	2008	2009	2010	2011	2012	2013	2014
澳大利亚	-0.09	-0.35	-0.43	-0.52	-0.50	-0.52	-0.49	0.57
巴西	4.02	3.95	4.34	4.22	3.93	3.94	3.73	3.09
加拿大	0.43	0.46	0.55	0.56	0.54	0.55	0.53	-1.01
瑞士	0.26	0.32	0.39	0.48	0.55	0.52	0.51	0.02
中国	-0.95	-1.03	-0.99	-0.96	-0.90	-1.01	-0.94	-0.19
德国	0.17	0.23	0.32	0.29	0.28	0.29	0.29	-0.10
西班牙	0.07	0.09	0.05	0.17	0.08	0.09	0.07	0.35
法国	0.09	0.08	-0.02	0.08	0.12	0.11	0.07	0.18
英国	-0.64	-0.59	-0.75	-0.66	-0.64	-0.65	-0.79	-0.56
印度	0.39	0.47	0.27	0.27	0.46	0.79	0.78	0.77
意大利	-0.22	-0.12	-0.05	-0.01	-0.04	-0.07	-0.10	0.05
日本	-1.54	-1.49	-1.62	-1.52	-1.56	-1.48	-1.42	-1.26
韩国	-0.57	-0.54	-0.53	-0.50	-0.51	-0.48	-0.51	-0.45
墨西哥	-0.82	-0.80	-0.60	-0.61	-0.65	-0.65	-0.60	-0.39
俄罗斯	-1.40	-1.29	-1.63	-1.40	-1.16	-1.07	-1.12	-1.04
中国台湾	-0.51	-0.52	-0.59	-0.51	-0.50	-0.49	-0.42	-0.44
美国	0.08	0.12	0.04	0.08	0.06	0.10	0.13	0.20
其他经济体	0.16	0.11	0.09	0.08	0.07	0.07	0.08	0.33

（二）纺织服装业 VRCA 指数国际比较

如表 2-2 所示：

（1）2000~2014 年，中国纺织服装业 VRCA 指数始终为正值，且绝对值很高，说明中国纺织服装业在世界范围内具备比较优势。

（2）中国纺织服装业比较优势在世界范围内呈现提升的态势。2000 年，中国纺织服装业 VRCA 指数为 4.08，仅低于印度（4.73）；从 2003 年开始，中国纺织服装业 VRCA 指数超越印度，成为 17 个经济体中第 1 位。2014 年，中国纺织服装业 VRCA 指数为 2.28，显著高于居第 2 位的印度（1.63）。

（3）除中国和印度外，纺织服装业比较优势高的经济体还有意大利（2000 年为 1.56，2014 年为 0.70）和中国台湾（2000 年为 1.31，2014 年为 0.13）等。

（4）中国纺织服装业绝对优势更为显著。表 2-2 第 1 列展示了 2000 年 18 个经济体出口占全球出口比重。可以看到，中国纺织服装业这一数值为 13.84，远高于 VRCA 指数居 17 个经济体第 1 位的印度（3.74），也大大高于这一指标居第 2 位的意大利（8.79）。从第三章表 3-55 还可以看到，2014 年，中国纺织服装业出口占全球出口比重达到 37.53%，绝对优势十分显著。

表 2-2　2000~2014 年纺织服装业 18 个经济体 VRCA 指数

比重／年份 国家（地区）	出口占全球出口比重（2000）	2000	2001	2002	2003	2004	2005	2006
澳大利亚	0.64	0.51	0.48	0.47	0.42	0.33	0.23	0.16
巴西	0.99	1.12	1.22	1.15	1.25	1.20	1.05	0.99
加拿大	1.62	0.25	0.26	0.27	0.26	0.20	0.14	0.09
瑞士	0.44	0.06	0.06	0.10	0.11	0.10	0.08	0.06
中国	13.84	4.08	3.96	3.72	3.86	3.84	4.21	4.26
德国	4.94	0.11	0.12	0.17	0.18	0.16	0.14	0.15
西班牙	1.94	0.11	0.10	0.11	0.02	-0.02	-0.11	-0.12
法国	3.58	-0.51	-0.57	-0.60	-0.62	-0.42	-0.40	-0.35
英国	3.46	-0.55	-0.68	-0.75	-0.71	-0.72	-0.85	-0.90
印度	3.74	4.73	4.35	4.07	3.61	3.15	2.78	2.63
意大利	8.79	1.56	1.53	1.45	1.43	1.37	1.34	1.25
日本	1.44	-1.36	-1.39	-1.34	-1.45	-1.48	-1.48	-1.46
韩国	6.25	2.01	1.89	1.54	1.18	0.82	0.61	0.40
墨西哥	3.48	0.55	0.41	0.40	0.43	0.41	0.34	0.16
俄罗斯	0.08	-3.70	-4.03	-4.14	-3.99	-3.76	-3.69	-4.39
中国台湾	3.86	1.31	1.19	0.95	0.82	0.70	0.59	0.45
美国	4.80	-1.46	-1.55	-1.56	-1.63	-1.63	-1.68	-1.66
其他经济体	36.11	-0.48	-0.45	-0.45	-0.52	-0.57	-0.59	-0.63

续表

比重　年份 国家（地区）	2007	2008	2009	2010	2011	2012	2013	2014
澳大利亚	0.15	0.11	0.09	0.07	0.06	0.06	0.11	-0.58
巴西	0.93	0.70	0.57	0.55	0.43	0.43	0.45	-0.24
加拿大	0.05	0.03	0.06	0.06	0.05	0.05	0.04	-0.69
瑞士	0.03	0.09	0.07	0.07	0.06	0.05	0.04	-0.40
中国	4.27	4.22	4.31	4.18	4.10	3.91	4.00	2.28
德国	0.12	0.10	0.07	0.05	0.04	-0.04	-0.09	-0.42
西班牙	-0.13	-0.18	-0.38	-0.40	-0.51	-0.39	-0.36	-0.26
法国	-0.34	-0.33	-0.32	-0.21	-0.17	-0.11	-0.15	-0.13
英国	-0.84	-0.85	-1.28	-1.41	-1.25	-1.28	-1.37	-0.84
印度	1.99	1.92	2.39	1.88	1.98	2.19	2.48	1.63
意大利	1.26	1.39	1.23	1.21	1.20	1.27	1.24	0.70
日本	-1.44	-1.42	-1.87	-1.62	-1.61	-1.62	-1.72	-1.04
韩国	0.25	0.31	0.27	0.16	0.08	0.28	0.10	-0.04
墨西哥	0.08	0.05	0.11	0.04	0.01	-0.06	-0.06	-0.03
俄罗斯	-4.94	-5.36	-7.29	-7.85	-7.05	-7.34	-7.14	-4.70
中国台湾	0.42	0.44	0.42	0.38	0.34	0.32	0.27	0.13
美国	-1.73	-1.74	-2.04	-1.98	-1.92	-1.97	-1.99	-1.25
其他经济体	-0.65	-0.66	-0.59	-0.60	-0.66	-0.66	-0.73	0.26

（三）木制品业（家具制造除外）VRCA 指数国际比较

如表 2-3 所示：

（1）2000~2013 年，中国木制品业 VRCA 指数始终为正值，但绝对值较低；2014 年中国木制品业 VRCA 指数转为负值，说明中国木制品业在世界范围内具备一定比较优势，但不显著。

（2）木制品业比较优势高的经济体有：加拿大（2000 年为 1.55，2014 年为 2.19）、俄罗斯（2000 年为 0.26，2014 年为 0.91）和澳大利亚（2000 年为 0.21，2014 年为 0.49）等。

（3）中国木制品业绝对优势提升显著。表 2-3 第 1 列展示了 2000 年 18 个经济体出口占全球出口比重。可以看到，中国木制品业这一数值仅为 2.03；而在第三章表 3-55 可以看到，2014 年，中国木制品业出口占全球出口比重达到 19.63%，居 17 个经济体第 1 位，比居第 2 位的加拿大这一数值（12.23%）高出约 7 个百分点，而此时中国木制品业 VRCA 指数却呈负值，因为与中国国内其他细分产业相比，木制品业处于相对劣势地位。

表 2-3　2000~2014 年木制品业（家具制造除外）18 个经济体 VRCA 指数

国家（地区）	出口占全球出口比重（2000）	2000	2001	2002	2003	2004	2005	2006
澳大利亚	0.68	0.21	0.15	0.23	0.29	0.29	0.24	0.16
巴西	1.63	-0.06	-0.05	0.52	0.76	1.43	0.95	0.73
加拿大	14.39	1.55	1.01	1.11	0.97	1.48	1.20	0.56
瑞士	0.77	0.27	0.25	0.22	0.08	0.06	0.06	0.07
中国	2.03	0.16	0.18	0.16	0.15	0.19	0.20	0.17
德国	3.78	-0.26	-0.21	-0.15	-0.19	-0.26	-0.24	-0.25
西班牙	1.13	-0.16	-0.11	-0.09	-0.15	-0.09	-0.08	-0.05
法国	1.79	-0.02	-0.03	-0.04	-0.04	-0.07	-0.04	-0.02
英国	0.61	-0.29	-0.30	-0.32	-0.31	-0.30	-0.31	-0.34
印度	1.09	0.85	0.36	0.42	0.27	-0.04	-0.05	0.03
意大利	2.61	-0.08	-0.03	-0.08	-0.16	-0.15	-0.14	-0.14
日本	0.14	-0.87	-0.80	-0.66	-0.72	-0.77	-0.67	-0.65
韩国	0.09	-0.33	-0.36	-0.39	-0.36	-0.33	-0.33	-0.32
墨西哥	0.44	-0.03	-0.07	-0.08	-0.08	-0.05	-0.06	-0.04
俄罗斯	0.71	0.26	0.25	0.32	0.40	0.40	0.32	0.31
中国台湾	0.40	-0.03	-0.04	-0.07	-0.09	-0.04	-0.11	-0.13
美国	5.63	-0.34	-0.35	-0.40	-0.40	-0.45	-0.47	-0.42
其他经济体	62.07	0.68	0.73	0.72	0.71	0.66	0.64	0.68

国家（地区）	2007	2008	2009	2010	2011	2012	2013	2014
澳大利亚	0.19	0.03	-0.14	-0.18	-0.40	-0.51	-0.43	0.49
巴西	0.42	0.03	-0.31	-0.19	-0.33	-0.27	-0.22	1.24
加拿大	-0.22	-1.01	-1.22	-0.97	-1.24	-1.17	-0.71	2.19
瑞士	0.07	0.01	0.16	0.03	-0.05	-0.07	-0.09	-0.80
中国	0.06	0.17	0.18	0.15	0.15	0.28	0.18	-0.53
德国	-0.26	-0.13	-0.05	0.08	0.12	0.17	0.16	-0.21
西班牙	-0.06	0.04	0.12	0.15	0.18	0.19	0.20	0.20
法国	-0.03	-0.02	-0.04	-0.11	-0.11	-0.10	-0.08	-0.18
英国	-0.32	-0.29	-0.26	-0.34	-0.31	-0.30	-0.32	-0.55
印度	0.00	-0.04	0.06	0.00	0.07	0.12	0.05	-0.04
意大利	-0.13	-0.01	0.05	0.06	0.07	0.10	0.11	0.02
日本	-0.63	-0.54	-0.36	-0.45	-0.42	-0.40	-0.37	-0.53
韩国	-0.31	-0.28	-0.25	-0.26	-0.24	-0.20	-0.21	-0.34
墨西哥	-0.05	-0.05	-0.04	-0.07	-0.09	-0.10	-0.06	-0.12
俄罗斯	0.63	0.24	0.52	0.62	0.54	0.51	0.55	0.91
中国台湾	-0.13	-0.13	-0.12	-0.15	-0.15	-0.15	-0.16	-0.29
美国	-0.32	-0.21	-0.18	-0.18	-0.16	-0.16	-0.21	-0.41
其他经济体	0.73	0.76	0.81	0.75	0.75	0.74	0.72	0.25

（四）纸制品业 VRCA 指数国际比较

如表 2-4 所示：

（1）2000～2014 年，中国纸制品业 VRCA 指数始终为负值，且绝对值相对较高，说明中国纸制品业在世界范围内不具备比较优势。

（2）中国纸制品业比较优势在世界范围内始终处于劣势地位。2000 年，中国纸制品业 VRCA 指数为-0.72，仅高于墨西哥（-0.73）；2014 年，中国纸制品业 VRCA 指数为-0.54，依然仅高于墨西哥（-0.55）。

（3）纸制品业比较优势高的经济体有：加拿大（2000 年为 2.61，2014 年为 0.61）、巴西（2000 年为 2.11，2014 年为 1.76）、俄罗斯（2000 年为 0.45，2014 年为 0.88）、美国（2000 年为 0.22，2014 年为 0.08）等。

（4）不同于比较优势，中国纸制品业绝对优势在不断提升。表 2-4 第 1 列展示了 2000 年 18 个经济体出口占全球出口比重。中国纸制品业这一数值在 2000 年仅为 1.10；第三章表 3-55 则显示，到 2014 年中国纸制品业出口占全球出口比重达到 7.28%，居 17 个经济体第 3 位，尽管此时中国纸制品业 VRCA 指数仍旧处于 17 个经济体倒数第 2 位。

表 2-4　2000～2014 年纸制品业 18 个经济体 VRCA 指数

比重　年份 国家（地区）	出口占全球出口比重（2000）	2000	2001	2002	2003	2004	2005	2006
澳大利亚	0.36	-0.62	-0.57	-0.48	-0.50	-0.50	-0.51	-0.53
巴西	1.98	2.11	1.80	1.74	2.32	1.93	2.03	2.19
加拿大	11.64	2.61	2.70	2.59	2.36	2.54	2.41	2.21
瑞士	1.06	0.32	0.33	0.35	0.39	0.36	0.38	0.34
中国	1.10	-0.72	-0.72	-0.72	-0.77	-0.86	-0.91	-0.95
德国	9.21	-0.34	-0.37	-0.38	-0.29	-0.29	-0.15	-0.22
西班牙	1.57	-0.10	-0.08	-0.05	0.01	0.12	0.18	0.28
法国	4.58	-0.05	-0.01	0.02	0.05	-0.03	0.00	0.02
英国	2.33	-0.23	-0.26	-0.21	-0.17	-0.16	-0.18	-0.27
印度	0.15	-0.46	-0.52	-0.42	-0.50	-0.51	-0.43	-0.39
意大利	2.67	-0.19	-0.15	-0.09	-0.05	-0.01	0.07	0.08
日本	1.86	-0.42	-0.40	-0.36	-0.42	-0.44	-0.39	-0.45
韩国	1.48	-0.06	-0.03	-0.08	-0.07	-0.08	-0.09	-0.11
墨西哥	0.73	-0.73	-0.70	-0.66	-0.66	-0.67	-0.68	-0.73
俄罗斯	1.43	0.45	0.39	0.36	0.19	0.09	0.00	0.01
中国台湾	0.63	-0.38	-0.39	-0.34	-0.36	-0.34	-0.34	-0.34
美国	12.08	0.22	0.16	0.18	0.21	0.27	0.33	0.34
其他经济体	45.14	0.04	0.04	0.03	0.01	0.02	-0.03	0.02

续表

比重　年份 国家（地区）	2007	2008	2009	2010	2011	2012	2013	2014
澳大利亚	-0.53	-0.51	-0.47	-0.37	-0.32	-0.28	-0.25	-0.38
巴西	2.31	2.43	2.67	2.86	2.53	2.59	2.76	1.76
加拿大	1.91	1.73	1.80	1.61	1.28	1.39	1.67	0.61
瑞士	0.30	0.35	0.29	0.31	0.23	0.17	0.13	-0.06
中国	-1.02	-0.98	-0.93	-0.83	-0.74	-0.59	-0.52	-0.54
德国	-0.27	-0.24	-0.15	-0.14	-0.15	-0.11	-0.10	0.03
西班牙	0.37	0.44	0.42	0.54	0.49	0.43	0.33	0.08
法国	0.00	0.05	0.06	-0.02	0.03	0.00	-0.03	-0.15
英国	-0.22	-0.12	-0.27	-0.35	-0.34	-0.37	-0.43	-0.40
印度	-0.45	-0.48	-0.38	-0.39	-0.43	-0.45	-0.53	-0.52
意大利	0.07	0.17	0.28	0.24	0.23	0.16	0.09	-0.05
日本	-0.45	-0.39	-0.41	-0.36	-0.39	-0.42	-0.33	-0.28
韩国	-0.15	-0.07	-0.04	-0.11	-0.07	-0.04	-0.01	-0.08
墨西哥	-0.76	-0.72	-0.68	-0.68	-0.60	-0.72	-0.62	-0.55
俄罗斯	0.28	0.08	0.09	0.29	0.26	0.31	0.83	0.88
中国台湾	-0.32	-0.33	-0.27	-0.30	-0.28	-0.25	-0.27	-0.30
美国	0.34	0.36	0.33	0.38	0.38	0.36	0.31	0.08
其他经济体	0.05	0.02	0.02	0.01	0.01	-0.02	-0.06	0.19

（五）印刷业 VRCA 指数国际比较

如表 2-5 所示：

（1）2000~2013 年，中国印刷业 VRCA 指数始终为负值，且绝对值很高，说明中国印刷业在世界范围内不具备比较优势。

（2）2000 年，中国印刷业 VRCA 指数为-2.14，居 17 个经济体最后一位；之后呈现逐年提升的态势，2014 年，中国印刷业 VRCA 指数转为正值（0.13），居 17 个经济体第 3 位，仅次于加拿大（3.83）和美国（0.64）。

（3）印刷业比较优势高的经济体有加拿大（2000 年为 0.23，2014 年为 3.83）和英国（2000 年为 0.17，2014 年为 0.06）等。

（4）中国印刷业绝对优势较高。表 2-5 第 1 列展示了 2000 年 17 个经济体出口占全球出口比重。中国印刷业这一数值在 2000 年为 2.38，居 17 个经济体第 5 位，尽管此时中国印刷业 VRCA 指数居 17 个经济体最后一位；第三章表 3-55 则显示，到 2014 年中国印刷业出口占全球出口比重达到 14.39%，居 17 个经济体第 3 位，与此时中国 VRCA 指数在 17 个经济体的排名一致。

表 2-5 2000~2014 年印刷业 17 个经济体 VRCA 指数

国家（地区） \ 年份	出口占全球出口比重（2000）	2000	2001	2002	2003	2004	2005	2006
澳大利亚	0.18	-0.20	-0.22	-0.22	-0.22	-0.25	-0.28	-0.29
巴西	0.10	-0.19	-0.20	-0.24	-0.20	-0.20	-0.20	-0.18
加拿大	6.25	0.23	0.34	0.16	-0.05	0.14	0.53	0.24
瑞士	0.15	-0.64	-0.63	-0.66	-0.66	-0.68	-0.64	-0.59
中国	2.38	-2.14	-2.08	-2.03	-2.03	-2.07	-2.11	-2.06
德国	2.12	-1.81	-1.91	-1.99	-1.93	-1.95	-2.00	-2.03
西班牙	0.78	-0.33	-0.33	-0.35	-0.29	-0.30	-0.30	-0.34
法国	0.04	-0.80	-0.76	-0.78	-0.80	-0.84	-0.84	-0.88
英国	4.15	0.17	0.19	0.32	0.25	0.28	0.34	0.46
印度	0.18	-0.60	-0.61	-0.56	-0.44	-0.56	-0.56	-0.47
意大利	0.96	-0.47	-0.41	-0.35	-0.38	-0.41	-0.42	-0.43
日本	0.56	-0.43	-0.42	-0.42	-0.38	-0.37	-0.30	-0.30
韩国	0.19	-0.37	-0.38	-0.33	-0.34	-0.36	-0.35	-0.39
墨西哥	0.82	-0.03	0.01	0.42	0.06	-0.01	0.64	-0.12
中国台湾	0.53	-0.12	-0.26	-0.22	-0.31	-0.32	-0.42	-0.35
美国	5.99	-0.18	-0.09	-0.05	-0.04	-0.02	0.05	0.10
其他经济体	74.62	0.97	0.93	0.90	0.92	0.93	0.82	0.83

国家（地区） \ 年份		2007	2008	2009	2010	2011	2012	2013	2014
澳大利亚		-0.30	-0.26	-0.21	-0.11	-0.11	0.00	-0.03	-0.54
巴西		-0.17	-0.17	-0.16	-0.13	-0.13	-0.09	-0.10	-0.65
加拿大		0.51	0.95	1.12	1.02	0.89	0.96	1.84	3.83
瑞士		-0.61	-0.55	-0.51	-0.42	-0.39	-0.38	-0.36	-0.50
中国		-2.07	-2.00	-1.91	-1.75	-1.64	-1.57	-1.43	0.13
德国		-2.06	-1.91	-1.94	-1.79	-1.72	-1.75	-1.87	-0.22
西班牙		-0.47	-0.42	-0.28	-0.13	-0.19	-0.21	-0.21	0.03
法国		-0.87	-0.87	-0.88	-0.94	-0.94	-0.89	-0.86	-1.09
英国		0.06	0.04	-0.21	-0.14	-0.12	-0.17	-0.23	0.06
印度		-0.51	-0.57	-0.43	-0.60	-0.66	-0.59	-0.70	-0.87
意大利		-0.44	-0.40	-0.39	-0.51	-0.50	-0.43	-0.43	-0.23
日本		-0.28	-0.23	-0.26	-0.30	-0.31	-0.39	-0.42	-0.46
韩国		-0.46	-0.39	-0.41	-0.48	-0.44	-0.46	-0.46	-0.50
墨西哥		-0.13	-0.01	-0.22	-0.27	-0.34	-0.17	-0.24	-0.20
中国台湾		-0.41	-0.39	-0.43	-0.44	-0.39	-0.44	-0.36	-0.38
美国		0.15	0.10	0.13	0.14	0.09	0.18	0.15	0.64
其他经济体		0.88	0.78	0.75	0.71	0.71	0.65	0.61	-0.12

（六） 石油制品业 VRCA 指数国际比较

如表 2-6 所示：

（1）2000~2003 年，中国石油制品业 VRCA 指数为正值，但绝对值较低，并呈现逐年降低的态势，说明这一阶段中国石油制品业在世界范围内具备微弱的比较优势。2004~2014 年，中国石油制品业 VRCA 指数为负值，且其绝对值呈现逐年上升的态势，说明这一阶段中国石油制品业在世界范围内逐步处于比较劣势地位。

（2）2000 年，中国石油制品业 VRCA 指数为 0.16，居 17 个经济体第 6 位，是 VRCA 指数为正的经济体的最后一位；2014 年，中国石油制品业 VRCA 指数为-0.83，仅高于日本（-1.11），居 17 个经济体倒数第 2 位。

（3）石油制品业比较优势始终较高的经济体是俄罗斯（2000 年为 1.29，2014 年为 2.12）；由强转弱的主要经济体有澳大利亚（2000 年为 0.69，2014 年为-0.45）、英国（2000 年为 0.40，2014 年为-0.12）、加拿大（2000 年为 0.37，2014 年为-0.05）等；由弱转强的经济体有美国（2000 年为-0.70，2014 年为 0.23）、瑞士（2000 年为-1.66，2014 年为 0.06）等。

（4）中国石油制品业绝对优势始终不高。表 2-6 第 1 列展示了 2000 年 18 个经济体出口占全球出口比重。中国石油制品业这一数值在 2000 年为 1.34，位列 17 个经济体中下游；第三章表 3-55 则显示，到 2014 年中国石油制品业出口占全球出口比重达到 3.84%，居 17 个经济体第 7 位，与居第 1 位的美国这一比例（17.21%）差距较大。

表 2-6 2000~2014 年石油制品业 18 个经济体 VRCA 指数

国家（地区）	出口占全球出口比重（2000）	2000	2001	2002	2003	2004	2005	2006
澳大利亚	1.09	0.69	0.52	0.45	0.48	0.28	0.28	0.24
巴西	0.74	0.35	1.11	0.80	1.17	0.80	1.06	1.14
加拿大	2.96	0.37	0.54	0.63	0.72	0.65	0.62	0.59
瑞士	0.34	-1.66	-1.94	-2.14	-2.00	-1.90	-1.67	-1.64
中国	1.34	0.16	0.15	0.09	0.05	-0.10	-0.20	-0.31
德国	3.28	-0.14	-0.21	-0.21	-0.18	-0.14	-0.13	-0.10
西班牙	2.46	-0.13	-0.38	-0.42	-0.24	-0.06	-0.18	-0.10
法国	2.96	-0.95	-1.02	-0.94	-0.90	-0.89	-0.75	-0.67
英国	3.70	0.40	0.29	0.24	0.33	0.38	0.31	0.25
印度	0.09	-3.94	-3.27	-2.49	-1.36	-0.60	-0.10	-0.98
意大利	2.27	-1.01	-0.92	-0.80	-0.69	-0.75	-0.72	-0.65
日本	1.32	-2.04	-2.41	-2.28	-2.56	-2.34	-2.43	-2.41
韩国	4.99	-1.62	-1.78	-1.54	-1.69	-1.44	-1.33	-1.14
墨西哥	0.53	-0.01	-0.03	0.06	0.10	0.10	0.02	0.02
俄罗斯	1.87	1.29	1.21	1.52	1.28	1.25	1.33	1.31
中国台湾	0.35	-1.29	-1.51	-1.18	-1.19	-0.80	-0.66	-0.92
美国	6.55	-0.70	-0.55	-0.74	-0.67	-0.75	-0.83	-0.81
其他经济体	63.15	0.66	0.67	0.71	0.63	0.60	0.53	0.53

比重 年份 国家（地区）	2007	2008	2009	2010	2011	2012	2013	2014
澳大利亚	0.24	0.11	0.03	-0.07	-0.07	-0.03	-0.07	-0.45
巴西	1.15	0.82	0.82	0.38	0.37	0.54	0.44	-0.79
加拿大	0.59	0.69	0.71	0.60	0.54	0.62	0.56	-0.05
瑞士	-1.80	-1.42	-1.87	-1.80	-1.55	-1.52	-1.59	0.06
中国	-0.46	-0.46	-0.55	-0.69	-0.76	-0.78	-0.73	-0.83
德国	-0.12	-0.17	-0.17	-0.16	-0.19	-0.12	-0.08	-0.49
西班牙	-0.06	0.01	-0.18	-0.21	0.18	0.14	0.00	-0.01
法国	-0.64	-0.63	-0.54	-0.55	-0.68	-0.66	-0.69	-0.43
英国	0.27	0.41	0.26	0.09	0.02	-0.07	-0.22	-0.12
印度	-1.47	-1.01	-1.71	-1.18	-1.41	-0.32	-0.55	-0.50
意大利	-0.57	-0.68	-0.97	-0.64	-0.66	-0.71	-1.06	-0.67
日本	-2.54	-2.17	-2.10	-2.12	-1.74	-1.76	-1.57	-1.11
韩国	-1.10	-0.64	-1.04	-1.00	-0.68	-0.69	-1.05	-0.62
墨西哥	-0.10	-0.10	0.09	-0.17	-0.30	-0.41	-0.36	-0.19
俄罗斯	1.70	1.33	1.56	1.99	1.74	1.86	2.05	2.12
中国台湾	-0.75	-0.77	-0.95	-0.85	-0.85	-0.81	-0.70	-0.71
美国	-0.72	-0.58	-0.65	-0.36	-0.13	-0.22	0.01	0.23
其他经济体	0.50	0.39	0.46	0.45	0.39	0.33	0.30	0.76

（七）化工制品业 VRCA 指数国际比较

如表 2-7 所示：

（1）2000~2014 年，中国化工制品业 VRCA 指数始终为负值，且其绝对值呈现逐年上升的态势，说明中国化工制品业在世界范围内处于比较劣势地位。

（2）2000 年，中国化工制品业 VRCA 指数为-0.22，居 VRCA 指数为负的经济体的第 1 位；2014 年，中国化工制品业 VRCA 指数为-0.52，仅高于中国台湾（-0.76）和巴西（-0.70），居 17 个经济体倒数第 3 位。

（3）化工制品业比较优势较高的经济体有：德国（2000 年为 0.61，2014 年为 0.10）、美国（2000 年为 0.49，2014 年为 0.25）、日本（2000 年为 0.29，2014 年为 0.21）、法国（2000 年为 0.32，2014 年为 0.28）、加拿大（2000 年为 0.16，2014 年为 0.10）等。

（4）表 2-7 第 1 列展示了 2000 年 18 个经济体出口占全球出口比重。中国化工制品业这一数值在 2000 年为 2.18，位列 17 个经济体中下游，说明此时中国化工制品业的比较优势与绝对优势一致；第三章表 3-55 则显示，到 2014 年中国化工制品业出口占全球出口比重达到 7.28%，居 17 个经济体第 3 位，说明此时中国化工制品业的比较优势与绝对优势很不一致。

表 2-7　2000~2014 年化工制品业 18 个经济体 VRCA 指数

国家（地区） ＼ 比重/年份	出口占全球出口比重（2000）	2000	2001	2002	2003	2004	2005	2006
澳大利亚	0.37	-0.78	-0.75	-0.71	-0.68	-0.69	-0.72	-0.70
巴西	0.84	0.35	0.23	0.41	0.53	0.60	0.64	0.76
加拿大	1.90	0.16	0.21	0.23	0.18	0.22	0.22	0.22
瑞士	1.41	0.56	0.61	0.67	0.70	0.68	0.65	0.65
中国	2.18	-0.22	-0.12	-0.18	-0.24	-0.32	-0.35	-0.39
德国	11.76	0.61	0.39	0.42	0.51	0.47	0.48	0.52
西班牙	1.88	0.10	0.08	0.07	0.13	0.17	0.26	0.26
法国	6.88	0.32	0.30	0.29	0.34	0.41	0.47	0.49
英国	5.94	0.47	0.45	0.41	0.45	0.37	0.34	0.31
印度	1.13	-0.47	-0.60	-0.52	-0.32	-0.25	-0.22	0.04
意大利	3.18	-0.23	-0.22	-0.24	-0.20	-0.17	-0.11	-0.11
日本	7.18	0.29	0.32	0.37	0.25	0.19	0.20	0.17
韩国	3.27	-0.28	-0.41	-0.36	-0.24	-0.15	-0.03	0.01
墨西哥	0.86	-0.66	-0.67	-0.73	-0.78	-0.76	-0.80	-0.75
俄罗斯	1.07	-0.47	-0.71	-0.86	-0.81	-0.65	-0.68	-0.57
中国台湾	2.42	-0.55	-0.65	-0.64	-0.65	-0.55	-0.38	-0.76
美国	12.66	0.49	0.48	0.49	0.48	0.52	0.53	0.54
其他经济体	35.07	-0.40	-0.34	-0.35	-0.38	-0.37	-0.37	-0.36

国家（地区） ＼ 比重/年份	2007	2008	2009	2010	2011	2012	2013	2014
澳大利亚	-0.66	-0.66	-0.68	-0.56	-0.51	-0.51	-0.55	-0.28
巴西	0.75	0.60	0.74	0.62	0.55	0.65	0.60	-0.70
加拿大	0.21	0.26	0.20	0.24	0.25	0.21	0.20	0.10
瑞士	0.60	0.61	0.58	0.61	0.50	0.50	0.40	-0.30
中国	-0.39	-0.32	-0.37	-0.30	-0.25	-0.31	-0.28	-0.52
德国	0.48	0.57	0.74	0.84	0.75	0.83	0.80	0.10
西班牙	0.29	0.24	0.11	0.06	-0.09	-0.12	-0.09	-0.08
法国	0.56	0.59	0.62	0.49	0.44	0.46	0.47	0.28
英国	0.26	0.34	0.16	0.07	0.06	0.10	-0.07	-0.06
印度	-0.21	-0.37	-0.15	-0.18	-0.07	0.08	-0.04	-0.29
意大利	-0.12	-0.02	-0.05	-0.10	-0.16	-0.16	-0.23	-0.25
日本	0.15	0.01	0.35	0.21	0.14	0.16	0.37	0.21
韩国	0.02	0.08	0.05	0.07	0.13	0.12	0.18	-0.01
墨西哥	-0.78	-0.75	-0.53	-0.51	-0.47	-0.35	-0.44	-0.48
俄罗斯	-0.20	-0.12	-0.50	-0.25	-0.11	-0.04	-0.12	-0.17
中国台湾	-0.87	-0.78	-0.68	-0.72	-0.69	-0.67	-0.93	-0.76
美国	0.51	0.49	0.54	0.55	0.48	0.49	0.46	0.25
其他经济体	-0.35	-0.34	-0.37	-0.39	-0.37	-0.37	-0.37	0.15

（八）医药制品业 VRCA 指数国际比较

如表 2-8 所示：

（1）2000~2013 年，中国医药制品业 VRCA 指数始终为正值，但绝对值不高，说明这一阶段中国医药制品业在世界范围内处于微弱比较优势地位。2014 年中国医药制品业 VRCA 指数转为负值，呈现弱势地位。

（2）2000 年，中国医药制品业 VRCA 指数为 0.15，居 17 个经济体第 5 位；2014 年，中国医药制品业 VRCA 指数为 -0.19，位居 17 个经济体中游。

（3）医药制品业比较优势较高的经济体有：瑞士（2000 年为 4.92，2014 年为 2.38）、英国（2000 年为 1.40，2014 年为 0.36）、意大利（2000 年为 0.20，2014 年为 0.50）等；比较优势由弱转强的经济体有：德国（2000 年为 -0.70，2014 年为 0.16）、法国（2000 年为 -0.19，2014 年为 0.04）等；比较优势由强转弱的经济体有美国（2000 年为 0.14，2014 年为 -0.22）等。

（4）表 2-8 第 1 列展示了 2000 年 17 个经济体出口占全球出口比重。中国医药制品业这一数值在 2000 年为 1.18，位列 17 个经济体中下游；第三章表 3-55 则显示，到 2014 年中国医药制品业出口占全球出口比重达到 7.28%，居 17 个经济体第 6 位。中国医药制品业两个时期的比较优势与绝对优势状况差别很大。

表 2-8　2000~2014 年医药制品业 17 个经济体 VRCA 指数

国家（地区）	出口占全球出口比重（2000）	2000	2001	2002	2003	2004	2005	2006
澳大利亚	0.56	0.26	0.25	0.13	0.20	0.23	0.30	0.27
巴西	0.23	0.06	0.03	0.05	0.05	0.07	0.09	0.12
加拿大	1.41	0.01	0.14	0.15	0.26	0.33	0.33	0.48
瑞士	7.64	4.92	5.27	5.61	5.71	6.22	6.73	7.58
中国	1.18	0.15	0.15	0.13	0.17	0.16	0.16	0.19
德国	8.90	-0.70	-0.42	-0.44	-0.27	-0.34	-0.50	-0.35
西班牙	1.81	-0.41	-0.46	-0.38	-0.39	-0.36	-0.02	0.07
法国	6.86	-0.19	-0.19	-0.26	-0.25	-0.24	-0.09	-0.05
英国	8.45	1.40	1.52	1.54	1.77	1.70	1.57	1.74
印度	0.17	-0.26	-0.27	-0.24	-0.18	-0.18	-0.20	-0.13
意大利	4.74	0.20	0.08	0.07	0.00	-0.11	0.06	-0.01
日本	1.82	-0.42	-0.38	-0.43	-0.47	-0.05	-0.05	-0.08
韩国	0.39	-0.55	-0.57	-0.56	-0.53	-0.57	-0.60	-0.63
墨西哥	0.59	-0.78	-0.79	-0.84	-0.92	-0.79	-0.72	-0.76
中国台湾	0.12	-0.18	-0.20	-0.18	-0.18	-0.17	-0.15	-0.15
美国	15.96	0.14	-0.02	-0.05	-0.08	-0.01	-0.05	-0.09
其他经济体	39.17	-0.33	-0.45	-0.42	-0.49	-0.54	-0.52	-0.57

续表

比重 年份 国家（地区）	2007	2008	2009	2010	2011	2012	2013	2014
澳大利亚	0.31	0.17	0.16	0.12	0.05	0.09	0.09	-1.07
巴西	0.12	0.12	0.16	0.14	0.13	0.16	0.15	-0.86
加拿大	0.64	0.62	0.85	0.72	0.64	0.57	0.62	-0.41
瑞士	7.38	8.04	7.72	8.62	8.87	9.13	9.11	2.38
中国	0.19	0.21	0.23	0.24	0.17	0.13	0.11	-0.19
德国	-0.36	-0.34	-0.32	-0.53	-0.61	-0.93	-0.91	0.16
西班牙	0.19	0.08	-0.45	-0.63	-0.72	-0.73	-0.75	-0.57
法国	-0.06	0.11	-0.04	0.10	0.06	0.25	0.28	0.04
英国	1.78	2.11	1.72	1.23	1.16	1.06	0.50	0.36
印度	-0.16	-0.19	-0.13	-0.15	-0.14	-0.11	-0.12	-0.11
意大利	-0.11	-0.10	0.25	0.46	0.37	0.44	0.56	0.50
日本	-0.11	0.00	0.03	-0.03	-0.02	-0.07	-0.01	-0.01
韩国	-0.65	-0.56	-0.57	-0.34	-0.38	-0.39	-0.38	-0.28
墨西哥	-0.72	-0.68	-0.73	-0.69	-0.63	-0.73	-0.73	-0.46
中国台湾	-0.16	-0.20	-0.26	-0.22	-0.24	-0.24	-0.28	-0.21
美国	-0.14	-0.21	-0.28	-0.22	-0.26	-0.24	-0.23	-0.22
其他经济体	-0.57	-0.64	-0.67	-0.64	-0.54	-0.48	-0.47	0.11

（九）橡胶和塑料制品业 VRCA 指数国际比较

如表 2-9 所示：

（1）2000~2014 年，中国橡胶和塑料制品业 VRCA 指数始终为正值，且绝对值较高，说明中国橡胶和塑料制品业在世界范围内具有较强的比较优势。

（2）2000 年，中国橡胶和塑料制品业 VRCA 指数为 1.09，居 17 个经济体第 1 位；2014 年，中国橡胶和塑料制品业 VRCA 指数为 0.25，居 17 个经济体第 5 位。

（3）橡胶和塑料制品业比较优势较高的经济体还有：加拿大（2000 年为 0.98，2014 年为 0.43）、日本（2000 年为 0.11，2014 年为 0.69）、西班牙（2000 年为 0.32，2014 年为 0.33）、韩国（2000 年为 0.51，2014 年为 0.33）、意大利（2000 年为 0.35，2014 年为 0.15）、德国（2000 年为 0.65，2014 年为 0.03）等。

（4）表 2-9 第 1 列展示了 2000 年 18 个经济体出口占全球出口比重。中国橡胶和塑料制品业这一数值在 2000 年为 5.49，居 17 个经济体第 5 位，与比较优势居 17 个经济体第 1 位有差距；第三章表 3-55 则显示，到 2014 年中国橡胶和塑料制品业出口占全球出口比重达到 16.92%，居 17 个经济体第 1 位，与比较优势居 17 个经济体第 6 位又呈现另一种差距。

表 2-9　2000~2014 年橡胶和塑料制品业 18 个经济体 VRCA 指数

国家（地区） \ 年份	出口占全球出口比重（2000）	2000	2001	2002	2003	2004	2005	2006
澳大利亚	0.35	-0.55	-0.57	-0.51	-0.49	-0.50	-0.51	-0.52
巴西	0.60	-0.06	-0.06	-0.05	0.12	0.16	0.23	0.29
加拿大	7.43	0.98	1.16	1.31	1.17	1.16	1.12	0.99
瑞士	1.03	-0.16	-0.16	-0.12	-0.12	-0.11	-0.14	-0.15
中国	5.49	1.09	1.00	0.86	0.72	0.66	0.78	0.75
德国	9.96	0.65	0.63	0.70	0.70	0.66	0.70	0.73
西班牙	2.01	0.32	0.34	0.29	0.29	0.35	0.37	0.40
法国	4.67	-0.01	-0.09	-0.11	-0.06	-0.08	-0.09	-0.02
英国	3.81	0.12	0.03	0.04	0.06	0.06	0.04	-0.03
印度	0.67	0.04	0.06	0.02	-0.04	-0.09	-0.15	-0.01
意大利	5.03	0.35	0.33	0.34	0.35	0.38	0.44	0.45
日本	5.73	0.11	0.11	0.15	0.30	0.41	0.54	0.58
韩国	2.03	0.51	0.56	0.53	0.47	0.47	0.51	0.42
墨西哥	2.22	-0.45	-0.42	-0.49	-0.35	-0.28	-0.35	-0.52
俄罗斯	0.07	-0.60	-0.61	-0.59	-0.58	-0.61	-0.60	-0.62
中国台湾	3.36	0.45	0.61	0.41	0.40	0.43	0.47	0.40
美国	9.92	0.03	0.02	-0.02	-0.07	-0.06	-0.11	-0.13
其他经济体	35.62	-0.19	-0.21	-0.23	-0.27	-0.30	-0.32	-0.30

国家（地区） \ 年份	2007	2008	2009	2010	2011	2012	2013	2014
澳大利亚	-0.47	-0.50	-0.49	-0.46	-0.45	-0.45	-0.47	-0.64
巴西	0.34	0.23	0.25	0.23	0.20	0.22	0.18	-0.60
加拿大	0.81	0.61	0.70	0.73	0.71	0.76	0.71	0.43
瑞士	-0.15	-0.14	-0.28	-0.25	-0.26	-0.34	-0.32	-0.02
中国	0.67	0.62	0.53	0.48	0.53	0.67	0.70	0.25
德国	0.70	0.78	0.90	0.95	0.92	0.95	0.97	0.03
西班牙	0.45	0.51	0.59	0.59	0.61	0.52	0.48	0.33
法国	-0.02	0.01	0.03	-0.04	-0.06	-0.06	-0.01	0.03
英国	0.00	0.03	-0.07	-0.07	-0.06	-0.15	-0.16	-0.17
印度	-0.17	-0.21	-0.20	-0.18	-0.07	0.02	-0.03	-0.16
意大利	0.45	0.54	0.54	0.48	0.41	0.34	0.30	0.15
日本	0.63	0.63	0.79	0.84	0.91	0.88	0.93	0.69
韩国	0.33	0.36	0.37	0.37	0.36	0.41	0.45	0.33
墨西哥	-0.53	-0.52	-0.43	-0.59	-0.54	-0.61	-0.49	-0.45
俄罗斯	-0.68	-0.68	-0.79	-0.82	-0.83	-0.82	-0.79	-0.71
中国台湾	0.43	0.50	0.49	0.43	0.35	0.42	0.37	0.23
美国	-0.14	-0.14	-0.18	-0.19	-0.23	-0.22	-0.21	-0.26
其他经济体	-0.29	-0.26	-0.23	-0.25	-0.28	-0.28	-0.30	-0.13

（十）其他非金属制品业 VRCA 指数国际比较

如表 2-10 所示：

（1）2000～2006 年，中国其他非金属制品业 VRCA 指数为正值，但绝对值不高，说明这一时期中国其他非金属制品业世界范围内处于微弱比较优势地位。2007～2014 年，中国其他非金属制品业 VRCA 指数转为负值（2012 年、2013 年为正值），但绝对值不高，说明这一时期中国其他非金属制品业世界范围内处于微弱比较劣势地位。

（2）2000 年，中国其他非金属制品业 VRCA 指数为 0.10，居 17 个经济体第 8 位；2014 年，中国其他非金属制品业 VRCA 指数为-0.22，居 17 个经济体倒数第 7 位。

（3）其他非金属制品业比较优势较高的经济体有：意大利（2000 年为 0.78，2014 年为 0.99）、西班牙（2000 年为 0.58，2014 年为 1.16）、墨西哥（2000 年为 0.26，2014 年为 0.50）、德国（2000 年为 0.17，2014 年为 0.29）、美国（2000 年为 0.01，2014 年为 0.05）等。

（4）表 2-10 第 1 列展示了 2000 年 18 个经济体出口占全球出口比重。中国其他非金属制品业这一数值在 2000 年为 2.23，居 17 个经济体第 7 位，与比较优势居 17 个经济体第 8 位比较一致；第三章表 3-55 则显示，到 2014 年中国其他非金属制品业出口占全球出口比重达到 27.82%，居 17 个经济体第 1 位，与比较优势居 17 个经济体倒数第 7 位差距甚大。

表 2-10　2000～2014 年其他非金属制品业 18 个经济体 VRCA 指数

比重　　年份 国家（地区）	出口占全球出口比重（2000）	2000	2001	2002	2003	2004	2005	2006
澳大利亚	0.23	-0.38	-0.36	-0.31	-0.30	-0.32	-0.37	-0.37
巴西	0.64	0.39	0.40	0.61	0.68	0.75	0.72	0.74
加拿大	1.96	-3.43	-3.43	-3.35	-3.60	-3.80	-4.05	-4.12
瑞士	0.40	0.05	0.04	0.04	0.06	0.07	0.06	0.05
中国	2.23	0.10	0.19	0.31	0.22	0.13	0.08	0.01
德国	4.94	0.17	0.21	0.26	0.24	0.23	0.19	0.19
西班牙	2.41	0.58	0.54	0.54	0.49	0.47	0.41	0.34
法国	2.55	0.11	0.09	0.09	0.07	0.05	0.02	0.01
英国	2.01	0.13	0.13	0.11	0.10	0.09	0.05	0.03
印度	0.45	-0.16	0.04	0.06	0.11	-0.02	0.01	-0.32
意大利	5.10	0.78	0.76	0.76	0.75	0.71	0.61	0.60
日本	3.57	-0.15	-0.10	-0.07	-0.02	-0.02	0.02	0.03
韩国	0.60	-0.16	-0.22	-0.30	-0.38	-0.31	-0.29	-0.25
墨西哥	1.24	0.26	0.31	0.29	0.29	0.34	0.35	0.31
俄罗斯	0.12	-0.43	-0.41	-0.46	-0.41	-0.39	-0.40	-0.36
中国台湾	0.45	-0.26	-0.30	-0.37	-0.42	-0.45	-0.50	-0.49
美国	4.72	0.01	0.03	-0.08	-0.06	-0.05	-0.04	-0.06
其他经济体	66.36	0.69	0.68	0.67	0.68	0.70	0.73	0.77

续表

比重 年份 国家（地区）	2007	2008	2009	2010	2011	2012	2013	2014
澳大利亚	-0.34	-0.32	-0.25	-0.24	-0.25	-0.20	-0.20	-0.49
巴西	0.64	0.41	0.36	0.36	0.26	0.28	0.29	0.06
加拿大	-4.21	-4.19	-4.20	-4.33	-4.43	-4.40	-4.36	0.15
瑞士	0.05	0.06	0.03	0.04	0.03	0.02	0.01	-0.24
中国	-0.11	-0.13	-0.05	-0.02	-0.03	0.14	0.18	-0.22
德国	0.20	0.20	0.24	0.26	0.23	0.22	0.22	0.29
西班牙	0.37	0.43	0.49	0.58	0.54	0.58	0.62	1.16
法国	0.03	0.00	-0.01	-0.04	-0.06	-0.04	-0.03	-0.02
英国	0.02	0.01	-0.08	-0.11	-0.12	-0.13	-0.15	-0.24
印度	-0.50	-0.56	-0.27	-0.37	-0.31	-0.73	-0.72	-0.92
意大利	0.57	0.54	0.42	0.56	0.52	0.45	0.45	0.99
日本	0.06	0.04	0.21	0.26	0.18	0.09	0.04	0.11
韩国	-0.20	-0.22	-0.20	-0.19	-0.21	-0.13	-0.09	-0.12
墨西哥	0.25	0.25	0.24	0.26	0.21	0.20	0.23	0.50
俄罗斯	-0.30	-0.34	-0.19	-0.23	-0.25	-0.20	-0.18	-0.33
中国台湾	-0.49	-0.52	-0.46	-0.51	-0.44	-0.34	-0.34	-0.58
美国	-0.04	-0.01	-0.02	0.03	0.02	0.01	0.03	0.05
其他经济体	0.81	0.83	0.87	0.83	0.84	0.84	0.81	-0.21

（十一）基础金属制品业 VRCA 指数国际比较

如表 2-11 所示：

（1）2001~2014 年，中国基础金属制品业 VRCA 指数为负值，且绝对值逐年上升，说明这一时期中国基础金属制品业在世界范围内处于比较劣势地位。

（2）2000 年，中国基础金属制品业 VRCA 指数为 0.10，居 17 个经济体第 8 位；2014 年，中国基础金属制品业 VRCA 指数为 -1.50，仅高于印度，居 17 个经济体倒数第 2 位。

（3）基础金属制品业比较优势较高的经济体有：俄罗斯（2000 年为 1.75，2014 年为 1.29）、澳大利亚（2000 年为 4.08，2014 年为 1.03）、加拿大（2000 年为 -0.04，2014 年为 0.99）、巴西（2000 年为 1.76，2014 年为 0.96）、英国（2000 年为 0.27，2014 年为 0.47）、法国（2000 年为 0.43，2014 年为 0.24）等。

（4）表 2-11 第 1 列展示了 2000 年 18 个经济体出口占全球出口比重。中国基础金属制品业这一数值在 2000 年为 5.94，居 17 个经济体第 3 位，与比较优势居 17 个经济体第 8 位有差距；第三章表 3-55 则显示，到 2014 年中国基础金属制品业出口占全球出口比重达到 10.75%，居 17 个经济体第 1 位，与比较优势居 17 个经济体倒数第 2 位差距更大。

表 2-11　2000~2014 年基础金属制品业 18 个经济体 VRCA 指数

国家（地区）＼年份	出口占全球出口比重（2000）	2000	2001	2002	2003	2004	2005	2006
澳大利亚	3.81	4.08	3.95	3.84	3.71	3.15	2.85	3.28
巴西	1.87	1.76	1.38	1.86	2.00	1.94	1.96	1.91
加拿大	3.78	-0.04	-0.20	-0.10	-0.33	-0.22	-0.24	-0.05
瑞士	0.62	0.64	0.56	0.55	0.46	0.41	0.34	0.40
中国	5.94	0.10	-0.02	-0.01	-0.15	-0.07	-0.40	-0.31
德国	6.77	0.55	0.53	0.49	0.47	0.41	0.48	0.47
西班牙	1.97	-0.17	-0.21	-0.27	-0.20	-0.16	-0.07	-0.07
法国	2.78	0.43	0.43	0.46	0.48	0.47	0.52	0.52
英国	1.88	0.27	0.32	0.17	0.15	0.25	0.33	0.23
印度	1.98	-1.78	-1.64	-1.04	-0.93	-0.96	-0.87	-1.24
意大利	3.21	-0.41	-0.38	-0.33	-0.25	-0.18	-0.10	-0.10
日本	7.33	-0.58	-0.34	-0.35	-0.38	-0.61	-0.59	-0.71
韩国	3.42	-1.11	-1.13	-1.18	-1.05	-1.08	-1.05	-1.00
墨西哥	1.58	-0.11	-0.08	0.00	0.04	0.07	0.13	0.14
俄罗斯	3.83	1.75	1.73	2.01	1.70	2.03	1.49	1.54
中国台湾	1.90	-0.57	-0.48	-0.65	-0.71	-0.91	-0.73	-0.83
美国	3.60	-0.15	-0.06	-0.09	-0.02	-0.10	-0.05	-0.08
其他经济体	43.73	-0.17	-0.14	-0.16	-0.16	-0.15	-0.13	-0.11

国家（地区）＼年份	2007	2008	2009	2010	2011	2012	2013	2014
澳大利亚	3.52	2.80	3.39	2.80	2.40	2.41	2.04	1.03
巴西	1.73	1.63	1.59	1.33	1.35	1.38	1.23	0.96
加拿大	0.06	-0.07	-0.20	0.25	0.46	0.19	0.20	0.99
瑞士	0.39	0.40	0.30	0.34	0.35	0.34	0.30	0.17
中国	-0.48	-0.54	-0.86	-0.84	-0.90	-1.03	-1.17	-1.50
德国	0.45	0.50	0.55	0.44	0.40	0.44	0.45	-0.12
西班牙	-0.02	0.12	0.13	0.10	0.06	0.08	0.09	0.05
法国	0.56	0.57	0.51	0.39	0.39	0.37	0.32	0.24
英国	0.34	0.34	0.19	0.17	0.25	0.20	0.74	0.47
印度	-1.67	-1.54	-1.70	-1.48	-1.85	-2.27	-2.23	-1.82
意大利	-0.10	0.07	0.26	0.31	0.30	0.44	0.27	0.13
日本	-0.87	-0.86	-0.29	-0.80	-0.65	-0.67	-0.70	-0.67
韩国	-1.06	-1.24	-1.26	-1.21	-1.19	-1.05	-0.92	-0.74
墨西哥	0.26	0.36	0.64	0.68	0.82	0.63	0.55	0.37
俄罗斯	2.11	1.18	1.70	1.76	1.31	1.66	1.56	1.29
中国台湾	-0.83	-0.75	-0.56	-0.84	-0.81	-0.75	-0.74	-0.65
美国	-0.07	-0.06	0.02	-0.05	-0.11	-0.10	-0.11	-0.12
其他经济体	-0.12	0.00	0.06	0.07	0.08	0.13	0.12	0.44

（十二）金属制品业（机械设备除外）VRCA 指数国际比较

如表 2-12 所示：

（1）2000~2014 年，中国金属制品业 VRCA 指数为正值，且绝对值较高，说明这一时期中国金属制品业在世界范围内处于较强的比较优势地位。

（2）2000 年，中国金属制品业 VRCA 指数为 0.57，仅次于日本（0.86）和瑞士（0.59），居 17 个经济体第 3 位；2014 年，中国金属制品业 VRCA 指数为 0.73，仅次于日本（1.14），居 17 个经济体第 2 位。

（3）金属制品业比较优势较高的经济体还有：日本（2000 年为 0.86，2014 年为 1.14）、意大利（2000 年为 0.42，2014 年为 0.62）、中国台湾（2000 年为 0.55，2014 年为 0.46）、西班牙（2000 年为 0.07，2014 年为 0.25）、德国（2000 年为 0.52，2014 年为 0.10）等。

（4）表 2-12 第 1 列展示了 2000 年 17 个经济体出口占全球出口比重。中国金属制品业这一数值在 2000 年为 3.53，居 17 个经济体第 6 位，与比较优势居 17 个经济体第 3 位有差距；第三章表 3-55 则显示，到 2014 年中国金属制品业出口占全球出口比重达到 20.81%，居 17 个经济体第 1 位，与比较优势居 17 个经济体第 2 位基本一致。

表 2-12　2000~2014 年金属制品业（机械设备除外）17 个经济体 VRCA 指数

国家（地区）　　比重　年份	出口占全球出口比重（2000）	2000	2001	2002	2003	2004	2005	2006
澳大利亚	0.49	-0.06	-0.08	-0.05	-0.02	-0.05	-0.11	-0.11
巴西	0.31	-0.58	-0.58	-0.48	-0.38	-0.28	-0.20	-0.16
加拿大	4.12	-0.52	-0.60	-0.54	-0.62	-0.62	-0.66	-0.56
瑞士	1.32	0.59	0.53	0.52	0.56	0.55	0.54	0.50
中国	3.53	0.57	0.59	0.63	0.68	0.80	0.94	1.01
德国	8.82	0.52	0.53	0.53	0.57	0.55	0.62	0.63
西班牙	2.05	0.07	0.04	0.02	-0.04	0.04	0.05	-0.01
法国	3.24	-0.36	-0.36	-0.40	-0.40	-0.43	-0.40	-0.43
英国	2.89	-0.06	-0.11	-0.17	-0.19	-0.14	-0.15	-0.21
印度	0.68	-0.35	-0.50	-0.32	-0.44	-0.59	-0.75	-0.52
意大利	5.41	0.42	0.44	0.46	0.57	0.62	0.66	0.60
日本	10.53	0.86	1.09	1.05	0.98	0.96	1.05	0.95
韩国	2.65	0.45	0.40	0.22	0.16	-0.27	-0.17	-0.17
墨西哥	2.04	-0.08	0.11	0.20	0.03	0.05	0.13	0.07
中国台湾	3.51	0.55	0.63	0.48	0.51	0.44	0.53	0.44
美国	9.79	0.04	0.02	-0.03	-0.01	-0.08	-0.08	-0.17
其他经济体	38.60	-0.11	-0.12	-0.10	-0.15	-0.13	-0.18	-0.19

续表

比重　　年份 国家（地区）	2007	2008	2009	2010	2011	2012	2013	2014
澳大利亚	-0.09	-0.17	-0.13	-0.10	-0.08	-0.08	-0.15	-0.56
巴西	-0.17	-0.17	-0.14	-0.14	-0.13	-0.04	-0.12	-0.29
加拿大	-0.52	-0.70	-0.88	-0.89	-0.85	-0.97	-1.00	-0.07
瑞士	0.51	0.46	0.39	0.46	0.43	0.38	0.33	-0.05
中国	1.05	1.09	0.95	0.95	1.00	1.03	0.97	0.73
德国	0.54	0.58	0.67	0.73	0.71	0.71	0.71	0.10
西班牙	0.05	0.19	0.26	0.36	0.30	0.33	0.32	0.25
法国	-0.42	-0.35	-0.36	-0.33	-0.38	-0.36	-0.35	-0.36
英国	-0.26	-0.26	-0.33	-0.44	-0.46	-0.52	-0.30	-0.47
印度	-0.75	-0.59	-0.87	-1.02	-0.95	-0.79	-0.67	-0.53
意大利	0.60	0.74	0.98	0.81	0.83	0.83	0.80	0.62
日本	0.93	0.88	1.03	1.10	1.24	1.33	1.37	1.14
韩国	-0.30	-0.15	0.08	-0.13	-0.34	-0.14	-0.15	-0.14
墨西哥	0.17	0.07	0.13	-0.01	0.04	-0.01	0.05	0.06
中国台湾	0.42	0.52	0.46	0.50	0.57	0.55	0.54	0.46
美国	-0.17	-0.18	-0.13	-0.09	-0.14	-0.11	-0.08	-0.13
其他经济体	-0.15	-0.16	-0.12	-0.15	-0.18	-0.18	-0.17	-0.37

（十三）计算机电子光学制造业 VRCA 指数国际比较

如表 2-13 所示：

（1）2000~2014 年，中国计算机电子光学制造业 VRCA 指数为正值，且绝对值较高，说明这一时期中国计算机电子光学制造业在世界范围内处于较强的比较优势地位。

（2）2000 年，中国计算机电子光学制造业 VRCA 指数为 1.01，居 17 个经济体第 1位；2014 年，中国计算机电子光学制造业 VRCA 指数为 0.25，仅次于中国台湾（1.20）和韩国（0.89），居 17 个经济体第 3 位。

（3）计算机电子光学制造业比较优势较高的经济体还有：中国台湾（2000 年为 0.98，2014 年为 1.20）、韩国（2000 年为 0.72，2014 年为 0.89）、日本（2000 年为 0.54，2014年为 0.09）、瑞士（2000 年为 0.62，2014 年为 0.00）等。

（4）表 2-13 第 1 列展示了 2000 年 18 个经济体出口占全球出口比重。中国计算机电子光学制造业这一数值在 2000 年为 5.44，居 17 个经济体第 6 位，与比较优势居 17 个经济体第 1 位有差距；第三章表 3-55 则显示，到 2014 年中国计算机电子光学制造业出口占全球出口比重达到 30.82%，居 17 个经济体第 1 位，与比较优势居 17 个经济体第 3 位又呈现另一种差距。

表 2-13　2000~2014 年计算机电子光学制造业 18 个经济体 VRCA 指数

国家（地区）	出口占全球出口比重（2000）	2000	2001	2002	2003	2004	2005	2006
澳大利亚	0.18	0.07	0.09	0.07	0.07	0.04	0.02	0.01
巴西	0.32	0.19	0.25	0.28	0.21	0.09	0.20	0.18
加拿大	2.08	0.36	0.29	0.22	0.22	0.17	0.16	0.18
瑞士	1.15	0.62	0.71	0.75	0.79	0.77	0.85	0.86
中国	5.44	1.01	1.05	1.14	1.40	1.49	1.59	1.55
德国	6.37	0.36	0.41	0.40	0.43	0.37	0.38	0.35
西班牙	0.65	−0.31	−0.30	−0.28	−0.27	−0.27	−0.28	−0.30
法国	3.91	0.03	0.04	0.02	−0.03	0.00	0.04	0.05
英国	5.31	−0.01	0.11	0.21	−0.02	−0.08	0.03	0.17
印度	0.07	−0.46	−0.54	−0.71	−0.85	−0.81	−0.83	−0.70
意大利	1.32	−0.35	−0.33	−0.35	−0.36	−0.37	−0.33	−0.30
日本	12.08	0.54	0.53	0.58	0.49	0.49	0.48	0.46
韩国	7.05	0.72	0.78	1.12	1.28	1.36	1.44	1.48
墨西哥	4.59	0.13	0.34	0.30	0.17	0.14	0.11	0.03
俄罗斯	0.10	−0.31	−0.37	−0.41	−0.43	−0.44	−0.50	−0.56
中国台湾	8.12	0.98	1.03	0.84	1.15	1.26	1.34	1.72
美国	16.59	−0.06	−0.07	−0.22	−0.21	−0.27	−0.32	−0.34
其他经济体	0.08	−0.72	−0.78	−0.79	−0.81	−0.81	−0.88	−0.95

国家（地区）	2007	2008	2009	2010	2011	2012	2013	2014
澳大利亚	0.00	−0.01	−0.01	−0.02	−0.04	−0.03	−0.03	−0.66
巴西	0.08	−0.01	−0.01	−0.11	−0.16	−0.17	−0.21	−0.83
加拿大	0.21	0.26	0.36	0.26	0.23	0.22	0.19	−0.37
瑞士	0.90	1.07	0.97	1.03	1.15	1.21	1.14	0.00
中国	1.52	1.69	1.88	1.59	1.53	1.58	1.44	0.25
德国	0.39	0.39	0.40	0.34	0.36	0.35	0.33	−0.11
西班牙	−0.37	−0.51	−0.42	−0.49	−0.44	−0.42	−0.46	−0.30
法国	−0.01	−0.01	−0.01	−0.01	0.03	0.04	0.01	−0.01
英国	−0.16	−0.15	−0.10	−0.16	−0.15	−0.16	−0.27	−0.16
印度	−0.75	−0.52	−0.67	−0.61	−0.58	−0.52	−0.70	−0.53
意大利	−0.28	−0.30	−0.33	−0.39	−0.32	−0.31	−0.30	−0.20
日本	0.52	0.46	0.40	0.24	0.32	0.36	0.19	0.09
韩国	1.68	1.70	1.78	1.77	2.05	1.62	1.57	0.89
墨西哥	0.04	0.07	0.11	0.00	−0.09	0.09	−0.06	0.00
俄罗斯	−0.53	−0.53	−0.52	−0.51	−0.48	−0.49	−0.47	−0.31
中国台湾	1.73	2.16	2.06	2.08	2.26	2.33	1.81	1.20
美国	−0.53	−0.54	−0.83	−0.78	−0.75	−0.81	−0.45	−0.29
其他经济体	−0.89	−0.92	−0.96	−0.96	−0.99	−1.02	−1.02	−0.07

（十四）电气设备制造业 VRCA 指数国际比较

如表 2-14 所示：

（1）2000~2014 年，中国电气设备制造业 VRCA 指数为正值，且绝对值较高，说明这一时期中国电气设备制造业在世界范围内处于较强的比较优势地位。

（2）2000 年，中国电气设备制造业 VRCA 指数为 1.27，仅次于日本（1.59），居 17 个经济体第 2 位；2014 年，中国电气设备制造业 VRCA 指数为 1.09，居 17 个经济体第 1 位。

（3）电气设备制造业比较优势较高的经济体还有：日本（2000 年为 1.59，2014 年为 0.60）、墨西哥（2000 年为 0.50，2014 年为 0.66）、意大利（2000 年为 0.44，2014 年为 0.34）、法国（2000 年为 0.22，2014 年为 0.13）等。

（4）表 2-14 第 1 列展示了 2000 年 17 个经济体出口占全球出口比重。中国电气设备制造业这一数值在 2000 年为 6.63，居 17 个经济体第 4 位，与比较优势居 17 个经济体第 2 位有差距；第三章表 3-55 则显示，到 2014 年中国电气设备制造业出口占全球出口比重达到 33.85%，居 17 个经济体第 1 位，与比较优势居 17 个经济体第 1 位完全一致。

表 2-14　2000~2014 年电气设备制造业 17 个经济体 VRCA 指数

比重　年份 国家（地区）	出口占全球出口比重（2000）	2000	2001	2002	2003	2004	2005	2006
澳大利亚	0.26	0.02	0.05	0.04	0.02	0.00	-0.05	-0.07
巴西	0.45	-0.45	-0.44	-0.38	-0.31	-0.27	-0.23	-0.19
加拿大	2.81	0.12	0.08	0.08	0.03	0.02	-0.01	-0.04
瑞士	1.47	0.61	0.62	0.61	0.63	0.65	0.68	0.71
中国	6.63	1.27	1.25	1.18	1.13	1.14	1.16	1.28
德国	11.86	0.94	0.94	0.94	0.94	0.96	0.99	1.00
西班牙	1.34	-0.17	-0.16	-0.22	-0.25	-0.23	-0.16	-0.13
法国	4.91	0.22	0.29	0.29	0.33	0.31	0.29	0.34
英国	4.29	0.09	0.06	-0.03	0.01	-0.02	-0.06	-0.06
印度	0.33	-0.49	-0.57	-0.56	-0.57	-0.65	-0.67	-0.43
意大利	4.68	0.44	0.45	0.49	0.51	0.53	0.59	0.58
日本	17.57	1.59	1.34	1.37	1.33	1.30	1.47	1.35
韩国	2.17	-0.41	-0.24	-0.36	-0.48	-0.54	-0.32	-0.15
墨西哥	5.05	0.50	0.30	0.23	0.54	0.52	0.60	0.75
中国台湾	2.26	-1.12	-1.13	-1.19	-1.13	-0.83	-0.67	-0.49
美国	8.04	-0.18	-0.18	-0.26	-0.25	-0.25	-0.22	-0.20
其他经济体	25.89	-0.64	-0.61	-0.63	-0.67	-0.68	-0.72	-0.77

续表

比重 年份 国家（地区）	2007	2008	2009	2010	2011	2012	2013	2014
澳大利亚	−0.07	−0.13	−0.08	−0.10	−0.10	−0.09	−0.11	−0.57
巴西	−0.28	−0.39	−0.37	−0.52	−0.55	−0.54	−0.56	−0.46
加拿大	−0.13	−0.28	−0.24	−0.37	−0.40	−0.48	−0.54	−0.30
瑞士	0.74	0.81	0.78	0.76	0.71	0.63	0.57	−0.25
中国	1.24	1.36	1.42	1.48	1.56	1.68	1.73	1.09
德国	0.95	1.02	1.18	1.16	1.14	1.13	1.10	0.17
西班牙	−0.06	−0.02	−0.05	−0.06	0.02	0.04	0.02	−0.07
法国	0.38	0.42	0.34	0.22	0.21	0.23	0.21	0.13
英国	0.00	0.01	−0.04	−0.03	0.02	−0.05	−0.07	−0.09
印度	−0.56	−0.38	−0.52	−0.47	−0.45	−0.37	−0.35	−0.28
意大利	0.63	0.71	0.75	0.42	0.57	0.56	0.54	0.34
日本	1.24	1.14	1.00	0.75	0.84	0.83	0.87	0.60
韩国	−0.18	−0.04	−0.04	0.07	0.07	0.36	0.48	0.22
墨西哥	0.91	1.10	1.14	0.99	0.87	0.84	0.82	0.66
中国台湾	−0.08	0.00	−0.05	−0.07	−0.27	−0.18	−0.18	−0.24
美国	−0.25	−0.25	−0.35	−0.32	−0.34	−0.36	−0.35	−0.33
其他经济体	−0.75	−0.76	−0.72	−0.72	−0.74	−0.76	−0.76	−0.57

（十五）机械和设备制造业 VRCA 指数国际比较

如表 2-15 所示：

（1）2000~2006 年，中国机械和设备制造业 VRCA 指数为负值，但绝对值较低，说明这一时期中国机械和设备制造业在世界范围内处于微弱的比较劣势地位。2007~2014 年，中国机械和设备制造业 VRCA 指数转为正值，但绝对值较低，说明这一时期中国机械和设备制造业在世界范围内处于微弱的比较优势地位。

（2）2000 年，中国机械和设备制造业 VRCA 指数为−0.18，居 17 个经济体倒数第 7 位；2014 年，中国机械和设备制造业 VRCA 指数为 0.10，居 17 个经济体第 6 位。

（3）机械和设备制造业比较优势较高的经济体有：意大利（2000 年为 1.26，2014 年为 1.49）、日本（2000 年为 1.29，2014 年为 0.90）、德国（2000 年为 1.57，2014 年为 0.75）、法国（2000 年为 0.27，2014 年为 0.38）、英国（2000 年为 0.49，2014 年为 0.11）、美国（2000 年为 0.41，2014 年为 0.08）等。

（4）表 2-15 第 1 列展示了 2000 年 18 个经济体出口占全球出口比重。中国机械和设备制造业这一数值在 2000 年为 2.07，居 17 个经济体倒数第 7 位，与比较优势居 17 个经济体倒数第 7 位完全一致；第三章表 3-55 则显示，到 2014 年中国机械和设备制造业出口占全球出口比重达到 17.84%，居 17 个经济体第 2 位，与比较优势居 17 个经济体第 6 位有差距。

表 2-15 2000~2014 年机械和设备制造业 18 个经济体 VRCA 指数

国家（地区）＼年份 比重	出口占全球出口比重（2000）	2000	2001	2002	2003	2004	2005	2006
澳大利亚	0.24	-0.11	-0.12	-0.14	-0.18	-0.23	-0.27	-0.35
巴西	0.60	0.05	-0.01	0.04	0.37	0.55	0.62	0.60
加拿大	3.15	0.36	0.39	0.43	0.41	0.38	0.39	0.39
瑞士	2.54	1.37	1.33	1.24	1.22	1.23	1.20	1.22
中国	2.07	-0.18	-0.22	-0.33	-0.38	-0.28	-0.11	-0.01
德国	15.98	1.57	1.60	1.60	1.59	1.59	1.69	1.69
西班牙	1.15	-0.20	-0.44	-0.37	-0.37	-0.35	-0.35	-0.27
法国	5.11	0.27	0.29	0.39	0.41	0.40	0.45	0.51
英国	5.90	0.49	0.46	0.44	0.50	0.52	0.45	0.37
印度	0.24	-1.03	-1.11	-1.16	-1.18	-1.14	-1.34	-1.11
意大利	8.17	1.26	1.27	1.32	1.51	1.53	1.64	1.69
日本	11.60	1.29	1.23	1.04	1.08	1.17	1.11	1.08
韩国	1.67	-0.75	-0.54	-0.52	-0.55	-0.57	-0.44	-0.34
墨西哥	0.85	-0.87	-0.89	-0.75	-0.63	-0.58	-0.61	-0.60
俄罗斯	1.04	-0.92	-0.98	-1.23	-1.32	-1.97	-1.57	-1.55
中国台湾	2.26	-1.41	-0.86	-0.66	-0.74	-1.16	-1.07	-1.02
美国	16.54	0.41	0.39	0.41	0.34	0.43	0.46	0.46
其他经济体	20.88	-0.80	-0.83	-0.82	-0.84	-0.84	-0.86	-0.85

国家（地区）＼年份 比重	2007	2008	2009	2010	2011	2012	2013	2014
澳大利亚	-0.37	-0.48	-0.53	-0.51	-0.50	-0.53	-0.59	-0.81
巴西	0.52	0.39	0.20	0.24	0.27	0.36	0.23	-0.55
加拿大	0.36	0.33	0.44	0.34	0.33	0.38	0.34	-0.38
瑞士	1.11	1.10	0.86	0.97	0.97	0.77	0.71	-0.02
中国	0.37	0.55	0.55	0.45	0.49	0.57	0.68	0.10
德国	1.61	1.71	1.89	1.92	1.89	2.02	2.01	0.75
西班牙	-0.30	-0.14	-0.04	-0.09	-0.04	0.07	0.00
法国	0.50	0.53	0.54	0.54	0.50	0.55	0.52	0.38
英国	0.42	0.39	0.35	0.34	0.37	0.36	0.30	0.11
印度	-1.15	-0.99	-1.11	-1.05	-1.00	-0.83	-0.73	-0.50
意大利	1.59	1.77	2.12	2.04	2.06	2.14	2.17	1.49
日本	0.96	0.98	0.78	1.17	1.43	1.28	1.27	0.90
韩国	-0.36	-0.17	-0.30	-0.33	-0.30	-0.11	-0.08	-0.08
墨西哥	-0.48	-0.49	-0.48	-0.20	-0.18	-0.27	-0.21	-0.13
俄罗斯	-2.05	-2.24	-2.00	-1.89	-2.15	-2.03	-1.49	-1.00
中国台湾	-0.83	-0.57	-0.83	-1.04	-0.58	-0.44	-0.03	-0.06
美国	0.48	0.50	0.51	0.56	0.43	0.37	0.22	0.08
其他经济体	-0.92	-0.95	-0.94	-0.92	-0.91	-0.94	-0.96	-0.52

（十六）机动车辆制造业 VRCA 指数国际比较

如表 2-16 所示：

（1）2000~2014 年，中国机动车辆制造业 VRCA 指数始终为负值，且绝对值比较高，说明中国机动车辆制造业在世界范围内始终处于比较劣势地位。

（2）2000 年，中国机动车辆制造业 VRCA 指数为-0.08，居 17 个经济体倒数第 8 位；2014 年，中国机动车辆制造业 VRCA 指数为-0.30，居 17 个经济体倒数第 7 位。

（3）机动车辆制造业比较优势较高的经济体有：日本（2000 年为 2.35，2014 年为 2.27）、德国（2000 年为 1.90，2014 年为 0.99）、韩国（2000 年为 0.86，2014 年为 1.00）、墨西哥（2000 年为 1.01，2014 年为 0.86）、西班牙（2000 年为 0.51，2014 年为 0.35）等。

（4）表 2-16 第 1 列展示了 2000 年 18 个经济体出口占全球出口比重。中国机动车辆制造业这一数值在 2000 年为 0.31，居 17 个经济体倒数第 4 位，与比较优势居 17 个经济体倒数第 8 位有差距；第三章表 3-55 则显示，到 2014 年中国机动车辆制造业出口占全球出口比重达到 4.54%，居 17 个经济体第 6 位，与比较优势居 17 个经济体倒数第 7 位有差距。

表 2-16　2000~2014 年机动车辆制造业 18 个经济体 VRCA 指数

国家（地区）	出口占全球出口比重（2000）	2000	2001	2002	2003	2004	2005	2006
澳大利亚	0.43	0.24	0.27	0.24	0.27	0.23	0.24	0.19
巴西	1.01	1.23	1.24	1.21	1.40	1.51	1.80	1.72
加拿大	6.73	1.39	1.33	1.30	1.22	1.24	1.25	1.18
瑞士	0.11	-0.55	-0.53	-0.47	-0.47	-0.45	-0.47	-0.47
中国	0.31	-0.08	-0.10	-0.13	-0.17	-0.11	-0.05	-0.05
德国	17.82	1.90	1.97	1.89	1.91	1.85	1.98	1.96
西班牙	4.52	0.51	0.44	0.39	0.42	0.43	0.45	0.49
法国	7.31	0.14	0.13	0.14	0.24	0.31	0.26	0.12
英国	4.50	-0.50	-0.40	-0.44	-0.39	-0.35	-0.45	
印度	0.23	-0.22	-0.24	-0.25	-0.21	-0.18	-0.11	-0.05
意大利	3.33	-0.19	-0.27	-0.35	-0.34	-0.32	-0.20	-0.20
日本	16.15	2.35	2.61	2.69	2.52	2.43	2.70	2.91
韩国	2.63	0.86	1.03	0.97	1.13	1.29	1.43	1.48
墨西哥	6.38	1.01	1.18	1.00	1.09	1.01	1.02	1.08
俄罗斯	0.19	-1.01	-1.37	-1.14	-1.57	-2.25	-2.73	-3.26
中国台湾	0.38	-0.12	-0.08	-0.08	-0.09	-0.10	-0.14	-0.10
美国	11.72	-0.85	-0.88	-0.88	-0.82	-0.77	-0.68	-0.68
其他经济体	16.25	-0.70	-0.70	-0.68	-0.72	-0.77	-0.83	-0.77

续表

比重 年份 国家（地区）	2007	2008	2009	2010	2011	2012	2013	2014
澳大利亚	0.17	0.18	0.04	0.00	-0.02	0.01	0.02	-0.92
巴西	1.44	1.43	1.28	1.29	1.19	1.15	1.23	-0.37
加拿大	1.12	0.89	1.02	1.23	1.14	1.37	1.30	-0.36
瑞士	-0.49	-0.55	-0.76	-0.78	-0.73	-0.77	-0.78	-0.52
中国	-0.02	-0.01	-0.16	-0.17	-0.14	-0.13	-0.11	-0.30
德国	1.93	2.04	2.25	2.46	2.61	2.74	2.67	0.99
西班牙	0.51	0.77	1.08	0.98	0.85	0.72	0.67	0.35
法国	-0.02	-0.10	-0.13	-0.08	-0.07	-0.05	-0.08	-0.04
英国	-0.40	-0.22	-0.32	-0.29	-0.28	-0.22	-0.29	-0.23
印度	-0.14	-0.09	-0.10	-0.01	-0.11	0.03	0.13	0.16
意大利	-0.19	-0.06	-0.07	0.23	0.25	0.42	0.44	0.25
日本	2.97	3.24	3.28	3.16	2.98	3.30	3.54	2.27
韩国	1.42	1.40	1.50	1.57	1.62	1.71	1.70	1.00
墨西哥	1.12	1.21	1.35	1.01	0.70	1.45	1.33	0.86
俄罗斯	-3.63	-4.24	-2.87	-2.92	-3.68	-3.69	-3.19	-1.85
中国台湾	-0.07	0.00	-0.09	-0.11	-0.12	-0.09	-0.11	-0.10
美国	-0.57	-0.51	-0.64	-0.69	-0.65	-0.87	-1.01	-0.68
其他经济体	-0.79	-0.87	-0.87	-0.88	-0.85	-0.87	-0.84	-0.18

（十七）其他交通设备制造业 VRCA 指数国际比较

如表 2-17 所示：

（1）2000~2014 年，中国其他交通设备制造业 VRCA 指数始终为正值，但绝对值不算高，说明中国其他交通设备制造业在世界范围内处于微弱比较优势地位。

（2）2000 年，中国其他交通设备制造业 VRCA 指数为 0.33，居 17 个经济体第 9 位；2014 年，中国其他交通设备制造业 VRCA 指数为 0.08，居 17 个经济体第 10 位。

（3）其他交通设备制造业比较优势较高的经济体有：韩国（2000 年为 0.65，2014 年为 1.49）、法国（2000 年为 1.38，2014 年为 1.34）、美国（2000 年为 1.54，2014 年为 1.34）、日本（2000 年为 0.74，2014 年为 0.70）、意大利（2000 年为 0.46，2014 年为 0.48）、西班牙（2000 年为 0.01，2014 年为 0.26）等。

（4）表 2-17 第 1 列展示了 2000 年 17 个经济体出口占全球出口比重。中国其他交通设备制造业这一数值在 2000 年为 1.80，居 17 个经济体倒数第 7 位，与比较优势居 17 个经济体倒数第 8 位比较一致；第三章表 3-55 则显示，到 2014 年其他交通设备制造业出口占全球出口比重达到 10.04%，居 17 个经济体第 4 位，与比较优势居 17 个经济体第 10 位相比有差距。

表 2-17　2000~2014 年其他交通设备制造业 17 个经济体 VRCA 指数

国家（地区）	出口占全球出口比重（2000）	2000	2001	2002	2003	2004	2005	2006
澳大利亚	0.39	0.20	0.14	0.39	0.23	0.11	0.12	0.05
巴西	0.74	0.25	0.22	0.13	-0.03	0.54	0.28	0.15
加拿大	7.14	1.61	1.56	1.76	1.72	1.57	1.39	1.32
瑞士	0.28	-0.91	-1.09	-0.76	-0.73	-0.77	-0.95	-0.87
中国	1.80	0.33	0.11	0.17	0.30	0.29	0.28	0.26
德国	9.23	0.60	0.70	0.72	0.65	0.55	0.56	0.48
西班牙	1.28	0.01	-0.04	0.14	0.21	0.33	0.43	0.45
法国	12.56	1.38	1.35	1.22	1.31	1.30	1.42	1.58
英国	8.83	0.43	0.87	0.57	0.79	0.81	0.82	0.92
印度	0.26	-1.14	-1.07	-1.74	-2.47	-2.59	-2.47	-3.44
意大利	3.88	0.46	0.26	0.43	0.31	0.49	0.49	0.43
日本	7.18	0.74	0.72	0.57	0.72	0.96	1.09	0.97
韩国	4.03	0.65	1.15	1.14	0.95	1.02	1.00	1.38
墨西哥	0.62	0.04	0.08	0.12	0.08	0.12	0.09	0.07
中国台湾	2.00	0.24	-0.14	0.12	0.19	0.05	-0.08	0.13
美国	26.85	1.54	1.58	1.72	1.75	1.68	1.95	2.16
其他经济体	12.92	-1.37	-1.44	-1.43	-1.42	-1.36	-1.27	-1.28

国家（地区）	2007	2008	2009	2010	2011	2012	2013	2014
澳大利亚	0.05	0.05	0.04	-0.01	0.04	0.05	0.07	-0.49
巴西	0.33	0.22	-0.16	-0.35	-0.29	-0.13	0.29	-0.16
加拿大	1.40	1.31	1.52	1.24	1.24	1.32	1.22	-0.23
瑞士	-0.83	-0.87	-0.90	-1.03	-0.78	-0.80	-0.95	-0.18
中国	0.34	0.59	0.70	0.85	0.86	0.70	0.47	0.08
德国	0.56	0.54	0.60	0.46	0.50	0.69	0.60	0.22
西班牙	0.27	0.09	0.29	0.14	0.33	0.26	0.47	0.26
法国	1.57	1.95	1.45	1.65	1.48	1.78	1.86	1.34
英国	0.62	0.56	0.35	0.16	0.39	0.31	0.15	-0.15
印度	-2.08	-3.47	-1.36	-0.83	-0.06	-0.55	-0.47	0.13
意大利	0.60	0.54	0.71	0.55	0.53	0.54	0.52	0.48
日本	0.95	0.92	1.21	1.22	1.37	1.13	1.00	0.70
韩国	1.51	2.59	2.91	2.54	2.28	1.99	2.06	1.49
墨西哥	0.03	0.04	0.08	0.14	0.16	0.21	0.29	0.24
中国台湾	0.11	0.38	0.34	0.24	0.26	0.20	0.11	0.06
美国	2.12	1.85	1.92	1.71	1.78	1.88	1.87	1.34
其他经济体	-1.34	-1.24	-1.57	-1.44	-1.55	-1.51	-1.35	-0.98

（十八）家具制造业等 VRCA 指数国际比较

如表 2-18 所示：

（1）2000~2014 年，中国家具制造业等 VRCA 指数始终为正值，且绝对值很高，说明中国家具制造业等在世界范围内具有显著比较优势。

（2）2000 年，中国家具制造业等 VRCA 指数为 2.18，居 17 个经济体第 1 位；2014 年，中国家具制造业等 VRCA 指数为 1.03，仍然居 17 个经济体第 1 位。

（3）家具制造业等比较优势较高的经济体还有：意大利（2000 年为 1.29，2014 年为 0.57）、墨西哥（2000 年为 0.18，2014 年为 0.00）等。

（4）表 2-18 第 1 列展示了 2000 年 18 个经济体出口占全球出口比重。中国家具制造业等这一数值在 2000 年为 7.28，居 17 个经济体第 4 位，与比较优势居 17 个经济体第 1 位有差距；第三章表 3-55 则显示，到 2014 年家具制造业等出口占全球出口比重达到 20.28%，居 17 个经济体第 1 位，与比较优势位居 17 个经济体第 1 位完全一致。

表 2-18　2000~2014 年家具制造业等 18 个经济体 VRCA 指数

比重　　　年份 国家（地区）	出口占全球出口比重（2000）	2000	2001	2002	2003	2004	2005	2006
澳大利亚	0.19	-0.08	-0.09	-0.06	-0.03	-0.02	-0.04	-0.08
巴西	1.45	1.37	1.26	0.96	0.57	1.16	0.72	0.57
加拿大	7.35	1.60	1.44	1.54	1.41	1.46	1.15	1.07
瑞士	1.70	0.61	0.64	0.93	1.02	1.07	1.00	0.98
中国	7.28	2.18	1.98	1.87	1.85	1.56	1.85	1.94
德国	7.94	0.18	0.21	0.23	0.26	0.33	0.32	0.33
西班牙	1.39	-0.07	-0.05	-0.10	-0.16	-0.17	-0.25	-0.28
法国	3.16	-1.00	-0.96	-0.96	-1.00	-1.06	-1.05	-1.04
英国	3.30	-0.59	-0.57	-0.55	-0.54	-0.59	-0.57	-0.58
印度	1.29	0.23	0.03	0.17	-0.17	-0.79	-1.50	-0.47
意大利	7.18	1.29	1.17	1.13	1.04	0.96	0.87	0.90
日本	2.98	-0.70	-0.71	-0.70	-0.77	-0.75	-0.68	-0.61
韩国	1.74	0.36	0.35	0.17	0.25	0.10	-0.02	-0.15
墨西哥	2.44	0.18	0.21	0.19	0.31	0.19	0.14	0.00
俄罗斯	0.03	-0.78	-0.85	-0.82	-0.60	-0.57	-0.52	-0.53
中国台湾	1.81	0.34	0.28	0.25	0.38	0.39	0.34	0.36
美国	9.11	-0.96	-0.95	-1.11	-1.10	-1.06	-0.98	-0.94
其他经济体	39.66	-0.07	-0.07	-0.06	-0.11	-0.11	-0.14	-0.19

续表

比重　年份 国家（地区）	2007	2008	2009	2010	2011	2012	2013	2014
澳大利亚	-0.10	-0.09	-0.09	-0.05	-0.05	-0.06	-0.06	-0.65
巴西	0.72	0.67	0.44	0.56	0.43	0.56	1.11	-0.12
加拿大	0.85	0.74	0.70	0.72	0.73	0.72	0.76	-0.45
瑞士	0.92	1.05	0.90	1.05	1.00	1.01	1.06	-0.12
中国	2.03	1.83	1.79	1.29	1.35	1.74	1.81	1.03
德国	0.28	0.41	0.43	0.47	0.45	0.45	0.44	-0.40
西班牙	-0.35	-0.31	-0.41	-0.58	-0.49	-0.39	-0.42	-0.36
法国	-1.16	-1.20	-1.00	-0.86	-0.85	-0.73	-0.65	-0.51
英国	-0.50	-0.47	-0.46	-0.75	-0.67	-0.63	-0.78	-0.55
印度	-0.67	-1.44	-1.69	-3.43	-2.49	-1.16	-1.19	-0.61
意大利	0.83	0.91	0.83	0.94	0.91	0.95	0.97	0.57
日本	-0.55	-0.43	-0.48	-0.41	-0.32	-0.35	-0.38	-0.26
韩国	-0.19	-0.16	-0.14	-0.19	-0.22	-0.19	-0.18	-0.14
墨西哥	0.00	-0.10	0.01	-0.08	-0.15	-0.18	-0.10	0.00
俄罗斯	-0.53	-0.57	-0.62	-0.64	-0.64	-0.56	-0.53	-0.31
中国台湾	0.35	0.38	0.25	0.27	0.29	0.12	0.06	-0.01
美国	-0.93	-0.80	-0.83	-0.84	-0.74	-0.71	-0.79	-0.62
其他经济体	-0.27	-0.32	-0.33	-0.18	-0.30	-0.43	-0.48	0.27

（十九）2000~2014 年中国制造业细分产业 VRCA 指数汇总

前面对 18 个经济体制造业 18 个细分产业 2000~2014 年 VRCA 指数进行分析，表 2-19 将中国制造业细分产业 VRCA 指数进行汇总，以便对中国制造业各细分产业的比较优势进行比较和排序。

表 2-19　2000~2014 年中国制造业细分产业 VRCA 指数汇总

类别 年份	食品加工	纺织服装	木制品	纸制品	印刷业	石油制品	化工制品	医药制品	橡胶塑料制品
2000	-1.09	4.08	0.16	-0.72	-2.14	0.16	-0.22	0.15	1.09
2001	-0.93	3.96	0.18	-0.72	-2.08	0.15	-0.12	0.15	1.00
2002	-0.88	3.72	0.16	-0.72	-2.03	0.09	-0.18	0.13	0.86
2003	-0.84	3.86	0.15	-0.77	-2.03	0.05	-0.24	0.17	0.72
2004	-0.79	3.84	0.19	-0.86	-2.07	-0.10	-0.32	0.16	0.66
2005	-0.77	4.21	0.20	-0.91	-2.11	-0.20	-0.35	0.16	0.78

类别 年份	食品加工	纺织服装	木制品	纸制品	印刷业	石油制品	化工制品	医药制品	橡胶塑料制品
2006	-0.87	4.26	0.17	-0.95	-2.06	-0.31	-0.39	0.19	0.75
2007	-0.95	4.27	0.06	-1.02	-2.07	-0.46	-0.39	0.19	0.67
2008	-1.03	4.22	0.17	-0.98	-2.00	-0.46	-0.32	0.21	0.62
2009	-0.99	4.31	0.18	-0.93	-1.91	-0.55	-0.37	0.23	0.53
2010	-0.96	4.18	0.15	-0.83	-1.75	-0.69	-0.30	0.24	0.48
2011	-0.90	4.10	0.15	-0.74	-1.64	-0.76	-0.25	0.17	0.53
2012	-1.01	3.91	0.28	-0.59	-1.57	-0.78	-0.31	0.13	0.67
2013	-0.94	4.00	0.18	-0.52	-1.43	-0.73	-0.28	0.11	0.70
2014	-0.19	2.28	-0.53	-0.54	0.13	-0.83	-0.52	-0.19	0.25

类别 年份	非金属制品	基础金属制品	金属制品	计算机电子光学	电气设备	机械和设备	机动车辆	其他交通设备	家具制造等
2000	0.10	0.10	0.57	1.01	1.27	-0.18	-0.08	0.33	2.18
2001	0.19	-0.02	0.59	1.05	1.25	-0.22	-0.10	0.11	1.98
2002	0.31	-0.01	0.63	1.14	1.18	-0.33	-0.13	0.17	1.87
2003	0.22	-0.15	0.68	1.40	1.13	-0.38	-0.17	0.30	1.85
2004	0.13	-0.07	0.80	1.49	1.14	-0.28	-0.11	0.29	1.56
2005	0.08	-0.40	0.94	1.59	1.16	-0.11	-0.05	0.28	1.85
2006	0.01	-0.31	1.01	1.55	1.28	-0.01	-0.05	0.26	1.94
2007	-0.11	-0.48	1.05	1.52	1.24	0.37	-0.02	0.34	2.03
2008	-0.13	-0.54	1.09	1.69	1.36	0.55	-0.01	0.59	1.83
2009	-0.05	-0.86	0.95	1.88	1.42	0.55	-0.16	0.70	1.79
2010	-0.02	-0.84	0.95	1.59	1.48	0.45	-0.17	0.85	1.29
2011	-0.03	-0.90	1.00	1.53	1.56	0.49	-0.14	0.86	1.35
2012	0.14	-1.03	1.03	1.58	1.68	0.57	-0.13	0.70	1.74
2013	0.18	-1.17	0.97	1.44	1.73	0.68	-0.11	0.47	1.81
2014	-0.22	-1.50	0.73	0.25	1.09	0.10	-0.30	0.08	1.03

二、中国制造业细分产业拉菲（Lafay）指数（LI）测算

依据拉菲（Lafay）指数（LI）计算公式：

$$LI_{ij} = \left(\frac{X_{ij} - M_{ij}}{X_{ij} + M_{ij}} - \frac{X_j - M_j}{X_j + M_j} \right) \times \frac{X_{ij} + M_{ij}}{X_j + M_j}$$

运用据 WIOD 网站提供的 2016 年版 2000~2014 年世界投入产出表的数据，见表 2-20，即 2000~2014 年中国制造业各细分产业的 LI 指数。

表 2-20 2000~2014 年中国制造业细分产业 LI 指数测算

类别\年份	食品加工	纺织服装	木制品	纸制品	印刷业	石油制品	化工制品	医药制品	橡胶塑料制品
2000	-2.77	7.41	0.09	-0.23	-0.64	-0.05	0.27	0.09	0.96
2001	-2.50	7.35	0.10	-0.22	-0.63	-0.06	0.46	0.11	0.90
2002	-2.44	6.94	0.10	-0.23	-0.61	-0.19	0.41	0.11	0.83
2003	-2.36	6.96	0.10	-0.26	-0.59	-0.22	0.32	0.15	0.72
2004	-2.15	6.57	0.11	-0.30	-0.55	-0.48	0.22	0.13	0.66
2005	-2.03	6.78	0.11	-0.30	-0.52	-0.68	0.15	0.14	0.74
2006	-2.18	6.67	0.10	-0.31	-0.47	-0.94	0.06	0.15	0.71
2007	-2.37	6.34	0.06	-0.34	-0.44	-1.23	0.08	0.15	0.64
2008	-2.59	5.70	0.08	-0.31	-0.39	-1.45	0.17	0.16	0.55
2009	-2.62	5.86	0.09	-0.29	-0.39	-1.33	0.05	0.22	0.51
2010	-2.50	5.59	0.08	-0.25	-0.33	-1.92	0.16	0.20	0.47
2011	-2.44	5.44	0.07	-0.20	-0.28	-2.42	0.25	0.14	0.51
2012	-2.68	5.12	0.12	-0.13	-0.26	-2.46	0.07	0.11	0.61
2013	-2.56	5.42	0.09	-0.11	-0.24	-2.16	0.14	0.10	0.64
2014	-0.89	4.87	-0.05	-0.11	-0.04	-2.93	-0.27	-0.16	0.41

类别\年份	非金属制品	基础金属制品	金属制品	计算机电子光学	电气设备	机械和设备	机动车辆	其他交通设备	家具制造等
2000	0.09	0.61	0.60	4.93	1.86	-0.30	-0.26	0.35	2.21
2001	0.17	0.42	0.66	4.71	1.81	-0.35	-0.33	0.15	2.08
2002	0.24	0.45	0.72	5.16	1.73	-0.56	-0.45	0.21	2.04
2003	0.18	0.35	0.75	6.22	1.69	-0.70	-0.60	0.34	1.94
2004	0.12	0.60	0.85	6.88	1.71	-0.55	-0.40	0.29	1.58
2005	0.07	-0.05	0.98	7.11	1.73	-0.17	-0.23	0.28	1.91
2006	0.01	0.10	1.08	6.92	1.88	0.00	-0.24	0.27	1.91
2007	-0.09	-0.27	1.12	6.30	1.83	0.92	-0.16	0.35	2.01
2008	-0.12	-0.47	1.16	6.20	1.98	1.32	-0.13	0.58	1.66
2009	-0.07	-0.92	1.00	6.69	2.00	1.23	-0.46	0.80	1.72
2010	-0.03	-1.00	0.94	6.32	2.15	1.02	-0.57	0.89	1.11
2011	-0.05	-1.15	0.97	5.72	2.17	1.11	-0.53	0.84	1.12
2012	0.09	-1.36	1.05	5.76	2.36	1.22	-0.49	0.69	1.45
2013	0.12	-1.62	1.02	5.62	2.53	1.45	-0.43	0.47	1.54
2014	-0.18	-2.37	0.89	2.92	2.25	0.39	-1.31	0.07	1.28

LI 指数仅在一国内对各细分产业比较优势进行比较，没有以该产业世界贸易整体状况为基础，因而与表 2-19 所展示的 VRCA 指数相比，表 2-20 所得出的数据呈现出 "方向大体一致，数值有所差异" 的状况。由于国内学者分析比较优势运用 LI 指数较多[①]，因

---

① 干春晖，余典范.中国构建动态比较优势的战略研究 [J].学术月刊，2013 (4)：76-78.

此，我们将两种比较优势指数都展示出来。

三、中国制造业细分产业比较优势排序与分类

将表 2-19 与表 2-20 所展示的中国制造业各细分产业 2000~2014 年 VRCA 指数与 LI 指数分别求平均值，并按降序排列，见表 2-21。

表 2-21　2000~2014 年中国制造业细分产业 VRCA 指数与 LI 指数平均值（按降序排列）

产业	VRCA 指数	产业	LI 指数
纺织服装	3.95	纺织服装	6.20
家具制造等	1.74	计算机电子光学制造	5.83
计算机电子光学制造	1.38	电气设备制造	1.98
电气设备制造	1.33	家具制造等	1.70
金属制品	0.87	金属制品	0.92
橡胶和塑料制品	0.69	橡胶和塑料制品	0.66
其他交通设备制造	0.42	其他交通设备制造	0.44
机械和设备制造	0.15	机械和设备制造	0.40
医药制品	0.15	化工制品	0.17
木制品	0.12	医药制品	0.12
其他非金属制品	0.05	木制品	0.08
机动车辆制造	-0.11	其他非金属制品	0.04
化工制品	-0.30	纸制品	-0.24
石油制品	-0.36	印刷业	-0.42
基础金属制品	-0.55	机动车辆制造	-0.44
纸制品	-0.79	基础金属制品	-0.45
食品加工	-0.88	石油制品	-1.24
印刷业	-1.78	食品加工	-2.34

将表 2-19 和表 2-20 所展示的中国制造业各细分产业 2000 年、2014 年 VRCA 指数与 LI 指数分别列表，并按降序排列，见表 2-22。

表 2-22　2000 年、2014 年中国制造业细分产业 VRCA 指数与 LI 指数（按降序排列）

VRCA 指数				LI 指数			
2000 年		2014 年		2000 年		2014 年	
纺织服装	4.08	纺织服装	2.28	纺织服装	7.41	纺织服装	4.87
家具制造等	2.18	电气设备制造	1.09	计算机电子光学	4.93	计算机电子光学	2.92
电气设备制造	1.27	家具制造等	1.03	家具制造等	2.21	电气设备制造	2.25
橡胶和塑料制品	1.09	金属制品	0.73	电气设备制造	1.86	家具制造等	1.28
计算机电子光学	1.01	计算机电子光学	0.25	橡胶和塑料制品	0.96	金属制品	0.89

续表

VRCA 指数				LI 指数			
2000 年		2014 年		2000 年		2014 年	
金属制品	0.57	橡胶和塑料制品	0.25	基础金属制品	0.61	橡胶和塑料制品	0.41
其他交通设备	0.33	印刷业	0.13	金属制品	0.60	机械设备制造	0.39
石油制品	0.16	机械设备制造	0.10	其他交通设备	0.35	其他交通设备	0.07
木制品	0.16	其他交通设备	0.08	化工制品	0.27	印刷业	-0.04
医药制品	0.15	食品加工	-0.19	医药制品	0.09	木制品	-0.05
基础金属制品	0.10	医药制品	-0.19	木制品	0.09	纸制品	-0.11
其他非金属	0.10	其他非金属	-0.22	其他非金属	0.09	医药制品	-0.16
机动车辆制造	-0.08	机动车辆制造	-0.30	石油制品	-0.05	其他非金属	-0.18
机械设备制造	-0.18	化工制品	-0.52	纸制品	-0.23	化工制品	-0.27
化工制品	-0.22	木制品	-0.53	机动车辆制造	-0.26	食品加工	-0.89
纸制品	-0.72	纸制品	-0.54	机械设备制造	-0.30	机动车辆制造	-1.31
食品加工	-1.09	石油制品	-0.83	印刷业	-0.64	基础金属制品	-2.37
印刷业	-2.14	基础金属制品	-1.50	食品加工	-2.77	石油制品	-2.93

运用 2000~2014 年中国制造业细分产业 VRCA 指数与 LI 指数所得到的细分产业比较优势排序和分类大体一致，排列顺序上有所差异。

表 2-21 和表 2-22 中两种比较优势指数按照降序排列，位于表上方的产业，比较优势地位显著，位于表下方的产业，比较劣势显著。如果用两种工业化战略的思路来表述，位于表上方的产业，采用了（或适合采用）出口导向型战略；而位于表下方的产业，采用了（或适用采用）进口替代型战略。

表 2-21 和表 2-22 从下向上显示了两种工业化战略的划分并非泾渭分明，而是比较优势渐进的递增过程。值得注意的是，2000 年 VRC 指数最大值（纺织服装业 4.08）与最小值（印刷业 -2.14）的差距为 6.22，而 2014 年 VRC 指数最大值（纺织服装业 2.28）与最小值（基础金属制品业 -1.50）的差距为 3.78，中国制造业细分产业之间比较优势的差距显著缩小了。同样地，LI 指数也显示出类似的变化趋势。这一现象从一个角度反映了中国制造业比较优势阶梯推进的动态转换进程。

下一章的研究将表明，在经济全球化进程中，中国制造业细分产业全方位崛起：一方面，具有比较优势的产业向竞争优势升级转化；另一方面，处于比较劣势地位的产业迅猛赶超、优势产业与劣势产业在竞争优势的各项指标上显示出收敛态势。

第三章

中国制造业发展规模指标的国际比较

如第二章所述，比较优势与竞争优势（或绝对优势）不同。研究比较优势动态提升，重在研究比较优势向竞争优势转化的进程。本章的研究着眼于产业发展规模的主要经济指标的国际比较。

如同第二章，本章依然依据 WIOD 网站提供的 2016 年版 2000~2014 年世界投入产出表，选择 18 个主要经济体：澳大利亚、巴西、加拿大、瑞士、中国、德国、西班牙、法国、英国、印度、意大利、日本、韩国、墨西哥、俄罗斯、中国台湾、美国、其他经济体（其余的经济体合并为一个经济体，其主要作用仍然如同第二章脚注所示）。制造业细分产业仍旧遵照世界投入产出表的分类，划分为 18 个细分产业：食品加工、纺织服装、木制品（家具制造除外）、纸制品、印刷、石油制品、化工制品、医药制品、橡胶和塑料制品、其他非金属制品、基础金属制品、金属制品（机械设备除外）、计算机电子光学制造、电气设备制造、机械和设备制造、机动车辆制造、其他交通设备制造、家具制造等。同样需要说明的是，在该数据表中，俄罗斯的印刷业、医药制品业、金属制品业、电气设备制造业、其他交通设备制造业 5 个产业的数据全为 0，因而下面各细分产业总产值、增加值、出口额指标国际比较中，这 5 个细分产业是在除俄罗斯之外的 17 个经济体之间进行比较，其他 13 个细分产业是在包括俄罗斯在内的 18 个经济体之间进行比较。①

第一节　中国制造业细分产业总产值指标的国际比较

一、食品加工业总产值指标的国际比较

（1）表 3-1 显示了 2000~2014 年食品加工业 18 个经济体总产值占全球份额。2000

① 第五章、第六章、第七章中的国际比较大多采用 OECD 网站所提供的 2005~2015 年世界各国投入产出表。该表涉及 64 个经济体，且数据更新一些，也不存在某个经济体数据不完整的情况。本章依旧采用 WIOD 网站的世界投入产出表的数据，是因为该表能够测算出各个细分产业经济指标的世界总量，进而能够得出各个经济体各个指标占世界的份额。

年，中国食品加工业总产值占全球总产值份额为 6.04%，居世界第 3 位；2014 年，中国食品加工业总产值占全球总产值份额达到 26.31%，居世界第 1 位，且高于居世界第 2 位的美国食品加工业的份额（14.12%）约 12 个百分点。

（2）表 3-1 最后 1 列显示了 2000～2014 年 18 个经济体食品加工业总产值年均增长率。中国食品加工业以 19.53% 名列第 1 位。

表 3-1 2000～2014 年食品加工业 18 个经济体总产值占全球份额 单位：%

年份 国家（地区）	2000	2001	2002	2003	2004	2005	2006	2007
澳大利亚	1.39	1.27	1.41	1.61	1.66	1.66	1.57	1.61
巴西	2.73	2.47	2.28	2.37	2.59	3.08	3.35	3.51
加拿大	1.93	1.95	1.92	1.96	1.92	1.93	1.93	1.85
瑞士	0.68	0.71	0.78	0.79	0.80	0.77	0.74	0.69
中国	6.04	6.45	6.82	7.22	7.60	8.76	10.10	11.83
德国	4.94	5.02	5.10	5.52	5.49	5.17	5.14	5.01
西班牙	2.43	2.69	2.93	3.30	3.65	3.69	3.66	3.72
法国	4.56	4.67	4.83	5.09	5.10	4.74	4.61	4.63
英国	3.81	3.66	3.79	3.81	3.76	3.62	3.45	3.27
印度	1.74	1.73	2.11	2.33	2.40	2.42	2.63	2.84
意大利	3.81	3.80	3.99	4.35	4.38	4.14	3.96	3.97
日本	14.33	12.59	11.68	10.95	10.67	9.46	8.27	7.18
韩国	1.89	1.79	1.87	1.72	1.73	1.82	1.85	1.73
墨西哥	3.24	3.57	3.57	3.05	2.91	3.01	2.98	2.83
俄罗斯	1.19	1.51	1.49	1.42	1.62	1.80	2.09	2.40
中国台湾	0.68	0.61	0.58	0.54	0.52	0.51	0.49	0.44
美国	22.41	23.42	22.39	20.88	19.60	19.19	18.13	16.80
其他经济体	22.22	22.10	22.46	23.09	23.61	24.25	25.04	25.68

年份 国家（地区）	2008	2009	2010	2011	2012	2013	2014	年均 增长
澳大利亚	1.44	1.40	1.50	1.50	1.41	1.32	1.22	6.59
巴西	3.76	3.73	4.32	4.48	4.17	3.88	3.55	9.65
加拿大	1.69	1.56	1.59	1.48	1.45	1.39	1.32	4.73
瑞士	0.71	0.74	0.70	0.69	0.62	0.60	0.60	6.65
中国	14.12	15.99	17.69	20.04	22.98	25.35	26.31	19.53
德国	4.89	4.46	3.99	3.87	3.53	3.59	3.58	5.15
西班牙	3.72	3.41	3.04	2.99	2.67	2.63	2.59	8.09
法国	4.49	4.15	3.54	3.47	3.10	3.09	3.00	4.43
英国	2.64	2.50	2.20	2.04	2.01	2.03	2.19	3.42
印度	2.70	2.77	3.30	3.48	2.98	2.81	2.89	11.57

续表

年份 国家（地区）	2008	2009	2010	2011	2012	2013	2014	年均 增长
意大利	3.83	3.51	3.08	2.85	2.53	2.53	2.46	4.28
日本	7.20	8.05	7.82	7.19	6.87	5.33	4.92	-0.31
韩国	1.48	1.42	1.45	1.41	1.38	1.46	1.51	5.88
墨西哥	2.64	2.42	2.46	2.37	2.34	2.39	2.34	5.13
俄罗斯	2.59	2.28	2.33	2.37	2.30	2.24	1.97	11.53
中国台湾	0.41	0.43	0.44	0.44	0.44	0.41	0.40	3.69
美国	15.64	16.26	15.19	14.08	14.10	13.76	14.12	4.11
其他经济体	26.05	24.91	25.37	25.24	25.13	25.16	25.03	8.52

二、纺织服装业总产值指标的国际比较

（1）表3-2显示了2000~2014年纺织服装业18个经济体总产值占全球份额。2000年，中国纺织服装业总产值占全球总产值份额为16.82%，居世界第1位，略高于第2位的美国（13.91）；2014年，中国纺织服装业总产值占全球总产值份额达到45.83%，居世界第1位，几乎占据世界半壁江山，高于居世界第2位的印度纺织服装业的份额（5.55%）约40个百分点。

（2）表3-2最后1列显示了2000~2014年18个经济体纺织服装业总产值年均增长率。中国食品加工业以14.78%名列第1位。

表3-2 2000~2014年纺织服装业18个经济体总产值占全球份额　　　　单位：%

年份 国家（地区）	2000	2001	2002	2003	2004	2005	2006	2007
澳大利亚	0.34	0.33	0.39	0.46	0.47	0.46	0.42	0.43
巴西	2.71	2.35	2.12	1.95	2.11	2.42	2.55	2.76
加拿大	0.61	0.61	0.60	0.58	0.50	0.44	0.38	0.35
瑞士	0.23	0.25	0.26	0.24	0.24	0.21	0.20	0.19
中国	16.82	18.41	18.60	20.08	21.50	23.57	26.37	29.83
德国	2.40	2.50	2.46	2.50	2.47	2.18	2.04	1.98
西班牙	2.05	2.25	2.44	2.65	2.52	2.32	2.14	1.98
法国	2.38	2.53	2.64	2.65	2.45	2.11	1.81	1.68
英国	1.97	1.84	1.85	1.71	1.65	1.40	1.29	1.21
印度	4.02	4.07	4.41	4.52	4.94	5.26	5.54	5.52
意大利	7.56	8.38	8.88	9.26	8.82	7.93	7.32	7.13
日本	6.52	5.53	4.85	4.47	4.09	3.45	2.87	2.46
韩国	3.65	3.42	3.69	3.29	3.08	3.18	3.10	2.86

续表

年份 国家（地区）	2000	2001	2002	2003	2004	2005	2006	2007
墨西哥	2.43	2.53	2.51	2.06	1.85	1.72	1.61	1.36
俄罗斯	0.38	0.50	0.51	0.49	0.62	0.52	0.56	0.60
中国台湾	1.86	1.63	1.65	1.49	1.46	1.27	1.12	0.95
美国	13.91	13.21	12.55	10.54	9.03	8.40	7.04	5.15
其他经济体	30.19	29.65	29.60	31.05	32.20	33.19	33.64	33.56

年份 国家（地区）	2008	2009	2010	2011	2012	2013	2014	年均 增长
澳大利亚	0.38	0.34	0.34	0.32	0.27	0.20	0.18	2.20
巴西	2.94	2.86	3.26	3.31	2.86	2.51	2.26	5.49
加拿大	0.34	0.31	0.29	0.25	0.25	0.23	0.21	-0.79
瑞士	0.20	0.17	0.17	0.17	0.15	0.14	0.14	2.76
中国	33.18	38.31	37.67	39.32	42.39	44.77	45.83	14.78
德国	1.82	1.50	1.39	1.43	1.15	1.09	1.07	0.88
西班牙	1.77	1.48	1.29	1.30	1.01	0.98	0.95	1.17
法国	1.55	1.15	1.02	0.98	0.84	0.78	0.78	-1.36
英国	0.96	0.74	0.72	0.71	0.68	0.70	0.71	-0.63
印度	5.01	5.41	6.64	6.07	5.76	5.47	5.55	9.34
意大利	6.78	5.58	5.14	5.10	4.19	3.96	3.82	1.77
日本	2.44	2.29	2.08	2.20	2.06	1.55	1.42	-4.19
韩国	2.57	2.55	2.83	2.96	3.08	2.84	2.91	5.14
墨西哥	1.21	1.05	1.07	0.98	0.93	0.90	0.85	-0.89
俄罗斯	0.60	0.45	0.49	0.55	0.52	0.50	0.43	7.90
中国台湾	0.83	0.74	0.84	0.82	0.73	0.69	0.66	-0.76
美国	4.15	3.49	3.32	3.33	3.36	3.50	3.39	-3.40
其他经济体	33.29	31.60	31.42	30.17	29.78	29.19	28.82	6.49

三、木制品业（家具制造除外）总产值指标的国际比较

（1）表3-3显示了2000~2014年木制品业18个经济体总产值占全球份额。2000年，中国木制品业总产值占全球总产值份额为10.16%，居世界第2位；2014年，中国木制品业总产值占全球总产值份额达到41.14%，居世界第1位，且高于居世界第2位的美国木制品业的份额（10.05%）约31个百分点。

（2）表3-3最后1列显示了2000~2014年18个经济体木制品业总产值年均增长率。中国木制品业以18.81%名列第1位。

表 3-3　2000~2014 年木制品业（家具制造除外）18 个经济体总产值占全球份额 单位：%

国家（地区）＼年份	2000	2001	2002	2003	2004	2005	2006	2007
澳大利亚	1.42	1.32	1.46	1.72	1.67	1.69	1.53	1.58
巴西	1.43	1.25	1.23	1.31	1.46	1.58	1.57	1.66
加拿大	3.70	3.41	3.48	3.45	3.54	3.44	3.05	2.80
瑞士	0.98	0.98	1.17	1.20	1.18	1.17	1.09	1.09
中国	10.16	12.41	13.16	12.98	14.74	15.17	17.99	20.67
德国	5.35	5.00	5.29	5.42	5.39	5.22	5.12	5.20
西班牙	2.28	2.41	2.56	2.87	2.75	2.74	2.66	2.63
法国	2.60	2.67	2.82	2.99	2.89	2.66	2.58	2.59
英国	2.37	2.42	2.61	2.59	2.60	2.40	2.23	2.11
印度	2.17	1.90	1.55	1.56	1.13	1.12	1.30	1.79
意大利	5.18	5.41	5.34	5.90	5.60	5.11	4.84	4.83
日本	8.31	6.86	5.80	5.64	5.11	4.58	3.88	3.39
韩国	0.85	0.81	0.86	0.82	0.78	0.84	0.83	0.77
墨西哥	1.22	1.25	1.13	0.93	0.78	0.81	0.76	0.71
俄罗斯	0.88	1.00	1.03	0.88	1.07	1.46	1.62	1.99
中国台湾	0.28	0.23	0.23	0.24	0.23	0.22	0.22	0.19
美国	26.38	25.02	24.89	22.99	22.34	22.87	20.43	15.83
其他经济体	24.43	25.67	25.38	26.50	26.74	26.92	28.29	30.16

国家（地区）＼年份	2008	2009	2010	2011	2012	2013	2014	年均增长
澳大利亚	1.49	1.33	1.46	1.38	1.17	1.02	0.92	4.25
巴西	1.79	1.42	1.78	1.71	1.47	1.27	1.14	5.84
加拿大	2.87	2.59	3.04	2.70	2.53	2.31	2.16	3.45
瑞士	1.19	1.17	1.18	1.23	0.99	0.94	0.93	7.11
中国	23.41	32.61	30.77	34.16	37.26	40.37	41.14	18.81
德国	4.73	4.14	4.25	4.06	3.46	3.36	3.29	3.84
西班牙	2.39	1.67	1.47	1.28	0.95	0.81	0.79	-0.38
法国	2.62	2.08	1.96	1.96	1.57	1.46	1.41	2.90
英国	1.90	1.38	1.50	1.30	1.23	1.12	1.23	2.58
印度	1.90	1.99	2.26	2.07	3.23	2.80	2.83	9.58
意大利	4.43	3.68	3.49	3.19	2.40	2.03	1.96	0.30
日本	3.40	3.08	3.24	3.14	2.86	2.11	1.92	-3.17
韩国	0.71	0.65	0.77	0.73	0.64	0.62	0.61	5.02
墨西哥	0.64	0.53	0.59	0.57	0.58	0.54	0.51	1.00
俄罗斯	2.19	1.42	1.66	1.82	1.68	1.56	1.35	10.83
中国台湾	0.18	0.15	0.17	0.17	0.16	0.15	0.15	2.71
美国	13.19	9.88	10.47	9.10	9.25	9.55	10.05	0.35
其他经济体	30.97	30.21	29.94	29.44	28.56	27.97	27.62	8.46

四、纸制品业总产值指标的国际比较

（1）表 3-4 显示了 2000~2014 年纸制品业 18 个经济体总产值占全球份额。2000 年，中国纸制品业总产值占全球总产值份额为 5.89%，显著低于美国（29.37%）、日本（14.58%），居世界第 3 位；2014 年，中国纸制品业总产值占全球总产值份额达到 22.49%，居世界第 1 位，高于居世界第 2 位的美国纸制品业的份额（19.16%）约 3 个百分点。

（2）表 3-4 最后 1 列显示了 2000~2014 年 18 个经济体纸制品业总产值年均增长率。中国纸制品业以 14.84% 名列第 1 位。

表 3-4　2000~2014 年纸制品业 18 个经济体总产值占全球份额　　　单位：%

年份 国家（地区）	2000	2001	2002	2003	2004	2005	2006	2007
澳大利亚	0.70	0.68	0.77	0.92	0.95	0.96	0.90	0.96
巴西	2.46	2.06	1.85	1.96	2.09	2.42	2.60	2.88
加拿大	3.11	3.19	3.03	3.12	3.05	3.05	2.95	2.80
瑞士	0.46	0.48	0.54	0.55	0.52	0.49	0.44	0.45
中国	5.89	7.18	7.80	8.38	9.20	10.47	11.57	12.34
德国	5.26	5.36	5.61	5.96	6.02	5.83	5.85	6.13
西班牙	1.69	1.85	1.96	2.14	2.12	2.06	2.07	2.15
法国	3.24	3.30	3.36	3.54	3.51	3.33	3.12	3.17
英国	2.94	2.86	3.04	2.72	2.86	2.58	2.71	2.68
印度	0.80	0.90	0.96	1.11	1.20	1.26	1.29	1.49
意大利	3.13	3.19	3.32	3.64	3.75	3.49	3.45	3.59
日本	14.58	12.90	11.72	11.67	11.40	10.48	9.23	8.40
韩国	1.86	1.84	2.02	1.96	1.97	2.12	2.16	2.08
墨西哥	1.67	1.79	1.72	1.46	1.41	1.53	1.53	1.46
俄罗斯	0.83	1.05	1.09	1.26	1.65	1.90	2.23	2.81
中国台湾	1.10	0.90	0.93	0.94	0.94	0.90	0.81	0.75
美国	29.37	29.63	28.94	25.92	23.98	23.67	22.97	21.36
其他经济体	20.91	20.84	21.33	22.74	23.38	23.47	24.12	24.50

年份 国家（地区）	2008	2009	2010	2011	2012	2013	2014	年均 增长
澳大利亚	0.88	0.85	0.90	0.90	0.86	0.85	0.78	5.23
巴西	3.09	3.03	3.57	3.53	3.23	3.10	2.84	5.45
加拿大	2.73	2.63	2.86	2.51	2.60	2.57	2.45	2.59
瑞士	0.48	0.44	0.42	0.43	0.38	0.36	0.35	2.29
中国	13.78	17.60	16.65	18.26	20.00	21.63	22.49	14.84
德国	6.20	5.60	5.50	5.56	5.01	5.04	5.03	4.03

续表

年份 国家（地区）	2008	2009	2010	2011	2012	2013	2014	年均 增长
西班牙	2.11	1.81	1.78	1.83	1.62	1.63	1.61	3.96
法国	3.06	2.68	2.54	2.46	2.18	2.17	2.14	1.33
英国	2.28	2.17	1.98	1.84	1.87	1.87	2.00	1.52
印度	1.43	1.45	1.80	1.85	1.68	1.64	1.69	10.12
意大利	3.47	3.11	3.14	3.12	2.78	2.82	2.78	3.46
日本	9.13	9.30	9.29	9.09	9.16	7.34	6.79	−1.18
韩国	1.84	1.79	1.99	1.97	1.93	2.02	2.03	5.02
墨西哥	1.42	1.31	1.40	1.31	1.33	1.40	1.37	2.93
俄罗斯	3.02	2.41	2.61	2.99	3.05	3.08	2.71	13.60
中国台湾	0.74	0.67	0.81	0.80	0.77	0.74	0.73	1.31
美国	19.93	19.53	18.85	17.63	18.33	18.56	19.16	1.22
其他经济体	24.42	23.63	23.92	23.93	23.22	23.16	23.04	5.08

五、印刷业总产值指标的国际比较

（1）表3-5显示了2000~2014年印刷业17个经济体总产值占全球份额。2000年，中国印刷业总产值占全球总产值份额为5.80%，显著低于美国（29.67%）、日本（18.25%）、德国（6.24%），居世界第4位；2014年，中国印刷业总产值占全球总产值份额达到23.61%，居世界第1位，高于居世界第2位的美国印刷业的份额（16.94%）近7个百分点。

（2）表3-5最后1列显示了2000~2014年17个经济体印刷业总产值年均增长率。中国印刷业以13.19%名列第1位。

表3-5　2000~2014年印刷业17个经济体总产值占全球份额　　单位：%

年份 国家（地区）	2000	2001	2002	2003	2004	2005	2006	2007
澳大利亚	1.05	0.99	1.14	1.39	1.47	1.51	1.48	1.65
巴西	1.16	0.95	0.86	0.94	1.01	1.20	1.34	1.55
加拿大	3.18	3.17	3.05	3.21	3.21	3.25	3.28	3.26
瑞士	0.99	1.04	1.11	1.13	1.08	1.02	0.97	0.95
中国	5.80	6.89	7.56	7.73	8.02	8.59	9.15	9.42
德国	6.24	6.20	6.18	6.24	6.70	6.78	6.86	6.91
西班牙	2.04	2.14	2.49	2.90	3.17	3.39	3.54	3.78
法国	3.19	3.20	3.40	3.75	3.88	3.71	3.66	3.64
英国	5.66	5.52	5.87	5.67	6.17	5.82	5.81	5.86
印度	0.96	1.05	1.14	1.34	1.48	1.58	1.69	2.04

续表

年份 国家（地区）	2000	2001	2002	2003	2004	2005	2006	2007
意大利	3.68	3.77	4.01	4.58	4.68	4.48	4.52	4.68
日本	18.25	16.52	15.42	15.21	14.64	13.60	12.23	11.30
韩国	1.43	1.38	1.53	1.52	1.56	1.70	1.82	1.83
墨西哥	0.90	0.94	0.91	0.79	0.72	0.78	0.85	0.82
中国台湾	0.71	0.64	0.66	0.69	0.72	0.78	0.75	0.67
美国	29.67	29.95	28.67	25.81	23.87	23.50	23.22	22.35
其他经济体	15.10	15.65	16.01	17.11	17.62	18.30	18.83	19.27

年份 国家（地区）	2008	2009	2010	2011	2012	2013	2014	年均 增长
澳大利亚	1.58	1.55	1.74	1.84	1.74	1.66	1.54	5.22
巴西	1.74	1.72	2.14	2.35	2.00	1.98	1.82	5.74
加拿大	3.32	3.21	3.16	3.01	3.07	3.02	2.89	1.70
瑞士	1.01	0.98	0.97	0.99	0.87	0.81	0.79	0.75
中国	11.12	14.49	14.72	15.94	19.43	22.62	23.61	13.19
德国	6.92	6.79	6.31	6.40	5.65	5.38	5.40	1.34
西班牙	3.65	3.44	3.17	2.87	2.22	2.13	2.11	2.64
法国	3.67	3.37	3.05	2.99	2.56	2.53	2.51	0.66
英国	4.93	3.82	3.71	3.72	3.64	3.56	3.58	-0.89
印度	2.04	2.08	2.74	2.94	2.83	2.76	2.86	10.71
意大利	4.62	4.15	3.96	3.79	3.19	3.03	3.00	0.91
日本	11.80	12.98	13.31	12.94	12.83	10.22	9.50	-2.28
韩国	1.69	1.65	1.94	2.01	1.94	2.02	2.04	5.02
墨西哥	0.83	0.75	0.80	0.85	0.81	0.83	0.82	1.69
中国台湾	0.68	0.68	0.77	0.81	0.79	0.75	0.71	2.44
美国	20.41	18.81	18.18	17.22	17.16	16.86	16.94	-1.63
其他经济体	19.98	19.52	19.32	19.31	19.25	19.82	19.89	4.43

六、石油制品业总产值指标的国际比较

（1）表3-6显示了2000~2014年石油制品业18个经济体总产值占全球份额。2000年，中国石油制品业总产值占全球总产值份额为4.45%，显著低于美国（25.54%）、日本（12.16%），居世界第3位；2014年，中国石油制品业总产值占全球总产值份额达到22.32%，居世界第1位，高于居世界第2位的美国石油制品业的份额（21.25%）仅约1个百分点。

（2）表3-6最后1列显示了2000~2014年18个经济体石油制品业总产值年均增长率。中国石油制品业以24.45%名列第1位。

表 3-6　2000~2014 年石油制品业 18 个经济体总产值占全球份额　　单位：%

年份 国家（地区）	2000	2001	2002	2003	2004	2005	2006	2007
澳大利亚	1.49	1.41	1.58	1.75	1.57	1.26	1.08	1.10
巴西	4.27	3.89	3.39	3.87	3.35	3.64	3.81	3.84
加拿大	2.60	2.64	2.53	2.73	2.74	2.66	2.51	2.28
瑞士	0.14	0.16	0.19	0.20	0.17	0.14	0.16	0.13
中国	4.45	6.08	8.13	7.33	7.90	7.38	8.02	10.27
德国	4.01	4.05	4.06	4.53	4.58	4.09	3.76	3.38
西班牙	2.16	2.05	2.01	2.11	2.07	2.12	2.03	1.91
法国	3.68	3.40	3.10	3.24	3.26	3.05	2.92	2.73
英国	2.31	2.18	2.24	2.09	2.19	1.91	1.86	1.72
印度	3.12	3.74	4.18	4.20	3.93	3.77	3.95	4.31
意大利	3.53	3.23	3.01	3.19	3.24	3.30	3.18	3.12
日本	12.16	11.83	11.37	10.77	9.60	8.78	8.14	7.37
韩国	3.84	3.38	3.00	2.80	3.00	3.11	3.31	3.20
墨西哥	2.24	2.36	2.40	2.15	2.14	2.09	2.33	2.19
俄罗斯	1.33	1.54	1.62	2.49	2.84	4.04	4.42	4.88
中国台湾	1.76	1.77	1.67	1.71	1.74	1.73	1.68	1.55
美国	25.54	24.89	23.77	23.39	24.17	25.78	25.31	24.44
其他经济体	21.36	21.41	21.77	21.43	21.49	21.14	21.57	21.59

年份 国家（地区）	2008	2009	2010	2011	2012	2013	2014	年均 增长
澳大利亚	0.86	0.98	0.83	0.69	0.62	0.67	0.64	4.34
巴西	3.72	4.39	4.30	3.90	3.63	3.79	3.59	9.55
加拿大	1.98	2.31	2.24	2.09	2.13	2.15	2.11	9.27
瑞士	0.15	0.12	0.11	0.11	0.09	0.12	0.12	9.29
中国	10.32	14.88	17.84	18.38	19.66	20.81	22.32	24.45
德国	3.73	3.04	2.76	2.70	2.67	2.65	2.73	7.93
西班牙	1.98	1.52	1.43	1.49	1.60	1.55	1.57	8.41
法国	2.86	2.28	2.06	2.14	1.99	1.85	1.67	4.82
英国	1.62	1.63	1.35	1.43	1.41	1.34	1.18	5.68
印度	3.69	4.89	4.96	5.01	3.75	3.74	3.98	12.86
意大利	3.20	2.41	2.43	2.39	2.20	1.97	1.82	5.80
日本	7.68	7.24	6.41	5.61	5.54	4.53	4.33	3.02
韩国	3.31	2.90	3.08	3.47	3.69	3.66	3.45	10.07
墨西哥	2.32	1.91	1.92	1.94	2.05	1.94	1.86	9.45
俄罗斯	5.44	5.25	4.93	5.42	5.42	5.59	5.07	22.02
中国台湾	1.49	1.41	1.26	1.17	1.29	1.28	1.22	8.04
美国	24.21	20.96	20.04	20.80	21.11	21.35	21.25	9.46
其他经济体	21.44	21.89	22.04	21.24	21.15	21.01	21.11	10.82

七、化工制品业总产值指标的国际比较

（1）表3-7显示了2000～2014年化工制品业18个经济体总产值占全球份额。2000年，中国化工制品业总产值占全球总产值份额为9.60%，显著低于美国（23.07%）、日本（12.64%），居世界第3位；2014年，中国化工制品业总产值占全球总产值份额达到31.93%，居世界第1位，高于居世界第2位的美国化工制品业的份额（14.00%）近18个百分点。

（2）表3-7最后1列显示了2000～2014年18个经济体化工制品业总产值年均增长率。中国化工制品业以17.92%名列第1位。

表3-7　2000～2014年化工制品业18个经济体总产值占全球份额　　　单位：%

国家（地区）＼年份	2000	2001	2002	2003	2004	2005	2006	2007
澳大利亚	0.60	0.58	0.65	0.74	0.72	0.67	0.61	0.62
巴西	2.71	2.33	2.14	2.32	2.62	2.68	2.77	2.90
加拿大	0.83	0.88	0.90	0.92	0.92	0.86	0.85	0.77
瑞士	0.44	0.49	0.58	0.62	0.60	0.56	0.54	0.51
中国	9.60	10.20	10.36	11.49	11.80	13.51	14.59	16.75
德国	6.62	6.89	6.91	7.22	6.96	6.13	6.04	5.99
西班牙	1.57	1.80	1.94	2.14	2.17	2.07	2.09	2.14
法国	3.60	3.68	3.59	3.72	3.57	3.25	3.17	3.07
英国	3.24	3.44	3.56	3.49	3.26	3.17	3.08	2.85
印度	2.34	2.54	2.58	2.57	2.64	2.65	2.67	2.71
意大利	2.90	2.84	3.05	3.07	3.02	2.80	2.82	2.81
日本	12.64	11.43	10.60	10.24	9.84	9.12	8.45	7.54
韩国	4.29	4.24	4.50	4.42	4.41	4.85	4.97	4.80
墨西哥	2.46	2.68	2.63	2.20	2.19	2.20	2.11	1.95
俄罗斯	0.72	0.87	0.90	0.92	1.04	1.24	1.34	1.38
中国台湾	2.09	2.13	2.16	2.26	2.60	2.51	2.50	2.61
美国	23.07	22.88	23.33	21.04	20.49	20.20	19.74	18.74
其他经济体	20.27	20.08	19.61	20.62	21.16	21.51	21.67	21.86

国家（地区）＼年份	2008	2009	2010	2011	2012	2013	2014	年均增长
澳大利亚	0.55	0.58	0.57	0.53	0.50	0.41	0.38	4.71
巴西	3.09	3.06	3.29	3.20	2.83	2.83	2.59	7.87
加拿大	0.71	0.74	0.78	0.69	0.68	0.66	0.62	6.01
瑞士	0.51	0.65	0.53	0.48	0.46	0.41	0.40	7.56
中国	19.39	23.22	22.89	25.45	28.16	30.73	31.93	17.92

续表

国家（地区） 年份	2008	2009	2010	2011	2012	2013	2014	年均增长
德国	5.76	5.51	5.15	4.90	4.29	4.31	4.31	4.95
西班牙	2.19	1.95	1.86	1.79	1.63	1.55	1.52	7.97
法国	3.04	2.76	2.49	2.46	2.18	2.13	2.10	4.14
英国	2.27	2.11	1.86	1.58	1.40	1.38	1.37	1.75
印度	2.83	2.99	3.23	3.44	3.12	3.01	3.10	10.41
意大利	2.58	2.13	2.05	1.91	1.67	1.63	1.57	3.59
日本	7.61	7.44	7.93	7.27	7.03	5.45	5.04	1.35
韩国	4.31	4.21	4.62	4.74	4.65	4.58	4.71	8.96
墨西哥	1.95	1.50	1.48	1.37	1.24	1.31	1.31	3.48
俄罗斯	1.77	1.38	1.56	1.74	1.70	1.66	1.46	13.83
中国台湾	2.37	2.29	2.74	2.57	2.37	2.30	2.18	8.53
美国	16.55	15.41	15.61	14.53	14.79	14.27	14.00	4.43
其他经济体	22.53	22.07	21.35	21.34	21.32	21.39	21.41	8.64

八、医药制品业总产值指标的国际比较

（1）表3-8显示了2000~2014年医药制品业17个经济体总产值占全球份额。2000年，中国医药制品业总产值占全球总产值份额为7.03%，显著低于美国（27.72%）、日本（13.13%），居世界第3位；2014年，中国医药制品业总产值占全球总产值份额达到24.48%，居世界第1位，高于居世界第2位的美国医药制品业的份额（17.18%）约7个百分点。

（2）表3-8最后1列显示了2000~2014年17个经济体医药制品业总产值年均增长率。中国医药制品业以17.36%名列第1位。

表3-8 2000~2014年医药制品业17个经济体总产值占全球份额　　单位：%

国家（地区） 年份	2000	2001	2002	2003	2004	2005	2006	2007
澳大利亚	0.62	0.54	0.57	0.64	0.67	0.66	0.62	0.66
巴西	1.82	1.41	1.21	1.32	1.59	1.73	1.83	2.01
加拿大	1.69	1.63	1.54	1.59	1.69	1.69	1.71	1.61
瑞士	4.39	4.56	5.20	5.44	5.80	5.83	6.10	6.16
中国	7.03	6.76	6.41	6.82	7.08	8.20	8.58	9.75
德国	5.29	5.17	5.08	5.93	6.15	6.17	6.10	6.55
西班牙	1.77	1.79	1.76	1.92	2.03	2.02	2.04	2.15
法国	3.87	4.10	4.07	4.50	4.54	4.21	4.15	3.93

续表

年份 国家（地区）	2000	2001	2002	2003	2004	2005	2006	2007
英国	3.86	4.05	4.27	4.49	4.12	3.84	3.98	3.86
印度	1.02	1.00	0.95	0.95	1.04	1.12	1.15	1.22
意大利	3.20	3.40	3.54	3.57	3.74	3.48	3.59	3.69
日本	13.13	11.90	10.66	10.34	10.27	8.97	7.84	6.86
韩国	2.52	2.25	2.23	2.21	2.34	2.75	2.88	2.91
墨西哥	2.37	2.33	2.14	1.80	1.72	1.74	1.79	1.78
中国台湾	0.39	0.32	0.30	0.30	0.29	0.29	0.28	0.27
美国	27.72	29.17	29.77	27.32	26.06	25.55	25.97	24.61
其他经济体	19.31	19.61	20.30	20.85	20.85	21.76	21.41	21.98

年份 国家（地区）	2008	2009	2010	2011	2012	2013	2014	年均 增长
澳大利亚	0.67	0.70	0.84	0.94	0.97	0.85	0.79	9.25
巴西	2.20	1.92	2.29	2.25	2.06	1.92	1.77	7.16
加拿大	1.53	1.40	1.41	1.21	1.21	1.16	1.11	4.15
瑞士	6.57	7.01	6.75	6.89	6.70	6.62	6.77	10.73
中国	11.91	12.88	14.40	17.05	20.27	23.45	24.48	17.36
德国	6.42	5.78	5.03	4.92	4.65	4.90	4.91	6.80
西班牙	2.21	2.12	1.87	1.70	1.54	1.55	1.53	6.24
法国	3.85	3.76	3.35	3.00	2.70	2.75	2.66	4.50
英国	3.77	3.67	3.62	3.26	3.08	2.96	2.97	5.36
印度	1.32	1.22	1.47	1.67	1.59	1.55	1.60	10.86
意大利	3.64	3.24	3.06	2.95	2.77	2.70	2.61	5.80
日本	7.06	8.29	7.89	8.54	8.27	6.43	5.97	1.48
韩国	2.69	2.32	2.82	3.09	3.04	2.99	3.10	8.96
墨西哥	1.66	1.42	1.30	1.12	1.13	1.11	0.92	0.37
中国台湾	0.27	0.30	0.32	0.33	0.33	0.32	0.30	5.21
美国	21.94	22.05	20.84	19.14	18.30	17.45	17.18	3.75
其他经济体	22.27	21.90	22.76	21.92	21.41	21.30	21.35	8.13

九、橡胶和塑料制品业总产值指标的国际比较

（1）表 3-9 显示了 2000~2014 年橡胶和塑料制品业 18 个经济体总产值占全球份额。2000 年，中国橡胶和塑料制品业总产值占全球总产值份额为 9.52%，显著低于美国（23.80%）、日本（16.46%），居世界第 3 位；2014 年，中国橡胶和塑料制品业总产值占全球总产值份额达到 30.08%，居世界第 1 位，显著高于居世界第 2 位的美国橡胶和塑料

制品业（13.07%）。

（2）表3-9最后1列显示了2000~2014年18个经济体橡胶和塑料制品业总产值年均增长率。中国橡胶和塑料制品业以15.49%名列第1位。

表3-9　2000~2014年橡胶和塑料制品业18个经济体总产值占全球份额　单位：%

国家（地区）＼年份	2000	2001	2002	2003	2004	2005	2006	2007
澳大利亚	0.88	0.83	0.92	1.07	1.08	1.08	0.99	1.06
巴西	1.91	1.58	1.38	1.54	1.73	2.10	2.21	2.40
加拿大	2.01	2.02	2.08	2.13	2.05	2.12	1.99	1.88
瑞士	0.51	0.54	0.53	0.55	0.56	0.54	0.53	0.54
中国	9.52	10.89	11.35	11.65	12.43	12.88	14.40	16.11
德国	6.52	6.64	6.90	7.37	7.59	7.27	7.28	7.39
西班牙	1.73	1.91	2.04	2.22	2.20	2.25	2.07	2.13
法国	3.48	3.77	3.86	4.16	4.29	4.04	3.81	3.84
英国	3.61	3.60	3.67	3.58	3.59	3.41	3.13	3.08
印度	1.60	1.72	1.60	1.65	1.74	1.76	1.94	2.18
意大利	4.50	4.55	5.04	5.30	5.31	4.89	4.72	4.70
日本	16.46	14.43	13.36	13.22	12.97	12.21	11.07	10.09
韩国	1.22	1.24	1.38	1.42	1.35	1.39	1.41	1.38
墨西哥	1.86	1.95	1.88	1.55	1.43	1.52	1.54	1.44
俄罗斯	0.38	0.47	0.47	0.49	0.68	0.80	1.00	1.34
中国台湾	1.98	1.69	1.69	1.55	1.51	1.40	1.22	1.13
美国	23.80	23.65	23.48	21.24	19.38	19.50	18.83	16.53
其他经济体	18.03	18.52	18.36	19.29	20.10	20.83	21.84	22.78

国家（地区）＼年份	2008	2009	2010	2011	2012	2013	2014	年均增长
澳大利亚	0.93	0.90	0.88	0.84	0.76	0.67	0.61	3.66
巴西	2.59	2.57	2.91	2.94	2.69	2.61	2.38	8.07
加拿大	1.81	1.77	1.94	1.48	1.50	1.44	1.36	3.45
瑞士	0.57	0.55	0.54	0.55	0.49	0.49	0.49	6.07
中国	18.45	23.08	23.00	24.54	26.46	29.15	30.08	15.49
德国	7.20	6.41	6.16	6.35	5.70	5.73	5.68	5.34
西班牙	2.11	1.72	1.63	1.59	1.34	1.35	1.32	4.33
法国	3.65	3.07	2.73	2.74	2.38	2.33	2.29	3.23
英国	2.55	2.28	1.97	1.87	1.90	1.86	2.19	2.63
印度	2.33	2.74	3.09	3.12	2.96	2.83	2.90	10.98
意大利	4.44	3.64	3.61	3.54	3.04	3.05	2.98	3.31
日本	10.18	9.86	10.24	9.92	9.73	7.57	6.95	0.03

续表

年份 国家（地区）	2008	2009	2010	2011	2012	2013	2014	年均 增长
韩国	1.24	1.29	1.31	1.18	1.17	1.17	1.27	6.66
墨西哥	1.32	1.11	1.22	1.24	1.30	1.30	1.33	3.84
俄罗斯	1.54	1.17	1.33	1.58	1.57	1.54	1.35	16.40
中国台湾	1.06	0.99	1.13	1.15	1.11	1.04	1.03	1.53
美国	14.34	13.32	13.03	12.27	13.05	13.02	13.07	1.92
其他经济体	23.70	23.54	23.28	23.09	22.84	22.85	22.73	8.15

十、其他非金属制品业总产值指标的国际比较

（1）表3-10显示了2000~2014年其他非金属制品业18个经济体总产值占全球份额。2000年，中国其他非金属制品业总产值占全球总产值份额为14.76%，低于美国（15.47%），居世界第2位；2014年，中国其他非金属制品业总产值占全球总产值份额达到45.22%，居世界第1位，显著高于居世界第2位的美国其他非金属制品业（5.90%）。

（2）表3-10最后1列显示了2000~2014年18个经济体其他非金属制品业总产值年均增长率。中国其他非金属制品业以17.67%名列第1位。

表3-10　2000~2014年其他非金属制品业18个经济体总产值占全球份额　单位：%

年份 国家（地区）	2000	2001	2002	2003	2004	2005	2006	2007
澳大利亚	1.06	1.03	1.20	1.37	1.36	1.28	1.11	1.10
巴西	1.81	1.66	1.48	1.65	1.57	1.69	1.92	1.87
加拿大	1.16	1.26	1.35	1.40	1.35	1.33	1.28	1.12
瑞士	0.50	0.53	0.61	0.60	0.56	0.52	0.48	0.44
中国	14.76	13.73	12.15	13.27	14.65	17.34	19.89	22.81
德国	6.04	5.91	6.11	6.14	6.07	5.31	5.03	4.76
西班牙	3.17	3.89	4.36	4.64	4.72	4.63	4.47	4.32
法国	3.22	3.44	3.70	3.91	3.88	3.58	3.26	3.08
英国	2.79	2.84	3.10	2.97	3.01	2.59	2.41	2.41
印度	2.19	2.44	2.55	2.53	2.46	2.44	2.64	3.00
意大利	5.26	5.82	6.76	7.05	6.90	6.23	5.51	5.17
日本	12.47	11.30	10.23	9.38	8.78	7.62	6.41	5.46
韩国	1.06	1.10	1.28	1.30	1.23	1.19	1.14	1.03
墨西哥	2.32	2.56	2.68	2.29	2.06	2.02	1.90	1.68
俄罗斯	0.89	1.13	1.27	1.21	1.54	1.89	2.26	3.04

年份 国家（地区）	2000	2001	2002	2003	2004	2005	2006	2007
中国台湾	1.28	1.13	1.24	1.15	1.24	1.29	1.22	1.05
美国	15.47	16.12	16.61	14.77	13.64	13.20	12.59	10.55
其他经济体	24.57	24.11	23.31	24.35	24.98	25.85	26.48	27.10

年份 国家（地区）	2008	2009	2010	2011	2012	2013	2014	年均增长
澳大利亚	1.01	0.96	1.08	1.03	0.96	0.87	0.79	6.37
巴西	2.22	2.18	2.64	2.62	2.34	2.12	1.90	9.04
加拿大	1.07	0.98	1.07	0.94	0.92	0.84	0.79	5.68
瑞士	0.46	0.47	0.50	0.50	0.43	0.41	0.40	6.96
中国	25.79	34.00	34.12	37.59	40.91	44.37	45.22	17.67
德国	4.59	4.02	3.73	3.73	3.20	3.09	3.03	3.40
西班牙	3.61	2.49	2.01	1.68	1.24	1.08	1.04	0.31
法国	2.88	2.39	2.16	2.11	1.78	1.66	1.61	3.39
英国	2.01	1.60	1.53	1.33	1.26	1.20	1.41	3.46
印度	3.07	3.07	3.42	3.34	3.07	2.76	2.79	10.53
意大利	4.85	3.86	3.49	3.02	2.39	2.13	2.06	1.58
日本	5.40	4.87	5.34	4.83	4.58	3.40	3.08	-1.69
韩国	0.92	0.89	0.98	0.84	0.80	0.77	0.82	6.66
墨西哥	1.51	1.23	1.29	1.18	1.13	1.04	1.03	2.50
俄罗斯	3.35	1.84	2.00	2.24	2.15	2.01	1.74	13.98
中国台湾	1.00	0.94	1.05	0.97	0.88	0.74	0.68	3.79
美国	8.48	6.84	6.58	5.60	5.70	5.54	5.90	1.40
其他经济体	27.78	27.35	27.00	26.46	26.25	25.97	25.72	8.99

十一、基础金属制品业总产值指标的国际比较

（1）表3-11显示了2000～2014年基础金属制品业18个经济体总产值占全球份额。2000年，中国基础金属制品业总产值占全球总产值份额为13.58%，低于日本（18.72%），居世界第2位；2014年，中国基础金属制品业总产值占全球总产值份额达到40.24%，居世界第1位，显著高于居世界第2位的日本基础金属制品业（7.71%）。

（2）表3-11最后1列显示了2000～2014年18个经济体基础金属制品业总产值年均增长率。中国基础金属制品业以19.11%名列第1位。

表 3-11 2000~2014 年基础金属制品业 18 个经济体总产值占全球份额 单位：%

年份 国家（地区）	2000	2001	2002	2003	2004	2005	2006	2007
澳大利亚	2.35	2.25	2.51	2.69	2.33	2.10	1.79	1.76
巴西	1.83	1.75	1.76	1.66	1.68	1.96	1.91	2.04
加拿大	1.86	1.82	1.81	1.67	1.55	1.47	1.47	1.29
瑞士	0.32	0.33	0.28	0.27	0.25	0.22	0.22	0.21
中国	13.58	15.79	16.28	18.72	19.15	20.93	21.98	23.70
德国	4.86	5.10	5.18	5.02	4.93	4.64	4.76	4.87
西班牙	1.75	1.86	2.05	2.11	2.14	1.96	2.11	2.18
法国	2.35	2.39	2.35	2.28	2.11	1.87	1.85	1.80
英国	2.08	1.95	1.88	1.67	1.47	1.34	1.33	1.28
印度	2.54	2.62	2.92	3.19	3.25	3.10	3.45	3.78
意大利	3.00	3.01	3.02	3.24	3.04	2.91	2.95	3.14
日本	18.72	16.87	15.40	14.24	13.61	13.44	12.06	11.13
韩国	3.63	3.48	3.71	3.42	3.47	3.69	3.53	3.53
墨西哥	1.56	1.49	1.45	1.22	1.31	1.27	1.35	1.17
俄罗斯	2.37	2.77	2.83	3.10	3.53	3.62	4.03	4.28
中国台湾	1.87	1.45	1.74	1.75	1.95	1.76	1.80	1.72
美国	13.41	12.39	12.34	10.03	10.05	9.39	9.14	8.26
其他经济体	21.93	22.69	22.48	23.72	24.18	24.32	24.27	23.88

年份 国家（地区）	2008	2009	2010	2011	2012	2013	2014	年均 增长
澳大利亚	1.57	1.87	1.71	1.48	1.29	1.06	0.97	3.45
巴西	2.13	2.01	2.10	1.91	1.64	1.63	1.48	8.57
加拿大	1.13	1.32	1.52	1.48	1.51	1.49	1.40	8.03
瑞士	0.19	0.15	0.16	0.16	0.13	0.13	0.13	3.22
中国	27.20	32.36	30.46	32.21	35.84	39.06	40.24	19.11
德国	4.41	3.55	3.45	3.66	3.20	3.00	2.97	6.42
西班牙	1.92	1.56	1.65	1.53	1.28	1.21	1.18	7.14
法国	1.60	1.38	1.29	1.22	1.00	0.98	0.96	3.36
英国	0.98	0.86	0.77	0.68	0.67	0.73	0.71	2.09
印度	3.36	4.17	4.63	4.60	3.73	3.64	3.72	13.27
意大利	2.83	2.02	2.10	2.17	1.72	1.66	1.62	5.49
日本	11.46	11.02	11.35	10.66	10.53	8.41	7.71	3.45
韩国	3.23	3.28	3.66	3.79	3.56	3.27	3.32	9.52
墨西哥	1.10	0.91	0.96	0.95	0.95	0.84	0.85	5.56
俄罗斯	4.25	3.13	3.56	3.63	3.64	3.66	3.19	12.60
中国台湾	1.61	1.42	1.84	1.81	1.55	1.45	1.44	8.15
美国	7.49	5.84	6.68	6.56	6.21	6.01	6.26	4.38
其他经济体	23.54	23.15	22.12	21.50	21.55	21.79	21.84	10.18

十二、金属制品业（机械设备除外）总产值指标的国际比较

（1）表3-12显示了2000~2014年金属制品业17个经济体总产值占全球份额。2000年，中国金属制品业总产值占全球总产值份额为6.57%，显著低于美国（24.84%）、日本（19.54%）、德国（7.62%），居世界第4位；2014年，中国金属制品业总产值占全球总产值份额达到25.90%，居世界第1位，高于居世界第2位的美国金属制品业（15.33%）约10个百分点。

（2）表3-12最后1列显示了2000~2014年17个经济体金属制品业总产值年均增长率。中国金属制品业以17.06%名列第1位。

表3-12 2000~2014年金属制品业（机械设备除外）17个经济体
总产值占全球份额　　　　　　　　　　　　单位：%

国家（地区）　　　年份	2000	2001	2002	2003	2004	2005	2006	2007
澳大利亚	1.09	1.05	1.20	1.41	1.39	1.36	1.21	1.23
巴西	1.15	1.11	1.14	1.18	1.36	1.72	1.75	1.94
加拿大	1.40	1.38	1.40	1.42	1.49	1.54	1.61	1.46
瑞士	0.96	1.04	1.05	1.06	1.04	0.96	0.92	0.92
中国	6.57	7.05	7.04	6.97	7.60	7.87	9.40	11.13
德国	7.62	7.94	7.83	8.75	8.70	8.41	8.33	8.61
西班牙	2.34	2.57	2.93	3.28	3.39	3.39	3.30	3.33
法国	3.69	3.86	4.05	4.32	4.31	4.11	3.90	3.85
英国	3.60	3.60	3.73	3.62	3.65	3.49	3.35	3.35
印度	1.09	1.13	1.29	1.54	1.79	1.85	2.16	2.45
意大利	5.84	6.31	6.89	7.61	7.68	7.30	7.27	7.36
日本	19.54	17.72	15.99	15.21	14.37	13.61	12.01	10.46
韩国	1.91	1.90	2.20	2.44	2.81	3.51	3.66	3.61
墨西哥	1.18	1.14	1.13	1.04	1.05	1.09	1.11	0.99
中国台湾	1.87	1.61	1.64	1.54	1.62	1.48	1.36	1.23
美国	24.84	24.75	24.25	21.62	19.78	19.94	19.45	17.85
其他经济体	15.32	15.84	16.25	16.98	17.98	18.38	19.21	20.25

国家（地区）　　　年份	2008	2009	2010	2011	2012	2013	2014	年均增长
澳大利亚	1.14	1.22	1.32	1.31	1.20	1.16	1.06	5.89
巴西	2.21	1.87	2.22	2.17	1.89	1.79	1.63	8.78
加拿大	1.40	1.46	1.44	1.40	1.37	1.34	1.26	5.37
瑞士	0.98	0.96	0.97	1.03	0.86	0.84	0.84	5.13
中国	12.69	17.68	17.05	18.23	22.46	25.18	25.90	17.06

国家（地区）＼年份	2008	2009	2010	2011	2012	2013	2014	年均增长
德国	8.48	7.39	7.47	7.89	6.73	6.86	6.78	5.26
西班牙	3.09	2.50	2.23	2.02	1.59	1.51	1.47	2.70
法国	3.68	3.63	3.38	3.26	2.81	2.69	2.63	3.61
英国	2.74	2.42	2.24	2.07	2.08	2.11	2.33	2.89
印度	2.37	2.63	3.33	3.52	2.90	2.63	2.68	13.19
意大利	6.99	5.77	5.73	5.42	4.51	4.36	4.26	3.76
日本	10.58	10.69	10.97	10.40	9.86	7.81	7.15	-1.22
韩国	3.35	3.42	3.79	3.80	3.78	3.66	3.80	11.50
墨西哥	0.99	0.85	0.97	0.95	0.94	0.92	0.93	4.34
中国台湾	1.19	1.01	1.29	1.35	1.22	1.19	1.18	2.71
美国	16.89	15.59	15.18	14.75	15.26	15.01	15.33	2.54
其他经济体	21.22	20.93	20.41	20.41	20.55	20.94	20.79	8.48

十三、计算机电子光学制造业总产值指标的国际比较

（1）表 3-13 显示了 2000~2014 年计算机电子光学制造业 18 个经济体总产值占全球份额。2000 年，中国计算机电子光学制造业总产值占全球总产值份额为 7.14%，显著低于美国（28.91%）、日本（19.62%），居世界第三位；2014 年，中国计算机电子光学制造业总产值占全球总产值份额达到 39.16%，居世界第 1 位，显著高于居世界第 2 位的美国计算机电子光学制造业（9.58%）。

（2）表 3-13 最后 1 列显示了 2000~2014 年 18 个经济体计算机电子光学制造业总产值年均增长率。中国计算机电子光学制造业以 19.52% 名列第 1 位。

表 3-13　2000~2014 年计算机电子光学制造业 18 个经济体总产值占全球份额　单位：%

国家（地区）＼年份	2000	2001	2002	2003	2004	2005	2006	2007
澳大利亚	0.21	0.21	0.26	0.30	0.28	0.27	0.25	0.27
巴西	0.79	0.74	0.67	0.62	0.68	0.83	0.93	1.01
加拿大	1.16	0.98	0.83	0.79	0.71	0.68	0.67	0.65
瑞士	1.15	1.37	1.58	1.66	1.59	1.52	1.52	1.57
中国	7.14	8.86	10.47	12.23	15.44	18.85	20.26	21.43
德国	3.90	4.06	4.12	4.54	4.29	3.89	3.85	4.46
西班牙	0.57	0.71	0.70	0.70	0.61	0.58	0.56	0.60
法国	2.32	2.39	2.38	2.30	1.99	1.62	1.49	1.43
英国	2.77	2.80	2.72	2.13	2.01	1.71	1.61	1.53

续表

年份 国家（地区）	2000	2001	2002	2003	2004	2005	2006	2007
印度	0.36	0.44	0.41	0.45	0.48	0.56	0.64	0.72
意大利	1.19	1.41	1.53	1.54	1.45	1.31	1.25	1.31
日本	19.62	17.11	15.21	15.50	14.32	12.33	10.97	10.26
韩国	6.24	5.98	7.47	7.61	8.15	8.04	8.31	8.27
墨西哥	2.93	3.16	3.16	2.70	2.38	2.44	2.59	2.58
俄罗斯	0.32	0.44	0.49	0.62	0.76	0.78	0.95	1.19
中国台湾	5.10	4.74	5.72	5.72	5.65	5.46	5.67	5.43
美国	28.91	27.94	24.62	22.09	19.07	17.30	16.24	15.40
其他经济体	15.32	16.66	17.68	18.50	20.15	21.84	22.24	21.90

年份 国家（地区）	2008	2009	2010	2011	2012	2013	2014	年均 增长
澳大利亚	0.26	0.27	0.24	0.24	0.22	0.16	0.15	3.43
巴西	1.14	1.13	1.13	1.13	1.04	1.05	0.94	7.18
加拿大	0.65	0.68	0.59	0.54	0.54	0.52	0.49	-0.49
瑞士	1.82	1.85	1.62	1.84	1.77	1.77	1.75	9.09
中国	23.14	25.20	30.58	33.03	35.52	38.27	39.16	19.52
德国	4.07	3.29	2.79	2.84	2.42	2.44	2.40	2.25
西班牙	0.59	0.48	0.39	0.32	0.26	0.23	0.23	-0.94
法国	1.38	1.26	1.06	0.94	0.80	0.82	0.74	-2.45
英国	1.31	1.22	0.98	0.92	0.89	0.90	0.98	-1.72
印度	0.77	0.89	0.89	0.77	0.72	0.68	0.69	10.86
意大利	1.26	1.18	0.95	0.93	0.77	0.73	0.71	2.06
日本	10.86	10.30	9.69	9.08	8.76	6.84	6.23	-2.49
韩国	7.53	8.50	8.03	8.35	7.81	7.76	7.72	7.47
墨西哥	2.31	2.17	1.86	1.63	1.60	1.58	1.53	1.04
俄罗斯	1.29	1.00	1.05	1.18	1.16	1.14	0.98	14.63
中国台湾	5.16	5.16	5.49	5.27	5.03	4.94	5.12	5.86
美国	14.23	13.99	11.37	10.37	10.11	9.44	9.58	-2.19
其他经济体	22.23	21.43	21.31	20.62	20.59	20.73	20.60	8.10

十四、电气设备制造业总产值指标的国际比较

（1）表 3-14 显示了 2000~2014 年电气设备制造业 17 个经济体总产值占全球份额。2000 年，中国电气设备制造业总产值占全球总产值份额为 10.80%，显著低于日本（21.81%）、美国（15.33%），居世界第 4 位；2014 年，中国电气设备制造业总产值占全

球总产值份额达到 44.55%，居世界第 1 位，显著高于居世界第 2 位的德国电气设备制造业（5.79%）。

（2）表 3-14 最后 1 列显示了 2000~2014 年 17 个经济体电气设备制造业总产值年均增长率。中国电气设备制造业以 19.58% 名列第 1 位。

表 3-14　2000~2014 年电气设备制造业 17 个经济体总产值占全球份额　　　单位：%

年份 国家（地区）	2000	2001	2002	2003	2004	2005	2006	2007
澳大利亚	0.41	0.41	0.48	0.56	0.54	0.52	0.46	0.47
巴西	1.65	1.46	1.33	1.20	1.34	1.66	1.80	1.82
加拿大	1.32	1.07	0.89	0.85	0.77	0.74	0.71	0.64
瑞士	1.40	1.60	1.53	1.50	1.44	1.36	1.26	1.30
中国	10.80	11.51	11.98	13.17	14.67	17.25	19.27	23.01
德国	9.85	10.83	11.08	11.59	11.57	10.48	10.36	9.18
西班牙	1.52	1.79	2.01	2.23	2.30	2.24	2.37	2.45
法国	2.62	2.75	2.70	2.67	2.64	2.48	2.28	2.28
英国	2.36	2.56	2.67	2.48	2.31	2.03	1.98	1.68
印度	1.35	1.56	1.47	1.59	1.71	2.03	2.25	2.33
意大利	4.02	4.32	4.89	5.26	5.21	4.77	4.49	4.37
日本	21.81	19.40	18.09	17.87	16.90	14.88	13.04	11.18
韩国	3.72	3.39	4.23	4.25	4.61	4.59	4.62	4.27
墨西哥	2.10	2.16	2.15	1.81	1.72	1.75	1.77	1.59
中国台湾	1.73	1.53	1.60	1.42	1.42	1.31	1.28	1.08
美国	15.33	15.03	14.22	12.25	10.83	10.37	9.81	8.93
其他经济体	18.02	18.63	18.70	19.31	20.02	21.53	22.26	23.43

年份 国家（地区）	2008	2009	2010	2011	2012	2013	2014	年均 增长
澳大利亚	0.39	0.41	0.38	0.37	0.34	0.28	0.25	4.42
巴西	1.79	1.75	1.82	1.78	1.52	1.44	1.30	6.27
加拿大	0.56	0.57	0.48	0.48	0.48	0.45	0.43	-0.30
瑞士	1.32	1.42	1.11	1.16	1.04	0.98	0.95	5.08
中国	28.03	30.76	34.47	37.48	40.25	43.42	44.55	19.58
德国	8.60	8.06	6.93	7.08	6.16	5.88	5.79	4.05
西班牙	2.19	1.78	1.43	1.26	1.04	0.89	0.87	3.84
法国	2.03	1.88	1.54	1.50	1.27	1.22	1.14	1.82
英国	1.36	1.27	1.05	0.94	0.98	0.94	0.93	1.13
印度	2.20	2.49	2.58	2.19	1.98	1.91	1.94	10.91
意大利	3.75	3.30	3.06	2.82	2.33	2.19	1.98	2.72
日本	10.25	10.35	9.83	8.41	8.10	6.23	5.69	-1.82
韩国	3.40	3.78	3.71	3.77	3.52	3.45	3.44	7.47
墨西哥	1.32	1.20	1.28	1.12	1.10	1.06	1.09	3.13

续表

年份 国家（地区）	2008	2009	2010	2011	2012	2013	2014	年均 增长
中国台湾	0.93	0.82	0.91	0.90	0.84	0.76	0.75	1.82
美国	7.42	6.87	5.92	5.56	5.65	5.32	5.30	0.17
其他经济体	24.45	23.31	23.49	23.18	23.42	23.57	23.60	10.17

十五、机械和设备制造业总产值指标的国际比较

（1）表 3-15 显示了 2000~2014 年机械和设备制造业 18 个经济体总产值占全球份额。2000 年，中国机械和设备制造业总产值占全球总产值份额为 10.15%，显著低于美国（23.33%）、日本（14.28%）、德国（11.12%），居世界第 4 位；2014 年，中国机械和设备制造业总产值占全球总产值份额达到 33.39%，居世界第 1 位，高于居世界第 2 位的美国机械和设备制造业（11.40%）近 22 个百分点。

（2）表 3-15 最后 1 列显示了 2000~2014 年 18 个经济体机械和设备制造业总产值年均增长率。中国机械和设备制造业以 17.31% 名列第 1 位。

表 3-15　2000~2014 年机械和设备制造业 18 个经济体总产值占全球份额　单位：%

年份 国家（地区）	2000	2001	2002	2003	2004	2005	2006	2007
澳大利亚	0.46	0.44	0.49	0.56	0.54	0.52	0.46	0.46
巴西	1.18	1.17	1.09	1.13	1.20	1.37	1.47	1.69
加拿大	1.30	1.32	1.30	1.26	1.18	1.16	1.14	1.01
瑞士	1.45	1.51	1.55	1.50	1.44	1.31	1.24	1.18
中国	10.15	11.68	12.80	13.44	14.48	15.11	17.02	18.91
德国	11.12	11.75	11.93	12.82	12.59	11.91	11.73	12.06
西班牙	1.09	1.27	1.44	1.55	1.58	1.48	1.51	1.51
法国	2.68	2.84	2.84	2.95	2.84	2.62	2.49	2.35
英国	3.38	3.16	3.16	2.68	2.71	2.50	2.32	2.19
印度	1.12	1.08	1.20	1.20	1.30	1.53	1.53	1.75
意大利	6.56	6.81	7.05	7.52	7.34	6.80	6.60	6.61
日本	14.28	12.36	10.55	10.39	10.85	10.50	9.25	8.03
韩国	2.70	2.54	2.82	2.86	2.86	3.33	3.45	3.28
墨西哥	0.68	0.74	0.76	0.63	0.62	0.66	0.65	0.57
俄罗斯	0.62	0.80	0.86	1.32	1.40	1.56	1.76	2.12
中国台湾	1.13	0.96	1.05	1.05	1.15	1.16	1.11	0.99
美国	23.33	21.84	20.66	18.20	16.23	16.34	15.50	13.75
其他经济体	16.77	17.74	18.46	18.95	19.69	20.14	20.78	21.52

续表

年份 国家（地区）	2008	2009	2010	2011	2012	2013	2014	年均 增长
澳大利亚	0.41	0.44	0.48	0.47	0.46	0.43	0.39	6.48
巴西	1.86	1.71	2.01	1.95	1.76	1.76	1.60	10.09
加拿大	0.93	0.95	0.94	1.01	1.03	1.00	0.94	5.25
瑞士	1.15	1.03	1.07	1.10	0.94	0.92	0.93	4.37
中国	21.80	28.90	27.58	28.77	29.61	32.46	33.39	17.31
德国	11.85	9.88	9.58	9.71	9.04	9.00	8.90	6.04
西班牙	1.44	1.16	1.00	0.99	0.92	0.91	0.88	6.12
法国	2.22	1.88	1.60	1.58	1.47	1.41	1.40	2.86
英国	1.82	1.38	1.39	1.36	1.44	1.45	1.57	2.01
印度	1.74	1.90	2.42	2.20	2.00	1.90	1.93	12.01
意大利	6.22	5.12	4.91	4.67	4.30	4.25	4.10	4.19
日本	7.66	6.27	6.98	7.17	7.13	5.57	5.10	0.10
韩国	2.79	2.62	3.30	3.24	3.24	3.18	3.22	9.12
墨西哥	0.52	0.49	0.71	0.68	0.71	0.68	0.65	7.37
俄罗斯	2.33	1.56	1.70	1.81	1.82	1.79	1.56	15.14
中国台湾	0.90	0.68	1.03	1.02	0.97	0.90	0.95	6.43
美国	12.13	11.23	11.42	11.06	12.28	11.30	11.40	2.37
其他经济体	22.23	22.80	21.85	21.21	20.88	21.11	21.10	9.53

十六、机动车辆制造业总产值指标的国际比较

（1）表3-16显示了2000~2014年机动车辆制造业18个经济体总产值占全球份额。2000年，中国机动车辆制造业总产值占全球总产值份额为3.46%，显著低于美国（27.41%）、日本（19.58%）、德国（11.46%）、法国（3.69%）、墨西哥（3.67%），居世界第6位；2014年，中国机动车辆制造业总产值占全球总产值份额达到27.47%，居世界第1位，显著高于居世界第2位的美国机动车辆制造业（13.16%）。

（2）表3-16最后1列显示了2000~2014年18个经济体机动车辆制造业总产值年均增长率。中国机动车辆制造业以24.07%名列第1位。

表3-16 2000~2014年机动车辆制造业18个经济体总产值占全球份额　　单位：%

年份 国家（地区）	2000	2001	2002	2003	2004	2005	2006	2007
澳大利亚	0.61	0.57	0.62	0.71	0.72	0.73	0.68	0.71
巴西	1.83	1.74	1.58	1.62	2.03	2.57	2.79	3.23
加拿大	2.13	2.01	1.90	1.78	1.76	1.78	1.65	1.54

年份 国家（地区）	2000	2001	2002	2003	2004	2005	2006	2007
瑞士	0.05	0.05	0.05	0.05	0.05	0.05	0.05	0.05
中国	3.46	4.04	4.59	5.55	5.46	6.27	7.44	9.73
德国	11.46	12.42	12.59	13.46	13.84	13.51	13.55	14.22
西班牙	2.63	2.63	2.71	3.00	3.06	2.80	2.71	2.77
法国	3.69	3.99	4.04	4.07	4.16	3.82	3.46	3.29
英国	2.90	2.85	2.93	2.93	2.94	2.80	2.70	2.66
印度	1.33	1.45	1.53	1.66	1.66	1.49	1.58	1.65
意大利	2.47	2.43	2.38	2.49	2.55	2.44	2.66	2.91
日本	19.58	18.22	17.68	17.42	17.16	16.78	15.80	13.77
韩国	2.15	2.16	2.39	2.40	2.57	3.03	3.37	3.49
墨西哥	3.67	3.62	3.53	2.89	2.73	2.73	2.97	2.75
俄罗斯	0.69	0.88	0.91	0.99	1.20	1.29	1.55	1.81
中国台湾	0.59	0.50	0.54	0.55	0.60	0.62	0.48	0.40
美国	27.41	26.80	26.53	23.98	22.17	21.27	19.61	16.88
其他经济体	13.35	13.63	13.50	14.46	15.34	16.02	16.94	18.15

年份 国家（地区）	2008	2009	2010	2011	2012	2013	2014	年均 增长
澳大利亚	0.63	0.62	0.52	0.48	0.42	0.34	0.31	1.96
巴西	3.88	3.79	3.74	3.65	3.05	3.00	2.71	10.04
加拿大	1.55	1.60	1.64	1.64	1.67	1.59	1.49	4.31
瑞士	0.06	0.06	0.05	0.06	0.05	0.05	0.05	7.18
中国	12.26	19.59	21.30	22.34	24.15	26.85	27.47	24.07
德国	13.98	12.06	10.76	11.27	10.45	10.00	9.83	5.83
西班牙	2.45	2.18	1.79	1.71	1.42	1.49	1.44	2.48
法国	3.04	2.44	2.14	2.05	1.71	1.60	1.55	0.57
英国	2.27	1.89	1.68	1.61	1.71	1.73	1.84	3.55
印度	1.65	2.25	2.34	2.46	2.38	2.26	2.30	11.22
意大利	2.76	2.21	1.80	1.70	1.42	1.43	1.39	2.67
日本	14.81	12.68	13.16	11.23	11.15	8.59	7.83	0.21
韩国	3.20	3.15	3.15	3.29	3.34	3.18	3.27	10.26
墨西哥	2.61	2.05	2.33	2.40	2.69	2.83	3.00	5.47
俄罗斯	2.10	1.45	1.61	1.99	2.00	1.94	1.68	14.04
中国台湾	0.32	0.38	0.39	0.41	0.41	0.38	0.39	3.92
美国	13.10	11.54	11.71	11.82	12.29	12.49	13.16	1.53
其他经济体	19.33	20.05	19.88	19.89	19.68	20.25	20.27	10.23

十七、其他交通设备制造业总产值指标的国际比较

（1）表3-17显示了2000~2014年其他交通设备制造业17个经济体总产值占全球份额。2000年，中国其他交通设备制造业总产值占全球总产值份额为5.19%，显著低于美国（36.07%）、日本（10.96%）、英国（6.21%）、法国（6.15%）、韩国（6.05%），居世界第6位；2014年，中国其他交通设备制造业总产值占全球总产值份额达到26.62%，居世界第1位，高于居世界第2位的美国其他交通设备制造业（23.69%）近3个百分点。

（2）表3-17最后1列显示了2000~2014年17个经济体其他交通设备制造业总产值年均增长率。中国其他交通设备制造业以22.26%名列第1位。

表3-17　2000~2014年其他交通设备制造业17个经济体总产值占全球份额　单位：%

国家（地区）＼年份	2000	2001	2002	2003	2004	2005	2006	2007
澳大利亚	0.89	0.78	0.87	1.03	1.07	1.02	0.92	0.91
巴西	0.99	0.87	0.82	0.86	1.10	1.33	1.41	1.52
加拿大	3.90	3.41	3.35	3.21	3.24	3.13	2.81	2.46
瑞士	0.27	0.27	0.29	0.31	0.32	0.29	0.31	0.31
中国	5.19	5.62	6.64	8.00	7.83	8.35	9.38	11.19
德国	4.56	4.74	4.59	5.02	4.94	4.96	4.82	4.76
西班牙	1.51	1.49	1.85	2.12	2.07	2.08	2.32	2.18
法国	6.15	6.51	6.23	6.42	6.57	6.79	7.08	6.33
英国	6.21	5.79	5.43	5.63	6.32	5.37	5.21	4.98
印度	1.08	1.09	1.20	1.33	1.36	1.16	1.19	1.17
意大利	3.79	3.63	3.93	4.04	4.37	3.92	3.95	3.91
日本	10.96	9.55	9.37	9.36	9.57	8.43	8.18	7.39
韩国	6.05	5.63	6.46	6.66	7.26	8.17	8.83	8.56
墨西哥	0.53	0.48	0.49	0.41	0.42	0.46	0.42	0.38
中国台湾	1.39	1.02	1.10	1.12	1.21	1.17	0.94	0.90
美国	36.07	38.42	36.07	32.07	29.91	30.68	28.92	29.27
其他经济体	10.44	10.70	11.31	12.42	12.43	12.68	13.33	13.76

国家（地区）＼年份	2008	2009	2010	2011	2012	2013	2014	年均增长
澳大利亚	0.86	0.84	0.90	0.95	0.90	0.82	0.73	7.25
巴西	1.73	1.50	1.70	1.81	1.51	1.43	1.27	10.72
加拿大	2.35	2.14	1.98	1.90	1.84	1.74	1.60	2.08
瑞士	0.34	0.33	0.34	0.45	0.45	0.43	0.39	11.57
中国	13.02	17.95	21.89	23.43	24.07	26.49	26.62	22.26

续表

国家（地区） 年份	2008	2009	2010	2011	2012	2013	2014	年均增长
德国	4.86	4.53	4.13	3.96	3.66	3.78	3.66	7.07
西班牙	2.73	2.35	1.91	1.78	1.50	1.50	1.42	8.32
法国	6.53	6.14	5.42	5.19	5.21	5.59	5.34	7.69
英国	3.90	3.66	3.24	3.74	3.55	3.50	3.44	4.28
印度	1.10	1.34	1.60	1.71	1.58	1.48	1.48	11.22
意大利	4.07	3.48	2.76	2.59	2.22	2.10	2.00	3.93
日本	8.06	7.65	7.70	7.32	6.91	5.27	4.72	2.42
韩国	7.43	6.47	7.45	7.95	7.67	7.21	7.30	10.26
墨西哥	0.38	0.26	0.25	0.37	0.43	0.47	0.51	8.45
中国台湾	1.00	0.81	0.88	0.92	0.92	0.86	0.86	5.08
美国	27.17	25.76	22.60	20.80	22.69	22.02	23.69	5.56
其他经济体	14.46	14.78	15.23	15.14	14.89	15.29	14.97	11.62

十八、家具制造业等总产值指标的国际比较

（1）表 3-18 显示了 2000~2014 年家具制造业等 18 个经济体总产值占全球份额。2000 年，中国家具制造业等总产值占全球总产值份额为 6.51%，显著低于美国（25.29%）、日本（9.02%）、德国（7.37%），居世界第 4 位；2014 年，中国家具制造业总产值占全球总产值份额达到 11.61%，居世界第 2 位，低于居世界第 1 位的美国家具制造业等（17.97%）约 6 个百分点。这是在 2014 年中国制造业细分产业中总产值占全球总产值份额唯一没有达到世界第一的产业。

（2）表 3-18 最后 1 列显示了 2000~2014 年 18 个经济体家具制造业等总产值年均增长率。中国家具制造业等以 8.90% 居第 3 位（印度居第 1 位，17.79%；韩国居第 2 位，10.33%）。

表 3-18 2000~2014 年家具制造业等 18 个经济体总产值占全球份额 单位：%

国家（地区） 年份	2000	2001	2002	2003	2004	2005	2006	2007
澳大利亚	0.38	0.36	0.41	0.49	0.52	0.49	0.45	0.48
巴西	2.41	2.07	1.89	1.85	2.08	2.32	2.49	2.73
加拿大	3.47	3.56	3.67	3.76	3.77	3.56	3.48	3.28
瑞士	0.94	0.99	1.02	1.08	1.11	1.01	0.98	0.99
中国	6.51	6.67	6.18	5.56	3.78	6.32	8.17	8.71
德国	7.37	7.49	7.39	8.38	8.67	8.11	8.09	8.59

续表

年份 国家（地区）	2000	2001	2002	2003	2004	2005	2006	2007
西班牙	1.84	2.04	2.28	2.68	3.09	2.96	3.01	3.17
法国	6.26	6.39	6.53	6.87	7.13	6.57	6.24	6.47
英国	5.58	5.18	4.88	4.75	5.03	4.55	4.31	4.29
印度	1.49	1.70	1.77	2.17	2.95	3.30	3.51	4.11
意大利	5.96	6.12	6.51	7.05	7.47	6.87	6.76	6.94
日本	9.02	8.06	7.13	6.62	6.18	5.56	4.62	4.07
韩国	0.64	0.54	0.60	0.62	0.69	0.77	0.88	0.92
墨西哥	1.88	1.90	1.98	1.75	1.79	1.74	1.71	1.59
俄罗斯	0.95	1.16	1.22	0.57	0.61	0.71	0.82	0.96
中国台湾	1.18	0.98	0.96	0.90	0.93	0.85	0.79	0.71
美国	25.29	25.61	27.00	25.50	24.35	23.32	22.08	19.70
其他经济体	18.82	19.15	18.57	19.39	19.85	21.00	21.62	22.29

年份 国家（地区）	2008	2009	2010	2011	2012	2013	2014	年均 增长
澳大利亚	0.46	0.47	0.54	0.55	0.51	0.40	0.37	4.20
巴西	3.18	3.22	4.14	4.29	3.97	3.76	3.43	7.15
加拿大	3.33	3.27	3.82	3.44	3.40	3.32	3.15	3.76
瑞士	1.09	1.04	1.07	1.12	1.06	1.08	1.10	5.66
中国	7.85	8.88	7.48	8.21	9.85	11.23	11.61	8.90
德国	8.71	8.51	8.54	8.75	7.70	7.75	7.70	4.82
西班牙	3.25	3.02	2.79	2.49	2.09	1.96	1.92	4.78
法国	6.76	6.96	6.56	6.54	5.84	5.94	5.83	3.96
英国	3.77	3.29	3.32	3.17	3.11	3.17	3.48	1.02
印度	4.43	6.19	5.38	5.64	8.26	7.79	7.99	17.79
意大利	6.93	6.12	6.01	5.86	5.06	4.91	4.82	2.90
日本	4.16	4.12	4.35	4.58	4.39	3.48	3.20	-2.96
韩国	0.77	0.77	1.31	1.37	1.28	1.31	1.37	10.33
墨西哥	1.55	1.43	1.78	1.78	1.74	1.76	1.79	4.12
俄罗斯	1.16	0.86	1.06	1.20	1.17	1.17	1.02	5.05
中国台湾	0.69	0.70	0.92	0.95	0.96	0.95	0.99	3.18
美国	18.97	18.58	18.85	17.70	17.41	17.65	17.97	1.96
其他经济体	22.93	22.57	22.07	22.34	22.18	22.35	22.25	5.74

第二节　中国制造业细分产业增加值指标的国际比较

一、食品加工业增加值指标的国际比较

（1）表 3-19 显示了 2000～2014 年食品加工业 18 个经济体增加值占全球份额。2000 年，中国食品加工业增加值占全球增加值份额为 6.28%，显著低于美国（22.03%）和日本（20.08%），居世界第 3 位；2014 年，中国食品加工业增加值占全球增加值份额达到 24.25%，居世界第 1 位，且高于居世界第 2 位的美国食品加工业的份额（14.43%）近 10 个百分点。

（2）表 3-19 最后 1 列显示了 2000～2014 年 18 个经济体食品加工业增加值年均增长率。中国食品加工业以 16.80% 名列第 1 位。

表 3-19　2000～2014 年食品加工业 18 个经济体增加值占全球份额　　单位：%

国家（地区） ＼ 年份	2000	2001	2002	2003	2004	2005	2006	2007
澳大利亚	1.22	1.11	1.23	1.45	1.53	1.57	1.50	1.62
巴西	1.83	1.79	1.56	1.54	1.87	2.26	2.61	2.59
加拿大	1.87	1.92	1.86	1.99	2.05	2.17	2.20	2.22
瑞士	0.66	0.68	0.77	0.79	0.80	0.77	0.74	0.71
中国	6.28	6.70	6.97	7.27	7.69	8.63	9.40	10.96
德国	4.51	4.44	4.59	4.98	5.10	4.72	4.57	4.56
西班牙	1.78	1.83	2.00	2.36	2.55	2.75	2.76	3.03
法国	4.50	4.38	4.71	5.23	5.52	5.12	4.81	4.98
英国	4.22	4.03	4.19	4.60	4.35	4.41	4.01	3.76
印度	1.03	0.99	1.12	1.18	1.21	1.33	1.43	1.57
意大利	2.67	2.63	2.87	3.10	3.23	3.00	2.87	2.96
日本	20.08	17.60	16.29	15.64	15.38	13.66	12.01	10.79
韩国	1.19	1.08	1.17	1.12	1.18	1.24	1.27	1.23
墨西哥	4.09	4.58	4.66	4.07	3.95	4.17	4.20	4.17
俄罗斯	1.08	1.33	1.38	1.24	1.49	1.85	2.27	2.48
中国台湾	0.63	0.64	0.61	0.55	0.47	0.46	0.44	0.40
美国	22.03	23.66	23.10	21.20	19.23	18.57	19.07	17.25
其他经济体	20.32	20.62	20.93	21.68	22.40	23.33	23.86	24.73

续表

国家（地区）	2008	2009	2010	2011	2012	2013	2014	年均增长
澳大利亚	1.52	1.42	1.59	1.68	1.61	1.54	1.43	7.26
巴西	2.62	2.69	3.19	3.57	3.25	3.00	2.76	9.21
加拿大	2.09	1.82	1.89	1.67	1.63	1.61	1.54	4.58
瑞士	0.76	0.75	0.75	0.91	0.80	0.77	0.74	6.95
中国	13.34	14.28	16.12	18.98	21.86	23.30	24.25	16.80
德国	4.23	3.95	3.61	3.42	3.09	3.25	3.31	3.74
西班牙	3.04	2.83	2.54	2.50	2.12	2.18	2.18	7.62
法国	4.71	4.29	3.70	3.69	3.28	3.44	3.33	3.79
英国	3.13	2.98	2.50	2.36	2.35	2.51	2.71	2.76
印度	1.56	1.47	1.72	1.90	1.65	1.61	1.66	9.72
意大利	2.84	2.63	2.35	2.18	1.87	1.92	1.93	3.65
日本	10.82	11.51	12.19	11.25	10.78	8.69	8.05	-0.65
韩国	0.99	0.88	0.92	0.92	0.87	0.94	0.99	4.65
墨西哥	3.97	3.43	3.58	3.59	3.51	3.70	3.65	5.20
俄罗斯	2.87	2.26	2.13	2.28	2.23	2.17	1.85	10.25
中国台湾	0.36	0.38	0.39	0.39	0.41	0.39	0.38	2.28
美国	15.85	18.81	16.41	13.91	14.04	14.13	14.43	2.91
其他经济体	25.29	23.62	24.41	24.78	24.65	24.84	24.81	7.58

二、纺织服装业增加值指标的国际比较

（1）表 3-20 显示了 2000~2014 年纺织服装业 18 个经济体增加值占全球份额。2000年，中国纺织服装业增加值占全球增加值份额为 14.46%，低于美国（14.86%），居世界第 2 位；2014 年，中国纺织服装业增加值占全球增加值份额达到 38.16%，居世界第 1 位，高于居世界第 2 位的印度纺织服装业的份额（5.71%）近 33 个百分点。

（2）表 3-20 最后 1 列显示了 2000~2014 年 18 个经济体纺织服装业增加值年均增长率。中国纺织服装业以 12.50% 名列第 1 位。

表 3-20　2000~2014 年纺织服装业 18 个经济体增加值占全球份额　　　　单位：%

国家（地区）	2000	2001	2002	2003	2004	2005	2006	2007
澳大利亚	0.36	0.36	0.43	0.53	0.55	0.55	0.51	0.54
巴西	3.37	2.85	2.45	2.30	2.56	3.19	3.49	3.84
加拿大	0.82	0.82	0.80	0.81	0.75	0.67	0.60	0.56
瑞士	0.25	0.28	0.28	0.30	0.29	0.27	0.26	0.25

续表

年份 国家（地区）	2000	2001	2002	2003	2004	2005	2006	2007
中国	14.46	15.62	15.47	16.81	17.55	19.23	21.24	23.52
德国	2.50	2.55	2.63	2.83	2.81	2.54	2.41	2.33
西班牙	2.05	2.26	2.40	2.75	2.58	2.32	2.18	2.04
法国	2.04	2.18	2.33	2.56	2.38	2.05	1.81	1.79
英国	2.76	2.67	2.46	2.45	2.28	2.02	2.02	1.98
印度	3.66	3.69	4.01	4.18	4.51	4.93	5.10	5.23
意大利	7.23	8.23	8.73	9.42	9.01	8.21	7.62	7.67
日本	7.83	6.50	5.76	5.46	5.03	4.15	3.59	3.17
韩国	3.42	3.26	3.53	3.17	2.95	3.18	3.16	2.85
墨西哥	2.96	3.22	3.21	2.67	2.43	2.35	2.30	2.02
俄罗斯	0.36	0.44	0.48	0.42	0.61	0.57	0.75	0.86
中国台湾	1.78	1.58	1.57	1.34	1.15	1.10	0.95	0.83
美国	14.86	14.53	14.27	10.89	10.59	9.37	8.22	6.84
其他经济体	29.29	28.96	29.17	31.13	31.97	33.30	33.80	33.69

年份 国家（地区）	2008	2009	2010	2011	2012	2013	2014	年均 增长
澳大利亚	0.50	0.48	0.50	0.50	0.45	0.38	0.35	4.69
巴西	4.03	4.09	4.72	4.95	4.13	3.73	3.38	5.00
加拿大	0.55	0.51	0.47	0.39	0.38	0.37	0.35	−1.26
瑞士	0.27	0.24	0.24	0.25	0.21	0.20	0.20	3.14
中国	26.29	30.92	30.67	32.88	36.10	37.12	38.16	12.50
德国	2.20	1.83	1.76	1.77	1.49	1.50	1.51	1.27
西班牙	2.05	1.80	1.50	1.52	1.22	1.21	1.20	1.04
法国	1.67	1.42	1.17	1.17	1.05	1.03	1.03	−0.01
英国	1.60	1.16	1.38	1.30	1.25	1.48	1.51	0.53
印度	4.66	5.12	5.94	5.16	5.58	5.60	5.71	8.35
意大利	7.39	6.25	5.59	5.48	4.51	4.61	4.57	1.58
日本	3.39	3.34	3.02	3.13	2.96	2.38	2.17	−4.21
韩国	2.56	2.60	2.81	2.86	2.89	2.96	3.08	4.19
墨西哥	1.87	1.57	1.66	1.58	1.50	1.56	1.49	−0.06
俄罗斯	0.94	0.69	0.70	0.81	0.78	0.76	0.64	9.45
中国台湾	0.74	0.74	0.76	0.76	0.73	0.72	0.70	−1.79
美国	5.91	5.32	4.98	4.28	4.16	4.19	4.22	−4.06
其他经济体	33.37	31.91	32.13	31.21	30.59	30.20	29.71	5.07

三、木制品业（家具制造除外）增加值指标的国际比较

（1）表 3-21 显示了 2000~2014 年木制品业 18 个经济体增加值占全球份额。2000 年，中国木制品业增加值占全球增加值份额为 8.31%，低于美国（24.67%）和日本（9.69%），居世界第 3 位；2014 年，中国木制品业增加值占全球增加值份额达到 34.87%，居世界第 1 位，高于居世界第 2 位的美国木制品业的份额（10.90%）近 24 个百分点。

（2）表 3-21 最后 1 列显示了 2000~2014 年 18 个经济体木制品业增加值年均增长率。中国木制品业以 17.55% 名列第 1 位。

表 3-21 2000~2014 年木制品业（家具制造除外）18 个经济体
增加值占全球份额   单位：%

年份 国家（地区）	2000	2001	2002	2003	2004	2005	2006	2007
澳大利亚	1.54	1.43	1.61	1.91	1.89	1.98	1.85	1.92
巴西	2.03	1.78	1.77	1.72	1.83	1.92	2.17	2.27
加拿大	3.97	3.62	3.76	3.68	4.16	3.92	3.37	3.10
瑞士	1.24	1.33	1.46	1.56	1.52	1.52	1.46	1.43
中国	8.31	10.29	11.23	10.79	12.04	11.69	14.55	16.91
德国	5.96	5.35	5.36	5.58	5.66	5.27	5.21	5.06
西班牙	2.03	2.06	2.21	2.45	2.38	2.47	2.51	2.44
法国	2.47	2.41	2.57	2.99	2.53	2.31	2.21	2.31
英国	2.82	2.74	3.08	3.16	3.37	3.16	2.78	2.89
印度	3.02	2.47	1.96	1.91	1.32	1.37	1.68	2.36
意大利	4.98	5.63	5.47	5.74	5.54	5.21	5.06	4.92
日本	9.69	7.96	6.96	6.50	6.09	5.66	4.60	3.71
韩国	0.86	0.80	0.92	0.85	0.78	0.85	0.84	0.76
墨西哥	1.42	1.48	1.39	1.16	1.02	1.08	1.04	1.00
俄罗斯	1.16	1.14	1.17	0.98	1.29	1.87	2.17	2.65
中国台湾	0.23	0.18	0.21	0.22	0.21	0.20	0.21	0.17
美国	24.67	24.40	24.01	23.02	22.56	23.37	19.78	15.70
其他经济体	23.60	24.92	24.87	25.79	25.81	26.14	28.50	30.41

年份 国家（地区）	2008	2009	2010	2011	2012	2013	2014	年均 增长
澳大利亚	1.83	1.67	1.84	1.76	1.52	1.41	1.29	4.74
巴西	2.48	2.02	2.51	2.39	2.02	1.85	1.67	4.64
加拿大	3.19	2.91	3.51	3.07	2.90	2.77	2.59	2.92
瑞士	1.58	1.59	1.60	1.66	1.36	1.32	1.30	6.42

续表

年份　国家（地区）	2008	2009	2010	2011	2012	2013	2014	年均增长
中国	19.20	27.09	25.38	28.95	32.06	34.08	34.87	17.55
德国	4.65	3.94	4.23	4.04	3.28	3.29	3.30	1.72
西班牙	2.50	1.83	1.56	1.30	0.99	0.90	0.89	0.04
法国	2.48	2.21	1.82	1.91	1.56	1.54	1.49	2.34
英国	2.62	1.71	1.82	1.53	1.50	1.34	1.47	1.29
印度	2.45	2.60	2.70	2.62	4.60	4.17	4.23	8.68
意大利	4.91	4.25	3.85	3.52	2.63	2.42	2.37	0.61
日本	3.82	3.58	3.93	4.00	3.70	2.89	2.63	−3.33
韩国	0.66	0.65	0.70	0.66	0.61	0.63	0.62	3.75
墨西哥	0.91	0.76	0.85	0.84	0.86	0.84	0.81	1.99
俄罗斯	2.69	1.75	2.26	2.50	2.36	2.23	1.87	9.78
中国台湾	0.17	0.15	0.16	0.15	0.14	0.14	0.13	2.03
美国	13.17	11.08	11.42	9.97	9.74	10.38	10.90	0.09
其他经济体	30.71	30.23	29.87	29.12	28.16	27.79	27.55	7.28

四、纸制品业增加值指标的国际比较

（1）表3-22显示了2000~2014年纸制品业18个经济体增加值占全球份额。2000年，中国纸制品业增加值占全球增加值份额为4.89%，远低于美国（33.97%）、日本（15.21%）、德国（4.94%），居世界第4位；2014年，中国纸制品业增加值占全球增加值份额达到17.96%，尚低于美国（21.23%），居世界第2位。

（2）表3-22最后1列显示了2000~2014年18个经济体纸制品业增加值年均增长率。中国纸制品业以12.54%名列第1位。

表 3-22　2000~2014 年纸制品业 18 个经济体增加值占全球份额　　　单位：%

年份　国家（地区）	2000	2001	2002	2003	2004	2005	2006	2007
澳大利亚	0.69	0.68	0.77	0.95	0.99	1.06	1.01	1.12
巴西	2.15	1.70	1.47	1.67	1.92	2.00	2.37	2.62
加拿大	2.80	2.94	2.73	2.73	2.81	3.07	3.10	3.08
瑞士	0.45	0.51	0.56	0.59	0.56	0.54	0.49	0.52
中国	4.89	6.32	7.09	7.36	7.61	7.70	8.64	9.64
德国	4.94	5.43	5.72	6.18	6.29	6.23	6.08	6.38
西班牙	1.49	1.65	1.75	1.93	1.95	1.96	1.89	2.05
法国	2.81	3.20	3.22	3.48	3.43	3.18	2.79	2.95

续表

年份 国家（地区）	2000	2001	2002	2003	2004	2005	2006	2007
英国	3.05	3.03	3.29	2.98	3.44	3.15	2.95	3.10
印度	0.58	0.66	0.68	0.78	0.81	0.97	0.99	1.20
意大利	2.39	2.52	2.56	2.91	3.09	2.96	2.76	2.88
日本	15.21	13.64	11.91	12.44	12.30	12.51	9.64	8.46
韩国	1.85	1.84	2.12	2.04	1.97	2.20	2.21	2.14
墨西哥	1.39	1.60	1.52	1.32	1.32	1.48	1.51	1.52
俄罗斯	1.07	1.20	1.23	1.42	1.78	2.40	2.87	3.54
中国台湾	0.83	0.72	0.80	0.82	0.76	0.74	0.63	0.58
美国	33.97	31.88	31.86	28.44	26.85	26.16	27.56	24.69
其他经济体	19.43	20.51	20.72	21.98	22.13	21.69	22.51	23.53

年份 国家（地区）	2008	2009	2010	2011	2012	2013	2014	年均 增长
澳大利亚	1.06	0.94	1.02	1.05	0.99	1.01	0.94	4.89
巴西	3.08	2.90	3.56	3.86	3.08	3.10	2.86	4.68
加拿大	3.14	2.81	3.21	2.47	2.58	2.57	2.47	1.63
瑞士	0.57	0.51	0.50	0.53	0.46	0.45	0.44	2.36
中国	11.28	13.38	13.20	14.64	16.25	17.15	17.96	12.54
德国	6.25	5.72	5.20	5.21	5.21	5.33	5.47	3.31
西班牙	2.09	1.82	1.80	1.80	1.61	1.59	1.61	3.12
法国	2.86	2.55	2.18	2.30	2.19	2.20	2.18	0.71
英国	2.91	2.61	2.37	2.27	2.42	2.55	2.75	1.78
印度	1.12	1.04	1.42	1.35	1.21	1.19	1.24	8.21
意大利	2.86	2.74	2.55	2.62	2.41	2.44	2.45	2.72
日本	9.42	9.92	10.29	10.76	10.99	8.98	8.38	-1.73
韩国	1.85	1.79	1.92	1.93	1.99	2.12	2.17	3.75
墨西哥	1.57	1.38	1.53	1.51	1.56	1.66	1.66	3.89
俄罗斯	4.06	2.86	3.49	4.11	4.29	4.24	3.64	11.90
中国台湾	0.59	0.49	0.65	0.63	0.61	0.59	0.58	-0.10
美国	21.69	25.03	22.59	20.14	20.11	20.92	21.23	-0.84
其他经济体	23.58	21.51	22.53	22.81	22.03	21.88	21.97	3.46

五、印刷业增加值指标的国际比较

（1）表3-23显示了2000~2014年印刷业17个经济体增加值占全球份额。2000年，中国印刷业增加值占全球增加值份额为5.24%，远低于美国（27.95%）、日本

（21.39%）、德国（6.79%）、英国（6.36%），居世界第 5 位；2014 年，中国印刷业增加值占全球增加值份额达到 17.71%，尚低于美国（19.92%），居世界第 2 位。

（2）表 3-23 最后 1 列显示了 2000～2014 年 17 个经济体印刷业增加值年均增长率。中国印刷业以 10.71% 名列第 1 位。

表 3-23　2000～2014 年印刷业 17 个经济体增加值占全球份额　　　单位：%

国家（地区）＼年份	2000	2001	2002	2003	2004	2005	2006	2007
澳大利亚	1.14	1.08	1.21	1.49	1.58	1.65	1.63	1.86
巴西	1.20	0.94	0.83	0.92	1.03	1.15	1.35	1.56
加拿大	3.48	3.47	3.22	3.21	3.33	3.58	3.76	3.80
瑞士	1.06	1.14	1.18	1.25	1.21	1.16	1.11	1.11
中国	5.24	6.44	7.20	6.91	6.68	6.12	6.61	6.95
德国	6.79	6.46	6.24	6.16	6.70	6.71	6.63	6.69
西班牙	2.01	2.08	2.35	2.74	2.90	3.20	3.26	3.41
法国	3.19	3.20	3.33	3.70	3.80	3.70	3.60	3.57
英国	6.36	6.27	6.63	6.12	6.90	6.73	6.80	6.66
印度	0.61	0.65	0.67	0.77	0.81	0.94	1.01	1.24
意大利	3.29	3.48	3.98	4.22	4.25	4.08	4.18	4.46
日本	21.39	19.71	18.37	18.73	18.59	18.10	15.89	14.53
韩国	1.09	1.03	1.18	1.13	1.11	1.21	1.27	1.26
墨西哥	0.80	0.86	0.82	0.71	0.63	0.68	0.74	0.72
中国台湾	0.50	0.49	0.61	0.64	0.57	0.64	0.64	0.59
美国	27.95	28.37	27.58	26.10	24.40	24.73	25.48	24.69
其他经济体	13.91	14.33	14.60	15.21	15.51	15.62	16.01	16.91

国家（地区）＼年份	2008	2009	2010	2011	2012	2013	2014	年均增长
澳大利亚	1.80	1.74	1.94	2.05	1.94	1.70	1.58	3.87
巴西	1.82	1.83	2.29	2.66	2.15	2.33	2.16	5.80
加拿大	3.95	3.82	3.70	3.48	3.60	3.68	3.54	1.61
瑞士	1.21	1.18	1.22	1.28	1.15	1.09	1.06	1.52
中国	8.34	10.82	11.04	12.25	14.93	16.86	17.71	10.71
德国	6.75	6.17	6.00	5.90	5.55	5.58	5.74	0.27
西班牙	3.57	3.30	3.13	2.91	2.28	2.24	2.27	2.37
法国	3.64	3.41	3.08	3.08	2.75	2.78	2.77	0.45
英国	5.48	4.17	4.16	4.25	4.20	4.11	4.15	-1.56
印度	1.18	1.18	1.66	1.60	1.53	1.55	1.61	8.81
意大利	4.48	3.89	3.61	3.50	3.07	3.01	3.03	0.89
日本	15.06	17.45	18.14	17.92	18.17	15.18	14.19	-1.45

续表

年份 国家（地区）	2008	2009	2010	2011	2012	2013	2014	年均 增长
韩国	1.10	1.15	1.26	1.29	1.32	1.44	1.48	3.75
墨西哥	0.75	0.67	0.72	0.79	0.77	0.82	0.81	1.64
中国台湾	0.58	0.58	0.65	0.70	0.72	0.72	0.68	3.81
美国	22.64	21.58	20.82	19.43	19.31	19.74	19.92	-0.94
其他经济体	17.63	17.05	16.57	16.92	16.56	17.19	17.31	3.08

六、石油制品业增加值指标的国际比较

（1）表3-24显示了2000~2014年石油制品业18个经济体增加值占全球份额。2000年，中国石油制品业增加值占全球增加值份额为5.62%，远低于美国（29.80%）、日本（25.05%），居世界第3位；2014年，中国石油制品业增加值占全球增加值份额达到20.08%，尚低于美国（30.86%），居世界第2位。

（2）表3-24最后1列显示了2000~2014年18个经济体石油制品业增加值年均增长率。中国石油制品业以18.73%名列第1位。

表3-24　2000~2014年石油制品业18个经济体增加值占全球份额　　单位:%

年份 国家（地区）	2000	2001	2002	2003	2004	2005	2006	2007
澳大利亚	1.30	1.08	1.31	1.32	1.20	1.04	0.99	1.03
巴西	-0.98	-1.20	-1.10	1.16	-0.51	-0.70	-1.92	-0.74
加拿大	2.02	2.85	2.47	2.44	2.33	2.04	2.09	1.93
瑞士	0.17	0.17	0.21	0.18	0.16	0.14	0.13	0.12
中国	5.62	5.71	6.78	5.62	6.24	6.66	7.85	9.95
德国	2.68	3.28	2.45	2.06	1.96	1.57	1.94	1.45
西班牙	1.40	1.32	1.42	1.58	1.44	1.28	1.06	0.80
法国	1.02	0.52	0.44	0.57	0.74	0.79	0.61	0.79
英国	1.58	1.25	1.64	0.89	1.63	1.24	1.21	1.39
印度	1.77	1.89	2.66	2.49	2.40	2.76	3.28	3.59
意大利	1.60	1.36	1.17	1.24	1.26	1.35	1.30	1.46
日本	25.05	21.77	24.46	19.52	17.14	14.54	13.43	12.04
韩国	2.01	1.57	1.68	1.57	1.96	1.82	1.72	1.63
墨西哥	1.65	1.67	1.82	1.38	1.90	0.52	2.47	1.50
俄罗斯	3.24	3.01	3.66	3.39	4.51	7.09	7.15	7.92
中国台湾	2.48	2.47	2.62	2.27	2.14	1.95	1.30	1.49
美国	29.80	35.55	27.89	34.60	35.32	38.59	35.80	34.22
其他经济体	17.61	15.72	18.43	17.73	18.19	17.32	19.58	19.44

续表

国家（地区）＼年份	2008	2009	2010	2011	2012	2013	2014	年均增长
澳大利亚	0.91	0.90	0.82	0.80	0.72	0.72	0.68	3.52
巴西	-2.44	1.71	1.81	-1.08	-2.45	-2.37	-2.22	-
加拿大	1.89	1.95	1.38	1.61	1.64	1.69	1.64	6.82
瑞士	0.07	0.10	0.09	0.11	0.11	0.11	0.10	4.39
中国	11.34	14.34	18.55	16.10	16.61	18.95	20.08	18.73
德国	1.05	1.21	1.42	0.86	0.91	1.13	1.18	2.23
西班牙	0.54	0.40	0.47	0.62	0.53	0.37	0.37	-1.35
法国	0.56	0.44	0.41	0.47	0.48	0.46	0.24	-2.26
英国	0.98	2.18	1.35	1.21	1.20	0.84	0.73	2.56
印度	3.39	3.26	3.52	2.32	2.83	2.93	3.08	12.77
意大利	1.40	0.61	0.56	0.58	0.40	0.25	0.21	-6.11
日本	13.81	13.85	11.21	12.35	12.38	10.43	9.84	1.41
韩国	1.27	0.99	1.26	1.62	1.53	1.69	1.59	6.59
墨西哥	1.60	0.92	1.31	1.23	1.65	1.16	1.60	8.20
俄罗斯	10.42	8.74	8.57	11.47	11.75	11.99	10.41	17.83
中国台湾	0.74	1.21	0.94	0.78	0.73	1.02	0.81	0.08
美国	32.00	27.13	25.29	30.01	30.53	29.67	30.86	8.68
其他经济体	20.46	20.05	21.03	18.94	18.44	18.98	18.79	8.91

七、化工制品业增加值指标的国际比较

（1）表3-25显示了2000～2014年化工制品业18个经济体增加值占全球份额。2000年，中国化工制品业增加值占全球增加值份额为7.12%，远低于美国（31.78%）、日本（12.22%）、德国（7.47%），居世界第4位；2014年，中国化工制品业增加值占全球增加值份额达到22.66%，尚低于美国（27.35%），居世界第2位。

（2）表3-25最后1列显示了2000～2014年18个经济体化工制品业增加值年均增长率。中国石油制品业以15.17%名列第1位。

表3-25　2000～2014年化工制品业18个经济体增加值占全球份额　单位：%

国家（地区）＼年份	2000	2001	2002	2003	2004	2005	2006	2007
澳大利亚	0.48	0.46	0.50	0.58	0.59	0.60	0.58	0.60
巴西	2.19	1.25	1.38	1.94	2.70	1.48	0.25	1.39
加拿大	0.86	0.88	0.92	0.93	0.88	0.86	0.90	0.83
瑞士	0.53	0.61	0.68	0.69	0.67	0.68	0.71	0.70

续表

年份 国家（地区）	2000	2001	2002	2003	2004	2005	2006	2007
中国	7.12	7.95	8.20	8.93	8.93	10.38	11.33	12.98
德国	7.47	7.85	8.07	8.33	8.15	7.85	7.53	7.61
西班牙	1.44	1.62	1.69	1.82	1.88	1.90	1.93	1.90
法国	3.08	3.04	2.77	2.94	2.90	2.93	2.78	2.83
英国	3.56	3.67	3.71	4.01	3.34	3.64	3.40	3.05
印度	1.67	1.84	1.83	1.87	2.00	2.24	2.34	2.45
意大利	2.19	2.09	2.21	2.22	2.20	2.11	2.04	2.04
日本	12.22	10.50	9.83	9.61	8.93	7.99	6.61	5.31
韩国	3.69	3.60	3.94	3.84	3.90	4.67	4.70	4.59
墨西哥	1.97	2.17	2.16	1.87	1.93	1.91	2.29	2.05
俄罗斯	0.85	0.80	0.74	0.79	1.04	1.36	1.55	1.65
中国台湾	1.58	1.59	1.59	1.50	1.77	1.80	1.28	1.31
美国	31.78	32.86	32.70	29.78	29.20	28.23	30.46	28.55
其他经济体	17.33	17.21	17.11	18.34	18.99	19.36	19.33	20.16

年份 国家（地区）	2008	2009	2010	2011	2012	2013	2014	年均增长
澳大利亚	0.58	0.56	0.58	0.61	0.61	0.60	0.55	7.09
巴西	1.16	2.22	2.44	2.39	1.92	2.09	1.92	5.03
加拿大	0.82	0.75	1.00	0.95	0.99	0.95	0.91	6.46
瑞士	0.79	0.79	0.69	0.70	0.65	0.63	0.62	7.25
中国	16.03	16.93	17.05	19.96	20.97	21.82	22.66	15.17
德国	7.58	6.73	6.48	6.21	5.66	5.69	5.79	4.12
西班牙	1.96	1.78	1.61	1.63	1.43	1.38	1.38	5.69
法国	2.91	2.76	2.21	2.28	2.14	2.18	2.17	3.43
英国	2.44	1.71	1.64	1.28	1.46	1.57	1.55	-0.05
印度	2.67	2.79	2.80	3.47	2.93	2.88	2.96	10.47
意大利	1.87	1.67	1.56	1.45	1.34	1.37	1.33	2.34
日本	3.60	4.67	6.28	3.95	4.02	3.19	2.94	-4.21
韩国	3.83	3.62	4.03	4.12	4.11	4.26	4.43	7.44
墨西哥	2.13	1.75	1.75	1.66	1.89	1.91	1.56	4.27
俄罗斯	2.74	1.66	1.84	2.28	2.38	2.28	1.94	12.47
中国台湾	0.85	1.15	1.51	1.28	1.03	1.07	1.03	2.80
美国	26.95	28.94	27.81	26.22	27.32	27.18	27.35	4.90
其他经济体	21.09	19.51	18.72	19.56	19.17	18.96	18.90	6.69

八、医药制品业增加值指标的国际比较

（1）表 3-26 显示了 2000~2014 年医药制品业 17 个经济体增加值占全球份额。2000 年，中国医药制品业增加值占全球增加值份额为 5.75%，远低于美国（27.08%）、日本（13.61%）、德国（5.92%），居世界第 4 位；2014 年，中国医药制品业增加值占全球增加值份额达到 17.69%，尚低于美国（20.63%），居世界第 2 位。

（2）表 3-26 最后 1 列显示了 2000~2014 年 17 个经济体医药制品业增加值年均增长率。中国医药制品业以 15.15% 名列第 1 位。

表 3-26　2000~2014 年医药制品业 17 个经济体增加值占全球份额　单位：%

国家（地区）＼年份	2000	2001	2002	2003	2004	2005	2006	2007
澳大利亚	0.64	0.54	0.56	0.65	0.69	0.72	0.68	0.74
巴西	2.04	1.58	1.33	1.38	1.73	1.99	2.14	2.34
加拿大	1.81	1.63	1.64	1.64	1.65	1.62	1.67	1.62
瑞士	3.25	3.58	4.10	4.52	5.06	5.19	5.33	5.54
中国	5.75	5.65	5.59	5.71	5.73	6.36	6.46	7.31
德国	5.92	5.65	5.50	6.54	7.11	7.74	7.71	8.09
西班牙	1.64	1.65	1.69	1.92	2.11	2.24	2.33	2.52
法国	4.73	4.78	4.75	5.36	5.30	5.37	5.58	5.37
英国	4.58	5.09	4.79	5.53	5.39	5.16	5.69	5.89
印度	0.48	0.46	0.44	0.45	0.51	0.57	0.59	0.65
意大利	3.39	3.34	3.43	3.69	3.67	3.37	3.18	3.20
日本	13.61	12.20	10.76	10.90	10.72	10.11	8.10	6.65
韩国	1.54	1.32	1.39	1.34	1.44	1.74	1.74	1.78
墨西哥	3.24	3.11	2.86	2.45	2.36	2.50	2.52	2.48
中国台湾	0.30	0.25	0.25	0.26	0.25	0.27	0.29	0.28
美国	27.08	28.92	29.58	26.98	25.83	23.56	25.54	23.94
其他经济体	19.99	20.24	21.35	20.70	20.45	21.47	20.46	21.59

国家（地区）＼年份	2008	2009	2010	2011	2012	2013	2014	年均增长
澳大利亚	0.70	0.64	0.76	0.83	0.82	0.79	0.73	7.31
巴西	2.47	2.19	2.75	2.70	2.49	2.30	2.12	6.56
加拿大	1.54	1.32	1.43	1.25	1.27	1.25	1.19	3.15
瑞士	5.72	5.45	5.71	5.94	5.71	5.82	5.74	10.66
中国	8.81	8.81	10.28	11.87	14.81	16.94	17.69	15.15
德国	8.42	7.40	6.84	6.85	6.51	6.63	6.78	7.31
西班牙	2.61	2.26	1.68	1.48	1.41	1.51	1.52	5.70

续表

年份 国家（地区）	2008	2009	2010	2011	2012	2013	2014	年均 增长
法国	4.84	4.26	3.89	3.82	3.43	3.65	3.61	4.23
英国	6.20	5.41	5.45	5.14	4.80	4.71	4.72	6.49
印度	0.68	0.66	0.76	0.96	0.89	0.89	0.92	11.41
意大利	3.21	2.85	2.74	2.71	2.46	2.51	2.46	3.87
日本	8.20	8.89	8.67	10.29	10.28	8.24	7.66	1.99
韩国	1.43	1.26	1.60	1.67	1.63	1.71	1.79	7.44
墨西哥	2.27	1.80	1.74	1.53	1.58	1.60	1.35	-0.16
中国台湾	0.26	0.27	0.30	0.30	0.30	0.31	0.28	5.72
美国	21.30	26.16	24.16	21.42	20.54	20.42	20.63	4.22
其他经济体	21.35	20.36	21.23	21.26	21.06	20.72	20.79	6.57

九、橡胶和塑料制品业增加值指标的国际比较

（1）表 3-27 显示了 2000~2014 年橡胶和塑料制品业 18 个经济体增加值占全球份额。2000 年，中国橡胶和塑料制品业增加值占全球增加值份额为 6.58%，远低于美国（27.10%）、日本（17.47%）、德国（7.73%），居世界第 4 位；2014 年，中国橡胶和塑料制品业增加值占全球增加值份额达到 22.01%，居世界第 1 位，高于居第 2 位的美国（16.53%）约 5 个百分点。

（2）表 3-27 最后 1 列显示了 2000~2014 年 18 个经济体橡胶和塑料制品业增加值年均增长率。中国橡胶和塑料制品业以 13.96% 名列第 1 位。

表 3-27　2000~2014 年橡胶和塑料制品业 18 个经济体增加值占全球份额　单位：%

年份 国家（地区）	2000	2001	2002	2003	2004	2005	2006	2007
澳大利亚	0.96	0.92	1.02	1.20	1.24	1.31	1.27	1.37
巴西	1.30	1.11	1.00	1.13	1.33	1.79	2.04	2.19
加拿大	1.75	1.81	1.83	1.90	1.87	2.01	1.94	1.87
瑞士	0.64	0.69	0.69	0.71	0.72	0.72	0.73	0.73
中国	6.58	8.11	8.95	8.82	9.04	8.97	10.11	11.02
德国	7.73	7.92	8.33	8.97	9.33	9.20	9.32	9.48
西班牙	1.82	1.90	2.02	2.21	2.21	2.17	2.06	2.11
法国	4.47	4.83	5.04	5.71	5.61	5.38	5.20	5.14
英国	4.68	4.58	4.76	4.53	4.57	4.67	4.09	4.16
印度	1.08	1.22	0.95	0.90	0.92	0.98	1.10	1.34
意大利	3.95	4.01	4.42	4.51	4.49	4.42	4.30	4.42

续表

年份 国家（地区）	2000	2001	2002	2003	2004	2005	2006	2007
日本	17.47	13.83	12.76	13.46	14.38	13.68	12.15	11.85
韩国	1.39	1.40	1.51	1.55	1.51	1.54	1.56	1.49
墨西哥	1.67	1.73	1.63	1.40	1.30	1.46	1.51	1.42
俄罗斯	0.42	0.41	0.37	0.35	0.53	0.73	1.05	1.19
中国台湾	1.67	1.66	1.63	1.42	1.34	1.22	0.98	0.86
美国	27.10	27.65	26.58	24.05	22.04	21.35	20.76	18.64
其他经济体	15.34	16.22	16.50	17.19	17.59	18.40	19.83	20.69

年份 国家（地区）	2008	2009	2010	2011	2012	2013	2014	年均增长
澳大利亚	1.27	1.18	1.21	1.22	1.12	1.02	0.94	4.38
巴西	2.42	2.71	3.15	3.26	2.79	2.70	2.46	9.40
加拿大	1.87	1.73	2.15	2.06	2.06	2.01	1.90	5.18
瑞士	0.81	0.76	0.73	0.79	0.69	0.69	0.68	5.04
中国	13.13	15.56	15.99	17.90	19.76	21.32	22.01	13.96
德国	9.65	8.42	8.08	8.40	7.61	7.91	8.00	4.80
西班牙	2.33	2.10	1.87	1.77	1.55	1.62	1.62	3.65
法国	4.81	4.38	3.43	3.49	3.15	3.39	3.31	2.33
英国	3.68	3.19	2.88	2.80	2.96	3.05	3.58	2.56
印度	1.68	1.81	2.26	1.98	1.80	1.76	1.80	8.45
意大利	4.21	3.87	3.57	3.46	3.20	3.28	3.24	3.07
日本	11.46	10.86	12.48	11.21	11.03	8.79	8.08	-1.06
韩国	1.36	1.39	1.44	1.32	1.25	1.30	1.42	4.71
墨西哥	1.37	1.09	1.24	1.29	1.34	1.36	1.38	3.15
俄罗斯	1.44	1.02	1.07	1.37	1.38	1.33	1.12	12.22
中国台湾	0.87	0.90	0.97	1.03	1.09	1.05	1.05	1.14
美国	15.47	17.67	16.45	15.41	16.36	16.37	16.53	0.92
其他经济体	22.17	21.36	21.04	21.24	20.87	21.04	20.88	6.87

十、其他非金属制品业增加值指标的国际比较

（1）表3-28显示了2000~2014年其他非金属制品业18个经济体增加值占全球份额。2000年，中国其他非金属制品业增加值占全球增加值份额为11.51%，低于美国（18.20%）、日本（14.07%），居世界第3位；2014年，中国其他非金属制品业增加值占全球增加值份额达到39.11%，居世界第1位，远高于居第2位的美国其他非金属制品业（8.07%）。

（2）表3-28 最后 1 列显示了 2000~2014 年 18 个经济体其他非金属制品业增加值年均增长率。中国其他非金属制品业以 16.34% 名列第 1 位。

表 3-28　2000~2014 年其他非金属制品业 18 个经济体增加值占全球份额　　单位：%

国家（地区）＼年份	2000	2001	2002	2003	2004	2005	2006	2007
澳大利亚	0.95	0.92	1.05	1.23	1.25	1.24	1.10	1.11
巴西	1.70	1.53	1.46	1.59	1.61	1.70	2.09	1.78
加拿大	1.35	1.49	1.50	1.63	1.62	1.70	1.69	1.51
瑞士	0.55	0.60	0.64	0.65	0.63	0.62	0.57	0.52
中国	11.51	11.28	10.32	11.05	11.88	13.24	15.85	18.72
德国	6.57	6.26	6.25	6.39	6.38	5.70	5.47	5.34
西班牙	3.19	3.52	3.80	4.09	4.17	4.21	3.88	3.58
法国	3.04	3.24	3.48	3.74	3.53	3.38	3.08	3.09
英国	3.18	3.36	3.65	3.43	3.29	2.86	2.63	2.58
印度	1.81	2.02	2.07	2.08	2.05	2.13	2.39	2.75
意大利	4.66	5.13	5.94	6.22	6.18	5.78	5.10	4.92
日本	14.07	12.57	11.19	10.74	10.42	9.32	8.04	7.04
韩国	1.04	1.06	1.18	1.20	1.16	1.11	1.03	0.91
墨西哥	3.22	3.58	3.64	3.14	2.87	2.92	2.85	2.56
俄罗斯	0.92	1.08	1.19	1.08	1.45	1.95	2.39	3.58
中国台湾	1.19	0.97	1.03	0.95	1.04	1.13	1.09	0.96
美国	18.20	18.85	19.09	17.27	16.54	16.42	14.97	12.51
其他经济体	22.86	22.55	22.52	23.53	23.94	24.60	25.76	26.52

国家（地区）＼年份	2008	2009	2010	2011	2012	2013	2014	年均增长
澳大利亚	1.07	1.05	1.20	1.19	1.15	1.05	0.95	6.66
巴西	2.15	2.36	2.90	2.96	2.65	2.42	2.19	8.57
加拿大	1.47	1.37	1.49	1.34	1.35	1.29	1.21	5.76
瑞士	0.56	0.60	0.62	0.62	0.55	0.55	0.56	6.73
中国	21.66	29.05	29.49	33.32	35.70	38.19	39.11	16.34
德国	5.06	4.43	4.31	4.13	3.78	3.81	3.82	2.57
西班牙	3.47	2.54	2.01	1.65	1.29	1.15	1.14	-0.96
法国	2.92	2.53	2.27	2.13	1.84	1.82	1.76	2.54
英国	2.20	1.56	1.53	1.34	1.30	1.17	1.39	0.50
印度	3.14	3.34	3.27	3.24	2.92	2.75	2.79	9.93
意大利	4.49	3.95	3.47	2.93	2.37	2.25	2.20	1.05
日本	6.71	5.65	6.85	6.15	6.06	4.72	4.31	-2.04
韩国	0.82	0.84	0.91	0.77	0.73	0.74	0.81	4.71

续表

国家（地区）＼年份	2008	2009	2010	2011	2012	2013	2014	年均增长
墨西哥	2.35	1.96	2.09	1.94	1.90	1.80	1.81	2.29
俄罗斯	3.75	2.07	2.27	2.59	2.61	2.46	2.07	12.91
中国台湾	0.93	0.90	0.97	0.90	0.88	0.75	0.66	2.21
美国	10.01	8.94	8.26	6.98	7.32	7.77	8.07	0.60
其他经济体	27.24	26.87	26.09	25.84	25.59	25.31	25.17	7.35

十一、基础金属制品业增加值指标的国际比较

（1）表3-29显示了2000~2014年基础金属制品业18个经济体增加值占全球份额。2000年，中国基础金属制品业增加值占全球增加值份额为10.19%，低于日本（20.64%）、美国（15.65%），居世界第3位；2014年，中国基础金属制品业增加值占全球增加值份额达到35.31%，居世界第1位，远高于居第2位的美国基础金属制品业（7.61%）。

（2）表3-29最后1列显示了2000~2014年18个经济体基础金属制品业增加值年均增长率。中国基础金属制品业以17.03%名列第1位。

表3-29　2000~2014年基础金属制品业18个经济体增加值占全球份额　　单位：%

国家（地区）＼年份	2000	2001	2002	2003	2004	2005	2006	2007
澳大利亚	2.18	2.10	2.32	2.56	2.26	2.16	1.93	1.99
巴西	1.18	1.11	1.03	0.96	1.37	1.35	1.11	1.27
加拿大	3.70	3.43	3.52	3.28	3.02	2.94	3.01	2.75
瑞士	0.44	0.48	0.48	0.45	0.40	0.36	0.37	0.36
中国	10.19	13.45	15.19	17.24	17.11	18.29	19.69	21.68
德国	5.27	5.53	5.65	5.66	5.28	5.09	4.92	5.40
西班牙	2.00	2.16	2.18	2.13	1.92	1.66	1.75	1.56
法国	2.16	1.99	1.83	1.74	1.72	1.60	1.39	1.51
英国	2.15	1.97	1.71	1.49	1.11	1.01	1.20	1.20
印度	2.21	2.28	2.46	2.66	2.66	2.43	2.88	3.32
意大利	2.47	2.37	2.29	2.62	2.35	2.22	2.15	2.32
日本	20.64	18.10	15.48	15.82	14.56	15.55	12.73	10.37
韩国	3.79	3.75	4.06	3.82	3.97	4.18	3.86	3.91
墨西哥	2.00	1.93	1.83	1.58	1.78	1.80	1.97	1.75
俄罗斯	3.41	3.53	3.67	3.53	4.70	4.76	6.08	6.55
中国台湾	1.69	1.15	1.33	1.18	1.21	1.08	1.17	1.10
美国	15.65	14.32	14.29	11.45	12.36	11.20	11.07	9.79
其他经济体	18.89	20.35	20.68	21.85	22.23	22.33	22.72	23.18

国家（地区）＼年份	2008	2009	2010	2011	2012	2013	2014	年均增长
澳大利亚	1.43	1.37	1.09	0.80	0.65	0.66	0.61	-2.23
巴西	1.47	1.86	2.03	2.06	1.94	2.06	1.88	10.73
加拿大	2.59	2.99	3.47	3.16	3.41	3.54	3.36	6.37
瑞士	0.36	0.25	0.26	0.27	0.23	0.24	0.24	2.46
中国	26.54	31.27	30.71	32.24	33.59	34.06	35.31	17.03
德国	5.03	4.34	3.47	3.46	3.47	3.59	3.65	4.32
西班牙	1.36	1.31	1.33	1.12	0.96	1.00	1.00	1.93
法国	1.50	1.39	1.15	1.13	0.88	0.80	0.79	-0.36
英国	0.89	0.52	0.67	0.59	0.65	0.83	0.82	-0.01
印度	2.85	3.75	4.08	4.42	2.85	2.93	3.02	9.51
意大利	2.03	1.44	1.54	1.42	1.20	1.21	1.20	1.73
日本	9.10	9.54	8.24	8.83	9.34	7.94	7.32	-0.55
韩国	3.35	3.39	4.05	3.79	3.64	3.82	3.96	7.42
墨西哥	1.78	1.44	1.58	1.52	1.61	1.55	1.59	5.35
俄罗斯	6.09	4.40	5.43	5.53	5.97	6.14	5.22	10.39
中国台湾	1.04	0.87	1.16	0.96	0.84	0.98	1.09	3.76
美国	9.01	6.99	7.14	6.97	7.57	7.48	7.61	1.72
其他经济体	23.58	22.88	22.61	21.72	21.20	21.16	21.33	8.02

十二、金属制品业（机械设备除外）增加值指标的国际比较

（1）表3-30显示了2000~2014年金属制品业17个经济体增加值占全球份额。2000年，中国金属制品业增加值占全球增加值份额为3.52%，远低于美国（29.22%）、日本（20.32%）、德国（8.62%）、意大利（5.10%）、英国（4.53%）、法国（4.07%），居世界第7位；2014年，中国金属制品业增加值占全球增加值份额达到16.39%，尚低于美国（19.49%），居世界第2位。

（2）表3-30最后1列显示了2000~2014年17个经济体金属制品业增加值年均增长率。中国金属制品业以16.41%名列第1位。

表3-30　2000~2014年金属制品业（机械设备除外）17个
经济体增加值占全球份额　　　　　　单位：%

国家（地区）＼年份	2000	2001	2002	2003	2004	2005	2006	2007
澳大利亚	1.00	0.97	1.11	1.31	1.34	1.34	1.26	1.32
巴西	1.11	1.07	1.08	1.10	1.47	1.76	1.77	2.03
加拿大	1.58	1.47	1.58	1.56	1.67	1.71	1.83	1.71

续表

年份 国家（地区）	2000	2001	2002	2003	2004	2005	2006	2007
瑞士	1.12	1.24	1.30	1.32	1.28	1.23	1.22	1.22
中国	3.52	4.07	4.35	4.20	4.66	4.83	5.89	7.01
德国	8.62	9.04	9.04	9.99	9.99	9.76	10.21	10.14
西班牙	2.20	2.45	2.75	3.10	3.10	3.08	3.05	3.14
法国	4.07	4.30	4.54	4.79	4.79	4.59	4.39	4.44
英国	4.53	4.35	4.54	4.30	4.44	4.64	4.31	4.33
印度	0.68	0.70	0.79	0.90	1.05	1.01	1.25	1.47
意大利	5.10	5.59	6.11	6.78	6.82	6.51	6.69	7.02
日本	20.32	18.65	16.82	16.19	14.95	14.24	12.65	11.26
韩国	1.93	1.87	2.09	2.21	2.50	3.09	3.25	3.24
墨西哥	0.92	0.89	0.88	0.80	0.86	0.92	0.99	0.91
中国台湾	1.52	1.37	1.37	1.24	1.20	1.16	1.09	1.00
美国	29.22	28.58	27.44	25.32	23.93	23.82	22.90	21.40
其他经济体	12.57	13.40	14.22	14.87	15.94	16.32	17.24	18.35

年份 国家（地区）	2008	2009	2010	2011	2012	2013	2014	年均 增长
澳大利亚	1.29	1.41	1.60	1.70	1.64	1.47	1.35	6.55
巴西	2.39	2.20	2.64	2.78	2.34	2.20	2.00	8.80
加拿大	1.68	1.72	1.79	1.81	1.79	1.78	1.69	4.77
瑞士	1.35	1.38	1.42	1.58	1.34	1.34	1.31	5.49
中国	8.16	11.23	10.89	11.96	14.81	15.89	16.39	16.41
德国	10.24	8.85	9.37	9.93	8.91	9.40	9.49	5.02
西班牙	3.20	2.83	2.35	2.15	1.72	1.72	1.71	2.43
法国	4.30	4.43	4.10	4.01	3.57	3.52	3.44	3.04
英国	3.92	3.10	2.94	2.98	3.04	3.30	3.66	2.72
印度	1.32	1.55	1.86	2.24	2.09	1.91	1.95	12.50
意大利	6.97	6.42	5.95	5.75	4.89	4.95	4.89	3.98
日本	11.69	11.39	12.60	10.83	10.52	8.57	7.86	-2.54
韩国	2.69	2.85	3.34	3.45	3.55	3.69	3.89	9.63
墨西哥	0.94	0.78	0.86	0.87	0.88	0.89	0.88	4.01
中国台湾	0.99	0.95	1.13	1.21	1.09	1.10	1.12	2.02
美国	19.45	19.99	19.00	18.24	19.10	19.20	19.49	1.32
其他经济体	19.41	18.92	18.14	18.51	18.71	19.05	18.89	7.38

十三、计算机电子光学制造业增加值指标的国际比较

（1）表3-31 显示了2000~2014 年计算机电子光学制造业18 个经济体增加值占全球份额。2000 年，中国计算机电子光学制造业增加值占全球增加值份额为4.49%，远低于美国（36.78%）、日本（21.29%）、韩国（4.97%）、德国（4.62%），居世界第5 位；2014 年，中国计算机电子光学制造业增加值占全球增加值份额达到23.46%，尚低于美国（24.01%），居世界第2 位。

（2）表3-31 最后1 列显示了2000~2014 年18 个经济体计算机电子光学制造业增加值年均增长率。中国计算机电子光学制造业以17.43%名列第1 位。

表 3-31　2000~2014 年计算机电子光学制造业 18 个经济体增加值占全球份额　单位：%

国家（地区） \ 年份	2000	2001	2002	2003	2004	2005	2006	2007
澳大利亚	0.26	0.30	0.34	0.38	0.37	0.38	0.35	0.39
巴西	0.46	0.43	0.40	0.34	0.38	0.49	0.56	0.63
加拿大	1.47	1.15	0.98	0.96	0.95	0.99	1.00	0.98
瑞士	1.21	1.63	1.82	1.86	1.82	1.90	1.92	2.02
中国	4.49	6.03	6.78	7.35	8.96	9.88	11.06	12.17
德国	4.62	4.88	5.10	5.57	5.75	5.44	5.26	6.08
西班牙	0.46	0.58	0.52	0.54	0.50	0.52	0.51	0.59
法国	2.32	2.75	2.86	2.75	2.60	2.28	2.11	2.12
英国	2.81	2.74	2.57	1.85	2.08	2.10	1.96	1.89
印度	0.19	0.26	0.25	0.27	0.28	0.38	0.40	0.45
意大利	1.08	1.41	1.47	1.49	1.49	1.44	1.37	1.43
日本	21.29	18.03	15.75	16.33	16.15	14.69	13.49	12.73
韩国	4.97	5.27	6.08	5.88	6.68	6.89	7.15	7.39
墨西哥	1.73	2.08	1.83	1.37	1.07	1.09	1.13	1.06
俄罗斯	0.36	0.46	0.50	0.62	0.82	0.90	1.01	1.28
中国台湾	4.34	4.20	5.25	5.54	5.49	5.65	6.05	5.85
美国	36.78	34.75	34.35	33.43	30.06	29.75	29.04	27.21
其他经济体	11.14	13.05	13.15	13.48	14.54	15.23	15.62	15.74

国家（地区） \ 年份	2008	2009	2010	2011	2012	2013	2014	年均增长
澳大利亚	0.40	0.42	0.42	0.46	0.44	0.40	0.36	6.71
巴西	0.70	0.80	0.84	0.92	0.74	0.77	0.70	7.53
加拿大	1.01	1.01	0.95	0.91	0.91	0.89	0.83	0.20
瑞士	2.38	2.32	2.04	2.51	2.40	2.40	2.41	9.61
中国	13.36	14.07	17.84	19.44	21.49	22.89	23.46	17.43

续表

年份 国家（地区）	2008	2009	2010	2011	2012	2013	2014	年均 增长
德国	5.63	4.63	4.29	4.48	3.92	4.05	4.07	3.42
西班牙	0.66	0.65	0.47	0.46	0.41	0.38	0.37	2.78
法国	2.04	1.92	1.58	1.48	1.31	1.31	1.23	-0.29
英国	1.78	1.68	1.45	1.38	1.43	1.54	1.68	0.59
印度	0.53	0.59	0.57	0.50	0.47	0.45	0.46	10.92
意大利	1.40	1.34	1.15	1.17	1.02	0.96	0.94	3.30
日本	12.42	11.58	12.10	11.83	11.54	9.23	8.43	-2.33
韩国	6.47	6.67	7.16	7.35	7.20	7.73	7.79	7.76
墨西哥	0.94	0.87	0.80	0.77	0.77	0.75	0.80	-1.24
俄罗斯	1.50	1.13	1.19	1.40	1.40	1.36	1.14	13.31
中国台湾	5.95	5.89	5.90	5.93	5.97	6.25	6.84	7.81
美国	26.97	29.77	26.41	24.40	24.40	24.03	24.01	1.23
其他经济体	15.89	14.66	14.84	14.61	14.19	14.63	14.49	6.34

十四、电气设备制造业增加值指标的国际比较

（1）表3-32显示了2000~2014年电气设备制造业17个经济体增加值占全球份额。2000年，中国电气设备制造业增加值占全球增加值份额为7.05%，远低于日本（24.84%）、美国（17.97%）、德国（12.71%），居世界第4位；2014年，中国电气设备制造业增加值占全球增加值份额达到31.44%，居世界第1位，远高于居第2位的德国电气设备制造业（10.93%）。

（2）表3-32最后1列显示了2000~2014年17个经济体电气设备制造业增加值年均增长率。中国电气设备制造业以17.21%名列第1位。

表3-32　2000~2014年电气设备制造业17个经济体增加值占全球份额　　单位：%

年份 国家（地区）	2000	2001	2002	2003	2004	2005	2006	2007
澳大利亚	0.41	0.42	0.47	0.54	0.56	0.57	0.52	0.56
巴西	1.18	1.02	0.94	0.80	0.94	1.22	1.38	1.50
加拿大	1.39	0.98	0.83	0.83	0.85	0.89	0.89	0.85
瑞士	1.10	1.27	1.30	1.27	1.28	1.24	1.19	1.27
中国	7.05	8.27	8.88	9.22	10.29	12.22	12.85	14.75
德国	12.71	12.53	13.20	13.87	14.55	13.27	13.65	12.98
西班牙	1.44	1.65	1.82	2.03	2.12	1.95	2.19	2.23
法国	2.94	3.05	3.10	3.06	3.15	2.77	2.45	2.60

年份 国家（地区）	2000	2001	2002	2003	2004	2005	2006	2007
英国	3.17	3.34	3.12	3.17	2.75	2.36	2.46	2.29
印度	0.89	1.07	1.02	1.12	1.23	1.63	1.72	1.90
意大利	3.35	3.61	3.98	4.27	4.48	4.32	4.19	4.32
日本	24.84	20.44	19.21	19.44	18.97	17.59	14.77	13.52
韩国	3.13	2.99	3.46	3.40	4.02	4.12	4.24	4.27
墨西哥	1.92	2.05	1.86	1.48	1.46	1.53	1.65	1.56
中国台湾	1.09	1.17	1.14	1.04	0.97	0.97	1.01	0.99
美国	17.97	19.35	18.98	17.48	14.47	13.97	15.17	13.32
其他经济体	15.44	16.79	16.67	16.96	17.91	19.39	19.67	21.09

年份 国家（地区）	2008	2009	2010	2011	2012	2013	2014	年均 增长
澳大利亚	0.50	0.53	0.54	0.58	0.55	0.47	0.43	5.65
巴西	1.49	1.67	1.84	1.99	1.61	1.65	1.50	7.16
加拿大	0.77	0.78	0.66	0.74	0.73	0.72	0.68	0.10
瑞士	1.34	1.41	1.18	1.33	1.16	1.19	1.09	5.30
中国	18.44	20.00	23.71	26.42	29.19	30.46	31.44	17.21
德国	12.50	12.21	11.62	12.00	10.55	10.80	10.93	4.21
西班牙	2.16	1.98	1.58	1.33	1.08	1.08	1.08	3.18
法国	2.36	2.36	1.90	1.82	1.65	1.70	1.60	0.87
英国	2.05	1.65	1.54	1.53	1.46	1.60	1.60	0.34
印度	1.96	2.21	2.23	2.00	1.93	1.94	1.99	11.60
意大利	3.94	3.70	3.30	3.24	2.81	2.77	2.58	3.39
日本	12.34	12.49	11.76	9.74	9.48	7.63	7.01	-3.76
韩国	3.32	3.45	3.89	4.02	3.92	4.24	4.30	7.76
墨西哥	1.35	1.15	1.23	1.18	1.18	1.17	1.21	1.94
中国台湾	0.80	0.81	0.93	0.89	0.93	0.92	0.92	4.05
美国	12.48	12.91	11.02	9.73	10.11	10.25	10.18	1.15
其他经济体	22.21	20.71	21.08	21.46	21.65	21.42	21.47	7.85

十五、机械和设备制造业增加值指标的国际比较

（1）表3-33显示了2000~2014年机械和设备制造业18个经济体增加值占全球份额。2000年，中国机械和设备制造业增加值占全球增加值份额为8.04%，远低于美国（25.47%）、日本（15.56%）、德国（12.75%），居世界第4位；2014年，中国机械和设备制造业增加值占全球增加值份额达到25.29%，居世界第1位，高于居第2位的美国

（14.62%）约 10 个百分点。

（2）表 3-33 最后 1 列显示了 2000~2014 年 18 个经济体机械和设备制造业增加值年均增长率。中国机械和设备制造业以 15.27% 名列第 1 位。

表 3-33 2000~2014 年机械和设备制造业 18 个经济体增加值占全球份额 单位：%

国家（地区）	2000	2001	2002	2003	2004	2005	2006	2007
澳大利亚	0.47	0.45	0.52	0.60	0.59	0.58	0.53	0.55
巴西	1.11	1.11	1.03	1.05	1.07	1.20	1.43	1.65
加拿大	1.62	1.64	1.60	1.55	1.51	1.55	1.43	1.31
瑞士	1.45	1.59	1.68	1.66	1.54	1.45	1.40	1.32
中国	8.04	9.29	10.29	10.59	11.10	11.08	12.61	14.13
德国	12.75	13.44	14.08	15.06	15.00	14.24	14.02	14.52
西班牙	1.16	1.30	1.47	1.59	1.61	1.54	1.51	1.49
法国	2.54	2.70	2.72	2.89	2.79	2.58	2.45	2.42
英国	3.70	3.48	3.58	2.87	3.26	3.14	2.83	2.66
印度	0.76	0.73	0.80	0.82	0.91	1.07	1.16	1.35
意大利	5.31	5.50	5.73	6.29	6.24	5.93	5.86	5.93
日本	15.56	13.09	10.79	11.45	12.27	12.52	11.12	9.79
韩国	2.66	2.39	2.69	2.75	2.67	3.08	3.16	3.04
墨西哥	0.83	0.92	0.93	0.77	0.76	0.80	0.81	0.73
俄罗斯	0.65	0.74	0.83	1.46	1.45	1.63	1.81	2.14
中国台湾	0.87	0.81	0.83	0.81	0.76	0.78	0.80	0.73
美国	25.47	24.91	23.55	20.56	18.81	19.10	18.36	16.74
其他经济体	15.05	15.93	16.89	17.24	17.65	17.73	18.72	19.50

国家（地区）	2008	2009	2010	2011	2012	2013	2014	年均增长
澳大利亚	0.51	0.55	0.60	0.60	0.60	0.53	0.48	6.37
巴西	1.89	1.78	2.08	2.08	1.83	1.79	1.62	9.14
加拿大	1.23	1.25	1.26	1.38	1.43	1.40	1.32	4.67
瑞士	1.33	1.32	1.36	1.38	1.21	1.21	1.21	4.84
中国	16.60	22.05	20.92	22.24	23.01	24.56	25.29	15.27
德国	14.26	12.04	12.13	12.16	11.56	11.84	11.95	5.72
西班牙	1.51	1.48	1.24	1.17	1.07	1.08	1.07	5.58
法国	2.29	2.05	1.77	1.73	1.63	1.57	1.62	2.85
英国	2.39	1.51	1.82	1.89	1.91	1.88	2.04	1.78
印度	1.31	1.53	1.70	1.66	1.64	1.59	1.63	12.17
意大利	5.67	5.06	4.77	4.51	4.20	4.34	4.28	4.59
日本	9.69	8.32	9.50	9.44	9.58	7.70	7.06	0.38

国家（地区）＼年份	2008	2009	2010	2011	2012	2013	2014	年均增长
韩国	2.51	2.51	2.98	2.89	2.99	3.13	3.20	7.65
墨西哥	0.68	0.59	0.84	0.82	0.87	0.88	0.83	6.19
俄罗斯	2.55	1.64	1.76	1.92	2.00	1.94	1.64	13.45
中国台湾	0.65	0.60	0.72	0.71	0.78	0.74	0.80	5.64
美国	14.76	15.08	14.49	13.79	14.54	14.52	14.62	2.09
其他经济体	20.17	20.63	20.05	19.63	19.18	19.29	19.34	8.13

十六、机动车辆制造业增加值指标的国际比较

（1）表3-34显示了2000~2014年机动车辆制造业18个经济体增加值占全球份额。2000年，中国机动车辆制造业增加值占全球增加值份额为3.19%，远低于美国（30.02%）、日本（18.94%）、德国（11.38%）、墨西哥（3.66%），居世界第5位；2014年，中国机动车辆制造业增加值占全球增加值份额达到22.65%，居世界第1位，高于居第2位的德国（14.01%）约8个百分点。

（2）表3-34最后一列显示了2000~2014年18个经济体机动车辆制造业增加值年均增长率。中国机动车辆制造业以21.60%名列第1位。

表3-34　2000~2014年机动车辆制造业18个经济体增加值占全球份额　单位：%

国家（地区）＼年份	2000	2001	2002	2003	2004	2005	2006	2007
澳大利亚	0.48	0.46	0.48	0.56	0.60	0.62	0.58	0.63
巴西	1.98	1.75	1.55	1.44	1.94	2.44	2.92	3.45
加拿大	2.64	2.43	2.31	2.21	2.10	2.04	1.88	1.80
瑞士	0.06	0.06	0.06	0.06	0.06	0.06	0.07	0.07
中国	3.19	3.96	4.59	5.23	5.01	5.36	6.05	7.60
德国	11.38	13.44	13.24	15.08	15.31	14.54	15.33	16.21
西班牙	1.96	2.03	2.06	2.33	2.45	2.26	2.26	2.27
法国	2.65	2.65	2.76	2.88	3.10	2.71	2.36	2.31
英国	3.14	2.81	2.55	2.49	2.47	2.48	2.35	2.13
印度	0.73	0.81	0.83	0.90	0.95	1.18	1.22	1.31
意大利	2.35	2.33	2.12	2.22	2.40	2.23	2.34	2.50
日本	18.94	17.96	18.66	17.33	17.53	18.09	17.09	16.21
韩国	2.42	2.48	2.46	2.45	2.62	2.98	3.30	3.61
墨西哥	3.66	3.65	3.46	2.81	2.76	2.88	3.19	3.03
俄罗斯	0.99	1.12	1.15	1.12	1.29	1.27	1.46	1.67

续表

年份 国家（地区）	2000	2001	2002	2003	2004	2005	2006	2007
中国台湾	0.67	0.62	0.72	0.65	0.62	0.69	0.51	0.43
美国	30.02	28.49	28.36	26.87	24.35	22.84	20.89	17.49
其他经济体	12.74	12.94	12.63	13.38	14.43	15.29	16.19	17.30

年份 国家（地区）	2008	2009	2010	2011	2012	2013	2014	年均 增长
澳大利亚	0.60	0.62	0.50	0.48	0.44	0.35	0.32	2.55
巴西	4.31	4.54	4.31	3.97	3.18	2.91	2.64	7.93
加拿大	1.90	2.01	1.36	1.54	1.57	1.50	1.41	1.07
瑞士	0.08	0.09	0.09	0.11	0.09	0.09	0.08	8.37
中国	10.14	16.79	17.66	18.42	19.80	22.01	22.65	21.60
德国	15.27	13.47	13.68	14.72	13.82	13.89	14.01	7.30
西班牙	2.17	2.13	1.45	1.30	1.07	1.16	1.15	1.74
法国	2.27	2.16	1.74	1.60	1.33	1.34	1.30	0.49
英国	2.14	1.55	1.61	1.46	1.49	1.79	1.91	2.03
印度	1.17	1.81	1.66	1.70	1.76	1.69	1.72	12.38
意大利	2.43	2.18	1.80	1.66	1.32	1.40	1.38	1.77
日本	16.35	15.62	15.00	12.76	12.74	9.94	9.10	0.32
韩国	3.37	3.63	3.47	3.46	3.49	3.47	3.64	8.85
墨西哥	3.04	2.46	2.72	2.91	3.26	3.41	3.65	5.70
俄罗斯	2.02	1.54	1.32	1.67	1.70	1.61	1.36	8.11
中国台湾	0.39	0.45	0.41	0.42	0.41	0.40	0.43	2.41
美国	12.72	8.02	11.34	12.12	13.59	13.74	14.00	0.11
其他经济体	19.63	20.94	19.89	19.71	18.96	19.32	19.27	8.89

十七、其他交通设备制造业增加值指标的国际比较

（1）表3-35显示了2000~2014年其他交通设备制造业17个经济体增加值占全球份额。2000年，中国其他交通设备制造业增加值占全球增加值份额为3.32%，远低于美国（44.18%）、日本（8.44%）、英国（6.91%）、加拿大（4.99%）、韩国（4.96%）、德国（4.60%）、法国（4.31%）、意大利（3.83%），居世界第9位；2014年，中国其他交通设备制造业增加值占全球增加值份额达到19.78%，尚低于美国（30.52%），居世界第2位。

（2）表3-35最后1列显示了2000~2014年17个经济体其他交通设备制造业增加值年均增长率。其他交通设备制造业以21.48%名列第1位。

表 3-35　2000~2014 年其他交通设备制造业 17 个经济体增加值占全球份额　单位：%

年份 国家（地区）	2000	2001	2002	2003	2004	2005	2006	2007
澳大利亚	1.03	0.90	1.01	1.20	1.28	1.23	1.13	1.15
巴西	0.85	0.70	0.66	0.64	0.86	1.01	1.17	1.31
加拿大	4.99	4.23	4.30	4.21	3.97	3.62	3.25	2.94
瑞士	0.19	0.20	0.23	0.26	0.29	0.27	0.27	0.26
中国	3.32	3.81	4.71	5.64	5.51	5.66	6.41	7.83
德国	4.60	4.81	4.85	5.05	5.01	5.48	5.09	5.06
西班牙	1.28	1.31	1.72	2.04	1.99	2.00	2.16	2.17
法国	4.31	4.55	4.68	4.90	4.16	4.87	5.04	4.86
英国	6.91	6.43	6.56	7.14	8.25	6.45	6.64	5.60
印度	0.73	0.75	0.82	0.91	0.95	1.11	1.12	1.13
意大利	3.83	3.23	3.43	3.58	4.04	3.54	3.52	3.50
日本	8.44	7.68	7.78	8.02	8.48	6.70	6.47	5.61
韩国	4.96	4.71	5.00	5.08	5.39	5.74	6.21	6.42
墨西哥	0.61	0.56	0.57	0.48	0.51	0.55	0.51	0.46
中国台湾	1.27	1.00	1.09	1.02	0.92	0.87	0.68	0.76
美国	44.18	46.16	42.85	39.04	37.71	40.09	39.04	39.37
其他经济体	8.50	8.97	9.75	10.76	10.68	10.82	11.30	11.57

年份 国家（地区）	2008	2009	2010	2011	2012	2013	2014	年均 增长
澳大利亚	1.14	1.10	1.21	1.31	1.32	0.96	0.87	5.67
巴西	1.53	1.35	1.57	1.73	1.42	1.38	1.24	9.88
加拿大	2.92	2.61	2.73	2.40	2.45	2.33	2.19	0.82
瑞士	0.30	0.29	0.39	0.55	0.53	0.53	0.53	14.91
中国	9.33	12.43	15.15	16.11	17.37	19.32	19.78	21.48
德国	5.21	4.63	4.69	4.59	4.38	4.33	4.34	6.49
西班牙	2.55	2.36	1.84	2.18	1.98	1.95	1.92	10.06
法国	5.28	4.83	4.23	3.70	4.32	4.40	4.26	6.85
英国	4.35	3.96	3.13	4.28	3.53	3.86	3.86	2.57
印度	0.95	1.24	1.39	1.45	1.50	1.44	1.47	12.38
意大利	3.91	3.09	2.48	2.32	2.10	1.87	1.83	1.44
日本	7.28	7.24	8.75	8.63	8.65	6.75	6.15	4.54
韩国	5.62	5.12	5.96	6.06	6.14	6.11	6.37	8.85
墨西哥	0.45	0.31	0.31	0.45	0.57	0.63	0.67	7.65
中国台湾	0.84	0.70	0.68	0.71	0.73	0.69	0.71	2.57
美国	35.92	36.28	32.71	30.65	30.13	30.06	30.52	4.14
其他经济体	12.42	12.45	12.79	12.86	12.88	13.40	13.29	10.40

十八、家具制造业等增加值指标的国际比较

（1）表 3-36 显示了 2000~2014 年家具制造业等 18 个经济体增加值占全球份额。2000 年，中国家具制造业等增加值占全球增加值份额为 6.32%，远低于美国（30.49%）、日本（7.95%）、德国（7.23%）、法国（6.44%），居世界第 5 位；2014 年，中国家具制造业等增加值占全球增加值份额达到 11.86%，尚低于美国（21.48%），居世界第 2 位。

（2）表 3-36 最后 1 列显示了 2000~2014 年 16 个经济体家具制造业等增加值年均增长率。中国家具制造业等以 8.70% 名列第 2 位（印度家具制造业等年均增长率为 15.16%）。

表 3-36 2000~2014 年家具制造业等 18 个经济体增加值占全球份额 单位：%

国家（地区） \ 年份	2000	2001	2002	2003	2004	2005	2006	2007
澳大利亚	0.32	0.30	0.34	0.41	0.44	0.43	0.39	0.42
巴西	2.48	2.17	2.04	1.83	2.14	2.51	2.71	3.02
加拿大	2.16	2.26	2.30	2.44	2.54	2.37	2.36	2.26
瑞士	0.92	0.98	1.04	1.11	1.14	1.05	1.01	1.02
中国	6.32	6.71	6.39	5.87	4.08	7.11	9.03	9.54
德国	7.23	7.33	7.34	8.46	8.95	8.46	8.35	8.68
西班牙	1.88	2.05	2.23	2.63	3.02	2.88	2.95	3.08
法国	6.44	6.59	6.73	7.18	7.56	6.93	6.56	6.79
英国	5.54	4.83	4.77	4.86	5.20	4.92	4.59	4.81
印度	1.08	1.13	1.08	1.18	1.44	1.51	1.64	1.98
意大利	4.89	5.07	5.38	5.83	6.32	5.82	5.76	5.96
日本	7.95	7.40	6.64	6.05	5.59	4.99	3.63	3.22
韩国	0.77	0.63	0.71	0.75	0.80	0.85	0.91	0.90
墨西哥	1.73	1.79	1.79	1.63	1.57	1.55	1.55	1.48
俄罗斯	0.97	1.04	1.06	0.57	0.51	0.58	0.69	0.71
中国台湾	0.96	0.86	0.86	0.82	0.81	0.70	0.65	0.59
美国	30.49	30.33	31.25	29.57	28.90	26.98	26.01	23.69
其他经济体	17.88	18.54	18.05	18.82	18.99	20.35	21.20	21.85

国家（地区） \ 年份	2008	2009	2010	2011	2012	2013	2014	年均增长
澳大利亚	0.42	0.42	0.49	0.51	0.48	0.40	0.36	4.95
巴西	3.52	3.60	4.57	4.89	4.41	4.21	3.83	7.22
加拿大	2.32	2.22	2.55	1.87	1.84	1.81	1.71	2.21
瑞士	1.14	1.08	1.09	1.18	1.08	1.12	1.15	5.60
中国	8.68	9.59	7.98	8.97	10.84	11.51	11.86	8.70

续表

年份 国家（地区）	2008	2009	2010	2011	2012	2013	2014	年均 增长
德国	8.85	8.71	9.00	9.51	8.55	8.55	8.64	5.25
西班牙	3.39	3.30	2.91	2.71	2.38	2.31	2.29	5.39
法国	7.07	7.42	7.05	7.10	6.52	6.91	6.74	4.25
英国	4.21	3.70	3.93	3.89	3.75	3.94	4.31	2.09
印度	2.10	2.24	2.46	2.51	4.68	4.43	4.53	15.16
意大利	6.11	5.58	5.28	5.21	4.49	4.54	4.48	3.29
日本	3.43	3.39	3.83	3.92	3.79	3.06	2.81	−3.52
韩国	0.72	0.74	0.87	0.88	0.84	0.90	0.95	5.53
墨西哥	1.48	1.31	1.51	1.57	1.52	1.56	1.57	3.22
俄罗斯	0.92	0.67	0.74	0.86	0.85	0.83	0.70	1.51
中国台湾	0.59	0.59	0.67	0.70	0.70	0.70	0.75	2.10
美国	22.63	24.16	23.91	22.02	21.60	21.29	21.48	1.36
其他经济体	22.44	21.28	21.16	21.69	21.68	21.93	21.82	5.42

第三节　中国制造业细分产业出口额指标的国际比较

一、食品加工业出口额指标的国际比较

（1）表 3-37 显示了 2000~2014 年食品加工业 18 个经济体出口额占全球份额。2000年，中国食品加工业出口额占全球出口额份额为 2.21%，低于美国（8.04%）、法国（5.37%）、德国（5.17%）、英国（4.17%）、意大利（2.92%）、加拿大（2.66%）、澳大利亚（2.51%），居世界第 8 位；2014 年，中国食品加工业出口额占全球出口额份额达到 7.23%，尚低于德国（10.14%）、美国（10.06%），居世界第 3 位。

（2）表 3-37 最后 1 列显示了 2000~2014 年 18 个经济体食品加工业出口额年均增长率。中国食品加工业以 14.60% 名列第 2 位。

表 3-37　2000~2014 年食品加工业 18 个经济体出口额占全球份额　　　单位：%

年份 国家（地区）	2000	2001	2002	2003	2004	2005	2006	2007
澳大利亚	2.51	2.30	2.20	2.14	2.52	2.45	2.09	2.05
巴西	2.17	2.93	3.19	3.22	3.56	3.79	3.83	3.74
加拿大	2.66	2.83	2.74	2.55	2.50	2.31	2.13	1.88

年份 国家（地区）	2000	2001	2002	2003	2004	2005	2006	2007
瑞士	0.52	0.50	0.53	0.53	0.56	0.55	0.60	0.64
中国	2.21	2.35	2.58	2.75	3.09	3.50	3.91	3.97
德国	5.17	5.60	5.69	5.85	6.04	6.19	6.28	6.50
西班牙	2.19	2.38	2.46	2.58	2.69	2.55	2.45	2.61
法国	5.37	5.15	5.31	5.43	5.32	5.03	5.00	4.93
英国	4.17	3.80	3.84	3.83	3.72	3.41	3.23	3.30
印度	0.81	0.82	0.93	0.75	0.77	0.81	0.90	0.85
意大利	2.92	3.01	3.21	3.30	3.35	3.24	3.21	3.21
日本	0.47	0.48	0.47	0.43	0.43	0.43	0.41	0.39
韩国	0.56	0.54	0.53	0.49	0.49	0.45	0.41	0.40
墨西哥	0.92	0.93	0.94	0.84	0.85	0.94	1.04	0.99
俄罗斯	0.09	0.09	0.09	0.09	0.09	0.11	0.13	0.17
中国台湾	0.26	0.23	0.23	0.20	0.21	0.20	0.16	0.15
美国	8.04	8.06	7.08	6.43	5.61	5.67	5.62	5.66
其他经济体	58.97	58.02	57.98	58.61	58.19	58.38	58.61	58.56

年份 国家（地区）	2008	2009	2010	2011	2012	2013	2014	年均 增长
澳大利亚	1.80	1.67	1.89	1.82	1.72	1.84	2.68	5.78
巴西	3.96	4.05	4.43	4.48	4.23	3.88	5.98	13.18
加拿大	1.72	1.61	1.66	1.61	1.60	1.51	2.49	4.79
瑞士	0.72	0.85	0.93	1.02	0.94	0.91	1.52	13.76
中国	3.73	3.68	4.10	4.29	4.21	4.39	7.23	14.60
德国	6.69	6.64	6.30	6.41	6.10	6.25	10.14	10.48
西班牙	2.61	2.66	2.66	2.58	2.54	2.47	4.13	10.15
法国	4.83	4.44	4.04	4.05	3.75	3.80	6.01	6.13
英国	2.97	2.69	2.31	2.37	2.23	1.84	3.08	3.04
印度	0.82	0.71	0.89	1.11	1.50	1.56	2.35	13.56
意大利	3.23	3.20	3.07	3.00	2.85	2.94	4.86	9.18
日本	0.37	0.41	0.43	0.37	0.34	0.35	0.60	7.23
韩国	0.43	0.50	0.53	0.55	0.58	0.55	0.88	8.77
墨西哥	0.95	1.07	1.13	1.21	1.09	1.19	2.02	11.41
俄罗斯	0.15	0.19	0.18	0.19	0.27	0.29	0.51	19.18
中国台湾	0.15	0.16	0.17	0.19	0.21	0.18	0.33	7.06
美国	5.68	5.65	5.76	5.53	6.00	6.13	10.06	6.98
其他经济体	59.22	59.83	59.52	59.19	59.82	59.91	35.13	1.46

二、纺织服装业出口额指标的国际比较

（1）表 3-38 显示了 2000~2014 年纺织服装业 18 个经济体出口额占全球份额。2000年，中国纺织服装业出口额占全球出口额份额为 13.84%，居世界第 1 位；2014 年，中国纺织服装业出口额占全球出口额份额达到 37.53%，居世界遥遥领先的地位。

（2）表 3-38 最后 1 列显示了 2000~2014 年 18 个经济体纺织服装业出口额年均增长率。中国纺织服装业以 13.46% 名列第 1 位。

表 3-38　2000~2014 年纺织服装业 18 个经济体出口额占全球份额　　　　单位：%

国家（地区）＼年份	2000	2001	2002	2003	2004	2005	2006	2007
澳大利亚	0.64	0.53	0.52	0.48	0.45	0.39	0.31	0.32
巴西	0.99	1.11	1.08	1.13	1.18	1.14	1.10	1.06
加拿大	1.62	1.53	1.46	1.38	1.19	1.06	0.91	0.76
瑞士	0.44	0.46	0.50	0.53	0.54	0.51	0.48	0.48
中国	13.84	14.72	16.41	19.31	21.94	26.17	29.16	31.33
德国	4.94	5.08	5.25	5.40	5.35	5.10	5.09	5.27
西班牙	1.94	2.08	2.26	2.32	2.24	2.06	2.04	2.21
法国	3.58	3.67	3.78	3.87	3.83	3.67	3.54	3.60
英国	3.46	3.22	3.19	3.22	3.24	2.96	2.74	2.87
印度	3.74	3.63	3.94	3.54	3.67	3.81	3.83	3.13
意大利	8.79	9.50	9.33	9.54	9.31	8.69	8.42	8.59
日本	1.44	1.45	1.38	1.21	1.19	1.08	0.96	0.89
韩国	6.25	5.69	5.26	4.42	3.89	3.22	2.73	2.44
墨西哥	3.48	3.02	2.96	2.63	2.36	2.15	1.74	1.42
俄罗斯	0.08	0.07	0.08	0.07	0.07	0.06	0.05	0.05
中国台湾	3.86	3.19	2.91	2.50	2.28	1.97	1.68	1.51
美国	4.80	4.33	4.07	3.59	3.28	3.08	2.78	2.33
其他经济体	36.11	36.74	35.61	34.85	33.98	32.87	32.44	31.74

国家（地区）＼年份	2008	2009	2010	2011	2012	2013	2014	年均增长
澳大利亚	0.28	0.26	0.29	0.28	0.25	0.30	0.25	-1.08
巴西	0.92	0.76	0.82	0.74	0.69	0.69	0.74	3.50
加拿大	0.63	0.60	0.61	0.56	0.56	0.53	0.55	-2.23
瑞士	0.53	0.51	0.47	0.47	0.42	0.37	0.39	4.72
中国	31.66	31.65	34.86	35.20	34.93	36.59	37.53	13.46
德国	5.09	4.65	4.22	4.27	3.62	3.48	3.49	3.06
西班牙	2.30	2.35	2.01	1.97	1.90	2.02	2.18	6.54

续表

年份 国家（地区）	2008	2009	2010	2011	2012	2013	2014	年均 增长
法国	3.67	3.52	3.03	3.01	2.86	2.70	2.72	3.61
英国	2.61	1.81	0.99	1.04	1.00	0.88	0.95	-3.63
印度	2.82	3.47	3.61	3.59	3.71	4.35	4.39	6.86
意大利	8.54	7.55	7.13	7.18	6.79	6.88	7.09	4.05
日本	0.82	0.81	0.78	0.78	0.73	0.64	0.68	0.14
韩国	2.56	2.74	2.71	2.94	4.17	3.51	3.29	0.93
墨西哥	1.23	1.25	1.24	1.21	1.15	1.13	1.19	-2.13
俄罗斯	0.04	0.04	0.04	0.04	0.06	0.07	0.08	6.17
中国台湾	1.39	1.38	1.43	1.37	1.30	1.20	1.19	-2.84
美国	2.10	1.98	2.05	1.98	1.57	1.59	1.62	-2.23
其他经济体	32.82	34.67	33.73	33.37	34.28	33.07	31.67	4.67

三、木制品业（家具制造除外）出口额指标的国际比较

（1）表 3-39 显示了 2000~2014 年木制品业 18 个经济体出口额占全球份额。2000 年，中国木制品业出口额占全球出口额份额为 2.03%，低于加拿大（14.39%）、美国（5.63%）、德国（3.78%）、意大利（2.61%），居世界第 5 位；2014 年，中国木制品业出口额占全球出口额份额达到 19.63%，居世界第 1 位，高于居世界第 2 位的加拿大（12.23%）约 7 个百分点。

（2）表 3-39 最后 1 列显示了 2000~2014 年 18 个经济体木制品业出口额年均增长率。中国木制品业以 18.67% 名列第 1 位。

表 3-39　2000~2014 年木制品业（家具制造除外）18 个经济体
出口额占全球份额　　　　　　　　　　单位：%

年份 国家（地区）	2000	2001	2002	2003	2004	2005	2006	2007
澳大利亚	0.68	0.56	0.62	0.66	0.74	0.73	0.62	0.64
巴西	1.63	1.74	2.15	2.21	2.72	2.48	2.24	1.85
加拿大	14.39	12.78	12.70	11.71	12.84	11.76	9.48	7.09
瑞士	0.77	0.72	0.72	0.53	0.52	0.51	0.49	0.51
中国	2.03	2.27	2.77	3.17	3.98	4.60	5.27	5.24
德国	3.78	4.02	4.55	4.66	4.93	5.22	5.28	5.59
西班牙	1.13	1.15	1.21	1.21	1.20	1.12	1.08	1.09
法国	1.79	1.72	1.70	1.75	1.73	1.70	1.67	1.66
英国	0.61	0.59	0.63	0.74	0.68	0.72	0.58	0.44

续表

年份 国家（地区）	2000	2001	2002	2003	2004	2005	2006	2007
印度	1.09	0.78	0.75	0.65	0.38	0.35	0.37	0.42
意大利	2.61	2.66	2.52	2.55	2.45	2.24	2.16	2.21
日本	0.14	0.11	0.12	0.13	0.14	0.14	0.11	0.11
韩国	0.09	0.07	0.06	0.06	0.06	0.05	0.04	0.04
墨西哥	0.44	0.31	0.28	0.24	0.26	0.27	0.29	0.23
俄罗斯	0.71	0.67	0.82	0.93	0.99	1.15	1.20	1.69
中国台湾	0.40	0.33	0.30	0.27	0.24	0.20	0.17	0.14
美国	5.63	4.69	4.27	3.77	3.59	3.53	3.43	2.88
其他经济体	62.07	64.81	63.85	64.77	62.56	63.22	65.53	68.15

年份 国家（地区）	2008	2009	2010	2011	2012	2013	2014	年均 增长
澳大利亚	0.63	0.49	0.57	0.43	0.34	0.40	1.53	6.94
巴西	1.57	1.10	1.15	1.02	0.96	0.95	2.45	3.91
加拿大	5.30	4.26	5.04	4.69	4.82	5.39	12.23	−0.25
瑞士	0.42	0.59	0.40	0.33	0.28	0.23	0.55	−1.46
中国	5.65	5.58	6.60	7.52	8.22	8.20	19.63	18.67
德国	5.34	4.61	4.71	4.45	3.81	3.84	8.90	7.28
西班牙	1.06	0.96	0.96	0.95	0.79	0.77	1.76	4.13
法国	1.60	1.23	1.09	1.07	0.94	0.92	2.20	2.44
英国	0.45	0.26	0.36	0.36	0.33	0.25	0.62	0.99
印度	0.37	0.50	0.60	0.65	0.91	0.85	1.80	4.61
意大利	2.08	1.80	1.92	1.85	1.60	1.54	3.55	3.16
日本	0.11	0.12	0.12	0.11	0.09	0.09	0.23	4.25
韩国	0.05	0.05	0.06	0.07	0.09	0.08	0.18	6.21
墨西哥	0.21	0.18	0.17	0.16	0.17	0.19	0.44	0.87
俄罗斯	1.23	1.26	1.59	1.62	1.56	1.63	4.00	14.24
中国台湾	0.12	0.10	0.10	0.10	0.09	0.09	0.18	−4.79
美国	2.76	2.37	2.80	2.68	2.81	2.83	6.86	2.35
其他经济体	71.07	74.54	71.75	71.96	72.19	71.73	32.91	−3.55

四、纸制品业出口额指标的国际比较

（1）表3-40显示了2000~2014年纸制品业18个经济体出口额占全球份额。2000年，中国纸制品业出口额占全球出口额份额为1.10%，低于美国（12.08%）、加拿大（11.64%）、德国（9.21%）、法国（4.58%）、意大利（2.67%）、英国（2.33%）、巴西

（1.98%）、日本（1.86%）、西班牙（1.57%）、韩国（1.48%）、俄罗斯（1.43%），居世界第 12 位；2014 年，中国纸制品业出口额占全球出口额份额达到 7.28%，尚低于德国（14.27%）、美国（14.09%），居世界第 3 位。

（2）表 3-40 最后 1 列显示了 2000~2014 年 18 个经济体纸制品业出口额年均增长率。中国纸制品业以 17.47% 名列第 1 位。

表 3-40　2000~2014 年纸制品业 18 个经济体出口额占全球份额　　单位：%

国家（地区）＼年份	2000	2001	2002	2003	2004	2005	2006	2007
澳大利亚	0.36	0.36	0.42	0.44	0.48	0.45	0.39	0.40
巴西	1.98	1.88	1.90	2.26	2.05	2.24	2.39	2.46
加拿大	11.64	11.54	10.57	9.46	9.74	9.27	8.25	6.81
瑞士	1.06	1.10	1.18	1.25	1.23	1.17	1.08	1.05
中国	1.10	1.21	1.43	1.35	1.24	1.22	1.16	1.03
德国	9.21	9.56	10.39	11.17	11.27	11.62	11.83	12.45
西班牙	1.57	1.65	1.73	1.85	1.92	1.83	1.91	2.15
法国	4.58	4.65	4.77	4.99	4.95	4.82	4.56	4.49
英国	2.33	2.31	2.36	2.32	2.24	2.17	2.07	2.13
印度	0.15	0.17	0.23	0.20	0.23	0.27	0.26	0.22
意大利	2.67	2.81	2.95	3.11	3.21	3.25	3.20	3.32
日本	1.86	1.62	1.80	1.59	1.58	1.48	1.37	1.31
韩国	1.48	1.40	1.37	1.37	1.45	1.35	1.24	1.15
墨西哥	0.73	0.75	0.75	0.70	0.69	0.79	0.80	0.72
俄罗斯	1.43	1.40	1.50	1.49	1.50	1.53	1.53	1.89
中国台湾	0.63	0.58	0.64	0.61	0.62	0.62	0.57	0.60
美国	12.08	11.57	11.04	10.08	9.80	10.18	10.14	9.82
其他经济体	45.14	45.41	44.96	45.74	45.81	45.74	47.24	47.98

国家（地区）＼年份	2008	2009	2010	2011	2012	2013	2014	年均增长
澳大利亚	0.38	0.39	0.51	0.54	0.54	0.57	0.60	6.42
巴西	2.79	2.83	3.34	3.25	3.13	3.18	4.19	8.25
加拿大	5.82	5.11	4.96	4.37	4.49	4.85	6.32	-1.77
瑞士	1.07	0.97	0.92	0.83	0.70	0.62	0.77	0.31
中国	1.37	1.83	2.49	3.54	4.70	5.10	7.28	17.47
德国	12.31	12.00	11.66	11.63	11.10	10.91	14.27	5.87
西班牙	2.18	2.21	2.53	2.56	2.35	2.35	2.87	7.15
法国	4.48	4.21	3.72	3.65	3.32	3.24	4.19	1.95
英国	2.06	1.84	1.43	1.39	1.34	1.10	1.43	-0.89
印度	0.21	0.24	0.31	0.31	0.34	0.41	0.51	12.13

续表

年份 国家（地区）	2008	2009	2010	2011	2012	2013	2014	年均 增长
意大利	3.29	3.25	3.27	3.27	3.17	3.23	4.30	6.17
日本	1.62	1.58	1.86	1.66	1.61	1.68	2.54	4.90
韩国	1.30	1.39	1.40	1.46	1.61	1.65	1.96	4.66
墨西哥	0.67	0.75	0.80	0.82	0.74	0.92	1.32	7.04
俄罗斯	1.63	1.55	1.93	2.04	2.18	3.19	4.83	11.94
中国台湾	0.57	0.61	0.65	0.66	0.70	0.60	0.83	4.64
美国	10.10	10.24	10.62	10.21	10.78	10.87	14.09	3.74
其他经济体	48.15	49.01	47.58	47.81	47.19	45.54	27.70	-0.91

五、印刷业出口额指标的国际比较

（1）表3-41显示了2000~2014年印刷业17个经济体出口额占全球份额。2000年，中国印刷业出口额占全球出口额份额为2.38%，低于加拿大（6.25%）、美国（5.99%）、英国（4.15%），居世界第4位；2014年，中国印刷业出口额占全球出口额份额达到14.39%，尚低于美国（18.03%）、加拿大（15.89%），居世界第3位。

（2）表3-41最后1列显示了2000~2014年17个经济体印刷业出口额年均增长率。中国印刷业以9.56%名列第4位（法国12.18%、印度10.64%、澳大利亚10.62%）。

表3-41   2000~2014年印刷业17个经济体出口额占全球份额   单位：%

年份 国家（地区）	2000	2001	2002	2003	2004	2005	2006	2007
澳大利亚	0.18	0.16	0.17	0.18	0.19	0.17	0.16	0.17
巴西	0.10	0.09	0.09	0.11	0.11	0.10	0.11	0.11
加拿大	6.25	6.21	5.25	4.19	4.47	5.24	4.21	4.54
瑞士	0.15	0.15	0.16	0.18	0.20	0.28	0.32	0.31
中国	2.38	2.48	2.92	2.81	2.60	2.48	2.44	2.20
德国	2.12	2.26	2.56	2.75	2.93	3.17	3.44	3.41
西班牙	0.78	0.73	0.84	1.01	1.08	1.09	1.08	1.03
法国	0.04	0.04	0.04	0.04	0.04	0.05	0.05	0.05
英国	4.15	4.15	4.66	4.46	4.64	4.77	5.10	3.82
印度	0.18	0.19	0.24	0.38	0.35	0.40	0.40	0.39
意大利	0.96	1.00	1.05	1.17	1.13	1.09	1.09	1.10
日本	0.56	0.48	0.50	0.58	0.66	0.78	0.81	0.92
韩国	0.19	0.22	0.25	0.21	0.22	0.26	0.18	0.15
墨西哥	0.82	0.85	1.52	0.81	0.65	1.65	0.63	0.60

续表

年份 国家（地区）	2000	2001	2002	2003	2004	2005	2006	2007
中国台湾	0.53	0.26	0.27	0.16	0.25	0.18	0.27	0.14
美国	5.99	6.25	5.70	4.89	4.95	5.25	5.63	5.81
其他经济体	74.62	74.49	73.77	76.05	75.52	73.04	74.09	75.25

年份 国家（地区）	2008	2009	2010	2011	2012	2013	2014	年均增长
澳大利亚	0.18	0.19	0.33	0.31	0.40	0.39	1.23	10.62
巴西	0.11	0.10	0.13	0.12	0.12	0.11	0.28	4.06
加拿大	5.16	4.58	4.66	4.58	4.71	6.26	15.89	2.99
瑞士	0.31	0.22	0.31	0.34	0.30	0.28	0.61	6.72
中国	2.26	2.45	3.11	3.74	4.23	4.75	14.39	9.56
德国	4.70	4.10	4.42	4.60	4.34	3.58	11.17	8.49
西班牙	0.95	1.14	1.14	1.00	0.82	0.81	2.32	4.13
法国	0.06	0.09	0.10	0.11	0.11	0.12	0.36	12.18
英国	3.44	2.30	2.18	2.36	2.23	1.85	4.92	-2.46
印度	0.32	0.38	0.45	0.46	0.45	0.52	1.24	10.64
意大利	1.09	1.25	1.44	1.47	1.36	1.30	3.80	6.28
日本	1.07	1.08	1.08	0.89	0.68	0.32	1.06	0.85
韩国	0.24	0.17	0.20	0.25	0.30	0.26	0.79	6.69
墨西哥	0.74	0.48	0.49	0.44	0.69	0.57	1.39	0.06
中国台湾	0.20	0.16	0.17	0.28	0.19	0.24	0.64	-2.29
美国	5.47	5.51	5.61	5.48	6.49	6.45	18.03	4.25
其他经济体	73.71	75.81	74.19	73.57	72.58	72.19	21.87	-11.73

六、石油制品业出口额指标的国际比较

（1）表3-42显示了2000~2014年石油制品业18个经济体出口额占全球份额。2000年，中国石油制品业出口额占全球出口额份额为1.34%，低于美国（6.55%）、韩国（4.99%）、英国（3.70%）、德国（3.28%）、法国（2.96%）、加拿大（2.96%）、西班牙（2.46%）、意大利（2.27%）、俄罗斯（1.87%），居世界第10位；2014年，中国石油制品业出口额占全球出口额份额达到3.84%，尚低于美国（17.21%）、韩国（7.69%）、俄罗斯（6.32%）、印度（6.21%）、德国（4.61%）、西班牙（3.93%），居世界第7位。

（2）表3-42最后1列显示了2000~2014年18个经济体石油制品业出口额年均增长率。中国石油制品业以18.58%名列第4位（印度49.01%、中国台湾26.24%、俄罗斯19.97%）。

表 3-42　2000~2014 年石油制品业 18 个经济体出口额占全球份额　单位：%

国家（地区）＼年份	2000	2001	2002	2003	2004	2005	2006	2007
澳大利亚	1.09	0.87	0.79	0.81	0.65	0.63	0.53	0.56
巴西	0.74	1.51	1.43	1.55	1.30	1.45	1.46	1.45
加拿大	2.96	3.45	3.55	3.59	3.26	3.11	2.75	2.59
瑞士	0.34	0.32	0.29	0.32	0.28	0.27	0.31	0.27
中国	1.34	1.62	1.93	2.13	2.15	1.50	1.14	1.19
德国	3.28	2.37	2.53	3.92	4.57	4.28	4.12	3.95
西班牙	2.46	1.89	1.61	1.84	2.01	1.87	1.95	2.02
法国	2.96	2.71	2.39	2.64	2.62	3.06	3.08	2.70
英国	3.70	3.01	2.97	3.39	3.75	3.55	3.30	3.10
印度	0.09	0.08	0.92	1.39	1.82	2.15	3.10	2.95
意大利	2.27	2.30	2.06	2.49	2.46	2.85	2.70	2.92
日本	1.32	1.29	1.20	1.09	1.21	1.57	1.57	1.82
韩国	4.99	4.65	3.57	3.07	3.59	3.83	4.06	4.04
墨西哥	0.53	0.46	0.54	0.63	0.60	0.67	0.67	0.68
俄罗斯	1.87	1.60	1.98	2.03	2.07	2.51	2.62	3.15
中国台湾	0.35	0.60	0.83	1.26	1.74	2.14	2.01	2.27
美国	6.55	6.40	5.93	6.05	6.18	6.43	7.17	7.32
其他经济体	63.15	64.87	65.46	61.80	59.73	58.14	57.47	57.02

国家（地区）＼年份	2008	2009	2010	2011	2012	2013	2014	年均增长
澳大利亚	0.42	0.39	0.32	0.30	0.31	0.30	0.33	0.91
巴西	1.23	1.18	0.88	0.93	1.02	0.92	1.11	13.23
加拿大	2.63	2.32	2.19	2.02	2.12	1.97	2.42	8.39
瑞士	0.35	0.26	0.28	0.33	0.30	0.35	0.44	11.96
中国	1.44	1.49	2.23	2.33	2.36	2.64	3.84	18.58
德国	3.89	3.09	3.00	3.10	3.36	3.41	4.61	12.70
西班牙	2.31	2.02	2.22	2.99	3.17	3.19	3.93	13.70
法国	3.04	2.41	2.00	1.92	1.82	1.70	2.21	7.71
英国	3.50	2.75	2.11	2.30	2.14	1.59	1.75	4.23
印度	2.69	2.99	3.72	3.74	3.90	4.66	6.21	49.01
意大利	2.85	2.03	2.12	1.94	2.11	1.73	2.01	9.04
日本	2.34	1.93	1.77	1.67	1.31	1.60	2.32	14.54
韩国	5.34	4.82	4.81	5.87	6.40	6.01	7.69	13.43
墨西哥	0.78	0.85	0.69	0.69	0.53	0.62	0.87	14.02
俄罗斯	3.02	2.80	3.68	3.63	3.83	4.14	6.32	19.97
中国台湾	2.29	2.03	1.80	1.58	2.00	2.11	2.43	26.24
美国	9.28	9.23	9.80	11.46	11.93	12.85	17.21	17.84
其他经济体	52.61	57.42	56.37	53.20	51.40	50.22	34.30	5.29

七、化工制品业出口额指标的国际比较

（1）表 3-43 显示了 2000~2014 年化工制品业 18 个经济体出口额占全球份额。2000
年，中国化工制品业出口额占全球出口额份额为 1.10%，低于美国（12.08%）、加拿大
（11.64%）、德国（9.21%）、法国（4.58%）、意大利（2.67%）、英国（2.33%）、巴西
（1.98%）、日本（1.86%）、西班牙（1.57%）、韩国（1.48%）、俄罗斯（1.43%），居世
界第 12 位；2014 年，中国化工制品业出口额占全球出口额份额达到 7.28%，尚低于德国
（14.27%）、美国（14.09%），居世界第 3 位。

（2）表 3-43 最后 1 列显示了 2000~2014 年 18 个经济体化工制品业出口额年均增长
率。中国化工制品业以 17.47% 名列第 1 位。

表 3-43　2000~2014 年化工制品业 18 个经济体出口额占全球份额　　单位：%

国家（地区）＼年份	2000	2001	2002	2003	2004	2005	2006	2007
澳大利亚	0.36	0.36	0.42	0.44	0.48	0.45	0.39	0.40
巴西	1.98	1.88	1.90	2.26	2.05	2.24	2.39	2.46
加拿大	11.64	11.54	10.57	9.46	9.74	9.27	8.25	6.81
瑞士	1.06	1.10	1.18	1.25	1.23	1.17	1.08	1.05
中国	1.10	1.21	1.43	1.35	1.24	1.22	1.16	1.03
德国	9.21	9.56	10.39	11.17	11.27	11.62	11.83	12.45
西班牙	1.57	1.65	1.73	1.85	1.92	1.83	1.91	2.15
法国	4.58	4.65	4.77	4.99	4.95	4.82	4.56	4.49
英国	2.33	2.31	2.36	2.32	2.24	2.17	2.07	2.13
印度	0.15	0.17	0.23	0.20	0.23	0.27	0.26	0.22
意大利	2.67	2.81	2.95	3.11	3.21	3.25	3.20	3.32
日本	1.86	1.62	1.80	1.59	1.58	1.48	1.37	1.31
韩国	1.48	1.40	1.37	1.37	1.45	1.35	1.24	1.15
墨西哥	0.73	0.75	0.75	0.70	0.69	0.79	0.80	0.72
俄罗斯	1.43	1.40	1.50	1.49	1.50	1.53	1.53	1.89
中国台湾	0.63	0.58	0.64	0.61	0.62	0.62	0.57	0.60
美国	12.08	11.57	11.04	10.08	9.80	10.18	10.14	9.82
其他经济体	45.14	45.41	44.96	45.74	45.81	45.74	47.24	47.98

国家（地区）＼年份	2008	2009	2010	2011	2012	2013	2014	年均增长
澳大利亚	0.38	0.39	0.51	0.54	0.54	0.57	0.60	6.42
巴西	2.79	2.83	3.34	3.25	3.13	3.18	4.19	8.25
加拿大	5.82	5.11	4.96	4.37	4.49	4.85	6.32	-1.77
瑞士	1.07	0.97	0.92	0.83	0.70	0.62	0.77	0.31

续表

年份 国家（地区）	2008	2009	2010	2011	2012	2013	2014	年均 增长
中国	1.37	1.83	2.49	3.54	4.70	5.10	7.28	17.47
德国	12.31	12.00	11.66	11.63	11.10	10.91	14.27	5.87
西班牙	2.18	2.21	2.53	2.56	2.35	2.35	2.87	7.15
法国	4.48	4.21	3.72	3.65	3.32	3.24	4.19	1.95
英国	2.06	1.84	1.43	1.39	1.34	1.10	1.43	-0.89
印度	0.21	0.24	0.31	0.31	0.34	0.41	0.51	12.13
意大利	3.29	3.25	3.27	3.27	3.17	3.23	4.30	6.17
日本	1.62	1.58	1.86	1.66	1.61	1.68	2.54	4.90
韩国	1.30	1.39	1.40	1.46	1.61	1.65	1.96	4.66
墨西哥	0.67	0.75	0.80	0.82	0.74	0.92	1.32	7.04
俄罗斯	1.63	1.55	1.93	2.04	2.18	3.19	4.83	11.94
中国台湾	0.57	0.61	0.65	0.66	0.70	0.60	0.83	4.64
美国	10.10	10.24	10.62	10.21	10.78	10.87	14.09	3.74
其他经济体	48.15	49.01	47.58	47.81	47.19	45.54	27.70	-0.91

八、医药制品业出口额指标的国际比较

（1）表3-44显示了2000~2014年医药制品业17个经济体出口额占全球份额。2000年，中国医药制品业出口额占全球出口额份额为1.18%，低于美国（15.96%）、德国（8.90%）、英国（8.45%）、瑞士（7.64%）、法国（6.86%）、意大利（4.74%）、日本（1.82%）、西班牙（1.81%）、加拿大（1.41%），居世界第10位；2014年，中国医药制品业出口额占全球出口额份额达到5.45%，尚低于瑞士（15.64%）、德国（12.56%）、美国（11.30%）、法国（7.15%）、意大利（6.67%），居世界第6位。

（2）表3-44最后1列显示了2000~2014年17个经济体医药制品业出口额年均增长率。中国医药制品业以20.65%名列第1位。

表3-44　2000~2014年医药制品业17个经济体出口额占全球份额　　单位：%

年份 国家（地区）	2000	2001	2002	2003	2004	2005	2006	2007
澳大利亚	0.56	0.46	0.36	0.43	0.50	0.57	0.50	0.56
巴西	0.23	0.21	0.22	0.20	0.22	0.23	0.25	0.26
加拿大	1.41	1.44	1.39	1.67	1.78	1.79	2.08	2.24
瑞士	7.64	8.50	9.11	8.98	9.62	9.76	10.61	10.48
中国	1.18	1.19	1.31	1.65	1.84	2.15	2.60	3.08
德国	8.90	9.87	9.08	10.37	12.32	12.26	12.79	14.16

年份 国家（地区）	2000	2001	2002	2003	2004	2005	2006	2007
西班牙	1.81	1.80	2.27	2.28	2.17	2.50	2.47	2.87
法国	6.86	6.99	7.25	7.23	7.17	7.05	6.84	6.76
英国	8.45	9.21	9.64	10.27	9.51	8.38	8.68	8.60
印度	0.17	0.16	0.18	0.17	0.19	0.19	0.22	0.20
意大利	4.74	4.85	5.23	5.06	4.72	4.84	4.73	4.56
日本	1.82	1.68	1.56	1.40	1.29	1.10	0.94	0.80
韩国	0.39	0.34	0.31	0.29	0.28	0.28	0.27	0.27
墨西哥	0.59	0.64	0.63	0.58	0.55	0.48	0.42	0.41
中国台湾	0.12	0.09	0.09	0.09	0.08	0.09	0.09	0.12
美国	15.96	14.94	14.58	13.54	12.75	11.95	12.09	11.29
其他经济体	39.17	37.62	36.79	35.79	35.02	36.38	34.43	33.34

年份 国家（地区）	2008	2009	2010	2011	2012	2013	2014	年均 增长
澳大利亚	0.44	0.40	0.42	0.37	0.37	0.37	0.28	2.92
巴西	0.30	0.31	0.35	0.36	0.36	0.35	0.41	12.71
加拿大	1.97	2.14	1.96	1.81	1.64	1.68	2.48	12.62
瑞士	11.22	11.48	12.24	12.96	12.70	12.44	15.64	13.87
中国	3.49	3.54	4.17	4.32	4.39	4.59	5.45	20.65
德国	13.97	11.99	10.32	10.43	9.86	10.72	12.56	10.88
西班牙	2.90	2.81	2.69	2.45	2.46	2.53	2.86	11.80
法国	7.12	7.26	6.58	6.16	6.22	6.51	7.15	8.50
英国	8.41	7.60	6.33	6.15	6.11	4.44	5.40	4.78
印度	0.19	0.20	0.25	0.29	0.34	0.40	0.44	16.01
意大利	4.36	4.40	4.65	4.81	4.91	5.53	6.67	10.85
日本	1.02	1.26	1.23	1.21	1.05	1.01	1.19	4.98
韩国	0.33	0.39	0.41	0.43	0.48	0.50	0.60	11.57
墨西哥	0.36	0.38	0.42	0.48	0.49	0.46	0.56	7.73
中国台湾	0.11	0.13	0.16	0.19	0.22	0.24	0.27	14.90
美国	10.83	11.06	11.03	10.57	10.03	9.72	11.30	5.55
其他经济体	32.96	34.65	36.78	36.99	38.37	38.52	26.74	5.28

九、橡胶和塑料制品业出口额指标的国际比较

（1）表 3-45 显示了 2000~2014 年橡胶和塑料制品业 18 个经济体出口额占全球份额。2000 年，中国橡胶和塑料制品业出口额占全球出口额份额为 5.49%，远低于德国

（9.96%）、美国（9.92%）、加拿大（7.43%）、日本（5.73%），居世界第 5 位；2014
年，中国橡胶和塑料制品业出口额占全球出口额份额达到 16.92%，居世界第 1 位。

（2）表 3-45 最后 1 列显示了 2000~2014 年 18 个经济体橡胶和塑料制品业出口额年
均增长率。中国橡胶和塑料制品业以 14.53% 名列第 2 位（俄罗斯 15.68%）。

表 3-45　2000~2014 年橡胶和塑料制品业 18 个经济体出口额占全球份额　　单位：%

国家（地区）＼年份	2000	2001	2002	2003	2004	2005	2006	2007
澳大利亚	0.35	0.31	0.31	0.33	0.35	0.35	0.31	0.35
巴西	0.60	0.63	0.63	0.68	0.70	0.74	0.77	0.80
加拿大	7.43	7.59	7.53	6.74	6.38	6.21	5.60	4.77
瑞士	1.03	1.06	1.08	1.14	1.16	1.06	1.06	1.09
中国	5.49	5.83	6.59	7.03	8.10	9.50	10.57	10.92
德国	9.96	10.52	11.33	11.83	12.13	11.74	12.11	12.55
西班牙	2.01	2.18	2.14	2.22	2.20	2.09	2.02	2.15
法国	4.67	4.66	4.70	4.93	4.98	4.68	4.56	4.63
英国	3.81	3.53	3.51	3.63	3.53	3.39	3.10	3.19
印度	0.67	0.79	0.85	0.76	0.80	0.85	0.94	0.81
意大利	5.03	5.17	5.35	5.50	5.57	5.19	5.05	5.06
日本	5.73	5.17	5.49	6.14	6.46	6.68	6.48	6.38
韩国	2.03	2.06	2.10	2.02	2.16	2.13	1.75	1.54
墨西哥	2.22	2.06	1.96	1.88	1.80	1.74	1.53	1.36
俄罗斯	0.07	0.07	0.07	0.08	0.08	0.09	0.10	0.15
中国台湾	3.36	2.95	2.91	2.64	2.57	2.51	2.26	2.16
美国	9.92	9.41	8.78	7.62	7.19	7.03	6.80	6.26
其他经济体	35.62	36.00	34.67	34.83	33.84	34.01	34.99	35.86

国家（地区）＼年份	2008	2009	2010	2011	2012	2013	2014	年均增长
澳大利亚		0.32	0.31	0.30	0.29	0.30	0.31	4.78
巴西	0.80	0.77	0.79	0.80	0.76	0.72	0.89	8.67
加拿大	4.11	3.82	4.00	3.89	3.98	3.69	4.81	2.45
瑞士	1.13	1.01	0.99	0.97	0.84	0.81	1.09	6.09
中国	10.39	9.72	10.65	11.17	12.17	12.77	16.92	14.53
德国	12.45	11.63	11.67	12.02	11.28	11.58	15.16	8.90
西班牙	2.13	2.11	2.14	2.26	1.93	1.96	2.56	7.50
法国	4.56	4.04	3.58	3.52	3.23	3.24	4.14	4.79
英国	2.78	2.52	2.18	2.31	2.10	1.82	2.50	2.54
印度	0.84	0.94	1.08	1.22	1.35	1.47	1.80	13.40
意大利	4.84	4.28	4.18	4.19	3.67	3.77	4.97	5.60

续表

年份 国家（地区）	2008	2009	2010	2011	2012	2013	2014	年均 增长
日本	6.16	6.33	7.10	6.74	6.27	5.67	7.51	7.74
韩国	1.61	1.79	1.84	1.85	2.02	2.08	2.66	7.76
墨西哥	1.10	1.17	1.26	1.26	1.44	1.54	2.17	5.50
俄罗斯	0.12	0.11	0.10	0.11	0.17	0.19	0.24	15.68
中国台湾	2.01	1.99	2.13	2.00	2.00	1.88	2.45	3.33
美国	6.06	6.03	6.09	5.78	6.40	6.58	8.66	4.66
其他经济体	38.58	41.43	39.90	39.60	40.10	39.93	21.15	1.82

十、其他非金属制品业出口额指标的国际比较

（1）表 3-46 显示了 2000~2014 年其他非金属制品业 18 个经济体出口额占全球份额。2000 年，中国其他非金属制品业出口额占全球出口额份额为 2.23%，低于意大利（5.10%）、德国（4.94%）、美国（4.72%）、日本（3.57%）、法国（2.55%）、西班牙（2.41%），居世界第 7 位；2014 年，中国其他非金属制品业出口额占全球出口额份额达到 27.82%，居世界遥遥领先的地位。

（2）表 3-46 最后 1 列显示了 2000~2014 年 18 个经济体其他非金属制品业出口额年均增长率。中国其他非金属制品业以 20.92% 名列第 1 位。

表 3-46　2000~2014 年其他非金属制品业 18 个经济体出口额占全球份额　单位：%

年份 国家（地区）	2000	2001	2002	2003	2004	2005	2006	2007
澳大利亚	0.23	0.19	0.19	0.19	0.20	0.19	0.15	0.14
巴西	0.64	0.68	0.85	0.86	0.94	0.94	0.94	0.81
加拿大	1.96	2.02	2.15	1.80	1.55	1.30	1.16	0.96
瑞士	0.40	0.39	0.41	0.41	0.41	0.36	0.33	0.32
中国	2.23	2.41	3.06	3.36	3.87	4.47	4.78	4.53
德国	4.94	5.14	5.74	5.75	5.83	5.21	5.05	4.98
西班牙	2.41	2.66	2.88	2.79	2.66	2.36	2.15	2.18
法国	2.55	2.66	2.82	2.69	2.62	2.26	2.01	1.84
英国	2.01	2.01	2.05	1.99	1.98	1.73	1.57	1.46
印度	0.45	0.48	0.59	0.55	0.49	0.53	0.56	0.48
意大利	5.10	5.43	5.78	5.66	5.51	4.76	4.32	4.03
日本	3.57	3.32	3.31	3.03	3.05	2.92	2.63	2.37
韩国	0.60	0.62	0.60	0.57	0.61	0.57	0.49	0.42
墨西哥	1.24	1.29	1.30	1.14	1.12	1.13	1.05	0.89

续表

年份 国家（地区）	2000	2001	2002	2003	2004	2005	2006	2007
俄罗斯	0.12	0.12	0.11	0.11	0.13	0.14	0.16	0.19
中国台湾	0.45	0.42	0.45	0.40	0.41	0.40	0.37	0.34
美国	4.72	4.65	3.83	3.31	3.06	2.86	2.75	2.37
其他经济体	66.36	65.52	63.89	65.39	65.53	67.87	69.52	71.68

年份 国家（地区）	2008	2009	2010	2011	2012	2013	2014	年均 增长
澳大利亚	0.11	0.11	0.12	0.10	0.11	0.11	0.25	1.73
巴西	0.65	0.53	0.60	0.54	0.49	0.49	1.49	7.28
加拿大	0.84	0.63	0.64	0.60	0.59	0.56	1.71	-0.01
瑞士	0.32	0.26	0.28	0.28	0.24	0.21	0.68	4.91
中国	5.13	5.05	6.71	7.50	8.88	9.36	27.82	20.92
德国	4.76	4.15	4.13	4.10	3.59	3.48	10.78	6.77
西班牙	1.92	1.68	1.69	1.59	1.41	1.44	4.19	5.05
法国	1.65	1.32	1.25	1.21	1.06	1.00	3.02	2.20
英国	1.23	0.82	0.74	0.72	0.64	0.49	1.67	-0.34
印度	0.45	0.48	0.54	0.59	0.56	0.65	2.28	13.47
意大利	3.66	3.03	3.05	2.85	2.49	2.43	7.28	3.58
日本	2.42	2.30	2.95	2.74	2.36	1.99	5.78	4.53
韩国	0.39	0.34	0.40	0.41	0.49	0.51	1.58	8.22
墨西哥	0.78	0.68	0.80	0.74	0.73	0.74	2.32	5.59
俄罗斯	0.13	0.14	0.12	0.11	0.19	0.19	0.54	12.36
中国台湾	0.33	0.36	0.43	0.52	0.56	0.47	1.26	8.65
美国	2.18	1.90	2.20	2.04	2.09	2.07	6.37	3.17
其他经济体	73.04	76.22	73.35	73.36	73.53	73.82	20.98	-6.98

十一、基础金属制品业出口额指标的国际比较

（1）表 3-47 显示了 2000~2014 年基础金属制品业 18 个经济体出口额占全球份额。2000 年，中国基础金属制品业出口额占全球出口额份额为 5.94%，低于日本（7.33%）、德国（6.77%），居世界第 3 位；2014 年，中国基础金属制品业出口额占全球出口额份额达到 10.75%，居世界领先的地位。

（2）表 3-47 最后 1 列显示了 2000~2014 年 18 个经济体基础金属制品业出口额年均增长率。中国基础金属制品业以 17.81% 名列第 1 位。

表 3-47 2000~2014 年基础金属制品业 18 个经济体出口额占全球份额 单位：%

国家（地区）	年份 2000	2001	2002	2003	2004	2005	2006	2007
澳大利亚	3.81	4.04	3.84	3.72	3.45	3.43	3.59	3.83
巴西	1.87	1.92	2.36	2.36	2.37	2.47	2.32	2.07
加拿大	3.78	4.72	4.79	4.01	3.87	3.88	4.03	3.96
瑞士	0.62	1.16	1.09	0.96	0.87	0.72	0.76	0.73
中国	5.94	2.85	3.48	4.62	6.17	5.34	6.16	5.86
德国	6.77	8.49	8.52	8.39	8.32	8.37	8.79	9.07
西班牙	1.97	1.52	1.51	1.57	1.59	1.58	1.63	1.81
法国	2.78	4.96	5.04	4.84	4.52	4.27	4.21	4.10
英国	1.88	3.66	3.01	2.72	2.86	2.94	2.53	2.82
印度	1.98	0.84	1.21	1.26	1.40	1.51	1.72	1.41
意大利	3.21	2.92	2.88	2.97	3.23	3.26	3.51	3.73
日本	7.33	7.73	7.70	6.92	6.35	6.60	6.15	5.89
韩国	3.42	2.54	2.44	2.83	3.09	2.68	2.63	2.47
墨西哥	1.58	0.96	1.05	0.98	1.04	1.08	1.18	1.18
俄罗斯	3.83	3.49	3.72	3.63	4.07	3.84	3.97	4.61
中国台湾	1.90	1.66	1.92	1.96	1.95	1.94	1.84	1.86
美国	3.60	4.21	3.88	3.47	3.24	3.52	3.65	3.42
其他经济体	43.73	42.33	41.57	42.79	41.61	42.57	41.32	41.18

国家（地区）	年份 2008	2009	2010	2011	2012	2013	2014	年均增长
澳大利亚	3.40	3.90	3.81	3.41	3.20	2.72	3.27	5.03
巴西	2.12	1.97	1.87	1.99	1.86	1.66	2.40	8.83
加拿大	3.55	3.26	3.78	3.91	3.54	3.51	4.76	7.70
瑞士	0.72	0.60	0.62	0.63	0.57	0.51	0.69	3.24
中国	7.03	5.10	5.94	6.61	6.86	7.15	10.75	17.81
德国	8.44	7.07	6.77	7.05	6.36	5.96	7.69	6.96
西班牙	1.80	1.75	1.97	1.98	1.85	1.76	2.30	10.58
法国	3.75	3.20	2.78	2.69	2.35	2.22	2.86	3.57
英国	2.55	1.92	1.88	2.12	1.95	2.93	3.72	8.29
印度	1.30	1.47	1.98	1.43	1.51	1.98	2.62	16.67
意大利	3.57	3.05	3.21	3.47	3.37	2.96	3.77	9.94
日本	6.56	7.02	7.33	6.73	6.16	5.89	8.07	8.00
韩国	2.90	3.40	3.42	3.57	3.56	3.16	4.26	11.02
墨西哥	1.16	1.37	1.58	1.78	1.58	1.35	1.68	10.88
俄罗斯	3.43	3.44	3.83	3.35	4.01	3.77	4.79	8.94
中国台湾	1.70	1.90	1.90	1.92	1.68	1.49	2.03	7.96
美国	3.47	3.46	3.60	3.39	3.11	2.84	3.82	6.63
其他经济体	42.57	46.14	43.73	43.96	46.48	48.13	30.54	5.32

十二、金属制品业（机械设备除外）出口额指标的国际比较

（1）表3-48显示了2000~2014年金属制品业17个经济体出口额占全球份额。2000年，中国金属制品业出口额占全球出口额份额为（3.53%），低于日本（10.53%）、美国（9.79%）、德国（8.82%）、意大利（5.41%）、加拿大（4.12%），居世界第6位；2014年，中国金属制品业出口额占全球出口额份额达到20.81%，居世界领先的地位。

（2）表3-48最后1列显示了2000~2014年17个经济体金属制品业出口额年均增长率。中国金属制品业以19.27%名列第1位。

表3-48　2000~2014年金属制品业（机械设备除外）17个经济体出口额占全球份额

单位：%

国家（地区） ＼ 年份	2000	2001	2002	2003	2004	2005	2006	2007
澳大利亚	0.49	0.43	0.42	0.46	0.48	0.48	0.42	0.47
巴西	0.31	0.34	0.41	0.40	0.44	0.47	0.44	0.43
加拿大	4.12	3.83	3.92	3.49	3.33	3.22	3.18	3.04
瑞士	1.32	1.31	1.27	1.30	1.30	1.19	1.14	1.16
中国	3.53	3.90	4.74	5.56	6.68	7.90	8.92	9.86
德国	8.82	9.24	9.71	10.48	10.51	10.41	10.41	10.70
西班牙	2.05	2.05	2.17	2.28	2.32	2.20	1.98	2.15
法国	3.24	3.18	3.17	3.32	3.21	3.17	2.91	2.93
英国	2.89	2.92	2.75	2.78	2.73	2.47	2.30	2.17
印度	0.68	0.71	0.82	0.89	0.97	1.00	1.08	0.94
意大利	5.41	5.79	5.91	6.45	6.73	6.32	6.27	6.40
日本	10.53	10.04	9.72	9.19	9.32	9.10	8.01	7.37
韩国	2.65	2.70	2.64	2.44	2.53	2.62	2.56	2.35
墨西哥	2.04	2.38	2.45	1.82	1.88	2.07	1.97	1.87
中国台湾	3.51	3.02	3.01	2.89	2.86	2.67	2.33	2.12
美国	9.79	8.84	8.04	7.12	6.54	6.59	6.42	5.94
其他经济体	38.60	39.33	38.86	39.13	38.18	38.12	39.66	40.09

国家（地区） ＼ 年份	2008	2009	2010	2011	2012	2013	2014	年均增长
澳大利亚	0.44	0.47	0.56	0.59	0.60	0.53	0.65	7.25
巴西	0.47	0.48	0.49	0.47	0.50	0.41	0.60	10.12
加拿大	2.56	2.05	2.05	2.04	1.90	1.84	2.64	1.80
瑞士	1.12	1.05	1.08	1.08	0.94	0.87	1.30	4.96
中国	10.33	9.95	11.17	12.00	13.09	13.70	20.81	19.27
德国	10.30	9.27	9.41	9.59	8.53	8.79	12.98	8.02

续表

年份 国家（地区）	2008	2009	2010	2011	2012	2013	2014	年均 增长
西班牙	2.07	1.99	2.04	1.96	1.68	1.69	2.47	6.47
法国	2.88	2.61	2.50	2.36	2.05	2.04	2.89	4.20
英国	1.90	1.58	1.34	1.29	1.16	0.99	1.54	0.45
印度	0.91	0.93	1.14	1.34	1.28	1.33	1.98	13.42
意大利	6.00	5.39	5.20	5.19	4.76	4.72	6.89	6.90
日本	6.79	6.58	7.66	7.52	7.24	6.52	9.66	4.43
韩国	2.69	3.35	2.95	2.43	2.88	2.63	4.08	8.37
墨西哥	1.61	1.56	1.64	1.70	1.73	1.79	2.77	7.39
中国台湾	1.97	1.75	2.13	2.17	2.02	1.94	2.95	3.77
美国	5.78	5.95	6.27	6.16	6.80	7.08	10.59	5.67
其他经济体	42.17	45.03	42.39	42.11	42.85	43.13	15.20	-1.69

十三、计算机电子光学制造业出口额指标的国际比较

（1）表 3-49 显示了 2000～2014 年计算机电子光学制造业 18 个经济体出口额占全球份额。2000 年，中国计算机电子光学制造业出口额占全球出口额份额为 5.44%，低于美国（16.59%）、日本（12.08%）、中国台湾（8.12%）、韩国（7.05%）、德国（6.37%），居世界第 6 位；2014 年，中国计算机电子光学制造业出口额占全球出口额份额达到 30.82%，居世界遥遥领先的地位。

（2）表 3-49 最后 1 列显示了 2000～2014 年 18 个经济体计算机电子光学制造业出口额年均增长率。中国计算机电子光学制造业以 19.28% 名列第 1 位。

表 3-49　2000～2014 年计算机电子光学制造业 18 个经济体出口额占全球份额　单位：%

年份 国家（地区）	2000	2001	2002	2003	2004	2005	2006	2007
澳大利亚	0.18	0.17	0.16	0.16	0.15	0.15	0.13	0.13
巴西	0.32	0.40	0.40	0.33	0.26	0.40	0.38	0.25
加拿大	2.08	1.77	1.43	1.36	1.19	1.16	1.12	1.11
瑞士	1.15	1.31	1.35	1.39	1.34	1.37	1.32	1.40
中国	5.44	6.60	8.90	12.37	15.29	18.48	20.73	22.54
德国	6.37	7.21	7.20	7.70	7.20	6.63	6.37	7.35
西班牙	0.65	0.73	0.68	0.73	0.63	0.58	0.54	0.51
法国	3.91	3.88	3.56	3.27	3.13	2.94	2.79	2.39
英国	5.31	5.43	5.08	3.92	3.58	3.11	2.90	2.13
印度	0.07	0.11	0.12	0.12	0.12	0.12	0.13	0.11

国家（地区）＼年份	2000	2001	2002	2003	2004	2005	2006	2007
意大利	1.32	1.52	1.36	1.32	1.27	1.18	1.08	1.05
日本	12.08	10.71	10.78	10.46	10.00	9.11	8.32	8.04
韩国	7.05	6.34	7.37	7.97	8.59	8.11	7.64	7.85
墨西哥	4.59	5.31	5.10	4.41	4.16	3.97	4.20	3.86
俄罗斯	0.10	0.14	0.12	0.10	0.10	0.10	0.11	0.15
中国台湾	8.12	7.28	7.61	7.59	7.37	6.98	7.48	7.19
美国	16.59	15.49	13.20	11.50	9.96	9.08	8.76	8.26
其他经济体	24.67	25.59	25.61	25.30	25.65	26.52	26.02	25.69

国家（地区）＼年份	2008	2009	2010	2011	2012	2013	2014	年均增长
澳大利亚	0.12	0.12	0.12	0.11	0.10	0.09	0.08	−0.22
巴西	0.27	0.25	0.18	0.14	0.12	0.11	0.09	−3.66
加拿大	1.13	1.16	0.96	0.91	0.86	0.79	0.76	−1.89
瑞士	1.61	1.55	1.54	1.76	1.75	1.65	1.69	8.32
中国	23.90	24.95	26.80	26.89	28.88	29.63	30.82	19.28
德国	6.81	5.83	4.85	5.04	4.49	4.59	4.62	2.99
西班牙	0.49	0.40	0.34	0.28	0.24	0.23	0.24	−1.90
法国	2.33	2.25	1.96	1.96	1.73	1.78	1.65	−0.92
英国	2.38	1.48	1.52	1.48	1.35	1.12	1.16	−5.46
印度	0.11	0.33	0.23	0.26	0.25	0.25	0.18	13.45
意大利	1.00	0.89	0.80	0.79	0.74	0.72	0.74	1.08
日本	7.55	7.15	7.18	6.63	6.76	6.06	6.31	0.61
韩国	8.23	9.43	9.15	11.15	9.58	9.64	9.52	7.67
墨西哥	4.03	4.30	3.79	3.38	3.45	3.44	3.40	3.13
俄罗斯	0.14	0.15	0.14	0.15	0.21	0.23	0.26	12.92
中国台湾	6.73	6.96	7.67	7.56	7.24	7.25	7.60	4.88
美国	7.96	7.87	6.84	6.39	6.46	6.13	6.18	−1.80
其他经济体	25.19	24.93	25.95	25.12	25.80	26.30	24.68	5.38

十四、电气设备制造业出口额指标的国际比较

（1）表 3-50 显示了 2000～2014 年电气设备制造业 17 个经济体出口额占全球份额。2000 年，中国电气设备制造业出口额占全球出口额份额为 6.63%，低于日本（17.57%）、德国（11.86%）、美国（8.04%），居世界第 4 位；2014 年，中国电气设备制造业出口额占全球出口额份额达到 33.85%，居世界遥遥领先的地位。

（2）表 3-50 最后 1 列显示了 2000～2014 年 17 个经济体电气设备制造业出口额年均增长率。中国电气设备制造业以 19.69% 名列第 1 位。

表 3-50　2000~2014 年电气设备制造业出口额 17 个经济体出口额占全球份额　单位：%

国家（地区）	2000	2001	2002	2003	2004	2005	2006	2007
澳大利亚	0.26	0.25	0.23	0.22	0.22	0.21	0.18	0.20
巴西	0.45	0.52	0.51	0.52	0.55	0.62	0.67	0.65
加拿大	2.81	2.47	2.16	1.89	1.74	1.68	1.62	1.42
瑞士	1.47	1.57	1.49	1.50	1.49	1.42	1.44	1.47
中国	6.63	7.18	8.45	10.12	11.71	13.68	15.59	17.16
德国	11.86	12.94	13.49	14.16	14.63	13.70	13.62	13.36
西班牙	1.34	1.49	1.50	1.57	1.59	1.49	1.46	1.70
法国	4.91	5.25	5.21	5.25	5.03	4.57	4.44	4.41
英国	4.29	4.18	3.80	3.76	3.48	3.08	2.92	2.82
印度	0.33	0.45	0.44	0.43	0.41	0.52	0.65	0.55
意大利	4.68	5.11	5.32	5.55	5.50	5.14	4.97	5.00
日本	17.57	14.89	15.25	14.68	14.37	13.55	11.91	10.62
韩国	2.17	2.33	2.51	2.58	2.69	2.70	2.65	2.27
墨西哥	5.05	4.47	4.32	4.18	3.87	3.85	4.04	3.71
中国台湾	2.26	1.96	2.29	2.12	2.19	2.09	2.06	2.34
美国	8.04	7.73	6.81	5.83	5.45	5.43	5.41	4.82
其他经济体	25.89	27.21	26.22	25.63	25.06	26.25	26.39	27.50

国家（地区）	2008	2009	2010	2011	2012	2013	2014	年均增长
澳大利亚	0.16	0.16	0.15	0.14	0.13	0.10	0.10	-0.34
巴西	0.65	0.62	0.51	0.49	0.49	0.45	0.51	7.51
加拿大	1.22	1.20	1.00	1.01	0.99	0.90	1.08	-0.49
瑞士	1.56	1.56	1.42	1.41	1.21	1.09	1.29	5.55
中国	18.62	18.50	21.38	22.45	24.09	25.73	33.85	19.69
德国	13.12	12.91	12.28	12.53	11.34	11.24	13.80	7.69
西班牙	1.62	1.66	1.55	1.61	1.44	1.35	1.58	7.78
法国	4.30	3.89	3.07	3.01	2.70	2.64	3.16	3.22
英国	2.55	2.13	1.87	1.98	1.82	1.57	1.89	0.47
印度	0.61	0.72	0.72	0.68	0.69	0.77	0.92	14.50
意大利	4.71	4.32	3.88	3.82	3.34	3.28	3.93	5.22
日本	9.42	8.79	8.90	7.95	7.43	6.76	8.72	1.33
韩国	2.54	3.25	3.12	3.45	4.05	4.28	4.64	12.48
墨西哥	3.58	3.43	3.63	3.27	3.23	3.13	3.96	4.69
中国台湾	2.04	2.00	2.09	1.77	1.72	1.70	1.94	5.39
美国	4.31	4.30	4.03	3.91	4.09	3.96	4.88	2.81
其他经济体	29.02	30.58	30.40	30.53	31.26	31.03	13.74	1.82

十五、机械和设备制造业出口额指标的国际比较

（1）表3-51显示了2000~2014年机械和设备制造业18个经济体出口额占全球份额。2000年，中国机械和设备制造业出口额占全球出口额份额为2.07%，低于美国（16.54%）、德国（15.98%）、日本（11.60%）、意大利（8.17%）、英国（5.90%）、法国（5.11%）、加拿大（3.15%）、瑞士（2.54%）、中国台湾（2.26%），居世界第10位；2014年，中国机械和设备制造业出口额占全球出口额份额达到17.84%，仅次于德国（19.95%），居世界第2位。

（2）表3-51最后1列显示了2000~2014年18个经济体机械和设备制造业出口额年均增长率。中国机械和设备制造业以24.51%名列第1位。

表 3-51　2000~2014 年机械和设备制造业 18 个经济体出口额占全球份额　单位：%

年份 国家（地区）	2000	2001	2002	2003	2004	2005	2006	2007
澳大利亚	0.24	0.22	0.22	0.22	0.22	0.23	0.20	0.20
巴西	0.60	0.64	0.73	0.79	0.90	0.95	0.90	0.82
加拿大	3.15	3.18	3.15	2.80	2.48	2.42	2.30	1.99
瑞士	2.54	2.58	2.48	2.37	2.34	2.14	2.13	2.00
中国	2.07	2.55	3.34	4.24	5.48	6.32	7.61	10.22
德国	15.98	17.22	17.99	18.63	18.74	18.59	18.61	19.24
西班牙	1.15	1.26	1.33	1.35	1.30	1.23	1.20	1.27
法国	5.11	5.34	5.74	5.79	5.42	5.21	5.06	5.00
英国	5.90	5.85	5.67	5.63	5.37	5.06	4.77	4.44
印度	0.24	0.28	0.34	0.33	0.37	0.49	0.54	0.48
意大利	8.17	8.70	8.83	9.30	9.09	8.68	8.51	8.48
日本	11.60	9.13	8.01	8.45	9.09	8.28	7.69	6.35
韩国	1.67	1.73	1.90	2.04	2.21	2.30	2.28	2.19
墨西哥	0.85	0.83	0.91	0.90	1.01	1.18	1.33	1.30
俄罗斯	1.04	1.06	0.89	0.86	0.82	0.84	0.82	0.91
中国台湾	2.26	2.02	2.26	2.11	2.04	1.93	1.76	1.54
美国	16.54	15.04	13.37	11.59	11.62	11.76	11.65	10.58
其他经济体	20.88	22.36	22.85	22.59	21.50	22.40	22.63	22.97
年份 国家（地区）	2008	2009	2010	2011	2012	2013	2014	年均 增长
澳大利亚	0.18	0.20	0.21	0.20	0.21	0.18	0.17	4.02
巴西	0.80	0.65	0.75	0.80	0.84	0.71	0.78	8.73
加拿大	1.76	1.79	1.56	1.51	1.62	1.52	1.82	2.67
瑞士	2.00	1.84	1.85	1.88	1.55	1.48	1.77	4.01

续表

年份 国家（地区）	2008	2009	2010	2011	2012	2013	2014	年均 增长
中国	11.46	12.04	13.58	14.21	13.88	14.89	17.84	24.51
德国	19.07	18.22	17.64	17.68	17.04	17.56	19.95	8.46
西班牙	1.24	1.28	1.10	1.12	1.20	1.24	1.42	8.34
法国	4.84	4.30	3.64	3.60	3.51	3.50	4.07	5.03
英国	4.08	3.33	3.13	3.23	3.24	2.97	3.20	2.20
印度	0.52	0.56	0.62	0.62	0.70	0.77	0.88	17.19
意大利	8.25	7.96	7.39	7.38	7.15	7.42	8.63	7.18
日本	5.91	4.54	6.46	6.82	5.92	5.30	6.30	2.20
韩国	2.45	2.67	3.01	2.79	3.21	3.39	3.70	12.97
墨西哥	1.35	1.45	1.94	1.86	2.00	1.98	2.17	14.10
俄罗斯	0.81	0.80	0.66	0.57	0.87	0.96	0.98	6.32
中国台湾	1.37	1.23	1.59	1.63	1.65	1.53	1.79	4.99
美国	10.00	10.13	10.34	9.85	10.53	9.15	10.26	3.17
其他经济体	23.91	27.01	24.54	24.21	24.85	25.42	14.28	3.90

十六、机动车辆制造业出口额指标的国际比较

（1）表3-52显示了2000～2014年机动车辆制造业18个经济体出口额占全球份额。2000年，中国机动车辆制造业出口额占全球出口额份额为0.31%，远低于德国（17.82%）、日本（16.15%）、美国（11.72%）、法国（7.31%）、加拿大（6.73%）、墨西哥（6.38%）、西班牙（4.52%）、英国（4.50%）、意大利（3.33%）、韩国（2.63%）、巴西（1.01%）、澳大利亚（0.43%）、中国台湾（0.38%），居世界第14位；2014年，中国机动车辆制造业出口额占全球出口额份额达到4.54%，尚低于德国（21.89%）、日本（11.97%）、美国（7.76%）、韩国（6.00%）、墨西哥（5.24%），居世界第6位。

（2）表3-52最后1列显示了2000～2014年18个经济体机动车辆制造业出口额年均增长率。中国机动车辆制造业以29.14%名列第1位。

表3-52　2000～2014年机动车辆制造业18个经济体出口额占全球份额　单位：%

年份 国家（地区）	2000	2001	2002	2003	2004	2005	2006	2007
澳大利亚	0.43	0.42	0.39	0.42	0.43	0.46	0.36	0.37
巴西	1.01	1.10	1.11	1.25	1.44	1.80	1.74	1.48
加拿大	6.73	6.20	5.69	5.20	5.03	5.10	4.60	3.99
瑞士	0.11	0.12	0.14	0.13	0.13	0.13	0.14	0.14
中国	0.31	0.35	0.43	0.64	0.98	1.37	1.76	2.43

续表

国家（地区）＼年份	2000	2001	2002	2003	2004	2005	2006	2007
德国	17.82	19.29	19.98	21.32	21.25	21.02	20.72	21.96
西班牙	4.52	4.41	4.27	4.77	4.85	4.34	4.13	4.43
法国	7.31	7.58	7.72	8.13	8.52	7.82	6.96	6.47
英国	4.50	3.98	4.51	4.44	4.46	4.38	4.12	4.24
印度	0.23	0.24	0.28	0.33	0.40	0.47	0.48	0.41
意大利	3.33	3.33	3.14	3.40	3.46	3.31	3.48	3.69
日本	16.15	15.25	15.60	14.59	14.26	14.43	14.37	13.67
韩国	2.63	2.77	2.82	3.25	3.97	4.20	4.20	4.07
墨西哥	6.38	6.43	6.04	5.27	4.83	4.95	5.21	4.76
俄罗斯	0.19	0.18	0.25	0.24	0.26	0.24	0.26	0.34
中国台湾	0.38	0.37	0.38	0.40	0.43	0.40	0.35	0.33
美国	11.72	11.03	10.69	9.53	8.60	8.58	8.76	8.18
其他经济体	16.25	16.95	16.56	16.69	16.71	16.99	18.36	19.02

国家（地区）＼年份	2008	2009	2010	2011	2012	2013	2014	年均增长
澳大利亚	0.39	0.26	0.29	0.23	0.25	0.23	0.23	-0.75
巴西	1.61	1.40	1.57	1.57	1.40	1.44	1.44	6.31
加拿大	3.08	2.94	3.52	3.29	3.73	3.45	3.45	1.46
瑞士	0.14	0.17	0.15	0.18	0.17	0.15	0.15	9.62
中国	2.83	2.77	3.62	4.07	4.33	4.54	4.54	29.14
德国	22.00	21.82	21.57	22.87	21.86	21.89	21.89	8.17
西班牙	4.18	4.83	4.28	4.21	3.51	3.84	3.84	5.40
法国	6.17	5.96	4.90	4.83	4.19	4.12	4.12	2.06
英国	3.91	3.50	3.37	3.54	3.51	3.15	3.15	3.82
印度	0.48	0.73	0.92	0.85	0.98	1.14	1.14	19.80
意大利	3.68	3.42	3.15	3.12	2.76	2.90	2.90	5.53
日本	14.34	12.71	13.95	12.02	12.68	11.97	11.97	4.21
韩国	4.27	4.77	5.17	5.69	6.04	6.00	6.00	12.41
墨西哥	4.54	4.37	4.43	4.03	5.37	5.24	5.24	4.99
俄罗斯	0.29	0.23	0.18	0.20	0.32	0.38	0.38	11.08
中国台湾	0.33	0.40	0.42	0.44	0.48	0.46	0.46	8.04
美国	7.62	7.48	7.80	7.77	7.97	7.76	7.76	3.55
其他经济体	20.14	22.22	20.70	21.08	20.44	21.33	21.33	6.48

十七、其他交通设备制造业出口额指标的国际比较

（1）表3-53显示了2000~2014年其他交通设备制造业17个经济体出口额占全球份额。2000年，中国其他交通设备制造业出口额占全球出口额份额为1.80%，远低于美国（26.85%）、法国（12.56%）、德国（9.23%）、英国（8.83%）、日本（7.18%）、加拿大（7.14%）、韩国（4.03%）、意大利（3.88%）、中国台湾（2.00%），居世界第10位；2014年，中国其他交通设备制造业出口额占全球出口额份额达到10.04%，尚低于美国（23.67%）、法国（11.86%）、韩国（10.38%），居世界第4位。

（2）表3-53最后1列显示了2000~2014年17个经济体其他交通设备制造业出口额年均增长率。中国其他交通设备制造业以21.03%名列第2位（印度年均增长率为25.87%）。

表3-53　2000~2014年其他交通设备制造业17个经济体出口额占全球份额　　单位：%

国家（地区）＼年份	2000	2001	2002	2003	2004	2005	2006	2007
澳大利亚	0.39	0.29	0.57	0.43	0.32	0.35	0.26	0.26
巴西	0.74	0.80	0.71	0.52	1.06	0.88	0.71	0.91
加拿大	7.14	6.58	6.79	6.40	5.75	5.32	4.72	4.53
瑞士	0.28	0.24	0.52	0.59	0.58	0.40	0.40	0.42
中国	1.80	1.79	2.24	3.39	3.78	4.27	5.24	5.98
德国	9.23	9.47	9.65	10.46	10.16	9.96	9.24	9.19
西班牙	1.28	1.07	1.50	1.76	2.10	2.24	2.16	1.70
法国	12.56	12.69	12.38	12.53	12.46	12.33	12.30	11.69
英国	8.83	9.82	8.68	9.28	8.81	8.62	8.31	7.39
印度	0.26	0.30	0.37	0.38	0.47	0.55	0.60	0.57
意大利	3.88	3.37	4.12	3.58	3.99	3.55	3.12	3.56
日本	7.18	5.65	6.06	6.86	7.49	7.65	6.73	6.39
韩国	4.03	4.48	4.90	4.61	5.62	5.50	6.37	6.71
墨西哥	0.62	0.61	0.67	0.55	0.57	0.61	0.65	0.72
中国台湾	2.00	1.30	1.38	1.41	1.39	1.49	1.25	1.18
美国	26.85	27.02	25.69	22.36	20.29	21.69	22.70	22.16
其他经济体	12.92	14.54	13.78	14.88	15.16	14.60	15.24	16.64

国家（地区）＼年份	2008	2009	2010	2011	2012	2013	2014	年均增长
澳大利亚	0.27	0.22	0.19	0.24	0.23	0.24	0.27	4.09
巴西	1.00	0.63	0.64	0.68	0.74	1.26	0.89	8.49
加拿大	3.91	3.67	3.21	3.23	3.30	3.05	3.83	2.40
瑞士	0.49	0.48	0.34	0.50	0.49	0.45	0.57	12.60

续表

年份 国家（地区）	2008	2009	2010	2011	2012	2013	2014	年均 增长
中国	7.42	8.10	10.47	11.10	10.44	9.11	10.04	21.03
德国	9.59	8.75	7.98	7.50	7.67	7.83	8.97	6.83
西班牙	1.33	1.52	1.55	1.66	1.42	1.68	1.68	9.11
法国	12.47	10.00	10.19	9.78	10.37	10.37	11.86	6.61
英国	6.36	6.25	6.12	6.65	6.66	6.01	7.95	6.24
印度	1.02	1.20	1.31	1.65	1.36	1.71	2.48	25.87
意大利	3.56	3.29	2.95	2.81	2.52	2.34	2.98	5.06
日本	5.82	5.85	6.22	6.10	5.32	4.34	5.09	4.45
韩国	9.22	9.68	9.80	10.13	9.26	9.07	10.38	14.54
墨西哥	0.63	0.45	0.55	0.00	1.00	1.08	1.38	13.29
中国台湾	1.25	1.09	1.09	1.05	1.07	0.90	1.17	3.02
美国	19.22	18.98	16.58	17.40	19.13	19.35	23.67	6.09
其他经济体	16.44	19.84	20.82	18.71	18.99	21.21	6.78	2.23

十八、家具制造业等出口额指标的国际比较

（1）表3-54显示了2000~2014年家具制造业等18个经济体出口额占全球份额。2000年，中国家具制造业等出口额占全球出口额份额为7.28%，低于美国（9.11%）、德国（7.94%）、加拿大（7.35%），居世界第4位；2014年，中国家具制造业等出口额占全球出口额份额达到20.28%，居世界第1位，高于居世界第2位的德国（9.94%）约10个百分点。

（2）表3-54最后1列显示了2000~2014年18个经济体家具制造业等出口额年均增长率。中国家具制造业等以13.93%名列第2位（俄罗斯年均增长率为27.92%）。

表3-54　2000~2014年家具制造业等18个经济体出口额占全球份额　　单位：%

年份 国家（地区）	2000	2001	2002	2003	2004	2005	2006	2007
澳大利亚	0.19	0.17	0.18	0.20	0.21	0.21	0.19	0.20
巴西	1.45	1.49	1.25	0.93	1.43	1.10	1.00	1.13
加拿大	7.35	6.65	6.50	5.89	5.80	4.92	4.48	3.55
瑞士	1.70	1.77	2.20	2.26	2.28	2.03	2.00	1.97
中国	7.28	7.31	8.06	9.11	8.85	11.66	13.75	15.21
德国	7.94	8.42	8.44	9.09	9.49	8.81	9.30	9.80
西班牙	1.39	1.45	1.48	1.59	1.66	1.45	1.40	1.45

续表

年份 国家（地区）	2000	2001	2002	2003	2004	2005	2006	2007
法国	3.16	3.28	3.32	3.37	3.49	3.22	3.21	3.16
英国	3.30	3.40	3.51	3.63	3.70	3.61	3.72	3.51
印度	1.29	1.30	1.59	1.72	2.01	2.18	1.97	1.74
意大利	7.18	7.14	7.02	6.97	6.85	6.08	6.17	6.16
日本	2.98	2.56	2.58	2.17	2.13	2.24	1.93	1.88
韩国	1.74	1.68	1.47	1.62	1.34	1.06	0.53	0.36
墨西哥	2.44	2.45	2.55	2.57	2.48	2.45	2.39	2.21
俄罗斯	0.03	0.03	0.03	0.04	0.04	0.04	0.05	0.06
中国台湾	1.81	1.46	1.44	1.41	1.44	1.32	1.28	1.20
美国	9.11	9.53	8.94	8.30	7.99	8.05	8.32	8.06
其他经济体	39.66	39.93	39.43	39.14	38.80	39.58	38.32	38.34

年份 国家（地区）	2008	2009	2010	2011	2012	2013	2014	年均 增长
澳大利亚	0.21	0.22	0.26	0.28	0.26	0.27	0.25	7.89
巴西	1.23	1.02	1.11	1.09	1.30	1.81	1.33	5.20
加拿大	2.99	2.45	2.59	2.66	2.66	2.64	2.97	-0.75
瑞士	2.18	2.13	2.21	2.27	2.24	2.26	2.52	8.90
中国	14.28	13.93	11.68	12.66	16.47	17.53	20.28	13.93
德国	10.17	9.74	9.26	9.26	8.78	9.03	9.94	7.60
西班牙	1.47	1.41	1.33	1.24	1.15	1.14	1.24	5.02
法国	3.38	3.52	3.66	3.78	3.64	3.80	4.19	8.05
英国	3.48	2.87	2.60	2.58	2.56	1.97	2.37	3.42
印度	1.62	3.05	2.94	3.42	3.70	3.54	3.44	13.57
意大利	6.03	5.30	5.65	5.51	5.24	5.35	5.91	4.43
日本	1.92	1.76	1.99	1.84	1.54	1.40	1.68	1.64
韩国	0.31	0.31	0.40	0.35	0.40	0.41	0.44	-3.95
墨西哥	2.12	2.22	2.55	2.39	2.28	2.40	2.97	7.38
俄罗斯	0.05	0.05	0.07	0.04	0.27	0.31	0.37	27.92
中国台湾	1.14	1.02	1.25	1.21	1.18	1.14	1.23	3.05
美国	7.95	7.94	8.11	7.55	7.42	7.24	7.98	4.90
其他经济体	39.48	41.07	42.34	41.88	38.91	37.76	30.88	4.02

第四节　中国制造业细分产业发展规模指标的总结分析

　　将本章前三节关于中国制造业细分产业总产值、增加值、出口额的国际比较数据进行归纳，按照第二章表2-22产业顺序排列（依2000年VRCA指数的降序排列），得到表3-55。

　　（1）中国制造业细分产业，无论是处于显著的比较优势地位的，还是处于比较劣势地位的，在2000～2014年，其总产值、增加值、出口额都得到迅猛的发展。在前面三节展示的各细分产业17个经济体总产值、增加值、出口额的箭线图上，都能够清晰地看到一支从底部蹿向最高点（或次高点）的箭线，那就是中国制造业各细分产业，反映了中国在加入WTO、融入全球化进程中，原先处于比较优势地位的产业，成功地实现了从比较优势向竞争优势的升级转化；而原先处于相对劣势地位的产业，在全球化的进程中，迅猛赶超，大大缩小了与优势产业的距离。中国制造业细分产业已经实现了全方位的崛起，完成了从低端产业向高端产业的垂直结构升级。如第一章所述，从表3-55前两列所展示的2000年、2014年VRCA指数也可以看到，2000年，中国制造业18个细分产业VRCA指数最高为4.08，最低为-2.14；2014年，18个细分产业VRCA指数最高为2.28，最低为-1.50，各产业之间的VRCA指数差距明显缩小了。

　　（2）在发展规模指标中，中国制造业18个细分产业在总产值指标上表现最为瞩目。2000年，18个细分产业中只有纺织服装业的总产值份额以微弱优势处于世界第1位，其他产业的总产值都处于世界中下游。在2014年，18个细分产业中除了家具制造等总产值份额（11.61%）处于世界第2位以外，其他17个细分产业总产值份额都处于世界第1位，且大多数处于鹤立鸡群、遥遥领先的地位。总产值份额在40%以上的产业有纺织服装业（45.83%）、非金属制品（45.22%）、电气设备制造（44.55%）、木制品业（41.14%）、基础金属制品业（40.24%）、计算机电子光学制造业（39.16%）；① 总产值份额在30%以上的产业有机械设备制造业（33.39%）、化工制品业（31.93%）、医药制品业（31.93%）、橡胶塑料制品业（30.08%）；总产值份额在20%以上的产业有机动车辆制造业（27.47%）、其他交通设备制造业（26.62%）、食品加工业（26.31%）、金属制品业（25.90%）、印刷业（23.61%）、纸制品业（22.49%）、石油制品业（22.32%）。

　　（3）在发展规模指标中，2000～2014年中国制造业18个细分产业增加值指标的增长也很可观，但明显弱于总产值指标。2000年，18个细分产业的增加值份额都处于世界中下游。在2014年，18个细分产业中增加值份额处于世界领先地位的有非金属制品业（39.11%）、纺织服装业（38.16%）、基础金属制品业（35.31%）、木制品业（34.87%）、电气设备制造业（31.44%）、机械设备制造业（25.29%）、食品加工业（24.25%）、橡胶塑料制品业（22.01%）、机动车辆制造业（22.65%）九个产业；18个细分产业中增加值份额处于世界第2位的有计算机电子光学制造业（23.46%）、化工制品业（22.66%）、医药制品业（22.66%）、石油制品业（20.08%）、其他交通设备制造业（19.78%）、纸制品

---

　　① 计算机电子光学制造业总产值份额为39.16%，与40%相差无几，归于这一类比较合适。

业（17.96%）、印刷业（17.71%）、金属制品业（16.39%）、家具制造等（11.86%）九个产业。2000~2014年中国制造业18个细分产业增加值指标明显弱于总产值指标，反映了在全球化进程中，中国制造业增加值率（增加值/总产值）低下的现象。本书将在第八章对这一现象的展开进一步探讨。

（4）在发展规模指标中，出口额指标是最体现产业国际竞争力的指标。2000~2014年中国制造业18个细分产业出口额指标的增长依然十分可观，但还是弱于总产值指标和增加值指标。2000年，18个细分产业中只有纺织服装业的出口额份额以微弱优势（13.84%）处于世界第1位，其余产业的出口额份额都处于世界中下游。而在2014年，18个细分产业中出口额处于世界领先地位的有纺织服装业（37.53%）、电气设备制造（33.85%）、计算机电子光学制造业（30.82%）、非金属制品业（27.82%）、金属制品业（20.81%）、家具制造等（20.28%）、木制品业（19.63%）、橡胶塑料制品业（16.92%）、基础金属制品业（10.75%）九个产业；18个细分产业中处于世界第2位的产业是机械设备制造业（17.84%）；处于世界第3位的产业有化工制品业（7.28%）、纸制品业（7.28%）、食品加工业（7.23%）、印刷业（14.39%）四个产业；此外，按在世界地位排序的产业有其他交通设备制造业（10.04%）第4位、医药制品业（7.28%）第6位、机动车辆制造业（4.54%）第6位、石油制品业（3.84%）第7位。2000~2014年中国制造业18个细分产业出口额指标明显弱于总产值指标，一方面，说明一些细分产业（特别是一些科技含量较高的产业（如其他交通设备制造业、医药制品业、机动车辆制造业等）国际竞争力尚存在一定差距；另一方面，也反映中国制造业产品内需比例较大（如石油制品业）。

（5）中国制造业细分产业总产值和出口额指标的变化也展示了两种工业化战略进程中比较优势的培育从"出口部门→边际部门→进口部门"的阶梯推进和动态升级的发展进程。由表3-55可以看到，VRCA指数排序靠前的（采用或适宜采用出口导向战略）产业，例如，纺织服装业、电气设备制造业、计算机电子光学制造业等，其2014年总产值占全球比重达到或接近40%以上，出口额占全球比重均排在17个经济体的第1位，显示出比较优势向竞争优势的提升；而VRCA指数排序靠后的（采用或适宜采用进口替代战略）产业，例如，机动车辆制造业、其他交通设备制造业、医药制品业、化工制品业等，其2014年总产值占全球比重大多在20%~30%，出口额占全球比重排在17个经济体的第3~6位，与VRCA指数排序靠前的产业仍有一定差距，但赶超态势十分显著。

表3-55 2000年、2014年中国制造业细分产业总产值、增加值、出口额的份额与排序
（依 2000 年 VRCA 指数降序排列）

制造业	VRCA 指数		总产值份额与排序		增加值份额与排序		出口额份额与排序	
	2000	2014	2000	2014	2000	2014	2000	2014
纺织服装	4.08	2.28	16.82 (1)	45.83 (1)	14.46 (2)	38.16 (1)	13.84 (1)	37.53 (1)
家具制造等	2.18	1.03	6.51 (4)	11.61 (2)	6.32 (5)	11.86 (2)	7.28 (4)	20.28 (1)
电气设备制造	1.27	1.09	10.80 (3)	44.55 (1)	7.05 (4)	31.44 (1)	6.63 (4)	33.85 (1)

续表

制造业＼类别/年份	VRCA 指数		总产值份额与排序		增加值份额与排序		出口额份额与排序	
	2000	2014	2000	2014	2000	2014	2000	2014
橡胶塑料制品	1.09	0.25	9.52 (3)	30.08 (1)	6.58 (4)	22.01 (1)	5.49 (5)	16.92 (1)
计算机电子制造	1.01	0.25	7.14 (3)	39.16 (1)	4.49 (5)	23.46 (2)	5.44 (6)	30.82 (1)
金属制品	0.57	0.73	6.57 (4)	25.90 (1)	3.52 (7)	16.39 (2)	3.53 (6)	20.81 (1)
其他交通设备制造	0.33	0.08	5.19 (6)	26.62 (1)	3.32 (9)	19.78 (2)	1.80 (10)	10.04 (4)
石油制品	0.16	-0.83	4.45 (3)	22.32 (1)	5.62 (3)	20.08 (2)	1.34 (10)	3.84 (7)
木制品	0.16	-0.53	10.16 (2)	41.14 (1)	8.31 (3)	34.87 (1)	2.03 (5)	19.63 (1)
医药制品	0.15	-0.19	9.60 (3)	31.93 (1)	7.12 (4)	22.66 (2)	1.10 (10)	7.28 (6)
基础金属制品	0.10	-1.50	13.58 (2)	40.24 (1)	10.19 (3)	35.31 (1)	5.94 (3)	10.75 (1)
非金属制品	0.10	-0.22	14.76 (2)	45.22 (1)	11.51 (3)	39.11 (1)	2.23 (7)	27.82 (1)
机动车辆制造	-0.08	-0.30	3.46 (6)	27.47 (1)	3.19 (5)	22.65 (1)	0.31 (14)	4.54 (6)
机械设备制造	-0.18	0.10	10.15 (4)	33.39 (1)	8.04 (4)	25.29 (1)	2.07 (10)	17.84 (2)
化工制品	-0.22	-0.52	9.60 (3)	31.93 (1)	7.12 (4)	22.66 (2)	1.10 (12)	7.28 (3)
纸制品	-0.72	-0.54	5.89 (3)	22.49 (1)	4.89 (4)	17.96 (2)	1.10 (12)	7.28 (3)
食品加工	-1.09	-0.19	6.04 (3)	26.31 (1)	6.28 (3)	24.25 (1)	2.21 (8)	7.23 (3)
印刷业	-2.14	0.13	5.80 (4)	23.61 (1)	5.24 (5)	17.71 (2)	2.38 (4)	14.39 (3)

注：总产值、增加值、出口额的份额与排序的表格中都有两个数字，上面的数字表示各指标所占份额（%），下面带括号的数字表示在全球的排序。

第五节　中国制造业细分产业发展规模指标的收敛性分析

研究中国制造业细分产业发展规模比较优势的阶梯推进与动态升级，还可以运用收敛性分析进行印证。

一、收敛性分析的内涵

自从 Bamoul（1967，1986）、Barro 和 Sala - I - Martin（1991，1992）、Mankiw 等（1992）的开创性研究以来，经济收敛性成为经济增长理论实证分析的重点和热点问题。

收敛理论是基于新古典增长模型资本边际报酬递减和规模报酬不变的假设条件得出的推论，是研究经济体间经济差距动态变化趋势的理论。所谓收敛性，是指在封闭经济条件下，一个既定的经济体初期的静态指标（如总产值、人均收入、出口值等）与其经济增长速度之间存在负相关关系，也就是落后经济体比先进经济体拥有更高的经济增长率，从而使各经济体之间期初在静态指标上的差异逐渐消失。

根据 Barro 等（1991）的研究，收敛机制可以分为 σ 收敛和 β 收敛；β 收敛又分为绝对 β 收敛和条件 β 收敛两种情况。σ 收敛是指不同经济体之间的某个经济指标的离散程度随着时间推移具有下降的趋势。β 收敛是指初期某个经济指标较低的经济体比初期该经济指标较高的经济体的增长速度更快。如果每个经济体的某个经济指标都能达到完全相同的稳态水平，就是 β 绝对收敛；如果每个经济体都朝着各自不同的稳态水平趋近，则是条件 β 收敛。

二、中国制造业细分产业发展规模指标 σ 收敛性分析

（一）σ 收敛检验方程

σ 收敛一般采用对数标准差来衡量，其检验方程为：

$$\sigma_t = \frac{1}{n} \sum_{i=1}^{n} \left(\ln y_{it} - \frac{1}{n} \sum_{i=1}^{n} \ln y_{it} \right)^2 \tag{3-1}$$

其中，y_{it} 表示 i 经济体 t 时刻某个经济指标的水平，σ_t 表示 t 时刻这个经济指标对数值的标准差，如果下一阶段的 σ_t 值比上一阶段的小，则称 σ_t 具有收敛性；如果下一阶段的 σ_t 比上一阶段大，则称 σ_t 不具有收敛性。由于 σ 收敛分析计算方法简单，且过程易于理解，因而运用范围较广。下面，对中国制造业 18 个细分产业发展规模指标——总产值、增加值和出口额分别进行 σ 收敛检验。

（二）中国制造业 18 个细分产业发展规模指标的 σ 收敛分析

1. 中国制造业 18 个细分产业总产值指标 σ 收敛分析

运用 σ 收敛的检验方程，对 2000~2014 年中国制造业 18 个细分产业总产值进行计算，得到表 3-56 与图 3-1。

表 3-56　2000~2014 年中国制造业 18 个细分产业总产值与 σ_t 值　单位：百万美元

制造业　年份	食品加工	纺织服装	木制品	纸制品	印刷业	石油制品	化工制品
2000	148821	185071	35895	32817	21042	40225	135457
2001	158243	187306	42838	37533	24066	52693	135466
2002	172142	185868	46943	41040	26315	72332	139786
2003	206853	221901	51358	48120	28650	76359	178882
2004	242968	264227	68827	58647	32377	105297	215175
2005	301161	317231	74972	70734	36148	131218	285528
2006	370349	395500	99362	84305	39802	168952	339174
2007	503917	519564	132010	100602	43779	253053	459878
2008	699876	631719	155352	122477	54044	311874	612827
2009	761885	701221	212667	144150	64494	340389	626609
2010	936618	776607	206545	149072	67621	535521	738826
2011	1233680	922898	265913	180792	77315	713657	984798
2012	1476981	1058471	317606	195909	94832	771985	1124971
2013	1708228	1204574	378629	215099	112726	812139	1286404
2014	1807706	1274722	400678	227625	119291	859434	1361317

制造业　年份	医药制品	橡胶塑料制品	非金属制品	基础金属制品	金属制品	计算机电子光学	电气设备
2000	32322	70818	91420	156630	70603	130447	86392
2001	32324	77877	79517	173161	71482	141140	84252
2002	33355	83306	69002	182685	71298	160410	84659
2003	40651	96050	85900	255326	78340	209270	105383
2004	46500	116519	109012	345279	99568	317170	139088
2005	58576	130126	147485	450136	113218	434127	181619
2006	65934	159442	197354	559098	152471	515189	230115
2007	84540	200025	273824	733611	212599	600090	326064
2008	115376	253916	345153	1015660	267955	682678	477686
2009	120773	287883	441826	919333	318028	636625	455933
2010	145730	326709	470529	1066999	331250	991349	630881
2011	193734	398210	619659	1373530	405593	1198667	786511
2012	237329	436349	709930	1543116	525747	1332957	875132
2013	287215	502636	843303	1711996	605210	1495945	997894
2014	303940	531907	892413	1811694	640454	1583061	1056006

制造业　年份	机械和设备	机动车辆	其他交通设备	家具制造等	σ_t 值
2000	126897	60789	23347	54278	0.450
2001	140185	68701	26386	53698	0.409

年份 制造业	机械和设备	机动车辆	其他交通设备	家具制造等	σ_t 值
2002	154507	82854	31822	50489	0.391
2003	187045	113266	42415	49394	0.444
2004	239468	125427	45781	36156	0.545
2005	278184	154381	54908	68335	0.547
2006	356917	199070	68968	97570	0.557
2007	474136	296097	99892	117385	0.594
2008	631930	394171	129683	110796	0.646
2009	731680	543288	174258	113175	0.576
2010	763722	768807	240323	95375	0.692
2011	951199	923765	288762	115931	0.719
2012	981371	1003081	313556	144520	0.676
2013	1121118	1176154	367657	169187	0.656
2014	1186406	1244647	389067	179039	0.656

资料来源：依据 WIOD 网站提供的 2016 年版 2000~2014 年世界投入产出表测算。

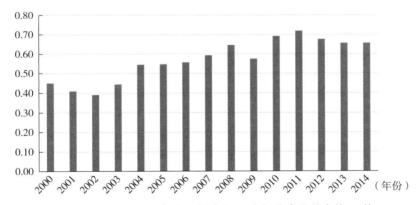

图 3-1 2000~2014 年中国制造业 18 个细分产业总产值 σ_t 值

如表 3-56 和图 3-1 所示：2000~2002 年，中国制造业 18 个细分产业总产值 σ_t 值逐年降低，呈现收敛态势；而 2002~2011 年 σ_t 值逐年上升（其中 2009 年例外），呈现发散态势；2011~2014 年 σ_t 值又开始逐年降低，呈现收敛态势。从整体考察来看，2000~2014 年中国制造业 18 个细分产业总产值不具有 σ 收敛性。

2. 中国制造业 18 个细分产业增加值指标 σ 收敛分析

运用 σ 收敛的检验方程，对 2000~2014 年中国制造业 18 个细分产业增加值进行计算，得到表 3-57 和图 3-2。

表 3-57　2000~2014 年中国制造业 18 个细分产业增加值与 σ_t 值　单位：百万美元

制造业／年份	食品加工	纺织服装	木制品	纸制品	印刷业	石油制品	化工制品
2000	46785	48863	9539	8981	8194	10015	30435
2001	49755	47886	11537	10669	9735	11090	32077
2002	53461	45898	12809	12102	11041	12439	34792
2003	61830	53020	13529	13275	11216	13340	42341
2004	71052	61143	17482	15040	11761	18683	48272
2005	83645	71104	17440	15281	11052	24635	58558
2006	96057	85357	23365	18247	12193	30900	67550
2007	123540	107422	31375	21807	13446	45054	88826
2008	169235	130728	36923	26555	16546	55526	118443
2009	184604	145553	50545	31261	19684	60603	121185
2010	225648	160615	49090	32336	20574	95344	142980
2011	295699	194885	64244	38178	23926	90727	185104
2012	358028	227785	77491	41808	28976	94147	192627
2013	388995	240119	86677	44344	32166	104633	207821
2014	411648	254103	91725	46926	34040	110726	219923

制造业／年份	医药制品	橡胶塑料制品	非金属制品	基础金属制品	金属制品	计算机电子光学	电气设备
2000	11282	16003	27033	30633	14653	27600	17971
2001	11891	18787	24831	38056	15878	30037	18932
2002	12897	21368	22690	44570	16877	34009	20436
2003	14870	23202	27015	59510	18105	42474	24067
2004	16037	26405	32720	76713	22453	60104	29953
2005	18375	26706	39559	92509	24947	70063	37811
2006	19986	31367	53575	112031	32674	85105	43562
2007	24731	37652	75221	143234	44272	101630	55568
2008	33448	47796	94816	198302	55799	115914	81408
2009	34707	54190	121373	179495	66227	108236	77701
2010	41524	61498	129258	208326	68980	168228	107516
2011	52082	74980	172207	268878	83567	198307	128677
2012	65579	84670	188510	267001	107373	226252	147209
2013	76857	94213	212610	261577	116187	247425	156845
2014	81332	99699	224991	276810	122953	261834	165979

制造业／年份	机械和设备	机动车辆	其他交通设备	家具制造等	σ_t 值		
2000	35765	14681	5346	21977	0.387		
2001	39435	17434	6348	22450	0.341		

制造业 年份	机械和 设备	机动车辆	其他交通 设备	家具制造等	σ_t 值
2002	43381	22041	8025	21774	0.306
2003	50388	28068	10504	21350	0.343
2004	61785	28856	11095	15663	0.395
2005	66655	32145	12695	30559	0.424
2006	83964	39001	15815	42460	0.429
2007	109473	54459	22669	49671	0.443
2008	145907	73050	28982	46883	0.474
2009	168938	101439	38318	47890	0.416
2010	176336	144601	51950	40358	0.481
2011	220531	168909	60683	49076	0.508
2012	226460	183077	65773	61726	0.466
2013	247089	214410	77030	66808	0.448
2014	261478	226896	81516	70699	0.448

资料来源：依据 WIOD 网站提供的 2016 年版 2000~2014 年世界投入产出表测算。

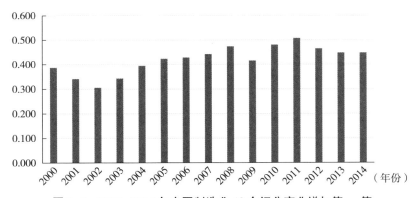

图 3-2　2000~2014 年中国制造业 18 个细分产业增加值 σ_t 值

如表 3-57 和图 3-2 所示：2000~2002 年，中国制造业 18 个细分产业增加值 σ_t 值逐年降低，呈现收敛态势；而 2002~2011 年，σ_t 值逐年上升（其中 2009 年例外），呈现发散态势；2011~2014 年 σ_t 值又开始逐年降低，呈现收敛态势。从整体考察来看，2000~2014 年中国制造业 18 个细分产业增加值不具有 σ 收敛性。

3. 中国制造业 18 个细分产业出口额指标 σ 收敛分析

运用 σ 收敛的检验方程，对 2000~2014 年中国制造业 18 个细分产业出口额进行计算，得到表 3-58 和图 3-3。

表 3-58 2000~2014 年中国制造业 18 个细分产业出口额与 σ_t 值 单位：百万美元

制造业 年份	食品加工	纺织服装	木制品	纸制品	印刷业	石油制品	化工制品
2000	8049	50941	1687	1345	1049	2600	8756
2001	8767	53473	1887	1412	1102	3006	9838
2002	10211	61010	2402	1682	1312	3760	11883
2003	12724	80204	3094	1790	1382	5004	16516
2004	16318	102513	4588	1843	1399	6621	23051
2005	20186	130738	5645	1895	1441	6329	30310
2006	24864	161510	7340	1965	1480	5908	36954
2007	29805	193574	8605	1965	1451	7236	49447
2008	32767	204542	9643	2792	1620	11450	63486
2009	29994	174901	8627	3242	1577	8270	44348
2010	37473	219925	10976	5063	2047	16584	64074
2011	46477	256944	14082	7966	2600	22950	85778
2012	47280	257185	16124	10156	2949	23919	81595
2013	52065	285968	17132	11474	3438	26654	87668
2014	54256	298569	18532	12815	3766	28276	97481

制造业 年份	医药制品	橡胶塑料 制品	非金属 制品	基础金属 制品	金属 制品	计算机电子 光学	电气设备
2000	1473	9026	3299	8813	7214	47524	17851
2001	1706	9394	3406	7909	7903	50575	18293
2002	2093	11198	4268	10010	9943	68779	21566
2003	3164	13895	5507	16092	13100	108533	29738
2004	4147	18773	7447	29578	18831	165725	41693
2005	5422	24473	9902	29583	24854	221649	54753
2006	7309	30553	12580	43085	33033	281473	72221
2007	10116	36581	14644	50197	43649	331728	94722
2008	12916	38025	18856	70017	52177	365689	117412
2009	12650	30959	17466	35156	41405	313940	95739
2010	15759	39792	24916	52127	51080	425135	135951
2011	17804	48338	32381	71951	63458	469039	160949
2012	18310	52904	40353	73797	73635	502517	177819
2013	19794	57837	45887	76251	79484	530106	200696
2014	20406	60292	47153	87382	84998	560582	221114

制造业 年份	机械和设备	机动车辆	其他交通 设备	家具制造等	σ_t 值		
2000	8791	1698	3709	15371	1.298		
2001	10563	1887	3928	15432	1.262		

续表

年份 制造业	机械和设备	机动车辆	其他交通设备	家具制造等	σ_t 值
2002	13952	2512	4796	17944	1.255
2003	20585	4317	8021	22532	1.348
2004	32850	7637	9989	24979	1.495
2005	42017	11407	12665	38166	1.638
2006	58630	16235	18469	49091	1.789
2007	99189	26405	24746	63732	1.948
2008	127702	31629	34885	63424	1.845
2009	103889	21754	37279	55108	1.673
2010	136754	36999	52947	48348	1.588
2011	170703	48336	60222	59079	1.482
2012	162401	51749	58876	78574	1.399
2013	176679	56355	54966	87111	1.370
2014	189106	60889	53697	95375	1.363

资料来源：依据 WIOD 网站提供的 2016 年版 2000～2014 年世界投入产出表测算。

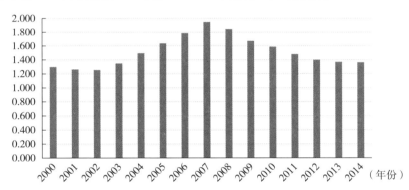

图 3-3　2000～2014 年中国制造业 18 个细分产业出口额 σ_t 值

如表 3-58 和图 3-3 所示：2000～2002 年，中国制造业 18 个细分产业出口额 σ_t 值逐年降低，呈现收敛态势；而 2002～2007 年，σ_t 值逐年上升，呈现发散态势；2007～2014 年 σ_t 值又开始逐年降低，呈现收敛态势。从整体考察来看，中国制造业 18 个细分产业出口额在 2007～2014 年呈现出比较明显的 σ 收敛性。

三、中国制造业细分产业发展规模指标绝对 β 收敛性分析

如前所述，β 收敛是指初期某个经济指标较低的经济体比初期该经济指标较高的经济体的增长速度更快。因而 β 收敛更能够反映中国制造业细分产业各项发展规模指标全方位提升的状况。下面进行中国制造业细分产业发展规模指标绝对 β 收敛性分析。

根据 Barro（1991）的分析框架，中国制造业细分产业发展规模指标绝对 β 收敛性回归估计式设为：

$$\frac{1}{T}\ln\left(\frac{y_{iT}}{y_{i0}}\right) = a + b\ln(y_{i0}) + u_{it} \tag{3-2}$$

其中，y_{iT} 和 y_{i0} 分别为第 i 产业第 T 年和初始年份的总产值、增加值和出口额水平；$b = -[(1-e^{-\beta T})/T]$，$\beta$ 为收敛速度；T 表示时间跨度；a 表示常数项，u_{it} 表示随机误差项。

运用前面表 3-56 至表 3-58 所列中国制造业 18 个细分产业 2000~2014 年总产值、增加值、出口额的数据，经过多次测试，确认中国制造业细分产业 3 个发展规模指标——总产值、增加值、出口额，在 2000 年以后，从不同的时间点开始，呈现出绝对 β 收敛性。

将表 3-56 至表 3-58 所列中国制造业 18 个细分产业 2000~2014 年总产值、增加值、出口额的数据测算出绝对 β 收敛性回归估计式各变量的具体数值，运用随机前沿分析 Front4.0 软件[①]，得出表 3-59 的结果。

表 3-59　中国制造业细分产业发展规模指标绝对 β 收敛检验结果

变量	总产值 2008~2014 年	增加值 2000~2014 年	出口额 2005~2014 年	出口额 2006~2014 年
b	−0.0193 *** (0.0030)	−0.0159 * (0.0079)	−0.0119 * (0.0069)	−0.0158 *** (0.0051)
T 检验值	−6.4538	−2.0071	−1.7245	−3.0689
n	18	18	18	18
σ^2	0.0010	0.0016	0.0008	0.0009
γ	1.0000	0.9439	0.2098	0.0001
β	0.0207	0.0182	0.0127	0.0170

注：圆括号内为标准误差，*、** 和 *** 分别表示在 10%、5% 和 1% 的水平下变量显著。

如表 3-59 所示：

（1）中国制造业 18 个细分产业总产值指标 2008~2014 年绝对 β 收敛性回归估计式中系数 b 的值为 -0.0193，并且在 1% 的水平下显著，收敛速度 β 为 2.07%。说明 2008~2014 年中国制造业 18 个细分产业总产值的增长存在绝对收敛，各细分产业总产值增长与初始水平存在显著的负相关关系，原来处于劣势地位的细分产业总产值增长更快。也就是说，从 2008 年开始，中国制造业 18 个细分产业的总产值都收敛于共同的稳态水平，并具有相同的增长率。

总体标准偏差 σ^2 为 0.0010，表明测量值比较集中；γ 值为 1.0000，说明绝对 β 收敛性回归估计式的误差主要来自其他控制变量，如果采用普通最小二乘法（OLS）对参数进行估计偏差就会比较大，而采用随机分析模型对参数进行估计更为适宜。

（2）中国制造业 18 个细分产业增加值指标 2000~2014 年绝对 β 收敛性回归估计式中系数 b 的值为 -0.0159，并且在 10% 的水平下显著，收敛速度 β 为 1.82%。说明 2000~2014 年中国制造业 18 个细分产业增加值的增长存在绝对收敛，各细分产业增加值增长与初始水平存在显著的负相关关系，原来处于劣势地位的细分产业增加值增长更快。也就是

---

① 关于随机前沿分析 Front4.0 软件，本研究在第六章还将大量运用。其基本原理将在第六章具体阐述。

说，从 2000 年开始，中国制造业 18 个细分产业的增加值都收敛于共同的稳态水平，并具有相同的增长率。

总体标准偏差 σ^2 为 0.0016，表明测量值比较集中；γ 值为 0.9439，接近于 1，说明绝对 β 收敛性回归估计式的误差主要来自其他控制变量，如果采用普通最小二乘法（OLS）对参数进行估计偏差就会比较大，而采用随机分析模型对参数进行估计更为适宜。

（3）中国制造业 18 个细分产业出口额指标 2005~2014 年、2006~2014 年绝对 β 收敛性回归估计式中系数 b 的值分别为 -0.0119、-0.0158，并且分别在 10%、1% 的水平下显著，收敛速度 β 分别为 1.27%、1.70%。说明 2005~2014 年、2006~2014 年中国制造业 18 个细分产业出口额的增长存在绝对收敛，各细分产业出口额增长与初始水平存在显著的负相关关系，原来处于劣势地位的细分产业出口额增长更快。也就是说，从 2005 年、2006 年开始，中国制造业 18 个细分产业的出口额都收敛于共同的稳态水平，并具有相同的增长率。

总体标准偏差 σ^2 为 0.0008、0.0009，表明测量值比较集中；γ 值为 0.2098、0.0001，比较小，说明绝对 β 收敛性回归估计式的误差并非主要来自其他控制变量，采用普通最小二乘法（OLS）对参数进行估计就可以了。此时采用随机分析模型对参数进行估计的结果与采用普通最小二乘法（OLS）对参数进行估计的结果差别不大。

表 3-59 最后两列同时显示了 2005~2014 年、2006~2014 年中国制造业细分产业发展规模指标绝对 β 收敛检验结果。2006~2014 年 18 个细分产业出口额增长的绝对 β 收敛水平（1%）明显高于 2005~2006 年（10%）；且收敛速度 β（1.70%）也明显高于 2005~2006 年（1.27%）。

第四章

中国制造业发展规模指标的
所有制结构分析

在第三章，通过对世界 18 个主要经济体制造业细分产业发展规模指标的国际比较，得到如下结论：中国制造业在两种工业化战略进程中比较优势的阶梯推进和动态转换的发展态势十分显著。无论是处于比较优势地位的，还是处于比较劣势地位的，在 2000~2014 年，其总产值、增加值、出口额都得到迅猛的发展。中国制造业细分产业已经实现了全方位的崛起，完成了从低端产业向高端产业的垂直结构升级。

本章的研究将转到国内，采用《中国工业统计年鉴》（2000~2017）提供的数据，对中国制造业发展规模指标的所有制结构进行分析，以期研究中国制造业比较优势动态转换中不同所有制企业所发挥的作用。

与 WIOD 网站提供的 2016 年版 2000~2014 年世界投入产出表相比较，《中国工业统计年鉴》制造业细分产业划分更为细致，共 27 个大类：[①] 农副食品加工业、食品制造业、酒饮料精制茶制造业、烟草制品业、纺织业、纺织服装服饰业、皮革毛皮羽毛及其制品制鞋业、木材加工木竹藤棕草制品业、家具制造业、造纸和纸制品业、印刷和记录媒介复制业、文教工美体育娱乐用品制造业、石油加工炼焦核燃料加工业、化学原料化学制品业、医药制造业、化学纤维制造业、橡胶塑料制品业[②]、非金属矿物制品业、黑色金属冶炼压延加工业、有色金属冶炼压延加工业、金属制品业、通用设备制造业、专用设备制造业、交通运输设备制造业[③]、电气机械器材制造业、计算机通信及电子设备制造业、仪器仪表

---

① 在《中国工业统计年鉴》提供的工业细分产业中制造业还包括"其他制造业""废弃资源综合利用业""金属制品机械和设备修理业"，但考虑到这些产业历年数据不完整，且量值相对较小，本书不再单独对其进行研究，在计算制造业整体数据时，将其数据计算其中。

② 2012 年之前的《中国工业统计年鉴》提供的工业细分产业，将"橡胶制品业"与"塑料制品业"划分为两个细分产业，而在 2013 年之后的《中国工业统计年鉴》将两个产业合并。为保证数据连续性，这里将这两个细分产业合并为一个进行研究。

③ 2013 年以后的《中国工业统计年鉴》提供的工业细分产业，将 2012 年以前的细分产业"交通运输设备制造业"又细分为"汽车制造业"和"铁路船舶航空航天等其他运输设备制造业"。为保证数据连续性，这里将这两个细分产业合并为一个进行研究。

制造业。所有制类型则分为外商与港澳台投资企业、国有控股企业、民营企业三大类①。由于中国各级统计年鉴从 2008 年开始，不再提供工业细分产业增加值的数据，本章的发展规模指标主要是总产值与出口额两个指标。根据数据可得性，总产值指标的比较期限为 1999~2016 年，出口额指标的比较期限为 2001~2016 年。②

第一节　中国制造业细分产业三类所有制企业发展规模指标比较

一、农副食品加工业三类所有制企业总产值与出口额比重比较

如表 4-1（a）、表 4-1（b）所示：

（1）从总产值指标所有制结构考察来看，1999 年农副食品加工业以国有控股企业和民营企业为主力军（38.94%，38.03%）；外商与港澳台投资企业也发挥了重要的作用（23.03%）。1999~2016 年，民营企业迅猛发展，到 2016 年其比重达到 81.10%，成为绝对主力军；而国有控股企业的比重快速下降，2016 年其比重只有 5.04%；外商与港澳台投资企业的比重也逐年下降，2016 年其比重为 13.86%。

（2）从出口额指标所有制结构考察来看，2001 年农副食品加工业以外商与港澳台投资企业为主力军（50.79%）；民营企业居第 2 位（35.93%）；国有控股企业居第 3 位（13.28%）。2001~2016 年，民营企业出口额比重快速上升，到 2016 年其比重达到 62.73%，成为主力军；而国有控股企业的比重快速下降，2016 年其比重只有 1.69%；外商与港澳台投资企业的比重从 2010 年开始逐年下降，2016 年其比重为 35.58%。

表 4-1（a）　　　1999~2016 年农副食品加工业三类所有制企业总产值比重　　　单位：%

年份 行业	1999	2000	2001	2002	2003	2004	2005	2006	2007
外商与港澳台投资企业	23.03	23.10	23.65	24.82	26.79	26.92	29.04	27.99	28.09
国有控股企业	38.94	33.51	28.95	23.06	17.66	14.49	10.40	8.28	7.37
民营企业	38.03	43.39	47.40	52.12	55.55	58.59	60.56	63.73	64.54

---

①　在《中国工业统计年鉴》提供的工业细分产业的数据中，将外商投资企业与港澳台投资企业数据归为一类，因而本书也只能将这两类归为一类。此外，这里的"民营企业"即内资企业中的"非国有"企业，计算中是用全部企业-外商和港澳台投资企业-国有控股企业。

②　《中国工业统计年鉴》缺少 2004 年的数据，在展示的 2004 年数据中，各细分产业总产值数据采用《中国统计年鉴》相应的数据；而各细分产业出口额数据采用相邻两年的平均值。

续表

行业＼年份	2008	2009	2010	2011	2012	2013	2014	2015	2016
外商与港澳台投资企业	26.99	24.58	22.56	20.48	19.28	17.22	15.77	14.80	13.86
国有控股企业	5.42	5.40	5.64	5.38	5.38	5.49	5.35	5.00	5.04
民营企业	67.59	70.02	71.79	74.14	75.33	77.28	78.88	80.20	81.10

表 4-1（b）　2001~2016 年农副食品加工业三类所有制企业出口额比重　单位：%

行业＼年份	2001	2002	2003	2004	2005	2006	2007	2008
外商与港澳台投资企业	50.79	50.74	56.53	60.57	51.79	50.50	52.26	51.45
国有控股企业	13.28	11.31	9.52	7.86	5.40	3.23	2.28	2.27
民营企业	35.93	37.95	33.95	31.58	42.81	46.27	45.47	46.28

行业＼年份	2009	2010	2011	2012	2013	2014	2015	2016
外商与港澳台投资企业	50.83	46.18	44.57	42.78	39.60	39.51	36.24	35.58
国有控股企业	2.04	2.63	1.71	2.18	1.89	2.09	1.60	1.69
民营企业	47.13	51.20	53.72	55.04	58.51	58.40	62.16	62.73

二、食品制造业三类所有制企业总产值与出口额比重比较

如表 4-2（a）、表 4-2（b）所示：

（1）从总产值指标所有制结构考察来看，1999 年在食品制造业外商与港澳台投资企业比重居第 1 位（36.48%）；民营企业和国有控股企业分别居第 2 位（32.99%）和第 3 位（30.53%），但三者差距不明显。1999~2016 年，民营企业迅猛发展，到 2016 年其比重达到 72.01%，成为绝对主力军；而国有控股企业的比重快速下降，2016 年其比重只有 4.72%；外商与港澳台投资企业的比重也逐年下降，2016 年其比重为 23.27%，不足民营企业的一半。

（2）从出口额指标所有制结构考察来看，2001 年食品制造业以外商与港澳台投资企业为主力军（53.38%）；国有控股企业比重位居第 2 位（25.76%）；民营企业居第 3 位（20.86%）。2001~2016 年，民营企业出口额比重快速上升，到 2016 年其比重达到 58.94%，成为主力军；而国有控股企业的比重快速下降，2016 年其比重只有 4.86%；外商与港澳台投资企业的比重在 2009 年被民营企业超越，其比重逐年下降，到 2016 年为 36.20%。

表 4-2　(a)　　1999~2016 年食品制造业三类所有制企业总产值比重　　单位：%

年份 行业	1999	2000	2001	2002	2003	2004	2005	2006	2007
外商与港澳台投资企业	36.48	39.10	40.30	39.76	38.74	35.86	36.64	38.62	38.59
国有控股企业	30.53	27.80	26.75	23.23	18.02	14.76	12.75	12.50	9.73
民营企业	32.99	33.10	32.95	37.01	43.23	49.38	50.61	48.88	51.68
年份 行业	2008	2009	2010	2011	2012	2013	2014	2015	2016
外商与港澳台投资企业	36.66	34.51	31.75	33.05	31.25	29.49	26.98	24.63	23.27
国有控股企业	8.96	7.08	7.22	5.78	5.37	5.20	5.37	4.86	4.72
民营企业	54.39	58.41	61.03	61.17	63.39	65.31	67.66	70.51	72.01

表 4-2　(b)　　2001~2016 年食品制造业三类所有制企业出口额比重　　单位：%

年份 行业	2001	2002	2003	2004	2005	2006	2007	2008
外商与港澳台投资企业	53.38	53.77	51.74	53.60	46.26	47.37	50.02	49.08
国有控股企业	25.76	24.13	22.39	19.16	14.40	12.13	9.03	8.10
民营企业	20.86	22.10	25.87	27.24	39.34	40.50	40.94	42.82
年份 行业	2009	2010	2011	2012	2013	2014	2015	2016
外商与港澳台投资企业	45.62	47.47	44.96	39.50	38.62	37.86	35.13	36.20
国有控股企业	5.77	4.57	4.24	4.32	3.91	4.56	4.38	4.86
民营企业	48.61	47.96	50.80	56.18	57.47	57.58	60.49	58.94

三、酒饮料精制茶制造业三类所有制企业总产值与出口额比重比较

如表 4-3（a）、表 4-3（b）所示：

（1）从总产值指标所有制结构考察来看，1999 年在酒饮料精制茶制造业国有控股企业比重居第 1 位（53.48%）；外商与港澳台投资企业和民营企业分别居第 2 位（27.75%）和第 3 位（18.78%）。1999~2016 年，民营企业快速发展，到 2016 年其比重达到 64.66%，成为绝对主力军；而国有控股企业的比重快速下降，2016 年其比重只有 13.78%；外商与港澳台投资企业的比重也逐年下降，2016 年其比重为 21.56%，仅为民营企业的约 1/3。

（2）从出口额指标所有制结构考察来看，2001 年在酒饮料精制茶制造业外商与港澳台投资企业比重位居第 1 位（41.31%）；国有控股企业居第 2 位（38.44%）；民营企业居第 3 位（20.25%）。2001~2016 年，民营企业出口额比重逐年上升，2015 年超越外商与港澳台投资企业，居第 1 位，2016 年达到 41.44%；而国有控股企业的比重逐年下降，2016 年其比重为 22.51%；外商与港澳台投资企业的比重从 2009 年开始逐年下降，到 2016 年为 36.04%。

表 4-3 （a）　　1999～2016 年酒饮料精制茶制造业三类所有制企业总产值比重　　单位：%

行业　　　　年份	1999	2000	2001	2002	2003	2004	2005	2006	2007
外商与港澳台投资企业	27.75	29.37	30.01	30.35	32.04	31.48	34.39	38.20	37.27
国有控股企业	53.48	47.22	47.15	43.60	38.41	33.43	27.30	23.28	21.07
民营企业	18.78	23.40	22.84	26.05	29.55	35.09	38.31	38.51	41.67

行业　　　　年份	2008	2009	2010	2011	2012	2013	2014	2015	2016
外商与港澳台投资企业	36.39	34.45	32.17	30.76	27.42	25.72	24.63	23.31	21.56
国有控股企业	19.18	17.72	16.54	16.87	17.57	15.43	14.34	13.71	13.78
民营企业	44.44	47.83	51.29	52.37	55.01	58.85	61.03	62.98	64.66

表 4-3 （b）　　2001～2016 年酒饮料精制茶制造业三类所有制企业出口额比重　　单位：%

行业　　　　年份	2001	2002	2003	2004	2005	2006	2007	2008
外商与港澳台投资企业	41.31	37.75	44.68	45.21	40.68	46.97	48.98	56.12
国有控股企业	38.44	37.95	34.50	34.11	30.10	24.42	19.90	14.75
民营企业	20.25	24.30	20.82	20.68	29.22	28.62	31.12	29.12

行业　　　　年份	2009	2010	2011	2012	2013	2014	2015	2016
外商与港澳台投资企业	52.97	45.28	49.61	40.75	40.37	45.07	36.83	36.04
国有控股企业	15.78	23.13	15.63	28.61	21.57	20.66	23.28	22.51
民营企业	31.25	31.59	34.77	30.64	38.06	34.26	39.88	41.44

四、烟草制品业三类所有制企业总产值与出口额比重比较

如表 4-4 （a）、表 4-4 （b）所示：

由于长期以来烟草制品业国有企业垄断经营的特征，无论是从总产值指标所有制结构考察，还是从出口额指标所有制结构考察，国有控股企业始终占据着绝对优势。这与其他细分产业完全不同。

表 4-4 （a）　　1999～2016 年烟草制品业三类所有制企业总产值比重　　单位：%

行业　　　　年份	1999	2000	2001	2002	2003	2004	2005	2006	2007
外商与港澳台投资企业	0.81	0.50	0.70	0.44	0.59	0.41	0.31	0.26	0.27
国有控股企业	96.38	96.93	98.16	98.59	98.65	98.90	99.05	99.35	99.49
民营企业	2.82	2.57	1.14	0.96	0.76	0.69	0.64	0.40	0.25

续表

行业＼年份	2008	2009	2010	2011	2012	2013	2014	2015	2016
外商与港澳台投资企业	0.11	0.07	0.07	0.07	0.00	0.00	0.00	0.06	0.08
国有控股企业	99.35	99.34	99.39	99.37	99.38	99.33	99.28	99.35	99.32
民营企业	0.55	0.59	0.54	0.56	0.62	0.67	0.72	0.59	0.60

表 4-4（b）　2001~2016 年烟草制品业三类所有制企业出口额比重　单位：%

行业＼年份	2001	2002	2003	2004	2005	2006	2007	2008
外商与港澳台投资企业	3.58	3.61	3.25	1.60	0.03	0.08	0.08	0.20
国有控股企业	96.42	96.39	96.73	98.36	70.88	70.40	68.31	60.14
民营企业	0.00	0.00	0.02	0.04	29.09	29.52	31.61	39.66

行业＼年份	2009	2010	2011	2012	2013	2014	2015	2016
外商与港澳台投资企业	0.08	0.04	0.02	0.00	0.00	0.00	0.00	0.00
国有控股企业	64.49	67.59	61.70	99.97	99.94	99.35	98.40	98.13
民营企业	35.43	32.36	38.27	0.03	0.06	0.65	1.60	1.87

五、纺织业三类所有制企业总产值与出口额比重比较

如表 4-5（a）、表 4-5（b）所示：

（1）从总产值指标所有制结构考察来看，1999 年民营企业在纺织业比重居第 1 位（45.95%）；国有控股企业和外商与港澳台投资企业分别居第 2 位（32.73%）和第 3 位（21.32%）。1999~2016 年，民营企业继续迅猛发展，到 2016 年其比重达到 84.36%，成为绝对主力军；而国有控股企业的比重快速下降，2016 年其比重只有 1.62%；外商与港澳台投资企业的比重也逐年下降，2016 年其比重为 14.02%，仅为民营企业的约 1/6。

（2）从出口额指标所有制结构考察来看，2001 年外商与港澳台投资企业在纺织业比重居第 1 位（39.17%）；民营企业居第 2 位（34.32%）；国有控股企业居第 3 位（26.50%）。2001~2016 年，民营企业出口额比重逐年上升，从 2005 年开始超越外商与港澳台投资企业，居第 1 位，2016 年达到 59.48%；而国有控股企业的比重逐年下降，2016 年其比重仅为 2.72%；外商与港澳台投资企业的比重到 2016 年为 37.81%。

表 4-5（a）　1999~2016 年纺织业三类所有制企业总产值比重　单位：%

行业＼年份	1999	2000	2001	2002	2003	2004	2005	2006	2007
外商与港澳台投资企业	21.32	21.25	21.75	22.01	23.54	22.10	25.18	24.55	23.79
国有控股企业	32.73	31.19	26.16	21.49	15.72	12.05	7.36	5.98	4.50
民营企业	45.95	47.56	52.09	56.49	60.74	65.86	67.47	69.47	71.71

续表

年份 行业	2008	2009	2010	2011	2012	2013	2014	2015	2016
外商与港澳台投资企业	22.65	21.66	21.01	20.80	17.32	16.61	15.82	14.31	14.02
国有控股企业	3.15	2.59	2.47	2.34	2.14	1.96	1.85	1.72	1.62
民营企业	74.19	75.75	76.52	76.86	80.54	81.42	82.33	83.98	84.36

表4-5（b）　　2001~2016年纺织业三类所有制企业出口额比重　　单位：%

年份 行业	2001	2002	2003	2004	2005	2006	2007	2008
外商与港澳台投资企业	39.17	39.82	44.13	49.22	45.87	46.94	47.60	47.22
国有控股企业	26.50	22.40	16.44	11.35	6.65	5.59	4.13	2.62
民营企业	34.32	37.78	39.43	39.43	47.48	47.47	48.28	50.16
年份 行业	2009	2010	2011	2012	2013	2014	2015	2016
外商与港澳台投资企业	48.24	46.72	47.11	42.90	42.79	41.90	39.56	37.81
国有控股企业	2.56	2.95	2.22	3.30	2.94	3.47	2.34	2.72
民营企业	49.20	50.34	50.67	53.80	54.27	54.63	58.10	59.48

六、纺织服装服饰业三类所有制企业总产值与出口额比重比较

如表4-6（a）、表4-6（b）所示：

（1）从总产值指标所有制结构考察来看，1999年外商与港澳台投资企业在纺织服装服饰业比重居第1位（48.35%）；民营企业紧随其后居第2位（45.02%）；国有控股企业以很小比例居第3位（6.63%）。1999~2016年，民营企业迅猛发展，到2016年其比重达到72.73%，成为绝对主力军；而国有控股企业的比重继续逐年下降，2016年其比重只有0.77%；外商与港澳台投资企业的比重也逐年下降，2016年其比重为26.50%，不及民营企业的1/2。

（2）从出口额指标所有制结构考察来看，2001年外商与港澳台投资企业在纺织服装服饰业比重居第1位（58.44%）；民营企业居第2位（37.80%）；国有控股企业居第3位（3.76%）。2001~2016年，民营企业出口额比重平稳发展，从2009年开始逐年上升，2016年达到49.61%，与外商与港澳台投资企业的比重基本持平；而国有控股企业的比重继续逐年下降，2016年其比重仅为0.38%；外商与港澳台投资企业出口额比重平稳发展，从2009年开始逐年下降，2016年其比重为50.01%，略高于民营企业。

表 4-6（a）　　1999~2016 年纺织服装服饰业三类所有制企业总产值比重　　单位：%

年份 行业	1999	2000	2001	2002	2003	2004	2005	2006	2007
外商与港澳台投资企业	48.35	48.54	46.13	45.55	46.74	45.55	46.15	45.01	45.30
国有控股企业	6.63	5.89	5.73	4.07	3.21	3.19	2.23	1.71	1.71
民营企业	45.02	45.57	48.14	50.38	50.05	51.26	51.62	53.28	52.99

年份 行业	2008	2009	2010	2011	2012	2013	2014	2015	2016
外商与港澳台投资企业	42.12	39.89	37.49	35.54	33.91	31.55	30.08	27.88	26.50
国有控股企业	1.41	1.35	1.37	1.39	1.04	0.94	0.87	0.81	0.77
民营企业	56.46	58.76	61.15	63.07	65.05	67.52	69.05	71.32	72.73

表 4-6（b）　　2001~2016 年纺织服装服饰业三类所有制企业出口额比重　　单位：%

年份 行业	2001	2002	2003	2004	2005	2006	2007	2008
外商与港澳台投资企业	58.44	56.72	58.97	61.21	60.27	61.40	63.09	61.69
国有控股企业	3.76	2.81	2.65	2.18	1.72	1.30	1.07	0.67
民营企业	37.80	40.47	38.37	36.61	38.00	37.29	35.84	37.64

年份 行业	2009	2010	2011	2012	2013	2014	2015	2016
外商与港澳台投资企业	59.73	59.62	58.66	55.61	55.53	54.53	51.60	50.01
国有控股企业	0.68	0.64	0.65	0.57	0.44	0.41	0.40	0.38
民营企业	39.59	39.74	40.69	43.83	44.03	45.06	47.99	49.61

七、皮革毛皮羽毛制鞋业三类所有制企业总产值与出口额比重比较

如表 4-7（a）、表 4-7（b）所示：

（1）从总产值指标所有制结构考察来看，1999 年外商与港澳台投资企业在皮革毛皮羽毛制鞋业比重居第 1 位（57.22%）；民营企业居第 2 位（37.83%）；国有控股企业以很小比例居第 3 位（4.95%）。1999~2016 年，民营企业迅猛发展，到 2016 年其比重达到 67.52%，位居第 1 位；而国有控股企业的比重继续逐年下降，2016 年其比重只有 0.58%；外商与港澳台投资企业的比重平缓下降，2016 年其比重为 31.90%。

（2）从出口额指标所有制结构考察来看，2001 年外商与港澳台投资企业在皮革毛皮羽毛制鞋业是绝对主力军（72.05%）；民营企业比重居第 2 位（24.72%）；国有控股企业居第 3 位（3.23%）。2001~2016 年，民营企业出口额比重平稳发展，2016 年达到 45.17%，依然居第 2 位，但与外商与港澳台投资企业的差距已明显缩小；而国有控股企业的比重继续逐年下降，2016 年其比重仅为 0.09%；外商与港澳台投资企业出口额比重也逐年平稳下降，2016 年其比重为 54.74%，依然居第 1 位。

表 4-7 （a）　　1999～2016 年皮革毛皮羽毛制鞋业三类所有制企业总产值比重　　单位：%

行业＼年份	1999	2000	2001	2002	2003	2004	2005	2006	2007
外商与港澳台投资企业	57.22	56.45	54.75	53.55	51.13	48.53	52.78	52.86	50.36
国有控股企业	4.95	3.30	5.56	2.70	1.87	1.31	0.70	0.66	0.51
民营企业	37.83	40.24	39.69	43.75	47.00	50.16	46.52	46.48	49.13

行业＼年份	2008	2009	2010	2011	2012	2013	2014	2015	2016
外商与港澳台投资企业	47.58	44.45	44.89	43.67	38.98	36.29	34.77	33.64	31.90
国有控股企业	0.83	0.41	0.33	0.30	0.79	0.69	0.56	0.58	0.58
民营企业	51.60	55.14	54.79	56.03	60.23	63.02	64.67	65.78	67.52

表 4-7 （b）　　2001～2016 年皮革毛皮羽毛制鞋业三类所有制企业出口额比重　　单位：%

行业＼年份	2001	2002	2003	2004	2005	2006	2007	2008
外商与港澳台投资企业	72.05	70.45	69.67	71.47	72.00	72.28	69.37	68.82
国有控股企业	3.23	1.95	1.57	0.99	0.58	0.49	0.30	0.24
民营企业	24.72	27.60	28.76	27.54	27.42	27.23	30.33	30.94

行业＼年份	2009	2010	2011	2012	2013	2014	2015	2016
外商与港澳台投资企业	67.81	67.11	67.05	63.88	60.24	58.16	57.89	54.74
国有控股企业	0.14	0.06	0.06	0.10	0.09	0.04	0.07	0.09
民营企业	32.04	32.84	32.89	36.02	39.67	41.79	42.04	45.17

八、木材等加工制品业三类所有制企业总产值与出口额比重比较

如表 4-8 （a）、表 4-8 （b）所示：

（1）从总产值指标所有制结构考察来看，1999 年民营企业在木材等加工制品业比重居第 1 位（52.77%）；外商与港澳台投资企业和国有控股企业分别居第 2 位（31.83%）和第 3 位（15.41%）。1999～2016 年，民营企业继续迅猛发展，到 2016 年其比重达到 91.63%，成为绝对主力军；而国有控股企业的比重逐年下降，2016 年其比重只有 1.48%；外商与港澳台投资企业的比重快速下降，2016 年其比重为 6.90%，仅为民营企业的约 1/13。

（2）从出口额指标所有制结构考察来看，2001 年在木材等加工制品业外商与港澳台投资企业比重居第 1 位（57.54%）；民营企业居第 2 位（37.55%）；国有控股企业居第 3 位（4.92%）。2001～2016 年，民营企业出口额比重逐年上升，从 2006 年开始超越外商与

港澳台投资企业，居第 1 位，2016 年达到 68.00%；而国有控股企业的比重先升后降，2016 年其比重仅为 2.77%；外商与港澳台投资企业的比重逐年下降，到 2016 年为 29.23%。

表 4-8（a）　　1999~2016 年木材等加工制品业三类所有制企业总产值比重　　单位：%

行业 ＼ 年份	1999	2000	2001	2002	2003	2004	2005	2006	2007
外商与港澳台投资企业	31.83	31.63	29.12	25.51	26.58	23.38	23.39	21.04	18.92
国有控股企业	15.41	14.26	14.63	12.68	12.05	9.31	9.42	7.65	3.80
民营企业	52.77	54.10	56.25	61.81	61.37	67.31	67.18	71.31	77.28

行业 ＼ 年份	2008	2009	2010	2011	2012	2013	2014	2015	2016
外商与港澳台投资企业	15.08	12.70	11.80	10.52	9.41	8.46	8.25	7.44	6.90
国有控股企业	2.81	2.37	2.31	2.21	1.86	1.73	1.62	1.52	1.48
民营企业	82.11	84.93	85.89	87.27	88.73	89.81	90.13	91.04	91.63

表 4-8（b）　　2001~2016 年木材等加工制品业三类所有制企业出口额比重　　单位：%

行业 ＼ 年份	2001	2002	2003	2004	2005	2006	2007	2008
外商与港澳台投资企业	57.54	55.62	60.29	60.78	48.28	43.44	41.08	41.86
国有控股企业	4.92	6.10	5.42	8.50	8.25	5.72	2.64	2.05
民营企业	37.55	38.28	34.29	30.72	43.47	50.84	56.28	56.09

行业 ＼ 年份	2009	2010	2011	2012	2013	2014	2015	2016
外商与港澳台投资企业	40.98	37.57	32.44	33.55	34.68	33.20	31.26	29.23
国有控股企业	1.48	1.92	1.29	2.25	1.75	2.39	2.61	2.77
民营企业	57.54	60.52	66.27	64.20	63.57	64.42	66.13	68.00

九、家具制造业三类所有制企业总产值与出口额比重比较

如表 4-9（a）、表 4-9（b）所示：

（1）从总产值指标所有制结构考察来看，1999 年民营企业在家具制造业比重居第 1 位（50.57%）；外商与港澳台投资企业和国有控股企业分别居第 2 位（41.98%）和第 3 位（7.45%）。1999~2016 年，民营企业继续迅猛发展，到 2016 年其比重达到 77.34%，成为绝对主力军；而国有控股企业的比重逐年下降，2016 年其比重只有 1.34%；外商与港澳台投资企业的比重快速下降，2016 年其比重为 21.32%，不及民营企业的 1/3。

（2）从出口额指标所有制结构考察来看，2001 年外商与港澳台投资企业在家具制造业比重居第 1 位（79.08%），遥遥领先；民营企业居第 2 位（17.61%）；国有控股企业以

很小比重居第 3 位（3.31%）。2001~2016 年，民营企业出口额比重迅猛增长，2016 年达到 51.05%，首次超越外商与港澳台投资企业，居第 1 位；而国有控股企业的比重越来越小，2016 年其比重仅为 0.78%；外商与港澳台投资企业的比重逐年下降，到 2016 年为 48.17%，居第 2 位。

表 4-9（a）　　1999~2016 年家具制造业三类所有制企业总产值比重　　单位：%

年份 行业	1999	2000	2001	2002	2003	2004	2005	2006	2007
外商与港澳台投资企业	41.98	44.89	45.96	47.75	50.39	48.65	54.98	51.00	46.99
国有控股企业	7.45	5.95	5.23	4.27	3.42	2.92	3.77	3.75	2.85
民营企业	50.57	49.16	48.81	47.98	46.19	48.43	41.25	45.25	50.16

年份 行业	2008	2009	2010	2011	2012	2013	2014	2015	2016
外商与港澳台投资企业	39.85	34.53	32.72	29.50	27.25	26.19	24.60	22.95	21.32
国有控股企业	2.09	2.35	2.61	1.77	1.57	1.32	1.22	1.22	1.34
民营企业	58.06	63.12	64.68	68.73	71.18	72.49	74.19	75.84	77.34

表 4-9（b）　　2001~2016 年家具制造业三类所有制企业出口额比重　　单位：%

年份 行业	2001	2002	2003	2004	2005	2006	2007	2008
外商与港澳台投资企业	79.08	77.42	79.50	82.83	76.73	73.32	70.67	66.58
国有控股企业	3.31	2.74	2.20	2.36	2.21	2.05	1.75	0.53
民营企业	17.61	19.83	18.30	14.81	21.06	24.63	27.58	32.89

年份 行业	2009	2010	2011	2012	2013	2014	2015	2016
外商与港澳台投资企业	63.03	61.33	60.09	55.62	53.81	53.01	51.38	48.17
国有控股企业	0.45	1.04	0.88	1.18	1.13	0.89	0.91	0.78
民营企业	36.51	37.63	39.03	43.21	45.06	46.10	47.71	51.05

十、造纸与纸制品业三类所有制企业总产值与出口额比重比较

如表 4-10（a）、表 4-10（b）所示：

（1）从总产值指标所有制结构考察来看，1999 年民营企业在造纸与纸制品业比重居第 1 位（44.43%）；国有控股企业和外商与港澳台投资企业分别居第 2 位（27.84%）和第 3 位（27.74%）。1999~2016 年，民营企业继续快速发展，到 2016 年其比重达到 69.90%，居第 1 位；而国有控股企业的比重逐年快速下降，2016 年其比重只有 4.81%；外商与港澳台投资企业的比重也逐年下降，2016 年其比重为 25.29%，不及民营企业的 1/2。

（2）从出口额指标所有制结构考察来看，2001 年造纸与纸制品业外商与港澳台投资企业比重居第 1 位（72.04%），遥遥领先；民营企业居第 2 位（21.06%）；国有控股企业以很小比重居第 3 位（6.90%）。2001～2016 年，民营企业出口额比重逐年稳步增长，2016 年达到 32.18%，依然居第 2 位，但与外商与港澳台投资企业相比，差距明显缩小；而国有控股企业的比重变化不明显，2016 年其比重为 6.62%；外商与港澳台投资企业的比重逐年下降，到 2016 年为 61.20%，仍旧居第 1 位。

表 4-10（a）　　　1999～2016 年造纸与纸制品业三类所有制企业总产值比重　　　单位：%

行业 ＼ 年份	1999	2000	2001	2002	2003	2004	2005	2006	2007
外商与港澳台投资企业	27.74	31.58	32.13	32.09	31.83	29.60	34.74	35.33	34.76
国有控股企业	27.84	26.73	25.30	23.45	20.56	17.79	12.74	10.20	7.84
民营企业	44.43	41.69	42.56	44.46	47.62	52.61	52.53	54.48	57.40

行业 ＼ 年份	2008	2009	2010	2011	2012	2013	2014	2015	2016
外商与港澳台投资企业	33.43	30.97	30.66	28.28	27.21	26.37	26.06	25.44	25.29
国有控股企业	8.53	7.76	7.96	6.93	7.29	5.39	5.23	5.01	4.81
民营企业	58.04	61.28	61.38	64.78	65.50	68.24	68.72	69.55	69.90

表 4-10（b）　　　2001～2016 年造纸与纸制品业三类所有制企业出口额比重　　　单位：%

行业 ＼ 年份	2001	2002	2003	2004	2005	2006	2007	2008
外商与港澳台投资企业	72.04	72.29	75.56	78.06	66.88	64.71	64.82	59.43
国有控股企业	6.90	5.73	6.85	8.07	7.42	7.63	3.22	4.84
民营企业	21.06	21.98	17.60	13.88	25.70	27.66	31.97	35.72

行业 ＼ 年份	2009	2010	2011	2012	2013	2014	2015	2016
外商与港澳台投资企业	57.98	65.80	58.71	68.99	64.89	65.67	63.37	61.20
国有控股企业	4.01	3.07	18.11	6.21	7.14	6.08	6.36	6.62
民营企业	38.00	31.14	23.18	24.81	27.97	28.26	30.27	32.18

十一、印刷记录媒介复制业三类所有制企业总产值与出口额比重比较

如表 4-11（a）、表 4-11（b）所示：

（1）从总产值指标所有制结构考察来看，1999 年在印刷记录媒介复制业三类所有制企业的比重呈现三足鼎立的状况，差距不大：国有控股企业居第 1 位（39.18%），外商与港澳台投资企业居第 2 位（30.57%），民营企业居第 3 位（30.25%）。1999～2016 年，民营企业快速发展，到 2016 年其比重达到 78.39%，成为绝对主力军；而国有控股企业的比

重逐年快速下降，2016 年其比重只有 5.77%；外商与港澳台投资企业的比重也逐年下降，2016 年其比重为 15.84%，与民营企业的 1/5 基本相当。

（2）从出口额指标所有制结构考察来看，2001 年在印刷记录媒介复制业外商与港澳台投资企业比重居第 1 位（93.69%），遥遥领先；民营企业与国有控股企业均以很小比重分别居第 2 位（3.48%）和第 3 位（2.82%）。2001~2016 年，民营企业出口额比重逐年稳步增长，2016 年达到 32.76%，依然居第 2 位，但与外商与港澳台投资企业相比，差距明显缩小；而国有控股企业的比重变化不明显，2016 年其比重为 1.78%；外商与港澳台投资企业的比重逐年下降，到 2016 年为 65.45%，仍旧居第 1 位。

表 4-11（a）　　1999~2016 年印刷记录媒介复制业三类所有制企业总产值比重　　单位：%

年份／行业	1999	2000	2001	2002	2003	2004	2005	2006	2007
外商与港澳台投资企业	30.57	32.14	33.85	33.74	33.69	33.83	32.30	31.63	30.87
国有控股企业	39.18	37.02	37.32	32.82	26.97	22.00	20.12	17.71	16.33
民营企业	30.25	30.84	28.83	33.44	39.34	44.17	47.58	50.66	52.79

年份／行业	2008	2009	2010	2011	2012	2013	2014	2015	2016
外商与港澳台投资企业	28.14	25.62	23.39	23.62	22.32	20.43	19.21	16.92	15.84
国有控股企业	13.98	13.05	12.43	11.62	10.25	8.41	7.16	6.71	5.77
民营企业	57.88	61.33	64.18	64.76	67.43	71.16	73.62	76.37	78.39

表 4-11（b）　　2001~2016 年印刷记录媒介复制业三类所有制企业出口额比重　　单位：%

年份／行业	2001	2002	2003	2004	2005	2006	2007	2008
外商与港澳台投资企业	93.69	91.45	90.62	88.10	66.34	68.98	71.42	78.73
国有控股企业	2.82	2.11	0.71	1.33	1.34	0.80	2.27	1.08
民营企业	3.48	6.44	8.67	10.57	32.32	30.22	26.30	20.20

年份／行业	2009	2010	2011	2012	2013	2014	2015	2016
外商与港澳台投资企业	74.24	74.03	73.85	73.35	69.66	66.89	65.97	65.45
国有控股企业	1.37	2.21	1.24	2.82	3.19	2.52	2.63	1.78
民营企业	24.39	23.76	24.91	23.84	27.15	30.60	31.40	32.76

十二、文教工美体娱制品业三类所有制企业总产值与出口额比重比较

如表 4-12（a）、表 4-12（b）所示：

（1）从总产值指标所有制结构考察来看，1999 年在文教工美体娱制品业外商与港澳台投资企业比重居第 1 位（60.42%）；民营企业居第 2 位（31.33%）；国有控股企业居第

3位（8.26%）。1999~2016年，民营企业快速发展，到2016年其比重达到69.08%，成为绝对主力军；而国有控股企业的比重逐年下降，2016年其比重只有2.77%；外商与港澳台投资企业的比重也逐年下降，2016年其比重为28.15%，不及民营企业的1/2。

（2）从出口额指标所有制结构考察来看，2001年在文教工美体娱制品业外商与港澳台投资企业比重居第1位（72.48%），遥遥领先；民营企业居第2位（24.75%）；国有控股企业以很小比重居第3位（2.78%）。2001~2016年，民营企业出口额比重逐年稳步增长，2016年达到47.12%，依然居第2位，但与外商与港澳台投资企业相比，差距明显缩小；而国有控股企业的比重变化不明显，2016年其比重为0.26%；外商与港澳台投资企业的比重逐年下降，到2016年为52.62%，仍旧位居第1位。

表4-12（a）　　1999~2016年文教工美体娱制品业三类所有制企业总产值比重　　单位：%

年份 行业	1999	2000	2001	2002	2003	2004	2005	2006	2007
外商与港澳台投资企业	60.42	59.67	60.22	59.59	59.47	57.50	59.81	60.52	60.10
国有控股企业	8.26	6.05	5.59	4.65	3.56	3.20	2.01	1.97	1.51
民营企业	31.33	34.28	34.18	35.76	36.97	39.30	38.18	37.51	38.39
年份 行业	2008	2009	2010	2011	2012	2013	2014	2015	2016
外商与港澳台投资企业	56.86	53.03	52.52	51.74	35.51	33.96	32.08	29.53	28.15
国有控股企业	1.60	1.27	1.17	1.17	3.55	3.35	2.93	2.80	2.77
民营企业	41.55	45.70	46.31	47.09	60.94	62.69	65.00	67.67	69.08

表4-12（b）　　2001~2016年文教工美体娱制品业三类所有制企业出口额比重　　单位：%

年份 行业	2001	2002	2003	2004	2005	2006	2007	2008
外商与港澳台投资企业	72.48	71.00	73.53	75.76	70.92	72.78	75.72	72.54
国有控股企业	2.78	2.17	2.01	1.70	1.36	1.09	0.83	0.89
民营企业	24.75	26.83	24.45	22.54	27.73	26.13	23.45	26.56
年份 行业	2009	2010	2011	2012	2013	2014	2015	2016
外商与港澳台投资企业	69.90	73.78	72.09	54.77	53.87	53.40	54.30	52.62
国有控股企业	0.67	0.75	0.83	0.41	0.45	0.31	0.29	0.26
民营企业	29.44	25.47	27.08	44.81	45.68	46.29	45.41	47.12

十三、石油炼焦等加工业三类所有制企业总产值与出口额比重比较

如表4-13（a）、表4-13（b）所示：

（1）从总产值指标所有制结构考察来看，1999年在石油炼焦等加工业国有控股企业

比重居第 1 位（90.24%），遥遥领先；外商与港澳台投资企业和民营企业均以很小比例分别居第 2 位（5.53%）和第 3 位（4.24%）。1999~2016 年，民营企业快速发展，到 2016 年其比重达到 34.60%，仍旧居第 2 位，但与国有控股企业的差距明显缩小；国有控股企业的比重逐年下降，2016 年其比重为 54.34%，依然居第 1 位；外商与港澳台投资企业的比重逐年缓慢上升，2016 年其比重为 11.06%，居第 3 位。

（2）从出口额指标所有制结构考察来看，2001 年在石油炼焦等加工业国有控股企业比重居第 1 位（78.75%），遥遥领先；外商与港澳台投资企业居第 2 位（20.81%）；民营企业以极小比重居第 3 位（0.44%）。2001~2016 年，国有控股企业的比重逐年下降，2016 年其比重为 50.36%，仍旧居第 1 位；外商与港澳台投资企业比重平稳发展，2016 年为 35.46%，依然居第 2 位；民营企业出口额比重逐年稳步增长，2016 年达到 14.18%，依然居第 3 位，但与另外两类企业相比，差距明显缩小。

表 4-13（a）　1999~2016 年石油炼焦等加工业三类所有制企业总产值比重　　单位：%

年份 / 行业	1999	2000	2001	2002	2003	2004	2005	2006	2007
外商与港澳台投资企业	5.53	5.27	8.97	10.02	10.17	9.91	10.61	10.52	14.89
国有控股企业	90.24	91.88	88.58	87.27	85.42	82.25	80.05	75.88	75.76
民营企业	4.24	2.85	2.45	2.71	4.42	7.85	9.34	13.60	9.35
年份 / 行业	2008	2009	2010	2011	2012	2013	2014	2015	2016
外商与港澳台投资企业	13.36	13.19	13.57	12.51	12.28	11.95	12.13	11.14	11.06
国有控股企业	72.85	70.78	71.31	68.95	69.47	67.78	66.41	59.08	54.34
民营企业	13.78	16.02	15.12	18.54	18.25	20.27	21.46	29.78	34.60

表 4-13（b）　2001~2016 年石油炼焦等加工业三类所有制企业出口额比重　　单位：%

年份 / 行业	2001	2002	2003	2004	2005	2006	2007	2008
外商与港澳台投资企业	20.81	23.54	24.60	29.57	29.10	52.02	38.78	39.82
国有控股企业	78.75	76.29	75.29	70.33	56.98	22.76	45.29	48.40
民营企业	0.44	0.17	0.12	0.10	13.92	25.22	15.93	11.78
年份 / 行业	2009	2010	2011	2012	2013	2014	2015	2016
外商与港澳台投资企业	35.18	34.70	31.08	37.87	36.78	44.01	39.69	35.46
国有控股企业	53.82	53.56	54.63	60.03	58.01	54.15	60.15	50.36
民营企业	11.01	11.73	14.29	2.10	5.21	1.84	0.16	14.18

十四、化学制品业三类所有制企业总产值与出口额比重比较

如表 4-14（a）、表 4-14（b）所示：

（1）从总产值指标所有制结构考察来看，1999 年在化学制品业国有控股企业比重居第 1 位（49.34%）；民营企业居第 2 位（32.40%）；外商与港澳台投资企业位居第 3 位（18.26%）。1999~2016 年，民营企业快速发展，到 2016 年其比重达到 64.85%，成为绝对主力军；而国有控股企业的比重逐年下降，2016 年其比重为 14.02%，居第 3 位；外商与港澳台投资企业的比重缓慢上升，2016 年其比重为 21.12%，居第 2 位。

（2）从出口额指标所有制结构考察来看，2001 年在化学制品业外商与港澳台投资企业比重居第 1 位（43.46%）；民营企业和国有控股企业以接近的比重分别居第 2 位（28.84%）和第 3 位（27.70%）。2001~2016 年，民营企业出口额比重逐年稳步增长，2016 年达到 45.70%，超越外商与港澳台投资企业，居第 1 位；而国有控股企业的比重逐年下降，2016 年其比重为 11.40%，居第 3 位；外商与港澳台投资企业的比重变化不明显，到 2016 年为 42.90%，居第 2 位。

表 4-14（a）　1999~2016 年化学制品业三类所有制企业总产值比重　　单位：%

行业 ＼ 年份	1999	2000	2001	2002	2003	2004	2005	2006	2007
外商与港澳台投资企业	18.26	20.59	21.39	22.08	23.26	22.48	25.80	26.97	27.85
国有控股企业	49.34	47.89	47.94	42.99	39.38	36.72	30.93	29.45	26.20
民营企业	32.40	31.52	30.67	34.93	37.37	40.81	43.27	43.57	45.95
行业 ＼ 年份	2008	2009	2010	2011	2012	2013	2014	2015	2016
外商与港澳台投资企业	26.79	25.50	26.26	26.15	23.41	23.00	23.00	21.97	21.12
国有控股企业	23.16	20.09	19.45	18.83	17.78	16.23	15.15	13.94	14.02
民营企业	50.05	54.42	54.29	55.02	58.82	60.77	61.84	64.09	64.85

表 4-14（b）　2001~2016 年化学制品业三类所有制企业出口额比重　　单位：%

行业 ＼ 年份	2001	2002	2003	2004	2005	2006	2007	2008
外商与港澳台投资企业	43.46	45.78	43.94	49.93	43.21	50.01	51.11	48.49
国有控股企业	27.70	22.87	24.32	22.94	17.91	16.93	17.23	16.33
民营企业	28.84	31.35	31.73	27.14	38.88	33.05	31.66	35.18
行业 ＼ 年份	2009	2010	2011	2012	2013	2014	2015	2016
外商与港澳台投资企业	46.32	48.15	49.85	46.23	44.42	43.63	40.78	42.90
国有控股企业	15.20	16.00	12.58	13.24	13.83	13.36	12.63	11.40
民营企业	38.48	35.85	37.57	40.53	41.75	43.02	46.59	45.70

十五、医药制造业三类所有制企业总产值与出口额比重比较

如表 4-15（a）、表 4-15（b）所示：

（1）从总产值指标所有制结构考察来看，1999 年在医药制造业国有控股企业比重居第 1 位（54.23%）；民营企业居第 2 位（23.17%）；外商与港澳台投资企业位居第 3 位（22.60%）。1999~2016 年，民营企业快速发展，到 2016 年其比重达到 72.98%，成为绝对主力军；而国有控股企业的比重逐年快速下降，2016 年其比重为 7.87%，居第 3 位；外商与港澳台投资企业的比重变化不明显，2016 年其比重为 19.14%，居第 2 位。

（2）从出口额指标所有制结构考察来看，2001 年在医药制造业国有控股企业比重居第 1 位（45.32%）；民营企业居第 2 位（33.83%）；外商与港澳台投资企业居第 3 位（20.85%）。2001~2016 年，民营企业出口额比重逐年稳步增长，2016 年达到 52.91%，超越国有控股企业、外商与港澳台投资企业，居第 1 位；而国有控股企业的比重逐年快速下降，2016 年其比重为 10.14%，居第 3 位；外商与港澳台投资企业的比重稳步上升，到 2016 年为 36.95%，居第 2 位。

表 4-15（a）　　　**1999~2016 年医药制造业三类所有制企业总产值比重**　　　单位：%

行业＼年份	1999	2000	2001	2002	2003	2004	2005	2006	2007
外商与港澳台投资企业	22.60	22.66	22.10	21.63	21.63	19.15	24.25	25.12	25.13
国有控股企业	54.23	47.93	45.17	41.17	37.32	33.16	24.34	20.15	18.01
民营企业	23.17	29.40	32.73	37.21	41.05	47.70	51.41	54.73	56.86

行业＼年份	2008	2009	2010	2011	2012	2013	2014	2015	2016
外商与港澳台投资企业	26.67	27.68	26.66	24.47	23.27	21.67	21.20	19.61	19.14
国有控股企业	15.61	12.84	12.82	11.84	10.91	9.69	8.37	7.99	7.87
民营企业	57.73	59.48	60.52	63.70	65.82	68.64	70.43	72.39	72.98

表 4-15（b）　　　**2001~2016 年医药制造业三类所有制企业出口额比重**　　　单位：%

行业＼年份	2001	2002	2003	2004	2005	2006	2007	2008
外商与港澳台投资企业	20.85	22.69	26.96	30.60	26.99	31.06	33.13	36.96
国有控股企业	45.32	38.37	41.45	37.35	27.32	21.00	21.48	18.60
民营企业	33.83	38.94	31.58	32.05	45.69	47.94	45.39	44.44

行业＼年份	2009	2010	2011	2012	2013	2014	2015	2016
外商与港澳台投资企业	45.08	44.15	41.57	42.18	42.36	42.67	40.98	36.95
国有控股企业	17.22	17.00	15.25	15.17	15.00	12.65	10.89	10.14
民营企业	37.70	38.85	43.18	42.65	42.64	44.68	48.13	52.91

十六、化学纤维制造业三类所有制企业总产值与出口额比重比较

如表4-16（a）、表4-16（b）所示：

（1）从总产值指标所有制结构考察来看，1999年在化学纤维制造业国有控股企业比重位居第1位（52.00%）；外商与港澳台投资企业位居第2位（31.34%）；民营企业居第3位（16.66%）。1999~2016年，民营企业快速发展，到2016年其比重达到65.96%，居第1位；而国有控股企业的比重逐年快速下降，2016年其比重为9.78%，居第3位；外商与港澳台投资企业的比重变化不明显，2016年其比重为24.26%，居第2位。

（2）从出口额指标所有制结构考察来看，2001年在化学纤维制造业外商与港澳台投资企业比重居第1位（42.14%）；民营企业居第2位（31.94%）；国有控股企业居第3位（25.92%）。2001~2016年，民营企业出口额比重逐年稳步增长，2016年达到56.40%，超越外商与港澳台投资企业，居第1位；而国有控股企业的比重逐年快速下降，2016年其比重为11.79%，居第3位；外商与港澳台投资企业的比重缓步下降，到2016年为31.81%，居第2位。

表4-16（a）　1999~2016年化学纤维制造业三类所有制企业总产值比重　单位：%

行业＼年份	1999	2000	2001	2002	2003	2004	2005	2006	2007
外商与港澳台投资企业	31.34	33.85	21.30	25.57	19.79	20.23	27.60	29.31	29.49
国有控股企业	52.00	51.36	43.41	36.36	27.25	25.40	22.40	20.46	18.15
民营企业	16.66	14.78	35.29	38.07	52.95	54.38	49.99	50.24	52.35

行业＼年份	2008	2009	2010	2011	2012	2013	2014	2015	2016
外商与港澳台投资企业	30.55	29.50	31.57	29.29	28.00	30.56	29.61	28.16	24.26
国有控股企业	12.28	10.29	8.72	8.15	6.35	6.48	6.34	7.94	9.78
民营企业	57.17	60.22	59.70	62.56	65.65	62.97	64.05	63.90	65.96

表4-16（b）　2001~2016年化学纤维制造业三类所有制企业出口额比重　单位：%

行业＼年份	2001	2002	2003	2004	2005	2006	2007	2008
外商与港澳台投资企业	42.14	41.24	41.92	50.77	41.40	40.96	44.91	37.11
国有控股企业	25.92	34.42	32.07	28.16	19.00	16.89	15.97	12.17
民营企业	31.94	24.35	26.01	21.07	39.60	42.14	39.12	50.72

行业＼年份	2009	2010	2011	2012	2013	2014	2015	2016
外商与港澳台投资企业	32.75	35.54	38.96	37.41	38.68	39.35	35.15	31.81
国有控股企业	10.91	13.38	8.14	9.15	9.19	8.90	9.22	11.79
民营企业	56.35	51.07	52.90	53.43	52.12	51.75	55.63	56.40

十七、橡胶塑料制品业三类所有制企业总产值与出口额比重比较

如表 4-17（a）、表 4-17（b）所示：

（1）从总产值指标所有制结构考察来看，1999 年在橡胶塑料制品业民营企业比重居第 1 位（42.27%）；外商与港澳台投资企业居第 2 位（38.82%）；国有控股企业居第 3 位（18.92%）。1999~2016 年，民营企业迅猛发展，到 2016 年其比重达到 77.23%，居第 1 位，且遥遥领先；而外商与港澳台投资企业的比重快速下降，2016 年其比重为 20.16%，依然居第 2 位，但与民营企业差距加大；国有控股企业的比重也逐年快速下降，2016 年其比重为 2.62%，居第 3 位。

（2）从出口额指标所有制结构考察来看，2001 年在橡胶塑料制品业外商与港澳台投资企业比重居第 1 位（73.89%），且遥遥领先；民营企业居第 2 位（16.09%）；国有控股企业居第 3 位（10.02）。2001~2016 年，民营企业出口额比重逐年稳步增长，2016 年达到 46.96%，依然居第 2 位，但与外商与港澳台投资企业差距大大缩小；国有控股企业的比重逐年下降，2016 年其比重为 3.77%，仍旧居第 3 位；外商与港澳台投资企业的比重逐年下降，到 2016 年为 49.27%，依然位居第 1 位。

表 4-17（a）　1999~2016 年橡胶塑料制品业三类所有制企业总产值比重　　单位：%

行业＼年份	1999	2000	2001	2002	2003	2004	2005	2006	2007
外商与港澳台投资企业	38.82	41.13	41.09	40.72	41.23	38.89	41.64	39.92	38.39
国有控股企业	18.92	17.26	18.31	15.17	12.57	11.48	9.37	7.58	6.71
民营企业	42.27	41.61	40.60	44.11	46.19	49.63	48.99	52.51	54.90

行业＼年份	2008	2009	2010	2011	2012	2013	2014	2015	2016
外商与港澳台投资企业	37.67	34.09	31.96	29.43	27.10	25.52	22.75	20.85	20.16
国有控股企业	6.79	6.06	5.74	5.82	5.17	4.64	4.13	2.86	2.62
民营企业	55.54	59.85	62.29	64.75	67.74	69.84	73.12	76.29	77.23

表 4-17（b）　2001~2016 年橡胶塑料制品业三类所有制企业出口额比重　　单位：%

行业＼年份	2001	2002	2003	2004	2005	2006	2007	2008
外商与港澳台投资企业	73.89	75.66	75.50	77.13	71.41	69.72	69.72	72.78
国有控股企业	10.02	7.03	7.50	7.62	7.04	6.30	5.98	5.62
民营企业	16.09	17.31	17.00	15.25	21.55	23.97	24.30	21.60

行业＼年份	2009	2010	2011	2012	2013	2014	2015	2016
外商与港澳台投资企业	69.80	64.00	60.74	60.79	57.27	53.08	53.17	49.27
国有控股企业	5.87	7.37	6.01	6.69	5.97	6.15	4.28	3.77
民营企业	24.33	28.63	33.25	32.53	36.76	40.77	42.55	46.96

十八、非金属矿物制品业三类所有制企业总产值与出口额比重比较

如表4-18（a）、表4-18（b）所示：

（1）从总产值指标所有制结构考察来看，1999年在非金属矿物制品业民营企业比重居第1位（52.66%）；国有控股企业居第2位（31.45%）；外商与港澳台投资企业居第3位（15.90%）。1999~2016年，民营企业继续迅猛发展，到2016年其比重达到83.73%，依然居第1位，且遥遥领先；而国有控股企业的比重逐年快速下降，2016年其比重为7.85%，居第3位；外商与港澳台投资企业的比重也逐年下降，2016年其比重为8.42%，居第2位。

（2）从出口额指标所有制结构考察来看，2001年在非金属矿物制品业外商与港澳台投资企业比重居第1位（59.00%），且遥遥领先；民营企业居第2位（28.77%）；国有控股企业居第3位（12.23%）。2001~2016年，民营企业出口额比重逐年稳步增长，2016年达到53.84%，超越外商与港澳台投资企业，居第1位；国有控股企业的比重逐年下降，2016年其比重为5.77%，居第3位；外商与港澳台投资企业的比重也逐年下降，到2016年为40.39%，居第2位。

表4-18（a）   1999~2016年非金属矿物制品业三类所有制企业总产值比重   单位：%

年份 行业	1999	2000	2001	2002	2003	2004	2005	2006	2007
外商与港澳台投资企业	15.90	17.34	19.06	18.97	16.94	16.40	18.27	18.24	18.35
国有控股企业	31.45	28.26	26.39	23.58	19.15	16.87	13.10	11.60	10.60
民营企业	52.66	54.40	54.55	57.45	63.91	66.73	68.63	70.16	71.05
年份 行业	2008	2009	2010	2011	2012	2013	2014	2015	2016
外商与港澳台投资企业	16.93	14.89	14.26	13.16	11.51	10.35	9.61	8.86	8.42
国有控股企业	10.52	9.59	9.98	10.63	9.58	9.27	8.66	7.67	7.85
民营企业	72.55	75.53	75.76	76.22	78.91	80.39	81.73	83.46	83.73

表4-18（b）   2001~2016年非金属矿物制品业三类所有制企业出口额比重   单位：%

年份 行业	2001	2002	2003	2004	2005	2006	2007	2008
外商与港澳台投资企业	59.00	58.10	52.58	57.42	55.62	54.22	54.02	51.74
国有控股企业	12.23	12.61	13.09	11.71	10.03	8.75	8.73	8.50
民营企业	28.77	29.29	34.33	30.87	34.34	37.03	37.26	39.75
年份 行业	2009	2010	2011	2012	2013	2014	2015	2016
外商与港澳台投资企业	45.94	46.68	50.17	47.35	44.58	43.07	40.54	40.39
国有控股企业	4.65	7.41	4.92	5.93	5.25	5.45	5.33	5.77
民营企业	49.42	45.91	44.90	46.72	50.17	51.47	54.13	53.84

十九、黑色金属冶炼加工业三类所有制企业总产值与出口额比重比较

如表4-19（a）、表4-19（b）所示：

（1）从总产值指标所有制结构考察来看，1999年在黑色金属冶炼加工业国有控股企业比重居第1位（74.79%），且遥遥领先；民营企业居第2位（18.24%）；外商与港澳台投资企业居第3位（6.97%）。1999~2016年，民营企业迅猛发展，到2016年其比重达到63.06%，居第1位，且遥遥领先；而国有控股企业的比重逐年快速下降，2016年其比重为26.16%，居第2位；外商与港澳台投资企业的比重略有上升，2016年其比重为10.78%，依然居第3位。

（2）从出口额指标所有制结构考察来看，2001年在黑色金属冶炼加工业国有控股企业比重居第1位（73.58%），且遥遥领先；外商与港澳台投资企业居第2位（14.52%）；民营企业居第3位（11.90%）。2001~2016年，民营企业出口额比重逐年稳步增长，2016年达到34.79%，超越外商与港澳台投资企业，居第2位，且与国有控股企业差距缩小；国有控股企业的比重逐年下降，2016年其比重为43.69%，依然居第1位；外商与港澳台投资企业的比重略有上升，到2016年为21.52%，居第3位。

表4-19（a）　　1999~2016年黑色金属冶炼加工业三类所有制企业总产值比重　单位：%

行业＼年份	1999	2000	2001	2002	2003	2004	2005	2006	2007
外商与港澳台投资企业	6.97	7.17	8.15	7.52	8.75	9.52	12.66	14.33	14.17
国有控股企业	74.79	77.71	72.89	67.28	59.74	55.36	47.81	43.45	42.25
民营企业	18.24	15.12	18.95	25.20	31.51	35.12	39.53	42.22	43.57

行业＼年份	2008	2009	2010	2011	2012	2013	2014	2015	2016
外商与港澳台投资企业	14.22	13.73	13.09	12.86	11.93	11.83	10.54	9.98	10.78
国有控股企业	41.94	39.12	39.32	37.21	31.72	30.05	28.50	26.03	26.16
民营企业	43.84	47.16	47.59	49.94	56.35	58.12	60.96	63.99	63.06

表4-19（b）　　2001~2016年黑色金属冶炼加工业三类所有制企业出口额比重　单位：%

行业＼年份	2001	2002	2003	2004	2005	2006	2007	2008
外商与港澳台投资企业	14.52	15.85	21.02	21.50	20.59	20.26	19.99	20.67
国有控股企业	73.58	67.14	63.68	68.93	67.25	68.53	69.48	67.84
民营企业	11.90	17.02	15.31	9.57	12.16	11.21	10.53	11.50

行业＼年份	2009	2010	2011	2012	2013	2014	2015	2016
外商与港澳台投资企业	23.65	18.18	27.33	29.38	28.47	25.20	22.86	21.52
国有控股企业	44.03	60.15	49.07	48.01	48.61	50.07	49.82	43.69
民营企业	32.32	21.67	23.59	22.61	22.92	24.73	27.32	34.79

二十、有色金属冶炼加工业三类所有制企业总产值与出口额比重比较

如表4-20（a）、表4-20（b）所示：

（1）从总产值指标所有制结构考察来看，1999年在有色金属冶炼加工业国有控股企业比重居第1位（52.13%）；民营企业居第2位（34.49%）；外商与港澳台投资企业居第3位（13.38%）。1999~2016年，民营企业快速发展，到2016年其比重达到64.41%，超越国有控股企业，居第1位；而国有控股企业的比重逐年下降，2016年其比重为23.29%，居第2位；外商与港澳台投资企业的比重变化不明显，2016年其比重为12.30%，依然居第3位。

（2）从出口额指标所有制结构考察来看，2001年在有色金属冶炼加工业国有控股企业比重居第1位（55.58%）；外商与港澳台投资企业居第2位（22.22%）；民营企业居第3位（22.19%）。2001~2016年，民营企业出口额比重逐年稳步增长，2016年达到43.68%，超越国有控股企业，居第1位；国有控股企业的比重逐年快速下降，2016年其比重为18.95%，居第3位；外商与港澳台投资企业的比重先升后降，到2016年为37.37%，居第2位。

表4-20（a）　　1999~2016年有色金属冶炼加工业三类所有制企业总产值比重　　单位：%

年份 行业	1999	2000	2001	2002	2003	2004	2005	2006	2007
外商与港澳台投资企业	13.38	13.45	12.01	13.06	13.20	12.66	15.11	16.10	15.89
国有控股企业	52.13	51.31	49.52	45.09	40.92	37.93	34.71	33.50	32.43
民营企业	34.49	35.24	38.46	41.85	45.88	49.41	50.18	50.40	51.67
年份 行业	2008	2009	2010	2011	2012	2013	2014	2015	2016
外商与港澳台投资企业	15.68	15.11	14.43	13.57	12.41	12.23	11.66	11.42	12.30
国有控股企业	29.89	27.22	28.56	28.70	27.99	26.20	25.34	24.69	23.29
民营企业	54.42	57.67	57.01	57.74	59.60	61.57	62.99	63.90	64.41

表4-20（b）　　2001~2016年有色金属冶炼加工业三类所有制企业出口额比重　　单位：%

年份 行业	2001	2002	2003	2004	2005	2006	2007	2008
外商与港澳台投资企业	22.22	24.26	30.52	38.52	39.94	38.98	43.46	51.12
国有控股企业	55.58	54.52	55.18	53.13	47.65	49.65	41.65	31.42
民营企业	22.19	21.22	14.30	8.34	12.41	11.37	14.89	17.46
年份 行业	2009	2010	2011	2012	2013	2014	2015	2016
外商与港澳台投资企业	53.83	46.56	57.39	44.36	38.33	38.08	40.26	37.37
国有控股企业	18.68	30.59	18.94	22.77	24.14	24.33	18.40	18.95
民营企业	27.49	22.85	23.67	32.87	37.52	37.59	41.34	43.68

二十一、金属制品业三类所有制企业总产值与出口额比重比较

如表 4-21（a）、表 4-21（b）所示：

（1）从总产值指标所有制结构考察来看，1999 年在金属制品业民营企业比重居第 1 位（52.21%）；外商与港澳台投资企业居第 2 位（34.22%）；国有控股企业居第 3 位（13.56%）。1999~2016 年，民营企业继续快速发展，到 2016 年其比重达到 79.09%，依然居第 1 位，且遥遥领先；而外商与港澳台投资企业的比重逐年下降，2016 年其比重为 15.97%，仍旧居第 2 位，但与民营企业差距拉大；国有控股企业的比重也逐年下降，2016 年其比重为 4.94%，居第 3 位。

（2）从出口额指标所有制结构考察来看，2001 年在金属制品业外商与港澳台投资企业比重居第 1 位（65.11%），且遥遥领先；民营企业居第 2 位（28.05%）；国有控股企业居第 3 位（6.84%）。2001~2016 年，民营企业出口额比重逐年稳步增长，2016 年达到 43.37%，依然居第 2 位，但与外商与港澳台投资企业差距明显缩小；国有控股企业的比重逐年缓慢下降，2016 年其比重为 3.61%，仍旧居第 3 位；外商与港澳台投资企业的比重逐年缓慢下降，到 2016 年为 53.03%，依然居第 1 位。

表 4-21（a）　　　1999~2016 年金属制品业三类所有制企业总产值比重　　　单位：%

年份 行业	1999	2000	2001	2002	2003	2004	2005	2006	2007
外商与港澳台投资企业	34.22	37.99	36.13	36.31	35.51	35.65	36.73	35.12	35.06
国有控股企业	13.56	11.79	11.56	9.66	9.43	8.87	7.59	7.21	7.21
民营企业	52.21	50.22	52.31	54.03	55.06	55.47	55.67	57.67	57.73

年份 行业	2008	2009	2010	2011	2012	2013	2014	2015	2016
外商与港澳台投资企业	31.05	25.26	25.27	24.45	20.31	18.91	17.98	16.67	15.97
国有控股企业	6.63	5.87	5.59	5.80	7.25	6.46	5.82	5.62	4.94
民营企业	62.32	68.87	69.14	69.76	72.44	74.63	76.19	77.72	79.09

表 4-21（b）　　　2001~2016 年金属制品业三类所有制企业出口额比重　　　单位：%

年份 行业	2001	2002	2003	2004	2005	2006	2007	2008
外商与港澳台投资企业	65.11	64.20	66.16	70.78	67.52	66.82	68.44	64.61
国有控股企业	6.84	5.71	5.16	4.60	3.88	4.72	7.60	7.21
民营企业	28.05	30.09	28.68	24.63	28.60	28.46	23.96	28.19

年份 行业	2009	2010	2011	2012	2013	2014	2015	2016
外商与港澳台投资企业	58.17	59.45	60.18	58.47	55.51	56.64	54.23	53.03
国有控股企业	2.84	5.04	3.87	5.45	4.45	4.59	4.06	3.61
民营企业	39.00	35.51	35.96	36.08	40.03	38.77	41.72	43.37

二十二、通用设备制造业三类所有制企业总产值与出口额比重比较

如表 4-22（a）、表 4-22（b）所示：

（1）从总产值指标所有制结构考察来看，1999 年在通用设备制造业国有控股企业比重居第 1 位（40.82%）；民营企业居第 2 位（39.64%）；外商与港澳台投资企业居第 3 位（19.54%）。1999~2016 年，民营企业快速发展，到 2016 年其比重达到 68.38%，居第 1 位，且遥遥领先；而国有控股企业的比重快速下降，2016 年其比重为 9.18%，居第 3 位；外商与港澳台投资企业的比重变化不明显，2016 年其比重为 22.45%，超越国有控股企业，居第 2 位。

（2）从出口额指标所有制结构考察来看，2001 年在通用设备制造业外商与港澳台投资企业比重居第 1 位（45.06%）；民营企业居第 2 位（32.91%）；国有控股企业居第 3 位（22.03%）。2001~2016 年，民营企业出口额比重变化不明显，2016 年为 33.52%，依然居第 2 位，但与外商与港澳台投资企业差距拉大；国有控股企业的比重逐年下降，2016 年其比重为 5.69%，仍旧居第 3 位；外商与港澳台投资企业的比重逐年上升，到 2016 年为 60.79%，依然居第 1 位。

表 4-22（a）　　1999~2016 年通用设备制造业三类所有制企业总产值比重　　单位：%

年份 行业	1999	2000	2001	2002	2003	2004	2005	2006	2007
外商与港澳台投资企业	19.54	21.42	22.38	23.82	25.12	24.09	27.82	27.69	27.62
国有控股企业	40.82	36.74	36.57	35.74	31.04	27.87	23.37	21.69	19.32
民营企业	39.64	41.84	41.05	40.44	43.84	48.05	48.81	50.62	53.06
年份 行业	2008	2009	2010	2011	2012	2013	2014	2015	2016
外商与港澳台投资企业	25.52	22.70	22.85	22.58	26.13	24.84	24.10	23.07	22.45
国有控股企业	16.77	15.58	13.17	12.50	12.32	11.01	10.14	9.48	9.18
民营企业	57.71	61.73	63.97	64.92	61.55	64.15	65.76	67.45	68.38

表 4-22（b）　　2001~2016 年通用设备制造业三类所有制企业出口额比重　　单位：%

年份 行业	2001	2002	2003	2004	2005	2006	2007	2008
外商与港澳台投资企业	45.06	46.45	51.92	58.06	55.32	58.74	59.76	54.38
国有控股企业	22.03	19.32	16.33	17.40	16.22	16.57	16.70	16.32
民营企业	32.91	34.23	31.75	24.54	28.46	24.69	23.54	29.30
年份 行业	2009	2010	2011	2012	2013	2014	2015	2016
外商与港澳台投资企业	51.06	56.85	61.19	68.71	66.73	66.07	64.12	60.79
国有控股企业	17.94	11.69	7.66	7.24	7.08	6.04	6.16	5.69
民营企业	31.00	31.46	31.15	24.04	26.19	27.89	29.72	33.52

二十三、专用设备制造业三类所有制企业总产值与出口额比重比较

如表 4-23（a）、表 4-23（b）所示：

（1）从总产值指标所有制结构考察来看，1999 年在专用设备制造业民营企业比重居第 1 位（43.36%）；国有控股企业居第 2 位（43.03%）；外商与港澳台投资企业居第 3 位（13.61%）。1999~2016 年，民营企业快速发展，到 2016 年其比重达到 73.33%，居第 1 位，且遥遥领先；而国有控股企业的比重快速下降，2016 年其比重为 10.43%，居第 3 位；外商与港澳台投资企业的比重先升后降，2016 年其比重为 16.24%，居第 2 位。

（2）从出口额指标所有制结构考察来看，2001 年在专用设备制造业外商与港澳台投资企业比重居第 1 位（53.00%）；民营企业居第 2 位（27.97%）；国有控股企业居第 3 位（19.03%）。2001~2016 年，民营企业出口额比重先降后升，2016 年达到 37.05%，依然居第 2 位；国有控股企业的比重逐年下降，2016 年其比重为 10.68%，仍旧居第 3 位；外商与港澳台投资企业的比重变化不明显，到 2016 年为 52.27%，依然居第 1 位。

表 4-23（a）　　1999~2016 年专用设备制造业三类所有制企业总产值比重　　单位：%

行业＼年份	1999	2000	2001	2002	2003	2004	2005	2006	2007
外商与港澳台投资企业	13.61	15.26	17.88	19.53	20.16	20.35	25.02	26.28	27.14
国有控股企业	43.03	39.10	37.04	35.10	38.60	34.44	29.35	26.15	25.38
民营企业	43.36	45.64	45.08	45.37	41.23	45.21	45.63	47.57	47.48

行业＼年份	2008	2009	2010	2011	2012	2013	2014	2015	2016
外商与港澳台投资企业	27.14	24.24	24.82	23.31	20.69	19.24	18.76	17.32	16.24
国有控股企业	24.25	24.10	21.85	20.21	18.49	16.45	13.80	12.08	10.43
民营企业	48.61	51.65	53.34	56.49	60.82	64.31	67.44	70.60	73.33

表 4-23（b）　　2001~2016 年专用设备制造业三类所有制企业出口额比重　　单位：%

行业＼年份	2001	2002	2003	2004	2005	2006	2007	2008
外商与港澳台投资企业	53.00	49.38	52.07	62.07	59.14	59.83	60.74	57.86
国有控股企业	19.03	16.40	21.18	19.11	16.08	16.20	18.49	18.36
民营企业	27.97	34.22	26.76	18.81	24.78	23.97	20.76	23.77

行业＼年份	2009	2010	2011	2012	2013	2014	2015	2016
外商与港澳台投资企业	57.77	57.95	59.74	61.30	59.63	59.59	54.18	52.27
国有控股企业	17.91	17.00	14.33	20.94	18.33	17.59	9.60	10.68
民营企业	24.32	25.05	25.93	17.77	22.04	22.82	36.22	37.05

二十四、交通运输设备制造业三类所有制企业总产值与出口额比重比较

如表 4-24（a）、表 4-24（b）所示：

（1）从总产值指标所有制结构考察来看，1999 年在交通运输设备制造业国有控股企业比重居第 1 位（62.45%）；外商与港澳台投资企业居第 2 位（27.20%）；民营企业居第 3 位（10.35%）。1999~2016 年，民营企业比重逐年增长，到 2016 年其比重达到 22.18%，依然居第 3 位，但与国有控股企业、外商与港澳台投资企业的差距明显缩小；而国有控股企业比重逐年下降，2016 年其比重为 38.72%，被外商与港澳台投资企业超越，居第 3 位；外商与港澳台投资企业的比重变化不明显，2016 年其比重为 39.10%，略高于国有控股企业比重，居第 1 位。

（2）从出口额指标所有制结构考察来看，2001 年在交通运输设备制造业国有控股企业比重居第 1 位（45.12%）；外商与港澳台投资企业居第 2 位（44.57%）；民营企业居第 3 位（10.31%）。2001~2016 年，民营企业出口额比重逐年增长，2016 年达到 30.86%，超越国有控股企业，居第 2 位；国有控股企业的比重逐年下降，2016 年其比重为 27.22%，居第 3 位；外商与港澳台投资企业的比重变化不明显，到 2016 年为 41.92%，居第 1 位。

表 4-24（a）　1999~2016 年交通运输设备制造业三类所有制企业总产值比重　单位：%

行业＼年份	1999	2000	2001	2002	2003	2004	2005	2006	2007
外商与港澳台投资企业	27.20	28.45	29.60	31.25	37.73	37.53	39.24	41.54	41.27
国有控股企业	62.45	62.56	63.78	63.42	58.07	53.57	48.34	45.22	45.08
民营企业	10.35	8.99	6.62	5.33	4.20	8.90	12.42	13.24	13.65

行业＼年份	2008	2009	2010	2011	2012	2013	2014	2015	2016
外商与港澳台投资企业	40.61	40.34	39.84	40.92	38.86	40.91	40.34	39.45	39.10
国有控股企业	40.93	41.84	41.69	40.52	41.46	40.25	40.31	39.58	38.72
民营企业	18.45	17.82	18.47	18.56	19.69	18.85	19.35	20.97	22.18

表 4-24（b）　2001~2016 年交通运输设备制造业三类所有制企业出口额比重　单位：%

行业＼年份	2001	2002	2003	2004	2005	2006	2007	2008
外商与港澳台投资企业	44.57	43.59	46.42	49.28	46.83	47.71	47.67	50.58
国有控股企业	45.12	43.29	37.20	35.67	32.18	33.34	37.23	37.87
民营企业	10.31	13.13	16.38	15.05	20.99	18.95	15.10	11.54

续表

年份 行业	2009	2010	2011	2012	2013	2014	2015	2016
外商与港澳台投资企业	50.51	46.63	50.09	42.16	46.74	48.38	45.10	41.92
国有控股企业	36.58	39.75	33.17	32.38	31.39	28.08	30.03	27.22
民营企业	12.91	13.62	16.74	25.45	21.87	23.54	24.87	30.86

二十五、电气机械器材制造业三类所有制企业总产值与出口额比重比较

如表 4-25（a）、表 4-25（b）所示：

（1）从总产值指标所有制结构考察来看，1999 年在电气机械器材制造业民营企业比重居第 1 位（47.12%）；外商与港澳台投资企业居第 2 位（31.52%）；国有控股企业居第 3 位（21.36%）。1999~2016 年，民营企业比重继续快速增长，到 2016 年其比重达到 69.44%，依然居第 1 位，且遥遥领先；而国有控股企业比重逐年下降，2016 年其比重为 7.39%，依然居第 3 位；外商与港澳台投资企业的比重也在逐年下降，2016 年其比重为 23.17%，仍旧居第 2 位。

（2）从出口额指标所有制结构考察来看，2001 年在电气机械器材制造业外商与港澳台投资企业比重居第 1 位（67.72%），且遥遥领先；民营企业居第 2 位（23.98%）；国有控股企业居第 3 位（8.31%）。2001~2016 年，民营企业出口额比重逐年增长，2016 年达到 41.08%，依然居第 2 位，但与外商与港澳台投资企业的差距明显缩小；国有控股企业的比重逐年下降，2016 年其比重为 4.23%，仍旧居第 3 位；外商与港澳台投资企业的比重也逐年下降，到 2016 年为 54.69%，依然居第 1 位。

表 4-25（a）　　1999~2016 年电气机械器材制造业三类所有制企业总产值比重　　单位：%

年份 行业	1999	2000	2001	2002	2003	2004	2005	2006	2007
外商与港澳台投资企业	31.52	33.16	33.45	33.34	35.57	35.83	38.03	37.68	37.46
国有控股企业	21.36	18.77	17.11	15.34	12.64	10.97	11.16	10.65	9.19
民营企业	47.12	48.08	49.44	51.32	51.79	53.20	50.81	51.66	53.36

年份 行业	2008	2009	2010	2011	2012	2013	2014	2015	2016
外商与港澳台投资企业	35.27	32.28	31.62	30.12	27.92	26.77	25.64	23.93	23.17
国有控股企业	8.50	8.46	8.51	8.60	8.01	8.03	7.72	7.36	7.39
民营企业	56.23	59.26	59.87	61.28	64.07	65.20	66.64	68.71	69.44

表 4-25（b）　　2001～2016 年电气机械器材制造业三类所有制企业出口额比重　单位：%

年份 行业	2001	2002	2003	2004	2005	2006	2007	2008
外商与港澳台投资企业	67.72	66.79	69.97	73.96	67.27	67.74	68.73	68.32
国有控股企业	8.31	7.30	6.56	5.94	4.93	4.73	3.87	3.61
民营企业	23.98	25.92	23.47	20.10	27.80	27.53	27.40	28.06
年份 行业	2009	2010	2011	2012	2013	2014	2015	2016
外商与港澳台投资企业	66.97	64.43	64.53	62.87	62.31	59.99	56.76	54.69
国有控股企业	3.83	5.12	3.86	4.68	4.73	4.08	3.89	4.23
民营企业	29.20	30.45	31.61	32.45	32.96	35.93	39.35	41.08

二十六、计算机通信电子制造业三类所有制企业总产值与出口额比重比较

如表 4-26（a）、表 4-26（b）所示：

（1）从总产值指标所有制结构考察来看，1999 年在计算机通信电子制造业外商与港澳台投资企业比重居第 1 位（61.37%）；国有控股企业居第 2 位（36.04%）；民营企业居第 3 位（2.60%）。1999～2016 年，民营企业比重逐年增长，到 2016 年其比重达到 34.51%，超越国有控股企业，居第 2 位；而国有控股企业比重逐年下降，2016 年其比重为 8.81%，居第 3 位；外商与港澳台投资企业的比重先升后降，2016 年其比重为 56.67%，仍旧居第 1 位。

（2）从出口额指标所有制结构考察来看，2001 年在计算机通信电子制造业外商与港澳台投资企业比重居第 1 位（84.56%），且遥遥领先；国有控股企业居第 2 位（14.44%）；民营企业居第 3 位（1.00%）。2001～2016 年，民营企业出口额比重逐年增长，2016 年达到 16.10%，超越国有控股企业，居第 2 位；国有控股企业的比重逐年下降，2016 年其比重为 4.83%，居第 3 位；外商与港澳台投资企业的比重变化不明显，2016 年为 79.07%，依然遥遥领先地居第 1 位。

表 4-26（a）　　1999～2016 年计算机通信电子制造业三类所有制企业总产值比重　单位：%

年份 行业	1999	2000	2001	2002	2003	2004	2005	2006	2007
外商与港澳台投资企业	61.37	64.87	68.19	73.29	77.62	80.83	82.88	82.57	84.26
国有控股企业	36.04	33.31	30.49	25.61	21.51	16.33	13.03	7.63	6.48
民营企业	2.60	1.81	1.32	1.10	0.87	2.83	4.09	9.80	9.26

续表

年份 行业	2008	2009	2010	2011	2012	2013	2014	2015	2016
外商与港澳台投资企业	81.42	78.15	77.57	76.45	74.37	71.55	67.25	62.47	56.67
国有控股企业	8.74	8.57	7.87	8.08	8.27	8.31	8.50	8.71	8.81
民营企业	9.84	13.28	14.55	15.47	17.36	20.14	24.25	28.82	34.51

表 4-26 （b）　　2001~2016 年计算机通信电子制造业三类所有制企业出口额比重　单位：%

年份 行业	2001	2002	2003	2004	2005	2006	2007	2008
外商与港澳台投资企业	84.56	86.49	89.93	91.05	91.27	91.14	93.22	91.90
国有控股企业	14.44	13.12	9.82	8.79	8.24	3.39	2.55	4.25
民营企业	1.00	0.40	0.25	0.16	0.50	5.47	4.24	3.85

年份 行业	2009	2010	2011	2012	2013	2014	2015	2016
外商与港澳台投资企业	90.96	90.44	90.98	90.56	89.52	85.84	83.12	79.07
国有控股企业	3.56	3.94	3.49	3.81	3.75	4.40	4.46	4.83
民营企业	5.48	5.62	5.53	5.63	6.72	9.75	12.43	16.10

二十七、仪器仪表制造业三类所有制企业总产值与出口额比重比较

如表 4-27 （a）、表 4-27 （b） 所示：

（1） 从总产值指标所有制结构考察来看，1999 年在仪器仪表制造业外商与港澳台投资企业比重居第 1 位 （56.32%）；国有控股企业居第 2 位 （25.37%）；民营企业居第 3 位 （18.31%）。1999~2016 年，民营企业比重迅猛增长，到 2016 年其比重达到 63.61%，超越国有控股企业、外商与港澳台投资企业，居第 1 位；而国有控股企业比重逐年下降，2016 年其比重为 9.25%，居第 3 位；外商与港澳台投资企业的比重也逐年下降，2016 年其比重为 27.14%，居第 2 位。

（2） 从出口额指标所有制结构考察来看，2001 年在仪器仪表制造业外商与港澳台投资企业比重居第 1 位 （87.40%），且遥遥领先；民营企业居第 2 位 （7.12%）；国有控股企业居第 3 位 （5.48%）。2001~2016 年，民营企业出口额比重逐年增长，2016 年达到 29.36%，依然居第 2 位，但与外商与港澳台投资企业的差距明显缩小；国有控股企业的比重逐年下降，2016 年其比重为 0.90%，居第 3 位；外商与港澳台投资企业的比重也逐年下降，2016 年为 69.73%，仍旧遥遥领先地居第 1 位。

表 4-27（a）　1999~2016 年仪器仪表制造业三类所有制企业总产值比重　单位：%

行业＼年份	1999	2000	2001	2002	2003	2004	2005	2006	2007
外商与港澳台投资企业	56.32	56.75	59.06	63.13	67.69	67.67	66.86	65.40	63.35
国有控股企业	25.37	23.14	19.68	17.10	11.30	10.83	10.11	9.16	8.91
民营企业	18.31	20.12	21.26	19.77	21.00	21.50	23.03	25.44	27.74

行业＼年份	2008	2009	2010	2011	2012	2013	2014	2015	2016
外商与港澳台投资企业	57.44	49.34	48.68	46.27	30.68	29.97	28.92	27.47	27.14
国有控股企业	10.06	10.16	10.07	10.19	11.51	10.66	9.61	9.59	9.25
民营企业	32.50	40.50	41.25	43.55	57.81	59.38	61.48	62.94	63.61

表 4-27（b）　2001~2016 年仪器仪表制造业三类所有制企业出口额比重　单位：%

行业＼年份	2001	2002	2003	2004	2005	2006	2007	2008
外商与港澳台投资企业	87.40	88.31	91.36	92.05	90.83	89.63	88.09	87.35
国有控股企业	5.48	5.69	2.96	2.34	1.95	2.10	2.29	1.41
民营企业	7.12	6.00	5.68	5.61	7.22	8.27	9.62	11.25

行业＼年份	2009	2010	2011	2012	2013	2014	2015	2016
外商与港澳台投资企业	83.02	84.02	85.07	73.08	73.45	71.53	69.45	69.73
国有控股企业	1.81	3.64	2.69	3.50	2.02	1.84	0.94	0.90
民营企业	15.17	12.34	12.25	23.42	24.53	26.63	29.62	29.36

第二节　中国制造业整体三类所有制企业总产值与出口额指标比重比较

本章第一节对中国制造业 27 个细分产业中三类所有制企业总产值与出口额指标比重的发展变化分别进行研究，本节的研究将上升到中国制造业整体层面，分析三类所有制企业总产值比重（1999~2016 年）与出口额比重（2001~2016 年）的发展变化；并将前面27 个细分产业的数据进行汇总，进一步分析三类所有制企业在两种工业化战略进程比较优势动态转换与产业升级中所发挥的作用。

一、制造业整体三类所有制企业总产值与出口额比重比较

如表 4-28（a）、表 4-28（b）所示：

（1）从总产值指标所有制结构考察来看，1999 年国有控股企业在制造业整体比重居第 1 位（42.12%）；民营企业居第 2 位（29.92%）；外商与港澳台投资企业居第 3 位（27.96%）。1999~2016 年，民营企业比重迅猛增长，到 2016 年其比重达到 62.24%，超越国有控股企业，居第 1 位；而国有控股企业比重逐年下降，2016 年其比重仅为 14.51%，居第 3 位；外商与港澳台投资企业的比重先升后降，2016 年其比重为 23.25%，居第 2 位。上述统计数据表明：从总产值指标所有制结构考察来看，1999~2016 年，外商与港澳台投资企业总产值比重平均值为 29.90%，是中国制造业产值规模迅猛增长的重要支撑力量；中国市场经济的主体民营企业总产值比重由小到大，最终成为中国制造业产值规模迅猛增长的主力军；而国有控股企业总产值比重由大到小，2012 年之后这种状况没有任何改变，不存在"国进民退"现象。

（2）从出口额指标所有制结构考察来看，2001 年外商与港澳台投资企业在制造业整体比重居第 1 位（63.22%），且遥遥领先；民营企业居第 2 位（19.63%）；国有控股企业居第 3 位（19.63%）。2001~2016 年，民营企业出口额比重逐年增长，2016 年达到 32.57%，依然居第 2 位，但与外商与港澳台投资企业的差距明显缩小；国有控股企业的比重逐年下降，2016 年其比重为 7.15%，居第 3 位；外商与港澳台投资企业的比重先升后降，2016 年为 60.28%，仍旧遥遥领先地居第 1 位。上述统计数据表明：从出口额指标所有制结构考察来看，2001~2016 年，外商与港澳台投资企业出口额比重平均值为 66.87%，是中国制造业出口额规模迅猛增长的主力军，因而当某大国对中国制造业产品实施关税制裁时，首当其冲是外商与港澳台投资企业；中国市场经济的主体民营企业出口额比重由小到大，不断追赶外商与港澳台投资企业，成为中国制造业出口额规模快速增长的重要支撑力量；与此同时，国有控股企业总产值比重则由大到小，"国退民进"现象明显，因而当某大国发起的贸易战指责中国国有企业市场垄断时，这些事实均可以作为有力的反击证据。

（3）综合总产值与出口额指标所有制结构的统计数据，1999~2016 年总产值比重平均值不到 30% 的外商与港澳台投资企业，其 2001~2016 年出口额比重平均值为 66.87%，这一方面说明中国制造业以民营企业为主体的内资企业产品国际竞争力尚待提高，另一方面说明外商与港澳台投资企业属于"产品出口型"企业的居多。[①]

表 4-28（a）　1999~2016 年中国制造业整体三类所有制企业总产值比重　单位：%

年份 行业	1999	2000	2001	2002	2003	2004	2005	2006	2007
外商与港澳台投资企业	27.96	29.35	30.38	31.53	33.43	32.95	35.09	35.10	34.77
国有控股企业	42.12	41.16	39.51	36.21	32.66	29.97	26.13	23.70	22.46
民营企业	29.92	29.49	30.11	32.26	33.91	37.08	38.78	41.20	42.77

---

① 详见本书第一章所述。20 世纪 80 年代中期，当中国对外开放的基本国策尚处于起步阶段，中国政府提出了引进外资的"以市场换技术"策略，同时又提出鼓励外商投资企业向"两型企业"——"先进技术型"和"产品出口型"企业发展。这标志着中国的引资政策已经摒弃了单一的模式，而是依据基本国情，同时采用进口替代和出口导向两种发展战略，以市场和劳动力两大基本要素为基础，同时实现获取先进技术、促进产业结构优化提升以及充分就业等多种目标。

续表

年份　行业	2008	2009	2010	2011	2012	2013	2014	2015	2016
外商与港澳台投资企业	32.57	30.65	29.96	28.70	26.84	26.02	25.04	24.57	23.25
国有控股企业	21.44	20.02	20.02	19.57	18.52	17.31	16.46	15.35	14.51
民营企业	45.99	49.33	50.01	51.73	54.64	56.66	58.50	60.07	62.24

表 4-28（b）　　2001~2016 年制造业整体三类所有制企业出口额比重　　单位：%

年份　行业	2001	2002	2003	2004	2005	2006	2007	2008
外商与港澳台投资企业	63.22	64.97	68.87	72.13	67.03	68.14	69.17	68.70
国有控股企业	19.63	15.13	12.86	11.95	10.35	8.81	9.17	9.91
民营企业	19.63	19.90	18.27	15.92	22.62	23.06	21.66	21.40

年份　行业	2009	2010	2011	2012	2013	2014	2015	2016
外商与港澳台投资企业	68.42	67.46	68.24	68.15	67.30	65.01	62.87	60.28
国有控股企业	7.80	9.22	7.49	7.98	7.60	7.75	7.21	7.15
民营企业	23.78	23.32	24.27	23.87	25.09	27.25	29.92	32.57

二、制造业细分产业三类所有制企业总产值比重与出口额比重汇总分析

将表 4-1（a）至表 4-27（a）、表 4-1（b）至表 4-27（b）的数据汇总整理，得到表 4-29 和表 4-30。

表 4-29　　1999 年、2016 年中国制造业及其细分产业三类所有制企业总产值比重　　单位：%

所有制企业　年份　制造业细分产业	外商与港澳台投资企业		国有控股企业		民营企业	
	1999	2016	1999	2016	1999	2016
制造业	27.96（3）	23.25（2）	42.12（1）	14.51（3）	29.92（2）	62.24（1）
农副食品加工业	23.03（3）	13.86（2）	38.94（1）	5.04（3）	38.03（2）	81.10（1）
食品制造业	36.48（1）	23.27（2）	30.53（3）	4.72（3）	32.99（2）	72.01（1）
酒饮料精制茶制造业	27.75（2）	21.56（2）	53.48（1）	13.78（3）	18.78（3）	64.66（1）
烟草制品业	0.81（3）	0.08（3）	96.38（1）	99.32（1）	2.82（2）	0.60（2）
纺织业	21.32（3）	14.02（2）	32.73（2）	1.62（3）	45.95（1）	84.36（1）
纺织服装服饰业	48.35（1）	26.50（2）	6.63（3）	0.77（3）	45.02（2）	72.73（1）
皮革毛皮羽毛及其制品制鞋业	57.22（1）	31.90（2）	4.95（3）	0.58（3）	37.83（2）	67.52（1）
木材加工木竹藤棕草制品业	31.83（2）	6.90（2）	15.41（3）	1.48（3）	52.77（1）	91.63（1）
家具制造业	41.98（2）	21.32（2）	7.45（3）	1.34（3）	50.57（1）	77.34（1）

续表

所有制企业 / 年份 / 制造业细分产业	外商与港澳台投资企业		国有控股企业		民营企业	
	1999	2016	1999	2016	1999	2016
造纸纸制品业	27.74（3）	25.29（2）	27.84（2）	4.81（3）	44.43（1）	69.90（1）
印刷和记录媒介复制业	30.57（2）	15.84（2）	39.18（1）	5.77（3）	30.25（3）	78.39（1）
文教工美体育娱乐用品制造业	60.42（1）	28.15（2）	8.26（3）	2.77（3）	31.33（2）	69.08（1）
石油加工炼焦核燃料加工业	5.53（2）	11.06（2）	90.24（1）	54.34（1）	4.24（3）	34.60（2）
化学原料化学制品业	18.26（3）	21.12（2）	49.34（1）	14.02（3）	32.40（2）	64.85（1）
医药制造业	22.60（3）	19.14（2）	54.23（1）	7.87（3）	23.17（2）	72.98（1）
化学纤维制造业	31.34（2）	24.26（2）	52.00（1）	9.78（3）	16.66（3）	65.96（1）
橡胶塑料制品业	38.82（2）	20.16（2）	18.92（3）	2.62（3）	42.27（1）	77.23（1）
非金属矿物制品业	15.90（3）	8.42（2）	31.45（2）	7.85（3）	52.66（1）	83.73（1）
黑色金属冶炼压延加工业	6.97（3）	10.78（2）	74.79（1）	26.16（2）	18.24（2）	63.06（1）
有色金属冶炼压延加工业	13.38（3）	12.30（2）	52.13（1）	23.29（2）	34.49（2）	64.41（1）
金属制品业	34.22（2）	15.97（2）	13.56（3）	4.94（3）	52.21（1）	79.09（1）
通用设备制造业	19.54（3）	22.45（2）	40.82（1）	9.18（3）	39.64（2）	68.38（1）
专用设备制造业	13.61（3）	16.24（2）	43.03（2）	10.43（3）	43.36（1）	73.33（1）
交通运输设备制造业	27.20（2）	39.10（2）	62.45（1）	38.72（1）	10.35（3）	22.18（3）
电气机械器材制造业	31.52（2）	23.17（2）	21.36（3）	7.39（3）	47.12（1）	69.44（1）
计算机通信电子设备制造业	61.37（1）	56.67（1）	36.04（2）	8.81（3）	2.60（3）	34.51（2）
仪器仪表制造业	56.32（1）	27.14（2）	25.37（2）	9.25（3）	18.31（3）	63.61（1）

注：表中各列左边的数字是各类企业总产值占比，右边括号中的数字是三类企业的排序。

表 4-30   2001 年、2016 年中国制造业及其细分产业三类所有制企业出口额比重   单位：%

所有制企业 / 年份 / 制造业细分产业	外商与港澳台投资企业		国有控股企业		民营企业	
	2001	2016	2001	2016	2001	2016
制造业	63.22（1）	60.28（1）	17.15（3）	7.15（3）	19.63（2）	32.57（2）
农副食品加工业	50.79（1）	35.58（2）	13.28（3）	1.69（3）	35.93（2）	62.73（1）
食品制造业	53.38（1）	36.20（2）	25.76（2）	4.86（3）	20.86（3）	58.94（1）
酒饮料精制茶制造业	41.31（1）	36.04（2）	38.44（2）	22.51（3）	20.25（3）	41.44（1）
烟草制品业	3.58（2）	0.00（3）	96.42（1）	98.13（1）	0.00（3）	1.87（2）
纺织业	39.17（1）	37.81（2）	26.50（3）	2.72（3）	34.32（2）	59.48（1）
纺织服装服饰业	58.44（1）	50.01（1）	3.76（3）	0.38（3）	37.80（2）	49.61（2）
皮革毛皮羽毛及其制品制鞋业	72.05（1）	54.74（1）	3.23（3）	0.09（3）	24.72（2）	45.17（2）
木材加工木竹藤棕草制品业	57.54（1）	29.23（2）	4.92（3）	2.77（3）	37.55（2）	68.00（1）
家具制造业	79.08（1）	48.17（2）	3.31（3）	0.78（3）	17.61（2）	51.05（1）
造纸纸制品业	72.04（1）	61.20（1）	6.90（3）	6.62（3）	21.06（2）	32.18（2）
印刷和记录媒介复制业	93.69（1）	65.45（1）	2.82（3）	1.78（3）	3.48（2）	32.76（2）

所有制企业 年份 制造业细分产业	外商与港澳台投资企业		国有控股企业		民营企业	
	2001	2016	2001	2016	2001	2016
文教工美体育娱乐用品制造业	72.48（1）	52.62（1）	2.78（3）	0.26（3）	24.75（2）	47.12（2）
石油加工炼焦核燃料加工业	20.81（2）	35.46（2）	78.75（1）	50.36（1）	0.44（3）	14.18（3）
化学原料化学制品业	43.46（1）	42.90（2）	27.70（3）	11.40（3）	28.84（2）	45.70（1）
医药制造业	20.85（3）	36.95（2）	45.32（1）	10.14（3）	33.83（2）	52.91（1）
化学纤维制造业	42.14（1）	31.81（2）	25.92（3）	11.79（3）	31.94（2）	56.40（1）
橡胶塑料制品业	73.89（1）	49.27（1）	10.02（3）	3.77（3）	16.09（2）	46.96（2）
非金属矿物制品业	59.00（1）	40.39（2）	12.23（3）	5.77（3）	28.77（2）	53.84（1）
黑色金属冶炼压延加工业	14.52（2）	21.52（2）	73.58（1）	43.69（1）	11.90（3）	34.79（2）
有色金属冶炼压延加工业	22.22（2）	37.37（2）	55.58（1）	18.95（3）	22.19（2）	43.68（1）
金属制品业	65.11（1）	53.03（1）	6.84（3）	3.61（3）	28.05（2）	43.37（2）
通用设备制造业	45.06（1）	60.79（1）	22.03（3）	5.69（3）	32.91（2）	33.52（2）
专用设备制造业	53.00（1）	52.27（1）	19.03（3）	10.68（3）	27.97（2）	37.05（2）
交通运输设备制造业	44.57（2）	41.92（1）	45.12（1）	27.22（3）	10.31（3）	30.86（2）
电气机械器材制造业	67.72（1）	54.69（1）	8.31（3）	4.23（3）	23.98（2）	41.08（2）
计算机通信电子设备制造业	84.56（1）	79.07（1）	14.44（2）	4.83（3）	1.00（3）	16.10（2）
仪器仪表制造业	87.40（1）	69.73（1）	5.48（3）	0.90（3）	7.12（2）	29.36（2）

注：表中每列左边的数字是各类企业出口额占比，右边括号中的数字是三类企业的排序。

依据表4-29和表4-30显示的数据，三类所有制企业在中国制造业27个细分产业的总产值和出口额发展状况大致可分为五大类：

（1）国有控股企业占据主体地位的产业。如烟草制品业、石油加工炼焦核燃料加工业。这些细分产业至今未向外商与港澳台投资企业、民营企业开放或完全开放，国有控股企业在总产值比重和出口额比重始终占据优势地位。然而，可以看到，即使是有限开放，外商与港澳台投资企业、民营企业的比重也在快速增长，石油加工炼焦核燃料加工业的数据就反映了这种状况。

（2）尽管国有控股企业相对民营企业具有一定优势，但与外商与港澳台投资企业竞争激烈的产业。交通运输设备制造业是这类产业的典型代表。国有控股企业在交通运输设备制造业的总产值比重从1999年的62.45%（第1位）降至2016年的38.72%，略低于外商与港澳台投资企业（39.10%），居第2位；国有控股企业出口额比重从2001年的45.12%（第1位）降至2016年的27.22%，低于外商与港澳台投资企业（41.92%）和民营企业（30.86%），居第3位。交通运输设备制造业是对外商与港澳台投资企业、民营企业开放较晚且至今尚未完全开放的产业，即使如此，可以看到，外商与港澳台投资企业、民营企业的比重也在快速增长。

（3）民营企业由弱到强、日益成为主力军的产业。如农副食品加工业、食品制造业、酒饮料精制茶制造业、纺织业、木材加工木竹藤棕草制品业、家具制造业、化学原料化学制品业、医药制造业、化学纤维制造业、非金属矿物制品业、黑色金属冶炼压延加工业、有色金属冶炼压延加工业等产业。这些产业以传统制造业居多。在这些产业中，民营企业相继超越国有控股企业、外商与港澳台投资企业，2016 年民营企业不仅总产值比重遥遥领先，出口额比重也大多居第 1 位。

（4）外商与港澳台投资企业国际竞争力（出口额比重）相对民营企业占据优势的产业。如纺织服装服饰业、皮革毛皮羽毛及其制品制鞋业、造纸纸制品业、印刷和记录媒介复制业、文教工美体育娱乐用品制造业、橡胶塑料制品业、金属制品业、通用设备制造业、专用设备制造业、电气机械器材制造业、仪器仪表制造业。在这些产业中，2016 年民营企业总产值比重居第 1 位，而其出口额比重低于外商与港澳台投资企业，位居第 2 位。但是，与 2001 年相比，在这些产业中，民营企业与外商与港澳台投资企业出口额比重的差距已经明显缩小。

（5）外商与港澳台投资企业占据绝对优势的产业。计算机通信电子设备制造业是这类产业的典型代表。在对外商与港澳台投资企业、民营企业开放较早的计算机通信电子设备制造业中，外商与港澳台投资企业 1999~2016 年总产值比重和 2001~2016 年出口额比重始终遥遥领先居第 1 位。然而，尽管如此，在计算机通信电子设备制造业中，民营企业总产值比重和出口额比重与外商与港澳台投资企业的差距也在逐年缩小。

从两种工业化战略进程中比较优势动态提升视角考察，可以得出如下结论：

（1）在拥有比较优势地位、以出口导向为其主要战略定位的细分产业中，民营企业已经成长为中国制造业的主体力量。在绝大多数细分产业中，民营企业总产值比重超越外商与港澳台投资企业、国有控股企业，处于领先地位。在大多数传统产业中，民营企业出口额比重也超越外商与港澳台投资企业、国有控股企业，居第 1 位。在科技含量较高的装备制造业①的一些细分产业中，民营企业国际竞争力（出口额比重）虽然尚低于外商与港澳台投资企业，但差距已经明显缩小。即使在民营企业目前仍然处于明显劣势、科技含量较高的一些细分产业，如计算机通信电子设备制造业和交通运输设备制造业，无论是从总产值比重还是从出口额比重来看，民营企业与其他所有制企业的差距也在逐步缩小。

（2）在不具备比较优势、以进口替代为其主要战略定位的细分产业中，国有控股企业在政府政策的保护和支持下，在处于劣势地位的产业中形成了不可或缺的支撑力量，对劣势产业的赶超发挥了重要的作用。然而，随着比较优势的转换、国际竞争规则压力的加大、政府政策保护力度的减弱，国有控股企业坚守的领地正在日趋减少。截至 2016 年，基于准入限制保护下国有控股企业具有完全优势的产业仅剩下烟草制品业和石油加工炼焦核燃料加工业；国有控股企业曾经最具优势的交通运输设备制造业，其总产值比重和出口额比重已经被外商与港澳台投资企业超越，民营企业也显示出强劲的发展潜力。随着准入限制的日益减弱，民营企业在这些领域取代国有控股企业，应当只是时间问题。

（3）外商与港澳台投资企业在中国制造业比较优势动态提升中发挥了重要作用。一方面，在"产品出口型"企业（与中国出口导向战略相匹配的外资企业类型）中，外商与港澳台投资企业积极有效地将中国产业纳入全球价值链分工体系，在开拓全球市场的同时，不断做大产业规模，将产业比较优势转换为竞争优势。外商与港澳台投资企业这一功

---

①　一般将金属制品业、通用设备制造业、专用设备制造业、交通运输设备制造业、电气机械器材制造业、计算机通信电子设备制造业、仪器仪表制造业 7 个细分产业归类为"装备制造业"。

效在通信电子设备制造业表现得十分突出。另一方面,在"先进技术型"企业(即与中国进口替代战略相匹配的外资企业类型)中,外商与港澳台投资企业的进入带动了对民营企业的准入,同时,受益于其技术转让与不可避免的技术外溢外部性,中国内资企业在"干中学"中成长壮大,内外资企业共同推动了产业从劣势地位向优势地位的提升和转化。交通运输设备制造业堪称外商与港澳台投资企业发挥这一功效的典型代表。

(4)外商与港澳台投资企业在科技含量较高的细分产业中依然保持显著的竞争优势。尽管中国制造业民营企业在与外商与港澳台投资企业的竞争较量中日益发展壮大,在大多数传统产业已经超越外商与港澳台投资企业,但在科研含量较高的装备制造业的主要细分产业中,民营企业尚存在较大的差距。差距有些体现在产品国际竞争力水平(出口额比重),有些则体现在发展规模的所有指标上。民营企业与外商与港澳台投资企业科技创新能力的差距应当是其主要原因。

第五章

中国制造业在全球价值链发展状况研究

近几十年，全球价值链（Global Value Chain，GVC）的兴起极大地改变了全球商品和服务生产的组织形式，对国际贸易、投资模式、竞争力等产生了深远的影响。通信成本下降、技术进步以及政治经济自由化这三者的共同作用加速了国际生产分割的进程，使 GVC 成为经济全球化的最显著特点。与此相对应，国际贸易的主要形式也从过去的产业间贸易、产业内贸易发展成为产品内贸易。Yeats（2001）指出，近年来，全球 30% 的工业产品贸易是以零部件形式进行的。

中国制造业早已深刻地融入到全球价值链的分工之中。研究中国制造业比较优势的动态提升，无疑需要研究在全球价值链中中国制造业的发展状况。本章运用参与全球价值链测度的相关理论和方法，研究中国制造业各细分产业在全球价值链分工中的地位和作用。

Hummels 等（2001）提出"垂直专业化指数"，用以测量一国出口中的进口投入品价值（国外附加值），是最早使用国家投入产出表对 GVC 进行测度的方法。之后，Johnson 和 Noguera（2012）、Daudin 等（2011）以及 Koopman（2010，2012，2014）等使用世界投入产出表测量贸易附加值，构建了一国参与 GVC 分工的"出口中的国内价值增值率""上游参与度（出口中的间接附加值率）""下游参与度（出口中的国外附加值率）""GVC 参与率""GVC 地位"等一系列指数，进一步完善了测算各经济体参与 GVC 分工状况的指标体系。本章将运用相关理论和方法，对中国制造业各细分产业在 GVC 分工中的发展状况进行国际比较。

第一节　中国制造业细分产业垂直专业化
相关指数[①]的国际比较

一、垂直专业化指数的测算原理与方法

Hummels 等（2001）提出的垂直专业化指数又分为绝对值指标（Vertical Specialization，

[①]　这里所说"垂直专业化相关指数"，是指"垂直专业化指数"及其本书延伸的"进口中间品国内增值率指数 LVDI"。

VS）和相对值指标（Vertical Specialization Share，VSS），前者衡量一国进口中间品用于生产出口品的那部分中间投入品的绝对价值；后者衡量 VS 绝对值在该国总出口中所占的比重。

（一）垂直专业化指数 VS 与 VSS

对发生国际产品内分工的 k 国 i 产业，其 VS 定义式如下：

$$VS = （进口的中间投入品/总产出）×出口$$
$$= （出口/总产出）×进口的中间投入品$$

可以看出，VS 是指出口品中所包含的进口中间投入品的量。如果一国在出口产品的生产中没有使用进口的中间投入品，或者一国根本不出口产品，那么 $VS = 0$。而发生在国际产品内分工的 k 国 VSS 定义式为：

$$VSS = \frac{VS_k}{X_k} = \frac{\sum_i VS_{ki}}{\sum_i X_{ki}} \tag{5-1}$$

其中，X 表示出口。

由此可得到一国总出口中的 VSS 定义式为：

$$VSS = \frac{VS_k}{X_k} = \frac{\sum_i VS_{ki}}{\sum_i X_{ki}} = \frac{\sum_i \left(\frac{VS_{ki}}{X_{ki}}\right) X_{ki}}{\sum_i X_{ki}} = \sum_i \left[\left(\frac{X_{ki}}{X_k}\right) \left(\frac{VS_{ki}}{X_{ki}}\right) \right] \tag{5-2}$$

其中，$\frac{VS_{ki}}{X_{ki}}$ 即为 k 国 i 行业的垂直专业化指数相对值指标 VSS。

计算产业垂直专业化程度主要采用相对垂直专业化指数 VSS，这一指数与 Koopman 等（2010，2012，2014）构建的一国参与 GVC 分工的一系列指数中"下游参与度"（出口中的国外附加值率）在概念上是一致的。

首先，根据以上各定义式，结合投入产出表进行推导，得到如下的具体计算公式。

（1）如果不考虑在国内的投入产出循环利用效应，则一国出口中 VSS 计算公式为：

$$VSS = \frac{1}{X} uAMXV \tag{5-3}$$

（2）如果考虑在国内的投入产出循环利用效应，则一国出口中的 VSS 计算公式为：

$$VSS = \frac{1}{X} uAM(I-AD)^{-1}XV \tag{5-4}$$

其中，$u = (1, 1, \cdots, 1)$；$A^M = \begin{pmatrix} a_{11} & \cdots & a_{1n} \\ \vdots & \ddots & \vdots \\ a_{n1} & \cdots & a_{nn} \end{pmatrix}$ 是对进口的中间产品的依存系数矩阵，

也称为进口中间品系数矩阵；I 是单位矩阵；$A^D = \begin{pmatrix} b_{11} & \cdots & b_{1n} \\ \vdots & \ddots & \vdots \\ b_{n1} & \cdots & b_{nn} \end{pmatrix}$ 为国内消耗系数矩阵；

$X^V = \begin{pmatrix} x_1 \\ \vdots \\ x_n \end{pmatrix}$ 为出口向量；X 为一国的总出口；$(I-A^D)^{-1}$ 是列昂惕夫逆矩阵；n 是一国内行业数目。

在 A^M 矩阵中，$a_{ij} = \dfrac{M_{ij}^i}{Y_j}$，即生产 1 单位 j 行业的产品，需要从 i 部门进口 a_{ij} 单位的产品。

在 A^D 矩阵中，$b_{ij} = \dfrac{j\ 行业生产中用到的国内生产的\ i\ 行业（中间）产品}{Y_j} = \dfrac{D_{ij}}{Y_j}$ $A^D + A^M = A$，A 是投入产出表中的直接消耗系数矩阵。

其次，从上述两种情况下的一国出口中的 VSS 计算公式，可以得到该国家各产业的相对垂直专业化指数 VSS：

（1）如果不考虑在国内的投入产出循环利用效应，则一国各产业出口中 VSS_M 即为 uA^M 各列的值，也即将进口中间品系数矩阵 A^M 各行相加所得到的各列的值。

（2）如果考虑在国内的投入产出循环利用效应，则一国各产业出口中 VSS_{MD} 即为 uA^M $(I-A^D)^{-1}$ 各列的值，即将矩阵 A^M $(I-A^D)^{-1}$ 各行相加所得到的各列的值。

为了加以区别，本书将两种情况下得到的产业相对垂直专业化指数分别以 VSS_M 和 VSS_{MD} 表示。

（二）进口中间品国内增值率指数 LVDI

对上述计算公式做一点延伸，将 VSS_{MD} 和 VSS_M 相除，可以得到进口中间品的价值在国内生产循环体系中的增值比例，可以用来作为反映一个国家各产业国内集成配套能力的测算指标。本书将这一指标用 LVDI（Incremental Value Rate Generated From Domestic Processing of Imported Products）表示：

$$进口中间品国内配套增值率（LVDI）= \frac{VSS_{MD}}{VSS_M} \tag{5-5}$$

下面将展开中国制造业各细分产业相对垂直专业化指数 VSS 和进口中间品国内增值率 LVDI 的国际比较。

二、中国制造业各细分产业垂直专业化相关指数的国际比较

（一）数据的选取

世界经合组织（OECD）网站提供了 2005～2015 年 64 个经济体（63 个国家与其余国家）的投入产出数据。数据分为以下六种类型：

（1）各经济体全部投入产出表。运用此表可计算出各经济体的直接消耗系数矩阵 A。

（2）各经济体非竞争性投入产出表。即将全部投入产出表分解为本经济体内的投入产出表与进口的投入表。运用此表可计算出各经济体内消耗系数矩阵 A^D 与进口中间品系数矩阵 A^M。

（3）各经济体各细分产业增加值的构成。包括劳动报酬、税收、企业盈利三个部分。

（4）各经济体全部投入产出表的列昂惕夫矩阵，即 $(I-A)^{-1}$。

（5）各经济体国内投入产出表的列昂惕夫矩阵，即 $(I-A^D)^{-1}$。

（6）各经济体本国（或地区）与各细分产业的相对垂直专业化指数 VSS。这一指数是第二种情况——考虑了在国内的投入产出循环利用效应的计算结果，与本书运用公式 $uA^M(I-A^D)^{-1}$ 计算结果完全一致。

经济合作与发展组织（OECD）网站提供的 2005~2015 年 64 个经济体产业分类相对较粗。制造业主要分为 16 个细分产业：食品加工业、纺织服装业、木制品业、纸制品业、石油制品业、化工制品业、橡胶和塑料制品业、其他非金属制品业、基础金属制品业、金属制品业、机械和设备制造业、计算机电子光学制造业、电气设备制造业、机动车辆制造业、其他交通设备制造业、其他制造业。

由于本章后面的研究要采用 WIDO 网站 2016 年版 2000~2014 年的世界投入产出表的数据，考虑到研究整体一致性，以下的研究主要针对世界经合组织（OECD）网站提供的 2005~2015 年制造业除"其他制造业"的 15 个细分产业，依然选择 17 个代表性经济体进行国际比较。按经济体英文名的排列顺序为澳大利亚、巴西、加拿大、瑞士、中国、德国、西班牙、法国、英国、印度、意大利、日本、韩国、墨西哥、俄罗斯、中国台湾、美国①。

（二）中国制造业各细分产业相对垂直专业化指数 VSS 的国际比较

1. 食品加工业 VSS 指数国际比较

如表 5-1 所示：

（1）17 个经济体食品加工业融入全球分工体系的程度差异较大。2005~2015 年 VSS 指数平均值最高的是中国台湾（33.74），其次依次是瑞士（27.64）、韩国（26.37）、德国（24.43）、西班牙（21.19）、英国（20.91）、加拿大（20.76）等，最小值是印度（7.06）。

（2）中国食品加工业 VSS 指数较低，2005~2015 年 VSS 指数平均值为 8.87，仅高于印度（7.06），居 17 个经济体的倒数第 2 位，说明中国食品加工业出口产品中承接国外材料加工比重较小。

（3）中国食品加工业 VSS 指数 2015 年数值（7.78）低于 2005~2015 年平均值（8.87），呈现逐年降低的态势。

表 5-1 2005~2015 年食品加工业 17 个经济体 VSS 指数

国家（地区） \ 年份	2005	2006	2007	2008	2009	2010	2011	2012	2013	2014	2015	平均值	平均值排序	2015排序
澳大利亚	10.57	12.83	11.78	12.96	11.32	11.14	11.59	11.79	11.93	11.88	12.18	11.82	12	13
巴西	8.92	8.81	8.62	9.03	7.78	8.59	8.85	9.93	10.69	10.87	11.14	9.38	15	14
加拿大	19.55	19.45	19.38	19.98	19.13	20.92	21.51	21.66	21.83	23.25	21.71	20.76	7	6

_____

① 经济合作与发展组织（OECD）网站展示的经济体数据较多，但新加坡、马来西亚、越南等国家在 WIOD 网站提供的世界投入产出表中没有，所以本章研究中没有将新加坡、马来西亚、越南等国纳入国际比较的经济体中。

续表

国家 (地区)	2005	2006	2007	2008	2009	2010	2011	2012	2013	2014	2015	平均值	平均值 排序	2015 排序
瑞士	26.87	27.53	28.62	28.31	28.78	27.63	28.63	26.33	28.08	27.11	26.20	27.64	2	2
中国	9.39	9.46	9.08	9.16	7.53	8.42	9.84	9.44	8.80	8.64	7.78	8.87	16	16
德国	19.97	21.25	23.19	24.15	22.15	24.50	26.60	27.44	26.51	26.82	26.11	24.43	4	3
西班牙	20.39	21.23	21.38	21.69	18.56	19.82	21.81	22.45	21.53	21.94	22.32	21.19	5	5
法国	16.90	17.97	18.33	20.33	18.75	19.40	20.66	20.56	21.21	21.01	19.61	19.52	9	9
英国	17.74	19.23	19.55	21.38	20.57	21.97	23.56	23.14	22.27	20.87	19.77	20.91	6	8
印度	5.79	6.44	6.53	7.61	6.86	6.84	7.71	7.65	7.72	7.51	7.03	7.06	17	17
意大利	18.20	19.73	20.27	20.35	18.19	21.05	22.22	21.88	21.22	21.02	20.51	20.42	8	7
日本	8.97	10.14	11.22	12.61	9.31	10.03	11.61	11.33	12.68	13.62	12.52	11.28	14	12
韩国	20.00	20.95	22.43	28.55	25.93	27.40	30.80	30.96	29.83	28.00	25.20	26.37	3	4
墨西哥	12.54	12.80	13.22	13.85	12.71	13.28	14.46	14.35	13.44	13.43	14.06	13.47	11	11
俄罗斯	15.86	15.35	15.52	15.25	15.84	17.04	15.86	15.46	15.12	15.65	15.44	15.67	10	10
中国台湾	29.81	30.80	32.28	36.12	30.88	34.30	36.85	38.36	36.91	34.76	30.11	33.74	1	1
美国	10.75	11.02	11.58	12.50	9.68	11.12	12.70	12.42	11.45	11.70	10.56	11.41	13	15

2. 纺织服装业 VSS 指数国际比较

如表 5-2 所示：

（1）17 个经济体纺织服装业融入全球分工体系的程度差异较大。2005～2015 年 VSS 指数平均值最大的是中国台湾（40.65），其次依次是瑞士（39.44）、韩国（31.90）、加拿大（27.87）、法国（27.31）、墨西哥（27.17）、西班牙（27.09）等，最小值是巴西（10.84）。

（2）作为世界纺织服装业生产和出口最大的经济体，中国纺织服装业 VSS 指数却较低，2005～2015 年 VSS 指数平均值为 13.46，仅高于巴西（10.84），居 17 个经济体的倒数第 2 位。说明中国纺织服装业出口产品中承接国外材料加工比重较小。

（3）中国纺织服装业 VSS 指数 2015 年数值（10.52）低于 2005～2015 年平均值（13.46），呈现逐年降低的态势。

表 5-2　2005～2015 年纺织服装业 17 个经济体 VSS 指数

国家 (地区)	2005	2006	2007	2008	2009	2010	2011	2012	2013	2014	2015	平均 值	平均值 排序	2015 排序
澳大利亚	20.54	23.99	23.37	22.68	19.01	19.96	20.82	16.71	21.45	20.83	22.97	21.12	11	10
巴西	10.40	10.11	10.24	11.42	10.18	9.99	10.03	11.13	11.78	11.86	12.15	10.84	17	16
加拿大	27.60	28.09	27.97	28.35	25.85	27.25	27.85	28.27	27.20	28.62	29.49	27.87	4	4
瑞士	39.59	39.38	39.85	40.03	39.12	38.29	40.21	39.43	40.72	39.50	37.77	39.44	2	1
中国	17.56	16.93	15.52	14.11	11.37	12.23	13.36	12.56	12.10	11.75	10.52	13.46	16	17

年份 国家 （地区）	2005	2006	2007	2008	2009	2010	2011	2012	2013	2014	2015	平均值	平均值排序	2015排序
德国	23.14	24.24	24.84	23.84	22.45	23.61	25.58	25.11	24.96	26.99	26.59	24.67	8	8
西班牙	26.87	27.96	28.77	26.09	23.30	25.77	27.02	27.26	27.47	28.36	29.12	27.09	7	5
法国	26.55	27.01	26.87	27.89	24.65	27.93	28.66	27.50	27.80	28.49	27.11	27.31	5	7
英国	19.97	19.79	19.19	20.42	20.50	19.25	21.17	20.37	19.09	18.40	17.57	19.61	12	13
印度	15.37	16.58	17.04	21.40	17.57	19.35	17.30	15.88	19.28	19.02	16.47	17.75	14	14
意大利	21.43	23.36	23.38	22.65	20.44	23.85	25.36	23.95	23.50	23.37	21.63	22.99	9	11
日本	14.73	16.51	17.02	17.99	15.04	15.98	18.78	18.00	20.31	21.58	20.69	17.88	13	12
韩国	28.42	29.27	30.09	33.72	30.74	31.06	34.68	36.03	33.70	32.93	30.21	31.90	3	3
墨西哥	28.00	27.38	27.16	25.41	24.74	26.55	27.86	28.21	27.67	27.53	28.38	27.17	6	6
俄罗斯	22.92	20.92	20.85	20.22	21.79	25.28	21.41	21.82	21.98	22.75	23.23	22.11	10	9
中国台湾	36.12	40.41	40.66	43.62	36.43	42.14	44.58	43.67	42.70	41.68	35.18	40.65	1	2
美国	15.71	16.10	15.66	15.96	12.87	14.89	17.93	17.28	16.93	17.10	16.34	16.07	15	15

3. 木制品业 VSS 指数国际比较

如表 5-3 所示：

（1）17 个经济体木制品业融入全球分工体系的程度差异较大。2005~2015 年 VSS 指数平均值最高值的是中国台湾（42.47），其次依次是韩国（30.57）、瑞士（25.67）、英国（24.39）、德国（22.08）、西班牙（21.73）、意大利（20.26）等，最小值是巴西（7.45）。

（2）中国木制品业 VSS 指数较低，2005~2015 年 VSS 指数平均值为 16.06，仅高于巴西（7.45）、印度（9.65）、俄罗斯（12.59）、澳大利亚（13.83）、日本（13.87）、美国（14.95），居 17 个经济体的倒数第 7 位。说明中国木制品业出口产品中承接国外材料加工比重较小。

（3）中国木制品业 VSS 指数 2015 年数值（14.03）低于 2005~2015 年平均值（16.06），呈现逐年降低的态势。

表 5-3　2005~2015 年木制品业 17 个经济体 VSS 指数

年份 国家 （地区）	2005	2006	2007	2008	2009	2010	2011	2012	2013	2014	2015	平均值	平均值排序	2015排序
澳大利亚	11.67	13.99	13.96	14.82	13.64	14.25	14.56	11.44	13.68	15.04	15.03	13.83	14	12
巴西	6.61	7.50	6.88	6.50	4.28	7.03	7.62	8.02	8.54	9.06	9.96	7.45	17	16
加拿大	15.78	16.35	16.12	17.69	18.29	16.48	16.35	16.38	16.45	18.40	19.32	17.06	10	8
瑞士	24.92	25.75	26.69	26.72	25.59	25.36	25.09	26.06	27.47	25.29	23.44	25.67	3	5
中国	18.95	19.07	18.11	16.16	13.12	14.72	16.60	15.46	14.96	15.48	14.03	16.06	11	14

续表

国家 （地区） \ 年份	2005	2006	2007	2008	2009	2010	2011	2012	2013	2014	2015	平均值	平均值 排序	2015 排序
德国	18.88	20.62	21.53	22.43	19.29	22.16	22.94	23.81	23.64	23.65	23.95	22.08	5	4
西班牙	22.28	22.57	23.32	23.34	19.11	20.89	22.20	21.96	20.77	22.16	20.45	21.73	6	6
法国	19.34	19.89	19.87	19.19	16.78	19.84	19.61	19.67	19.01	18.98	19.63	19.26	8	7
英国	21.52	23.77	22.95	23.01	23.59	25.32	26.81	24.89	25.00	26.05	25.42	24.39	4	3
印度	8.18	7.91	9.12	10.63	9.31	10.44	11.52	10.30	10.45	9.28	9.01	9.65	16	17
意大利	19.60	21.50	21.78	20.89	17.88	20.95	21.40	20.52	19.70	19.57	19.12	20.26	7	9
日本	12.13	14.33	14.62	14.77	10.84	11.93	12.77	14.09	15.05	15.81	16.23	13.87	13	11
韩国	26.79	28.19	28.92	34.33	29.95	30.72	33.43	33.61	32.52	30.33	27.49	30.57	2	2
墨西哥	16.98	17.28	17.11	17.29	16.32	17.18	17.36	18.07	17.51	17.52	19.01	17.42	9	10
俄罗斯	12.07	11.61	11.55	12.88	12.56	12.91	13.07	12.88	12.57	12.96	13.46	12.59	15	15
中国台湾	38.46	41.94	44.36	44.63	39.22	43.90	45.37	44.08	43.35	43.05	38.80	42.47	1	1
美国	14.98	15.95	16.03	16.15	12.22	13.74	14.99	15.77	15.17	15.29	14.20	14.95	12	13

4. 纸制品业 VSS 指数国际比较

如表 5-4 所示：

（1）17 个经济体纸制品业融入全球分工体系的程度差异较大。2005～2015 年 VSS 指数平均值最高的是中国台湾（39.39），其次依次是韩国（29.35）、瑞士（29.05）、墨西哥（26.34）、德国（24.29）、法国（22.86）等，最小值是日本（10.42）。

（2）中国纸制品业 VSS 指数较低，2005～2015 年平均值为 15.32，仅高于日本（10.42）、巴西（10.81）、美国（13.62），居 17 个经济体中倒数第 4 位。说明中国纸制品业出口产品中承接国外材料加工比重相对较小。

（3）中国纸制品业 VSS 指数 2015 年数值（12.07）低于 2005～2015 年平均值（15.32），呈现逐年降低的态势。

表 5-4　2005～2015 年纸制品业 17 个经济体 VSS 指数

国家 （地区） \ 年份	2005	2006	2007	2008	2009	2010	2011	2012	2013	2014	2015	平均值	平均值 排序	2015 排序
澳大利亚	15.50	17.16	15.74	16.38	15.26	16.48	16.20	15.24	16.78	15.57	17.63	16.18	13	12
巴西	9.90	10.00	9.33	9.92	7.77	10.48	10.66	11.99	12.46	13.07	13.38	10.81	16	14
加拿大	18.57	18.75	18.95	19.77	18.89	20.19	20.50	20.89	21.27	21.24	22.48	20.14	10	8
瑞士	28.11	29.59	30.45	28.77	29.34	29.29	28.28	29.06	30.57	27.73	28.33	29.05	3	2
中国	19.09	18.75	17.43	16.51	13.34	14.35	15.63	14.16	13.74	13.44	12.07	15.32	14	16
德国	21.36	23.68	24.78	23.69	20.65	24.79	26.59	25.83	25.69	25.10	25.03	24.29	5	5
西班牙	20.10	20.98	21.61	20.40	16.58	19.35	21.00	21.26	21.21	21.66	23.15	20.66	9	6
法国	21.61	22.85	23.64	22.27	19.70	23.99	24.68	23.81	23.36	22.57	22.97	22.86	6	7

续表

国家 （地区）＼年份	2005	2006	2007	2008	2009	2010	2011	2012	2013	2014	2015	平均值	平均值排序	2015排序
英国	16.81	17.89	18.22	20.24	20.15	21.49	22.35	21.55	21.12	19.99	19.39	19.93	11	11
印度	17.79	18.37	19.21	22.99	20.53	22.32	25.75	25.27	24.20	23.42	20.36	21.84	7	10
意大利	18.64	20.30	20.67	20.96	18.57	23.00	23.94	23.31	22.67	21.51	21.96	21.41	8	9
日本	6.96	8.87	10.01	11.35	8.06	9.10	10.60	11.28	12.50	13.81	12.07	10.42	17	17
韩国	24.89	26.13	27.15	32.87	28.69	30.92	33.62	32.73	31.11	28.95	25.76	29.35	2	4
墨西哥	24.88	25.46	25.88	26.13	25.11	26.59	26.75	27.40	26.53	26.65	28.33	26.34	4	3
俄罗斯	16.40	15.42	15.85	15.97	16.86	16.48	17.56	17.82	17.38	17.34	17.07	16.74	12	13
中国台湾	34.17	36.83	38.60	42.45	36.18	39.89	43.31	44.04	42.62	40.61	34.63	39.39	1	1
美国	12.74	12.81	13.49	15.09	10.95	12.97	14.87	15.16	14.38	14.15	13.16	13.62	15	15

5. 石油制品业 VSS 指数国际比较

如表 5-5 所示：

（1）17 个经济体石油制品业融入全球分工体系的程度差异较大。2005～2015 年 VSS 指数平均值最高的是韩国（78.68），其次依次是中国台湾（78.03）、西班牙（73.01）、意大利（70.76）、法国（67.10）、德国（58.70）、日本（56.05）等，最小值是俄罗斯（8.16）。

（2）中国石油制品业 VSS 指数较低，2005～2015 年 VSS 指数平均值为 33.67，仅高于俄罗斯（8.16）、墨西哥（11.39）、巴西（25.00），居 17 个经济体的倒数第 4 位。说明中国石油制品业出口产品中承接国外材料加工比重较小。

（3）中国石油制品业 VSS 指数 2015 年数值（28.76）低于 2005～2015 年平均值（33.67），呈现逐年降低的态势。

表 5-5　2005～2015 年石油制品业 17 个经济体 VSS 指数

国家 （地区）＼年份	2005	2006	2007	2008	2009	2010	2011	2012	2013	2014	2015	平均值	平均值排序	2015排序
澳大利亚	33.18	36.77	31.97	36.43	34.97	30.53	34.07	41.91	37.00	36.24	25.51	34.42	13	14
巴西	22.54	22.36	22.75	24.86	17.24	22.74	25.89	29.62	32.05	30.42	24.54	25.00	15	15
加拿大	34.01	34.57	35.69	26.92	36.46	36.36	37.63	40.04	36.08	32.03	35.41	35.02	12	11
瑞士	56.28	54.46	56.55	56.30	43.50	43.94	50.76	44.34	47.39	45.79	39.60	48.99	9	10
中国	30.97	33.59	32.37	34.68	28.93	32.77	36.60	37.28	37.60	36.77	28.76	33.67	14	12
德国	51.94	56.20	56.86	64.54	54.42	56.58	62.72	63.95	62.45	60.50	55.51	58.70	6	6
西班牙	63.67	68.00	68.90	76.35	73.13	73.77	75.87	78.56	78.79	78.26	67.83	73.01	3	4
法国	66.83	70.32	66.89	72.71	66.04	64.78	69.38	66.93	67.48	63.98	62.77	67.10	5	5
英国	35.85	40.30	38.29	48.47	41.59	50.44	58.81	62.77	62.78	56.37	42.65	48.94	10	9
印度	45.41	50.42	49.70	60.06	51.65	54.33	64.64	64.52	61.99	58.35	47.10	55.29	8	8

年份 国家 （地区）	2005	2006	2007	2008	2009	2010	2011	2012	2013	2014	2015	平均值	平均值排序	2015排序
意大利	62.32	66.85	65.64	73.28	73.68	74.14	74.77	75.00	72.81	71.36	68.53	70.76	4	3
日本	46.82	53.59	55.95	61.33	47.58	50.68	57.68	60.62	62.87	65.58	53.85	56.05	7	7
韩国	73.74	77.79	77.00	82.40	80.02	79.22	81.07	81.67	80.27	78.56	73.76	78.68	1	2
墨西哥	7.00	6.19	7.95	9.46	11.11	12.35	12.45	14.45	14.82	12.02	17.47	11.39	16	16
俄罗斯	7.60	8.16	8.38	9.37	10.07	9.48	8.21	5.25	5.94	6.95	10.33	8.16	17	17
中国台湾	68.75	73.77	73.89	83.36	69.27	78.76	83.26	84.78	83.94	82.42	76.18	78.03	2	1
美国	36.19	39.87	39.59	42.51	39.71	41.90	42.86	40.66	36.19	32.50	26.63	38.06	11	13

6. 化工制品业 VSS 指数国际比较

如表 5-6 所示：

（1）17 个经济体化工制品业融入全球分工体系的程度差异较大。2005～2015 年 VSS 指数平均值最高的是中国台湾（58.95），其次依次是韩国（41.78）、瑞士（34.62）、意大利（34.20）、西班牙（29.84）、印度（28.02）等，最小值是美国（16.02）。

（2）中国化工制品业 VSS 指数较低，2005～2015 年 VSS 指数平均值为 20.31，仅高于美国（16.02）、巴西（16.81）、俄罗斯（17.34）、日本（18.02），居 17 个经济体的倒数第 5 位。说明中国化工制品业出口产品中承接国外材料加工比重较小。

（3）中国化工制品业 VSS 指数 2015 年数值（15.55）低于 2005～2015 年平均值（20.31），呈现逐年降低的态势。

表 5-6　2005～2015 年化工制品业 17 个经济体 VSS 指数

年份 国家 （地区）	2005	2006	2007	2008	2009	2010	2011	2012	2013	2014	2015	平均值	平均值排序	2015排序
澳大利亚	21.12	22.39	21.78	23.70	20.13	20.71	22.09	19.98	19.84	19.03	18.15	20.81	12	13
巴西	16.11	15.12	15.71	16.93	12.01	15.15	16.94	19.20	20.00	19.41	18.38	16.81	16	12
加拿大	25.70	25.65	25.77	25.34	24.72	27.78	27.02	27.41	26.56	26.02	27.03	26.27	8	7
瑞士	34.35	34.40	34.97	35.32	35.42	33.97	34.32	34.91	36.01	35.51	31.67	34.62	3	3
中国	23.58	23.59	22.32	21.65	17.86	19.67	21.42	20.29	19.03	18.49	15.55	20.31	13	16
德国	21.28	23.55	24.59	23.66	20.26	24.70	27.71	28.61	28.25	26.99	25.51	25.01	11	8
西班牙	27.91	28.84	29.71	29.39	24.52	28.88	32.50	33.68	32.31	30.94	29.29	29.84	5	5
法国	25.68	26.68	27.00	27.70	23.40	27.82	29.93	29.99	28.26	27.67	25.31	27.22	7	9
英国	22.63	23.64	23.86	25.43	25.78	27.20	29.83	28.63	27.71	25.74	23.73	25.83	9	11
印度	23.27	24.78	25.76	31.24	25.60	28.54	29.54	34.37	30.67	29.68	24.80	28.02	6	10
意大利	28.55	30.99	31.44	33.63	31.63	38.11	40.40	39.48	36.83	34.63	30.49	34.20	4	4
日本	13.78	17.17	18.58	21.31	13.89	15.63	18.25	18.71	20.74	22.50	17.63	18.02	14	15
韩国	36.23	38.93	38.97	46.06	41.13	41.89	46.30	46.95	45.03	42.63	35.41	41.78	2	2

国家 (地区) / 年份	2005	2006	2007	2008	2009	2010	2011	2012	2013	2014	2015	平均值	平均值 排序	2015 排序
墨西哥	23.41	22.52	24.03	24.10	23.87	25.16	26.57	25.61	25.28	27.43	28.93	25.17	10	6
俄罗斯	17.23	16.64	16.48	15.38	16.59	17.26	17.26	18.26	19.04	18.63	17.97	17.34	15	14
中国台湾	51.61	55.31	55.22	63.90	50.50	58.68	63.69	67.32	66.81	63.86	51.51	58.95	1	1
美国	15.14	15.03	15.46	16.77	11.11	13.07	14.81	14.16	12.87	12.47	10.58	16.02	17	17

7. 橡胶和塑料制品业 VSS 指数国际比较

如表 5-7 所示:

(1) 17 个经济体橡胶和塑料制品业融入全球分工体系的程度差异较大。2005～2015 年 VSS 指数平均值最高的是中国台湾 (47.35), 其次依次是瑞士 (38.50)、韩国 (34.46)、墨西哥 (30.54)、加拿大 (29.51)、西班牙 (28.20)、意大利 (27.89) 等, 最小值是日本 (15.46)。

(2) 中国橡胶和塑料制品业 VSS 指数较低, 2005～2015 年 VSS 指数平均值为 20.59, 仅高于日本 (15.46)、美国 (16.02)、巴西 (16.85), 居 17 个经济体的倒数第 4 位。说明中国橡胶和塑料制品业出口产品中承接国外材料加工比重较小。

(3) 中国橡胶和塑料制品业 VSS 指数 2015 年数值 (15.96) 低于 2005～2015 年平均值 (20.59), 呈现逐年降低的态势。

表 5-7　2005～2015 年橡胶和塑料制品业 17 个经济体 VSS 指数

国家 (地区) / 年份	2005	2006	2007	2008	2009	2010	2011	2012	2013	2014	2015	平均值	平均值 排序	2015 排序
澳大利亚	20.99	23.22	22.06	23.83	20.94	22.17	22.50	21.24	21.53	22.24	23.21	22.18	13	12
巴西	17.67	17.29	17.85	18.39	13.35	14.29	15.40	17.31	18.32	17.87	17.59	16.85	15	14
加拿大	26.36	26.66	25.74	26.29	26.88	31.72	33.46	33.41	31.17	30.69	32.21	29.51	5	4
瑞士	36.92	37.70	39.86	38.19	37.83	39.33	37.63	40.28	41.15	36.96	37.62	38.50	2	2
中国	25.04	24.67	23.37	21.76	18.09	19.89	21.32	19.64	18.62	18.12	15.96	20.59	14	15
德国	22.42	24.46	25.59	24.59	21.25	25.38	27.80	28.40	27.80	27.61	27.06	25.67	9	8
西班牙	29.48	30.32	31.06	27.55	21.98	26.16	29.23	29.21	28.07	27.94	29.20	28.20	6	6
法国	22.16	22.93	24.11	24.51	20.45	26.46	27.88	27.44	26.32	26.02	25.32	24.87	11	11
英国	20.58	22.94	22.96	24.70	23.41	25.09	26.90	25.93	25.02	23.65	21.11	23.84	12	13
印度	20.58	21.30	22.16	25.98	24.16	26.68	24.05	25.67	31.46	31.10	26.50	25.42	10	9
意大利	26.53	28.50	28.79	27.67	24.12	29.06	31.03	28.80	27.76	26.97	27.57	27.89	7	7
日本	12.04	14.73	15.44	17.20	12.79	13.97	16.13	15.86	17.39	19.00	15.49	15.46	17	16
韩国	28.92	30.60	31.05	37.61	34.01	35.40	39.07	39.51	37.32	35.23	30.29	34.46	3	5
墨西哥	27.88	28.46	29.28	27.96	29.26	30.63	31.55	32.89	32.14	32.20	33.65	30.54	4	3
俄罗斯	26.11	24.56	25.18	25.42	24.38	26.56	26.37	26.51	25.36	27.12	26.01	25.78	8	10

续表

年份 国家 （地区）	2005	2006	2007	2008	2009	2010	2011	2012	2013	2014	2015	平均值	平均值 排序	2015 排序
中国台湾	43.98	46.87	47.72	51.62	43.81	49.07	50.48	50.80	49.35	47.22	39.96	47.35	1	1
美国	15.51	16.17	16.22	18.29	13.03	15.10	17.15	16.63	16.27	16.83	14.98	16.02	16	17

8. 其他非金属制品业 VSS 指数国际比较

如表 5-8 所示：

（1）17 个经济体其他非金属制品业融入全球分工体系的程度差异较大。2005~2015 年 VSS 指数平均值最高的是中国台湾（40.60），其次依次是韩国（32.87）、印度（26.41）、瑞士（26.08）、英国（22.40）、意大利（20.03）、西班牙（19.89）等，最小值是美国（11.50）。

（2）中国其他非金属制品业 VSS 指数较低，2005~2015 年 VSS 指数平均值为 15.01，仅高于美国（11.50）、巴西（11.51）、日本（13.01）、俄罗斯（13.08），居 17 个经济体的倒数第 5 位。说明中国其他非金属制品业出口产品中承接国外材料加工比重较小。

（3）中国其他非金属制品业 VSS 指数 2015 年数值（11.80）低于 2005~2015 年平均值（15.01），呈现逐年降低的态势。

表 5-8　2005~2015 年其他非金属制品业 17 个经济体 VSS 指数

年份 国家 （地区）	2005	2006	2007	2008	2009	2010	2011	2012	2013	2014	2015	平均值	平均值 排序	2015 排序
澳大利亚	12.85	15.59	15.02	15.66	15.78	14.96	15.37	15.14	14.98	15.51	15.89	15.16	12	12
巴西	13.43	12.08	12.76	13.84	8.08	9.24	9.79	10.85	11.91	12.13	12.46	11.51	16	15
加拿大	18.27	18.15	17.57	18.34	18.45	16.60	16.51	17.10	18.95	20.59	22.11	18.42	11	6
瑞士	25.87	26.43	27.69	27.07	24.75	25.91	26.12	26.29	27.35	24.65	24.78	26.08	4	3
中国	17.18	17.14	15.70	16.02	13.13	14.43	16.07	14.92	14.56	14.14	11.80	15.01	13	16
德国	18.25	20.28	20.17	18.31	16.55	18.77	20.88	20.81	20.65	19.95	21.05	19.61	8	8
西班牙	20.53	21.95	22.69	19.93	15.72	18.16	19.72	19.65	19.38	19.51	21.58	19.89	7	7
法国	17.84	18.62	18.60	17.82	15.63	18.51	19.60	19.79	19.19	18.80	19.39	18.57	10	10
英国	18.47	19.16	19.15	20.94	23.16	25.66	27.34	26.29	25.59	21.23	19.39	22.40	5	11
印度	24.15	23.82	23.50	25.08	21.43	26.22	32.50	32.28	28.84	28.37	24.29	26.41	3	4
意大利	17.57	19.65	19.63	21.66	18.01	19.60	21.48	21.72	20.59	19.85	20.61	20.03	6	9
日本	9.19	11.18	11.68	14.09	10.49	11.44	13.47	14.94	16.22	17.12	13.32	13.01	15	14
韩国	27.39	29.60	30.34	35.95	32.13	33.08	38.01	37.70	35.58	32.88	28.86	32.87	2	2
墨西哥	16.57	16.73	17.40	18.33	17.69	19.56	20.46	21.48	20.77	20.91	22.85	19.34	9	5
俄罗斯	12.34	11.68	10.65	12.36	13.24	13.57	13.12	13.36	13.75	14.41	15.01	13.08	14	13
中国台湾	35.25	37.34	39.04	44.67	35.69	41.55	45.03	46.46	44.82	41.42	35.34	40.60	1	1
美国	10.63	11.53	11.78	12.77	9.31	11.37	12.75	12.57	11.73	11.60	10.47	11.50	17	17

9. 基础金属制品业 VSS 指数国际比较

如表 5-9 所示：

（1）17 个经济体基础金属制品业融入全球分工体系的程度差异较大。2005~2015 年 VSS 指数平均值最高的是中国台湾（57.24），其次依次是韩国（46.29）、印度（37.73）、意大利（37.67）、加拿大（37.31）、英国（36.59）、法国（36.46）等，最小值是澳大利亚（13.71）。

（2）中国基础金属制品业 VSS 指数较低，2005~2015 年 VSS 指数平均值为 23.43，仅高于澳大利亚（13.71）、俄罗斯（15.37）、巴西（16.51）、美国（20.02）、墨西哥（21.36），居 17 个经济体的倒数第 6 位。说明中国其他非金属制品业出口产品中承接国外材料加工比重较小。

（3）中国基础金属制品业 VSS 指数 2015 年数值（17.79）低于 2005~2015 年平均值（23.43），呈现逐年降低的态势。

表 5-9 　2005~2015 年基础金属制品业 17 个经济体 VSS 指数

国家（地区）	2005	2006	2007	2008	2009	2010	2011	2012	2013	2014	2015	平均值	平均值排序	2015排序
澳大利亚	8.67	12.31	12.18	15.96	13.46	10.30	13.87	14.03	14.62	19.81	15.59	13.71	17	16
巴西	15.52	16.75	15.43	16.86	15.30	16.78	17.27	16.03	17.07	16.31	18.33	16.51	15	13
加拿大	32.12	31.05	29.12	33.11	39.54	42.67	42.47	42.18	41.50	37.18	39.49	37.31	5	3
瑞士	32.31	34.32	34.62	34.55	35.09	36.33	39.79	36.01	36.66	35.99	32.00	35.24	8	9
中国	23.36	23.59	24.03	24.01	21.97	24.84	26.95	24.34	24.36	22.51	17.79	23.43	12	14
德国	27.36	31.90	32.45	32.11	28.12	34.93	37.16	35.81	34.60	33.70	33.02	32.83	10	7
西班牙	30.82	34.08	35.56	35.55	29.60	34.34	39.02	38.11	37.27	36.14	33.65	34.92	9	6
法国	32.52	37.02	36.73	38.14	33.04	37.38	38.78	38.91	37.93	38.02	32.63	36.46	7	8
英国	30.53	32.53	32.09	36.28	37.99	40.68	43.54	42.93	40.26	34.85	30.76	36.59	6	10
印度	33.71	37.00	36.17	40.77	37.26	41.94	37.01	39.10	37.25	36.71	38.15	37.73	3	4
意大利	32.05	36.70	36.62	38.91	34.46	39.88	42.62	41.56	38.93	37.14	35.47	37.67	4	5
日本	18.46	22.41	23.99	27.03	20.67	22.94	28.21	26.26	27.85	28.03	23.69	24.50	11	12
韩国	38.11	42.03	42.38	50.91	46.75	48.56	53.39	52.16	48.63	45.86	40.45	46.29	2	2
墨西哥	20.26	20.87	20.75	22.06	20.12	21.21	21.16	21.97	21.28	21.44	23.88	21.36	13	11
俄罗斯	15.87	14.17	14.71	17.18	17.70	14.31	15.68	15.20	15.57	15.03	13.67	15.37	16	17
中国台湾	53.20	54.49	55.75	60.59	54.25	58.05	62.01	62.73	59.79	56.78	52.00	57.24	1	1
美国	18.38	20.16	20.62	22.22	17.62	20.70	22.57	20.74	19.61	19.90	17.71	20.02	14	15

10. 金属制品业 VSS 指数国际比较

如表 5-10 所示：

（1）17 个经济体金属制品业融入全球分工体系的程度差异较大。2005~2015 年 VSS 指数平均值最高的是中国台湾（44.12），其次依次是韩国（34.83）、印度（33.67）、瑞士（29.31）、墨西哥（28.75）、加拿大（28.56）、西班牙（26.61）等，最小值是巴西（12.83）。

（2）中国金属制品业 VSS 指数较低，2005～2015 年 VSS 指数平均值为 20.55，仅高于巴西（12.83）、日本（14.21）、美国（17.21）、澳大利亚（17.55）、俄罗斯（18.47），居 17 个经济体的倒数第 6 位。说明中国金属制品业出口产品中承接国外材料加工比重较小。

（3）中国金属制品业 VSS 指数 2015 年数值（15.18）低于 2005～2015 年平均值（20.55），呈现逐年降低的态势。

表 5-10　2005～2015 年金属制品业 17 个经济体 VSS 指数

国家（地区）＼年份	2005	2006	2007	2008	2009	2010	2011	2012	2013	2014	2015	平均值	平均值排序	2015排序
澳大利亚	13.16	17.03	17.81	19.29	16.45	17.14	17.06	16.48	18.77	19.79	20.08	17.55	14	11
巴西	12.00	13.66	12.16	13.81	10.78	12.25	11.78	12.69	13.47	13.82	14.69	12.83	17	17
加拿大	28.09	27.71	26.60	28.40	29.41	30.10	29.54	28.73	26.75	28.64	30.23	28.56	6	4
瑞士	29.25	30.87	31.12	31.74	28.85	28.82	30.77	29.20	30.14	26.28	25.39	29.31	4	7
中国	24.02	22.67	22.70	21.53	19.06	20.54	22.17	19.82	18.67	15.18	20.55	12	15
德国	19.50	21.83	23.79	23.40	19.59	22.71	24.31	23.23	22.22	21.81	21.98	22.22	10	10
西班牙	26.26	28.26	29.05	27.31	20.67	25.24	28.34	27.66	26.37	26.54	27.02	26.61	7	6
法国	23.12	26.04	26.73	26.19	22.03	26.27	27.78	26.58	25.69	25.72	24.63	25.53	8	9
英国	16.99	20.72	20.96	21.25	22.44	24.04	24.51	23.99	21.45	19.55	18.02	21.27	11	12
印度	30.27	30.87	31.54	35.23	31.76	36.32	39.76	37.24	33.69	32.08	31.57	33.67	3	3
意大利	24.35	27.69	28.01	26.16	19.77	24.62	26.44	25.13	24.02	23.64	24.69	24.96	9	8
日本	10.21	12.75	14.13	15.90	11.17	13.13	16.69	15.10	16.18	16.88	14.16	14.21	16	16
韩国	30.02	32.29	33.33	41.51	35.80	36.41	39.44	37.74	34.94	32.78	28.87	34.83	2	5
墨西哥	26.33	26.99	27.26	27.96	26.05	28.36	29.11	30.51	30.22	33.03	28.75	5	2
俄罗斯	18.01	17.59	17.99	19.08	17.10	17.90	18.61	18.92	18.96	19.46	17.42	18.47	13	13
中国台湾	41.65	44.45	46.75	48.77	40.91	45.74	47.37	45.82	43.53	42.33	37.96	44.12	1	1
美国	14.91	17.34	17.44	19.22	14.55	16.76	16.15	18.51	17.34	17.79	16.26	17.21	15	14

11. 机械和设备制造业 VSS 指数国际比较

如表 5-11 所示：

（1）17 个经济体机械和设备制造业融入全球分工体系的程度差异较大。2005～2015 年 VSS 指数平均值最高的是中国台湾（46.09），其次依次是瑞士（35.43）、韩国（34.48）、印度（31.15）、墨西哥（30.52）、加拿大（29.39）、法国（28.45）等，最小值是日本（12.79）。

（2）中国机械和设备制造业 VSS 指数较低，2005～2015 年 VSS 指数平均值为 20.86，仅高于日本（12.79）、巴西（15.66）、美国（20.17）、俄罗斯（20.68），居 17 个经济体的倒数第 5 位。说明中国机械和设备制造业出口产品中承接国外材料加工比重较小。

（3）中国金属制品业 VSS 指数 2015 年数值（16.19）低于 2005 ~ 2015 年平均值（20.86），呈现逐年降低的态势。

表 5-11　2005 ~ 2015 年机械和设备制造业 17 个经济体 VSS 指数

国家 （地区） 年份	2005	2006	2007	2008	2009	2010	2011	2012	2013	2014	2015	平均值	平均值排序	2015排序
澳大利亚	18.22	22.11	22.33	25.85	22.67	21.94	21.65	23.65	23.66	22.44	24.91	22.68	12	11
巴西	14.32	15.22	14.17	15.43	13.17	15.23	15.12	16.97	17.78	16.89	18.01	15.66	16	15
加拿大	29.40	28.72	28.10	29.38	30.15	29.23	29.28	29.78	27.04	30.69	31.57	29.39	6	4
瑞士	34.88	35.72	36.41	36.37	33.59	35.30	34.93	36.72	37.86	34.57	33.33	35.43	2	3
中国	25.04	24.25	23.63	21.77	18.66	19.82	21.16	21.25	19.17	18.47	16.19	20.86	13	16
德国	21.10	23.34	24.25	24.41	21.85	24.61	26.03	25.45	24.34	24.19	23.90	23.92	11	12
西班牙	27.63	29.51	30.81	28.72	21.55	23.69	26.53	25.67	24.48	24.50	26.04	26.28	9	9
法国	27.37	29.49	29.60	27.99	24.44	28.71	29.68	29.15	28.92	28.48	29.10	28.45	7	7
英国	20.74	23.60	24.43	25.32	27.73	26.42	26.99	27.79	26.40	25.86	25.61	25.54	10	10
印度	27.49	28.07	28.71	32.16	28.81	32.78	34.48	35.20	32.84	31.21	30.93	31.15	4	5
意大利	26.18	28.72	29.47	28.93	23.90	29.26	30.83	29.45	28.41	28.25	28.18	28.30	8	8
日本	10.65	12.48	13.32	14.27	10.63	11.72	13.58	12.92	13.72	14.56	12.84	12.79	17	17
韩国	30.17	31.84	32.63	38.60	34.00	36.05	38.87	37.69	35.73	33.60	30.07	34.48	3	6
墨西哥	28.52	28.58	29.44	30.28	28.52	29.32	29.65	31.54	32.23	32.37	35.01	30.52	5	2
俄罗斯	19.70	19.88	19.89	21.52	21.59	21.07	20.00	19.66	21.57	21.69	20.88	20.68	14	13
中国台湾	44.26	47.18	48.32	50.46	43.66	47.96	49.26	46.60	44.20	44.43	40.64	46.09	1	1
美国	18.82	20.06	20.29	21.25	16.92	19.46	21.76	22.34	20.44	21.14	19.36	20.17	15	14

12. 计算机电子光学制造业 VSS 指数国际比较

如表 5-12 所示：

（1）17 个经济体计算机电子光学制造业融入全球分工体系的程度差异较大。2005 ~ 2015 年 VSS 指数平均值最高的是墨西哥（52.07），其次依次是韩国（39.28）、印度（38.72）、中国台湾（37.01）、中国（34.89）、加拿大（32.58）、瑞士（32.11）等，最小值是美国（10.81）。

（2）中国计算机电子光学制造业 VSS 指数相对较高，2005 ~ 2015 年 VSS 指数平均值为 34.89，居 17 个经济体的第 5 位。说明相对其他产业，中国计算机电子光学制造业出口产品中承接国外材料加工比重较大。

（3）中国计算机电子光学制造业 VSS 指数 2015 年数值（30.37）低于 2005 ~ 2015 年平均值（34.89），呈现逐年降低的态势。

表 5-12　2005~2015 年计算机电子光学制造业 17 个经济体 VSS 指数

年份 国家 （地区）	2005	2006	2007	2008	2009	2010	2011	2012	2013	2014	2015	平均值	平均值排序	2015排序
澳大利亚	24.43	26.55	25.78	30.15	29.67	29.09	24.26	15.44	14.31	20.50	19.43	23.60	12	15
巴西	21.25	20.16	17.90	20.62	16.92	22.23	20.92	24.29	24.47	24.22	25.22	21.65	15	10
加拿大	39.43	38.93	37.38	36.76	32.25	26.32	26.99	25.99	27.58	34.35	32.36	32.58	6	4
瑞士	30.83	31.78	31.65	31.15	31.93	33.66	30.32	33.50	35.60	30.69	32.12	32.11	7	5
中国	41.49	41.28	39.66	35.99	31.26	32.81	32.89	32.98	32.99	32.04	30.37	34.89	5	6
德国	19.34	21.72	22.09	24.64	21.66	24.21	24.05	23.85	23.01	22.47	24.35	22.85	14	12
西班牙	36.70	36.78	36.84	30.79	20.12	28.89	26.28	24.57	23.06	25.10	26.99	28.74	9	8
法国	25.00	25.83	24.51	20.87	18.35	24.15	24.52	23.20	22.53	22.48	24.07	23.23	13	13
英国	29.12	29.25	30.20	29.63	28.15	28.28	29.17	28.04	27.54	26.36	25.14	28.26	10	11
印度	36.15	38.06	38.08	38.80	40.79	41.25	38.73	38.95	38.89	39.22	36.98	38.72	3	2
意大利	32.09	32.75	32.09	30.99	27.40	31.46	30.56	28.82	28.48	28.33	26.35	29.94	8	9
日本	14.09	15.45	15.66	17.15	13.72	14.42	15.91	15.57	16.19	17.59	15.94	15.61	16	16
韩国	38.06	37.85	36.77	42.01	39.94	39.18	42.46	41.50	39.28	38.19	36.80	39.28	2	3
墨西哥	47.41	48.73	47.97	51.12	53.95	54.66	53.95	54.67	55.22	52.72	53.46	52.07	1	1
俄罗斯	24.37	25.94	25.31	25.44	23.76	26.23	23.18	23.43	21.54	22.03	22.88	24.02	11	14
中国台湾	38.31	40.40	41.24	41.02	36.87	41.45	37.21	34.00	32.91	33.55	30.13	37.01	4	7
美国	13.47	13.52	13.44	13.56	9.17	8.99	9.96	9.74	9.73	9.14	8.22	10.81	17	17

13. 电气设备制造业 VSS 指数国际比较

如表 5-13 所示：

（1）17 个经济体电气设备制造业融入全球分工体系的程度差异较大。2005~2015 年 VSS 指数平均值最高的是中国台湾（48.52），其次依次是瑞士（44.73）、墨西哥（40.47）、印度（38.86）、加拿大（36.64）、韩国（36.60）、意大利（33.04）等，最小值是日本（16.16）。

（2）中国电气设备制造业 VSS 指数较低，2005~2015 年 VSS 指数平均值为 24.51，仅高于日本（16.16）、巴西（17.58）、美国（18.10）、俄罗斯（22.24）、澳大利亚（24.06），居 17 个经济体的倒数第 6 位。说明中国电气设备制造业出口产品中承接国外材料加工比重较小。

（3）中国电气设备制造业 VSS 指数 2015 年数值（18.97）低于 2005~2015 年平均值（24.51），呈现逐年降低的态势。

表 5-13　2005~2015 年电气设备制造业 17 个经济体 VSS 指数

年份 国家 （地区）	2005	2006	2007	2008	2009	2010	2011	2012	2013	2014	2015	平均值	平均值排序	2015排序
澳大利亚	18.12	24.03	23.41	27.33	25.05	23.81	23.18	23.87	25.81	25.94	24.15	24.06	13	12
巴西	16.58	16.82	17.39	17.87	14.41	17.01	17.27	18.72	18.70	18.72	19.88	17.58	16	14

国家 （地区）\年份	2005	2006	2007	2008	2009	2010	2011	2012	2013	2014	2015	平均值	平均值排序	2015排序
加拿大	35.54	36.69	35.29	36.40	35.44	36.44	36.99	37.50	36.24	38.17	38.35	36.64	5	4
瑞士	42.84	46.17	45.62	44.31	45.73	46.27	41.46	47.72	48.08	39.91	43.87	44.73	2	2
中国	28.70	29.05	28.02	26.06	22.78	24.31	25.37	23.24	21.92	21.15	18.97	24.51	12	15
德国	22.18	24.09	25.01	24.84	22.00	25.44	26.62	25.89	24.74	24.02	25.25	24.55	11	11
西班牙	32.68	33.33	35.74	32.33	25.76	29.92	33.30	32.75	30.88	31.23	33.94	31.99	8	6
法国	26.33	29.73	30.11	30.51	26.53	32.16	34.16	32.87	32.04	31.91	31.63	30.73	9	9
英国	25.71	27.92	27.58	28.24	30.59	31.76	31.85	33.31	31.14	28.63	28.09	29.53	10	10
印度	33.97	35.37	35.82	38.02	37.31	41.74	42.25	43.75	42.50	40.50	36.21	38.86	4	5
意大利	28.37	31.74	32.03	33.02	29.07	35.48	36.44	35.17	33.55	34.63	33.93	33.04	7	7
日本	12.79	15.18	15.89	17.01	13.34	14.96	17.10	16.81	18.16	18.94	17.57	16.16	17	16
韩国	33.12	34.59	34.60	39.57	35.96	37.32	40.96	40.54	38.25	35.70	31.97	36.60	6	8
墨西哥	37.42	37.10	37.42	38.31	39.01	41.00	41.53	42.38	43.78	42.37	44.83	40.47	3	1
俄罗斯	21.60	23.25	22.23	22.58	22.83	22.11	22.96	21.82	22.01	22.08	21.32	22.07	14	13
中国台湾	48.34	52.55	51.70	53.08	46.98	48.95	51.50	48.04	45.25	45.23	42.09	48.52	1	3
美国	17.80	18.06	18.90	18.55	14.46	16.67	20.18	19.79	18.03	19.15	17.48	18.10	15	17

14. 机动车辆制造业 VSS 指数国际比较

如表 5-14 所示：

（1）17 个经济体机动车辆制造业融入全球分工体系的程度差异较大。2005~2015 年 VSS 指数平均值最高的是加拿大（46.25），其次依次是中国台湾（42.49）、西班牙（41.82）、瑞士（40.96）、墨西哥（39.29）、英国（32.97）、韩国（32.94）等，最小值是日本（11.75）。

（2）中国机动车辆制造业 VSS 指数较低，2005~2015 年 VSS 指数平均值为 20.32，仅高于日本（11.75）、巴西（15.52），居 17 个经济体的倒数第 3 位。说明中国机动车辆制造业出口产品中承接国外材料加工比重较小。

（3）中国机动车辆制造业 VSS 指数 2015 年数值（16.96）低于 2005~2015 年平均值（20.32），呈现逐年降低的态势。

表 5-14　2005~2015 年机动车辆制造业 17 个经济体 VSS 指数

国家 （地区）\年份	2005	2006	2007	2008	2009	2010	2011	2012	2013	2014	2015	平均值	平均值排序	2015排序
澳大利亚	24.54	33.62	34.32	33.90	31.36	32.36	31.53	29.46	36.47	36.12	38.40	32.92	8	5
巴西	14.67	14.26	13.70	15.25	12.78	13.93	14.89	16.13	17.35	17.97	19.78	15.52	16	15
加拿大	44.12	44.98	44.86	46.41	45.20	46.39	48.13	49.32	45.96	46.46	46.90	46.25	1	1
瑞士	44.71	38.71	40.55	45.75	41.46	41.39	36.17	43.78	41.95	34.30	41.81	40.96	4	3

国家（地区）＼年份	2005	2006	2007	2008	2009	2010	2011	2012	2013	2014	2015	平均值	平均值排序	2015排序
中国	22.26	22.43	22.55	20.73	17.78	19.83	21.28	19.81	20.00	19.93	16.96	20.32	15	16
德国	26.82	27.21	28.04	28.67	26.44	28.69	29.61	29.29	28.20	27.85	25.77	27.87	13	13
西班牙	42.30	42.72	44.51	41.56	36.46	40.03	43.26	43.19	42.51	43.10	40.40	41.82	3	4
法国	29.76	31.08	31.56	31.55	27.10	33.27	34.44	33.91	32.97	33.14	32.94	31.97	9	8
英国	31.10	32.17	33.37	33.69	33.05	33.74	36.41	36.19	32.74	30.53	29.64	32.97	6	10
印度	25.42	27.20	28.18	33.34	29.08	32.61	34.04	32.88	33.85	31.44	28.17	30.56	12	11
意大利	31.30	33.17	33.38	30.87	26.22	30.69	31.76	29.70	29.29	29.84	35.51	31.07	11	7
日本	8.86	10.93	11.68	13.75	9.55	10.99	12.63	11.81	13.10	13.79	12.17	11.75	17	17
韩国	28.69	30.05	30.29	36.43	30.69	34.45	38.05	37.52	35.18	33.46	27.50	32.94	7	12
墨西哥	37.57	37.64	37.83	38.01	36.28	38.61	39.33	41.51	41.71	40.88	42.79	39.29	5	2
俄罗斯	29.47	30.09	31.38	37.12	29.43	30.72	32.51	32.07	33.66	31.83	30.76	31.73	10	9
中国台湾	40.47	42.33	42.27	42.91	38.53	43.88	46.03	45.92	43.89	42.81	38.33	42.49	2	6
美国	25.86	26.52	28.82	29.14	27.74	28.08	29.63	28.21	26.34	28.16	25.14	27.60	14	14

15. 其他交通设备制造业 VSS 指数国际比较

如表 5-15 所示：

（1）17 个经济体其他交通设备制造业融入全球分工体系的程度差异较大。2005～2015 年 VSS 指数平均值最高的是法国（41.33），其次依次是中国台湾（41.02）、瑞士（39.66）、韩国（37.53）、英国（32.95）、德国（30.93）、加拿大（30.65）等，最小值是美国（15.63）。

（2）中国其他交通设备制造业 VSS 指数较低，2005～2015 年 VSS 指数平均值为 21.51，仅高于美国（15.63）、日本（16.12）、巴西（19.58）、俄罗斯（19.92），居 17 个经济体的倒数第 5 位。说明中国其他交通设备制造业出口产品中承接国外材料加工比重较小。

（3）中国其他交通设备制造业 VSS 指数 2015 年数值（18.71）低于 2005～2015 年平均值（21.51），呈现逐年降低的态势。

表 5-15　2005～2015 年其他交通设备制造业 17 个经济体 VSS 指数

国家（地区）＼年份	2005	2006	2007	2008	2009	2010	2011	2012	2013	2014	2015	平均值	平均值排序	2015排序
澳大利亚	16.77	23.43	26.55	31.50	26.30	22.45	24.84	23.36	27.67	26.30	25.85	25.00	12	12
巴西	16.37	15.65	15.35	19.79	18.78	18.62	18.27	21.45	21.86	22.68	26.59	19.58	15	11
加拿大	34.85	33.29	32.57	31.17	29.84	28.39	29.22	28.01	27.78	30.43	31.65	30.65	7	7
瑞士	41.39	42.51	44.31	44.18	43.06	37.37	38.43	38.42	38.58	35.42	32.64	39.66	3	6
中国	25.16	25.86	24.24	22.27	19.14	19.93	21.21	19.65	20.21	20.24	18.71	21.51	13	14

年份 国家 （地区）	2005	2006	2007	2008	2009	2010	2011	2012	2013	2014	2015	平均值	平均值排序	2015排序
德国	25.50	31.45	29.30	31.22	28.79	32.65	32.44	31.28	33.95	32.84	30.76	30.93	6	8
西班牙	34.98	35.91	32.30	32.20	26.36	31.89	28.88	28.04	26.98	27.04	28.32	30.26	8	10
法国	36.75	37.90	38.18	39.16	38.03	41.73	45.25	44.58	44.98	45.15	42.95	41.33	1	1
英国	26.62	27.68	29.79	33.48	33.58	38.54	32.27	36.19	35.87	35.54	32.94	32.95	5	5
印度	25.62	29.34	28.11	37.48	30.24	32.34	33.49	31.32	29.58	27.28	24.15	29.90	9	13
意大利	25.70	27.48	28.19	28.09	26.09	29.45	30.91	30.28	30.35	28.54	29.56	28.60	10	9
日本	12.59	15.52	16.88	17.00	12.84	13.27	14.80	17.01	18.86	20.77	17.75	16.12	16	16
韩国	31.79	32.58	34.07	40.44	38.47	38.77	42.62	41.29	38.78	37.98	36.08	37.53	4	3
墨西哥	25.66	25.79	26.35	26.77	25.12	27.62	29.37	31.05	31.87	30.95	33.29	28.53	11	4
俄罗斯	20.27	19.77	20.20	20.89	18.30	19.31	21.23	20.56	20.29	19.85	18.42	19.92	14	15
中国台湾	41.89	39.65	40.98	41.18	38.19	41.22	43.42	43.70	41.90	41.76	37.34	41.02	2	2
美国	14.19	14.94	15.54	16.90	13.05	14.39	15.88	17.33	16.61	17.11	16.00	15.63	17	17

16. 中国制造业细分产业 VSS 指标的总结分析

将前面表 5-1 至表 5-15 数据中的中国制造业细分产业的数据集中在一起，得到表 5-16。从表 5-16 中可以更清晰地看到 2005~2015 年中国制造业细分产业 VSS 数值的变化状况。

表 5-16　2005~2015 年中国制造业细分产业 VSS 指数

年份 行业	2005	2006	2007	2008	2009	2010	2011	2012	2013	2014	2015	平均值	平均值排序	2015排序
食品加工	9.39	9.46	9.08	9.16	7.53	8.42	9.84	9.44	8.80	8.64	7.78	8.87	16	16
纺织服装	17.56	16.93	15.52	14.11	11.37	12.23	13.36	12.56	12.10	11.75	10.52	13.46	16	17
木制品	18.95	19.07	18.11	16.16	13.12	14.72	16.60	15.46	14.96	15.48	14.03	16.06	11	14
纸制品	19.09	18.75	17.43	16.51	13.34	14.35	15.63	14.16	13.74	13.44	12.07	15.32	14	16
石油制品	30.97	33.59	32.37	34.68	28.93	32.77	36.60	37.28	37.60	36.77	28.76	33.67	14	12
化工制品	23.58	23.59	22.32	21.65	17.86	19.67	21.42	20.29	19.03	18.49	15.55	20.31	13	16
橡胶塑料制品	25.04	24.67	23.37	21.76	18.09	19.89	21.32	19.64	18.62	18.12	15.96	20.59	14	15
其他非金属制品	17.18	17.14	15.70	16.02	13.13	14.43	16.07	14.92	14.56	14.14	11.80	15.01	13	16
基础金属制品	23.36	23.59	24.03	24.01	21.97	24.84	26.95	24.34	24.36	22.51	17.79	23.43	12	14
金属制品	24.02	22.67	22.70	21.53	19.06	20.54	22.17	19.74	19.82	18.67	15.18	20.55	12	15
机械和设备	25.04	24.25	23.63	21.77	18.66	19.82	21.16	21.25	19.17	18.47	16.19	20.86	13	16
计算机电子光学	41.49	41.28	39.66	35.99	31.26	32.81	32.89	32.98	32.99	32.04	30.37	34.89	5	6
电气设备	28.70	29.05	28.02	26.06	22.78	24.31	25.37	23.24	21.92	21.15	18.97	24.51	12	15

续表

年份 行业	2005	2006	2007	2008	2009	2010	2011	2012	2013	2014	2015	平均值	平均值排序	2015排序
机动车辆	22.26	22.43	22.55	20.73	17.78	19.83	21.28	19.81	20.00	19.93	16.96	20.32	15	16
其他交通设备	25.16	25.86	24.24	22.27	19.14	19.93	21.21	19.65	20.21	20.24	18.71	21.51	13	14

如表 5-16 所示：

（1）从整体角度考察来看，中国制造业细分产业 VSS 数值在世界 17 个经济体中排序靠后，说明中国制造业细分产业出口产品中承接国外材料加工比重较小。

（2）中国计算机电子光学制造业 VSS 数值在世界 17 个经济体中排序较高，2005~2015 年 VSS 指数平均值在 17 个经济体中位列第 5 位。相比其他细分产业，中国计算机电子光学制造业出口产品在产业下游承接国外材料加工比重较大。

（3）中国制造业全部细分产业 VSS 指数 2015 年数值低于 2005~2015 年平均值，呈现逐年降低的态势。

（三）中国制造业细分产业进口中间品国内增值率 LVDI 指数的国际比较

1. 食品加工业 LVDI 指数国际比较

如表 5-17 所示：

（1）17 个经济体食品加工业国内集成配套能力差异较大。2005~2015 年 LVDI 指数平均值最高的是印度（4.37），其次依次是巴西（2.80）、中国（2.53）、澳大利亚（2.51）、韩国（2.35）、美国（2.21）、意大利（2.11）等。最小值是墨西哥（1.63），其次依次是英国（1.64）、德国（1.67）、加拿大（1.78）、俄罗斯（1.82）等。

（2）中国食品加工业 LVDI 指数较高，2005~2015 年 LVDI 指数平均值为 2.53，居 17 个经济体第 3 位。说明中国食品加工业出口产品中承接国外进口中间品在国内生产循环体系中的增值比例较大，即中国食品加工业国内集成配套能力较强。

（3）中国食品加工业 LVDI 指数 2015 年数值（2.64）高于 2005~2015 年平均值（2.53），呈现逐年增长的态势。

表 5-17　2005~2015 年食品加工业 17 个经济体 LVDI 指数

年份 国家 （地区）	2005	2006	2007	2008	2009	2010	2011	2012	2013	2014	2015	平均值	平均值排序	2015排序
澳大利亚	2.50	2.60	2.66	2.59	2.57	2.48	2.38	2.37	2.41	2.44	2.55	2.51	4	4
巴西	2.94	2.84	2.79	2.99	2.43	2.72	2.81	2.87	2.79	2.87	2.79	2.80	2	2
加拿大	1.75	1.73	1.74	1.74	1.84	1.77	1.76	1.78	1.80	1.71	1.93	1.78	14	12
瑞士	1.98	1.96	1.94	1.90	1.84	1.85	1.70	1.84	1.79	1.83	1.86	1.86	12	14
中国	2.57	2.65	2.62	2.46	2.50	2.32	2.38	2.53	2.55	2.63	2.64	2.53	3	3
德国	1.67	1.69	1.69	1.72	1.66	1.69	1.67	1.67	1.65	1.67	1.65	1.67	15	15
西班牙	2.12	2.18	2.14	2.16	2.01	2.01	2.04	2.04	2.05	2.06	2.10	2.08	8	7

续表

年份 国家 （地区）	2005	2006	2007	2008	2009	2010	2011	2012	2013	2014	2015	平均值	平均值 排序	2015 排序
法国	1.99	2.00	2.00	2.02	1.94	1.99	2.01	2.04	1.98	1.94	1.94	1.99	10	11
英国	1.60	1.61	1.63	1.62	1.65	1.64	1.64	1.66	1.68	1.66	1.64	1.64	16	16
印度	4.31	4.30	4.01	4.73	3.99	3.50	5.69	6.67	3.81	3.55	3.51	4.37	1	1
意大利	2.06	2.11	2.12	2.22	2.07	2.17	2.14	2.17	2.11	2.05	2.02	2.11	7	8
日本	1.82	1.93	1.94	1.98	1.97	1.97	1.95	2.00	2.02	2.04	1.88	1.95	11	13
韩国	2.35	2.40	2.36	2.37	2.45	2.38	2.24	2.31	2.38	2.36	2.26	2.35	5	5
墨西哥	1.65	1.61	1.60	1.59	1.65	1.64	1.58	1.62	1.64	1.64	1.64	1.63	17	17
俄罗斯	1.77	1.76	1.80	1.85	1.79	1.80	1.78	1.76	1.79	1.84	2.10	1.82	13	6
中国台湾	2.11	2.07	2.00	2.06	1.98	2.06	2.12	2.10	2.01	2.09	2.00	2.06	9	9
美国	2.28	2.23	2.33	2.44	2.11	2.18	2.26	2.24	2.15	2.13	1.97	2.21	6	10

2. 纺织服装业 LVDI 指数国际比较

如表 5-18 所示：

（1）17 个经济体纺织服装业国内集成配套能力差异较大。2005~2015 年 LVDI 指数平均值最高的是中国（2.88），其次依次是印度（2.60）、中国台湾（2.32）、韩国（2.11）、巴西（1.93）、意大利（1.81）、西班牙（1.52）等。最小值是瑞士（1.19），其次依次是俄罗斯（1.28）、加拿大（1.29）、澳大利亚（1.33）、法国（1.35）等。

（2）中国纺织服装业 LVDI 指数很高，2005~2015 年 LVDI 指数平均值为 2.88，居 17 个经济体第 1 位。说明中国纺织服装业出口产品中承接国外进口中间品在国内生产循环体系中的增值比例很大，即中国纺织服装业国内集成配套能力很强。

（3）中国纺织服装业 LVDI 指数 2015 年数值（3.06）高于 2005~2015 年平均值（2.88），呈现逐年增长的态势。

表 5-18　2005~2015 年纺织服装业 17 个经济体 LVDI 指数

年份 国家 （地区）	2005	2006	2007	2008	2009	2010	2011	2012	2013	2014	2015	平均值	平均值 排序	2015 排序
澳大利亚	1.38	1.38	1.37	1.33	1.35	1.33	1.34	1.44	1.24	1.23	1.26	1.33	14	15
巴西	2.36	2.22	2.10	2.00	1.74	1.81	1.79	1.78	1.79	1.82	1.80	1.93	5	5
加拿大	1.36	1.33	1.30	1.27	1.29	1.29	1.27	1.27	1.29	1.25	1.25	1.29	15	16
瑞士	1.21	1.21	1.20	1.21	1.17	1.18	1.16	1.18	1.17	1.18	1.19	1.19	17	17
中国	2.44	2.55	2.70	2.80	2.92	2.80	2.92	3.18	3.12	3.19	3.06	2.88	1	1
德国	1.38	1.39	1.38	1.48	1.42	1.50	1.50	1.49	1.47	1.38	1.37	1.43	10	9
西班牙	1.62	1.58	1.54	1.56	1.49	1.50	1.51	1.52	1.48	1.46	1.41	1.52	7	7
法国	1.37	1.36	1.35	1.39	1.34	1.36	1.35	1.36	1.34	1.33	1.35	1.35	13	14
英国	1.36	1.38	1.37	1.37	1.41	1.36	1.35	1.37	1.36	1.34	1.33	1.36	12	12

续表

国家（地区）\年份	2005	2006	2007	2008	2009	2010	2011	2012	2013	2014	2015	平均值	平均值排序	2015排序
印度	2.54	2.72	2.57	2.58	2.67	2.46	2.88	2.62	2.70	2.56	2.30	2.60	2	2
意大利	1.81	1.83	1.82	1.89	1.83	1.86	1.82	1.89	1.80	1.73	1.63	1.81	6	6
日本	1.52	1.53	1.54	1.60	1.48	1.50	1.50	1.50	1.46	1.47	1.39	1.50	8	8
韩国	1.97	2.01	2.02	2.13	2.12	2.27	2.25	2.18	2.18	2.10	2.00	2.11	4	4
墨西哥	1.41	1.41	1.42	1.45	1.44	1.41	1.37	1.38	1.37	1.36	1.34	1.40	11	11
俄罗斯	1.34	1.31	1.30	1.28	1.26	1.27	1.27	1.23	1.24	1.25	1.33	1.28	16	13
中国台湾	2.04	2.10	2.15	2.34	2.11	2.29	2.38	2.72	2.69	2.51	2.22	2.32	3	3
美国	1.59	1.57	1.57	1.60	1.45	1.46	1.47	1.48	1.45	1.42	1.36	1.49	9	10

3. 木制品业 LVDI 指数国际比较

如表 5-19 所示：

（1）17 个经济体木制品业国内集成配套能力差异较大。2005~2015 年 LVDI 指数平均值最高的是巴西（2.71），其次依次是印度（2.35）、韩国（2.31）、加拿大（2.28）、意大利（2.08）、澳大利亚（2.03）等。最小值是墨西哥（1.56），其次依次是英国（1.58）、日本（1.70）、中国台湾（1.71）、瑞士（1.74）等。

（2）中国木制品业 LVDI 指数居中，2005~2015 年 LVDI 指数平均值为 2.01，居 17 个经济体第 8 位，说明中国木制品业出口产品中承接国外进口中间品在国内生产循环体系中的增值比例在 17 个经济体中处于一般水平，亦即中国木制品业国内集成配套能力处于一般水平。

（3）中国木制品业 LVDI 指数 2015 年数值（2.03）高于 2005~2015 年平均值（2.01），呈现逐年增长的态势。

表 5-19　2005~2015 年木制品业 17 个经济体 LVDI 指数

国家（地区）\年份	2005	2006	2007	2008	2009	2010	2011	2012	2013	2014	2015	平均值	平均值排序	2015排序
澳大利亚	2.03	2.11	2.03	1.98	2.04	1.98	1.93	2.42	1.91	1.87	1.98	2.03	6	8
巴西	3.24	2.83	2.86	2.78	3.48	2.34	2.33	2.57	2.55	2.50	2.37	2.71	1	1
加拿大	2.18	2.18	2.17	1.96	2.00	2.61	2.65	2.58	2.54	2.13	2.05	2.28	4	6
瑞士	1.79	1.77	1.77	1.73	1.73	1.73	1.72	1.72	1.71	1.77	1.77	1.74	13	12
中国	1.83	1.89	1.91	2.01	2.06	1.93	1.96	2.31	2.10	2.03	2.03	2.01	8	7
德国	1.83	1.83	1.84	1.85	1.93	1.90	1.95	1.97	1.95	1.98	1.87	1.90	11	11
西班牙	2.04	2.10	2.04	1.98	1.88	1.95	2.04	2.08	2.01	1.95	2.08	2.01	7	5
法国	1.87	1.95	1.92	1.99	1.95	1.90	2.00	1.98	2.04	2.16	1.95	1.97	9	10
英国	1.53	1.56	1.50	1.55	1.61	1.62	1.64	1.65	1.62	1.57	1.56	1.58	16	16
印度	2.10	2.32	2.13	2.35	2.36	2.17	2.57	2.93	2.33	2.36	2.23	2.35	2	3

年份 国家 （地区）	2005	2006	2007	2008	2009	2010	2011	2012	2013	2014	2015	平均值	平均值排序	2015排序
意大利	2.01	2.03	2.05	2.04	2.03	2.16	2.18	2.24	2.14	2.04	1.96	2.08	5	9
日本	1.59	1.60	1.63	1.75	1.68	1.69	1.76	1.80	1.76	1.78	1.66	1.70	15	15
韩国	2.10	2.16	2.13	2.24	2.28	2.37	2.43	2.49	2.46	2.45	2.28	2.31	3	2
墨西哥	1.56	1.54	1.55	1.57	1.59	1.58	1.57	1.57	1.57	1.56	1.53	1.56	17	17
俄罗斯	1.86	1.87	1.88	1.85	1.90	1.96	1.89	1.90	1.97	1.94	2.20	1.93	10	4
中国台湾	1.56	1.53	1.52	1.65	1.62	1.69	1.83	2.01	1.95	1.79	1.66	1.71	14	14
美国	1.80	1.85	1.91	2.03	1.87	1.91	1.96	1.90	1.85	1.83	1.72	1.88	12	13

4. 纸制品业 LVDI 指数国际比较

如表 5-20 所示：

（1）17 个经济体纸制品业国内集成配套能力差异较大。2005~2015 年 LVDI 指数平均值最高的是日本（2.73），其次依次是韩国（2.53）、中国（2.33）、巴西（2.18）、意大利（2.17）、中国台湾（2.13）等。最小值是瑞士（1.43），其次依次是墨西哥（1.52）、俄罗斯（1.57）、英国（1.58）、法国（1.63）等。

（2）中国纸制品业 LVDI 指数较高，2005~2015 年 LVDI 指数平均值为 2.33，居 17 个经济体第 3 位。说明中国纸制品业出口产品中承接国外进口中间品在国内生产循环体系中的增值比例较大，亦即中国纸制品业国内集成配套能力较强。

（3）中国纸制品业 LVDI 指数 2015 年数值（2.38）高于 2005~2015 年平均值（2.33），呈现逐年增长的态势。

表 5-20　2005~2015 年纸制品业 17 个经济体 LVDI 指数

年份 国家 （地区）	2005	2006	2007	2008	2009	2010	2011	2012	2013	2014	2015	平均值	平均值排序	2015排序
澳大利亚	1.68	1.69	1.68	1.69	1.71	1.62	1.64	1.71	1.65	1.59	1.65	1.66	10	11
巴西	2.40	2.33	2.34	2.26	2.32	2.03	2.03	2.08	2.11	2.09	2.00	2.18	4	6
加拿大	1.78	1.73	1.73	1.68	1.70	1.61	1.61	1.61	1.59	1.59	1.57	1.65	11	14
瑞士	1.52	1.46	1.46	1.51	1.41	1.39	1.38	1.41	1.38	1.39	1.44	1.43	17	17
中国	2.15	2.21	2.29	2.25	2.29	2.22	2.26	2.52	2.53	2.53	2.38	2.33	3	3
德国	1.56	1.55	1.55	1.72	1.72	1.71	1.73	1.69	1.68	1.63	1.60	1.65	12	12
西班牙	1.94	2.02	1.99	2.13	2.01	2.00	2.04	2.07	1.99	1.98	1.90	2.01	8	7
法国	1.63	1.65	1.65	1.67	1.62	1.63	1.64	1.63	1.62	1.59	1.63	1.63	13	13
英国	1.55	1.60	1.59	1.57	1.57	1.57	1.57	1.59	1.60	1.56	1.56	1.58	14	15
印度	2.03	2.07	2.05	2.14	2.15	1.98	2.18	2.14	2.07	2.06	1.89	2.07	7	8
意大利	2.06	2.15	2.13	2.24	2.16	2.26	2.28	2.29	2.20	2.09	2.05	2.17	5	5
日本	2.56	2.66	2.77	2.98	2.68	2.71	2.77	2.82	2.81	2.77	2.53	2.73	1	1

国家 （地区）＼年份	2005	2006	2007	2008	2009	2010	2011	2012	2013	2014	2015	平均值	平均值排序	2015排序
韩国	2.36	2.44	2.41	2.53	2.49	2.53	2.62	2.61	2.66	2.69	2.46	2.53	2	2
墨西哥	1.55	1.53	1.53	1.53	1.54	1.54	1.52	1.52	1.52	1.50	1.49	1.52	16	16
俄罗斯	1.43	1.45	1.53	1.53	1.51	1.54	1.59	1.61	1.66	1.64	1.83	1.57	15	9
中国台湾	1.91	1.97	1.99	2.12	2.03	2.14	2.25	2.32	2.29	2.28	2.17	2.13	6	4
美国	1.91	1.90	1.96	2.05	1.83	1.88	1.93	1.92	1.85	1.81	1.68	1.88	9	10

5. 石油制品业 LVDI 指数国际比较

如表 5-21 所示：

（1）17 个经济体石油制品业国内集成配套能力差异较大。2005～2015 年 LVDI 指数平均值最高的是俄罗斯（2.03），其次依次是巴西（1.65）、墨西哥（1.61）、印度（1.28）、中国（1.26）、瑞士（1.22）等。最小值是中国台湾（1.07），其次依次是美国（1.09）、法国（1.09）、英国（1.10）、日本（1.10）等。

（2）中国石油制品业 LVDI 指数相对较高，2005～2015 年 LVDI 指数平均值为 1.26，居 17 个经济体中第 5 位。说明中国石油制品业出口产品中承接国外进口中间品在国内生产循环体系中的增值比例相对较大，亦即中国石油制品业国内集成配套能力相对较强。

（3）中国石油制品业 LVDI 指数 2015 年数值（1.33）高于 2005～2015 年平均值（1.26），呈现逐年增长的态势。

表 5-21　2005～2015 年石油制品业 17 个经济体 LVDI 指数

国家 （地区）＼年份	2005	2006	2007	2008	2009	2010	2011	2012	2013	2014	2015	平均值	平均值排序	2015排序
澳大利亚	1.20	1.15	1.17	1.14	1.18	1.24	1.19	1.12	1.18	1.17	1.28	1.18	8	7
巴西	1.53	1.52	1.50	1.46	1.41	1.75	1.73	1.72	1.69	1.80	2.05	1.65	2	2
加拿大	1.22	1.21	1.20	1.25	1.20	1.21	1.21	1.22	1.23	1.20	1.19	1.21	7	8
瑞士	1.14	1.15	1.13	1.15	1.31	1.30	1.19	1.29	1.24	1.27	1.29	1.22	6	5
中国	1.33	1.27	1.30	1.22	1.26	1.23	1.20	1.22	1.25	1.28	1.33	1.26	5	4
德国	1.12	1.09	1.10	1.12	1.12	1.13	1.12	1.11	1.11	1.12	1.11	1.11	11	12
西班牙	1.15	1.14	1.14	1.12	1.11	1.10	1.11	1.11	1.10	1.11	1.09	1.12	10	13
法国	1.10	1.09	1.10	1.07	1.08	1.09	1.10	1.10	1.09	1.09	1.08	1.09	15	16
英国	1.12	1.11	1.12	1.09	1.10	1.09	1.09	1.09	1.10	1.10	1.12	1.10	14	11
印度	1.36	1.32	1.34	1.25	1.36	1.29	1.23	1.21	1.22	1.18	1.28	1.28	4	6
意大利	1.11	1.10	1.11	1.11	1.11	1.14	1.15	1.13	1.13	1.16	1.09	1.12	9	14
日本	1.09	1.08	1.09	1.07	1.12	1.10	1.11	1.12	1.10	1.12	1.14	1.10	13	9
韩国	1.10	1.09	1.10	1.10	1.11	1.11	1.11	1.11	1.12	1.12	1.13	1.11	12	10
墨西哥	1.80	1.73	1.67	1.62	1.57	1.55	1.52	1.54	1.62	1.58	1.54	1.61	3	3

国家 （地区）＼年份	2005	2006	2007	2008	2009	2010	2011	2012	2013	2014	2015	平均值	平均值 排序	2015 排序
俄罗斯	1.95	1.89	1.92	1.87	2.03	1.95	2.11	2.21	2.15	2.05	2.24	2.03	1	1
中国台湾	1.18	1.09	1.08	1.04	1.11	1.05	1.05	1.03	1.03	1.04	1.09	1.07	17	15
美国	1.14	1.10	1.10	1.10	1.06	1.08	1.08	1.07	1.08	1.08	1.08	1.09	16	17

6. 化工制品业 LVDI 指数国际比较

如表 5-22 所示：

（1）17 个经济体化工制品业国内集成配套能力差异较大。2005～2015 年 LVDI 指数平均值最高的是印度（2.30），其次依次是韩国（2.15）、中国（2.14）、日本（2.05）、中国台湾（1.90）、巴西（1.83）等。最小值是英国（1.32），其次依次是瑞士（1.40）、墨西哥（1.43）、德国（1.44）、俄罗斯（1.45）等。

（2）中国化工制品业 LVDI 指数较高，2005～2015 年 LVDI 指数平均值为 2.14，居 17 个经济体第 3 位。说明中国化工制品业出口产品中承接国外进口中间品在国内生产循环体系中的增值比例较大，亦即中国化工制品业国内集成配套能力较强。

（3）中国化工制品业 LVDI 指数 2015 年数值（2.35）高于 2005～2015 年平均值（2.14），呈现逐年增长的态势。

表 5-22　2005～2015 年化工制品业 17 个经济体 LVDI 指数

国家 （地区）＼年份	2005	2006	2007	2008	2009	2010	2011	2012	2013	2014	2015	平均值	平均值 排序	2015 排序
澳大利亚	1.49	1.49	1.49	1.46	1.50	1.45	1.43	1.48	1.45	1.44	1.44	1.47	11	11
巴西	1.93	1.91	1.88	1.84	1.82	1.77	1.76	1.76	1.81	1.83	1.81	1.83	6	6
加拿大	1.52	1.51	1.51	1.50	1.47	1.40	1.42	1.42	1.43	1.39	1.39	1.45	12	13
瑞士	1.41	1.41	1.39	1.40	1.38	1.39	1.39	1.40	1.37	1.40	1.42	1.40	16	12
中国	1.94	1.97	2.10	2.04	2.11	2.04	2.05	2.28	2.33	2.37	2.35	2.14	3	1
德国	1.47	1.45	1.43	1.49	1.46	1.45	1.45	1.43	1.43	1.40	1.37	1.44	14	16
西班牙	1.63	1.66	1.64	1.79	1.61	1.68	1.71	1.76	1.71	1.71	1.59	1.68	8	7
法国	1.43	1.44	1.44	1.52	1.45	1.53	1.58	1.54	1.51	1.47	1.38	1.48	10	15
英国	1.35	1.37	1.35	1.33	1.33	1.31	1.29	1.29	1.31	1.31	1.30	1.32	17	17
印度	2.41	2.53	2.35	2.32	2.36	2.17	2.59	2.16	2.28	2.20	1.96	2.30	1	4
意大利	1.61	1.64	1.66	1.57	1.43	1.57	1.57	1.59	1.55	1.55	1.49	1.57	9	10
日本	2.01	2.02	2.06	2.13	2.03	2.04	2.09	2.08	2.08	2.06	1.91	2.05	4	5
韩国	2.09	2.13	2.14	2.20	2.13	2.11	2.18	2.19	2.18	2.23	2.12	2.15	2	2
墨西哥	1.51	1.47	1.47	1.50	1.44	1.43	1.40	1.38	1.41	1.41	1.39	1.43	15	14
俄罗斯	1.43	1.43	1.46	1.46	1.47	1.42	1.43	1.40	1.43	1.43	1.55	1.45	13	9
中国台湾	1.93	1.97	1.97	1.87	2.00	1.93	1.84	1.78	1.73	1.88	2.02	1.90	5	3

国家 （地区） 年份	2005	2006	2007	2008	2009	2010	2011	2012	2013	2014	2015	平均值	平均值 排序	2015 排序
美国	1.75	1.73	1.76	1.76	1.59	1.67	1.72	1.73	1.73	1.65	1.55	1.69	7	8

7. 橡胶和塑料制品业 LVDI 指数国际比较

如表 5-23 所示：

（1）17 个经济体橡胶和塑料制品业国内集成配套能力差异较大。2005～2015 年 LVDI 指数平均值最高的是韩国（2.50），其次依次是中国（2.35）、日本（2.18）、印度（2.15）、中国台湾（2.10）、巴西（1.84）等。最小值是瑞士（1.20），其次依次是加拿大（1.35）、墨西哥（1.39）、法国（1.41）、澳大利亚（1.42）、俄罗斯（1.43）等。

（2）中国橡胶和塑料制品业 LVDI 指数较高，2005～2015 年 LVDI 指数平均值为 2.35，居 17 个经济体第 2 位。说明中国橡胶和塑料制品业出口产品中承接国外进口中间品在国内生产循环体系中的增值比例较大，亦即中国橡胶和塑料制品业国内集成配套能力较强。

（3）中国橡胶和塑料制品业 LVDI 指数 2015 年数值（2.53）高于 2005～2015 年平均值（2.35），呈现逐年增长的态势。

表 5-23　2005～2015 年橡胶和塑料制品业 17 个经济体 LVDI 指数

国家 （地区） 年份	2005	2006	2007	2008	2009	2010	2011	2012	2013	2014	2015	平均值	平均值 排序	2015 排序
澳大利亚	1.47	1.47	1.46	1.43	1.46	1.41	1.41	1.40	1.36	1.35	1.36	1.42	13	14
巴西	1.99	1.98	1.94	1.79	1.70	1.79	1.80	1.78	1.82	1.84	1.83	1.84	6	5
加拿大	1.40	1.38	1.38	1.42	1.36	1.34	1.33	1.32	1.36	1.30	1.29	1.35	16	16
瑞士	1.21	1.22	1.20	1.21	1.20	1.20	1.19	1.19	1.18	1.21	1.21	1.20	17	17
中国	2.09	2.15	2.25	2.27	2.32	2.22	2.28	2.61	2.54	2.57	2.53	2.35	2	1
德国	1.46	1.46	1.43	1.52	1.51	1.49	1.49	1.46	1.46	1.43	1.40	1.46	10	12
西班牙	1.64	1.66	1.64	1.79	1.68	1.69	1.73	1.73	1.69	1.68	1.55	1.68	9	8
法国	1.43	1.45	1.43	1.44	1.41	1.40	1.42	1.40	1.38	1.36	1.37	1.41	14	13
英国	1.48	1.49	1.47	1.44	1.47	1.43	1.41	1.41	1.44	1.43	1.43	1.44	11	11
印度	2.20	2.30	2.16	2.12	2.18	2.00	2.60	2.38	1.97	1.96	1.81	2.15	4	6
意大利	1.67	1.72	1.69	1.92	1.81	1.92	1.90	1.91	1.87	1.78	1.63	1.80	7	7
日本	2.19	2.20	2.21	2.33	2.10	2.15	2.28	2.24	2.23	2.17	1.93	2.18	3	4
韩国	2.35	2.46	2.43	2.56	2.41	2.52	2.53	2.58	2.59	2.68	2.38	2.50	1	2
墨西哥	1.43	1.41	1.42	1.47	1.40	1.39	1.37	1.34	1.36	1.36	1.33	1.39	15	15
俄罗斯	1.41	1.41	1.45	1.45	1.43	1.43	1.41	1.38	1.41	1.42	1.51	1.43	12	9
中国台湾	1.87	1.90	1.94	2.09	1.92	2.04	2.16	2.36	2.36	2.31	2.12	2.10	5	3
美国	1.76	1.78	1.84	1.85	1.63	1.69	1.73	1.71	1.66	1.61	1.51	1.71	8	10

8. 其他非金属制品业 LVDI 指数国际比较

如表 5-24 所示:

(1) 17 个经济体其他非金属制品业国内集成配套能力差异较大。2005~2015 年 LVDI 指数平均值最高的是中国 (2.98),其次依次是意大利 (2.52)、日本 (2.48)、西班牙 (2.35)、韩国 (2.24)、巴西 (2.18) 等。最小值是瑞士 (1.61),其次依次是墨西哥 (1.62)、加拿大 (1.63)、英国 (1.64)、德国 (1.72) 等。

(2) 中国其他非金属制品业 LVDI 指数很高,2005~2015 年 LVDI 指数平均值为 2.98,居 17 个经济体第 1 位。说明中国其他非金属制品业出口产品中承接国外进口中间品在国内生产循环体系中的增值比例很大,亦即中国其他非金属制品业国内集成配套能力很强。

(3) 中国其他非金属制品业 LVDI 指数 2015 年数值 (3.13) 高于 2005~2015 年平均值 (2.98),呈现逐年增长的态势。

表 5-24　2005~2015 年其他非金属制品业 17 个经济体 LVDI 指数

年份 国家 (地区)	2005	2006	2007	2008	2009	2010	2011	2012	2013	2014	2015	平均值	平均值排序	2015排序
澳大利亚	1.91	1.83	1.81	1.73	1.81	1.79	1.76	1.70	1.75	1.70	1.73	1.77	12	10
巴西	2.18	2.10	2.11	2.04	2.28	2.19	2.17	2.15	2.19	2.27	2.25	2.18	6	2
加拿大	1.67	1.65	1.68	1.63	1.63	1.65	1.66	1.66	1.64	1.57	1.54	1.63	15	17
瑞士	1.61	1.63	1.62	1.62	1.60	1.60	1.56	1.64	1.58	1.64	1.60	1.61	17	14
中国	2.76	2.85	2.98	2.82	2.97	2.79	2.82	3.15	3.20	3.29	3.13	2.98	1	1
德国	1.62	1.60	1.60	1.79	1.76	1.78	1.83	1.81	1.78	1.72	1.67	1.72	13	13
西班牙	2.20	2.32	2.27	2.42	2.26	2.37	2.47	2.55	2.49	2.44	2.03	2.35	4	8
法国	1.89	1.94	1.92	1.96	1.88	1.88	1.96	1.94	1.90	1.85	1.73	1.90	9	11
英国	1.57	1.66	1.66	1.67	1.60	1.56	1.56	1.60	1.66	1.75	1.72	1.64	14	12
印度	1.92	2.12	2.12	2.20	2.19	2.03	1.55	1.67	1.98	1.91	1.80	1.95	8	9
意大利	2.41	2.55	2.49	2.77	2.58	2.60	2.71	2.65	2.48	2.34	2.12	2.52	2	6
日本	2.26	2.40	2.46	2.54	2.44	2.42	2.53	2.67	2.64	2.58	2.24	2.48	3	3
韩国	2.23	2.28	2.26	2.28	2.25	2.31	2.08	2.21	2.26	2.35	2.16	2.24	5	5
墨西哥	1.69	1.65	1.65	1.66	1.64	1.60	1.56	1.56	1.61	1.59	1.57	1.62	16	16
俄罗斯	1.78	1.82	1.87	1.85	1.86	1.84	1.87	1.82	1.87	1.88	2.09	1.87	10	7
中国台湾	2.00	2.12	2.04	1.98	2.00	2.02	2.12	2.08	2.04	2.13	2.18	2.06	7	4
美国	1.89	1.90	1.97	2.02	1.81	1.82	1.84	1.80	1.75	1.71	1.59	1.83	11	15

9. 基础金属制品业 LVDI 指数国际比较

如表 5-25 所示:

(1) 17 个经济体基础金属制品业国内集成配套能力差异较大。2005~2015 年 LVDI 指数平均值最高的是澳大利亚 (2.34),其次依次是日本 (2.11)、中国 (1.97)、俄罗斯

（1.86）、印度（1.79）、西班牙（1.75）等。最小值是加拿大（1.24），其次依次是英国（1.37）、法国（1.42）、瑞士（1.42）、德国（1.47）等。

（2）中国基础金属制品业 LVDI 指数较高，2005～2015 年 LVDI 指数平均值为 1.97，居 17 个经济体第 3 位。说明中国基础金属制品业出口产品中承接国外进口中间品在国内生产循环体系中的增值比例较大，亦即中国基础金属制品业国内集成配套能力较强。

（3）中国基础金属制品业 LVDI 指数 2015 年数值（2.25）高于 2005～2015 年平均值（1.97），呈现逐年增长的态势。

表 5-25   2005～2015 年基础金属制品业 17 个经济体 LVDI 指数

国家（地区）＼年份	2005	2006	2007	2008	2009	2010	2011	2012	2013	2014	2015	平均值	平均值排序	2015排序
澳大利亚	3.63	2.35	2.18	2.22	2.18	2.41	2.33	2.46	2.07	1.72	2.26	2.34	1	1
巴西	1.80	1.69	1.84	1.79	1.70	1.61	1.55	1.66	1.75	1.78	1.75	1.72	8	6
加拿大	1.30	1.31	1.30	1.26	1.20	1.20	1.17	1.21	1.21	1.26	1.25	1.24	17	17
瑞士	1.49	1.42	1.47	1.45	1.39	1.38	1.29	1.42	1.42	1.41	1.48	1.42	14	14
中国	1.97	2.08	1.98	1.88	1.89	1.76	1.76	1.91	2.01	2.19	2.25	1.97	3	2
德国	1.50	1.45	1.44	1.51	1.47	1.43	1.46	1.48	1.48	1.46	1.49	1.47	13	13
西班牙	1.83	1.77	1.79	1.82	1.74	1.73	1.70	1.73	1.73	1.72	1.71	1.75	6	8
法国	1.44	1.41	1.42	1.43	1.44	1.41	1.41	1.40	1.40	1.37	1.43	1.42	15	15
英国	1.44	1.41	1.40	1.38	1.40	1.32	1.29	1.29	1.34	1.38	1.40	1.37	16	16
印度	1.82	1.75	1.75	1.82	1.80	1.66	1.95	1.87	1.79	1.78	1.68	1.79	5	10
意大利	1.70	1.67	1.69	1.76	1.74	1.72	1.71	1.70	1.74	1.70	1.68	1.71	10	9
日本	2.04	2.06	2.12	2.28	2.11	2.00	2.09	2.19	2.15	2.17	2.01	2.11	2	4
韩国	1.74	1.70	1.72	1.70	1.72	1.68	1.66	1.74	1.77	1.76	1.73	1.72	9	7
墨西哥	1.50	1.50	1.51	1.50	1.49	1.48	1.47	1.51	1.53	1.51	1.49	1.50	12	12
俄罗斯	1.69	1.68	1.72	1.77	1.79	1.97	1.85	1.87	1.94	1.94	2.22	1.86	4	3
中国台湾	1.67	1.71	1.67	1.64	1.66	1.70	1.70	1.84	1.87	1.88	1.89	1.75	7	5
美国	1.75	1.65	1.69	1.71	1.56	1.64	1.63	1.63	1.66	1.64	1.57	1.65	11	11

10. 金属制品业 LVDI 指数国际比较

如表 5-26 所示：

（1）17 个经济体金属制品业国内集成配套能力差异较大。2005～2015 年 LVDI 指数平均值最高的是日本（3.57），其次依次是中国（3.18）、韩国（2.36）、中国台湾（2.17）、巴西（1.95）、西班牙（1.89）等。最小值是瑞士（1.34），其次依次是加拿大（1.41）、墨西哥（1.43）、法国（1.50）、英国（1.50）等。

（2）中国金属制品业 LVDI 指数较高，2005～2015 年 LVDI 指数平均值为 3.18，居 17 个经济体第 2 位。说明中国金属制品业出口产品中承接国外进口中间品在国内生产循环体系中的增值比例较大，亦即中国金属制品业国内集成配套能力较强。

（3）中国金属制品业 LVDI 指数 2015 年数值（3.67）高于 2005～2015 年平均值（3.18），呈现逐年增长的态势。

表 5-26 2005～2015 年金属制品业 17 个经济体 LVDI 指数

国家 （地区）	2005	2006	2007	2008	2009	2010	2011	2012	2013	2014	2015	平均值	平均值 排序	2015 排序
澳大利亚	1.74	1.66	1.59	1.60	1.63	1.47	1.49	1.53	1.48	1.44	1.46	1.55	12	13
巴西	2.00	1.88	2.02	1.90	1.83	2.02	2.07	1.93	2.00	1.93	1.87	1.95	5	6
加拿大	1.48	1.48	1.46	1.44	1.36	1.40	1.38	1.41	1.43	1.37	1.35	1.41	16	17
瑞士	1.36	1.36	1.39	1.33	1.34	1.33	1.26	1.33	1.30	1.41	1.38	1.34	17	15
中国	2.37	2.64	2.71	2.88	2.98	3.10	3.27	3.49	3.94	3.93	3.67	3.18	2	1
德国	1.64	1.60	1.59	1.69	1.73	1.68	1.71	1.72	1.73	1.70	1.63	1.67	10	10
西班牙	1.83	1.86	1.85	1.86	1.86	1.93	1.94	1.97	1.97	1.92	1.80	1.89	6	8
法国	1.56	1.52	1.51	1.51	1.55	1.49	1.47	1.48	1.47	1.45	1.43	1.50	14	14
英国	1.60	1.54	1.54	1.49	1.57	1.49	1.42	1.42	1.49	1.49	1.49	1.50	13	12
印度	1.97	2.10	1.99	2.07	2.00	1.80	1.47	1.48	1.93	1.98	1.85	1.88	7	7
意大利	1.76	1.73	1.73	1.94	1.96	1.98	1.98	1.97	1.95	1.85	1.76	1.87	8	9
日本	3.05	3.20	3.23	3.71	3.77	3.68	3.84	4.05	3.92	3.65	3.12	3.57	1	2
韩国	2.24	2.24	2.20	2.14	2.38	2.43	2.44	2.53	2.51	2.46	2.35	2.36	3	3
墨西哥	1.47	1.46	1.45	1.47	1.44	1.44	1.41	1.41	1.40	1.39	1.36	1.43	15	16
俄罗斯	1.84	1.77	1.79	1.86	1.81	1.75	1.80	1.74	1.76	1.80	2.01	1.81	9	5
中国台湾	1.83	1.86	1.80	1.91	2.00	2.11	2.26	2.61	2.75	2.45	2.27	2.17	4	4
美国	1.68	1.63	1.70	1.71	1.59	1.65	1.66	1.63	1.64	1.61	1.55	1.64	11	11

11. 机械和设备制造业 LVDI 指数国际比较

如表 5-27 所示：

（1）17 个经济体机械和设备制造业国内集成配套能力差异较大。2005～2015 年 LVDI 指数平均值最高的是中国（2.61），其次依次是日本（2.54）、韩国（2.19）、中国台湾（1.95）、印度（1.88）、意大利（1.72）等。最小值是墨西哥（1.29），其次依次是加拿大（1.32）、瑞士（1.34）、澳大利亚（1.35）、法国（1.38）等。

（2）中国机械和设备制造业 LVDI 指数很高，2005～2015 年 LVDI 指数平均值为 2.61，居 17 个经济体第 1 位。说明中国机械和设备制造业出口产品中承接国外进口中间品在国内生产循环体系中的增值比例很大，亦即中国机械和设备制造业国内集成配套能力很强。

（3）中国机械和设备制造业 LVDI 指数 2015 年数值（2.80）高于 2005～2015 年平均值（2.61），呈现逐年增长的态势。

表 5-27　2005~2015 年机械和设备制造业 17 个经济体 LVDI 指数

国家 （地区） 年份	2005	2006	2007	2008	2009	2010	2011	2012	2013	2014	2015	平均值	平均值 排序	2015 排序
澳大利亚	1.43	1.40	1.38	1.37	1.38	1.34	1.35	1.30	1.33	1.30	1.32	1.35	14	15
巴西	1.93	1.81	1.94	1.83	1.78	1.62	1.62	1.56	1.59	1.62	1.59	1.72	7	7
加拿大	1.34	1.34	1.32	1.31	1.29	1.31	1.32	1.32	1.34	1.28	1.30	1.32	16	16
瑞士	1.42	1.38	1.40	1.41	1.36	1.31	1.30	1.29	1.26	1.30	1.33	1.34	15	14
中国	2.17	2.25	2.31	2.45	2.61	2.63	2.74	2.69	3.07	3.00	2.80	2.61	1	1
德国	1.61	1.62	1.62	1.60	1.61	1.57	1.58	1.59	1.60	1.58	1.57	1.60	9	9
西班牙	1.64	1.69	1.68	1.69	1.62	1.71	1.75	1.77	1.75	1.71	1.57	1.69	8	10
法国	1.40	1.39	1.38	1.41	1.41	1.39	1.39	1.39	1.38	1.36	1.34	1.38	13	13
英国	1.51	1.50	1.49	1.46	1.50	1.45	1.41	1.43	1.47	1.46	1.46	1.47	12	11
印度	1.96	2.06	1.97	2.04	1.97	1.86	1.64	1.58	1.89	1.94	1.81	1.88	5	5
意大利	1.74	1.75	1.75	1.76	1.70	1.75	1.75	1.75	1.71	1.65	1.58	1.72	6	8
日本	2.29	2.39	2.48	2.72	2.44	2.57	2.77	2.74	2.67	2.56	2.27	2.54	2	2
韩国	2.13	2.17	2.14	2.15	2.18	2.23	2.31	2.30	2.22	2.22	2.10	2.19	3	3
墨西哥	1.32	1.33	1.32	1.31	1.31	1.31	1.29	1.27	1.24	1.24	1.21	1.29	17	17
俄罗斯	1.48	1.47	1.50	1.47	1.48	1.45	1.50	1.47	1.49	1.49	1.60	1.49	11	6
中国台湾	1.71	1.77	1.74	1.85	1.83	1.95	2.04	2.26	2.30	2.07	1.92	1.95	4	4
美国	1.53	1.52	1.55	1.56	1.48	1.49	1.50	1.49	1.47	1.46	1.40	1.50	10	12

12. 计算机电子光学制造业 LVDI 指数国际比较

如表 5-28 所示：

（1）17 个经济体计算机电子光学制造业国内集成配套能力差异较大。2005~2015 年 LVDI 指数平均值最高的是中国台湾（1.82），其次依次是韩国（1.78）、中国（1.71）、日本（1.69）、巴西（1.49）、印度（1.46）等。最小值是加拿大（1.18），其次依次是澳大利亚（1.20）、墨西哥（1.21）、法国（1.28）、英国（1.28）等。

（2）中国计算机电子光学制造业 LVDI 指数较高，2005~2015 年 LVDI 指数平均值为 1.71，居 17 个经济体第 3 位，说明中国计算机电子光学制造业出口产品中承接国外进口中间品在国内生产循环体系中的增值比例较大，亦即中国计算机电子光学制造业国内集成配套能力较强。

（3）中国计算机电子光学制造业 LVDI 指数 2015 年数值（1.75）高于 2005~2015 年平均值（1.71），呈现逐年增长的态势。

表 5-28　2005~2015 年计算机电子光学制造业 17 个经济体 LVDI 指数

国家 （地区） 年份	2005	2006	2007	2008	2009	2010	2011	2012	2013	2014	2015	平均值	平均值 排序	2015 排序
澳大利亚	1.22	1.21	1.21	1.20	1.21	1.19	1.20	1.28	1.19	1.16	1.18	1.20	16	16

国家（地区）＼年份	2005	2006	2007	2008	2009	2010	2011	2012	2013	2014	2015	平均值	平均值排序	2015排序
巴西	1.54	1.55	1.62	1.53	1.47	1.42	1.43	1.42	1.44	1.46	1.47	1.49	5	5
加拿大	1.16	1.16	1.16	1.15	1.16	1.21	1.22	1.23	1.20	1.14	1.19	1.18	17	15
瑞士	1.50	1.49	1.50	1.50	1.45	1.42	1.45	1.41	1.34	1.44	1.45	1.45	7	6
中国	1.58	1.59	1.61	1.69	1.78	1.71	1.77	1.79	1.77	1.81	1.75	1.71	3	1
德国	1.47	1.45	1.46	1.34	1.31	1.29	1.32	1.30	1.31	1.29	1.28	1.35	8	12
西班牙	1.29	1.32	1.30	1.34	1.38	1.33	1.35	1.33	1.32	1.31	1.34	1.33	11	10
法国	1.23	1.23	1.24	1.32	1.29	1.30	1.30	1.31	1.30	1.29	1.23	1.28	14	13
英国	1.25	1.31	1.26	1.27	1.28	1.28	1.28	1.30	1.31	1.31	1.31	1.28	13	11
印度	1.41	1.43	1.43	1.54	1.43	1.42	1.54	1.50	1.50	1.49	1.42	1.46	6	8
意大利	1.27	1.31	1.34	1.34	1.31	1.31	1.35	1.37	1.36	1.32	1.35	1.33	10	9
日本	1.57	1.64	1.69	1.78	1.67	1.69	1.78	1.75	1.75	1.71	1.60	1.69	4	4
韩国	1.68	1.75	1.76	1.75	1.84	1.86	1.89	1.84	1.81	1.78	1.63	1.78	2	3
墨西哥	1.34	1.32	1.35	1.25	1.19	1.20	1.16	1.14	1.13	1.12	1.21	1.21	15	17
俄罗斯	1.31	1.29	1.31	1.29	1.34	1.29	1.33	1.33	1.37	1.35	1.42	1.33	9	7
中国台湾	1.59	1.60	1.66	1.83	1.68	1.80	1.94	2.11	2.10	1.93	1.73	1.82	1	2
美国	1.36	1.36	1.41	1.39	1.30	1.32	1.34	1.31	1.27	1.26	1.22	1.32	12	14

13. 电气设备制造业 LVDI 指数国际比较

如表 5-29 所示：

（1）17 个经济体电气设备制造业国内集成配套能力差异较大。2005~2015 年 LVDI 指数平均值最高的是中国（2.44），其次依次是韩国（2.06）、日本（1.97）、巴西（1.78）、中国台湾（1.68）、印度（1.66）等。最小值是加拿大（1.22），其次依次是墨西哥（1.27）、英国（1.31）、瑞士（1.31）、法国（1.33）等。

（2）中国电气设备制造业 LVDI 指数很高，2005~2015 年 LVDI 指数平均值为 2.44，居 17 个经济体第 1 位。说明中国电气设备制造业出口产品中承接国外进口中间品在国内生产循环体系中的增值比例很大，亦即中国电气设备制造业国内集成配套能力很强。

（3）中国电气设备制造业 LVDI 指数 2015 年数值（2.51）高于 2005~2015 年平均值（2.44），呈现逐年增长的态势。

表 5-29　2005~2015 年电气设备制造业 17 个经济体 LVDI 指数

国家（地区）＼年份	2005	2006	2007	2008	2009	2010	2011	2012	2013	2014	2015	平均值	平均值排序	2015排序
澳大利亚	1.49	1.39	1.41	1.36	1.36	1.34	1.36	1.30	1.26	1.24	1.31	1.35	12	13
巴西	1.92	1.87	1.95	1.95	1.83	1.68	1.68	1.63	1.69	1.69	1.67	1.78	4	5
加拿大	1.25	1.25	1.25	1.22	1.21	1.20	1.18	1.19	1.20	1.19	1.23	1.22	17	16

续表

国家（地区） \ 年份	2005	2006	2007	2008	2009	2010	2011	2012	2013	2014	2015	平均值	平均值排序	2015排序
瑞士	1.39	1.29	1.34	1.37	1.30	1.27	1.31	1.26	1.23	1.38	1.33	1.31	14	12
中国	2.15	2.17	2.20	2.33	2.39	2.36	2.50	2.78	2.71	2.70	2.51	2.44	1	1
德国	1.58	1.58	1.55	1.50	1.49	1.42	1.48	1.49	1.47	1.46	1.45	1.50	10	9
西班牙	1.65	1.67	1.63	1.65	1.59	1.63	1.64	1.64	1.60	1.57	1.47	1.61	7	8
法国	1.42	1.37	1.37	1.36	1.34	1.31	1.31	1.29	1.29	1.28	1.25	1.33	13	15
英国	1.39	1.37	1.35	1.32	1.33	1.28	1.27	1.26	1.29	1.28	1.27	1.31	15	14
印度	1.76	1.83	1.78	1.85	1.72	1.63	1.52	1.49	1.55	1.61	1.54	1.66	6	7
意大利	1.63	1.59	1.58	1.55	1.48	1.46	1.48	1.46	1.45	1.42	1.41	1.50	9	10
日本	1.79	1.85	1.92	2.08	1.99	2.03	2.09	2.08	2.04	2.00	1.81	1.97	3	3
韩国	1.97	2.00	2.06	2.05	2.11	2.15	2.10	2.07	2.01	2.07	2.04	2.06	2	2
墨西哥	1.33	1.34	1.34	1.34	1.29	1.28	1.26	1.24	1.21	1.20	1.18	1.27	16	17
俄罗斯	1.56	1.51	1.54	1.57	1.55	1.50	1.50	1.55	1.59	1.58	1.69	1.56	8	4
中国台湾	1.56	1.51	1.51	1.64	1.57	1.64	1.71	1.87	1.96	1.82	1.66	1.68	5	6
美国	1.49	1.45	1.51	1.51	1.39	1.43	1.44	1.42	1.41	1.41	1.34	1.44	11	11

14. 机动车辆制造业 LVDI 指数国际比较

如表 5-30 所示：

（1）17 个经济体机动车辆制造业国内集成配套能力差异较大。2005~2015 年 LVDI 指数平均值最高的是日本（3.65），其次依次是中国（2.76）、韩国（2.65）、印度（2.23）、巴西（2.04）、中国台湾（1.94）等。最小值是瑞士（1.20），其次依次是加拿大（1.25）、澳大利亚（1.28）、墨西哥（1.32）等。

（2）中国机动车辆制造业 LVDI 指数较高，2005~2015 年 LVDI 指数平均值为 2.76，居 17 个经济体第 2 位。说明中国机动车辆制造业出口产品中承接国外进口中间品在国内生产循环体系中的增值比例较大，亦即中国机动车辆制造业国内集成配套能力较强。

（3）中国机动车辆制造业 LVDI 指数 2015 年数值（2.69）低于 2005~2015 年平均值（2.76），呈现逐年减少的态势。

表 5-30　2005~2015 年机动车辆制造业 17 个经济体 LVDI 指数

国家（地区） \ 年份	2005	2006	2007	2008	2009	2010	2011	2012	2013	2014	2015	平均值	平均值排序	2015排序
澳大利亚	1.27	1.33	1.33	1.33	1.31	1.25	1.28	1.30	1.26	1.23	1.23	1.28	15	16
巴西	2.24	2.23	2.27	2.20	2.04	1.98	1.96	1.90	1.93	1.91	1.82	2.04	5	5
加拿大	1.37	1.33	1.29	1.18	1.19	1.23	1.23	1.22	1.25	1.22	1.29	1.25	16	14
瑞士	1.16	1.30	1.30	1.17	1.23	1.15	1.25	1.13	1.12	1.27	1.13	1.20	17	17
中国	2.69	2.67	2.76	2.78	2.92	2.70	2.74	2.79	2.90	2.73	2.69	2.76	2	2

续表

国家（地区）\年份	2005	2006	2007	2008	2009	2010	2011	2012	2013	2014	2015	平均值	平均值排序	2015排序
德国	1.69	1.73	1.73	1.77	1.71	1.65	1.68	1.68	1.63	1.61	1.53	1.67	7	8
西班牙	1.41	1.43	1.41	1.43	1.42	1.45	1.43	1.43	1.42	1.40	1.35	1.42	12	12
法国	1.42	1.42	1.41	1.41	1.39	1.39	1.40	1.40	1.38	1.37	1.30	1.39	13	13
英国	1.45	1.48	1.47	1.47	1.54	1.50	1.46	1.49	1.46	1.46	1.46	1.48	10	9
印度	2.33	2.39	2.24	2.31	2.35	2.23	2.07	2.13	2.14	2.23	2.16	2.23	4	4
意大利	1.56	1.63	1.66	1.76	1.70	1.74	1.76	1.79	1.73	1.70	1.38	1.67	8	11
日本	3.39	3.55	3.64	4.03	3.76	3.80	3.94	3.72	3.64	3.50	3.14	3.65	1	1
韩国	2.67	2.72	2.67	2.64	2.67	2.71	2.67	2.66	2.62	2.66	2.47	2.65	3	3
墨西哥	1.33	1.34	1.34	1.34	1.33	1.32	1.30	1.31	1.33	1.31	1.29	1.32	14	15
俄罗斯	1.45	1.43	1.40	1.36	1.49	1.43	1.45	1.45	1.49	1.52	1.63	1.46	11	7
中国台湾	1.76	1.82	1.84	2.02	1.89	1.95	2.01	2.12	2.10	1.98	1.82	1.94	6	6
美国	1.61	1.59	1.62	1.61	1.59	1.54	1.56	1.52	1.49	1.48	1.41	1.55	9	10

15. 其他交通设备制造业 LVDI 指数国际比较

如表 5-31 所示：

（1）17 个经济体其他交通设备制造业国内集成配套能力差异较大。2005~2015 年 LVDI 指数平均值最高的是中国（2.33），其次依次是日本（2.31）、中国台湾（2.01）、印度（1.97）、韩国（1.84）、意大利（1.69）等。最小值是法国（1.24），其次依次是瑞士（1.25）、英国（1.25）、加拿大（1.29）、德国（1.32）等。

（2）中国其他交通设备制造业 LVDI 指数很高，2005~2015 年 LVDI 指数平均值为 2.33，居 17 个经济体第 1 位。说明中国其他交通设备制造业出口产品中承接国外进口中间品在国内生产循环体系中的增值比例很大，亦即中国其他交通设备制造业国内集成配套能力很强。

（3）中国其他交通设备制造业 LVDI 指数 2015 年数值（2.08）低于 2005~2015 年平均值（2.33），呈现逐年减少的态势。

表 5-31　2005~2015 年其他交通设备制造业 17 个经济体 LVDI 指数

国家（地区）\年份	2005	2006	2007	2008	2009	2010	2011	2012	2013	2014	2015	平均值	平均值排序	2015排序
澳大利亚	1.29	1.48	1.41	1.32	1.34	1.41	1.35	1.31	1.28	1.28	1.35	1.35	11	11
巴西	1.52	1.52	1.54	1.54	1.50	1.53	1.56	1.47	1.48	1.50	1.41	1.51	9	10
加拿大	1.30	1.30	1.28	1.28	1.31	1.29	1.29	1.30	1.28	1.29	1.28	1.29	14	13
瑞士	1.26	1.25	1.25	1.26	1.23	1.26	1.23	1.28	1.24	1.24	1.26	1.25	16	15
中国	2.18	2.10	2.19	2.34	2.41	2.48	2.57	2.51	2.48	2.27	2.08	2.33	1	1
德国	1.39	1.28	1.36	1.34	1.35	1.26	1.30	1.33	1.28	1.30	1.32	1.32	13	12

续表

年份 国家 （地区）	2005	2006	2007	2008	2009	2010	2011	2012	2013	2014	2015	平均值	平均值 排序	2015 排序
西班牙	1.35	1.40	1.52	1.60	1.58	1.47	1.49	1.49	1.46	1.52	1.48	1.49	10	8
法国	1.33	1.33	1.31	1.29	1.27	1.20	1.20	1.19	1.19	1.19	1.18	1.24	17	17
英国	1.27	1.24	1.29	1.24	1.26	1.21	1.31	1.27	1.23	1.24	1.22	1.25	15	16
印度	1.97	1.85	1.94	1.72	1.94	1.99	1.87	2.14	2.13	2.14	1.98	1.97	4	3
意大利	1.67	1.73	1.73	1.74	1.68	1.69	1.69	1.68	1.68	1.67	1.59	1.69	6	7
日本	2.10	2.16	2.20	2.43	2.35	2.55	2.76	2.43	2.28	2.22	2.00	2.31	2	2
韩国	1.84	1.94	1.85	1.79	1.72	1.78	1.83	1.93	1.92	1.91	1.75	1.84	5	5
墨西哥	1.37	1.37	1.36	1.36	1.36	1.35	1.33	1.31	1.30	1.28	1.26	1.33	12	14
俄罗斯	1.57	1.59	1.61	1.57	1.63	1.55	1.47	1.45	1.47	1.50	1.66	1.55	8	6
中国台湾	1.73	1.89	1.84	2.06	1.87	2.00	2.17	2.22	2.31	2.11	1.92	2.01	3	4
美国	1.59	1.57	1.60	1.62	1.57	1.59	1.60	1.59	1.57	1.55	1.47	1.57	7	9

16. 中国制造业细分产业 LVDI 指标的总结分析

将前面表 5-17 至表 5-31 数据中的中国制造业细分产业的数据集中在一起，得到表 5-32，以更清晰地看到 2005~2015 年中国制造业细分产业 LVDI 数值的变化状况。

表 5-32 2005~2015 年中国制造业细分产业 LVDI 指数

年份 行业	2005	2006	2007	2008	2009	2010	2011	2012	2013	2014	2015	平均值	平均值 排序	2015 排序
食品加工	2.57	2.65	2.62	2.46	2.50	2.32	2.38	2.53	2.55	2.63	2.64	2.53	3	3
纺织服装	2.44	2.55	2.70	2.80	2.92	2.80	2.92	3.18	3.12	3.19	3.06	2.88	1	1
木制品	1.83	1.89	1.91	2.01	2.06	1.93	1.96	2.31	2.10	2.03	2.03	2.01	8	7
纸制品	2.15	2.21	2.29	2.25	2.29	2.22	2.26	2.52	2.53	2.53	2.38	2.33	3	3
石油制品	1.33	1.27	1.30	1.22	1.26	1.23	1.20	1.22	1.25	1.28	1.33	1.26	5	4
化工制品	1.94	1.97	2.10	2.04	2.11	2.04	2.05	2.28	2.33	2.37	2.35	2.14	3	3
橡胶塑料制品	2.09	2.15	2.25	2.27	2.32	2.22	2.28	2.61	2.54	2.57	2.53	2.35	2	1
其他非金属 制品	2.76	2.85	2.98	2.82	2.97	2.79	2.82	3.15	3.20	3.29	3.13	2.98	1	1
基础金属制品	1.97	2.08	1.98	1.88	1.89	1.76	1.76	1.91	2.01	2.19	2.25	1.97	3	2
金属制品	2.37	2.64	2.71	2.88	2.98	3.10	3.27	3.49	3.94	3.93	3.67	3.18	2	1
机械和设备	2.17	2.25	2.31	2.45	2.61	2.63	2.74	2.69	3.07	3.00	2.80	2.61	1	1
计算机电子 光学	1.58	1.59	1.61	1.69	1.78	1.71	1.77	1.79	1.77	1.81	1.75	1.71	3	1
电气设备	2.15	2.17	2.20	2.33	2.39	2.36	2.50	2.78	2.71	2.70	2.51	2.44	1	1
机动车辆	2.69	2.67	2.76	2.78	2.92	2.70	2.74	2.79	2.90	2.73	2.69	2.76	2	2
其他交通设备	2.18	2.10	2.19	2.34	2.41	2.48	2.57	2.51	2.48	2.27	2.08	2.33	1	1

如表 5-32 所示：

（1）中国制造业大多数细分产业 LVDI 指标在世界 17 个经济体中排序名列前茅。其中，LVDI 指标 2005～2015 年平均值或 2015 年数值居 17 个经济体第 1 位的有 9 个产业：纺织服装业、化工制品业、橡胶和塑料制品业、其他非金属制品业、金属制品业、机械和设备制造业、计算机电子光学制造业、电气设备制造业、其他交通设备制造业；居 17 个经济体第 2 位的有两个产业：基础金属制品业和机动车辆制造业；居 17 个经济体第 3 位的有 2 个产业：食品加工业和纸制品业；石油制品业 LVDI 指标 2005～2015 年平均值居 17 个经济体第 5 位（2015 年数值居第 4 位）；木制品业 LVDI 指标 2005～2015 年平均值居 17 个经济体第 8 位（2015 年数值居第 7 位）。说明中国制造业大多数细分产业出口产品承接国外进口中间品在国内生产循环体系中的增值比例较大，亦即中国制造业大多数细分产业国内集成配套能力较强。

（2）中国制造业中大多数细分产业 LVDI 指数 2015 年数值高于 2005～2015 年平均值，呈现逐年增长的态势，只有机动车辆制造业和其他交通设备制造业的 LVDI 指数 2015 年数值低于 2005～2015 年平均值，呈现逐年减少的态势，而这两个细分产业 2015 年 LVDI 指数在 17 个经济体中的排序没有变化。

综上所述，本研究依据 Hummels 等（2001）提出"垂直专业化指数"（HIY 模型），运用经济合作与发展组织（OECD）网站提供的 2005～2015 年经济体的投入产出数据，测算了 17 个代表性经济体制造业 15 个细分产业的相对垂直专业化指数 VSS，比较各经济体各细分产业出口中的进口投入品价值的比重。在此基础上，本书延伸开拓了体现各经济体产业集成配套能力的 LVDI 指数，用以比较各经济体各细分产业依靠国内的集成配套能力对用于出口的进口中间品赋予增值的比例。在第六章的研究将表明，各经济体产业 LVDI 指数，对于提升产业技术效率是一个非常重要的正向指标。也就是说，提升产业集成配套能力技术效率，有助于提高产业的技术效率。

如前所述，垂直专业化指数 VSS 只是对各经济体及其各产业在全球价值链（GVC）中参与分工状况进行测度的一个方面指标（事实上是被后续学者们称为"国外附加值"的指标）。该方法存在以下两种局限性：

（1）假设一国参与 GVC 的唯一方式就是使用进口投入品生产并出口，忽略了使用进口投入品经加工成半成品再出口给第三国，然后再由第三国生产出成品并出口的情况。

（2）假设所有进口投入品都是百分之百外国制造的，这就意味着一国不使用包含本国附加值的经外国加工后再返回本国的进口中间品，这在多国均出口中间品的情况下很难成立。

因此，在多国参与、前后向紧密关联的全球价值链背景下，垂直专业化指标不能全面地、准确地描述和测量一个经济体及其产业在全球价值链分工的基本状况。

Koopman 等（2010）建立了对一国总出口的分解方法，用于测度一个经济体及其各产业出口中包含国外附加值在内的参与 GVC 的程度和国际分工地位的指标，是一种近年来被广泛采用的测算方法。本书将采用这些测算方法，对中国制造业细分产业贸易附加值指数进行国际比较。

第二节　中国制造业细分产业贸易附加值指数的国际比较

一、贸易附加值指数的测算原理与方法

Koopman 等（2010）建立的对一个国家及其各产业总出口的分解原理与方法如下：

假设世界上存在两个国家（本国和外国），每个国家均有 N 个部门，所有产品既可以用作中间投入品也可用作最终产品，既可以被本国使用也可以被外国使用。因此一国产出满足：

$$X_r = A_{rr}X_r + A_{rs}X_s + Y_{rr} + Y_{rs}r, s = 1,\ 2$$

其中，X_r 表示 $N \times 1$ 矩阵，表示 r 国的总产出；A_{rs} 表示 $N \times N$ 投入产出系数（直接消耗系数）矩阵，表示 s 国使用的 r 国的中间投入品；Y_{rs} 表示 $N \times 1$ 矩阵，表示 s 国使用 r 国产品的最终需求。上式可以写为矩阵形式：

$$\begin{bmatrix} X_1 \\ X_2 \end{bmatrix} = \begin{bmatrix} A_{11} & A_{12} \\ A_{21} & A_{22} \end{bmatrix} \begin{bmatrix} X_1 \\ X_2 \end{bmatrix} + \begin{bmatrix} Y_{11} + Y_{12} \\ Y_{21} + Y_{22} \end{bmatrix} \tag{5-6}$$

重新调整为：

$$\begin{bmatrix} X_1 \\ X_2 \end{bmatrix} = \begin{bmatrix} I-A_{11} & -A_{12} \\ -A_{21} & I-A_{22} \end{bmatrix}^{-1} \begin{bmatrix} Y_{11}+Y_{12} \\ Y_{21}+Y_{22} \end{bmatrix} = \begin{bmatrix} B_{11} & B_{12} \\ B_{21} & B_{22} \end{bmatrix} \begin{bmatrix} Y_1 \\ Y_2 \end{bmatrix} \tag{5-7}$$

其中，B_{sr} 表示 r 国生产额外 1 单位最终需求所需要的 s 国的中间投入。Y_r 表示 $N \times 1$ 矩阵，表示 r 国产品的最终需求。令 $A = \begin{bmatrix} A_{11} & A_{12} \\ A_{21} & A_{22} \end{bmatrix}$，$B = \begin{bmatrix} B_{11} & B_{12} \\ B_{21} & B_{22} \end{bmatrix} = (I-A)^{-1}$（$B$ 即列昂惕夫逆矩阵（完全消耗系数矩阵）），A 和 B 均为 $2N \times 2N$ 矩阵；$X = \begin{bmatrix} X_1 \\ X_2 \end{bmatrix}$，$Y = \begin{bmatrix} Y_1 \\ Y_2 \end{bmatrix}$，$X$ 和 Y 均为 $2N \times 1$ 矩阵。上式可简写为：

$$X = (I-A)^{-1}Y = BY \tag{5-8}$$

进一步定义直接附加值系数：

$$V_1 = u[I-A_{11}-A_{21}]，V_2 = u[I-A_{12}-A_{22}]$$

其中，V_r 表示 $1 \times N$ 直接附加值系数矩阵，其中的元素 $V_{ri} = 1 -$ "所有的中间投入系数"，u 表示 $1 \times N$ 矩阵，元素都为 1。

定义两国多产业直接附加值系数矩阵：

$$V = \begin{bmatrix} V_1 & 0 \\ 0 & V_2 \end{bmatrix} \tag{5-9}$$

V 表示 $2 \times 2N$ 矩阵。

将 V 与列昂惕夫逆矩阵 B 相乘，得到最终的附加值矩阵：

$$VB = \begin{bmatrix} V_1 B_{11} & V_1 B_{12} \\ V_2 B_{21} & V_2 B_{22} \end{bmatrix} \qquad (5\text{-}10)$$

VB 表示 $2 \times 2N$ 矩阵。

令 E_{rs} 为 $N \times 1$ 矩阵，表示 r 国出口到 s 国的中间投入品和最终品，则 r 国的总出口为：

$$E_r = \sum_{s \neq r} E_{rs} = \sum_s (A_{rs} X_s + Y_{rs}) r, \quad s = 1, \ 2$$

$$E = \begin{bmatrix} E_1 & 0 \\ 0 & E_2 \end{bmatrix} \qquad (5\text{-}11)$$

$$\widehat{E} = \begin{bmatrix} diag\ (E_1) & 0 \\ 0 & diag\ (E_2) \end{bmatrix} = \begin{bmatrix} \widehat{E}_1 & 0 \\ 0 & \widehat{E}_2 \end{bmatrix} \qquad (5\text{-}12)$$

其中，E 表示 $2N \times 2$ 矩阵，$\widehat{E}$ 表示 $2N \times 2N$ 对角阵。

产业层面的出口附加值矩阵为：

$$VB\widehat{E} = \begin{bmatrix} V_1 B_{11} \widehat{E}_1 & V_1 B_{12} \widehat{E}_2 \\ V_2 B_{21} \widehat{E}_1 & V_2 B_{22} \widehat{E}_2 \end{bmatrix} \qquad (5\text{-}13)$$

国家层面的出口附加值矩阵为：

$$VBE = \begin{bmatrix} V_1 B_{11} E_1 & V_1 B_{12} E_2 \\ V_2 B_{21} E_1 & V_2 B_{22} E_2 \end{bmatrix} \qquad (5\text{-}14)$$

其中，$VB\widehat{E}$ 表示 $2 \times 2N$ 矩阵，VBE 表示 2×2 矩阵。

VBE 矩阵和 $VB\widehat{E}$ 矩阵对角线上元素为一国（或其各产业）出口中的国内附加值，而非对角线元素为该国（或其各产业）出口中的国外附加值。

以上两个国家的运算只能计算到出口中的国内附加值和国外附加值。更多的指标需要扩展到多个国家的情形，不失一般性，先扩展到三个国家。则 $VB\widehat{E}$ 矩阵和 VBE 矩阵分别为 $3 \times 3N$ 矩阵和 3×3 矩阵如下：

$$VB\widehat{E} = \begin{bmatrix} V_1 B_{11} \widehat{E}_1 & V_1 B_{12} \widehat{E}_2 & V_1 B_{13} \widehat{E}_3 \\ V_2 B_{21} \widehat{E}_1 & V_2 B_{22} \widehat{E}_2 & V_2 B_{23} \widehat{E}_3 \\ V_3 B_{31} \widehat{E}_1 & V_3 B_{32} \widehat{E}_2 & V_3 B_{33} \widehat{E}_3 \end{bmatrix}$$

$$VBE = \begin{bmatrix} V_1 B_{11} E_1 & V_1 B_{12} E_2 & V_1 B_{13} E_3 \\ V_2 B_{21} E_1 & V_2 B_{22} E_2 & V_2 B_{23} E_3 \\ V_3 B_{31} E_1 & V_3 B_{32} E_2 & V_3 B_{33} E_3 \end{bmatrix} \qquad (5\text{-}15)$$

VBE 矩阵和 $VB\widehat{E}$ 矩阵各列非对角元素的加总表示 r 国（或其各产业）出口中包含的国外价值增值：

$$FV_r = \sum_{s \neq r} V_s B_{sr} E_r$$

$$FV_r = \sum_{s \neq r} V_s B_{sr} \widehat{E}_r \qquad (5\text{-}16)$$

VBE 矩阵和 $VB\widehat{E}$ 矩阵各行非对角元素的加总表示 r 国（或其各产业）将中间品出口给 s 国，经后者加工再出口给 t 国而实现的间接附加值出口：

$$IV_r = \sum_{s \neq r} V_s B_{sr} E_{st}$$

$$IV_r = \sum_{s \neq r} V_s B_{sr} \widehat{E}_{st} \tag{5-17}$$

VBE 矩阵和 $VB\widehat{E}$ 矩阵对角元素为 r 国（或其各产业）出口的国内价值增值：

$$DV_r = V_r B_{rr} E_r$$

$$DV_r = V_r B_{rr} \widehat{E}_r \tag{5-18}$$

国内价值增值和国外价值增值的和等于总出口：

$$E_r \ (\widehat{E}_r) = DV_r + FV_r \tag{5-19}$$

根据以上对总出口的分解可以构建一个经济体及其各细分产业参与全球价值链的三个指标：

（1）出口中的国外附加值率。

$$VSS_{ir} = \frac{FV_{ir}}{E_{ir}} \tag{5-20}$$

其中，r 表示国家，i 表示产业，FV_{ir} 表示 r 国 i 产业出口中包含的国外价值增值；E_{ir} 表示 r 国 i 产业的总出口。VSS_{ir} 这一指标与 Hummels 等（2001）提出的"垂直专业化指数"一致，又被称为 GVC 下游参与度指数[①]。

（2）GVC 参与度指数。

$$GVC\_Participation_{ir} = \frac{IV_{ir}}{E_{ir}} + \frac{FV_{ir}}{E_{ir}} \tag{5-21}$$

如前所述，IV_{ir} 表示 r 国 i 产业间接附加值出口，该指标衡量的是有多少价值增值被包含在 r 国 i 产业的中间品出口并经一国加工后又出口给第三国。$\frac{IV_{ir}}{E_{ir}}$ 又被称为 GVC 上游参与度指数[②]，表示 r 国 i 产业出口的中间产品被进口国用于生产最终产品并出口到第三国的程度，该指数越高表明在全球价值链上 r 国 i 产业就越处于价值链的上游。而 $\frac{FV_{ir}}{E_{ir}}$ 又是 GVC 下游参与度指数，$\frac{IV_{ir}}{E_{ir}} + \frac{FV_{ir}}{E_{ir}}$ 将 r 国 i 产业 GVC 上游参与度指数和上游参与度指数相加，体现 r 国 i 产业 GVC 整体参与的程度。

（3）GVC 地位指数。

$$GVC\_Position_{ir} = \ln \ (1 + \frac{IV_{ir}}{E_{ir}}) \ - \ln \ (1 + \frac{FV_{ir}}{E_{ir}}) \tag{5-22}$$

该指标的基本思想是，r 国 i 产业在全球价值链分工中的国际地位反映了该国该产业作为中间品出口方与作为中间品进口方的相对重要性。如果 r 国 i 产业处于上游环节（主要包括创意、研发、设计、品牌、零部件生产供应等任务和活动），它会通过向其他经济

---

① 有些文献将 VSS 称为后向参与率指数，与一般理解概念相反。为了避免歧义性，在这里，采用不易引起歧义的"下游度"更合适。

② 与前面对应，有些文献称这一指数为前身参与率指数。与一般理解概念相反。为了避免歧义，在这里，采用不易引起歧义的"上游度"更合适。

体提供中间品，参与国际生产。那么 r 国 i 产业的间接价值增值（IV）占总出口的比例就会高于国外价值增值（FV）的比例。相反，如果 r 国 i 产业处于生产的下游环节（主要指最终产品的组装），就会使用大量别国的中间品来生产最终产品，此时 IV 就会小于 FV。该指标越小，则表明 r 国 i 产业在全球价值链的位置越靠近下游。

　　与第二节垂直专业化指数（出口中的国外附加值率、GVC 下游参与度指数）相比较，贸易附加值指数的主要价值在于提出了出口的间接附加值（GVC 上游参与度指数），进而提出了在 GVC 地位指数的概念。但是，本书在运用上述原理方法构建的 GVC 地位指数时发现该方法存在以下不完善之处：

　　（1）r 国 i 产业出口的间接附加值的数值大小会随着测算的国家的数量多少而变化。所测算的国家的数量越多，也就是将国家分得越细，r 国 i 产业出口的间接附加值的数值会越大。这是因为国家分得越细，"r 国 i 产业的中间品出口并经一国加工后又出口给第三国"的数值能够越充分地加以测算。而出口中的国外附加值率（GVC 下游参与度指数）又是比较确定的，不会随着测算的国家的数量多少而变化。在如此情况下，测算国家数量不同，得到的各国各产业 GVC 地位指数的结果也不一样，这将影响国际比较的准确性。

　　（2）GVC 地位指数的测算主要依据 r 国 i 产业在全球价值链中上下游的位置。认为在上游的就是地位高，在下游的就是地位低。然而，现实中不乏以下两种情况：一是自然资源丰富的发展中经济体将其初级资源产品出口到其他经济体，再被加工后出口给第三国，在这种情况下，一些自然资源丰富的发展中国家在 GVC 的分工地位会高于运用品牌优势将初级资源产品加工转化为高附加值产品的发达经济体；二是发达经济体可能会在组装环节"更下游"的物流配送、市场营销及售后服务等环节具有优势，这种情况下，也可能出现在组装环节具有优势的发展中经济体在 GVC 分工地位高于发达经济体。

　　上述问题的根源在于，这种方法仅仅以产业在全球价值链不同阶段的位置作为划分地位高低的依据，缺少在价值链分工中价值增值高低的比较。为了弥补这一分析方法的不足，本书将增加反映后者的指标加以完善。

二、中国制造业细分产业贸易附加值相关指数的国际比较

（一）数据的选取

　　WIOD 网站提供了 2016 年版 2000~2014 年世界投入产出表，该表展示了这 15 年 44 个经济体（43 个经济体和将其余国家合并的经济体）各 56 个部门（产业）之间的投入产出关系。

　　如同第二章，依据 WIOD 网站提供的 2016 年版 2000~2014 年世界投入产出表，按照总产出数值的大小并参考其代表性，本章依然选择了 18 个主要经济体，按世界投入产出表所列的按经济体英文名的排列顺序为：澳大利亚、巴西、加拿大、瑞士、中国、德国、西班牙、法国、英国、印度、意大利、日本、韩国、墨西哥、俄罗斯、中国台湾、美国，并将其余的经济体合并为一个经济体，简称"其他经济体"。制造业细分产业基本遵照世界投入产出表的分类，只是将"家具制造和其他制造"与"机械设备维修"合并（因为不少经济体后者的数据为 0），称为"家具制造等"。这样将制造业划分为 18 个细分产业，

依次为食品加工、纺织服装、木制品（家具制造除外）、纸制品、印刷、石油制品、化工制品、医药制品、橡胶和塑料制品、其他非金属制品、基础金属制品、金属制品（机械设备除外）、计算机电子光学制造、电气设备制造、机械和设备制造、机动车辆制造、其他交通设备制造、家具制造等。另外，将农林牧副渔业和服务业各部门分别合并为"农业"和"服务业"两个大产业，再将工业部门中除了上述制造业外的产业合并为"其他工业"，同时建筑业依然保留为"建筑业"。这样，将 2000~2014 年 15 年的世界投入产出表按年份合并为 2000~2014 年各年 18 个经济体各 22 个部门（产业）之间的投入产出表。

（二）指数的测算

依据前述的 Koopman 等（2010）对一个经济体及其各产业总出口的分解方法，对经过本书合并的 2000~2014 年各年 18 个经济体 22 个部门（产业）之间的投入产出表进行运算，得到以下六种指数的数值：

（1）2000~2014 年 15 年 18 个经济体 22 个部门（产业）各自的出口中的国外价值增值（FV_{ir}）与出口中的国外附加值率（$VSS_{ir} = \dfrac{FV_{ir}}{E_{ir}}$）。这一指标的得出的数值与本章第二节依据 Hummels 等（2001）提出的"垂直专业化指数"算法得出的数值基本一致。

（2）2000~2014 年 15 年 18 个经济体 22 个部门（产业）各自的出口中的间接附加值（IV_{ir}）与出口中的间接附加值率（$\dfrac{IV_{ir}}{E_{ir}}$）。

（3）2000~2014 年 15 年 18 个经济体 22 个部门（产业）各自的出口中的国内增值率（$\dfrac{DV_{ir}}{E_{ir}}$）。

（4）2000~2014 年 15 年 18 个经济体 22 个部门（产业）各自的 GVC 的参与率指数（$GVC\_Participation_{ir} = \dfrac{IV_{ir}}{E_{ir}} + \dfrac{FV_{ir}}{E_{ir}}$）。

（5）2000~2014 年 15 年 18 个经济体 22 个部门（产业）各自的 GVC 地位指数 $\left[GVC\_Position_{ir} = \ln\left(1 + \dfrac{IV_{ir}}{E_{ir}}\right) - \ln\left(1 + \dfrac{FV_{ir}}{E_{ir}}\right) \right]$。

如前所述，本书在运用 Koopman 等（2010）构建的 GVC 地位指数测算时发现该方法存在不完善之处，主要原因在于，这种方法仅仅以各经济体各产业在全球价值链不同阶段的位置作为划分地位高低的依据，缺少在价值链分工中价值增值高低的比较。为了弥补这一分析方法的不足，本书构建一个"进出口中间品增值率"（IVRIE，Incremental Value Rate Generated From Importing and Exporting）指数，反映 r 国 i 产业在全球价值链分工中的价值增值的程度，以此评价 r 国 i 产业在全球价值链分工中地位的高低。

$$进出口中间品增值率（IVRIE）= \frac{出口中间品产值 - 进口中间品产值}{出口中间品产值 + 进口中间品产值} \times 100\% \quad (5\text{-}23)$$

进而，又得到以下数值：

（6）2000~2014 年 15 年 18 个经济体各 22 个部门（产业）的进出口中间品增值率（IVRIE）。

（三）中国制造业细分产业在全球价值链地位的国际比较

在本章第一节，运用 OECD 网站各国投入产出表对中国制造业细分产业的垂直专业化指数（出口中的国外附加值率、GVC 下游参与度指数）、进口中间品国内增值率指数进行了国际比较。在本节，将重点运用 Koopman 等（2010）提出的在 GVC 地位指数与本章构建的进出口中间品增值率两个指标对中国制造业各细分产业在全球价值链的地位进行国际比较。

如前所述，鉴于 GVC 地位指数 $\left[GVC\_Position_{ir} = \ln \left(1 + \dfrac{IV_{ir}}{E_{ir}} \right) - \ln \left(1 + \dfrac{FV_{ir}}{E_{ir}} \right) \right]$ 设计的缺陷，本章在测算过程中得到的各个经济体各产业的数据与实际情况相距甚远，所以，下面的比较分析采用如下逻辑：每个细分产业同时展示 2000~2014 年 17 个经济体的 GVC 地位指数和进出口中间品增值率指数，比较两者的差异并进行分析；之后，对 17 个经济体进出口中间品增值率指数进行比较排序，分析中国制造业各细分产业在全球价值链中的地位的发展变化。为区别起见，在以下的表述中，将 Koopman 等（2010）提出的 GVC 地位指数标记为"GVCK 指数"，是一种狭义的概念，而将加以 IVRIE 指数进行完善的 GVC 地位指数仍然表述为"GVC 地位指数"，是一种广义的概念。

考虑到 OECD 国家投入产出表与 WIOD 世界投入产出表两类数据使用的一致性，以下所展示的制造业细分产业与第一部分相同，即食品加工业、纺织服装业、木制品业、纸制品业、石油制品业、化工制品业、橡胶和塑料制品业、其他非金属制品业、基础金属制品业、金属制品业、机械和设备制造业、计算机电子光学制造业、电气设备制造业、机动车辆制造业、其他交通设备制造业 15 个细分产业。同样需要说明的是，在该数据表中，俄罗斯的金属制品业、电气设备制造业、其他交通设备制造业 3 个产业的数据全为 0，因而下面各细分产业各指标的国际比较中，这 3 个细分产业是在除俄罗斯之外的 16 个经济体之间进行比较，其他 12 个细分产业是在包括俄罗斯在内的 17 个经济体之间进行比较。

1. 食品加工业 GVC 地位指数的国际比较

如表 5-33（a）、表 5-33（b）、表 5-33（c）所示：

（1）2000~2014 年食品加工业 17 个经济体 GVC 地位指数分四种类型：[①]

第一，GVCK 高-IVRIE 低。表 5-34（a）中俄罗斯、日本、中国台湾、瑞士、韩国、中国等经济体 2001~2014 年 OECD 指数平均值为相对较高，而在表 5-33（b）中其 IVRIE 指数平均值相对较低。说明这些经济体食品加工业虽然在 GVC 分工中处于中上游阶段，但在 GVC 分工中价值增值较低。

第二，GVCK 低-IVRIE 高。表 5-33（a）中英国、澳大利亚、加拿大、法国、德国、巴西等经济体 2001~2014 年 GVCK 指数平均值为相对较低，而在表 5-33（b）中其 IVRIE 指数平均值相对较高。说明这些经济体食品加工业虽然在 GVC 分工中处于中下游阶段，但在 GVC 分工中价值增值较高。

[①]　为简化起见，在 GVCK 和 IVRIE 两个指标中将排序在 1~8 的划为"高"；排序在 9~17（或 9~16）的划为"低"。15 个细分产业的比较都是如此。

第三，GVCK 高-IVRIE 高。表 5-33（a）中印度、美国等经济体 2001~2014 年 GVCK 指数平均值为相对较高，在表 5-33（b）中其 IVRIE 指数平均值也不低。说明这些经济体食品加工业在 GVC 分工中处于中上游阶段，且在 GVC 分工中价值增值较高。

第四，GVCK 低-IRIE 低。表 5-33（a）中意大利、墨西哥、西班牙等经济体 2001~2014 年 GVCK 指数平均值为相对较低，在表 5-33（b）中其 IVRIE 指数平均值也较低。说明这些经济体食品加工业在 GVC 分工中处于中下游阶段，且在 GVC 分工中价值增值较低。

（2）中国食品加工业 GVCK 指数平均值位列 17 个经济体第 6 位（1.13），IVRIE 指数平均值位列 17 个经济体第 9 位（-55.36）。说明中国食品加工业在 GVC 分工中处于中上游阶段，在 GVC 分工中价值增值程度处于中下等水平。

表 5-33（a）　2000~2014 年食品加工业 17 个经济体 GVCK 指数

年份 国家（地区）	2000	2001	2002	2003	2004	2005	2006	2007
澳大利亚	0.37	0.46	0.38	0.37	0.36	0.27	0.32	0.31
巴西	0.71	0.54	0.43	0.41	0.50	0.54	0.59	0.55
加拿大	0.07	-0.02	-0.09	0.04	0.11	0.19	0.33	0.54
瑞士	1.23	1.22	1.27	1.20	1.15	1.05	0.87	0.82
中国	1.20	1.23	1.27	1.10	0.86	0.83	0.81	0.91
德国	0.43	0.38	0.47	0.44	0.42	0.28	0.20	0.16
西班牙	-0.16	-0.14	-0.14	-0.02	-0.06	-0.08	-0.07	-0.09
法国	0.28	0.30	0.32	0.37	0.38	0.31	0.23	0.26
英国	0.45	0.45	0.50	0.60	0.59	0.58	0.55	0.50
印度	1.16	1.19	1.07	1.35	1.47	1.46	1.48	1.69
意大利	0.28	0.27	0.25	0.31	0.31	0.24	0.16	0.18
日本	3.51	3.29	3.18	3.28	3.22	3.04	2.92	2.82
韩国	0.76	0.58	0.68	0.76	0.80	1.00	1.06	1.14
墨西哥	0.22	0.18	0.08	-0.04	-0.13	-0.06	-0.18	-0.12
俄罗斯	3.66	3.60	3.71	3.72	3.98	4.01	4.08	3.93
中国台湾	1.48	1.50	1.54	1.46	1.32	1.38	1.53	1.53
美国	1.36	1.42	1.51	1.52	1.54	1.37	1.36	1.35
年份 国家（地区）	2008	2009	2010	2011	2012	2013	2014	平均值 排序
澳大利亚	0.44	0.62	0.67	0.82	0.92	0.67	0.00	11
巴西	0.49	0.70	0.70	0.79	0.76	0.71	0.18	9
加拿大	0.64	0.55	0.57	0.60	0.63	0.65	0.13	12
瑞士	0.76	0.69	0.57	0.51	0.58	0.58	-0.04	7

年份 国家（地区）	2008	2009	2010	2011	2012	2013	2014	平均值 排序
中国	1.10	1.31	1.24	1.28	1.46	1.47	0.94	6
德国	0.10	0.08	-0.02	-0.11	-0.09	-0.06	-0.66	14
西班牙	-0.10	-0.08	-0.24	-0.28	-0.37	-0.27	-0.89	17
法国	0.25	0.28	0.30	0.29	0.28	0.29	-0.23	13
英国	0.44	0.43	0.47	0.37	0.44	0.60	0.08	10
印度	1.75	1.77	1.80	1.55	1.10	1.26	0.55	3
意大利	0.11	0.00	-0.19	-0.25	-0.24	-0.27	-0.72	15
日本	2.85	2.83	2.84	2.80	2.92	2.59	1.69	2
韩国	0.74	0.57	0.54	0.40	0.44	0.62	0.19	8
墨西哥	-0.10	-0.33	-0.34	-0.36	-0.18	-0.26	-0.59	16
俄罗斯	4.23	3.65	3.70	3.78	3.53	3.43	2.53	1
中国台湾	1.28	1.37	1.27	1.11	1.05	1.40	0.56	5
美国	1.29	1.44	1.36	1.28	1.21	1.23	0.65	4

表 5-33（b）　　2000~2014 年食品加工业 17 个经济体 IVRIE 指数

年份 国家（地区）	2000	2001	2002	2003	2004	2005	2006	2007
澳大利亚	21.50	28.62	11.08	10.38	10.45	10.66	1.49	8.29
巴西	17.07	37.60	41.28	39.65	49.94	49.89	47.52	32.69
加拿大	-18.47	-16.17	-18.65	-15.66	-11.09	-13.03	-13.88	-11.81
瑞士	-60.29	-63.28	-60.31	-60.19	-59.15	-63.47	-64.64	-62.99
中国	-42.89	-45.43	-44.78	-51.96	-55.41	-55.28	-55.75	-55.78
德国	-48.96	-47.48	-45.37	-48.60	-47.92	-50.13	-51.54	-49.44
西班牙	-71.18	-69.74	-69.85	-66.49	-68.21	-70.47	-70.93	-70.28
法国	-38.07	-41.24	-37.97	-37.97	-37.68	-39.87	-38.05	-38.83
英国	-45.25	-56.84	-54.51	-52.62	-51.86	-58.00	-59.09	-56.38
印度	-23.76	-32.07	-37.15	-43.69	-38.20	-36.98	-20.53	-25.22
意大利	-71.58	-71.81	-70.20	-70.73	-69.76	-70.10	-69.84	-69.09
日本	-92.87	-84.65	-91.29	-91.46	-91.36	-90.97	-91.34	-93.01
韩国	-92.24	-91.90	-91.86	-91.39	-92.48	-92.93	-92.42	-92.41
墨西哥	-90.27	-89.78	-89.66	-87.49	-90.46	-85.42	-86.83	-86.43
俄罗斯	-95.09	-97.15	-97.50	-97.12	-95.50	-95.73	-92.74	-91.08
中国台湾	-85.62	-87.72	-88.40	-85.99	-89.97	-89.89	-91.09	-90.19
美国	-44.36	-39.26	-42.98	-43.30	-44.58	-47.86	-46.46	-40.07

续表

年份 国家（地区）	2008	2009	2010	2011	2012	2013	2014	平均值 排序
澳大利亚	-2.86	-3.97	1.37	-3.81	6.48	10.73	10.13	2
巴西	34.08	42.65	43.62	44.69	44.12	37.84	35.96	1
加拿大	-11.46	-18.12	-10.99	-6.43	-2.20	-2.54	-62.40	3
瑞士	-63.14	-61.29	-58.86	-57.86	-54.19	-59.22	-55.61	10
中国	-57.27	-54.52	-62.67	-63.69	-64.95	-61.04	-58.91	9
德国	-47.44	-45.93	-46.01	-45.78	-37.21	-38.21	-36.57	7
西班牙	-66.54	-61.30	-54.69	-56.04	-50.97	-51.92	-55.35	11
法国	-39.09	-39.83	-39.10	-37.56	-34.65	-35.41	-35.32	5
英国	-54.80	-39.60	-37.62	-37.75	-35.84	-45.29	-36.03	8
印度	-10.72	-36.72	-34.02	-22.99	-5.24	-7.18	-22.83	4
意大利	-68.31	-66.32	-66.76	-66.45	-63.17	-62.53	-60.96	12
日本	-93.29	-91.81	-92.29	-93.14	-93.04	-92.03	-91.12	17
韩国	-92.69	-89.92	-89.62	-90.44	-88.12	-84.22	-81.59	16
墨西哥	-85.52	-78.44	-81.36	-80.00	-83.22	-79.79	-76.85	13
俄罗斯	-90.27	-87.62	-90.98	-87.83	-74.35	-74.45	-68.41	15
中国台湾	-89.67	-90.32	-89.94	-87.76	-87.01	-79.87	-85.93	14
美国	-35.36	-37.04	-34.12	-40.57	-33.02	-27.90	-29.18	6

表 5-33（c）　2000~2014 年食品加工业 17 个经济体 GVCK 指数与 IVRIE 指数比较

\multicolumn{3}{GVCK 指数（按降序排列）}			\multicolumn{3}{IVRIE 指数（按降序排列）}		
序号	经济体名称	GVCK 指数平均值	序号	经济体名称	IVRIE 指数平均值
1	俄罗斯	3.70	1	巴西	39.91
2	日本	2.92	2	澳大利亚	8.04
3	印度	1.38	3	加拿大	-15.53
4	美国	1.33	4	印度	-26.49
5	中国台湾	1.32	5	法国	-38.04
6	中国	1.13	6	美国	-39.07
7	瑞士	0.83	7	德国	-45.77
8	韩国	0.69	8	英国	-48.10
9	巴西	0.57	9	中国	-55.36
10	英国	0.47	10	瑞士	-60.30
11	澳大利亚	0.47	11	西班牙	-63.60
12	加拿大	0.33	12	意大利	-67.84
13	法国	0.26	13	墨西哥	-84.77

GVCK 指数（按降序排列）			IVRIE 指数（按降序排列）		
序号	经济体名称	GVCK 指数平均值	序号	经济体名称	IVRIE 指数平均值
14	德国	0.13	14	中国台湾	−87.96
15	意大利	0.03	15	俄罗斯	−89.05
16	墨西哥	−0.15	16	韩国	−90.28
17	西班牙	−0.20	17	日本	−91.58

2. 纺织服装业 GVC 地位指数的国际比较

如表 5-34（a）、表 5-34（b）、表 5-34（c）所示：

（1）2000~2014 年纺织服装业 17 个经济体 GVC 地位指数分四种类型：

第一，GVCK 高-IVRIE 低。表 5-34（a）中俄罗斯、美国、巴西、瑞士等经济体 2001~2014 年 GVCK 指数平均值为相对较高，而在表 5-34（b）中其 IVRIE 指数平均值相对较低。说明这些经济体纺织服装业虽然在 GVC 分工中处于中上游阶段，但在 GVC 分工中价值增值较低。

第二，GVCK 低-IVRIE 高。表 5-34（a）中德国、韩国、意大利、中国台湾等经济体 2001~2014 年 GVCK 指数平均值为相对较低，而在表 5-34（b）中其 IVRIE 指数平均值相对较高。说明这些经济体纺织服装业虽然在 GVC 分工中处于中下游阶段，但在 GVC 分工中价值增值较高。

第三，GVCK 高-IVRIE 高。表 5-34（a）中日本、澳大利亚、英国、加拿大等经济体 2001~2014 年 GVCK 指数平均值为相对较高，在表 5-34（b）中其 IVRIE 指数平均值也不低。说明这些经济体纺织服装业在 GVC 分工中处于中上游阶段，且在 GVC 分工中价值增值较高。

第四，GVCK 低-IRIE 低。表 5-34（a）中西班牙、法国、中国、墨西哥、印度等经济体 2001~2014 年 GVCK 指数平均值为相对较低，在表 5-34（b）中其 IVRIE 指数平均值也较低。说明这些经济体纺织服装业在 GVC 分工中处于中下游阶段，且在 GVC 分工中价值增值较低。

（2）中国纺织服装业 GVCK 指数平均值位列 17 个经济体第 16 位（−0.56），IVRIE 指数平均值位列 17 个经济体第 10 位（6.04）。说明中国纺织服装业在 GVC 分工中处于下游阶段，在 GVC 分工中价值增值程度处于中下等水平。

表 5-34（a）　2000~2014 年纺织服装业 17 个经济体 GVCK 指数

国家（地区）＼年份	2000	2001	2002	2003	2004	2005	2006	2007
澳大利亚	1.03	1.17	1.15	1.56	1.74	1.95	2.15	2.10
巴西	1.04	0.89	0.93	0.96	1.05	1.28	1.40	1.41
加拿大	−0.27	−0.28	−0.31	−0.17	0.03	0.11	0.29	0.54
瑞士	0.57	0.56	0.51	0.46	0.40	0.35	0.35	0.38

年份 国家（地区）	2000	2001	2002	2003	2004	2005	2006	2007
中国	-0.60	-0.55	-0.56	-0.71	-0.78	-0.86	-0.81	-0.81
德国	0.08	0.07	0.18	0.19	0.19	0.10	0.04	0.00
西班牙	0.06	0.13	0.12	0.19	0.23	0.21	0.17	0.10
法国	0.14	0.15	0.18	0.20	-0.19	-0.30	-0.35	-0.36
英国	0.66	0.72	0.68	0.71	0.67	0.64	0.63	0.59
印度	0.17	0.23	0.15	0.26	0.26	0.12	0.17	0.36
意大利	0.02	0.03	0.06	0.07	0.15	0.07	-0.04	-0.09
日本	2.70	2.51	2.52	2.58	2.56	2.42	2.35	2.31
韩国	-0.22	-0.25	-0.08	0.00	0.08	0.26	0.32	0.39
墨西哥	-1.61	-1.49	-1.55	-1.64	-1.67	-1.47	-1.31	-1.09
俄罗斯	3.01	3.06	2.96	3.01	3.44	3.81	4.11	4.07
中国台湾	-0.34	-0.19	-0.14	-0.16	-0.17	-0.03	-0.09	-0.06
美国	1.60	1.70	1.71	1.62	1.66	1.56	1.60	1.77

年份 国家（地区）	2008	2009	2010	2011	2012	2013	2014	平均值 排序
澳大利亚	1.93	1.98	2.18	2.25	2.37	2.27	2.27	3
巴西	1.48	1.74	1.80	2.06	1.99	1.95	1.76	5
加拿大	0.79	0.76	0.70	0.80	0.80	0.80	0.53	8
瑞士	0.29	0.42	0.48	0.47	0.52	0.58	0.49	7
中国	-0.66	-0.45	-0.52	-0.40	-0.26	-0.25	-0.14	16
德国	0.03	0.10	-0.04	-0.10	0.01	0.03	0.04	10
西班牙	0.08	0.10	-0.37	-0.40	-0.43	-0.51	-0.63	12
法国	-0.43	-0.43	-0.44	-0.45	-0.47	-0.40	-0.45	15
英国	0.53	0.45	1.26	0.84	1.12	1.28	1.25	6
印度	0.35	0.24	0.43	0.38	0.26	0.33	0.28	9
意大利	-0.12	-0.11	-0.34	-0.40	-0.39	-0.44	-0.45	13
日本	2.31	2.43	2.47	2.26	2.29	2.12	1.91	2
韩国	0.13	0.11	0.11	-0.03	-0.29	-0.10	0.02	11
墨西哥	-0.96	-1.16	-1.03	-0.90	-0.89	-0.86	-0.97	17
俄罗斯	4.61	4.31	4.21	4.38	3.91	3.75	3.48	1
中国台湾	-0.23	-0.05	-0.11	-0.16	-0.13	-0.07	-0.07	14
美国	1.81	2.02	1.94	1.85	2.08	2.03	2.01	4

表 5-34（b）　　2000~2014 年纺织服装业 17 个经济体 IVRIE 指数

年份 国家（地区）	2000	2001	2002	2003	2004	2005	2006	2007
澳大利亚	35.07	34.93	26.60	40.25	39.12	35.84	35.03	34.13
巴西	-6.45	0.31	5.21	14.25	14.30	14.64	14.73	5.47
加拿大	10.87	12.47	10.91	13.88	15.59	15.97	18.20	18.26
瑞士	-6.43	-5.87	-5.24	1.58	1.77	1.46	0.68	-2.80
中国	-23.09	-23.46	-17.51	-11.91	-4.04	3.10	8.77	9.07
德国	15.35	16.19	22.16	22.39	24.46	23.94	22.83	22.96
西班牙	-7.87	-3.67	-2.28	-1.42	6.00	5.51	6.68	8.32
法国	9.96	9.05	9.51	10.50	-15.58	-17.29	-17.02	-15.10
英国	35.61	36.96	35.40	40.04	43.66	43.59	39.69	41.90
印度	28.95	26.20	21.45	19.43	14.38	1.69	7.39	0.88
意大利	22.67	23.87	22.26	23.25	30.91	30.34	26.50	24.95
日本	25.16	30.84	33.82	30.75	31.28	31.63	31.19	31.17
韩国	49.75	47.85	46.91	46.39	43.76	41.36	36.35	35.33
墨西哥	-57.91	-60.20	-59.42	-58.73	-58.22	-54.44	-55.78	-50.42
俄罗斯	-80.96	-86.72	-82.84	-83.03	-82.18	-77.08	-79.53	-80.00
中国台湾	45.53	48.26	43.61	39.91	37.40	41.30	38.36	37.83
美国	-12.05	-8.38	-6.10	-7.58	-2.25	-4.64	-3.78	3.18

年份 国家（地区）	2008	2009	2010	2011	2012	2013	2014	平均值 排序
澳大利亚	1.08	-5.15	1.85	4.89	7.40	37.46	33.29	6
巴西	-12.15	-26.40	-24.19	-18.52	-17.45	-12.69	-6.04	12
加拿大	15.66	11.83	12.29	14.42	13.66	17.42	17.82	8
瑞士	-6.62	-5.43	-0.20	0.08	-5.91	-7.57	-24.29	14
中国	12.76	14.37	17.15	23.28	22.85	26.43	32.87	10
德国	23.65	27.62	17.25	15.87	16.73	16.41	16.20	7
西班牙	13.01	18.92	-17.57	-19.39	-14.66	-14.67	-17.84	11
法国	-17.87	-14.99	-13.20	-12.71	-14.99	-13.99	-15.95	15
英国	44.74	17.42	17.11	-8.09	12.02	7.32	6.39	4
印度	0.46	2.00	7.70	15.91	15.37	27.51	27.71	9
意大利	25.81	28.04	24.00	23.47	26.88	26.09	27.86	5
日本	26.59	28.70	28.72	22.06	20.09	22.62	22.70	3
韩国	37.68	40.94	35.41	34.51	43.10	42.26	42.93	2
墨西哥	-51.06	-50.56	-48.53	-47.11	-48.13	-46.74	-41.98	16
俄罗斯	-86.38	-86.12	-86.73	-87.50	-83.84	-82.48	-80.72	17

续表

年份 国家（地区）	2008	2009	2010	2011	2012	2013	2014	平均值 排序
中国台湾	37.06	45.49	40.85	40.44	45.27	43.23	43.84	1
美国	2.21	5.16	6.84	3.59	−11.13	−10.66	−10.16	13

表 5-34（c）　2000~2014 年纺织服装业 17 个经济体 GVCK 指数与 IVRIE 指数比较

GVCK 指数（按降序排列）			IVRIE 指数（按降序排列）		
序号	经济体名称	GVCK 指数平均值	序号	经济体名称	IVRIE 指数平均值
1	俄罗斯	3.74	1	中国台湾	41.89
2	日本	2.38	2	韩国	41.64
3	澳大利亚	1.87	3	日本	27.82
4	美国	1.80	4	英国	27.58
5	巴西	1.45	5	意大利	25.79
6	英国	0.80	6	澳大利亚	24.12
7	瑞士	0.46	7	德国	20.27
8	加拿大	0.34	8	加拿大	14.62
9	印度	0.27	9	印度	14.47
10	德国	0.06	10	中国	6.04
11	韩国	0.03	11	西班牙	−2.73
12	西班牙	−0.06	12	巴西	−3.67
13	意大利	−0.13	13	美国	−3.72
14	中国台湾	−0.13	14	瑞士	−4.32
15	法国	−0.24	15	法国	−8.64
16	中国	−0.56	16	墨西哥	−52.61
17	墨西哥	−1.24	17	俄罗斯	−83.08

3. 木制品业（家具制造除外）GVC 地位指数的国际比较

如表 5-35（a）、表 5-35（b）、表 5-35（c）所示：

（1）2000~2014 年木制品业 17 个经济体 GVC 地位指数分四种类型：

第一，GVCK 高-IVRIE 低。表 5-35（a）中日本、韩国、英国、美国、中国台湾、印度等经济体 2001~2014 年 GVCK 指数平均值为相对较高，而在表 5-35（b）中其 IVRIE 指数平均值相对较低。说明这些经济体木制品业虽然在 GVC 分工中处于中上游阶段，但在 GVC 分工中价值增值较低。

第二，GVCK 低-IVRIE 高。表 5-35（a）中法国、巴西、中国、西班牙、德国、加拿大等经济体 2001~2014 年 GVCK 指数平均值为相对较低，而在表 5-35（b）中其 IVRIE 指数平均值相对较高。说明这些经济体木制品业虽然在 GVC 分工中处于中下游阶段，但在 GVC 分工中价值增值较高。

第三，GVCK 高-IVRIE 高。表 5-35（a）中俄罗斯、澳大利亚等经济体 2001~2014 年 GVCK 指数平均值为相对较高，在表 5-35（b）中其 IVRIE 指数平均值也不低。说明这些经济体木制品业在 GVC 分工中处于中上游阶段，且在 GVC 分工中价值增值较高。

第四，GVCK 低-IRIE 低。表 5-35（a）中瑞士、意大利、墨西哥等经济体 2001~2014 年 GVCK 指数平均值为相对较低，在表 5-35（b）中其 IVRIE 指数平均值也较低。说明这些经济体木制品业在 GVC 分工中处于中下游阶段，且在 GVC 分工中价值增值较低。

（2）中国木制品业 GVCK 指数平均值位列 17 个经济体第 13 位（0.69），IVRIE 指数平均值位列 17 个经济体第 8 位（-3.23）。说明中国木制品业在 GVC 分工中处于中下游阶段，在 GVC 分工中价值增值程度处于中上等水平。

表 5-35（a）　　2000~2014 年木制品业 17 个经济体 GVCK 指数

年份 国家（地区）	2000	2001	2002	2003	2004	2005	2006	2007
澳大利亚	1.18	1.34	1.18	1.18	1.13	1.20	1.26	1.26
巴西	0.95	0.82	0.72	0.54	0.49	0.63	0.77	0.96
加拿大	-1.45	-1.48	-1.55	-1.47	-1.47	-1.48	-1.33	-1.04
瑞士	0.96	1.05	1.10	1.39	1.39	1.27	1.22	1.18
中国	0.89	1.01	0.92	0.70	0.52	0.43	0.48	0.59
德国	0.80	0.76	0.76	0.79	0.72	0.59	0.53	0.49
西班牙	0.37	0.47	0.52	0.63	0.62	0.66	0.68	0.70
法国	1.03	1.08	1.15	1.22	1.09	1.00	0.97	0.98
英国	2.07	2.04	2.02	1.92	2.00	1.87	2.01	2.34
印度	1.03	1.36	1.35	1.55	2.03	2.15	2.24	2.27
意大利	0.37	0.45	0.50	0.52	0.56	0.59	0.55	0.54
日本	4.20	4.27	4.30	4.09	3.86	3.75	3.80	3.72
韩国	2.58	2.59	2.93	2.96	2.93	3.13	3.44	3.45
墨西哥	1.10	1.37	1.42	1.32	1.15	1.25	1.14	1.36
俄罗斯	2.48	2.44	2.20	2.06	2.23	2.23	2.29	2.12
中国台湾	0.76	0.92	1.07	1.07	1.07	1.27	1.36	1.51
美国	1.86	2.04	2.09	2.08	2.03	1.98	1.85	1.89
年份 国家（地区）	2008	2009	2010	2011	2012	2013	2014	平均值 排序
澳大利亚	1.28	1.61	1.67	1.95	2.18	1.96	0.51	7
巴西	1.10	1.47	1.54	1.66	1.66	1.56	0.40	12
加拿大	-0.82	-0.73	-0.76	-0.70	-0.75	-0.82	-1.52	17
瑞士	1.44	1.21	1.54	1.67	1.78	1.91	0.88	10
中国	0.72	0.99	0.78	0.73	0.88	0.90	-0.20	13
德国	0.52	0.63	0.49	0.51	0.53	0.54	-0.62	15

续表

年份 国家（地区）	2008	2009	2010	2011	2012	2013	2014	平均值排序
西班牙	0.84	1.00	0.85	0.82	0.93	1.01	-0.16	14
法国	1.02	1.28	1.21	1.22	1.21	1.26	0.22	11
英国	2.22	2.56	2.03	1.99	2.07	2.30	1.20	4
印度	2.37	2.22	2.19	2.09	1.72	1.87	0.67	6
意大利	0.65	0.71	0.43	0.42	0.53	0.60	-0.41	16
日本	3.80	4.07	3.92	3.91	4.06	3.87	2.48	1
韩国	3.13	3.12	2.99	2.78	2.61	2.77	1.95	2
墨西哥	1.39	1.34	1.49	1.61	1.60	1.56	0.90	9
俄罗斯	2.43	2.28	2.15	2.19	2.22	2.18	0.75	3
中国台湾	1.54	1.89	1.77	1.76	1.84	1.83	0.95	8
美国	1.84	2.09	1.86	1.82	1.82	1.85	1.14	5

表5-35（b）　　2000~2014年木制品业17个经济体 IVRIE 指数

年份 国家（地区）	2000	2001	2002	2003	2004	2005	2006	2007
澳大利亚	34.09	37.52	32.25	33.09	37.40	36.88	33.00	32.16
巴西	73.05	73.70	78.43	78.75	80.27	79.53	78.24	75.45
加拿大	60.16	58.87	59.19	60.26	63.91	62.45	60.60	60.01
瑞士	21.88	21.75	16.01	2.49	1.87	-2.43	-2.06	-3.12
中国	-17.49	-15.76	-13.16	-11.51	-6.18	-0.04	3.33	-2.13
德国	5.71	12.59	19.19	19.24	21.81	23.38	22.35	23.73
西班牙	-17.10	-13.32	-9.27	-12.97	-11.07	-11.59	-11.04	-11.02
法国	17.24	16.68	17.38	17.01	12.38	12.81	13.58	11.15
英国	-41.03	-43.92	-44.75	-36.91	-38.82	-35.80	-43.95	-49.51
印度	8.57	-14.39	1.38	-7.13	-27.21	-23.46	-16.89	-16.40
意大利	-12.73	-10.44	-12.00	-16.21	-15.07	-14.11	-15.46	-12.26
日本	-93.66	-94.44	-92.45	-90.93	-91.14	-89.64	-91.10	-90.48
韩国	-75.08	-77.91	-83.73	-82.25	-81.07	-82.03	-88.25	-86.85
墨西哥	-23.54	-37.24	-36.81	-29.86	-23.54	-20.21	-6.76	-7.07
俄罗斯	59.86	53.99	54.39	61.67	64.11	57.50	56.39	64.62
中国台湾	-2.98	-2.36	-5.21	-7.50	-13.60	-17.16	-24.71	-27.67
美国	-27.51	-31.02	-35.12	-36.54	-41.11	-42.40	-40.24	-33.08
年份 国家（地区）	2008	2009	2010	2011	2012	2013	2014	平均值排序
澳大利亚	33.03	28.01	31.31	16.56	11.69	26.15	52.18	4

续表

国家（地区）＼年份	2008	2009	2010	2011	2012	2013	2014	平均值排序
巴西	69.30	63.15	59.28	51.98	57.19	59.07	64.47	1
加拿大	53.04	44.44	48.30	47.40	47.94	52.26	47.22	3
瑞士	-12.28	2.19	-13.97	-28.49	-32.49	-40.59	-37.39	10
中国	4.72	-0.73	0.50	-1.16	8.63	2.13	0.42	8
德国	25.85	26.31	23.86	20.27	17.84	16.08	17.25	5
西班牙	-1.90	12.46	18.13	21.10	25.77	30.37	28.27	7
法国	10.87	8.65	-0.03	-1.76	-1.61	0.75	1.75	6
英国	-44.43	-55.51	-52.72	-49.82	-51.41	-59.43	-59.21	15
印度	-17.94	-1.48	-2.09	8.43	2.49	1.37	-0.12	9
意大利	-5.52	-4.39	-7.95	-6.45	3.26	7.36	7.80	11
日本	-89.28	-79.56	-84.61	-85.22	-86.60	-84.51	-83.08	17
韩国	-84.27	-78.97	-80.10	-78.42	-66.70	-68.71	-68.62	16
墨西哥	-7.15	-3.01	-8.40	-14.09	-16.20	-6.02	-5.65	12
俄罗斯	49.11	67.68	70.31	66.64	64.41	63.15	67.68	2
中国台湾	-29.35	-27.00	-40.09	-42.35	-41.04	-44.00	-48.75	13
美国	-24.45	-16.82	-15.85	-15.60	-14.19	-19.10	-19.12	14

表 5-35（c） 2000~2014 年木制品业 17 个经济体 GVCK 指数与 IVRIE 指数比较

GVCK 指数（按降序排列）			IVRIE 指数（按降序排列）		
序号	经济体名称	GVCK 指数平均值	序号	经济体名称	IVRIE 指数平均值
1	日本	3.87	1	巴西	69.46
2	韩国	2.89	2	俄罗斯	61.43
3	俄罗斯	2.15	3	加拿大	55.07
4	英国	2.04	4	澳大利亚	31.69
5	美国	1.88	5	德国	19.70
6	印度	1.81	6	法国	9.12
7	澳大利亚	1.39	7	西班牙	2.45
8	中国台湾	1.37	8	中国	-3.23
9	墨西哥	1.33	9	印度	-6.99
10	瑞士	1.33	10	瑞士	-7.11
11	法国	1.06	11	意大利	-7.61
12	巴西	1.02	12	墨西哥	-16.37
13	中国	0.69	13	中国台湾	-24.92
14	西班牙	0.66	14	美国	-27.48

序号	经济体名称	GVCK 指数平均值	序号	经济体名称	IVRIE 指数平均值
	GVCK 指数（按降序排列）			IVRIE 指数（按降序排列）	
15	德国	0.54	15	英国	-47.15
16	意大利	0.47	16	韩国	-78.86
17	加拿大	-1.16	17	日本	-88.45

4. 纸制品业 GVC 地位指数的国际比较

如表 5-36（a）、表 5-36（b）、表 5-36（c）所示：

（1）2000~2014 年纸制品业 17 个经济体 GVC 地位指数分四种类型：

第一，GVCK 高-IVRIE 低。表 5-36（a）中印度、日本、中国、澳大利亚、英国、美国等经济体 2001~2014 年 GVCK 指数平均值为相对较高，而在表 5-36（b）中其 IVRIE 指数平均值相对较低。说明这些经济体纸制品业虽然在 GVC 分工中处于中上游阶段，但在 GVC 分工中价值增值较低。

第二，GVCK 低-IVRIE 高。表 5-36（a）中加拿大、德国、法国、西班牙、韩国、巴西等经济体 2001~2014 年 GVCK 指数平均值为相对较低，而在表 5-36（b）中其 IVRIE 指数平均值相对较高。说明这些经济体纸制品业虽然在 GVC 分工中处于中下游阶段，但在 GVC 分工中价值增值较高。

第三，GVCK 高-IVRIE 高。表 5-36（a）中瑞士 2001~2014 年 GVCK 指数平均值为相对较高，在表 5-36（b）中其 IVRIE 指数平均值也不低。说明瑞士纸制品业在 GVC 分工中处于中上游阶段，且在 GVC 分工中价值增值较高。

第四，GVCK 低-IRIE 低。表 5-36（a）中中国台湾、墨西哥、意大利等经济体 2001~2014 年 GVCK 指数平均值为相对较低，在表 5-36（b）中其 IVRIE 指数平均值也较低。说明这些经济体纸制品业在 GVC 分工中处于中下游阶段，且在 GVC 分工中价值增值较低。

（2）中国纸制品业 GVCK 指数平均值位列 17 个经济体第 4 位（1.32），IVRIE 指数平均值位列 17 个经济体第 15 位（-34.93）。说明中国纸制品业虽然在 GVC 分工中处于中上游阶段，但在 GVC 分工中价值增值程度很低，处于下游水平。

表 5-36（a）　2000~2014 年纸制品业 17 个经济体 GVCK 指数

国家（地区）＼年份	2000	2001	2002	2003	2004	2005	2006	2007
澳大利亚	1.33	1.24	1.12	1.16	1.13	1.31	1.40	1.40
巴西	0.30	0.18	0.21	0.11	0.27	0.33	0.37	0.36
加拿大	-1.35	-1.40	-1.38	-1.28	-1.28	-1.18	-1.08	-0.86
瑞士	0.42	0.40	0.46	0.40	0.39	0.38	0.39	0.44
中国	1.27	1.36	1.33	1.29	1.33	1.44	1.64	1.84
德国	-0.21	-0.23	-0.17	-0.20	-0.20	-0.27	-0.33	-0.37
西班牙	0.14	0.20	0.25	0.32	0.30	0.34	0.27	0.22

续表

年份 国家（地区）	2000	2001	2002	2003	2004	2005	2006	2007
法国	0.04	0.09	0.12	0.15	0.04	-0.04	-0.05	-0.03
英国	0.93	0.89	0.93	0.97	1.05	0.99	0.96	0.94
印度	2.12	2.00	1.76	1.99	1.97	1.91	1.96	2.30
意大利	0.28	0.28	0.27	0.30	0.33	0.26	0.20	0.18
日本	2.07	2.03	1.87	1.98	1.94	1.87	1.67	1.59
韩国	0.01	-0.02	0.08	0.03	0.00	0.12	0.16	0.28
墨西哥	0.02	-0.04	-0.02	-0.15	-0.16	-0.11	-0.18	-0.06
俄罗斯	1.51	1.44	1.36	1.41	1.63	1.83	2.04	1.93
中国台湾	0.51	0.54	0.52	0.41	0.29	0.28	0.21	0.12
美国	1.21	1.23	1.22	1.12	1.07	0.94	0.91	0.85

年份 国家（地区）	2008	2009	2010	2011	2012	2013	2014	平均值 排序
澳大利亚	1.48	1.48	1.40	1.39	1.38	1.25	1.00	5
巴西	0.27	0.35	0.37	0.45	0.35	0.25	-0.13	9
加拿大	-0.67	-0.70	-0.57	-0.52	-0.54	-0.61	-0.89	17
瑞士	0.46	0.63	0.65	0.72	0.80	0.87	0.60	8
中国	1.73	1.61	1.33	1.08	0.98	0.97	0.62	4
德国	-0.40	-0.34	-0.47	-0.50	-0.48	-0.44	-0.83	16
西班牙	0.22	0.21	-0.10	-0.14	-0.17	-0.17	-0.49	12
法国	-0.04	0.00	-0.03	0.00	0.04	0.09	-0.22	14
英国	0.88	0.81	0.88	0.88	0.93	1.11	0.87	6
印度	2.18	2.19	2.15	2.05	1.74	1.68	1.24	1
意大利	0.16	0.13	-0.04	-0.07	-0.09	-0.12	-0.40	11
日本	1.36	1.57	1.39	1.31	1.30	1.02	0.41	3
韩国	-0.01	0.03	0.00	-0.07	-0.06	0.03	-0.12	13
墨西哥	0.05	-0.23	-0.17	-0.06	0.09	-0.06	-0.35	15
俄罗斯	2.29	2.02	1.89	1.93	1.87	1.39	0.64	2
中国台湾	-0.02	0.06	0.04	-0.04	-0.09	0.07	-0.31	10
美国	0.67	0.86	0.69	0.62	0.56	0.56	0.31	7

表 5-36（b）　2000~2014 年纸制品业 17 个经济体 IVRIE 指数

年份 国家（地区）	2000	2001	2002	2003	2004	2005	2006	2007
澳大利亚	-7.01	-2.55	1.06	0.21	2.12	-3.69	-5.54	-8.90
巴西	47.13	46.79	51.58	57.61	52.87	53.77	54.97	50.40

续表

年份 国家（地区）	2000	2001	2002	2003	2004	2005	2006	2007
加拿大	60.31	60.10	58.45	56.67	58.53	57.79	55.98	53.51
瑞士	40.52	42.83	45.31	46.57	47.48	46.19	45.56	43.14
中国	-22.38	-22.18	-22.58	-32.34	-45.31	-49.34	-52.28	-60.84
德国	26.31	27.97	32.41	32.05	32.21	33.67	32.69	31.66
西班牙	4.85	8.17	10.18	12.42	15.30	15.22	17.19	20.84
法国	23.94	27.49	28.58	29.69	23.65	21.83	20.87	18.59
英国	5.75	3.68	5.14	9.67	9.17	7.69	0.22	1.87
印度	-41.23	-40.72	-28.13	-38.33	-42.91	-38.94	-39.02	-50.17
意大利	6.24	9.49	10.85	11.46	12.83	14.57	13.03	12.69
日本	-11.31	-12.67	-4.51	-10.51	-12.26	-13.79	-19.14	-19.43
韩国	21.93	23.55	19.90	20.50	21.48	18.34	13.93	9.12
墨西哥	-41.66	-40.79	-39.90	-38.48	-41.26	-38.15	-38.38	-40.53
俄罗斯	67.46	60.95	56.94	51.78	49.38	46.14	45.12	48.88
中国台湾	-12.85	-5.99	-0.24	-3.44	-7.60	-7.28	-8.10	-3.35
美国	12.72	9.75	8.53	7.74	8.40	8.40	9.58	12.34

年份 国家（地区）	2008	2009	2010	2011	2012	2013	2014	平均值 排序
澳大利亚	-10.75	-8.25	1.61	2.15	2.67	6.55	-1.52	12
巴西	49.62	52.34	53.36	51.26	49.82	51.69	53.36	1
加拿大	49.98	45.20	44.76	42.57	40.63	44.24	44.74	3
瑞士	42.65	43.45	42.81	37.69	34.22	30.40	30.66	4
中国	-55.31	-49.67	-40.94	-30.60	-16.17	-12.56	-11.46	15
德国	29.32	34.42	30.68	29.45	31.33	30.45	31.17	5
西班牙	23.31	28.32	29.21	26.54	26.52	26.84	23.75	7
法国	18.58	20.71	15.90	15.88	16.37	16.07	15.26	6
英国	8.42	-1.48	-13.29	-12.76	-14.25	-17.12	-17.46	11
印度	-51.41	-43.25	-39.50	-42.42	-44.43	-37.40	-37.44	17
意大利	14.51	19.30	14.40	13.80	15.68	15.56	17.47	9
日本	-14.81	-12.20	-6.48	-17.75	-23.05	-15.45	-11.25	14
韩国	12.75	21.76	13.26	14.12	17.63	22.52	22.47	8
墨西哥	-40.07	-34.95	-36.20	-31.60	-38.26	-28.97	-25.39	16
俄罗斯	42.04	44.00	49.77	46.75	45.91	56.82	62.94	2
中国台湾	-7.21	2.99	-4.63	-4.20	1.46	-4.93	-0.11	13
美国	11.97	17.45	16.82	14.70	14.14	12.70	10.99	10

表 5-36 （c）　2000~2014 年纸制品业 17 个经济体 GVCK 指数与 IVRIE 指数比较

GVCK 指数（按降序排列）			IVRIE 指数（按降序排列）		
序号	经济体名称	GVCK 指数平均值	序号	经济体名称	IVRIE 指数平均值
1	印度	1.95	1	巴西	51.77
2	俄罗斯	1.68	2	俄罗斯	51.66
3	日本	1.56	3	加拿大	51.56
4	中国	1.32	4	瑞士	41.30
5	澳大利亚	1.30	5	德国	31.05
6	英国	0.93	6	法国	20.89
7	美国	0.85	7	西班牙	19.24
8	瑞士	0.53	8	韩国	18.22
9	巴西	0.27	9	意大利	13.46
10	中国台湾	0.17	10	美国	11.75
11	意大利	0.11	11	英国	-1.65
12	西班牙	0.09	12	澳大利亚	-2.12
13	韩国	0.03	13	中国台湾	-4.36
14	法国	0.01	14	日本	-13.64
15	墨西哥	-0.10	15	中国	-34.93
16	德国	-0.36	16	墨西哥	-36.97
17	加拿大	-0.95	17	印度	-41.02

5. 石油制品业 GVC 地位指数的国际比较

如表 5-37 （a）、表 5-37 （b）、表 5-37 （c）所示：

（1）2000~2014 年石油制品业 17 个经济体 GVC 地位指数分四种类型：

第一，GVCK 高-IVRIE 低。表 5-37 （a）中中国、加拿大、巴西等经济体 2001~2014 年 GVCK 指数平均值为相对较高，而在表 5-37 （b）中其 IVRIE 指数平均值相对较低。说明这些经济体石油制品业虽然在 GVC 分工中处于中上游阶段，但在 GVC 分工中价值增值较低。

第二，GVCK 低-IVRIE 高。表 5-37 （a）中美国、西班牙、韩国等经济体 2001~2014 年 GVCK 指数平均值为相对较低，而在表 5-39 （b）中其 IVRIE 指数平均值相对较高。说明这些经济体石油制品业虽然在 GVC 分工中处于中下游阶段，但在 GVC 分工中价值增值较高。

第三，GVCK 高-IVRIE 高。表 5-37 （a）中俄罗斯、澳大利亚、墨西哥、瑞士、加拿大、英国等经济体 2001~2014 年 GVCK 指数平均值为相对较高，在表 5-37 （b）中其 IVRIE 指数平均值也不低。说明这些经济体石油制品业在 GVC 分工中处于中上游阶段，且在 GVC 分工中价值增值较高。

第四，GVCK 低-IRIE 低。表 5-37 （a）中美国、德国、印度、法国、意大利、中国台湾、日本等经济体 2001~2014 年 GVCK 指数平均值为相对较低，在表 5-37 （b）中其

IVRIE 指数平均值也较低。说明这些经济体石油制品业在 GVC 分工中处于中下游阶段，且在 GVC 分工中价值增值较低。

（2）中国石油制品业 GVCK 指数平均值位列 17 个经济体第 4 位（1.04），IVRIE 指数平均值位列 17 个经济体第 15 位（-58.65）。说明中国石油制品业虽然在 GVC 分工中处于中上游阶段，但在 GVC 分工中价值增值程度很低，处于下游水平。

表 5-37（a）　2000~2014 年石油制品业 17 个经济体 GVCK 指数

年份 国家（地区）	2000	2001	2002	2003	2004	2005	2006	2007
澳大利亚	1.45	1.52	1.64	1.51	1.77	2.00	2.06	2.02
巴西	0.76	0.05	0.30	0.20	0.20	0.40	0.41	0.50
加拿大	-0.09	-0.33	-0.36	-0.40	-0.26	-0.23	-0.03	0.00
瑞士	0.68	0.65	0.85	0.72	0.79	0.66	0.36	0.59
中国	1.49	1.49	1.36	0.95	0.70	1.04	1.30	1.32
德国	0.00	0.45	0.47	-0.12	-0.34	-0.48	-0.47	-0.44
西班牙	-1.34	-1.02	-0.70	-0.72	-0.91	-1.03	-1.21	-1.14
法国	-0.83	-0.83	-0.69	-0.75	-0.78	-1.03	-1.11	-0.91
英国	0.70	1.08	0.98	0.74	0.47	0.25	0.26	0.42
印度	2.04	2.45	0.25	-0.13	-0.33	-0.44	-1.21	-1.08
意大利	-0.78	-0.81	-0.67	-0.82	-0.88	-1.16	-1.17	-1.16
日本	0.99	0.86	0.97	0.94	0.74	0.13	-0.02	-0.21
韩国	-2.45	-2.51	-2.14	-2.03	-2.12	-2.22	-2.30	-2.14
墨西哥	2.70	2.73	2.55	2.05	2.11	1.83	1.99	1.89
俄罗斯	3.10	3.59	3.44	3.30	3.75	3.67	3.66	3.57
中国台湾	0.33	-0.14	-0.37	-0.98	-1.37	-1.69	-1.83	-1.84
美国	0.37	0.59	0.42	0.34	0.17	0.06	-0.17	-0.02

年份 国家（地区）	2008	2009	2010	2011	2012	2013	2014	平均值 排序
澳大利亚	2.45	2.76	3.17	2.98	2.91	2.89	2.58	2
巴西	0.59	0.97	1.53	1.39	1.03	1.06	0.68	5
加拿大	-0.05	0.40	0.38	0.60	0.61	0.81	0.87	8
瑞士	0.10	0.74	0.56	0.35	0.46	0.27	0.06	6
中国	1.13	1.27	0.79	0.70	0.77	0.77	0.52	4
德国	-0.59	-0.23	-0.45	-0.61	-0.82	-0.72	-1.01	11
西班牙	-1.44	-1.37	-1.70	-1.95	-2.10	-1.92	-2.17	15
法国	-1.14	-0.84	-0.75	-0.77	-0.73	-0.53	-0.84	13
英国	-0.05	0.22	0.30	0.05	0.12	0.24	0.24	7

续表

年份 国家（地区）	2008	2009	2010	2011	2012	2013	2014	平均值 排序
印度	-1.27	-1.15	-1.30	-1.56	-1.69	-1.70	-2.18	12
意大利	-1.30	-1.18	-1.23	-1.19	-1.34	-1.20	-1.30	14
日本	-0.50	-0.18	-0.20	-0.28	-0.07	-0.46	-0.93	9
韩国	-2.53	-2.45	-2.44	-2.65	-2.66	-2.50	-2.68	17
墨西哥	1.41	1.28	1.51	1.65	2.06	1.83	1.64	3
俄罗斯	3.69	3.69	3.51	3.55	3.51	3.13	2.27	1
中国台湾	-2.22	-1.93	-1.86	-1.86	-2.11	-2.11	-2.25	16
美国	-0.35	-0.29	-0.38	-0.54	-0.66	-0.52	-0.70	10

表 5-37（b）　　2000~2014 年石油制品业 17 个经济体 IVRIE 指数

年份 国家（地区）	2000	2001	2002	2003	2004	2005	2006	2007
澳大利亚	-29.14	-36.59	-39.88	-41.20	-45.62	-39.13	-39.97	-40.37
巴西	-63.01	-39.46	-37.88	-34.18	-44.38	-33.38	-33.72	-35.27
加拿大	-25.66	-14.42	-10.10	-10.43	-13.30	-18.11	-17.08	-17.26
瑞士	-3.03	-7.32	-12.82	-11.85	-12.03	-6.41	-9.09	-3.76
中国	-23.34	-24.39	-32.78	-34.24	-47.30	-58.61	-69.44	-74.43
德国	-51.72	-54.06	-50.49	-47.11	-42.96	-45.00	-44.86	-42.31
西班牙	-46.13	-49.25	-51.88	-44.94	-40.01	-46.78	-45.41	-40.45
法国	-61.65	-63.07	-64.10	-61.38	-60.63	-55.23	-54.43	-54.15
英国	4.39	6.71	-4.86	4.28	2.73	-1.55	-7.19	-0.69
印度	-97.00	-96.47	-75.36	-59.53	-50.79	-44.39	-53.65	-57.61
意大利	-67.81	-64.47	-65.39	-60.58	-59.68	-56.89	-56.80	-51.34
日本	-87.29	-87.96	-87.60	-88.94	-86.42	-84.33	-84.41	-81.47
韩国	-49.62	-49.94	-51.50	-54.41	-46.56	-47.44	-46.46	-43.43
墨西哥	-19.58	-17.80	-5.99	-7.97	-7.02	-16.31	-15.07	-22.30
俄罗斯	53.91	58.15	66.08	50.18	60.72	60.79	61.68	73.61
中国台湾	-86.47	-77.24	-67.52	-59.17	-47.82	-43.10	-47.16	-36.88
美国	-68.01	-61.39	-69.19	-65.99	-67.59	-69.25	-68.38	-62.26

年份 国家（地区）	2008	2009	2010	2011	2012	2013	2014	平均值 排序
澳大利亚	-36.37	-40.53	-36.81	-43.91	-34.44	-42.22	-54.15	7
巴西	-44.43	-38.33	-52.04	-53.96	-48.86	-56.03	-60.95	9
加拿大	-22.14	-15.64	-20.15	-21.50	-19.02	-19.50	-24.08	4
瑞士	0.18	10.63	11.59	17.25	26.61	14.35	14.25	2

续表

年份 国家（地区）	2008	2009	2010	2011	2012	2013	2014	平均值 排序
中国	-69.96	-76.51	-74.67	-75.70	-76.10	-72.77	-69.52	15
德国	-47.85	-49.76	-46.48	-49.57	-46.63	-41.06	-44.35	10
西班牙	-38.34	-36.70	-35.49	-25.73	-26.65	-25.23	-29.77	6
法国	-51.79	-49.38	-51.02	-56.77	-53.86	-53.42	-50.93	12
英国	0.04	-2.94	-14.38	-20.46	-24.28	-30.92	-28.68	3
印度	-54.43	-60.23	-53.10	-55.24	-46.26	-38.01	-41.58	16
意大利	-53.45	-60.90	-53.23	-54.70	-50.12	-56.73	-55.70	14
日本	-77.39	-76.78	-78.77	-78.26	-82.00	-75.67	-73.31	17
韩国	-38.07	-37.16	-38.79	-36.31	-33.60	-33.15	-32.70	8
墨西哥	-22.37	-5.67	-24.61	-33.38	-43.01	-35.97	-31.61	5
俄罗斯	65.52	67.24	80.56	77.40	76.92	77.25	77.93	1
中国台湾	-39.43	-38.87	-41.74	-44.99	-38.95	-35.81	-40.05	11
美国	-57.23	-53.37	-47.36	-42.59	-44.08	-35.90	-31.92	13

表 5-37（c）　2000~2014 年石油制品业 17 个经济体 GVCK 指数与 IVRIE 指数比较

GVCK 指数（按降序排列）			IVRIE 指数（按降序排列）		
序号	经济体名称	GVCK 指数平均值	序号	经济体名称	IVRIE 指数平均值
1	俄罗斯	3.43	1	俄罗斯	67.19
2	澳大利亚	2.25	2	瑞士	1.90
3	墨西哥	1.95	3	英国	-7.85
4	中国	1.04	4	加拿大	-17.89
5	巴西	0.67	5	墨西哥	-20.58
6	瑞士	0.52	6	西班牙	-38.85
7	英国	0.40	7	澳大利亚	-40.02
8	加拿大	0.13	8	韩国	-42.61
9	日本	0.12	9	巴西	-45.06
10	美国	-0.11	10	德国	-46.95
11	德国	-0.36	11	中国台湾	-49.68
12	印度	-0.62	12	法国	-56.12
13	法国	-0.84	13	美国	-56.30
14	意大利	-1.08	14	意大利	-57.85
15	西班牙	-1.38	15	中国	-58.65
16	中国台湾	-1.48	16	印度	-58.91
17	韩国	-2.39	17	日本	-82.04

6. 化工制品业 GVC 地位指数的国际比较

如表 5-38（a）、表 5-38（b）、表 5-38（c）所示：

（1）2000~2014 年化工制品业 17 个经济体 GVC 地位指数分四种类型：

第一，GVCK 高-IVRIE 低。表 5-38（a）中澳大利亚、巴西、中国、墨西哥、印度等经济体 2001~2014 年 GVCK 指数平均值为相对较高，而在表 5-38（b）中其 IVRIE 指数平均值相对较低。说明这些经济体化工制品业虽然在 GVC 分工中处于中上游阶段，但在 GVC 分工中价值增值较低。

第二，GVCK 低-IVRIE 高。表 5-38（a）中德国、瑞士、法国、英国、加拿大等经济体 2001~2014 年 GVCK 指数平均值为相对较低，而在表 5-38（b）中其 IVRIE 指数平均值相对较高。说明这些经济体化工制品业虽然在 GVC 分工中处于中下游阶段，但在 GVC 分工中价值增值较高。

第三，GVCK 高-IVRIE 高。表 5-38（a）中俄罗斯、美国、日本等经济体 2001~2014 年 GVCK 指数平均值为相对较高，在表 5-38（b）中其 IVRIE 指数平均值也不低。说明这些经济体化工制品业在 GVC 分工中处于中上游阶段，且在 GVC 分工中价值增值较高。

第四，GVCK 低-IRIE 低。表 5-38（a）中西班牙、意大利、中国台湾、韩国等经济体 2001~2014 年 GVCK 指数平均值为相对较低，在表 5-38（b）中其 IVRIE 指数平均值也较低。说明这些经济体化工制品业在 GVC 分工中处于中下游阶段，且在 GVC 分工中价值增值较低。

（2）中国化工制品业 GVCK 指数平均值位列 17 个经济体第 5 位（0.42），IVRIE 指数平均值居 17 个经济体第 15 位（-5.36）。说明中国化工制品业虽然在 GVC 分工中处于中上游阶段，但在 GVC 分工中价值增值程度很低，处于下游水平。

表 5-38（a）　2000~2014 年化工制品业 17 个经济体 GVCK 指数

年份 国家（地区）	2000	2001	2002	2003	2004	2005	2006	2007
澳大利亚	1.55	1.50	1.49	1.59	1.69	1.98	2.11	2.00
巴西	0.66	0.46	0.43	0.47	0.53	0.62	0.51	0.64
加拿大	-0.13	-0.30	-0.30	-0.06	-0.07	-0.04	0.02	0.13
瑞士	-0.11	-0.13	-0.07	-0.12	-0.11	-0.17	-0.16	-0.08
中国	0.66	0.71	0.63	0.40	0.19	0.16	0.20	0.22
德国	-0.29	-0.27	-0.08	-0.14	-0.19	-0.23	-0.34	-0.35
西班牙	-0.08	-0.04	-0.03	0.01	0.03	0.01	-0.01	-0.02
法国	-0.32	-0.35	-0.38	-0.33	-0.33	-0.41	-0.42	-0.38
英国	0.17	0.11	0.13	0.21	0.14	0.11	0.02	0.01
印度	0.14	0.11	0.05	0.20	0.18	0.14	0.11	0.34
意大利	-0.07	-0.07	-0.07	-0.01	0.00	-0.07	-0.13	-0.09
日本	0.71	0.58	0.52	0.51	0.45	0.19	0.03	-0.04
韩国	-0.90	-0.99	-0.90	-0.92	-0.96	-0.93	-0.95	-0.86

续表

年份 国家（地区）	2000	2001	2002	2003	2004	2005	2006	2007
墨西哥	0.55	0.47	0.37	0.34	0.27	0.33	0.27	0.25
俄罗斯	1.65	1.85	1.78	1.83	2.07	2.24	2.40	2.25
中国台湾	-1.08	-1.03	-1.15	-1.28	-1.36	-1.41	-1.61	-1.63
美国	0.89	0.98	0.96	0.81	0.73	0.62	0.65	0.70

年份 国家（地区）	2008	2009	2010	2011	2012	2013	2014	平均值 排序
澳大利亚	2.07	2.13	2.20	2.16	2.04	2.15	2.07	2
巴西	0.61	0.87	1.11	1.14	0.91	0.94	0.68	4
加拿大	0.11	0.22	0.30	0.34	0.38	0.40	0.20	9
瑞士	-0.05	0.04	0.06	0.13	0.13	0.26	0.09	11
中国	0.28	0.53	0.39	0.38	0.52	0.58	0.48	5
德国	-0.40	-0.34	-0.46	-0.55	-0.58	-0.58	-0.75	15
西班牙	-0.03	-0.09	-0.37	-0.38	-0.40	-0.38	-0.57	12
法国	-0.42	-0.28	-0.29	-0.33	-0.30	-0.26	-0.44	14
英国	-0.03	-0.20	-0.12	-0.16	-0.03	0.19	0.13	10
印度	0.24	0.34	0.34	0.30	-0.01	0.04	-0.15	7
意大利	-0.08	-0.16	-0.39	-0.42	-0.41	-0.41	-0.54	13
日本	-0.09	0.16	0.05	-0.17	-0.13	-0.36	-0.59	8
韩国	-1.15	-1.16	-1.16	-1.22	-1.24	-1.15	-1.16	16
墨西哥	0.14	-0.16	-0.05	0.05	0.17	0.19	-0.11	6
俄罗斯	2.48	2.43	2.29	2.32	2.31	2.27	1.91	1
中国台湾	-1.85	-1.71	-1.74	-1.82	-1.80	-1.73	-1.85	17
美国	0.64	0.94	0.77	0.75	0.75	0.82	0.65	3

表 5-38 （b）　　2000~2014 年化工制品业 17 个经济体 IVRIE 指数

年份 国家（地区）	2000	2001	2002	2003	2004	2005	2006	2007
澳大利亚	-4.06	-5.62	-5.62	-4.69	-9.13	-13.60	-16.13	-11.31
巴西	-7.76	-14.39	-1.55	-1.30	-1.52	1.08	-2.51	-6.79
加拿大	47.32	47.18	46.80	42.50	43.41	43.38	42.47	43.24
瑞士	43.32	44.16	46.64	40.60	40.55	36.31	35.68	35.26
中国	-15.35	-7.53	-5.08	-9.10	-10.71	-9.41	-6.63	-3.36
德国	37.64	33.54	42.13	42.97	42.08	41.26	38.97	38.60
西班牙	19.41	21.37	22.67	24.08	23.29	23.01	20.36	22.14
法国	34.30	34.64	36.46	36.34	36.56	33.60	33.01	33.37

年份 国家（地区）	2000	2001	2002	2003	2004	2005	2006	2007
英国	43.15	42.45	41.50	43.21	39.55	35.96	33.91	31.48
印度	5.99	4.30	9.97	11.91	10.53	6.57	14.19	4.14
意大利	14.01	16.15	16.15	15.78	16.44	15.75	13.71	14.54
日本	46.23	45.92	49.16	45.77	43.75	38.99	35.80	35.31
韩国	21.64	19.09	21.50	23.77	27.84	27.40	28.27	28.61
墨西哥	−19.97	−17.99	−18.24	−21.81	−18.39	−20.15	−18.33	−18.51
俄罗斯	49.88	36.24	32.85	35.74	43.39	37.11	38.09	51.49
中国台湾	11.92	18.46	19.45	18.64	17.69	21.00	13.95	15.00
美国	33.89	34.77	34.59	29.53	28.96	25.36	26.87	28.38

年份 国家（地区）	2008	2009	2010	2011	2012	2013	2014	平均值排序
澳大利亚	−7.61	−0.92	4.82	6.01	12.80	18.29	10.29	14
巴西	−17.92	−5.58	−8.73	−12.14	−13.64	−18.02	−20.19	16
加拿大	44.42	38.34	42.99	43.71	41.35	40.98	39.81	2
瑞士	35.82	35.75	40.89	38.05	34.74	32.90	34.59	4
中国	−0.61	−8.19	−2.41	−0.31	−3.30	−3.20	4.73	15
德国	37.98	40.32	39.28	35.67	36.69	36.38	37.62	3
西班牙	18.83	20.46	16.56	11.34	11.79	15.34	18.77	10
法国	31.91	34.79	29.38	26.63	26.58	28.38	29.28	6
英国	33.22	29.17	23.22	22.54	24.21	18.36	22.05	7
印度	−3.89	3.22	4.74	7.66	7.26	14.67	9.77	13
意大利	16.26	16.35	11.02	8.42	11.30	11.22	13.45	12
日本	25.31	38.44	35.40	24.67	21.94	27.89	28.62	5
韩国	26.68	32.41	29.82	27.94	27.78	31.90	32.64	9
墨西哥	−19.29	−7.64	−7.99	−7.21	−2.23	−7.20	−11.87	17
俄罗斯	52.53	42.23	48.69	50.07	49.88	46.23	47.90	1
中国台湾	13.02	20.50	15.94	14.79	14.36	12.54	15.07	11
美国	26.43	37.00	32.86	29.16	28.85	29.46	28.92	8

表 5-38（c）　2000~2014 年化工制品业 17 个经济体 GVCK 指数与 IVRIE 指数比较

GVCK 指数（按降序排列）			IVRIE 指数（按降序排列）		
序号	经济体名称	GVCK 指数平均值	序号	经济体名称	IVRIE 指数平均值
1	俄罗斯	2.14	1	俄罗斯	44.15
2	澳大利亚	1.92	2	加拿大	43.19

GVCK 指数（按降序排列）			IVRIE 指数（按降序排列）		
序号	经济体名称	GVCK 指数平均值	序号	经济体名称	IVRIE 指数平均值
3	美国	0.78	3	德国	38.74
4	巴西	0.70	4	瑞士	38.35
5	中国	0.42	5	日本	36.21
6	墨西哥	0.21	6	法国	32.35
7	印度	0.16	7	英国	32.27
8	日本	0.12	8	美国	30.34
9	加拿大	0.08	9	韩国	27.15
10	英国	0.05	10	西班牙	19.29
11	瑞士	-0.02	11	中国台湾	16.15
12	西班牙	-0.16	12	意大利	14.04
13	意大利	-0.19	13	印度	7.40
14	法国	-0.35	14	澳大利亚	-1.77
15	德国	-0.37	15	中国	-5.36
16	韩国	-1.04	16	巴西	-8.73
17	中国台湾	-1.54	17	墨西哥	-14.45

7. 橡胶和塑料制品业 GVC 地位指数的国际比较

如表 5-39（a）、表 5-39（b）、表 5-39（c）所示：

（1）2000~2014 年橡胶和塑料制品业 17 个经济体 GVC 地位指数分四种类型：

第一，GVCK 高-IVRIE 低。表 5-39（a）中俄罗斯、澳大利亚、美国、巴西、印度、英国等经济体 2001~2014 年 GVCK 指数平均值为相对较高，而在表 5-39（b）中其 IVRIE 指数平均值相对较低。说明这些经济体橡胶和塑料制品业虽然在 GVC 分工中处于中上游阶段，但在 GVC 分工中价值增值较低。

第二，GVCK 低-IVRIE 高。表 5-39（a）中韩国、西班牙、德国、意大利、加拿大、中国台湾等经济体 2001~2014 年 GVCK 指数平均值为相对较低，而在表 5-39（b）中其 IVRIE 指数平均值相对较高。说明这些经济体橡胶和塑料制品业虽然在 GVC 分工中处于中下游阶段，但在 GVC 分工中价值增值较高。

第三，GVCK 高-IVRIE 高。表 5-39（a）中瑞士、日本等经济体 2001~2014 年 GVCK 指数平均值为相对较高，在表 5-39（b）中其 IVRIE 指数平均值也不低。说明这些经济体橡胶和塑料制品业在 GVC 分工中处于中上游阶段，且在 GVC 分工中价值增值较高。

第四，GVCK 低-IRIE 低。表 5-39（a）中中国、墨西哥、法国等经济体 2001~2014 年 GVCK 指数平均值为相对较低，在表 5-39（b）中其 IVRIE 指数平均值也较低。说明这些经济体橡胶和塑料制品业在 GVC 分工中处于中下游阶段，且在 GVC 分工中价值增值较低。

（2）中国橡胶和塑料制品业 GVCK 指数平均值居 17 个经济体第 12 位（-0.07），IV-

RIE 指数平均值位列 17 个经济体第 11 位（9.59）。说明中国橡胶和塑料制品业在 GVC 分工中处于中下游阶段，在 GVC 分工中价值增值程度也较低，处于中下游水平。

表 5-39（a）　　2000~2014 年橡胶和塑料制品业 17 个经济体 GVCK 指数

年份 国家（地区）	2000	2001	2002	2003	2004	2005	2006	2007
澳大利亚	1.41	1.40	1.43	1.50	1.49	1.62	1.76	1.66
巴西	0.93	0.72	0.78	0.72	0.80	1.02	1.11	1.05
加拿大	-1.74	-1.82	-1.88	-1.71	-1.63	-1.56	-1.44	-1.26
瑞士	0.43	0.43	0.53	0.42	0.38	0.36	0.33	0.30
中国	-0.11	0.00	-0.04	-0.19	-0.38	-0.44	-0.40	-0.31
德国	-0.04	-0.12	-0.03	0.00	-0.06	-0.13	-0.21	-0.23
西班牙	-0.01	0.00	0.08	0.15	0.18	0.16	0.16	0.16
法国	0.22	0.23	0.26	0.29	0.21	0.15	0.15	0.13
英国	0.70	0.74	0.74	0.71	0.68	0.67	0.64	0.59
印度	0.92	0.77	0.70	0.88	0.90	0.84	0.83	1.01
意大利	-0.26	-0.25	-0.26	-0.25	-0.25	-0.25	-0.28	-0.23
日本	1.40	1.25	1.15	1.02	0.97	0.72	0.55	0.46
韩国	0.16	0.01	0.09	0.11	0.12	0.16	0.34	0.48
墨西哥	-0.62	-0.56	-0.59	-0.74	-0.76	-0.65	-0.62	-0.54
俄罗斯	3.75	3.63	3.54	3.50	3.77	3.97	4.01	3.68
中国台湾	-0.85	-0.67	-0.66	-0.70	-0.70	-0.69	-0.81	-0.78
美国	1.38	1.47	1.46	1.39	1.32	1.22	1.18	1.21

年份 国家（地区）	2008	2009	2010	2011	2012	2013	2014	平均值 排序
澳大利亚	1.79	1.87	2.07	2.12	2.08	2.03	1.82	2
巴西	1.03	1.28	1.41	1.45	1.32	1.28	0.83	4
加拿大	-1.09	-1.14	-1.11	-0.98	-1.01	-0.94	-1.32	17
瑞士	0.32	0.56	0.54	0.56	0.61	0.61	0.24	8
中国	-0.06	0.15	0.10	0.17	0.24	0.28	0.00	12
德国	-0.24	-0.17	-0.29	-0.39	-0.41	-0.41	-0.81	13
西班牙	0.20	0.22	-0.02	-0.15	-0.09	-0.07	-0.42	11
法国	0.10	0.24	0.14	0.14	0.17	0.24	-0.06	9
英国	0.62	0.53	0.51	0.41	0.50	0.64	0.34	6
印度	0.90	0.91	0.99	0.81	0.61	0.67	0.20	5
意大利	-0.22	-0.18	-0.34	-0.39	-0.24	-0.25	-0.55	14
日本	0.31	0.51	0.40	0.16	0.19	0.08	-0.34	7

续表

国家（地区）＼年份	2008	2009	2010	2011	2012	2013	2014	平均值排序
韩国	0.21	0.19	0.20	0.14	0.07	0.14	-0.04	10
墨西哥	-0.40	-0.63	-0.60	-0.52	-0.62	-0.64	-0.99	15
俄罗斯	4.12	3.83	4.03	4.11	3.72	3.55	2.98	1
中国台湾	-0.95	-0.77	-0.83	-0.86	-0.86	-0.79	-1.07	16
美国	1.08	1.31	1.20	1.13	1.09	1.04	0.75	3

表 5-39（b）　2000~2014 年橡胶和塑料制品业 17 个经济体 IVRIE 指数

国家（地区）＼年份	2000	2001	2002	2003	2004	2005	2006	2007
澳大利亚	-35.97	-38.07	-39.30	-35.38	-35.80	-36.62	-37.12	-34.40
巴西	-21.76	-18.09	-10.36	-11.17	-13.97	-7.30	-3.03	-9.82
加拿大	28.38	30.36	29.34	29.22	29.05	28.62	27.71	26.23
瑞士	25.03	25.25	33.10	30.99	31.41	29.10	29.16	28.48
中国	2.93	0.98	0.96	-1.08	-0.69	8.87	13.17	14.74
德国	22.89	23.63	31.96	31.52	28.95	28.28	26.65	26.70
西班牙	14.18	16.47	15.43	15.53	16.44	14.88	18.46	20.01
法国	16.11	12.83	13.76	15.45	11.65	9.79	11.65	11.01
英国	20.41	15.63	15.85	17.74	15.81	15.68	10.97	12.54
印度	-4.14	-2.39	-0.23	-2.45	-8.40	-11.36	-4.23	-14.93
意大利	12.45	14.14	13.73	13.33	13.86	15.71	14.93	17.27
日本	28.69	26.18	31.35	37.74	40.93	42.02	41.58	43.84
韩国	49.88	50.17	48.49	45.51	47.78	50.19	43.85	39.13
墨西哥	4.57	1.88	1.58	7.82	8.18	5.45	-4.56	-6.75
俄罗斯	-63.57	-67.57	-68.17	-67.20	-69.71	-69.54	-69.40	-66.97
中国台湾	15.94	27.21	24.03	23.20	21.90	23.98	22.78	25.80
美国	1.53	2.94	-0.65	-5.41	-6.71	-9.78	-11.27	-7.52

国家（地区）＼年份	2008	2009	2010	2011	2012	2013	2014	平均值排序
澳大利亚	-39.14	-33.98	-37.65	-41.86	-39.58	-33.49	-40.85	16
巴西	-19.43	-13.36	-17.57	-18.74	-20.83	-25.67	-26.71	15
加拿大	23.38	22.21	19.04	30.92	30.16	29.59	29.87	4
瑞士	29.45	30.36	28.85	26.96	23.74	22.93	24.04	3
中国	13.40	7.43	7.80	11.23	20.28	20.81	23.07	11
德国	26.47	30.20	27.07	24.18	24.83	25.56	26.99	5
西班牙	22.28	28.25	23.21	24.38	24.93	24.79	24.28	7

年份 国家（地区）	2008	2009	2010	2011	2012	2013	2014	平均值 排序
法国	10.91	16.02	10.46	8.42	11.03	14.26	12.90	9
英国	13.32	10.92	8.32	9.86	4.83	5.62	4.76	10
印度	-19.31	-18.58	-12.19	-5.54	-3.29	3.13	-1.30	14
意大利	18.45	21.67	14.81	13.41	17.60	18.82	20.26	8
日本	39.66	45.86	48.09	42.82	42.04	42.79	41.78	2
韩国	38.68	41.63	42.01	42.69	45.70	48.92	48.98	1
墨西哥	-12.97	-6.86	-8.20	-9.93	-8.03	-2.19	-1.20	12
俄罗斯	-73.82	-72.99	-78.23	-78.62	-70.94	-68.04	-67.29	17
中国台湾	24.53	29.83	25.71	22.31	26.17	26.29	26.64	6
美国	-8.27	0.33	-3.80	-5.35	-2.87	-4.48	-6.16	13

表 5-39（c）　2000~2014 年橡胶和塑料制品业 17 个经济体 GVCK 指数与 IVRIE 指数比较

GVCK 指数（按降序排列）			IVRIE 指数（按降序排列）		
序号	经济体名称	GVCK 指数平均值	序号	经济体名称	IVRIE 指数平均值
1	俄罗斯	3.74	1	韩国	45.57
2	澳大利亚	1.74	2	日本	39.69
3	美国	1.21	3	瑞士	27.92
4	巴西	1.05	4	加拿大	27.60
5	印度	0.80	5	德国	27.06
6	英国	0.60	6	中国台湾	24.42
7	日本	0.59	7	西班牙	20.23
8	瑞士	0.44	8	意大利	16.03
9	法国	0.17	9	法国	12.42
10	韩国	0.16	10	英国	12.15
11	西班牙	0.04	11	中国	9.59
12	中国	-0.07	12	墨西哥	-2.08
13	德国	-0.24	13	美国	-4.50
14	意大利	-0.28	14	印度	-7.01
15	墨西哥	-0.63	15	巴西	-15.86
16	中国台湾	-0.80	16	澳大利亚	-37.28
17	加拿大	-1.38	17	俄罗斯	-70.14

8. 其他非金属制品业 GVC 地位指数的国际比较

如表 5-40（a）、表 5-40（b）、表 5-40（c）所示：

（1）2000~2014 年其他非金属制品业 17 个经济体 GVC 地位指数分四种类型：

第一，GVCK 高-IVRIE。表 5-40（a）中俄罗斯、澳大利亚、美国、瑞士、印度、英国等经济体 2001~2014 年 GVCK 指数平均值为相对较高，而在表 5-40（b）中其 IVRIE 指数平均值相对较低。说明这些经济体其他非金属制品业虽然在 GVC 分工中处于中上游阶段，但在 GVC 分工中价值增值较低。

第二，GVCK 低-IVRIE 高。表 5-40（a）中加拿大、德国、墨西哥、西班牙、意大利、法国等经济体 2001~2014 年 GVCK 指数平均值为相对较低，而在表 5-40（b）中其 IVRIE 指数平均值相对较高。说明这些经济体其他非金属制品业虽然在 GVC 分工中处于中下游阶段，但在 GVC 分工中价值增值较高。

第三，GVCK 高-IVRIE 高。表 5-40（a）中巴西、日本等经济体 2001~2014 年 GVCK 指数平均值为相对较高，在表 5-40（b）中其 IVRIE 指数平均值也不低。说明这些经济体其他非金属制品业在 GVC 分工中处于中上游阶段，且在 GVC 分工中价值增值较高。

第四，GVCK 低-IRIE 低。表 5-40（a）中韩国、中国、中国台湾等经济体 2001~2014 年 GVCK 指数平均值为相对较低，在表 5-40（b）中其 IVRIE 指数平均值也较低。说明这些经济体其他非金属制品业在 GVC 分工中处于中下游阶段，且在 GVC 分工中价值增值较低。

（2）中国其他非金属制品业 GVCK 指数平均值位列 17 个经济体第 14 位（0.51），IVRIE 指数平均值居 17 个经济体第 12 位（-16.45）。说明中国其他非金属制品业在 GVC 分工中处于中下游阶段，在 GVC 分工中价值增值程度也较低，处于中下游水平。

表 5-40（a）　　　2000~2014 年其他非金属制品业 17 个经济体 GVCK 指数

年份 国家（地区）	2000	2001	2002	2003	2004	2005	2006	2007
澳大利亚	2.59	2.52	2.52	2.56	2.50	2.81	2.95	3.15
巴西	1.29	1.07	0.94	0.88	0.85	1.17	1.30	1.40
加拿大	0.22	0.12	-0.04	0.20	0.36	0.58	0.75	1.04
瑞士	1.40	1.41	1.41	1.38	1.35	1.36	1.35	1.44
中国	0.94	1.02	0.87	0.65	0.42	0.31	0.40	0.60
德国	0.76	0.78	0.80	0.80	0.76	0.72	0.67	0.75
西班牙	-0.07	-0.10	-0.10	0.02	0.03	0.05	0.04	0.08
法国	0.75	0.73	0.72	0.82	0.76	0.75	0.79	0.93
英国	1.45	1.45	1.46	1.48	1.36	1.35	1.37	1.47
印度	1.34	1.39	1.24	1.42	1.61	1.62	1.32	1.57
意大利	-0.13	-0.15	-0.18	-0.09	-0.10	-0.13	-0.12	0.00
日本	1.47	1.34	1.25	1.35	1.32	1.11	1.06	1.12
韩国	0.77	0.55	0.62	0.64	0.63	0.70	0.85	1.16
墨西哥	0.79	0.62	0.48	0.39	0.25	0.49	0.46	0.74
俄罗斯	4.51	4.64	4.70	4.71	4.93	5.03	5.02	4.97

续表

年份 国家（地区）	2000	2001	2002	2003	2004	2005	2006	2007
中国台湾	1.15	1.08	0.97	0.90	0.80	0.79	0.80	0.89
美国	1.72	1.78	1.86	1.86	1.82	1.79	1.76	1.94

年份 国家（地区）	2008	2009	2010	2011	2012	2013	2014	平均值 排序
澳大利亚	3.35	3.48	3.63	3.74	3.66	3.65	2.79	2
巴西	1.64	2.04	2.15	2.30	2.14	2.12	0.59	4
加拿大	1.04	1.40	1.38	1.45	1.44	1.53	0.35	11
瑞士	1.42	1.81	1.65	1.62	1.78	1.88	0.41	5
中国	0.55	0.84	0.51	0.45	0.46	0.49	-0.90	14
德国	0.67	0.82	0.67	0.54	0.59	0.71	-0.74	12
西班牙	0.21	0.41	0.15	0.13	0.14	0.20	-1.16	16
法国	0.93	1.16	1.03	0.99	1.03	1.11	-0.13	9
英国	1.38	1.62	1.54	1.48	1.54	1.88	0.35	6
印度	1.53	1.74	1.69	1.43	1.20	1.18	-0.59	7
意大利	-0.04	0.03	-0.12	-0.15	-0.12	-0.10	-1.24	17
日本	0.92	1.17	0.91	0.66	0.77	0.61	-0.82	8
韩国	1.01	1.27	1.13	0.96	0.90	0.96	-0.20	10
墨西哥	0.56	0.44	0.35	0.49	0.51	0.62	-0.45	15
俄罗斯	5.45	5.22	5.34	5.47	4.94	4.99	3.27	1
中国台湾	0.63	0.72	0.49	0.18	0.17	0.32	-0.82	13
美国	1.94	2.22	1.99	1.98	1.97	2.03	0.68	3

表 5-40（b） 2000~2014 年其他非金属制品业 17 个经济体 IVRIE 指数

年份 国家（地区）	2000	2001	2002	2003	2004	2005	2006	2007
澳大利亚	-27.81	-32.04	-37.30	-36.67	-38.31	-41.40	-46.41	-50.71
巴西	21.45	23.17	38.72	33.01	37.86	40.80	39.80	27.25
加拿大	50.97	52.72	51.55	48.85	46.18	41.51	40.47	38.64
瑞士	-2.69	-5.97	-4.82	-4.72	-0.14	-2.50	-6.31	-2.55
中国	-35.06	-21.32	-4.51	-10.40	-16.95	-16.88	-16.80	-21.90
德国	19.66	26.50	32.62	30.32	30.32	27.33	25.36	28.49
西班牙	17.52	16.43	17.03	15.59	12.62	6.97	1.45	3.78
法国	14.65	15.53	16.09	14.17	10.12	4.91	2.67	3.18
英国	19.62	22.38	17.52	17.91	13.69	9.05	5.56	3.51
印度	-16.56	0.77	3.63	6.88	-5.85	-4.44	-32.37	-46.05

续表

年份 国家（地区）	2000	2001	2002	2003	2004	2005	2006	2007
意大利	32.68	33.16	31.00	30.72	29.29	24.18	23.48	24.92
日本	0.71	3.31	10.68	11.77	15.76	14.00	11.98	15.17
韩国	-11.28	-13.86	-21.51	-27.67	-22.94	-25.05	-27.53	-24.13
墨西哥	28.40	33.26	32.03	30.65	33.10	33.44	31.66	26.98
俄罗斯	-36.41	-41.90	-50.38	-46.64	-43.18	-46.53	-43.01	-38.86
中国台湾	-32.71	-29.16	-32.15	-36.19	-41.40	-42.92	-45.13	-44.16
美国	2.64	5.25	-8.60	-10.22	-12.30	-15.98	-19.12	-14.77

年份 国家（地区）	2008	2009	2010	2011	2012	2013	2014	平均值 排序
澳大利亚	-55.54	-50.29	-52.06	-61.37	-55.65	-56.27	-61.63	17
巴西	6.26	5.98	-0.08	-8.89	-8.46	-8.57	-5.62	6
加拿大	32.91	26.35	21.45	22.68	23.59	24.79	30.14	1
瑞士	-4.51	-6.61	-5.61	-9.94	-7.82	-13.48	-8.64	10
中国	-22.85	-23.93	-18.78	-18.92	-8.30	-6.80	-3.34	12
德国	24.87	27.93	29.70	22.61	20.75	25.03	25.83	3
西班牙	9.24	23.90	28.86	29.05	34.67	42.72	42.84	5
法国	-0.58	-1.85	-3.81	-7.70	-6.89	-6.78	-4.82	8
英国	0.36	-12.53	-17.33	-18.80	-22.46	-29.49	-27.28	9
印度	-49.39	-35.85	-39.41	-34.27	-55.49	-45.91	-33.53	14
意大利	22.19	17.62	22.17	21.77	24.19	26.36	32.25	4
日本	7.93	23.39	27.67	12.90	4.24	-0.79	-1.80	7
韩国	-32.79	-31.04	-26.27	-29.69	-15.28	-8.27	-3.49	13
墨西哥	27.00	28.85	29.58	24.90	25.47	29.81	30.76	2
俄罗斯	-58.86	-29.45	-39.41	-52.17	-29.25	-28.96	-27.95	16
中国台湾	-45.50	-35.10	-37.54	-29.01	-19.36	-22.20	-23.34	15
美国	-9.62	-6.22	1.13	0.61	-1.96	0.41	-1.06	11

表 5-40（c）　2000~2014 年其他非金属制品业 17 个经济体 GVCK 指数与 IVRIE 指数比较

GVCK 指数（按降序排列）			IVRIE 指数（按降序排列）		
序号	经济体名称	GVCK 指数平均值	序号	经济体名称	IVRIE 指数平均值
1	俄罗斯	4.88	1	加拿大	36.85
2	澳大利亚	3.06	2	墨西哥	29.73
3	美国	1.82	3	德国	26.49
4	巴西	1.46	4	意大利	26.40

GVCK 指数（按降序排列）			IVRIE 指数（按降序排列）		
序号	经济体名称	GVCK 指数平均值	序号	经济体名称	IVRIE 指数平均值
5	瑞士	1.44	5	西班牙	20.18
6	英国	1.41	6	巴西	16.18
7	印度	1.31	7	日本	10.46
8	日本	0.95	8	法国	3.26
9	法国	0.82	9	英国	-1.22
10	韩国	0.80	10	瑞士	-5.75
11	加拿大	0.79	11	美国	-5.99
12	德国	0.62	12	中国	-16.45
13	中国台湾	0.60	13	韩国	-21.39
14	中国	0.51	14	印度	-25.86
15	墨西哥	0.45	15	中国台湾	-34.39
16	西班牙	0.00	16	俄罗斯	-40.86
17	意大利	-0.18	17	澳大利亚	-46.90

9. 基础金属制品业 GVC 地位指数的国际比较

如表 5-41（a）、表 5-41（b）、表 5-41（c）所示：

（1）2000~2014 年基础金属制品业 17 个经济体 GVC 地位指数分四种类型：

第一，GVCK 高-IVRIE 低。表 5-41（a）中美国、中国等经济体 2001~2014 年 GVCK 指数平均值为相对较高，而在表 5-41（b）中其 IVRIE 指数平均值相对较低。说明这些经济体基础金属制品业虽然在 GVC 分工中处于中上游阶段，但在 GVC 分工中价值增值较低。

第二，GVCK 低-IVRIE 高。表 5-41（a）中法国、加拿大等经济体 2001~2014 年 GVCK 指数平均值为相对较低，而在表 5-41（b）中其 IVRIE 指数平均值相对较高。说明这些经济体基础金属制品业虽然在 GVC 分工中处于中下游阶段，但在 GVC 分工中价值增值较高。

第三，GVCK 高-IVRIE 高。表 5-41（a）中俄罗斯、巴西、瑞士、英国、墨西哥、澳大利亚等经济体 2001~2014 年 GVCK 指数平均值为相对较高，在表 5-41（b）中其 IVRIE 指数平均值也不低。说明这些经济体基础金属制品业在 GVC 分工中处于中上游阶段，且在 GVC 分工中价值增值较高。

第四，GVCK 低-IRIE 低。表 5-41（a）中印度、德国、日本、西班牙、中国台湾、韩国、意大利等经济体 2001~2014 年 GVCK 指数平均值为相对较低，在表 5-41（b）中其 IVRIE 指数平均值也较低。说明这些经济体基础金属制品业在 GVC 分工中处于中下游阶段，且在 GVC 分工中价值增值较低。

（2）中国基础金属制品业 GVCK 指数平均值位列 17 个经济体第 4 位（0.40），IVRIE 指数平均值居 17 个经济体第 16 位（-20.20）。说明中国其他基础金属制品业虽然在 GVC

分工中处于中上游阶段，但在 GVC 分工中价值增值程度很低，处于下游水平。

表 5-41 （a）　　2000~2014 年基础金属制品业 17 个经济体 GVCK 指数

年份 国家（地区）	2000	2001	2002	2003	2004	2005	2006	2007
澳大利亚	-0.13	-0.19	-0.09	0.04	0.02	0.14	0.02	0.00
巴西	0.27	0.18	0.07	0.02	0.05	0.25	0.35	0.44
加拿大	-0.48	-0.55	-0.51	-0.34	-0.40	-0.37	-0.35	-0.10
瑞士	-0.14	-0.06	0.23	0.31	0.33	0.37	0.15	0.27
中国	0.65	0.88	0.83	0.47	0.15	0.23	0.23	0.33
德国	-0.18	-0.15	-0.04	-0.03	-0.09	-0.23	-0.39	-0.39
西班牙	-0.09	0.04	0.08	0.10	0.05	-0.04	-0.11	-0.16
法国	-0.06	-0.07	-0.05	0.01	0.02	-0.05	-0.13	-0.09
英国	0.48	0.34	0.47	0.54	0.42	0.33	0.42	0.34
印度	0.28	0.38	0.26	0.30	0.29	0.22	-0.01	0.19
意大利	-0.03	-0.03	-0.01	0.04	-0.09	-0.21	-0.38	-0.39
日本	0.55	0.41	0.32	0.45	0.37	0.13	-0.07	-0.19
韩国	-0.79	-0.79	-0.67	-0.79	-0.84	-0.75	-0.78	-0.64
墨西哥	0.48	0.45	0.28	0.23	0.07	0.36	0.21	0.38
俄罗斯	1.08	1.28	1.32	1.39	1.66	1.76	1.91	1.89
中国台湾	-0.70	-0.64	-0.77	-0.92	-1.01	-1.08	-1.08	-1.09
美国	1.44	1.59	1.58	1.53	1.42	1.23	1.12	1.21

年份 国家（地区）	2008	2009	2010	2011	2012	2013	2014	平均值 排序
澳大利亚	0.17	0.11	0.37	0.24	0.23	0.38	0.14	8
巴西	0.48	0.67	0.92	0.97	0.85	0.92	0.40	3
加拿大	-0.24	0.00	-0.11	-0.09	-0.17	-0.10	-0.33	13
瑞士	0.21	0.45	0.40	0.38	0.46	0.53	0.20	5
中国	0.23	0.59	0.38	0.31	0.35	0.36	0.08	4
德国	-0.40	-0.20	-0.43	-0.54	-0.45	-0.33	-0.64	14
西班牙	-0.20	-0.15	-0.46	-0.51	-0.52	-0.44	-0.75	12
法国	-0.08	0.03	-0.05	-0.04	0.01	0.04	-0.22	10
英国	0.15	0.28	0.15	-0.05	0.03	0.15	-0.37	6
印度	0.11	0.16	-0.01	0.10	-0.27	-0.31	-0.70	9
意大利	-0.43	-0.34	-0.49	-0.61	-0.55	-0.48	-0.73	15
日本	-0.47	-0.31	-0.58	-0.63	-0.59	-0.85	-1.29	11
韩国	-1.04	-1.08	-1.05	-1.19	-1.12	-0.93	-1.10	16

续表

年份 国家（地区）	2008	2009	2010	2011	2012	2013	2014	平均值 排序
墨西哥	0.26	-0.03	-0.06	-0.01	0.05	0.19	-0.03	7
俄罗斯	2.17	2.13	2.17	2.32	2.18	2.23	1.72	1
中国台湾	-1.21	-1.22	-1.25	-1.35	-1.24	-1.07	-1.32	17
美国	1.11	1.26	1.14	1.11	1.25	1.38	1.12	2

表 5-41（b）　　　2000~2014 年基础金属制品业 17 个经济体 IVRIE 指数

年份 国家（地区）	2000	2001	2002	2003	2004	2005	2006	2007
澳大利亚	52.91	49.67	48.61	47.93	46.76	44.87	49.78	50.23
巴西	57.82	52.56	57.06	55.73	54.85	53.89	53.17	44.04
加拿大	60.03	60.87	64.06	60.95	60.22	57.86	60.26	66.01
瑞士	48.30	44.18	57.22	53.71	53.03	48.61	46.41	48.05
中国	-2.84	-7.43	-2.10	-9.18	-2.90	-16.13	-7.06	-13.31
德国	31.40	33.14	36.69	35.04	32.98	30.59	27.99	27.25
西班牙	3.35	2.65	-0.19	0.23	-0.35	0.19	-1.04	0.92
法国	43.55	44.03	45.89	45.51	44.76	43.86	41.89	42.34
英国	38.76	41.24	32.30	30.82	38.75	41.26	34.75	39.66
印度	-29.78	-28.62	-10.75	-9.43	-13.37	-16.48	-21.81	-35.92
意大利	4.07	6.43	7.16	7.72	11.97	11.66	10.52	10.76
日本	12.59	16.96	19.29	17.38	10.54	7.31	3.40	0.09
韩国	-1.85	-1.93	-4.69	-0.71	0.82	-5.70	-7.46	-10.77
墨西哥	13.01	14.60	22.13	23.36	23.97	26.60	26.83	33.07
俄罗斯	68.71	66.61	69.74	66.57	74.19	69.47	71.80	77.16
中国台湾	4.64	11.23	9.61	6.65	-2.41	0.79	-1.35	0.17
美国	-9.08	0.56	-6.52	-3.12	-11.98	-10.25	-11.50	-13.96

年份 国家（地区）	2008	2009	2010	2011	2012	2013	2014	平均值 排序
澳大利亚	46.90	48.15	51.12	40.58	45.09	45.70	42.51	5
巴西	40.36	44.67	39.09	45.71	47.99	41.51	45.04	4
加拿大	59.49	57.25	54.38	54.51	51.13	52.52	55.21	2
瑞士	47.88	52.00	54.31	51.46	57.41	51.77	54.74	3
中国	-17.58	-39.16	-36.35	-35.74	-38.72	-42.49	-32.02	16
德国	26.12	28.82	19.12	15.76	16.74	18.90	17.11	9
西班牙	5.83	12.50	9.93	9.65	12.30	13.30	13.06	11
法国	42.37	42.20	34.15	33.49	34.95	31.64	31.43	6

年份 国家（地区）	2008	2009	2010	2011	2012	2013	2014	平均值 排序
英国	36.93	28.17	24.51	30.55	26.09	57.87	47.28	7
印度	-37.14	-39.28	-31.00	-44.36	-50.32	-37.51	-33.73	17
意大利	13.00	21.28	18.97	18.13	26.64	22.31	21.42	10
日本	-3.90	10.01	1.66	-2.98	-7.71	-10.57	-10.11	12
韩国	-15.81	-7.25	-10.74	-13.48	-9.95	-8.75	-4.73	14
墨西哥	35.30	48.11	48.46	51.52	45.82	45.32	40.87	8
俄罗斯	68.94	75.50	77.40	73.09	76.06	72.41	72.21	1
中国台湾	-2.84	8.09	-3.99	-3.03	-3.07	-5.31	-3.37	13
美国	-13.53	6.15	-1.93	-7.86	-6.73	-9.28	-11.19	15

表 5-41（c） 2000~2014 年基础金属制品业 17 个经济体 GVCK 指数与 IVRIE 指数比较

序号	经济体名称	GVCK 指数平均值	序号	经济体名称	IVRIE 指数平均值
GVCK 指数（按降序排列）			IVRIE 指数（按降序排列）		
1	俄罗斯	1.81	1	俄罗斯	71.99
2	美国	1.30	2	加拿大	58.32
3	巴西	0.46	3	瑞士	51.27
4	中国	0.40	4	巴西	48.90
5	瑞士	0.27	5	澳大利亚	47.39
6	英国	0.25	6	法国	40.14
7	墨西哥	0.19	7	英国	36.60
8	澳大利亚	0.10	8	墨西哥	33.26
9	印度	0.07	9	德国	26.51
10	法国	-0.05	10	意大利	14.14
11	日本	-0.18	11	西班牙	5.49
12	西班牙	-0.21	12	日本	4.26
13	加拿大	-0.28	13	中国台湾	1.05
14	德国	-0.30	14	韩国	-6.87
15	意大利	-0.32	15	美国	-7.35
16	韩国	-0.90	16	中国	-20.20
17	中国台湾	-1.06	17	印度	-29.30

10. 金属制品业（机械设备除外）GVC 地位指数的国际比较

如表 5-42（a）、表 5-42（b）、表 5-42（c）所示：

（1）2000~2014 年金属制品业 16 个经济体 GVC 地位指数分四种类型：

第一，GVCK 高-IVRIE 低。表5-42（a）中巴西、澳大利亚、英国、美国、法国、日本、印度等经济体2001~2014年GVCK指数平均值为相对较高，而在表5-42（b）中其IVRIE指数平均值相对较低。说明这些经济体金属制品业虽然在GVC分工中处于中上游阶段，但在GVC分工中价值增值较低。

第二，GVCK 低-IVRIE 高。表5-42（a）中中国、德国、意大利、加拿大、墨西哥、中国台湾等经济体2001~2014年GVCK指数平均值为相对较低，而在表5-42（b）中其IVRIE指数平均值相对较高。说明这些经济体金属制品业虽然在GVC分工中处于中下游阶段，但在GVC分工中价值增值较高。

第三，GVCK 高-IVRIE 高。表5-42（a）中日本、瑞士等经济体2001~2014年GVCK指数平均值为相对较高，在表5-42（b）中其IVRIE指数平均值也不低。说明这些经济体金属制品业在GVC分工中处于中上游阶段，且在GVC分工中价值增值较高。

第四，GVCK 低-IRIE 低。表5-42（a）中西班牙、巴西、韩国等经济体2001~2014年GVCK指数平均值为相对较低，在表5-42（b）中其IVRIE指数平均值也较低。说明这些经济体金属制品业在GVC分工中处于中下游阶段，且在GVC分工中价值增值较低。

（2）中国金属制品业GVCK指数平均值位列16个经济体第9位（0.05），IVRIE指数平均值居16个经济体第2位（34.18）。说明中国其他金属制品业在GVC分工中处于中下游阶段，而在GVC分工中价值增值程度较高，处于上游水平。

表5-42（a） 2000~2014年金属制品业16个经济体GVCK指数

国家（地区）＼年份	2000	2001	2002	2003	2004	2005	2006	2007
澳大利亚	2.07	2.04	2.06	2.02	1.92	1.99	2.11	2.04
巴西	2.20	1.92	1.92	1.88	1.93	2.00	2.10	2.04
加拿大	-0.85	-0.82	-0.84	-0.72	-0.75	-0.72	-0.64	-0.32
瑞士	0.14	0.12	0.33	0.31	0.22	0.20	0.11	0.18
中国	0.37	0.41	0.34	0.12	0.04	-0.14	-0.03	-0.05
德国	0.23	0.23	0.28	0.24	0.18	0.09	0.05	-0.02
西班牙	-0.18	-0.07	-0.05	-0.02	-0.08	-0.09	-0.02	-0.05
法国	0.51	0.56	0.62	0.61	0.56	0.47	0.47	0.46
英国	0.90	0.79	0.80	0.76	0.81	0.95	0.87	0.91
印度	0.32	0.24	0.34	0.31	0.32	0.27	0.34	0.48
意大利	-0.23	-0.24	-0.23	-0.21	-0.26	-0.30	-0.37	-0.33
日本	0.83	0.74	0.69	0.70	0.55	0.40	0.31	0.25
韩国	-0.33	-0.46	-0.39	-0.36	-0.35	-0.36	-0.33	-0.23
墨西哥	-0.86	-1.14	-1.16	-1.04	-1.10	-0.98	-0.88	-0.73
中国台湾	-0.94	-0.85	-0.85	-0.96	-1.08	-1.02	-0.94	-0.84
美国	0.96	1.13	1.15	1.13	1.00	0.90	0.82	0.88

续表

年份 国家（地区）	2008	2009	2010	2011	2012	2013	2014	平均值 排序
澳大利亚	2.08	2.01	2.10	1.99	1.95	1.90	1.64	2
巴西	2.00	2.08	2.16	2.36	2.13	2.20	1.60	1
加拿大	-0.29	-0.10	-0.06	0.02	0.07	0.16	-0.28	13
瑞士	0.23	0.43	0.45	0.46	0.51	0.59	-0.02	7
中国	0.04	0.13	0.00	-0.02	0.01	0.00	-0.43	9
德国	0.01	0.14	0.02	-0.05	0.02	0.04	-0.65	10
西班牙	0.05	0.22	0.00	-0.04	0.02	0.06	-0.58	11
法国	0.45	0.55	0.42	0.43	0.49	0.51	-0.02	5
英国	0.89	0.89	0.85	0.89	0.95	1.73	0.84	3
印度	0.47	0.53	0.47	0.13	0.00	0.17	-0.48	8
意大利	-0.27	-0.10	-0.30	-0.32	-0.24	-0.24	-0.80	12
日本	0.23	0.48	0.26	0.02	0.04	-0.11	-0.70	6
韩国	-0.66	-0.71	-0.53	-0.42	-0.51	-0.32	-0.70	14
墨西哥	-0.62	-0.70	-0.64	-0.54	-0.61	-0.62	-1.03	16
中国台湾	-0.93	-0.64	-0.86	-0.93	-0.88	-0.80	-1.20	17
美国	0.79	1.04	0.86	0.74	0.69	0.67	0.17	4

表 5-42（b）　　2000~2014 年金属制品业 16 个经济体 IVRIE 指数

年份 国家（地区）	2000	2001	2002	2003	2004	2005	2006	2007
澳大利亚	-6.49	-7.35	-9.58	-8.94	-7.26	-11.51	-18.68	-18.53
巴西	-20.05	-18.02	-11.37	-10.00	-9.90	-11.84	-20.61	-28.99
加拿大	25.36	27.79	29.91	25.27	17.78	11.69	9.11	24.97
瑞士	-0.19	-6.86	2.05	6.17	3.19	3.77	-4.09	0.18
中国	12.51	19.60	24.94	26.99	33.06	44.43	48.18	49.53
德国	15.93	20.29	26.44	25.60	23.20	21.90	19.76	15.13
西班牙	-10.90	-9.23	-6.79	-9.77	-11.82	-13.57	-17.73	-15.88
法国	-14.03	-14.16	-13.22	-13.82	-18.94	-17.91	-21.84	-22.51
英国	4.56	2.12	-2.15	-1.11	-0.61	2.40	-5.72	-11.24
印度	-29.96	-34.50	-25.35	-30.01	-37.80	-44.21	-39.34	-47.43
意大利	6.06	8.37	9.28	11.61	10.94	9.56	4.69	5.47
日本	36.36	39.83	43.05	43.70	41.66	40.84	36.27	37.20
韩国	18.05	24.63	20.79	5.50	-1.13	-1.99	-4.52	-10.96
墨西哥	9.54	23.45	27.22	18.36	20.90	25.19	21.86	25.87

续表

国家（地区）＼年份	2000	2001	2002	2003	2004	2005	2006	2007
中国台湾	23.04	28.79	27.25	27.72	18.97	22.59	19.49	20.55
美国	-4.64	-5.24	-7.82	-5.92	-16.29	-17.75	-24.87	-21.98

国家（地区）＼年份	2008	2009	2010	2011	2012	2013	2014	平均值排序
澳大利亚	-21.79	-18.33	-13.31	-17.00	-7.54	-19.40	-22.93	13
巴西	-32.99	-14.02	-30.17	-28.80	-23.57	-32.29	-31.35	15
加拿大	17.39	4.88	-0.99	-0.18	1.55	1.78	1.98	6
瑞士	-0.12	0.39	10.84	6.29	9.21	5.25	8.98	8
中国	50.44	35.75	35.30	34.51	32.49	27.89	37.09	2
德国	16.63	22.00	20.82	17.46	21.76	22.72	24.84	4
西班牙	-7.74	9.19	10.37	9.43	16.10	21.93	18.96	10
法国	-17.29	-16.23	-16.10	-19.51	-17.32	-14.92	-14.98	14
英国	-10.71	-14.65	-28.38	-30.40	-34.50	-12.41	-29.62	12
印度	-41.20	-47.30	-50.92	-47.47	-43.11	-29.60	-22.29	16
意大利	8.18	20.90	7.74	9.96	16.51	20.51	20.23	7
日本	35.35	41.95	44.35	38.50	42.24	44.08	41.49	1
韩国	-15.80	5.07	-7.23	-21.80	-12.63	-6.82	-6.64	9
墨西哥	20.78	23.90	13.20	15.64	17.25	21.90	22.84	5
中国台湾	23.56	29.09	25.91	26.37	29.02	29.05	31.55	3
美国	-22.47	-5.36	-6.99	-11.87	-7.09	-3.96	-6.04	11

表 5-42（c） 2000～2014 年金属制品业 16 个经济体 GVCK 指数与 IVRIE 指数比较

GVCK 指数（按降序排列）			IVRIE 指数（按降序排列）		
序号	经济体名称	GVCK 指数平均值	序号	经济体名称	IVRIE 指数平均值
1	巴西	2.03	1	日本	40.46
2	澳大利亚	1.99	2	中国	34.18
3	英国	0.92	3	中国台湾	25.53
4	美国	0.86	4	德国	20.96
5	法国	0.47	5	墨西哥	20.53
6	日本	0.31	6	加拿大	13.22
7	瑞士	0.28	7	意大利	11.33
8	印度	0.26	8	瑞士	3.00
9	中国	0.05	9	韩国	-1.03
10	德国	0.05	10	西班牙	-1.16
11	西班牙	-0.05	11	美国	-11.22

续表

GVCK 指数（按降序排列）			IVRIE 指数（按降序排列）		
序号	经济体名称	GVCK 指数平均值	序号	经济体名称	IVRIE 指数平均值
12	意大利	-0.30	12	英国	-11.50
13	加拿大	-0.41	13	澳大利亚	-13.91
14	韩国	-0.45	14	法国	-16.85
15	墨西哥	-0.84	15	巴西	-21.60
16	中国台湾	-0.92	16	印度	-38.03

11. 计算机电子光学制造业 GVC 地位指数的国际比较

如表 5-43（a）、表 5-43（b）、表 5-43（c）所示：

（1）2000～2014 年计算机电子光学制造业 17 个经济体 GVC 地位指数分四种类型：

第一，GVCK 高-IVRIE 低。表 5-43（a）中俄罗斯、澳大利亚、印度、巴西、西班牙、意大利等经济体 2001～2014 年 GVCK 指数平均值为相对较高，而在表 5-43（b）中其 IVRIE 指数平均值相对较低。说明这些经济体计算机电子光学制造业虽然在 GVC 分工中处于中上游阶段，但在 GVC 分工中价值增值较低。

第二，GVCK 低-IVRIE 高。表 5-43（a）中英国、瑞士、韩国、中国台湾、德国、法国等经济体 2001～2014 年 GVCK 指数平均值为相对较低，而在表 5-43（b）中其 IVRIE 指数平均值相对较高。说明这些经济体计算机电子光学制造业虽然在 GVC 分工中处于中下游阶段，但在 GVC 分工中价值增值较高。

第三，GVCK 高-IVRIE 高。表 5-43（a）中美国、日本等经济体 2001～2014 年 GVCK 指数平均值为相对较高，在表 5-43（b）中其 IVRIE 指数平均值也不低。说明这些经济体计算机电子光学制造业在 GVC 分工中处于中上游阶段，且在 GVC 分工中价值增值较高。

第四，GVCK 低-IRIE 低。表 5-43（a）中加拿大、中国、墨西哥等经济体 2001～2014 年 GVCK 指数平均值为相对较低，在表 5-43（b）中其 IVRIE 指数平均值也较低。说明这些经济体计算机电子光学制造业在 GVC 分工中处于中下游阶段，且在 GVC 分工中价值增值较低。

（2）中国计算机电子光学制造业 GVCK 指数平均值位列 17 个经济体第 16 位（-0.66），IVRIE 指数平均值居 17 个经济体第 12 位（-10.76）。说明中国计算机电子光学制造业在 GVC 分工中处于下游阶段，且在 GVC 分工中价值增值程度也很低，处于下游水平。

表 5-43（a）　2000～2014 年计算机电子光学制造业 17 个经济体 GVCK 指数

年份 国家（地区）	2000	2001	2002	2003	2004	2005	2006	2007
澳大利亚	2.04	2.05	2.19	2.34	2.38	2.56	2.73	2.75
巴西	0.40	0.22	0.41	0.42	0.72	0.58	0.73	1.72
加拿大	-0.38	-0.33	-0.22	-0.14	0.07	0.17	0.32	0.42

续表

国家（地区）＼年份	2000	2001	2002	2003	2004	2005	2006	2007
瑞士	0.35	0.35	0.46	0.41	0.40	0.35	0.31	0.34
中国	-0.38	-0.36	-0.54	-0.81	-0.91	-0.95	-0.91	-0.99
德国	0.24	0.12	0.25	0.26	0.36	0.36	0.33	0.22
西班牙	0.38	0.42	0.52	0.55	0.67	0.74	0.78	0.89
法国	0.17	0.29	0.43	0.55	0.58	0.56	0.57	0.72
英国	-0.12	-0.06	0.08	0.15	0.28	0.50	0.57	0.77
印度	2.24	1.85	1.85	1.94	2.15	2.38	2.38	2.67
意大利	0.71	0.72	0.85	0.96	0.95	0.94	0.98	1.06
日本	1.24	1.13	1.09	1.14	1.18	1.09	1.08	1.06
韩国	-0.39	-0.40	-0.34	-0.39	-0.26	-0.16	-0.08	0.01
墨西哥	-2.16	-2.29	-2.37	-2.47	-2.59	-2.47	-2.58	-2.51
俄罗斯	3.04	2.70	2.87	3.15	3.55	3.67	3.68	3.66
中国台湾	-1.12	-0.99	-0.85	-0.71	-0.68	-0.58	-0.55	-0.46
美国	1.15	1.24	1.43	1.56	1.55	1.55	1.56	1.57

国家（地区）＼年份	2008	2009	2010	2011	2012	2013	2014	平均值排序
澳大利亚	2.98	2.95	3.26	3.38	3.44	3.44	3.39	2
巴西	1.26	1.42	1.89	2.29	2.25	2.26	2.24	5
加拿大	0.38	0.26	0.36	0.45	0.45	0.51	0.38	13
瑞士	0.28	0.37	0.31	0.25	0.24	0.26	0.24	12
中国	-0.87	-0.70	-0.64	-0.53	-0.51	-0.44	-0.35	16
德国	0.29	0.37	0.51	0.42	0.47	0.49	0.50	11
西班牙	1.00	1.25	1.04	1.30	1.44	1.51	1.40	7
法国	0.72	0.58	0.50	0.46	0.53	0.49	0.48	9
英国	0.48	0.73	0.41	0.37	0.49	0.79	0.73	10
印度	2.62	1.43	2.06	1.68	1.55	1.70	1.95	3
意大利	1.06	0.99	0.77	0.79	0.86	0.90	0.79	8
日本	0.99	1.15	1.21	1.17	1.06	0.87	0.66	6
韩国	-0.27	-0.41	-0.36	-0.61	-0.49	-0.37	-0.31	14
墨西哥	-2.58	-2.83	-2.72	-2.55	-2.60	-2.60	-2.60	17
俄罗斯	3.85	3.47	3.76	3.76	3.47	3.33	2.94	1
中国台湾	-0.40	-0.42	-0.58	-0.61	-0.50	-0.48	-0.40	15
美国	1.61	1.95	2.03	1.98	2.00	1.76	1.70	4

表 5-43 （b）   2000~2014 年计算机电子光学制造业 17 个经济体 IVRIE 指数

年份 国家（地区）	2000	2001	2002	2003	2004	2005	2006	2007
澳大利亚	9.42	9.03	3.94	-4.45	-5.28	-8.58	-11.88	-14.93
巴西	-72.97	-64.41	-51.53	-66.56	-69.36	-73.08	-76.65	-66.35
加拿大	-0.67	0.67	5.07	6.02	11.31	13.18	15.88	15.89
瑞士	20.74	22.06	26.40	26.08	27.49	29.61	27.02	29.86
中国	-19.48	-18.04	-16.97	-15.20	-17.27	-15.41	-12.28	-17.82
德国	24.19	25.07	30.09	31.06	32.74	31.14	27.98	27.54
西班牙	-16.86	-16.78	-19.03	-10.59	-10.72	-11.86	-15.57	-21.36
法国	21.90	24.26	27.80	30.99	37.58	41.64	44.11	43.20
英国	15.16	18.80	27.67	24.68	28.01	33.42	38.59	27.11
印度	-50.76	-40.60	-39.03	-40.22	-45.47	-54.43	-55.42	-61.44
意大利	14.88	15.06	14.34	15.46	14.38	16.02	14.00	14.95
日本	43.91	42.48	46.22	45.54	46.52	45.19	46.14	48.63
韩国	22.73	19.17	18.76	19.57	25.73	25.60	26.51	33.21
墨西哥	-49.28	-54.73	-54.47	-50.29	-50.04	-51.38	-57.90	-64.45
俄罗斯	-24.07	-42.24	-44.80	-51.55	-53.83	-59.79	-58.31	-54.54
中国台湾	9.51	12.44	14.56	18.83	18.79	20.20	24.31	30.08
美国	29.51	32.34	39.00	42.43	40.51	39.24	40.19	40.90

年份 国家（地区）	2008	2009	2010	2011	2012	2013	2014	平均值 排序
澳大利亚	-17.09	-26.93	-21.65	-23.75	-26.31	-15.96	-25.88	13
巴西	-81.48	-79.06	-83.72	-83.27	-84.74	-85.92	-86.04	17
加拿大	14.25	10.25	-0.76	-0.76	-3.09	15.73	15.51	10
瑞士	31.88	34.80	31.92	30.34	32.27	32.11	33.54	5
中国	-12.81	-4.25	-3.91	-4.28	-6.18	-1.51	4.04	12
德国	29.15	31.84	32.31	31.26	31.62	35.51	37.73	4
西班牙	-11.54	1.70	-5.02	-0.28	1.95	1.54	1.59	11
法国	42.85	40.67	35.98	38.97	41.36	42.46	42.09	3
英国	29.90	14.26	6.02	1.86	1.16	-0.92	0.28	8
印度	-60.00	-48.01	-49.54	-48.95	-48.95	-41.13	-36.92	14
意大利	13.74	5.83	-6.89	-4.62	3.85	7.06	5.48	9
日本	44.75	46.09	47.81	47.66	46.36	45.85	43.61	1
韩国	31.24	26.57	23.54	20.95	20.78	27.76	29.22	7
墨西哥	-61.69	-62.39	-66.58	-65.07	-62.40	-44.36	-35.58	16
俄罗斯	-54.18	-43.58	-54.53	-57.07	-55.42	-54.47	-50.53	15

年份 国家（地区）	2008	2009	2010	2011	2012	2013	2014	平均值 排序
中国台湾	33.93	32.97	28.62	28.87	32.31	33.27	36.76	6
美国	45.31	54.41	56.44	54.04	53.62	36.44	35.39	2

表5-43（c）　2000~2014年计算机电子光学制造业17个经济体GVCK指数与IVRIE指数比较

GVCK 指数（按降序排列）			IVRIE 指数（按降序排列）		
序号	经济体名称	GVCK 指数平均值	序号	经济体名称	IVRIE 指数平均值
1	俄罗斯	3.39	1	日本	45.78
2	澳大利亚	2.79	2	美国	42.65
3	印度	2.03	3	法国	37.06
4	美国	1.64	4	德国	30.62
5	巴西	1.25	5	瑞士	29.08
6	日本	1.07	6	中国台湾	25.03
7	西班牙	0.93	7	韩国	24.76
8	意大利	0.89	8	英国	17.73
9	法国	0.51	9	意大利	9.57
10	英国	0.41	10	加拿大	7.90
11	德国	0.35	11	西班牙	-8.86
12	瑞士	0.33	12	中国	-10.76
13	加拿大	0.18	13	澳大利亚	-12.02
14	韩国	-0.32	14	印度	-48.06
15	中国台湾	-0.62	15	俄罗斯	-50.59
16	中国	-0.66	16	墨西哥	-55.37
17	墨西哥	-2.53	17	巴西	-75.01

12. 电气设备制造业 GVC 地位指数的国际比较

如表5-44（a）、表5-44（b）、表5-44（c）所示：

（1）2000~2014年电气设备制造业16个经济体GVC地位指数分四种类型：

第一，GVCK 高-IVRIE 低。表5-44（a）中澳大利亚、巴西、印度、西班牙、韩国等经济体2001~2014年GVCK指数平均值为相对较高，而在表5-44（b）中其IVRIE指数平均值相对较低。说明这些经济体电气设备制造业虽然在GVC分工中处于中上游阶段，但在GVC分工中价值增值较低。

第二，GVCK 低-IVRIE 高。表5-44（a）中法国、墨西哥、意大利、中国、德国等经济体2001~2014年GVCK指数平均值为相对较低，而在表5-44（b）中其IVRIE指数平均值相对较高。说明这些经济体电气设备制造业虽然在GVC分工中处于中下游阶段，但在GVC分工中价值增值较高。

第三，GVCK 高-IVRIE 高。表5-44（a）中美国、日本等经济体2001~2014 年 GVCK 指数平均值为相对较高，在表5-44（b）中其 IVRIE 指数平均值也不低。说明这些经济体电气设备制造业在 GVC 分工中处于中上游阶段，且在 GVC 分工中价值增值较高。

第四，GVCK 低-IRIE 低。表5-44（a）中瑞士、中国台湾、加拿大等经济体2001~2014 年 GVCK 指数平均值为相对较低，在表5-44（b）中其 IVRIE 指数平均值也较低。说明这些经济体电气设备制造业在 GVC 分工中处于中下游阶段，且在 GVC 分工中价值增值较低。

（2）中国电气设备制造业 GVCK 指数平均值位列 16 个经济体第 15 位（-0.40），IVRIE 指数平均值居 16 个经济体第 7 位（13.90）。说明中国电气设备制造业在 GVC 分工中处于下游阶段，在 GVC 分工中价值增值程度较高，处于中上游水平。

表 5-44（a）　2000~2014 年电气设备制造业 16 个经济体 GVCK 指数

年份 国家（地区）	2000	2001	2002	2003	2004	2005	2006	2007
澳大利亚	1.92	1.86	1.98	2.13	2.10	2.30	2.44	2.46
巴西	1.23	0.88	1.04	1.05	1.09	1.26	1.26	1.32
加拿大	-0.87	-0.84	-0.78	-0.60	-0.46	-0.35	-0.24	0.08
瑞士	-0.16	-0.16	0.03	0.00	-0.03	-0.07	-0.15	-0.10
中国	-0.26	-0.16	-0.20	-0.45	-0.53	-0.57	-0.52	-0.55
德国	-0.06	-0.18	-0.09	-0.10	-0.15	-0.20	-0.23	-0.18
西班牙	0.10	0.15	0.21	0.23	0.18	0.17	0.17	0.07
法国	-0.18	-0.17	-0.10	-0.09	-0.10	-0.16	-0.20	-0.17
英国	0.30	0.33	0.35	0.36	0.35	0.41	0.44	0.45
印度	1.06	0.82	1.01	1.10	1.22	1.09	0.94	1.13
意大利	-0.27	-0.26	-0.28	-0.26	-0.25	-0.24	-0.27	-0.25
日本	0.52	0.43	0.35	0.38	0.33	0.25	0.19	0.22
韩国	0.14	-0.02	0.03	0.04	0.14	0.15	0.19	0.44
墨西哥	-1.95	-1.94	-1.97	-2.13	-2.10	-1.94	-1.97	-1.82
中国台湾	-0.51	-0.36	-0.46	-0.41	-0.49	-0.43	-0.35	-0.42
美国	1.38	1.48	1.54	1.61	1.38	1.28	1.29	1.33

年份 国家（地区）	2008	2009	2010	2011	2012	2013	2014	平均值 排序
澳大利亚	2.73	2.68	3.02	3.10	3.12	3.27	3.19	1
巴西	1.32	1.47	1.80	1.98	1.78	1.74	1.39	3
加拿大	0.12	0.10	0.23	0.32	0.30	0.40	0.03	11
瑞士	-0.11	-0.04	0.03	0.09	0.15	0.24	-0.09	9
中国	-0.46	-0.31	-0.40	-0.38	-0.32	-0.34	-0.61	16
德国	-0.19	-0.18	-0.27	-0.34	-0.32	-0.29	-0.66	12

续表

年份 国家（地区）	2008	2009	2010	2011	2012	2013	2014	平均值 排序
西班牙	0.14	0.18	0.01	−0.10	−0.09	0.01	−0.35	7
法国	−0.18	−0.08	−0.02	−0.05	0.00	0.03	−0.31	10
英国	0.40	0.33	0.28	0.21	0.22	0.65	0.26	5
印度	1.02	0.91	1.08	0.97	0.79	0.85	0.45	4
意大利	−0.20	−0.17	−0.31	−0.32	−0.17	−0.19	−0.52	13
日本	0.23	0.44	0.38	0.29	0.30	0.13	−0.35	6
韩国	0.06	−0.11	0.03	−0.16	−0.30	−0.23	−0.27	8
墨西哥	−1.84	−1.94	−1.91	−1.66	−1.68	−1.67	−1.96	17
中国台湾	−0.43	−0.32	−0.30	−0.27	−0.19	−0.13	−0.22	14
美国	1.41	1.67	1.64	1.42	1.40	1.40	1.11	2

表 5-44（b） 2000~2014 年电气设备制造业 16 个经济体 IVRIE 指数

年份 国家（地区）	2000	2001	2002	2003	2004	2005	2006	2007
澳大利亚	−7.06	−7.93	−15.22	−18.68	−21.24	−23.64	−31.36	−30.15
巴西	−32.14	−28.47	−22.95	−18.56	−21.75	−15.46	−13.20	−12.11
加拿大	−2.47	4.35	6.41	8.02	8.46	9.61	10.71	14.12
瑞士	−0.13	−6.21	3.45	5.19	5.63	3.93	5.84	5.35
中国	2.62	7.31	10.18	5.49	8.70	14.60	18.51	13.82
德国	26.24	23.02	29.44	30.42	31.23	30.50	28.99	31.27
西班牙	1.39	3.18	2.32	0.90	−1.35	−1.62	−4.28	0.91
法国	24.81	28.83	34.17	35.29	33.27	28.56	29.24	30.06
英国	38.28	31.82	27.99	33.09	29.42	28.23	26.30	30.90
印度	−34.57	−30.72	−28.02	−33.26	−43.44	−46.04	−32.38	−40.22
意大利	11.61	15.42	14.13	16.31	15.83	17.92	16.82	16.94
日本	53.75	48.83	50.79	50.83	48.44	48.93	45.36	45.01
韩国	−28.00	−9.64	−17.92	−14.17	−16.57	−10.14	−8.22	−2.66
墨西哥	6.89	3.06	6.86	8.89	7.31	9.18	10.35	14.10
中国台湾	−13.47	−7.08	−2.11	−1.16	−1.07	0.56	2.97	18.65
美国	18.70	24.85	24.71	25.59	17.38	16.71	16.71	15.73

年份 国家（地区）	2008	2009	2010	2011	2012	2013	2014	平均值 排序
澳大利亚	−31.17	−35.54	−35.61	−40.49	−37.61	−40.57	−47.51	15
巴西	−19.73	−18.00	−35.27	−32.23	−29.07	−34.30	−36.77	14
加拿大	11.78	9.44	−0.85	−1.34	2.13	7.69	10.13	11

国家（地区） \ 年份	2008	2009	2010	2011	2012	2013	2014	平均值排序
瑞士	8.27	7.72	13.20	8.95	7.49	7.13	6.22	12
中国	15.57	14.86	13.53	13.97	19.85	19.74	29.75	7
德国	32.40	34.33	32.76	29.88	31.48	33.30	34.05	2
西班牙	5.67	14.94	12.07	15.15	19.91	24.06	23.07	9
法国	32.25	32.17	25.96	23.02	27.35	28.01	29.39	3
英国	29.83	22.99	14.13	17.09	10.80	17.77	20.42	4
印度	-29.46	-34.00	-34.85	-32.05	-27.54	-14.41	-12.09	16
意大利	22.26	24.04	13.95	12.20	18.64	19.87	22.04	6
日本	43.70	43.33	40.14	39.30	37.91	38.87	36.68	1
韩国	3.69	11.81	8.07	5.10	18.28	26.84	26.34	13
墨西哥	14.87	10.77	10.06	11.52	13.09	16.78	15.68	8
中国台湾	17.75	25.43	20.53	11.27	16.06	19.48	8.49	10
美国	18.09	28.45	28.89	20.38	21.25	22.75	22.66	5

表 5-44（c） 2000~2014 年电气设备制造业 16 个经济体 GVCK 指数与 IVRIE 指数比较

GVCK 指数（按降序排列）			IVRIE 指数（按降序排列）		
序号	经济体名称	GVCK 指数平均值	序号	经济体名称	IVRIE 指数平均值
1	澳大利亚	2.55	1	日本	44.79
2	美国	1.42	2	德国	30.62
3	巴西	1.37	3	法国	29.49
4	印度	0.96	4	英国	25.27
5	英国	0.36	5	美国	21.52
6	日本	0.27	6	意大利	17.20
7	西班牙	0.07	7	中国	13.90
8	韩国	0.01	8	墨西哥	10.63
9	瑞士	-0.02	9	西班牙	7.76
10	法国	-0.12	10	中国台湾	7.75
11	加拿大	-0.17	11	加拿大	6.55
12	德国	-0.23	12	瑞士	5.47
13	意大利	-0.26	13	韩国	-0.48
14	中国台湾	-0.35	14	巴西	-24.67
15	中国	-0.40	15	澳大利亚	-28.25
16	墨西哥	-1.90	16	印度	-31.54

13. 机械和设备制造业 GVC 地位指数的国际比较

如表 5-45（a）、表 5-45（b）、表 5-45（c）所示：

（1）2000~2014 年机械和设备制造业 17 个经济体 GVC 地位指数分四种类型：

第一，GVCK 高-IVRIE 低。表 5-45（a）中英国、澳大利亚、俄罗斯、巴西、印度、中国等经济体 2001~2014 年 GVCK 指数平均值为相对较高，而在表 5-45（b）中其 IVRIE 指数平均值相对较低。说明这些经济体机械和设备制造业虽然在 GVC 分工中处于中上游阶段，但在 GVC 分工中价值增值较低。

第二，GVCK 低-IVRIE 高。表 5-45（a）中法国、墨西哥、德国、意大利等经济体 2001~2014 年 GVCK 指数平均值为相对较低，而在表 5-45（b）中其 IVRIE 指数平均值相对较高。说明这些经济体机械和设备制造业虽然在 GVC 分工中处于中下游阶段，但在 GVC 分工中价值增值较高。

第三，GVCK 高-IVRIE 高。表 5-45（a）中日本、西班牙、美国等经济体 2001~2014 年 GVCK 指数平均值为相对较高，在表 5-45（b）中其 IVRIE 指数平均值也不低。说明这些经济体机械和设备制造业在 GVC 分工中处于中上游阶段，且在 GVC 分工中价值增值较高。

第四，GVCK 低-IRIE 低。表 5-45（a）中韩国、加拿大、中国台湾、瑞士等经济体 2001~2014 年 GVCK 指数平均值为相对较低，在表 5-45（b）中其 IVRIE 指数平均值也较低。说明这些经济体机械和设备制造业在 GVC 分工中处于中下游阶段，且在 GVC 分工中价值增值较低。

（2）中国机械和设备制造业 GVCK 指数平均值位列 17 个经济体第 8 位（0.15），IVRIE 指数平均值居 17 个经济体第 12 位（-14.85）。说明中国机械和设备制造业虽然在 GVC 分工中处于中上游阶段，但在 GVC 分工中价值增值程度较低，处于中下游水平。

表 5-45（a）　　2000~2014 年机械和设备制造业 17 个经济体 GVCK 指数

年份 国家（地区）	2000	2001	2002	2003	2004	2005	2006	2007
澳大利亚	2.00	1.96	2.01	2.12	2.04	2.10	2.29	2.31
巴西	0.92	0.66	0.64	0.56	0.57	0.74	0.94	1.00
加拿大	-0.62	-0.67	-0.72	-0.59	-0.44	-0.35	-0.27	0.01
瑞士	-0.45	-0.40	-0.23	-0.22	-0.28	-0.28	-0.35	-0.24
中国	0.72	0.68	0.54	0.27	0.07	0.03	0.06	-0.14
德国	-0.42	-0.46	-0.38	-0.40	-0.45	-0.52	-0.58	-0.63
西班牙	0.37	0.45	0.50	0.56	0.53	0.57	0.52	0.49
法国	-0.10	-0.07	-0.08	-0.05	-0.06	-0.11	-0.12	-0.10
英国	0.02	0.03	0.05	-0.03	0.08	0.11	0.07	0.10
印度	1.08	0.95	0.93	1.02	1.02	0.79	0.84	0.98
意大利	-0.46	-0.45	-0.43	-0.41	-0.38	-0.41	-0.46	-0.44
日本	0.63	0.72	0.76	0.70	0.57	0.53	0.40	0.52

续表

年份 国家（地区）	2000	2001	2002	2003	2004	2005	2006	2007
韩国	0.09	-0.08	-0.06	-0.09	-0.09	-0.08	-0.06	0.05
墨西哥	0.16	0.10	0.00	-0.13	-0.25	-0.25	-0.33	-0.30
俄罗斯	1.12	1.08	1.22	1.39	1.83	1.76	1.93	2.06
中国台湾	-0.71	-0.66	-0.77	-0.76	-0.83	-0.76	-0.63	-0.45
美国	0.36	0.54	0.60	0.56	0.36	0.31	0.25	0.33

年份 国家（地区）	2008	2009	2010	2011	2012	2013	2014	平均值 排序
澳大利亚	2.47	2.21	2.46	2.47	2.33	2.34	2.30	1
巴西	1.04	1.24	1.24	1.30	1.06	1.06	0.81	3
加拿大	0.06	-0.02	0.18	0.26	0.18	0.15	-0.13	13
瑞士	-0.24	-0.03	-0.06	-0.08	0.07	0.12	-0.13	12
中国	-0.08	0.02	-0.08	-0.02	0.11	0.11	0.01	8
德国	-0.65	-0.61	-0.67	-0.70	-0.68	-0.67	-0.88	16
西班牙	0.53	0.66	0.58	0.47	0.32	0.31	0.07	6
法国	-0.09	0.00	0.01	-0.02	-0.05	-0.02	-0.23	10
英国	0.04	0.02	-0.01	-0.08	-0.11	0.18	-0.01	9
印度	0.89	0.89	0.93	0.80	0.53	0.67	0.43	4
意大利	-0.42	-0.39	-0.55	-0.59	-0.47	-0.48	-0.71	15
日本	0.52	0.96	0.63	0.40	0.50	0.37	-0.02	5
韩国	-0.29	-0.25	-0.31	-0.32	-0.43	-0.35	-0.39	11
墨西哥	-0.36	-0.54	-0.67	-0.54	-0.55	-0.61	-0.72	14
俄罗斯	2.22	2.21	2.47	2.66	2.25	1.93	1.64	2
中国台湾	-0.46	-0.20	-0.47	-0.55	-0.50	-0.40	-0.53	17
美国	0.29	0.52	0.38	0.28	0.22	0.37	0.19	7

表5-45（b）　2000~2014年机械和设备制造业17个经济体 IVRIE 指数

年份 国家（地区）	2000	2001	2002	2003	2004	2005	2006	2007
澳大利亚	-14.91	-15.96	-21.93	-21.11	-21.62	-24.16	-31.04	-31.37
巴西	-2.41	-12.94	-4.94	-6.52	-2.08	-3.14	-0.49	-11.14
加拿大	8.11	12.81	12.57	8.46	6.39	6.09	2.52	11.55
瑞士	3.16	3.33	7.36	6.59	6.71	5.12	1.00	3.68
中国	-42.87	-36.42	-36.31	-35.43	-33.34	-22.44	-14.46	-6.32
德国	11.27	11.46	15.77	15.16	14.43	14.40	12.79	9.36
西班牙	3.75	7.56	8.99	7.19	4.64	6.34	0.88	1.99

续表

年份\国家（地区）	2000	2001	2002	2003	2004	2005	2006	2007
法国	16.85	16.42	22.90	22.06	18.06	16.01	17.12	18.44
英国	31.05	32.66	32.23	35.33	37.81	35.63	34.30	31.81
印度	−57.01	−53.41	−48.06	−50.61	−52.22	−54.20	−44.23	−53.60
意大利	22.97	22.93	22.39	22.54	24.44	24.28	21.85	20.74
日本	34.17	36.60	32.55	29.80	26.02	20.45	16.17	22.23
韩国	−35.61	−29.49	−28.91	−28.90	−27.52	−22.90	−21.05	−17.51
墨西哥	6.12	4.03	4.60	10.96	14.50	19.61	23.12	29.36
俄罗斯	39.64	29.47	14.15	−8.99	2.75	−16.43	−25.35	−12.78
中国台湾	−19.99	−17.09	−20.40	−23.74	−29.05	−34.39	−32.75	−27.96
美国	10.85	18.21	16.81	13.54	10.49	10.48	7.52	12.31

年份\国家（地区）	2008	2009	2010	2011	2012	2013	2014	平均值排序
澳大利亚	−29.94	−38.14	−36.00	−40.56	−36.90	−44.42	−50.83	16
巴西	−20.89	−26.61	−28.64	−25.40	−28.33	−36.12	−39.00	14
加拿大	10.69	7.20	4.61	−0.55	0.50	−0.44	1.90	10
瑞士	3.98	10.52	12.53	5.40	10.26	9.65	10.38	9
中国	−1.52	−10.07	−3.85	2.50	3.75	2.38	11.64	12
德国	9.05	14.19	14.95	11.29	12.60	15.24	16.31	6
西班牙	3.67	14.62	12.23	8.30	12.28	16.64	11.63	8
法国	21.49	23.51	25.23	21.44	21.49	22.68	23.37	5
英国	33.13	32.56	27.11	24.02	20.53	28.58	20.31	1
印度	−45.94	−53.77	−55.78	−51.97	−48.73	−34.13	−30.63	17
意大利	23.51	29.29	24.71	21.78	28.71	31.89	31.20	3
日本	23.00	30.11	36.28	32.38	29.48	32.02	27.57	2
韩国	−7.92	5.07	−2.07	−13.49	−9.20	−5.51	−1.14	13
墨西哥	32.11	29.40	25.99	26.74	28.26	28.82	31.42	4
俄罗斯	−25.09	−0.47	−15.34	−27.39	−13.34	−24.40	−24.29	11
中国台湾	−29.97	−17.29	−26.63	−25.75	−16.62	−17.99	−18.45	15
美国	12.79	21.66	16.61	9.14	5.18	4.51	3.35	7

表 5-45（c）　2000~2014 年机械和设备制造业 17 个经济体 GVCK 指数与 IVRIE 指数比较

GVCK 指数（按降序排列）			IVRIE 指数（按降序排列）		
序号	经济体名称	GVCK 指数平均值	序号	经济体名称	IVRIE 指数平均值
1	澳大利亚	2.23	1	英国	30.47
2	俄罗斯	1.85	2	日本	28.59

续表

GVCK 指数（按降序排列）			IVRIE 指数（按降序排列）		
序号	经济体名称	GVCK 指数平均值	序号	经济体名称	IVRIE 指数平均值
3	巴西	0.92	3	意大利	24.88
4	印度	0.85	4	墨西哥	21.00
5	日本	0.55	5	法国	20.47
6	西班牙	0.46	6	德国	13.22
7	美国	0.37	7	美国	11.56
8	中国	0.15	8	西班牙	8.05
9	英国	0.03	9	瑞士	6.64
10	法国	-0.07	10	加拿大	6.16
11	韩国	-0.18	11	俄罗斯	-7.19
12	瑞士	-0.19	12	中国	-14.85
13	加拿大	-0.20	13	韩国	-16.41
14	墨西哥	-0.33	14	巴西	-16.58
15	意大利	-0.47	15	中国台湾	-23.87
16	德国	-0.58	16	澳大利亚	-30.59
17	中国台湾	-0.58	17	印度	-48.95

14. 机动车辆制造业 GVC 地位指数的国际比较

如表 5-46（a）、表 5-46（b）、表 5-46（c）所示：

（1）2000~2014 年机动车辆制造业 17 个经济体 GVC 地位指数分四种类型：

第一，GVCK 高-IVRIE 低。表 5-46（a）中俄罗斯、中国、澳大利亚、美国、印度等经济体 2001~2014 年 GVCK 指数平均值为相对较高，而在表 5-46（b）中其 IVRIE 指数平均值相对较低。说明这些经济体机动车辆制造业虽然在 GVC 分工中处于中上游阶段，但在 GVC 分工中价值增值较低。

第二，GVCK 低-IVRIE 高。表 5-46（a）中日本、法国、韩国、德国、意大利等经济体 2001~2014 年 GVCK 指数平均值为相对较低，而在表 5-46（b）中其 IVRIE 指数平均值相对较高。说明这些经济体机动车辆制造业虽然在 GVC 分工中处于中下游阶段，但在 GVC 分工中价值增值较高。

第三，GVCK 高-IVRIE 高。表 5-46（a）中瑞士、巴西、中国台湾等经济体 2001~2014 年 GVCK 指数平均值为相对较高，在表 5-46（b）中其 IVRIE 指数平均值也不低。说明这些经济体机动车辆制造业在 GVC 分工中处于中上游阶段，且在 GVC 分工中价值增值较高。

第四，GVCK 低-IRIE 低。表 5-46（a）中墨西哥、英国、西班牙、加拿大等经济体 2001~2014 年 GVCK 指数平均值为相对较低，在表 5-46（b）中其 IVRIE 指数平均值也较低。说明这些经济体机动车辆制造业在 GVC 分工中处于中下游阶段，且在 GVC 分工中价值增值较低。

（2）中国机动车辆制造业 GVCK 指数平均值位列 17 个经济体第 3 位（1.75），IVRIE 指数平均值居 17 个经济体第 10 位（-24.91）。说明中国机动车辆制造业虽然在 GVC 分工中处于上游阶段，但在 GVC 分工中价值增值程度较低，处于中下游水平。

表 5-46（a）   2000~2014 年机动车辆制造业 17 个经济体 GVCK 指数

国家（地区）＼年份	2000	2001	2002	2003	2004	2005	2006	2007
澳大利亚	1.10	1.03	1.09	1.18	1.14	1.17	1.43	1.44
巴西	0.67	0.49	0.57	0.37	0.41	0.41	0.58	0.64
加拿大	-1.50	-1.45	-1.42	-1.35	-1.36	-1.35	-1.20	-0.96
瑞士	2.40	2.26	2.29	2.35	2.31	2.22	2.14	2.12
中国	2.59	2.64	2.57	2.09	1.76	1.57	1.51	1.32
德国	-0.52	-0.52	-0.47	-0.46	-0.48	-0.56	-0.59	-0.65
西班牙	-1.01	-0.87	-0.77	-0.79	-0.80	-0.69	-0.75	-0.79
法国	-0.37	-0.41	-0.40	-0.38	-0.43	-0.48	-0.41	-0.30
英国	0.21	0.22	0.01	0.00	-0.01	-0.03	-0.06	-0.13
印度	1.26	1.22	1.19	1.07	0.91	0.86	0.94	1.14
意大利	0.62	0.66	0.71	0.73	0.77	0.62	0.55	0.52
日本	0.45	0.38	0.31	0.30	0.28	0.18	-0.04	-0.10
韩国	-0.36	-0.50	-0.52	-0.67	-0.82	-0.80	-0.75	-0.63
墨西哥	-1.66	-1.64	-1.55	-1.64	-1.56	-1.42	-1.44	-1.32
俄罗斯	2.65	2.58	1.93	1.93	1.99	2.11	2.18	1.98
中国台湾	1.25	1.31	1.32	1.05	0.84	0.94	1.04	1.12
美国	1.02	1.08	1.01	0.98	0.89	0.83	0.73	0.70

国家（地区）＼年份	2008	2009	2010	2011	2012	2013	2014	平均值排序
澳大利亚	1.52	1.80	1.96	2.14	2.00	1.70	1.93	4
巴西	0.59	0.73	0.75	0.84	0.74	0.52	0.70	8
加拿大	-0.72	-0.63	-0.98	-0.86	-1.09	-1.07	-1.15	16
瑞士	2.12	2.07	2.16	2.06	2.03	2.18	2.01	2
中国	1.41	1.58	1.41	1.38	1.43	1.49	1.55	3
德国	-0.74	-0.73	-0.77	-0.81	-0.83	-0.80	-0.88	13
西班牙	-0.72	-0.84	-1.02	-1.07	-1.00	-1.11	-1.21	15
法国	-0.27	-0.25	-0.23	-0.24	-0.22	-0.13	-0.20	12
英国	-0.15	-0.19	-0.28	-0.40	-0.45	-0.25	-0.26	11
印度	0.95	0.61	0.57	0.58	0.29	0.37	0.27	6
意大利	0.48	0.45	0.36	0.37	0.59	0.56	0.44	9
日本	-0.29	0.10	-0.02	-0.02	-0.11	-0.33	-0.58	10

续表

国家（地区）＼年份	2008	2009	2010	2011	2012	2013	2014	平均值排序
韩国	-0.82	-0.81	-0.78	-0.92	-0.90	-0.76	-0.66	14
墨西哥	-1.33	-1.44	-1.31	-1.20	-1.43	-1.42	-1.46	17
俄罗斯	2.20	2.76	2.92	2.89	2.34	2.03	2.04	1
中国台湾	1.05	0.95	0.88	0.79	0.73	0.82	0.81	5
美国	0.59	0.67	0.65	0.54	0.73	0.70	0.62	7

表 5-46（b）　　2000~2014 年机动车辆制造业 17 个经济体 IVRIE 指数

国家（地区）＼年份	2000	2001	2002	2003	2004	2005	2006	2007
澳大利亚	-29.77	-37.86	-39.35	-33.20	-38.98	-42.85	-43.98	-47.57
巴西	-6.00	-3.94	4.45	4.59	3.33	4.81	7.54	-9.78
加拿大	-35.05	-33.85	-32.79	-28.87	-32.72	-33.42	-35.01	-31.90
瑞士	27.06	27.26	39.81	43.53	43.85	44.62	34.85	34.82
中国	-49.32	-44.98	-42.28	-46.80	-30.86	-17.94	-13.67	-7.99
德国	-11.60	-10.55	-4.76	-2.74	-3.02	-4.69	-6.67	-7.83
西班牙	-37.95	-34.02	-31.68	-31.49	-30.70	-24.64	-32.37	-32.18
法国	-7.90	-11.22	-10.38	-4.74	-5.81	-7.63	-3.84	-1.79
英国	-6.95	-14.86	-17.08	-18.13	-20.63	-21.14	-25.98	-27.74
印度	-48.51	-46.69	-47.52	-49.24	-51.68	-44.02	-41.07	-52.05
意大利	24.55	27.11	27.46	30.25	33.60	22.47	23.28	20.87
日本	43.80	43.11	41.59	39.71	38.79	37.69	30.67	27.50
韩国	-38.28	-35.61	-29.76	-18.30	-7.86	2.71	4.93	9.41
墨西哥	-32.52	-26.78	-20.28	-19.88	-16.82	-11.18	-15.97	-15.93
俄罗斯	-57.82	-63.25	-77.59	-78.20	-79.93	-85.16	-87.04	-85.29
中国台湾	1.64	10.95	11.17	10.73	2.46	-0.92	2.40	10.93
美国	-19.15	-18.52	-21.36	-22.85	-29.18	-30.82	-28.85	-26.97

国家（地区）＼年份	2008	2009	2010	2011	2012	2013	2014	平均值排序
澳大利亚	-52.72	-61.47	-50.58	-51.97	-51.91	-64.41	-69.47	15
巴西	-14.92	-23.91	-21.81	-19.90	-22.53	-34.86	-41.69	8
加拿大	-38.64	-43.67	-49.65	-52.41	-52.47	-52.45	-48.47	14
瑞士	29.20	23.54	34.52	34.51	36.58	40.79	30.48	1
中国	-4.72	-28.59	-21.20	-20.76	-17.48	-16.22	-10.82	10
德国	-10.68	-11.43	-8.18	-8.61	-6.62	-6.21	-3.66	7
西班牙	-31.54	-27.72	-27.43	-30.25	-27.58	-31.60	-29.12	13

年份 国家（地区）	2008	2009	2010	2011	2012	2013	2014	平均值 排序
法国	0.70	4.47	2.03	1.45	2.75	7.00	5.87	5
英国	−25.36	−31.74	−32.98	−35.99	−44.42	−44.08	−46.84	12
印度	−49.32	−60.89	−54.38	−55.71	−50.53	−38.52	−33.20	16
意大利	22.13	12.61	15.85	17.41	27.13	27.42	25.16	3
日本	22.96	37.44	34.45	34.68	33.74	32.63	25.99	2
韩国	14.10	−1.72	5.80	8.34	14.85	19.41	22.00	6
墨西哥	−20.08	−20.28	−24.62	−29.92	−22.48	−23.55	−25.13	9
俄罗斯	−89.65	−80.51	−88.11	−91.85	−88.55	−89.36	−88.24	17
中国台湾	19.44	16.40	9.18	8.84	12.49	15.80	17.81	4
美国	−22.81	−22.66	−22.70	−27.48	−25.10	−30.07	−31.02	11

表 5-46（c）　2000~2014 年机动车辆制造业 17 个经济体 GVCK 指数与 IVRIE 指数比较

GVCK 指数（按降序排列）			IVRIE 指数（按降序排列）		
序号	经济体名称	GVCK 指数平均值	序号	经济体名称	IVRIE 指数平均值
1	俄罗斯	2.30	1	瑞士	35.03
2	瑞士	2.18	2	日本	34.98
3	中国	1.75	3	意大利	23.82
4	澳大利亚	1.51	4	中国台湾	9.96
5	中国台湾	0.99	5	法国	−1.94
6	印度	0.82	6	韩国	−2.00
7	美国	0.78	7	德国	−7.15
8	巴西	0.60	8	巴西	−11.64
9	意大利	0.56	9	墨西哥	−21.69
10	日本	0.03	10	中国	−24.91
11	英国	−0.12	11	美国	−25.30
12	法国	−0.32	12	英国	−27.60
13	德国	−0.65	13	西班牙	−30.68
14	韩国	−0.71	14	加拿大	−40.09
15	西班牙	−0.90	15	澳大利亚	−47.74
16	加拿大	−1.14	16	印度	−48.22
17	墨西哥	−1.45	17	俄罗斯	−82.04

15. 其他交通设备制造业 GVC 地位指数的国际比较

如表 5-47（a）、表 5-47（b）、表 5-47（c）所示：

（1）2000~2014 年其他交通运输设备制造业 16 个经济体 GVC 地位指数分四种类型：

第一，GVCK 高-IVRIE 低。表 5-47（a）中澳大利亚、瑞士、巴西、中国等经济体 2001~2014 年 GVCK 指数平均值为相对较高，而在表 5-47（b）中其 IVRIE 指数平均值相对较低。说明这些经济体其他交通运输设备制造业虽然在 GVC 分工中处于中上游阶段，但在 GVC 分工中价值增值较低。

第二，GVCK 低-IVRIE 高。表 5-47（a）中英国、中国台湾、德国、加拿大等经济体 2001~2014 年 GVCK 指数平均值为相对较低，而在表 5-47（b）中其 IVRIE 指数平均值相对较高。说明这些经济体其他交通运输设备制造业虽然在 GVC 分工中处于中下游阶段，但在 GVC 分工中价值增值较高。

第三，GVCK 高-IVRIE 高。表 5-47（a）中墨西哥、日本、意大利、美国等经济体 2001~2014 年 GVCK 指数平均值为相对较高，在表 5-47（b）中其 IVRIE 指数平均值也不低。说明这些经济体其他交通运输设备制造业在 GVC 分工中处于中上游阶段，且在 GVC 分工中价值增值较高。

第四，GVCK 低-IRIE 低。表 5-47（a）中印度、西班牙、法国、韩国等经济体 2001~2014 年 GVCK 指数平均值为相对较低，在表 5-47（b）中其 IVRIE 指数平均值也较低。说明这些经济体其他交通运输设备制造业在 GVC 分工中处于中下游阶段，且在 GVC 分工中价值增值较低。

（2）中国其他交通运输设备制造业 GVCK 指数平均值位列 16 个经济体第 8 位（0.37），IVRIE 指数平均值居 16 个经济体第 12 位（-29.28）。说明中国其他交通运输设备制造业虽然在 GVC 分工中处于中上游阶段，但在 GVC 分工中价值增值程度较低，处于中下游水平。

表 5-47（a）　　2000~2014 年其他交通设备制造业 16 个经济体 GVCK 指数

年份 国家（地区）	2000	2001	2002	2003	2004	2005	2006	2007
澳大利亚	1.17	1.39	0.75	1.25	1.46	1.50	1.82	1.89
巴西	0.57	0.36	0.58	0.91	0.34	0.10	0.43	0.17
加拿大	-0.89	-0.88	-0.95	-0.88	-0.89	-0.83	-0.59	-0.45
瑞士	1.02	1.30	0.62	0.40	0.53	0.83	0.73	0.73
中国	0.60	0.72	0.64	0.24	0.30	0.28	0.25	0.26
德国	-0.01	-0.09	0.11	0.04	-0.06	-0.07	-0.11	-0.01
西班牙	0.07	0.44	0.32	0.18	0.15	-0.23	-0.09	0.33
法国	-1.41	-1.23	-1.31	-1.26	-1.35	-1.29	-1.32	-1.23
英国	0.47	0.48	0.51	0.53	0.62	0.52	0.61	0.39
印度	0.90	0.71	0.47	0.43	0.44	0.37	0.13	0.45
意大利	0.49	0.51	0.31	0.46	0.38	0.44	0.50	0.36
日本	0.84	0.89	0.77	0.59	0.52	0.29	0.25	0.16
韩国	-0.95	-1.18	-1.30	-1.17	-1.27	-1.20	-1.36	-1.33

续表

年份 国家（地区）	2000	2001	2002	2003	2004	2005	2006	2007
墨西哥	0.63	0.61	0.64	0.69	0.65	0.62	0.65	0.47
中国台湾	-0.25	-0.10	0.04	-0.11	-0.17	-0.37	-0.17	-0.02
美国	0.33	0.32	0.35	0.44	0.47	0.43	0.22	0.24

年份 国家（地区）	2008	2009	2010	2011	2012	2013	2014	平均值 排序
澳大利亚	2.06	2.21	2.69	2.43	2.34	2.03	1.78	1
巴西	0.23	0.58	0.87	0.94	0.74	0.15	0.32	5
加拿大	-0.35	-0.37	-0.20	-0.22	-0.21	-0.19	-0.43	14
瑞士	0.69	0.77	1.30	1.00	0.95	1.13	0.82	2
中国	0.34	0.31	0.12	0.14	0.28	0.58	0.57	8
德国	-0.04	0.01	-0.04	0.04	0.03	-0.13	-0.32	13
西班牙	0.51	0.35	0.17	0.09	0.30	-0.03	-0.08	11
法国	-1.29	-1.20	-1.29	-1.43	-1.45	-1.27	-1.45	16
英国	0.35	0.15	-0.14	-0.06	-0.25	-0.02	-0.40	9
印度	-0.32	-0.16	0.24	-0.04	-0.03	-0.17	-0.69	10
意大利	0.42	0.39	0.29	0.28	0.47	0.56	0.26	6
日本	0.44	0.58	0.58	0.63	0.87	0.77	0.24	4
韩国	-1.85	-1.80	-1.68	-1.80	-1.69	-1.47	-1.58	17
墨西哥	0.56	0.84	0.78	0.46	0.54	0.57	0.28	3
中国台湾	-0.12	0.06	0.10	0.07	0.07	0.30	0.06	12
美国	0.27	0.59	0.69	0.57	0.37	0.29	0.06	7

表 5-47（b）　2000~2014 年其他交通设备制造业 16 个经济体 IVRIE 指数

年份 国家（地区）	2000	2001	2002	2003	2004	2005	2006	2007
澳大利亚	-45.57	-24.01	-18.14	-19.70	-38.36	-30.14	-32.06	-38.15
巴西	-53.89	-46.45	-45.29	-47.07	-39.17	-80.86	-80.77	-81.83
加拿大	-4.65	-3.23	-2.85	-0.73	-4.32	-6.94	-1.96	3.70
瑞士	-24.47	-14.81	4.03	-23.95	-3.89	-19.99	-25.53	-17.55
中国	-28.40	-31.83	-23.87	-39.72	-25.22	-14.23	-19.46	-23.65
德国	25.14	10.55	38.95	38.59	13.30	19.85	12.53	14.00
西班牙	-13.97	-11.87	10.08	-3.94	13.48	-19.04	-4.34	10.33
法国	-23.23	-14.01	-24.79	-24.33	-26.54	-20.27	-20.73	-15.86
英国	63.91	68.84	67.61	69.85	66.09	65.99	69.28	61.33
印度	-24.48	-27.74	-37.82	-52.21	-46.28	-38.99	-55.66	-46.83

续表

年份 国家（地区）	2000	2001	2002	2003	2004	2005	2006	2007
意大利	28.15	16.12	14.72	8.53	-1.15	9.92	7.80	4.82
日本	-8.36	-7.09	-1.38	-17.89	-4.10	-3.11	-11.60	-19.81
韩国	-85.59	-78.69	-84.03	-77.83	-84.43	-78.66	-66.80	-61.75
墨西哥	-0.36	-2.63	17.80	23.34	18.96	13.07	25.35	23.84
中国台湾	4.48	-8.86	12.15	0.10	1.90	-8.45	-2.26	2.88
美国	20.03	15.82	18.81	23.92	24.10	25.26	22.60	18.72

年份 国家（地区）	2008	2009	2010	2011	2012	2013	2014	平均值 排序
澳大利亚	-25.25	-35.78	-45.65	-42.10	-33.00	-32.60	-39.21	14
巴西	-74.16	-83.33	-84.90	-82.90	-80.77	-68.19	-66.13	16
加拿大	6.92	6.51	2.12	1.75	3.03	1.90	5.48	7
瑞士	-11.83	-19.55	-9.12	-2.28	-5.31	1.49	14.74	10
中国	-9.24	-33.31	-47.14	-37.71	-43.16	-40.34	-21.91	12
德国	17.31	16.30	-8.94	2.33	1.41	-12.14	-8.89	4
西班牙	-5.83	-8.51	-10.29	-9.32	-0.02	-20.16	-13.66	9
法国	-17.78	-29.86	-32.25	-39.30	-40.07	-31.87	-26.10	11
英国	59.79	56.47	47.82	48.58	46.75	47.89	44.61	1
印度	-24.10	-18.47	-17.72	1.65	-18.65	-19.44	-27.05	13
意大利	11.48	9.90	-4.19	-0.46	6.45	9.76	8.76	5
日本	5.74	-3.80	-18.30	24.24	44.30	33.30	1.35	6
韩国	-64.91	-64.83	-63.00	-65.35	-60.11	-51.97	-50.58	17
墨西哥	21.15	31.99	50.52	33.92	44.54	49.88	35.70	2
中国台湾	7.66	3.01	-5.63	-2.44	-1.26	-8.41	4.58	8
美国	18.67	32.71	29.99	34.44	25.27	16.90	11.90	3

表 5-47（c）　2000~2014 年其他交通设备制造业 16 个经济体 GVCK 指数与 IVRIE 指数比较

GVCK 指数（按降序排列）			IVRIE 指数（按降序排列）		
序号	经济体名称	GVCK 指数平均值	序号	经济体名称	IVRIE 指数平均值
1	澳大利亚	1.78	1	英国	58.99
2	瑞士	0.86	2	墨西哥	25.81
3	墨西哥	0.60	3	美国	22.61
4	日本	0.56	4	德国	12.02
5	巴西	0.49	5	意大利	8.71
6	意大利	0.41	6	日本	0.90

GVCK 指数（按降序排列）			IVRIE 指数（按降序排列）		
序号	经济体名称	GVCK 指数平均值	序号	经济体名称	IVRIE 指数平均值
7	美国	0.38	7	加拿大	0.45
8	中国	0.37	8	中国台湾	-0.04
9	英国	0.25	9	西班牙	-5.80
10	印度	0.18	10	瑞士	-10.53
11	西班牙	0.17	11	法国	-25.80
12	中国台湾	-0.04	12	中国	-29.28
13	德国	-0.04	13	印度	-30.25
14	加拿大	-0.56	14	澳大利亚	-33.31
15	法国	-1.32	15	巴西	-67.71
16	韩国	-1.44	16	韩国	-69.24

16. 中国制造业细分产业 GVC 地位指数的总结分析

将前面表 5-33（a）至表 5-47（a）数据中的中国制造业细分产业 GVCK 指数的数据集中在一起，得到表 5-48，可以更清晰地看到 2005~2015 年中国制造业细分产业 GVCK 指数数值的变化状况；将前面表 5-33（b）至表 5-47（b）数据中的中国制造业细分产业 IVRIE 指数的数据集中在一起，得到表 5-49，可以更清晰地看到 2005~2015 年中国制造业细分产业 IVRIE 指数数值的变化状况。在此基础上，将表 5-33（a）至表 5-47（a）和表 5-33（b）至表 5-47（b）中其他 16 个经济体 GVCK、IVRIE 指数平均值最大值与最小值经济体名称、排序与数值加进来，得到表 5-50。

表 5-48　2000~2014 年中国制造业 15 个产业 GVCK 指数

年份 制造业	2000	2001	2002	2003	2004	2005	2006	2007
食品加工	1.20	1.23	1.27	1.10	0.86	0.83	0.81	0.91
纺织服装	-0.60	-0.55	-0.56	-0.71	-0.78	-0.86	-0.81	-0.81
木制品	0.89	1.01	0.92	0.70	0.52	0.43	0.48	0.59
纸制品	1.27	1.36	1.33	1.29	1.33	1.44	1.64	1.84
石油制品	1.49	1.49	1.36	0.95	0.70	1.04	1.30	1.32
化工制品	0.66	0.71	0.63	0.40	0.19	0.16	0.20	0.22
橡胶塑料制品	-0.11	0.00	-0.04	-0.19	-0.38	-0.44	-0.40	-0.31
非金属制品	0.94	1.02	0.87	0.65	0.42	0.31	0.40	0.60
基础金属制品	0.65	0.88	0.83	0.47	0.15	0.23	0.23	0.33
金属制品	0.37	0.41	0.34	0.12	0.04	-0.14	-0.03	-0.05
计算机电子光学	-0.38	-0.36	-0.54	-0.81	-0.91	-0.95	-0.91	-0.99
电气设备	-0.26	-0.16	-0.20	-0.45	-0.53	-0.57	-0.52	-0.55

续表

年份＼制造业	2000	2001	2002	2003	2004	2005	2006	2007
机械和设备	0.72	0.68	0.54	0.27	0.07	0.03	0.06	-0.14
机动车辆	2.59	2.64	2.57	2.09	1.76	1.57	1.51	1.32
其他交通设备	0.60	0.72	0.64	0.24	0.30	0.28	0.25	0.26

年份＼制造业	2008	2009	2010	2011	2012	2013	2014	平均值排序
食品加工	1.10	1.31	1.24	1.28	1.46	1.47	0.94	3
纺织服装	-0.66	-0.45	-0.52	-0.40	-0.26	-0.25	-0.14	13
木制品	0.72	0.99	0.78	0.73	0.88	0.90	-0.20	14
纸制品	1.73	1.61	1.33	1.08	0.98	0.97	0.62	5
石油制品	1.13	1.27	0.79	0.70	0.77	0.77	0.52	6
化工制品	0.28	0.53	0.39	0.38	0.52	0.58	0.48	5
橡胶塑料制品	-0.06	0.15	0.10	0.17	0.24	0.28	0.00	8
非金属制品	0.55	0.84	0.51	0.45	0.46	0.49	-0.90	15
基础金属制品	0.23	0.59	0.38	0.31	0.35	0.36	0.08	6
金属制品	0.04	0.13	0.00	-0.02	0.01	0.00	-0.43	8
计算机电子光学	-0.87	-0.70	-0.64	-0.53	-0.51	-0.44	-0.35	15
电气设备	-0.46	-0.31	-0.40	-0.38	-0.32	-0.34	-0.61	3
机械和设备	-0.08	0.02	-0.08	-0.02	0.11	0.11	0.01	7
机动车辆	1.41	1.58	1.41	1.38	1.43	1.49	1.55	4
其他交通设备	0.34	0.31	0.12	0.14	0.28	0.58	0.57	3

表 5-49　2000~2014 年中国制造业 15 个产业 IVRIE 指数

年份＼制造业	2000	2001	2002	2003	2004	2005	2006	2007
食品加工	-42.9	-45.4	-44.8	-52.0	-55.4	-55.3	-55.8	-55.8
纺织服装	-23.1	-23.5	-17.5	-11.9	-4.0	3.1	8.8	9.1
木制品	-17.5	-15.8	-13.2	-11.5	-6.2	0.0	3.3	-2.1
纸制品	-22.4	-22.2	-22.6	-32.3	-45.3	-49.3	-52.3	-60.8
石油制品	-23.3	-24.4	-32.8	-34.2	-47.3	-58.6	-69.4	-74.4
化工制品	-15.4	-7.5	-5.1	-9.1	-10.7	-9.4	-6.6	-3.4
橡胶塑料制品	2.9	1.0	1.0	-1.1	-0.7	8.9	13.2	14.7
非金属制品	-35.1	-21.3	-4.5	-10.4	-17.0	-16.9	-16.8	-21.9
基础金属制品	-2.8	-7.4	-2.1	-9.2	-2.9	-16.1	-7.1	-13.3
金属制品	12.5	19.6	24.9	27.0	33.1	44.4	48.2	49.5
计算机电子光学	-19.5	-18.0	-17.0	-15.2	-17.3	-15.4	-12.3	-17.8

续表

年份 / 制造业	2000	2001	2002	2003	2004	2005	2006	2007
电气设备	2.6	7.3	10.2	5.5	8.7	14.6	18.5	13.8
机械和设备	−42.9	−36.4	−36.3	−35.4	−33.3	−22.4	−14.5	−6.3
机动车辆	−49.3	−45.0	−42.3	−46.8	−30.9	−17.9	−13.7	−8.0
其他交通设备	−28.4	−31.8	−23.9	−39.7	−25.2	−14.2	−19.5	−23.6

年份 / 制造业	2008	2009	2010	2011	2012	2013	2014	平均值排序
食品加工	−57.3	−54.5	−62.7	−63.7	−64.9	−61.0	−58.9	10
纺织服装	12.8	14.4	17.2	23.3	22.8	26.4	32.9	4
木制品	4.7	−0.7	0.5	−1.2	8.6	2.1	0.4	9
纸制品	−55.3	−49.7	−40.9	−30.6	−16.2	−12.6	−11.5	14
石油制品	−70.0	−76.5	−74.7	−75.7	−76.1	−72.8	−69.5	16
化工制品	−0.6	−8.2	−2.4	−0.3	−3.3	−3.2	4.7	15
橡胶塑料制品	13.4	7.4	7.8	11.2	20.3	20.8	23.1	8
非金属制品	−22.8	−23.9	−18.8	−18.9	−8.3	−6.8	−3.3	8
基础金属制品	−17.6	−39.2	−36.4	−35.7	−38.7	−42.5	−32.0	16
金属制品	50.4	35.8	35.3	34.5	32.5	27.9	37.1	2
计算机电子光学	−12.8	−4.2	−3.9	−4.3	−6.2	−1.5	4.0	10
电气设备	15.6	14.9	13.5	14.0	19.8	19.7	29.7	3
机械和设备	−1.5	−10.1	−3.8	2.5	3.7	2.4	11.6	7
机动车辆	−4.7	−28.6	−21.2	−20.8	−17.5	−16.2	−10.8	8
其他交通设备	−9.2	−33.3	−47.1	−37.7	−43.2	−40.3	−21.9	11

表 5-50　2000~2014 年中国制造业细分产业 GVCK、IVRIE 指数平均值及其排序，其他 16 个经济体 GVCK、IVRIE 指数平均值最大值与最小值经济体名称、排序与数值

年份 / 制造业细分产业	GVC 地位指数 GVCK			进出口中间品增值率指数 IVRIE			中国产业类型
	中国	其他最大	其他最小	中国	其他最大	其他最小	
食品加工	(6) 1.13	俄罗斯 (1) 3.70	西班牙 (17) −0.20	(9) −55.36	巴西 (1) 39.91	日本 (17) −91.58	G 高-I 低
纺织服装	(16) −0.56	俄罗斯 (1) 3.74	墨西哥 (17) −1.24	(10) 6.04	中国台湾 (1) 41.89	俄罗斯 (17) −83.08	G 低-I 低
木制品	(13) 0.69	日本 (1) 3.87	加拿大 (17) −1.16	(8) −3.23	巴西 (1) 69.46	日本 (17) −88.45	G 低-I 低
纸制品	(4) 1.32	印度 (1) 1.95	加拿大 (17) −0.95	(15) −34.93	巴西 (1) 51.77	印度 (17) −41.02	G 高-I 低

年份 / 制造业细分产业	GVC 地位指数 GVCK			进出口中间品增值率指数 IVRIE			中国产业类型
	中国	其他最大	其他最小	中国	其他最大	其他最小	
石油制品	(4) 1.04	俄罗斯（1） 3.43	韩国（17） -2.39	(15) -58.65	俄罗斯（1） 67.19	日本（17） -82.04	G 高-I 低
化工制品	(5) 0.42	俄罗斯（1） 2.14	中国台湾（17） -1.54	(15) -5.36	俄罗斯（1） 44.15	墨西哥（17） -14.45	G 高-I 低
橡胶和塑料	(12) -0.07	俄罗斯（1） 3.74	加拿大（17） -1.38	(11) 9.59	韩国（1） 45.57	俄罗斯（17） -70.14	G 低-I 低
其他非金属	(14) 0.51	俄罗斯（1） 4.88	意大利（17） -0.18	(12) -16.45	加拿大（1） 36.85	澳大利亚（17） -46.90	G 低-I 低
基础金属	(4) 0.40	俄罗斯（1） 1.81	中国台湾（17） -1.06	(16) -20.20	俄罗斯（1） 71.99	印度（17） -29.30	G 高-I 低
金属制品	(9) 0.05	巴西（1） 2.03	中国台湾（17） -0.91	(2) 34.18	日本（1） 40.46	印度（17） -38.03	G 低-I 高
机械和设备	(8) 0.15	澳大利亚（1） 2.23	中国台湾（17） -0.58	(12) -14.85	英国（1） 30.47	印度（17） -48.95	G 高-I 低
计算机电子光学	(16) -0.66	俄罗斯（1） 3.39	墨西哥（17） -2.53	(12) -10.76	日本（1） 45.78	巴西（17） -75.01	G 低-I 低
电气设备	(16) -0.40	澳大利亚（1） 2.55	墨西哥（17） -1.90	(7) 13.90	日本（1） 44.79	印度（17） -31.54	G 低-I 高
机动车辆	(3) 1.75	俄罗斯（1） 2.30	墨西哥（17） -1.45	(10) -24.91	瑞士（1） 35.03	俄罗斯（17） -82.04	G 高-I 低
其他交通设备	(8) 0.37	澳大利亚（1） 1.78	韩国（17） -1.44	(12) -29.28	英国（1） 58.99	韩国（17） -69.24	G 高-I 低

注："GVC 地位指数 GVCK" 与 "进出口中间品增值率指数 IVRIE" 各有三列：第一列每格上面括号中的数值是中国该产业该指标在 17 个经济体中的排序，下面的数值是中国该产业该指标的平均值；第二列每格上面显示其他 16 个经济体该指标平均值最大的经济体名称和排序，下面的数值是该经济体该指标的平均值；第三列每格上面显示其他 16 个经济体该指标平均值最小的经济体名称和排序，下面的数值是该经济体该指标的平均值。

如表 5-50 所示：

（1）15 个细分产业中有 5 个产业——纺织服装业、木制品业、纸制品业、橡胶和塑料制品业、机动车辆制品业，GVCK 指标最大值的经济体，其 IVRIE 指标又是最小值，印证了本书前面所说单一用狭义的 GVC 地位指标 GVCK 评判一个经济体（及其产业）在 GVC 的地位是不科学、不完善的，本书构建进出口中间品增值率指数 IVRIE 补充 GVC 地位指标体系是必要的。

（2）从 GVC 地位指数 GVCK 和进出口中间品增值率指数 IVRIE 综合考察，中国制造业细分产业在世界 17 个经济体中 GVC 分工地位相对较高的只有金属制品业和电气设备制造业，金属制品业 GVCK 指标排序居中下游（第 9 位），而 IVRIE 指标名列前茅（第 2 位），反映金属制品业在 GVC 分工中居于中游阶段，掌控了 GVC 增值较高的环节；电气设备制造业 GVCK 指标排序很低（第 16 位），而 IVRIE 指标位居中游偏上（第 7 位），反映电气设备制造业在 GVC 分工中居于下游阶段，但在 GVC 增值相对较高。

（3）从 GVC 地位指数 GVCK 和进出口中间品增值率指数 IVRIE 综合来看，中国制造业大多数细分产业在世界 17 个经济体中 GVC 分工地位较低，可以归为两种情况。

第一，GVCK 低–IVRIE 低。计算机电子光学制品业（GVCK 第 16、负值，IVRIE 第 16、负值）、其他非金属制品业（GVCK 第 14，IVRIE 第 12、负值）、木制品业（GVCK 第 13，IVRIE 第 8、负值），纺织服装业（GVCK 第 16、负值，IVRIE 第 10）、橡胶和塑料制品业（GVCK 第 12、负值，IVRIE 第 11），这 5 个细分产业两种指数排序都居于后位，说明这些产业在 GVC 分工中居于下游阶段，且价值增值很低。

第二，GVCK 高–IVRIE 低。食品加工业（GVCK 第 6，IVRIE 第 9、负值）、纸制品业（GVCK 第 4，IVRIE 第 15、负值）、石油制品业（GVCK 第 4，IVRIE 第 15、负值）、化工制品业（GVCK 第 5，IVRIE 第 15、负值）、基础金属制品业（GVCK 第 4，IVRIE 第 16、负值）、机动车辆制造业（GVCK 第 3，IVRIE 第 10、负值）、机械和设备制造业（GVCK 第 8，IVRIE 第 12、负值）、其他交通设备制造业（GVCK 第 8，IVRIE 第 12、负值），这 8 个细分产业 GVCK 指数排序位居前中位，但 IVRIE 指数排序位居后位，说明这些产业虽然在 GVC 分工中居于中上游阶段，但价值增值很低。

中国制造业大多数细分产业在 GVC 分工地位较低，反映出中国制造业大多数产业还没有摆脱发达国家跨国公司的技术主导与控制，尚未实现从 GVC 低端向高端的跨越。其中，计算机电子光学制造业尤为突出。

第六章

中国制造业增长效率的国际比较

　　研究比较优势动态提升，重在研究比较优势向竞争优势转化的进程。第三章至第五章分别从发展规模的主要经济指标和在全球价值链中的发展状况进行研究，本章则着眼于体现产业技术进步和技术效率的增长效率指标进行国际比较。

　　多年来，国内外学者对中国制造业增长效率的研究并不少见。这些研究积累了宝贵的经验，奠定了重要的基础。但是，本书认为，对全球价值链中中国制造业增长效率的国际比较研究尚有较大的延展空间。深化这一领域的研究，能够更加清晰地了解中国制造业增长效率的发展现状，对于确切地把握产业升级的发展方向、制定和实施正确的发展战略，具有重要的理论与现实意义。

　　本章将从以下三个角度展开探索性研究。

　　第一，进行全方位的国际比较，估量中国制造业整体及其细分产业增长效率在世界中的真实水平。

　　杨汝岱（2015）曾列举国内外多项涉及1978~2009年的中国全要素生产率（TFP）的增长及其对中国经济增长贡献的研究，由于所运用的方法、变量设置、数据类型不同，测算结果的差异十分显著。蔡昉（2013）的研究也展示了关于亚洲"四小龙"以及东亚其他经济体全要素生产率的估计"差异巨大、甚至可以说是对立的结果"。本书中也有类似的体验，即使采用同样方法、同类数据，而设置的技术无效项有所差异，对同一主体测算的技术效率也会相距甚远。这一现象说明，增长效率测算只有在进行比较研究时才有意义，运用相同的方法、变量设计和数据类型对于多个主体进行测算，所得到的在相同条件下多个主体的增长效率才真正具有可比性。

　　国内外关于增长效率的研究大多运用于比较研究。一般是依据不同时间阶段、不同产业、不同地区三个维度中的一个或两个展开。不同地区的比较大多以国内不同地区为主；国际不同地区的比较大多限于两个经济体或几个经济体之间；世界范围内的比较研究具有代表性的有陆明涛等（2016）、张杨和陈娟娟（2019）等的研究，而这一类比较研究一般不涉及产业的细分。

　　中国制造业已经深刻地融入全球价值链，与世界的联系是全方位的，不仅涵盖世界绝大多数经济体，而且涉及各个细分产业之间入微的经济往来。只有展开三个维度全方位的国际比较，才能估量中国制造业整体及其各细分产业增长效率在世界中的真实水平。

　　第二，引入和设置在全球价值链发展状况的变量，分析影响中国制造业增长效率的主要因素。

全球价值链的兴起极大地改变了全球商品和服务生产的组织形式，对国际贸易、投资模式、产业竞争力等产生了深远的影响。近年来，国际贸易学界对于国家（及产业）参与全球价值链分工状况的研究日益深化，构建了多个指标衡量各经济体及其产业参与全球价值链分工的深度、高度（地位）与竞争力。国内外关于中国制造业及其细分产业在全球价值链中发展状况的研究也有很多，但是将其与中国制造业及其细分产业的增长效率联系在一起的研究却十分罕见。也许是国际贸易与产业经济两个不同学科的分类导致了这种分割。事实上，中国制造业早已深刻地融入全球价值链的分工之中，在研究增长效率的同时，引入和设置在全球价值链发展状况的变量，有助于深入分析影响中国制造业增长效率的主要因素。

第三，比较技术效率与全要素生产率两个增长效率指标的测算结果，剖析驱动中国制造业增长效率的内在机制。

国内外关于产业增长效率的研究通常使用技术效率与全要素生产率两个指标。有些研究专注于其中一个指标，也有些研究对两个指标都进行测算。当增长效率的研究只针对一个主体或者比较研究的范围不够宽泛时，很难发现被测算主体在两个指标之间所表现出来的水平上的差异。而本章运用相同的数据在对制造业增长效率展开全方位的国际比较研究时，观察到中国制造业各细分产业在技术效率与全要素生产率两个指标之间在全球水平的显著差异（与此同时，一些发达经济体却显示反向的差异）。在此基础上，进一步展开对全要素生产率分解的比较研究，能够剖析驱动中国制造业增长效率内在机制所存在的差距。

第一节　产业增长效率相关理论与方法

产业比较优势向竞争优势转化可以理解为生产函数中各种要素组合达到更高效配置的过程，这一过程伴随产业效率的提升。学术界通常使用效率与生产率指标对这种效率提升进行衡量。

一、效率与生产率相关概念

效率与生产率分析是现代经济学的重要研究领域，其研究的是投入转化为产出的绩效测度。经济学角度的效率主要是指在社会经济活动过程中，现有生产要素与它们所提供的效用之间的对比关系，即投入与产出或成本与收益之间的对比关系，是衡量经济活动的重要指标之一。从本质上来讲，效率是资源的有效配置能力、市场竞争能力、投入产出能力和可持续发展能力的总称。生产率也是一种效率指标，指的是生产过程中投入要素转变为实际产出的效率，反映生产要素的配置状况、生产管理水平、劳动者素质以及各种经济制度和社会因素对生产活动的影响程度，是技术进步对经济发展作用的综合体现。

（一）技术效率与配置效率

现代效率理论的开创者 Farrell（1957）提出经济效率的概念，并将其分解为两部分：技术效率（Technical Efficiency，TE）和配置效率（Allocative Efficiency，AE）。其中，技术效率反映企业在既定的技术水平和投入水平下获得最大产出的能力；配置效率反映企业在既定的投入品相对价格和生产技术下以最优比例利用投入的能力。技术效率与配置效率的乘积构成总的经济效率（Economic Efficiency，EE）。

1. 技术效率

经济学生产理论中经常采用生产可能集和生产前沿面描述企业的技术状况。生产可能集是在既定的技术水平下所有可行的投入产出组合的集合。生产前沿面则是在既定技术水平下有效率的投入产出组合的集合，即投入一定下的产出最大值或产出一定下的投入最小值的集合。技术有效性的研究始于 Koopman（1951），他分别从基于产出和投入两个角度给出了技术有效的定义：如果在不增加其他投入（或不减少其他产出）的情况下，技术上不可能增加任何产出（或减少任何投入），则该投入产出关系是技术上有效的，而所有技术有效生产点所组成的集合就构成了生产前沿面。Farrell（1957）从投入角度定义了技术效率：技术效率是指在产出规模和市场价格不变的条件下，按照既定的要素投入比例，生产一定产量所需要的最小成本与实际成本的比率。Leibenstein（1966）则从产出角度给出了技术效率的定义：技术效率是指实际产出水平与在相同的投入规模、投入比例和市场价格条件下所能达到的最大产出量的比率。

一般来说，在实际经济活动中，绝大多数生产点往往由于各种非效率因素的作用，而无法实现在生产前沿面上生产，因此，技术效率的取值一般在 0~1，数值越大，表示技术效率水平越高。技术效率这一概念的提出，使我们能够从技术的角度分析生产上的非效率。

2. 配置效率

为了更好地理解配置效率的内涵，下面采用具体研究方法，从技术效率和配置效率关系上，阐述配置效率的概念。

如图 6-1 所示。假定生产单元使用两种投入要素（X_1，X_2）生产一种产出 Y，SS' 表示完全效率企业（fully efficiency firms）的等产量曲线，该曲线相对应的函数 $Y = f$（X_1，X_2）即为前沿生产函数。AA' 是等成本曲线，在要素价格比已知的情况下，AA' 的斜率可以确定。P、Q、Q' 分别为不同生产单元的样本点，P 表示非经济有效单元，Q 表示技术有效单元，Q' 表示经济有效单元。这样，就可以利用由有效生产单元组成的等产量曲线 SS' 来度量各单元的技术效率。以 P 点表示的生产单元的技术无效率可用距离 QP 来表示，它是在产出不减少时所有投入按比例可能减少的量，这通常用由 QP/OP 表示的比率来表示，表明该单元要达到技术上有效率的生产可减少所有投入量的比率。技术效率（TE）常用比率 OQ/OP 来表示，即：

$$TE = OQ/OP = 1 - QP/OP \tag{6-1}$$

其取值在 0~1，它提供了生产单元技术效率程度的指标。取值为 1 意味着生产单元是完全技术有效的，例如，Q 点是技术有效的，因为它位于有效的等产量线上。

距离 RQ 表示生产从技术有效但配置无效点移动到技术和配置均有效 Q' 点时，所能减少的成本，所以 P 点的配置效率（AE）等于 OR/OQ，即：

$$AE = OR/OQ \tag{6-2}$$

给定技术效率和配置效率的测量，总的经济效率（EE）可以用 OR/OP 表示，距离 RP 代表该生产单元要达到经济有效（技术有效和配置有效）可节省的投入成本。根据上述公式可得：

$$EE = OR/OP = （OQ/OP）\times（OR/OQ）= TE \times AE \tag{6-3}$$

需要注意的是，技术效率、配置效率和经济效率的值都在 0~1。

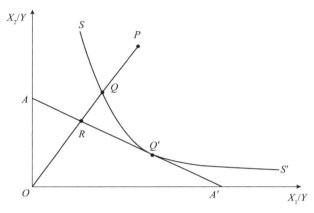

图 6-1　投入导向的技术效率和配置效率

投入导向的效率测量解释了在规模报酬不变、价格确定且在既定的技术水平下，一个生产单元可以按比例减少多少投入量并仍能保持原有产出量。如果换一种角度来看，一个生产单元在投入量一定的情况下，可以增加多少产出量？这就是与上面讨论的投入导向相反的产出导向问题，见图 6-2。

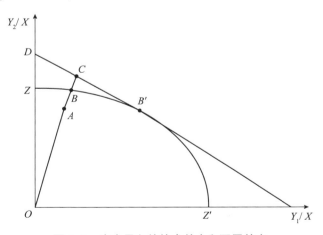

图 6-2　产出导向的技术效率和配置效率

假设生产单元使用一种投入要素 X，生产两种产出（Y_1，Y_2），ZZ' 是生产可能性曲线，即产出的前沿面。DD' 为等收入曲线，在价格信息已知的情况下，其斜率是确定的。A 表示无效率生产单元，距离 AB 表示技术无效，它表示不需要额外的投入所能增加的产出量。因此，产出导向的技术效率可用 OA/OB 的比率来表示，即：

$$TE = OA/OB = 1 - OA/OB \tag{6-4}$$

配置效率可以表示为：

$$AE = OB/OC \tag{6-5}$$

这可以解释为生产从技术有效但配置无效点 B 移动到技术和配置均有效点 B' 时，收入的增加。进一步地，全部经济效率为这两个效率测量值的乘积：

$$EE = OA/OC = （OA/OB）× （OB/OC）= TE×AE \tag{6-6}$$

同样，这里的技术效率、配置效率和经济效率的值也在 0~1。

需要明晰的是，学术界当前通常使用的"技术效率"与 Farrell（1957）提出的"经济效率"是同一概念。Farrell 将其定义的经济效率分解为技术效率和配置效率两个部分，而学术界当前也将技术效率分解为纯技术效率（Pure Technical Efficiency，PTE）与规模效率（Scale Efficiency，SE）两个部分。同样需要明晰的是，Farrell 对经济效率的分解与学术界常用的对技术效率的分解也是一致的。即 Farrell 所分解的技术效率等同于学术界常用的纯技术效率概念，指生产单元在既定的技术水平和投入水平下获得最大产出的能力；而 Farrell 所分解的配置效率等同于学术界常用的规模效率概念，指生产单元在既定的投入品相对价格和生产技术下以最优比例利用投入的能力。① 概括而言，当前学术界常用的增长效率指标之一，技术效率=纯技术效率×规模效率，它是衡量生产单元对先进生产技术的学习模仿能力、现有资源有效利用能力与资源配置能力等企业能力的综合指标。

（二）单要素生产率与全要素生产率

一般意义上的生产率是指要素资源的开发利用效率，即生产过程中投入要素转变为实际产出的效率。生产率也是一种效率指数，即劳动、资本等生产要素及中间投入所产产量的效率指数，反映的是生产资料提供产出的能力。它是衡量一个国家或地区经济发展水平和综合竞争能力的重要指标。在生产过程中涉及的生产要素包括劳动力、资本、土地、原材料等很多种，根据投入要素的范围和数量划分，生产率可以分为单要素生产率和全要素生产率。

1. 单要素生产率

早期的生产率概念主要是指单要素生产率。所谓单要素生产率（Single Factor Productivity，SFP），是将产出量与某一单个投入要素如劳动力投入、资本投入等的数量联系起来，反映每单位某种投入要素（劳动力、资本等）所能带来的产出，研究的是不能由单个要素的投入增长解释的产出增长。根据研究目的和研究重点的不同，可以测算一个生产单元的劳动生产率、资本生产率等不同的单要素生产率。由于单要素生产率衡量的是单个要素的单位产出能力，有助于评估要素的使用效率及其动态变化，并且这一指标在处理上也比较容易，因此，在早期的研究中被广泛使用。

但是，由于单要素生产率反映的信息有限，因此在实际应用中也面临很多局限。Craig 和 Harris（1973）认为，单要素生产率在特定情况下是有用的，但其缺点是投入要素之间的相互替代可能会影响生产率的测算和评价。事实上，生产过程往往是多种生产要素共同投入的过程，各种要素之间有着相互替代的关系，而单要素生产率只能衡量一段时间内某

① 一些研究对规模效率的解释不正确，将规模效率与规模经济混为一谈。事实上，规模效率与规模报酬（收益）相关，规模报酬（收益）的变动以要素投入比例变化与否为前提，其实质是反映了配置效率。而规模经济与规模报酬（收益）是不同的概念，规模经济与要素比例无关，所以规模经济指标与资源配置能力无关。

一特定要素的使用效率，并不能反映整体生产率的变化。例如，当用资本替代劳动并且产出相同时，劳动生产率就会因为劳动投入的减少而提高，而资本生产率就会由于资本投入的增加而降低。此外，如果生产效率水平发生变化，而由单要素生产率反映的效率水平实际上是一种混合效应，其中，既包含效率水平的变化，也包含投入比例的变化。因此，如果孤立地考察这种部分生产率，就可能会对总生产率指标产生误导（Coelli，2005）。

2. 全要素生产率

相对于劳动生产率、资本生产率等单要素生产率，全要素生产率（Total Factor Productivity，TFP）更能从整体上反映真实的生产率状况。Davis（1955）首次明确提出全要素生产率的内涵，指出全要素生产率应针对全部投入要素测算，包括劳动、资本、原材料和能源等，而不是只涉及部分要素，全要素生产率是全部产出与全部投入总和的比率。与单要素生产率相比，全要素生产率衡量的是生产单元在其生产过程中单位总投入的总产量的生产率指标，即总产量与全部要素投入量之比，反映产出量与全部投入要素之间的效率关系，研究的是不能由全部要素投入的增长解释的产出增长。产出增长率超过要素投入增长率的部分就是全要素生产率，这其中因为索洛（Solow，1956，1957）的开创性贡献，又有"索洛余值"或"索洛残差"之称。所以，TFP 描述了产出增长中扣除要素投入总和增长之后的"剩余"部分，在索洛的分析框架中被视为技术进步，但它实际上还包括了效率的改善、要素质量的提高、专业化、组织创新和规模经济等许多内容，经常被用来度量要素投入变化以外的其他因素对产出增长的影响作用。

从本质上来看，全要素生产率反映了投入产出过程中生产单元将投入转化为产出的效率，集中体现了其技术创新能力、资源利用效率、成本控制能力以及竞争力等多方面特征，而诸如技术进步、效率改善、人力资本、制度变迁、研究与开发（R&D）以及规模经济等因素对于产出增长的影响最终都将综合反映在全要素生产率的变化上。所以，体现的是生产单元在其投入产出过程中投入要素数量变化以外各种因素变化的综合影响效应。也正因如此，全要素生产率在研究实际问题中得以广泛应用，这方面的实证与经验研究取得了大量丰富的成果。与此同时，对 TFP 的分解也取得重大进展。从近代效率测算理论出发，Nishimizu 和 Page（1982）和 Kalirajan 等（1996）对索洛的分析框架进行了发展，将技术效率作为一个影响因素加入到模型中，从而将全要素生产率分解为技术水平的进步和技术效率的提高。其分析框架如图 6-3 所示。

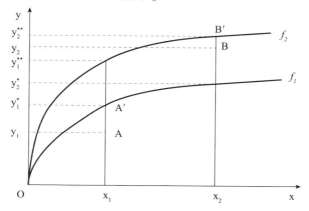

图 6-3　全要素生产率增长分析

在图 6-3 中，f_1 和 f_2 分别表示时期 1 和时期 2 所对应的生产前沿面，x_1 和 x_2 分别表示相应时期的实际投入，y_1 和 y_2 分别表示相应时期的实际产出，y_1^* 和 y_2^{**} 分别表示两个时期的最优产出（潜在产出）。这样，技术效率可以用两个时期的实际产出与潜在产出之间的垂直距离 AA' 和 BB' 来衡量，分别记为 TE_1 和 TE_2。因此，两个时期的技术效率变化可以表示为 $(TE_1 - TE_2)$。技术进步可以用两个时期生产前沿面之间的垂直距离来表示，相应的两个时期的技术进步变化可以分别用 $(y_1^{**} - y_1^*)$ 和 $(y_2^{**} - y_2^*)$ 表示。将两个时期由于要素投入变动所引起的产出变动部分表示为 Δy_x，那么总产出的变动可以分解为：要素投入变动、技术进步和技术效率变动三方面。即：

$$y_2 - y_1 = (y_1^* - y_1) + (y_1^{**} - y_1^*) + (y_2 - y_1^{**})$$
$$= ((y_1^* - y_1) - (y_2^{**} - y_2)) + (y_1^{**} - y_1^*) + (y_2 - y_1^{**})$$
$$= (TE_1 - TE_2) + TP + \Delta y_x \tag{6-7}$$

其中，$y_2 - y_1$ 为实际产出的增长，$(TE_1 - TE_2)$、TP、Δy_x 分别为技术效率的变化、技术进步以及要素投入变动的贡献。图 6-3 实际上就是根据索洛对经济增长的分析框架将实际产出增长分解为：①沿着生产前沿面的移动（要素变动）；②向生产前沿面的逼近（技术效率变动）；③生产前沿面本身的移动（技术进步）三个部分，而②和③的作用就构成了全要素生产率的增长。就全要素生产率的组成成分——技术效率和技术进步而言，它们对于长期经济增长的含义也有着较大差异。

概括而言，当前学术界常用的增长效率指标之二，全要素生产率的增长 = 技术效率的增长 × 技术进步，技术效率与"水平效应"相对应，体现生产单元对先进技术的学习模仿能力、现有资源的有效利用能力和资源配置的能力；技术进步则与"增长效应"相对应，体现生产单元技术创新的能力（Wu，2000）。

二、效率与生产率的分析方法

在现代西方效率理论中，度量效率与生产率的关键在于生产前沿面的确定。至今主要形成两大分支：参数方法（parameter estimation）和非参数方法（no-parameter estimation）。参数方法主要沿袭传统生产函数（增长核算法或索洛余值法）的估计思想，首先需要确定一种具体的生产函数形式，然后利用现代计量经济学方法，估计出前沿生产函数中的未知参数，从而完成前沿生产函数的构造。非参数方法则利用纯数学的线性规划技术和对偶原理确定生产前沿面，并完成对效率的测度。这两类方法统称为前沿分析方法（或生产前沿面方法）。其中，参数方法以随机前沿模型（Stochastic Frontiers Approach，SFA）为代表，非参数方法则以数据包络分析（Data Envelopment Analysis，DEA）为代表。

（一）随机前沿模型

随机前沿模型（SFA）也称为随机前沿方法，是前沿分析中参数方法的典型代表，需要确定生产前沿的具体形式。与非参数方法相比，它的最大优点是考虑了随机因素对于产出的影响。Aigner Lover 和 Schmidt（1977）、Meeusen 和 Broeck（1977）、Battese 和 Corra（1977）几乎同时首次提出 SFA 模型，Pitt 和 Lee（1981）、Kumbhakar（1990）、Battese

和 Coelli（1992）进一步将该模型推广为面板数据模型，Battese 和 Coelli（1995）又发展了 SFA 模型，使其不仅可以估计出决策单元的技术效率，而且可以分析影响效率的因素。

依据 Aigner Lover 和 Schmidt、Meeusen 和 Broeck、Battese 和 Corra 提出的模型，误差项分为随机误差项和技术无效率项两部分。其基本模型如下：

$$Y_{it} = f(X_{it}, t) \exp(V_{it} - U_{it}) \tag{6-8}$$

其中，Y_{it} 是某决策单元 i 在 t 时期的产出，$f(X_{it}, t)$ 为前沿生产函数，反映不存在生产无效率情况下的最优产出，t 为时间趋势，X_{it} 为若干组投入向量（视生产函数设置而定）；误差项（$V_{it} - U_{it}$）是一个复合结构设置，V_{it} 与 U_{it} 相互独立，V_{it} 表示在任何统计关系中均存在的统计误差，称为随机误差项，其服从正态分布 $N(0, \sigma2_v)$，$U_{it} \geqslant 0$ 是一个非负的误差项，用来表示技术无效。

Battese 和 Coelli（1992）提出一个面板数据随机前沿生产函数模型，假设其中的非效率因素服从截断正态分布，并允许非效率估计值随时间变化。模型表示如下：

$$Y_{it} = \beta X_{it} + (V_{it} - U_{it}) \tag{6-9}$$

其中，$U_{it} = U_i \exp[-y(t-T)]$，式中 U_i 是非负的随机变量，用来衡量生产过程中技术无效率对产出的影响，其服从零点截断的正态分布 $N(\mu, \sigma_u^2)$。用 $\sigma^2 = \sigma_v^2 + \sigma_u^2$ 和 $\gamma = \sigma_v^2 / (\sigma_v^2 + \sigma_u^2)$ 代替 σ_v^2 和 σ_u^2，通过极大似然估计法可以估计出这两个值。显然，参数 γ 必然在 0~1，它表示回归方程误差项中技术无效所占的比例。$\gamma = 1$ 表示误差项全部源自无效率因素 U_{it}，$\gamma = 0$ 表示方程的误差项全部来源于随机因素 V_{it}。η 表示待估参数，反映效率随时间变化的程度。$\eta = 0$ 说明技术效率具有时间不变性；$\eta > 0$ 说明效率随时间的增加而增加；$\eta < 0$ 说明效率随时间的增加而减少。

与截面数据模型相比，面板数据模型所特有的优势主要体现在：面板数据极大地增加了参数估计的自由度，从而允许对观测误差和技术效率的分布做出更为一般的假定（Battese & Coelli，1998）；在截面数据模型中需要假定无效率项 U_{it} 与投入要素 X_{it} 相互独立，但实际在生产过程中两者之间可能存在一定的联系，而面板数据模型则无须这样的假设；更为重要的是，在使用极大似然法对参数进行估计时，不同的分布假设可能造成技术效率的估计值不一致，在面板数据模型中，当 T→∞ 时，对技术效率的估计将是一致的（李双杰等，2007）。此外，Battese 和 Coelli（1992，1995）的研究表明，面板数据下的极大似然估计中，函数形式的选择、预测误差和技术效率的分布假设稳健与否，以及技术效率是否随时间变化等，都可以通过似然比检验进行甄别比较。综合来看，采用面板数据模型进行效率测算，能够得到更好的估计结果。

在随机前沿模型中，分析技术效率的变化及其影响因素是非常重要的方面，早期的研究主要采用两步估计法，即首先基于随机前沿生产函数模型估计出企业的技术效率，再用技术效率的估计值对外生性因素回归，以此度量外生性因素对技术效率的影响。但正如有些学者（Kumbhakar, Ghosh & McGuckin, 1991；Reifschnieder & Stevenson, 1991）所指出的，第二阶段中用来解释技术效率的变量在第一阶段估计时往往被假定为与技术效率无关，因而这种对技术效率的两阶段分析法就存在内在假设的矛盾冲突。为解决这一问题，Battese 和 Coelli（1995）同时引入时间因素和其他环境变量，通过一次回归直接得到生产函数和技术效率影响因素的参数估计结果，全面克服了两步估计法的理论矛盾。目前，这种方法在实证研究中已经得到了广泛应用。

(二) 数据包络分析 (DEA)

数据包络分析 (DEA) 通过线性规划的方法来度量效率，它是一种典型的非参数方法，不需要已知生产前沿的具体形式，只需投入产出数据。DEA 能够方便地处理决策单元多产出的情况。Charnes、Cooper 和 Rhodes (1978) 提出第一个 DEA 模型——CCR 模型，Banker、Charnes 和 Cooper (1984) 将模型中规模报酬不变假定放松为规模报酬可变，提出 BCC 模型。Andersen 和 Petersen (1993) 的超效率模型重新计算了上述模型中有效率的决策单元的效率，有效区分了原来都处于前沿面上决策单元的技术效率水平。

几种常见的模型都是以截面数据为例的。事实上，DEA 不仅可以处理截面数据，还可以实现对面板数据的处理。对于面板数据，DEA 会分别计算出每个时期的效率值，这意味着每个时期都有各自的生产前沿面，而且每个时期的前沿面通常是不一样的，这一点与参数方法构造的前沿面不同。

DEA 的提出为经济体的效率评价提供了有利的分析工具，但更为重要的是它为全要素生产率的测算提供了新的方法。关于非参数框架下多投入多产出情况下全要素生产率的测度，目前的经验研究中普遍采用 Malmquist 生产率指数，该指数由瑞典经济学家和统计学家 Sten Malmquist (1953) 提出，最初只是用来分析不同时期消费的变化，并没有被大量运用，直到 1982 年，Cave 和 Diewert 将 Malmquist 指数用于分析生产率增长，提出了 CCD 模型，从而极大地丰富了生产率增长的测算方法。其后，关于 Malmquist 指数的研究取得了很多新的进展，特别是 Fare 等 (1994) 建立了研究全要素生产率变化的指数，并应用 Shephard 提出的距离函数 (distans functions) 将其分解为技术效率变化和技术进步，由此 Malmquist 指数得以广泛应用。

(三) 效率与生产率分析方法的比较

无论是随机前沿生产函数模型还是数据包络分析方法，其共同起源都可以追溯到前沿生产函数思想和凸边界模型 (Convex Facets)，两者均需要借助生产前沿面来进行，区别在于这两种方法寻找和确定前沿面的方法不同，由此形成了两类基本的分析方法。通过对这两种方法的综合分析，可以归纳比较如下六个：

(1) 随机前沿模型是一种经济计量学方法，从概率分布的角度分析样本点的效率，具有统计学特征，可以利用估计结果对模型设定和参数估计进行统计性检验，因而具有更为坚实的经济理论基础，但它也存在一些问题，如参数估计的一致性问题；数据包络分析是一种数学规划方法，仅仅以实际观测数据为依据，利用线性规划技术判断决策单元的相对效率，不具备统计特征，也无法进行相关检验。

(2) 随机前沿模型需要事先设定生产函数的具体形式和技术无效率项的分布形式，这些先验性的假设对生产前沿面强加了一些约束，如果函数形式和无效率项分布设定不当，估计结果就会产生偏差；数据包络分析则无须引入较强的生产行为假设，直接根据投入产出数据构造前沿面，不需要已知生产前沿面的函数表达形式，同时由于构造的是确定性前沿面，也不需要对误差项的分布进行假设，在研究中的约束较小。

(3) 随机前沿模型构造的前沿面是随机的，避免了统计误差、运气等随机因素对技术效率值的影响，同时能将不可控因素的影响从效率估计中剔除，从而大大改善了估计结果；数据包络分析构建的是确定性前沿面，并且对每个决策单元都是一样的，因为无法考虑随机误差的影响，将不可控因素和统计误差都归于技术无效率的作用，在一定程度上会影响到估计结果的准确性。

（4）随机前沿模型作为一种经济计量学方法，服从大数定理，即自由度越多，效果就越好，计算结果也较为稳定，不易受异常点的影响，因此，这种方法更适合大样本的计算。数据包络分析是一种数学规划方法，依靠数据驱动，所以对异常数据高度敏感。如果样本容量太大，可能对计算结果有较大影响。

（5）随机前沿模型可以很好地处理单投入单产出、多投入单产出问题，但对于多产出问题的处理比较困难；数据包络分析则没有生产形式方面的限制，既可以处理单产出问题，也可以处理多产出问题。

（6）随机前沿模型和数据包络分析在数据结构上都经历了由截面数据向面板数据的发展，通过使用面板数据，不仅可以观测决策单元的效率差异，还可以考察其时间变化。但对于面板数据，随机前沿模型根据所有时期仅构造出一个统一的生产前沿面，而数据包络分析则是每个时期都构造一个前沿面。

总体来看，随机前沿生产函数在技术效率的测度中具有优势，数据包络分析方法则在全要素生产率的测算与分解方面取得突破，这也是两种方法在效率与生产率分析领域得以广泛应用的重要原因。

综合上述的研究，本章将依据相同的数据、运用两类方法对中国制造业增长效率展开全方位的国际比较。首先，运用随机前沿分析方法测算世界各主要经济体制造业细分产业的技术效率，并选择适宜的体现在全球价值链中发展状况的指标作为随机影响因素（技术无效项），分析其对技术效率影响的方向和力度；其次，运用数据包络分析方法测算世界各主要经济体制造业细分产业的全要素生产率及其分解，分析制约中国制造业全要素生产率提升的主要原因。

第二节　中国制造业细分产业增长效率的国际比较

一、研究设计

（一）随机前沿模型设定

本书选取 Battese 和 Coelli（1995）发展的随机前沿模型对中国制造业细分产业技术效率及其影响因素进行国际比较研究。以超越对数生产函数作为前沿生产函数的形式，模型的具体形式如下：

$$
\begin{aligned}
\ln Y_{it} = {} & \beta_0 + \beta_1 \ln K_{it} + \beta_2 \ln L_{it} + \beta_3 (\ln K_{it})^2 + \beta_4 (\ln L_{it})^2 + \\
& \beta_5 \ln K_{it} \ln L_{it} + \beta_6 t \ln K_{it} + \beta_7 t \ln L_{it} + \beta_8 t + \beta_9 t^2 + V_{it} - U_{it}
\end{aligned} \tag{6-10}
$$

其中，β_0 到 β_9 为待估参数；i 和 t 分别表示经济体和时间；Y_{it}、K_{it}、L_{it} 分别表示 i 经济体在 t 时期制造业各细分产业的增加值、资本投入和劳动投入；t 表示时间趋势；$V_{it}-U_{it}$ 表示回归方程的随机扰动项。其中，V_{it} 反映不可控因素对各国制造业各细分产业产出的随机影响，其服从对称的正态分布 N（0，σ^2），并且独立于 U_{it}。U_{it} 反映 i 经济体在 t 时期生产技术无效性对 i 经济体的随机影响，其服从单侧正态分布 N（m_{it}，σ_u^2）。m_{it} 对应的函数即为技术无效函数，$e^{-m_{it}}$ 反映 i 经济体第 t 年的技术效率水平，m_{it} 越大表明技术效率越低，或者说技术无效程度越高。

构建技术无效方程如下：

$$m_{it} = \delta_0 + \delta_1 z_{1it} + \delta_2 z_{2it} + \cdots + \delta_n z_{nit} \tag{6-11}$$

其中，z_{1it} 到 z_{nit} 是技术无效项的变量；δ_0 到 δ_n 为待估参数，表示各技术无效项变量对制造业各细分产业技术效率的影响程度。如果 δ_j 的符号为负，说明技术无效项 z_{jit} 对技术效率具有正面影响；反之，如果 δ_j 的符号为正，说明技术无效项 z_{jit} 对技术效率具有负面影响。

判断技术无效所占比例即判断 $\gamma = \sigma_v^2 /$（$\sigma_v^2 + \sigma_u^2$）中 γ 的大小。γ 越趋近于 1，说明前沿生产函数的误差主要来自技术无效率项。

（二）数据与指标选取

1. 数据来源

依据世界经合组织（OECD）网站提供的国家投入产出表最新时间区间（2005～2015）的数据，考虑到回归分析对样本数量的要求，选择 50 个经济体，涵盖了世界经合组织（OECD）提供的 64 个经济体中的绝大多数经济体（未全部选用，是考虑到一些经济体制造业细分产业产量太少，甚至为零，在进行测算时容易出现异常数据）。50 个经济体包括［按经济合作与发展组织（OECD）呈现的顺序排列］：澳大利亚、奥地利、比利时、加拿大、智利、捷克共和国、丹麦、芬兰、法国、德国、希腊、匈牙利、冰岛、爱尔兰、以色列、意大利、日本、韩国、墨西哥、荷兰、新西兰、挪威、波兰、葡萄牙、斯洛伐克共和国、西班牙、瑞典、瑞士、土耳其、英国、美国、阿根廷、保加利亚、巴西、中国、哥伦比亚、中国香港、印度尼西亚、印度、马来西亚、秘鲁、菲律宾、罗马尼亚、俄罗斯、沙特阿拉伯、新加坡、泰国、中国台湾、越南、南非。运用该表中的"全部投入产出""增加值构成""VSS""非竞争投入产出"四类分表所提供的制造业 16 个细分产业的数据。

2. 数据使用说明

（1）产出。衡量经济体产出水平的指标一般是增加值。世界经合组织（OECD）国家投入产出表中，有相应的各国各细分产业各年的增加值数据。

（2）劳动投入。市场经济条件下，劳动者报酬能够合理反映劳动投入量的变化。OECD 国家投入产出表"增加值构成"表中，有相应的各经济体各细分产业各年的增加值及其构成数据，可以得到各经济体各细分产业各年劳动者报酬的完整数据。

（3）资本投入。采用 Goldsmith（1951）开创的永续盘存法，测算资本存量，用以度量资本投入。计算公式为：

$$K_{it} = K_{it-1}(1-\delta) + I_{it} \tag{6-12}$$

其中，K_{it} 表示第 i 经济体第 t 年的资本存量，K_{it-1} 表示第 i 经济体第 $t-1$ 年的资本存量，I_{it} 表示第 i 经济体第 t 年的投资，δ 表示折旧率。

世界经合组织（OECD）国家投入产出表"全部投入产出"表中，有相应的各经济体各细分产业各年的固定资产形成总额数据，可作为当年投资的主要指标。折旧率 δ 一般采用5%。本书资本存量计算按如下逻辑安排：将基年定为2005年，2005年的资本存量就取当年的投资额，即当年的固定资产形成总额；之后的2006~2015年的资本存量，按照 $K_{it}=K_{it-1}(1-0.05)+I_{it}$ 计算。

上述50个经济体制造业各细分产业的产出、劳动投入和资本投入数据将同时运用于后面的随机前沿分析（测算技术效率）和数据包络分析（测算全要素生产率）。

（4）效率影响因素。前面构建的随机前沿分析的技术无效方程中，z_{1it} 到 z_{nit} 是技术无效项的变量，也是技术效率的主要影响因素。本书选择在全球价值链中发展状况的三个指标作为技术无效项，包括"垂直专业化指标VSS""进口中间品国内配套增值率指标 LV-DI""贸易竞争力指标TC"。[①] 未采用 Koopman 等所构建的"GVC 参与率"和"GVC 地位"指标，也没有采用本文构建的"进出口中间品增值率指标 IVRIE"指标，是考虑到数据来源的一致性。后面这些指标需要运用 WIOD 网站所提供的世界投入产出表进行测算，该表所提供的数据在经济体的选择、时间阶段、制造业细分产业的划分等方面都与 OECD 网站提供的国家投入产出表存在诸多的不一致。本书所选择的 VSS、LVDI、TC 三个指标基本能够反映各经济体及其产业参与全球价值链分工的深度、高度（地位）、国内配套能力与竞争力状况，而这三个指标测算所需数据在 OECD 网站提供的国家投入产出表中可以得到。

二、中国制造业细分产业增长效率国际比较

依据制造业16个细分产业 2005~2015 年 50 个经济体的相关数据，首先运用 Frontier 4.1 软件，对随机前沿生产函数和技术无效方程进行联合估计，估计结果见表6-1（a）至表6-16（a）和表6-1（b）至表6-16（b）；再依据同组数据，运用 DEAP2.1 软件，得到50个经济体各产业全要素生产率的逐年变动情况，见表6-1（c）至表6-16（c）。

（一）食品加工业增长效率国际比较

如表6-1（a）所示：

（1）γ 值为0.3218，说明前沿生产函数的误差项32.18%来源于技术非效率项。总体标准偏差 σ^2 为0.1035，且在1%的水平上通过显著性检验，表明测量值比较集中。大多数参数的估计结果都比较显著，模型拟合效果比较理想。

（2）依据技术无效率项各变量的估计系数，可以得到如下结果：在食品加工业中，VSS 指数和 TC 指数对技术效率有负面影响，意味着在其他条件不变的情况下，这些变量每增加1个单位，会导致技术效率降低这些变量所对应的估计系数值的比例。而 LVDI 指数对技术效率有正面影响，意味着在其他条件不变的情况下，该变量每增加1个单位，会促使技术效率提高该变量对应的估计系数绝对值的比例。

[①] 国际贸易学界常用的反映国家（或产业）贸易竞争力（Trade Competitiveness，TC）指标，$TC=\dfrac{出口额-进口额}{出口额+进口额}\times$ 100%，也可以作为测度国家（或产业）在全球从价值链发展状况的指标。

表 6-1（a）　2005~2015 年 50 个经济体食品加工业随机前沿函数及技术无效函数估计结果

前沿生产函数	参数	估计系数	T 检验值	技术无效函数	参数	估计系数	T 检验值
常数项	β_0	2.3734***	2.6512	常数项	σ_0	0.6107	0.9066
$\ln K_{it}$	β_1	0.7020***	4.2087	VSS	σ_1	0.0198***	10.3232
$\ln L_{it}$	β_2	0.3818***	3.8852	LVDI	σ_2	-0.0764	-2.1839
$(\ln K_{it})^2$	β_3	0.0290**	2.2397	TC	σ_3	0.0008	2.0967
$(\ln L_{it})^2$	β_4	0.0013	0.1576	σ^2		0.1035***	16.4231
$\ln K_{it}\ln L_{it}$	β_5	-0.0527***	-3.1741	γ		0.3218	0.4536
$t\ln K_{it}$	β_6	0.0024	0.4589	Log 函数值		-156.6586	
$t\ln L_{it}$	β_7	0.0046	0.9990	LR 值		142.3314	
t	β_8	-0.0075	-0.1821				
t^2	β_9	-0.0018	-0.9767				

注：*、**、*** 分别表示变量在 1%、5%、10%的水平上显著；LR 检验值服从混合卡方分布；技术无效函数中的 VSS 指垂直专业化指数（亦即出口中的国外附加值率、下游度），LVDI 指进口中间品国内增值率指数，TC 指贸易竞争力指数，这些变量估计系数负号表示变量对技术效率有正影响，反之亦反之 [以下表 6-2（a）至表 6-16（a）与此表相同，不再说明]。

如表 6-1（b）所示：

（1）在食品加工业中，2005~2015 年 50 个经济体技术效率平均值最高的是印度（0.69），其次依次是墨西哥（0.65）、菲律宾（0.63）、日本（0.60）、罗马尼亚（0.60）、中国（0.58）等。最低值是新加坡（0.28），其次依次是比利时（0.29）、丹麦（0.30）、匈牙利（0.30）等。

（2）中国食品加工业 2005~2015 年技术效率平均值为 0.58，居 50 个经济体的第 6 位。

（3）中国食品加工业 2015 年技术效率数值（0.62）高于 2000~2005 年平均值（0.58），在 50 个经济体中的排序上升至第 5 位。

表 6-1（b）　2005~2015 年 50 个经济体食品加工业技术效率估计结果

国家（地区）	2005	2006	2007	2008	2009	2010	2011	2012	2013	2014	2015	平均值	平均值排序	2015 排序
澳大利亚	0.47	0.44	0.46	0.45	0.47	0.47	0.47	0.46	0.46	0.46	0.44	0.46	18	19
巴西	0.50	0.49	0.48	0.47	0.46	0.49	0.49	0.49	0.47	0.47	0.46	0.48	15	16
加拿大	0.42	0.43	0.43	0.43	0.43	0.44	0.43	0.43	0.43	0.41	0.43	0.43	20	20
瑞士	0.39	0.37	0.37	0.36	0.36	0.37	0.36	0.38	0.36	0.37	0.38	0.37	32	32
中国	0.63	0.60	0.58	0.57	0.57	0.55	0.55	0.56	0.58	0.60	0.62	0.58	6	5
德国	0.40	0.41	0.40	0.38	0.39	0.37	0.36	0.35	0.36	0.35	0.35	0.37	31	36
西班牙	0.41	0.41	0.42	0.43	0.45	0.44	0.43	0.43	0.43	0.43	0.42	0.43	21	21
法国	0.41	0.40	0.41	0.40	0.40	0.41	0.41	0.40	0.40	0.40	0.41	0.40	26	25

续表

年份 国家 （地区）	2005	2006	2007	2008	2009	2010	2011	2012	2013	2014	2015	平均值	平均值 排序	2015 排序
英国	0.42	0.41	0.40	0.40	0.41	0.38	0.37	0.38	0.39	0.40	0.40	0.40	27	27
印度	0.72	0.71	0.70	0.71	0.70	0.68	0.74	0.75	0.64	0.64	0.65	0.69	1	2
意大利	0.45	0.45	0.45	0.45	0.45	0.43	0.42	0.41	0.41	0.41	0.41	0.43	19	23
日本	0.69	0.65	0.64	0.64	0.66	0.67	0.51	0.51	0.51	0.50	0.63	0.60	4	3
韩国	0.43	0.43	0.42	0.39	0.40	0.39	0.37	0.37	0.37	0.38	0.39	0.40	28	28
墨西哥	0.61	0.63	0.65	0.66	0.66	0.66	0.65	0.65	0.68	0.68	0.67	0.65	2	1
俄罗斯	0.49	0.49	0.50	0.50	0.49	0.48	0.49	0.51	0.52	0.51	0.50	0.50	12	14
中国台湾	0.39	0.38	0.37	0.35	0.38	0.36	0.35	0.34	0.34	0.35	0.38	0.36	35	33
美国	0.53	0.56	0.56	0.55	0.60	0.57	0.55	0.55	0.55	0.55	0.56	0.56	7	8
阿根廷	0.48	0.47	0.47	0.46	0.48	0.49	0.49	0.51	0.51	0.51	0.53	0.49	13	11
爱尔兰	0.36	0.37	0.36	0.35	0.34	0.35	0.37	0.36	0.38	0.39	0.42	0.37	34	22
奥地利	0.37	0.36	0.37	0.35	0.36	0.35	0.34	0.34	0.33	0.33	0.33	0.35	43	41
保加利亚	0.40	0.39	0.35	0.35	0.37	0.32	0.36	0.34	0.34	0.33	0.33	0.35	39	43
比利时	0.32	0.32	0.31	0.28	0.29	0.30	0.28	0.28	0.28	0.28	0.27	0.29	49	49
冰岛	0.42	0.40	0.40	0.38	0.38	0.38	0.38	0.38	0.38	0.39	0.39	0.39	30	29
波兰	0.44	0.44	0.42	0.42	0.43	0.43	0.40	0.41	0.40	0.40	0.39	0.42	23	30
丹麦	0.33	0.31	0.31	0.29	0.31	0.30	0.29	0.29	0.29	0.29	0.27	0.30	48	50
菲律宾	0.64	0.64	0.66	0.64	0.64	0.63	0.60	0.62	0.63	0.63	0.62	0.63	3	4
芬兰	0.38	0.36	0.36	0.35	0.38	0.36	0.34	0.34	0.34	0.33	0.33	0.35	42	42
哥伦比亚	0.50	0.50	0.50	0.50	0.51	0.50	0.49	0.49	0.49	0.53	0.51	0.50	11	12
荷兰	0.40	0.39	0.38	0.36	0.38	0.37	0.36	0.36	0.36	0.36	0.33	0.37	33	39
捷克	0.37	0.36	0.35	0.35	0.36	0.34	0.34	0.33	0.33	0.33	0.32	0.34	44	44
罗马尼亚	0.57	0.56	0.53	0.58	0.60	0.61	0.66	0.63	0.65	0.61	0.61	0.60	5	6
马来西亚	0.45	0.45	0.42	0.40	0.40	0.38	0.37	0.39	0.40	0.40	0.40	0.41	25	26
秘鲁	0.48	0.47	0.46	0.46	0.47	0.47	0.46	0.46	0.46	0.46	0.45	0.46	17	17
南非	0.44	0.43	0.42	0.40	0.42	0.43	0.41	0.41	0.40	0.40	0.41	0.41	24	24
挪威	0.39	0.39	0.36	0.36	0.36	0.35	0.35	0.34	0.34	0.34	0.33	0.36	38	40
葡萄牙	0.38	0.37	0.36	0.35	0.37	0.36	0.34	0.34	0.34	0.35	0.35	0.36	37	37
瑞典	0.36	0.36	0.36	0.38	0.35	0.36	0.36	0.34	0.36	0.35	0.36	0.36	36	35
沙特阿拉伯	0.47	0.47	0.48	0.46	0.49	0.47	0.45	0.45	0.45	0.46	0.47	0.47	16	15
斯洛伐克	0.35	0.35	0.35	0.34	0.34	0.32	0.31	0.31	0.31	0.33	0.32	0.33	46	45
泰国	0.52	0.56	0.56	0.54	0.55	0.55	0.52	0.53	0.54	0.54	0.54	0.54	10	9
土耳其	0.56	0.57	0.57	0.56	0.56	0.55	0.53	0.54	0.54	0.54	0.54	0.55	8	10
希腊	0.44	0.41	0.40	0.39	0.41	0.40	0.40	0.41	0.44	0.44	0.45	0.42	22	18

国家（地区）＼年份	2005	2006	2007	2008	2009	2010	2011	2012	2013	2014	2015	平均值	平均值排序	2015排序
中国香港	0.39	0.38	0.38	0.37	0.36	0.34	0.32	0.33	0.33	0.33	0.35	0.35	40	38
新加坡	0.26	0.26	0.27	0.25	0.26	0.26	0.29	0.30	0.29	0.30	0.30	0.28	50	47
新西兰	0.43	0.42	0.42	0.40	0.39	0.39	0.38	0.38	0.38	0.38	0.38	0.40	29	31
匈牙利	0.34	0.33	0.32	0.31	0.32	0.30	0.29	0.29	0.29	0.29	0.28	0.30	47	48
以色列	0.35	0.33	0.35	0.35	0.36	0.35	0.35	0.34	0.35	0.36	0.37	0.35	41	34
印度尼西亚	0.53	0.54	0.54	0.55	0.56	0.56	0.55	0.55	0.54	0.54	0.56	0.55	9	7
越南	0.39	0.38	0.36	0.34	0.36	0.33	0.31	0.33	0.31	0.30	0.34	0.34	45	46
智利	0.48	0.49	0.47	0.44	0.50	0.50	0.49	0.49	0.50	0.51	0.51	0.49	14	13

如表 6-1（c）所示：

（1）在食品加工业中，2005～2015 年 50 个经济体全要素生产率平均值最高的是爱尔兰（1.04），其次依次是罗马尼亚（1.03）、墨西哥（1.03）、保加利亚（1.02）、智利（1.02）、瑞典（1.01）等。最低值是越南（0.91），其次依次是印度尼西亚（0.91）、日本（0.95）、中国（0.96）等。

（2）中国食品加工业 2005～2015 年全要素生产率平均值为 0.96，居 50 个经济体倒数第 4 位。

（3）中国食品加工业 2014～2015 年全要素生产率数值（1.01）高于 2000～2005 年平均值（0.96），在 50 个经济体中的排序上升至第 10 位。

表 6-1（c）　2005～2015 年 50 个经济体食品加工业全要素生产率测算结果

国家（地区）＼年份	2005～2006	2006～2007	2007～2008	2008～2009	2009～2010	2010～2011	2011～2012	2012～2013	2013～2014	2014～2015	平均值	平均值排序	2014～2015排序
澳大利亚	0.85	0.93	0.92	1.04	1.00	1.00	1.00	1.04	0.95	0.92	0.96	43	47
巴西	0.98	0.85	0.94	0.97	1.10	0.92	0.99	0.95	0.97	0.98	0.96	42	30
加拿大	0.97	0.94	0.91	0.92	1.15	0.96	0.99	1.02	0.99	1.02	0.98	31	7
瑞士	0.92	1.02	0.97	1.02	1.03	1.00	1.04	1.00	0.98	1.08	1.00	9	2
中国	0.80	0.84	0.96	0.93	0.95	1.00	1.01	1.05	1.04	1.01	0.96	47	10
德国	1.00	0.97	0.89	0.94	0.91	0.98	1.01	1.02	0.99	0.97	0.97	39	38
西班牙	0.93	1.01	1.03	1.00	1.05	1.03	1.03	0.98	1.02	0.99	1.01	8	23
法国	0.83	0.96	0.96	0.94	1.08	1.01	0.95	1.01	0.99	0.97	0.97	40	43
英国	0.89	0.93	1.00	1.10	0.88	1.00	1.06	1.05	1.02	0.98	0.99	23	33
印度	1.00	1.00	0.99	1.01	0.99	1.01	0.88	0.99	1.01	1.00	1.00	26	16
意大利	0.98	0.99	0.97	0.96	0.97	0.96	0.99	0.98	1.01	0.98	0.98	34	31
日本	0.77	0.97	1.00	0.97	1.05	0.53	0.93	0.93	0.97	1.73	0.95	48	1

续表

年份 国家 （地区）	2005~ 2006	2006~ 2007	2007~ 2008	2008~ 2009	2009~ 2010	2010~ 2011	2011~ 2012	2012~ 2013	2013~ 2014	2014~ 2015	平均 值	平均值 排序	2014~ 2015 排序
韩国	0.96	0.97	0.96	1.01	0.97	0.99	1.00	1.00	1.00	0.98	0.98	32	32
墨西哥	1.05	1.06	1.08	0.95	0.99	1.00	1.00	1.14	0.98	1.00	1.03	3	18
俄罗斯	0.96	0.95	0.97	0.92	0.95	0.98	1.18	1.02	0.97	0.99	0.99	27	19
中国台湾	0.96	0.95	0.98	1.02	0.98	1.01	1.00	0.94	1.00	0.98	0.98	33	35
美国	1.05	0.91	0.98	1.12	0.88	0.93	1.02	1.01	0.98	1.02	0.99	24	8
阿根廷	0.89	0.98	0.94	0.96	1.02	1.00	1.04	1.00	0.97	1.07	0.99	30	3
爱尔兰	1.08	1.06	0.90	1.03	1.11	1.10	1.03	1.03	1.03	1.03	1.04	1	6
奥地利	0.96	1.02	0.88	1.03	1.05	0.97	1.06	0.93	1.00	0.99	0.99	21	24
保加利亚	1.00	1.00	1.00	1.13	0.79	1.32	0.98	1.07	0.99	1.01	1.02	4	9
比利时	0.95	1.01	0.98	0.98	0.98	0.95	1.00	1.01	1.01	0.99	0.99	28	25
冰岛	0.91	1.00	0.97	1.00	1.03	1.00	1.03	1.01	0.96	1.04	0.99	17	4
波兰	0.94	0.95	1.02	1.00	1.00	0.96	1.04	0.98	1.01	0.98	0.99	25	34
丹麦	0.92	0.97	0.97	1.01	0.92	0.97	0.98	1.07	0.99	0.98	0.99	35	36
菲律宾	1.01	0.99	0.99	0.99	0.99	0.99	0.99	0.99	1.01	1.00	1.00	14	14
芬兰	0.94	1.04	0.99	1.16	0.94	0.96	0.99	0.98	0.98	0.99	0.99	15	26
哥伦比亚	0.98	0.99	0.97	0.97	0.93	0.97	0.98	0.98	1.28	0.91	0.99	19	50
荷兰	0.89	1.02	0.96	1.04	0.98	1.03	1.04	1.00	1.03	0.96	0.99	18	44
捷克	1.01	0.92	1.01	1.07	0.92	1.06	0.96	1.04	1.03	0.97	1.00	13	40
罗马尼亚	0.98	0.92	1.15	1.11	1.18	1.22	0.95	1.05	0.89	0.95	1.03	2	46
马来西亚	0.90	0.91	0.92	0.92	0.93	0.99	1.01	1.00	1.00	0.99	0.96	46	20
秘鲁	0.98	0.98	0.99	1.01	1.00	1.00	0.99	1.01	0.99	1.00	0.99	16	12
南非	0.98	0.96	0.94	0.97	1.06	0.97	0.95	0.92	0.94	0.97	0.99	44	48
挪威	1.00	0.88	1.00	1.00	1.00	0.97	0.96	1.00	1.01	1.05	0.99	22	11
葡萄牙	0.94	0.95	0.95	0.95	0.90	0.97	1.01	1.05	1.05	1.00	0.98	36	13
瑞典	1.06	0.96	0.97	1.03	1.16	1.00	0.96	1.05	0.98	0.99	1.01	6	27
沙特阿拉伯	1.05	0.98	0.96	0.98	0.93	0.99	0.99	1.01	0.99	1.00	0.99	29	17
斯洛伐克	1.03	0.98	0.93	0.93	1.00	1.01	1.00	0.98	1.05	0.99	0.99	20	28
泰国	0.91	0.96	0.97	0.97	1.01	0.99	0.99	0.98	0.97	0.97	0.97	38	41
土耳其	0.99	1.00	0.99	0.98	1.01	1.01	1.01	0.99	1.01	0.99	1.00	11	21
希腊	0.88	0.96	0.95	0.93	0.94	1.06	1.13	1.22	0.99	1.00	1.00	10	15
中国香港	0.75	0.95	0.97	0.94	1.01	0.97	1.03	1.01	0.96	1.03	0.96	45	5
新加坡	0.97	0.98	0.91	0.93	0.94	1.14	1.16	0.92	1.08	0.99	1.00	12	29
新西兰	0.98	0.97	0.97	0.93	0.97	0.97	0.97	0.99	1.02	0.97	0.98	37	39

续表

年份 国家 （地区）	2005~ 2006	2006~ 2007	2007~ 2008	2008~ 2009	2009~ 2010	2010~ 2011	2011~ 2012	2012~ 2013	2013~ 2014	2014~ 2015	平均 值	平均值 排序	2014~ 2015 排序
匈牙利	1.07	0.94	1.01	1.09	0.95	0.96	0.97	1.08	1.03	0.99	1.01	7	22
以色列	0.83	0.97	0.98	0.97	0.99	0.96	0.97	0.99	1.05	0.97	0.97	41	37
印度尼西亚	0.80	0.83	0.90	0.90	1.00	0.98	0.92	0.90	0.95	0.95	0.91	49	45
越南	0.81	0.93	0.89	0.86	0.89	0.92	0.93	0.98	1.00	0.92	0.91	50	49
智利	1.01	1.02	1.03	1.14	0.99	0.99	1.01	1.02	1.03	0.97	1.02	5	42

（二）纺织服装业增长效率国际比较

如表6-2（a）所示：

（1）γ 值为 0.0114，说明前沿生产函数的误差项 1.14% 来源于技术非效率项。总体标准偏差 σ^2 为 0.0544，且在 1% 的水平上通过显著性检验，表明测量值比较集中。大多数参数的估计结果都比较显著，模型拟合效果比较理想。

（2）依据技术无效率项各变量的估计系数，可以得到如下结果：在纺织服装业中，VSS 指数对技术效率有负面影响，意味着在其他条件不变的情况下，该变量每增加 1 个单位，会导致技术效率降低该变量所对应的估计系数值的比例。而 LVDI 指数和 TC 指数对技术效率有正面影响，意味着在其他条件不变的情况下，这些变量每增加 1 个单位，会促使技术效率提高这些变量对应的估计系数绝对值的比例。

表 6-2（a）　2005~2015 年 50 个经济体纺织服装业随机前沿函数及技术无效函数估计结果

前沿生产函数	参数	估计系数	T 检验值	技术无效函数	参数	估计系数	T 检验值
常数项	β_0	1.0394 ***	5.3471	常数项	σ_0	0.6924 ***	2.7035
$\ln K_{it}$	β_1	1.1753 ***	20.6896	VSS	σ_1	0.0099 ***	8.1630
$\ln L_{it}$	β_2	−0.0906 **	−1.8277	LVDI	σ_2	−0.2368 ***	−8.2929
$(\ln K_{it})^2$	β_3	−0.0195 ***	−3.6850	TC	σ_3	−0.0025 ***	−6.9227
$(\ln L_{it})^2$	β_4	0.0204 ***	3.5977	σ^2		0.0544 ***	18.0259
$\ln K_{it}\ln L_{it}$	β_5	−0.0030	−0.5430	γ		0.0114	0.0814
$t\ln K_{it}$	β_6	0.0018	0.5570	Log 函数值		21.7138	
$t\ln L_{it}$	β_7	−0.0106 ***	−3.0991	LR 值		210.0625	
t	β_8	0.0104	0.3885				
t^2	β_9	0.0031 **	2.0500				

如表6-2（b）所示：

（1）在纺织服装业中，2005~2015 年 50 个经济体技术效率平均值最高的是中国（0.98），其次依次是印度（0.91）、泰国（0.78）、印度尼西亚（0.74）、巴西（0.70）、土耳其（0.69）等。最低值是新加坡（0.38），其次依次是瑞士（0.39）、爱尔兰

（0.40）、冰岛（0.41）等。

（2）中国纺织服装业 2005~2015 年技术效率平均值为 0.98，居 50 个经济体的第 1 位。

（3）中国纺织服装业 2015 年技术效率数值（1.00）高于 2000~2005 年平均值（0.98），呈现逐年上升态势。

表 6-2（b）　2005~2015 年 50 个经济体纺织服装业技术效率估计结果

国家（地区）	2005	2006	2007	2008	2009	2010	2011	2012	2013	2014	2015	平均值	平均值排序	2015排序
澳大利亚	0.48	0.46	0.46	0.45	0.47	0.46	0.46	0.48	0.44	0.44	0.43	0.46	38	38
巴西	0.89	0.84	0.79	0.73	0.66	0.65	0.63	0.61	0.61	0.62	0.62	0.70	5	11
加拿大	0.44	0.43	0.43	0.42	0.43	0.43	0.42	0.42	0.42	0.41	0.40	0.42	45	47
瑞士	0.40	0.40	0.40	0.40	0.39	0.40	0.38	0.39	0.38	0.38	0.39	0.39	49	49
中国	0.92	0.95	0.98	0.99	0.99	0.99	0.99	1.00	1.00	1.00	1.00	0.98	1	1
德国	0.50	0.49	0.49	0.50	0.50	0.51	0.49	0.49	0.49	0.47	0.46	0.49	27	29
西班牙	0.53	0.52	0.51	0.52	0.54	0.52	0.52	0.51	0.51	0.50	0.48	0.52	21	24
法国	0.50	0.49	0.49	0.49	0.49	0.47	0.47	0.48	0.47	0.46	0.46	0.48	32	30
英国	0.48	0.48	0.48	0.48	0.47	0.49	0.47	0.47	0.48	0.48	0.48	0.48	31	22
印度	0.92	0.96	0.91	0.88	0.93	0.87	0.98	0.93	0.93	0.89	0.85	0.91	2	2
意大利	0.60	0.66	0.65	0.67	0.68	0.65	0.64	0.67	0.66	0.64	0.63	0.65	10	8
日本	0.50	0.51	0.51	0.51	0.50	0.50	0.48	0.49	0.47	0.46	0.46	0.49	28	31
韩国	0.62	0.61	0.60	0.59	0.62	0.64	0.60	0.57	0.58	0.57	0.57	0.60	13	12
墨西哥	0.54	0.53	0.53	0.54	0.55	0.52	0.51	0.51	0.50	0.50	0.49	0.52	18	20
俄罗斯	0.46	0.45	0.45	0.44	0.43	0.42	0.43	0.43	0.43	0.43	0.43	0.44	40	37
中国台湾	0.51	0.63	0.63	0.64	0.65	0.64	0.64	0.71	0.71	0.67	0.66	0.64	11	7
美国	0.58	0.50	0.50	0.51	0.50	0.49	0.48	0.48	0.48	0.48	0.47	0.50	24	28
阿根廷	0.69	0.68	0.67	0.65	0.66	0.66	0.64	0.67	0.67	0.68	0.66	0.67	9	6
爱尔兰	0.43	0.41	0.40	0.41	0.39	0.38	0.40	0.40	0.37	0.38	0.41	0.40	48	44
奥地利	0.48	0.47	0.47	0.47	0.48	0.46	0.45	0.45	0.44	0.44	0.44	0.46	37	36
保加利亚	0.53	0.71	0.68	0.66	0.74	0.69	0.71	0.71	0.65	0.65	0.63	0.67	8	9
比利时	0.50	0.50	0.49	0.52	0.47	0.51	0.49	0.48	0.49	0.48	0.45	0.49	29	33
冰岛	0.43	0.41	0.42	0.39	0.41	0.40	0.40	0.40	0.40	0.40	0.39	0.41	47	50
波兰	0.55	0.54	0.51	0.50	0.51	0.50	0.49	0.49	0.49	0.48	0.47	0.50	23	27
丹麦	0.50	0.48	0.48	0.47	0.51	0.49	0.46	0.46	0.46	0.47	0.44	0.47	33	34
菲律宾	0.73	0.64	0.73	0.76	0.76	0.73	0.64	0.65	0.65	0.66	0.63	0.69	7	10
芬兰	0.48	0.47	0.46	0.48	0.50	0.47	0.46	0.46	0.46	0.46	0.46	0.47	34	32
哥伦比亚	0.61	0.60	0.63	0.63	0.61	0.58	0.54	0.54	0.53	0.51	0.51	0.57	14	16

续表

年份 国家 （地区）	2005	2006	2007	2008	2009	2010	2011	2012	2013	2014	2015	平均值	平均值排序	2015排序
荷兰	0.52	0.51	0.51	0.53	0.54	0.52	0.51	0.52	0.52	0.52	0.49	0.52	20	21
捷克	0.49	0.50	0.49	0.50	0.51	0.48	0.45	0.45	0.44	0.43	0.42	0.47	35	42
罗马尼亚	0.49	0.50	0.56	0.56	0.57	0.59	0.58	0.56	0.55	0.53	0.53	0.55	16	14
马来西亚	0.53	0.56	0.55	0.56	0.58	0.52	0.53	0.53	0.53	0.55	0.49	0.54	17	18
秘鲁	0.66	0.68	0.72	0.64	0.64	0.61	0.58	0.57	0.55	0.54	0.52	0.61	12	15
南非	0.56	0.54	0.54	0.52	0.52	0.55	0.52	0.51	0.49	0.49	0.48	0.52	19	25
挪威	0.44	0.44	0.44	0.43	0.44	0.44	0.44	0.44	0.44	0.43	0.43	0.44	41	40
葡萄牙	0.58	0.57	0.56	0.56	0.58	0.56	0.56	0.56	0.55	0.55	0.55	0.56	15	13
瑞典	0.47	0.46	0.46	0.45	0.45	0.44	0.43	0.43	0.43	0.42	0.44	0.44	39	35
沙特阿拉伯	0.43	0.41	0.43	0.42	0.44	0.44	0.42	0.42	0.42	0.43	0.42	0.42	44	39
斯洛伐克	0.44	0.43	0.43	0.43	0.42	0.47	0.41	0.41	0.41	0.41	0.40	0.42	46	46
泰国	0.74	0.79	0.82	0.78	0.86	0.76	0.76	0.75	0.77	0.76	0.75	0.78	3	3
土耳其	0.71	0.70	0.70	0.70	0.71	0.67	0.64	0.68	0.68	0.69	0.70	0.69	6	4
希腊	0.51	0.49	0.46	0.47	0.50	0.52	0.50	0.52	0.50	0.48	0.48	0.49	26	23
中国香港	0.52	0.55	0.51	0.51	0.49	0.44	0.44	0.40	0.41	0.43	0.43	0.47	36	41
新加坡	0.38	0.36	0.36	0.36	0.37	0.37	0.40	0.40	0.40	0.40	0.39	0.38	50	48
新西兰	0.53	0.51	0.51	0.50	0.51	0.50	0.48	0.48	0.49	0.49	0.49	0.50	25	26
匈牙利	0.44	0.43	0.43	0.44	0.45	0.45	0.43	0.43	0.43	0.42	0.44	0.44	42	43
以色列	0.49	0.44	0.50	0.50	0.51	0.51	0.47	0.45	0.46	0.49	0.48	0.48	30	19
印度尼西亚	0.76	0.86	0.86	0.73	0.78	0.72	0.69	0.69	0.68	0.69		0.74	4	5
越南	0.51	0.51	0.49	0.51	0.53	0.50	0.49	0.51	0.50	0.50	0.50	0.51	22	17
智利	0.44	0.45	0.44	0.43	0.44	0.43	0.42	0.41	0.42	0.42	0.41	0.43	43	45

如表6-2（c）所示：

（1）在纺织服装业中，2005~2015年50个经济体全要素生产率平均值最高的是丹麦（1.02），其次依次是沙特阿拉伯（1.01）、英国（1.01）、新加坡（1.01）、荷兰（1.00）、韩国（1.00）等。最低值是巴西（0.87），其次依次是法国（0.90）、越南（0.91）、秘鲁（0.91）等。

（2）中国纺织服装业2005~2015年全要素生产率平均值为0.96，居50个经济体第34位。

（3）中国纺织服装业2014~2015年全要素生产率数值（0.99）高于2000~2005年平均值（0.96），在50个经济体中的排序上升至第30位。

表 6-2（c）　2005~2015 年 50 个经济体纺织服装业全要素生产率测算结果

国家（地区）＼年份	2005~2006	2006~2007	2007~2008	2008~2009	2009~2010	2010~2011	2011~2012	2012~2013	2013~2014	2014~2015	平均值	平均值排序	2014~2015 排序
澳大利亚	0.88	1.03	1.21	1.12	0.87	0.88	0.87	0.99	1.05	0.94	0.98	19	43
巴西	0.87	0.92	0.88	0.90	0.80	0.92	0.84	0.86	0.96	0.79	0.87	50	50
加拿大	0.88	0.90	0.98	0.94	1.12	0.99	1.03	0.97	0.99	1.01	0.98	18	6
瑞士	0.81	0.98	0.94	0.90	1.08	0.97	0.96	0.98	1.00	1.03	0.96	30	4
中国	0.94	0.98	0.99	0.98	0.99	0.85	0.86	1.01	1.00	0.99	0.96	34	30
德国	0.93	0.95	0.87	0.84	1.04	1.01	0.93	1.00	1.05	0.99	0.96	33	16
西班牙	0.93	0.96	0.99	0.94	1.01	1.04	0.93	1.02	0.99	0.98	0.98	20	17
法国	0.79	0.88	0.85	0.85	0.90	1.02	0.96	0.94	0.93	0.93	0.90	49	44
英国	0.93	0.99	0.92	0.92	1.31	1.03	0.98	1.09	1.02	0.96	1.01	3	39
印度	0.93	0.96	0.95	0.98	0.98	0.98	0.90	1.00	1.00	1.00	0.97	25	7
意大利	0.86	0.95	0.95	0.97	0.98	0.99	0.93	1.03	1.02	0.99	0.97	27	18
日本	0.48	1.05	0.98	0.90	0.96	0.50	1.08	0.95	0.98	2.08	0.92	43	1
韩国	0.92	0.93	1.02	1.11	1.14	1.01	0.98	1.00	0.94	0.99	1.00	6	19
墨西哥	0.97	1.01	1.02	0.94	0.98	0.98	0.98	0.71	0.98	0.98	0.95	38	31
俄罗斯	0.97	0.97	0.98	0.94	1.02	1.04	0.98	0.97	0.98	0.99	0.98	14	32
中国台湾	0.62	0.87	0.87	0.91	1.00	1.17	1.02	1.00	0.99	1.03	0.94	41	5
美国	0.86	0.90	0.93	0.98	1.03	0.97	1.02	1.01	1.00	1.00	0.97	26	11
阿根廷	0.85	0.97	0.94	0.95	1.09	1.01	0.99	0.98	0.99	1.05	0.98	15	2
爱尔兰	0.65	1.38	0.82	0.97	1.05	0.93	1.11	1.08	1.09	1.00	0.99	10	9
奥地利	0.90	0.95	0.90	0.95	1.07	0.96	0.90	0.95	0.99	0.99	0.96	35	20
保加利亚	0.93	0.97	0.92	1.28	0.82	1.31	0.92	0.83	0.99	0.90	0.98	23	48
比利时	0.89	0.96	0.93	0.96	0.97	0.96	0.95	1.01	1.05	0.99	0.97	28	21
冰岛	0.88	1.03	0.97	1.00	1.10	1.00	0.98	0.99	1.05	1.00	1.00	7	3
波兰	1.00	0.91	0.97	0.92	0.97	0.99	1.02	0.99	1.05	0.99	0.98	22	22
丹麦	1.11	0.98	0.97	0.99	1.00	1.03	1.02	1.10	1.02	0.99	1.02	1	23
菲律宾	0.82	0.98	0.95	0.94	0.96	0.98	0.95	1.00	0.99	0.97	0.95	37	35
芬兰	0.98	0.92	1.01	0.96	1.11	0.95	1.00	0.97	0.99	0.99	0.99	11	29
哥伦比亚	0.84	0.95	0.90	0.78	0.94	0.97	0.99	0.93	1.02	0.80	0.91	46	49
荷兰	1.03	1.05	0.97	0.96	1.04	1.06	0.95	1.00	1.02	0.99	1.00	5	14
捷克	1.00	0.95	1.07	1.01	0.80	1.02	0.98	1.02	1.07	0.95	0.98	13	42
罗马尼亚	0.78	0.91	1.09	1.04	1.29	1.04	0.82	1.05	0.90	0.96	0.98	21	40
马来西亚	0.92	0.95	0.97	0.95	0.94	1.03	0.98	0.97	0.98	0.95	0.96	31	41
秘鲁	0.80	0.66	0.96	0.89	1.05	0.97	0.95	0.95	0.93	0.98	0.91	47	33

续表

年份 国家 （地区）	2005~ 2006	2006~ 2007	2007~ 2008	2008~ 2009	2009~ 2010	2010~ 2011	2011~ 2012	2012~ 2013	2013~ 2014	2014~ 2015	平均值	平均值 排序	2014~ 2015 排序
南非	0.88	0.94	0.93	0.97	1.04	0.90	0.96	1.05	0.96	0.93	0.96	36	45
挪威	1.03	0.90	1.03	1.03	1.03	1.02	0.94	1.06	0.97	0.99	1.00	8	25
葡萄牙	0.80	0.94	0.93	0.93	0.87	0.93	0.91	0.99	0.96	0.91	0.92	45	47
瑞典	0.87	0.96	0.92	0.91	0.96	0.96	0.99	0.99	1.00	0.99	0.96	32	24
沙特阿拉伯	1.07	1.07	0.99	1.01	1.00	1.00	0.99	1.01	0.99	1.00	1.01	2	8
斯洛伐克	0.85	0.97	0.85	0.92	1.51	0.79	0.99	1.03	1.04	0.99	0.98	17	15
泰国	0.89	0.96	0.96	0.97	0.98	0.96	0.99	0.99	0.97	0.97	0.96	29	34
土耳其	0.95	0.99	0.99	1.00	1.00	1.00	1.00	0.99	1.01	1.00	0.99	9	10
希腊	0.76	0.94	0.93	0.92	0.95	0.96	0.95	1.15	0.97	0.99	0.95	39	26
中国香港	0.85	0.84	0.88	0.89	0.82	1.05	0.99	0.99	0.99	1.00	0.93	42	13
新加坡	1.03	1.04	1.04	1.06	1.03	1.02	1.01	0.74	1.17	0.99	1.01	4	27
新西兰	0.89	0.97	0.96	0.96	0.98	0.97	1.00	0.99	1.01	1.00	0.97	24	12
匈牙利	1.01	0.89	0.97	0.92	1.03	1.00	0.97	1.04	0.99	0.98	16	38
以色列	0.74	1.02	0.94	0.89	0.96	0.82	0.92	0.98	1.21	0.97	0.94	40	36
印度尼西亚	0.89	0.88	0.88	0.90	0.94	0.98	0.91	0.94	0.94	0.93	0.92	44	46
越南	0.62	0.71	0.96	0.87	0.96	1.04	1.02	1.04	1.02	0.97	0.91	48	37
智利	0.98	0.99	1.01	0.84	1.03	1.00	0.97	1.03	1.04	0.99	0.99	12	28

（三）木制品业增长效率国际比较

如表 6-3（a）所示：

（1）γ 值为 0.0000，说明前沿生产函数的误差项没有来源于技术非效率项。总体标准偏差 σ^2 为 0.0642，且在 1% 的水平上通过显著性检验，表明测量值比较集中。大多数参数的估计结果都比较显著，模型拟合效果比较理想。

（2）依据技术无效率项各变量的估计系数，可以得到如下结果：在木制品业中，VSS 指数和 LVDI 指数对技术效率有负面影响，意味着在其他条件不变的情况下，这些变量每增加 1 个单位，会导致技术效率降低这些变量所对应的估计系数值的比例。而 TC 指数对技术效率有正面影响，意味着在其他条件不变的情况下，该变量每增加 1 个单位，会促使技术效率提高该变量对应的估计系数绝对值的比例。

表 6-3（a）　2005~2015 年 50 个经济体木制品业随机前沿函数及技术无效函数估计结果

前沿生产函数	参数	估计系数	T 检验值	技术无效函数	参数	估计系数	T 检验值
常数项	β_0	1.3894***	6.4325	常数项	σ_0	−0.6076***	−5.5499
$\ln K_{it}$	β_1	1.0311***	20.3941	VSS	σ_1	0.0226***	13.7494

前沿生产函数	参数	估计系数	T检验值	技术无效函数	参数	估计系数	T检验值
$\ln L_{it}$	β_2	-0.1048 ***	-2.5327	LVDI	σ_2	0.1560 ***	3.4931
$(\ln K_{it})^2$	β_3	-0.0107 ***	-2.6273	TC	σ_3	-0.0019 ***	-7.0506
$(\ln L_{it})^2$	β_4	0.0152 ***	3.0504	σ^2		0.0642 ***	15.5175
$\ln K_{it}\ln L_{it}$	β_5	-0.0045	-0.4891	γ		0.0000	0.0140
$t\ln K_{it}$	β_6	0.0027	0.6818	Log 函数值		-25.2234	
$t\ln L_{it}$	β_7	-0.0075 **	-2.0115	LR 值		308.6649	
t	β_8	0.0176	0.6540				
t^2	β_9	0.0011	0.6270				

如表 6-3（b）所示：

（1）在木制品业中，2005~2015 年 50 个经济体技术效率平均值最高的是巴西（1.00），其次依次是俄罗斯（1.00）、阿根廷（1.00）、秘鲁（1.00）、印度尼西亚（1.00）、印度（1.00）等。最低值是中国香港（0.44），其次依次是中国台湾（0.48）、越南（0.48）、新加坡（0.51）等。

（2）中国木制品业 2005~2015 年技术效率平均值为 0.96，居 50 个经济体的第 12 位。

（3）中国木制品业 2015 年技术效率数值（0.95）低于 2000~2005 年平均值（0.96），呈现逐年减少态势，但在 50 个经济体中的排序上升至第 11 位。

表 6-3 （b）　　　　2005~2015 年 50 个经济体木制品业技术效率估计结果

国家（地区）＼年份	2005	2006	2007	2008	2009	2010	2011	2012	2013	2014	2015	平均值	平均值排序	2015排序
澳大利亚	0.99	0.93	0.93	0.94	0.95	0.92	0.91	0.89	0.91	0.90	0.89	0.92	14	17
巴西	1.00	1.00	1.00	1.00	1.00	1.00	1.00	1.00	1.00	1.00	1.00	1.00	1	1
加拿大	1.00	1.00	1.00	1.00	1.00	0.93	0.93	0.94	0.96	0.99	0.98	0.98	9	10
瑞士	0.73	0.73	0.72	0.71	0.73	0.74	0.77	0.72	0.70	0.73	0.76	0.73	33	33
中国	0.94	0.95	0.97	1.00	1.00	1.00	0.93	0.91	0.93	0.93	0.95	0.96	12	11
德国	0.91	0.87	0.86	0.84	0.89	0.83	0.80	0.79	0.79	0.79	0.80	0.83	24	31
西班牙	0.74	0.73	0.73	0.75	0.87	0.79	0.81	0.85	0.85	0.85	0.80	0.80	29	24
法国	0.83	0.81	0.81	0.81	0.85	0.80	0.80	0.81	0.82	0.80	0.83	0.81	26	27
英国	0.78	0.73	0.75	0.74	0.73	0.70	0.68	0.71	0.70	0.69	0.71	0.72	35	38
印度	1.00	1.00	1.00	1.00	1.00	1.00	1.00	0.96	1.00	1.00	1.00	1.00	6	2
意大利	0.80	0.76	0.76	0.80	0.85	0.79	0.78	0.80	0.83	0.84	0.85	0.81	27	23
日本	0.91	0.86	0.85	0.83	0.92	0.90	0.87	0.84	0.83	0.81	0.82	0.86	21	30
韩国	0.61	0.58	0.58	0.50	0.55	0.53	0.50	0.50	0.51	0.54	0.59	0.54	45	43
墨西哥	0.87	0.87	0.87	0.86	0.88	0.85	0.85	0.84	0.85	0.85	0.83	0.86	22	28

续表

年份 国家 （地区）	2005	2006	2007	2008	2009	2010	2011	2012	2013	2014	2015	平均值	平均值排序	2015排序
俄罗斯	1.00	1.00	1.00	1.00	1.00	1.00	1.00	1.00	1.00	1.00	1.00	1.00	2	3
中国台湾	0.54	0.50	0.47	0.46	0.52	0.46	0.43	0.44	0.45	0.46	0.51	0.48	49	47
美国	0.86	0.84	0.84	0.83	0.94	0.92	0.89	0.89	0.90	0.90	0.93	0.88	17	13
阿根廷	1.00	1.00	1.00	1.00	1.00	1.00	1.00	1.00	1.00	1.00	1.00	1.00	3	4
爱尔兰	0.60	0.55	0.54	0.46	0.47	0.54	0.56	0.49	0.50	0.53	0.59	0.53	46	44
奥地利	0.84	0.83	0.84	0.80	0.85	0.81	0.77	0.75	0.75	0.77	0.79	0.80	28	32
保加利亚	0.65	0.60	0.59	0.55	0.70	0.67	0.65	0.62	0.62	0.69	0.72	0.64	41	35
比利时	0.65	0.63	0.61	0.58	0.63	0.57	0.55	0.55	0.54	0.52	0.56	0.58	43	46
冰岛	0.80	0.76	0.75	0.74	0.79	0.70	0.67	0.64	0.67	0.69	0.68	0.72	37	41
波兰	0.89	0.85	0.85	0.83	0.92	0.88	0.84	0.86	0.86	0.85	0.86	0.86	20	21
丹麦	0.74	0.69	0.69	0.68	0.74	0.74	0.71	0.72	0.74	0.74	0.72	0.72	36	36
菲律宾	0.95	0.88	1.00	1.00	1.00	1.00	0.96	1.00	1.00	1.00	1.00	0.98	8	5
芬兰	0.91	0.87	0.89	0.87	0.90	0.85	0.87	0.81	0.80	0.83	0.85	0.88	23	18
哥伦比亚	0.97	0.97	1.00	1.00	1.00	1.00	0.98	0.97	0.96	0.94	0.93	0.98	10	12
荷兰	0.75	0.73	0.71	0.73	0.77	0.73	0.72	0.73	0.72	0.73	0.70	0.73	34	39
捷克	0.78	0.74	0.73	0.73	0.74	0.69	0.68	0.67	0.67	0.68	0.71	0.71	38	37
罗马尼亚	0.99	0.99	0.94	0.92	1.00	1.00	1.00	0.92	0.94	0.92	0.90	0.96	11	15
马来西亚	0.95	0.90	0.89	0.86	0.89	0.87	0.84	0.84	0.85	0.85	0.87	0.87	19	19
秘鲁	1.00	1.00	1.00	1.00	1.00	1.00	1.00	1.00	1.00	1.00	1.00	1.00	4	6
南非	0.83	0.79	0.78	0.74	0.78	0.80	0.79	0.78	0.78	0.82	0.86	0.79	30	22
挪威	0.77	0.77	0.73	0.72	0.75	0.76	0.76	0.77	0.75	0.74	0.74	0.75	32	34
葡萄牙	0.92	0.92	0.88	0.83	0.91	0.89	0.85	0.85	0.87	0.85	0.86	0.88	18	20
瑞典	0.91	0.92	0.92	0.84	0.92	0.89	0.85	0.86	0.90	0.89	0.93	0.89	16	14
沙特阿拉伯	0.57	0.51	0.55	0.55	0.67	0.72	0.73	0.74	0.76	0.78	0.82	0.67	40	29
斯洛伐克	0.73	0.73	0.79	0.80	0.86	0.84	0.83	0.84	0.86	0.90	0.83	0.82	25	25
泰国	0.71	0.72	0.76	0.72	0.77	0.79	0.73	0.73	0.75	0.77	0.83	0.75	31	26
土耳其	0.92	0.89	0.89	0.89	0.96	0.93	0.86	0.90	0.86	0.90	0.90	0.90	15	16
希腊	0.69	0.76	0.68	0.74	0.82	0.71	0.79	0.54	0.56	0.60	0.61	0.68	39	42
中国香港	0.51	0.47	0.46	0.42	0.44	0.40	0.41	0.41	0.41	0.42	0.44	0.44	50	50
新加坡	0.53	0.51	0.52	0.49	0.51	0.52	0.53	0.52	0.51	0.50	0.49	0.51	47	49
新西兰	0.99	0.96	1.00	0.92	1.00	1.00	1.00	0.96	1.00	0.99	1.00	0.98	7	7
匈牙利	0.65	0.60	0.61	0.59	0.62	0.61	0.58	0.58	0.59	0.59	0.57	0.60	42	45
以色列	0.49	0.51	0.49	0.49	0.54	0.52	0.57	0.60	0.62	0.65	0.69	0.56	44	40

国家 （地区）＼年份	2005	2006	2007	2008	2009	2010	2011	2012	2013	2014	2015	平均值	平均值排序	2015排序
印度尼西亚	1.00	1.00	1.00	1.00	1.00	1.00	1.00	1.00	1.00	1.00	1.00	1.00	5	8
越南	0.50	0.48	0.45	0.46	0.51	0.49	0.48	0.45	0.51	0.50	0.49	0.48	48	48
智利	1.00	0.99	0.95	0.89	0.93	0.92	0.90	0.91	0.95	1.00	1.00	0.95	13	9

如表 6-3（c）所示：

（1）在木制品业中，2005～2015 年 50 个经济体全要素生产率平均值最高的是斯洛伐克（1.04），其次依次是葡萄牙（1.04）、南非（1.03）、新加坡（1.02）、哥伦比亚（1.02）、荷兰（1.02）等。最低值是印度尼西亚（0.88），其次依次是越南（0.92）、巴西（0.96）、法国（0.96）等。

（2）中国木制品业 2005～2015 年全要素生产率平均值为 0.98，居 50 个经济体第 42 位。

（3）中国木制品业 2014～2015 年全要素生产率数值（0.98）与 2000～2005 年平均值（0.98）持平，但在 50 个经济体中的排序下降至第 43 位。

表 6-3（c）　2005～2015 年 50 个经济体木制品业全要素生产率测算结果

国家 （地区）＼年份	2005～ 2006	2006～ 2007	2007～ 2008	2008～ 2009	2009～ 2010	2010～ 2011	2011～ 2012	2012～ 2013	2013～ 2014	2014～ 2015	平均值	平均值排序	2014～ 2015 排序
澳大利亚	0.86	1.03	1.09	0.91	0.96	0.96	0.96	1.11	0.95	1.06	0.99	36	5
巴西	0.99	0.96	0.91	0.87	0.99	0.92	1.01	0.99	1.10	0.90	0.96	48	49
加拿大	0.91	0.96	0.86	0.89	1.36	0.98	1.07	1.11	0.99	1.01	1.01	15	12
瑞士	0.92	1.07	0.92	0.94	1.06	1.00	1.00	0.97	1.01	1.02	0.99	34	7
中国	0.99	0.99	0.96	0.96	0.96	0.98	0.98	0.98	0.98	0.98	0.98	42	43
德国	1.07	0.98	0.79	0.95	1.15	1.00	0.94	1.01	0.98	0.98	0.98	40	29
西班牙	1.01	1.01	0.95	0.95	0.89	0.96	1.04	1.08	1.01	0.99	0.99	35	30
法国	0.93	1.05	1.03	0.95	0.76	1.12	0.96	0.99	0.90	0.97	0.96	47	45
英国	0.88	1.04	1.04	0.88	1.12	0.91	1.14	0.98	1.08	1.02	1.00	17	8
印度	0.99	1.00	0.98	1.00	0.99	1.00	0.88	1.00	0.99	1.01	0.99	37	20
意大利	0.98	0.99	0.98	0.98	0.99	1.01	0.96	1.04	1.03	0.99	0.99	29	31
日本	0.77	1.03	1.06	0.92	1.11	0.94	0.97	1.03	1.06	1.01	0.99	38	15
韩国	1.03	1.03	1.03	0.89	1.14	0.99	0.91	1.03	1.00	1.00	1.00	18	26
墨西哥	0.97	0.97	0.97	1.05	1.05	1.06	1.06	0.81	0.99	1.01	0.99	31	13
俄罗斯	1.00	1.00	1.00	1.00	1.00	1.00	1.03	1.02	1.07	1.01	1.01	8	16
中国台湾	0.99	0.94	0.97	1.01	1.02	1.06	0.97	0.95	1.02	0.99	0.99	32	41
美国	0.91	0.96	0.96	1.06	1.10	0.98	1.04	1.06	0.99	0.98	1.00	16	42

续表

国家（地区）\年份	2005~2006	2006~2007	2007~2008	2008~2009	2009~2010	2010~2011	2011~2012	2012~2013	2013~2014	2014~2015	平均值	平均值排序	2014~2015 排序
阿根廷	0.94	1.06	0.93	0.94	1.08	1.01	1.02	0.97	1.03	1.05	1.00	20	6
爱尔兰	0.88	1.00	0.73	0.67	1.27	0.93	1.14	1.33	0.98	0.99	0.97	46	40
奥地利	1.09	1.07	0.88	0.94	1.14	0.97	0.95	1.00	0.98	0.99	1.00	25	32
保加利亚	0.88	0.89	0.90	1.24	1.19	1.07	0.91	0.75	1.00	1.02	0.97	43	10
比利时	1.02	1.05	0.79	1.01	1.01	1.01	0.93	0.93	1.02	0.99	0.97	44	33
冰岛	0.88	1.08	0.97	1.01	0.92	1.09	0.97	1.03	1.08	1.08	1.01	11	4
波兰	0.99	1.06	0.98	0.98	0.99	1.04	1.04	0.95	1.06	0.99	1.01	14	34
丹麦	0.95	0.99	0.93	0.91	1.10	1.05	1.01	1.03	1.06	0.99	1.00	19	27
菲律宾	0.94	1.03	1.03	1.02	1.04	1.03	1.04	0.99	1.02	1.00	1.01	9	21
芬兰	1.08	1.12	0.75	0.78	1.37	0.89	0.98	1.10	1.07	0.99	1.00	23	35
哥伦比亚	1.07	1.14	1.00	0.93	0.98	0.96	0.94	0.97	1.29	0.96	1.02	5	48
荷兰	0.99	0.99	1.01	0.95	0.93	1.12	0.97	0.99	1.12	1.11	1.02	6	1
捷克	0.87	1.07	1.01	0.97	1.00	1.03	0.98	1.00	1.11	1.02	1.00	21	9
罗马尼亚	0.93	0.92	1.15	1.22	1.38	1.06	0.68	1.03	0.81	0.96	1.00	26	46
马来西亚	0.93	0.94	0.94	0.95	0.95	0.99	1.01	1.00	1.00	0.99	0.97	45	36
秘鲁	0.95	0.98	0.95	0.98	1.01	0.99	0.98	0.99	0.97	0.98	0.98	41	44
南非	0.96	1.00	0.98	1.00	0.89	1.25	1.11	0.98	1.05	1.08	1.03	3	3
挪威	1.00	0.97	0.94	0.94	0.95	1.04	0.98	0.95	1.01	1.08	0.98	39	2
葡萄牙	0.97	1.07	1.08	1.09	1.10	1.00	1.02	1.05	1.00	1.00	1.04	2	24
瑞典	1.01	1.07	0.71	1.05	1.16	0.83	0.98	1.14	1.09	0.99	0.99	30	38
沙特阿拉伯	1.05	1.06	0.99	1.02	1.00	0.99	0.99	1.01	0.99	1.00	1.01	10	22
斯洛伐克	1.05	1.00	1.18	0.92	1.20	0.94	1.13	0.98	1.08	0.99	1.04	1	37
泰国	1.00	1.00	1.00	1.00	1.01	0.99	1.01	1.00	1.00	0.99	1.00	22	39
土耳其	1.01	1.01	1.01	1.01	1.01	1.02	1.01	0.99	1.01	1.00	1.01	12	23
希腊	1.18	1.15	0.78	0.82	0.84	1.46	0.75	1.19	0.99	1.02	1.00	27	11
中国香港	1.07	1.01	0.94	0.89	1.13	1.02	1.00	0.97	1.08	1.01	1.01	13	17
新加坡	1.25	1.29	0.91	0.91	0.92	0.98	0.99	0.98	1.01	1.01	1.02	4	14
新西兰	1.00	0.99	1.01	1.00	1.00	0.99	1.01	0.99	1.00	1.01	1.00	24	18
匈牙利	0.99	1.06	1.15	0.88	1.06	0.94	1.03	1.01	1.05	1.00	1.01	7	25
以色列	0.99	0.99	1.00	0.98	0.99	1.00	1.02	0.98	1.00	1.00	1.00	28	19
印度尼西亚	0.83	0.85	0.88	0.87	0.97	0.89	0.84	0.89	0.91	0.89	0.88	50	50
越南	0.90	0.94	0.90	0.89	0.89	0.93	0.94	0.97	0.92	0.96	0.92	49	47
智利	0.92	0.93	0.93	0.63	1.07	0.99	0.97	1.06	1.72	0.99	0.99	33	28

（四）纸制品业增长效率国际比较

如表 6-4（a）所示：

（1）γ 值为 0.0527，说明前沿生产函数的误差项 5.27% 来源于技术非效率项。总体标准偏差 σ^2 为 0.0839，且在 1% 的水平上通过显著性检验，表明测量值比较集中。大多数参数的估计结果都比较显著，模型拟合效果比较理想。

（2）依据技术无效率项各变量的估计系数，可以得到如下结果：在纸制品业中，VSS 指数对技术效率有负面影响，意味着在其他条件不变的情况下，该变量每增加 1 个单位，会导致技术效率降低该变量所对应的估计系数值的比例。而 LVDI 指数和 TC 指数对技术效率有正面影响，意味着在其他条件不变的情况下，这些变量每增加 1 个单位，会促使技术效率提高这些变量对应的估计系数绝对值的比例。

表 6-4（a）　2005～2015 年 50 个经济体纸制品业随机前沿函数及技术无效函数估计结果

前沿生产函数	参数	估计系数	T 检验值	技术无效函数	参数	估计系数	T 检验值
常数项	β_0	2.3204 ***	7.2267	常数项	σ_0	0.6792 ***	4.8796
$\ln K_{it}$	β_1	0.6008 ***	13.3446	VSS	σ_1	0.0156 ***	8.8688
$\ln L_{it}$	β_2	0.2574 ***	3.9914	LVDI	σ_2	-0.4709 ***	-3.8731
$(\ln K_{it})^2$	β_3	0.0352 ***	4.1965	TC	σ_3	-0.0001	-0.1506
$(\ln L_{it})^2$	β_4	0.0178 ***	2.5646	σ^2		0.0839 ***	16.9944
$\ln K_{it}\ln L_{it}$	β_5	-0.0567 ***	-4.0117	γ		0.0527	0.4973
$t\ln K_{it}$	β_6	0.0158 ***	3.3206	Log 函数值		-98.1665	
$t\ln L_{it}$	β_7	-0.0098 **	-1.9061	LR 值		120.8039	
t	β_8	-0.0653 **	-2.1550				
t^2	β_9	0.0008	0.3530				

如表 6-4（b）所示：

（1）在纸制品业中，2005～2015 年 50 个经济体技术效率平均值最高的是日本（0.99），其次依次是中国（0.98）、巴西（0.98）、韩国（0.96）、意大利（0.95）、美国（0.95）等。最低值是匈牙利（0.53），其次依次是比利时（0.58）、斯洛伐克（0.59）、冰岛（0.61）等。

（2）中国纸制品业 2005～2015 年技术效率平均值为 0.98，居 50 个经济体的第 2 位。

（3）中国纸制品业 2015 年技术效率数值（0.99）高于 2000～2005 年平均值（0.98），呈现逐年上升态势。

表 6-4（b）　2005～2015 年 50 个经济体纸制品业技术效率估计结果

国家（地区）＼年份	2005	2006	2007	2008	2009	2010	2011	2012	2013	2014	2015	平均值	平均值排序	2015 排序
澳大利亚	0.87	0.85	0.86	0.86	0.88	0.83	0.84	0.88	0.84	0.83	0.82	0.85	16	16
巴西	0.99	0.99	0.99	0.98	0.99	0.97	0.97	0.97	0.97	0.97	0.96	0.98	3	3

续表

国家（地区）	2005	2006	2007	2008	2009	2010	2011	2012	2013	2014	2015	平均值	平均值排序	2015排序
加拿大	0.87	0.85	0.85	0.82	0.83	0.80	0.80	0.79	0.78	0.78	0.76	0.81	19	19
瑞士	0.67	0.64	0.63	0.66	0.63	0.62	0.63	0.63	0.61	0.64	0.64	0.64	42	42
中国	0.96	0.97	0.98	0.98	0.98	0.98	0.98	0.99	0.99	0.99	0.99	0.98	2	2
德国	0.76	0.74	0.73	0.79	0.83	0.77	0.76	0.76	0.75	0.74	0.73	0.76	26	26
西班牙	0.91	0.92	0.91	0.95	0.95	0.93	0.93	0.93	0.91	0.90	0.86	0.92	12	12
法国	0.77	0.76	0.76	0.78	0.79	0.74	0.74	0.74	0.74	0.74	0.74	0.76	28	28
英国	0.80	0.81	0.80	0.77	0.77	0.75	0.75	0.76	0.77	0.77	0.78	0.77	23	23
印度	0.96	0.96	0.95	0.95	0.96	0.92	0.94	0.93	0.92	0.93	0.91	0.94	7	7
意大利	0.95	0.95	0.95	0.96	0.96	0.95	0.95	0.96	0.95	0.93	0.92	0.95	5	5
日本	0.99	0.99	0.99	0.99	0.99	0.99	0.99	0.99	0.99	0.99	0.99	0.99	1	1
韩国	0.96	0.96	0.95	0.94	0.96	0.96	0.96	0.96	0.97	0.98	0.97	0.96	4	4
墨西哥	0.73	0.72	0.71	0.71	0.73	0.71	0.70	0.70	0.71	0.70	0.68	0.71	34	34
俄罗斯	0.77	0.79	0.82	0.82	0.80	0.81	0.82	0.82	0.84	0.84	0.91	0.82	18	18
中国台湾	0.72	0.71	0.70	0.70	0.74	0.74	0.74	0.75	0.75	0.77	0.80	0.74	30	30
美国	0.96	0.96	0.96	0.96	0.96	0.95	0.95	0.95	0.94	0.93	0.91	0.95	6	6
阿根廷	0.87	0.88	0.88	0.90	0.92	0.92	0.93	0.95	0.96	0.95	0.96	0.92	11	11
爱尔兰	0.80	0.74	0.76	0.94	0.49	0.50	0.49	0.52	0.59	0.62	0.74	0.65	41	41
奥地利	0.69	0.69	0.69	0.69	0.72	0.66	0.65	0.65	0.64	0.63	0.67	0.67	38	38
保加利亚	0.58	0.63	0.58	0.61	0.69	0.74	0.68	0.64	0.63	0.61	0.60	0.64	43	43
比利时	0.64	0.63	0.62	0.59	0.60	0.55	0.54	0.55	0.55	0.55	0.59	0.58	49	49
冰岛	0.66	0.63	0.68	0.62	0.61	0.58	0.57	0.57	0.58	0.60	0.62	0.61	47	47
波兰	0.79	0.77	0.78	0.71	0.72	0.69	0.69	0.70	0.68	0.68	0.71	0.72	31	31
丹麦	0.65	0.63	0.65	0.62	0.69	0.66	0.64	0.67	0.67	0.68	0.64	0.66	40	40
菲律宾	0.74	0.72	0.74	0.72	0.74	0.69	0.61	0.70	0.73	0.70	0.68	0.71	35	35
芬兰	0.93	0.95	0.96	0.94	0.94	0.96	0.95	0.93	0.91	0.91	0.90	0.93	8	8
哥伦比亚	0.92	0.89	0.90	0.90	0.92	0.92	0.92	0.92	0.91	0.90	0.89	0.91	13	13
荷兰	0.70	0.71	0.69	0.72	0.73	0.70	0.68	0.67	0.64	0.64	0.60	0.68	37	37
捷克	0.65	0.66	0.68	0.68	0.66	0.64	0.61	0.59	0.58	0.58	0.57	0.63	45	45
罗马尼亚	0.74	0.74	0.79	0.81	0.80	0.82	0.85	0.80	0.81	0.76	0.68	0.78	22	22
马来西亚	0.78	0.74	0.73	0.76	0.82	0.78	0.81	0.84	0.86	0.88	0.88	0.81	20	20
秘鲁	0.85	0.86	0.91	0.87	0.89	0.92	0.86	0.88	0.89	0.89	0.87	0.88	15	15
南非	0.98	0.97	0.96	0.92	0.96	0.96	0.95	0.93	0.89	0.86	0.88	0.93	9	9
挪威	0.70	0.70	0.72	0.68	0.65	0.73	0.75	0.77	0.77	0.75	0.70	0.72	32	32
葡萄牙	0.79	0.79	0.80	0.78	0.76	0.80	0.77	0.79	0.76	0.74	0.75	0.77	24	24

国家（地区）\年份	2005	2006	2007	2008	2009	2010	2011	2012	2013	2014	2015	平均值	平均值排序	2015排序
瑞典	0.81	0.81	0.82	0.81	0.83	0.79	0.80	0.77	0.78	0.81	0.79	0.80	21	21
沙特阿拉伯	0.72	0.65	0.69	0.69	0.73	0.74	0.73	0.73	0.73	0.70	0.73	0.71	33	33
斯洛伐克	0.60	0.56	0.56	0.60	0.65	0.57	0.60	0.61	0.59	0.57	0.62	0.59	48	48
泰国	0.77	0.77	0.78	0.73	0.82	0.77	0.67	0.75	0.77	0.75	0.75	0.76	27	27
土耳其	0.84	0.83	0.84	0.86	0.87	0.83	0.79	0.85	0.81	0.82	0.82	0.83	17	17
希腊	0.83	0.82	0.76	0.73	0.77	0.68	0.67	0.95	0.68	0.64	0.64	0.74	29	29
中国香港	0.68	0.66	0.66	0.66	0.69	0.65	0.62	0.61	0.57	0.55	0.59	0.63	44	44
新加坡	0.65	0.64	0.67	0.63	0.66	0.67	0.61	0.67	0.68	0.67	0.68	0.66	39	39
新西兰	0.81	0.77	0.78	0.75	0.77	0.77	0.76	0.73	0.75	0.76	0.75	0.77	25	25
匈牙利	0.58	0.54	0.56	0.55	0.54	0.52	0.49	0.52	0.52	0.52	0.50	0.53	50	50
以色列	0.64	0.59	0.65	0.67	0.72	0.70	0.71	0.71	0.75	0.72	0.75	0.69	36	36
印度尼西亚	0.77	0.90	0.91	0.90	0.95	0.93	0.93	0.91	0.90	0.89	0.92	0.90	14	14
越南	0.62	0.60	0.58	0.59	0.65	0.61	0.60	0.68	0.63	0.62	0.65	0.62	46	46
智利	0.90	0.93	0.90	0.90	0.95	0.95	0.95	0.93	0.95	0.96	0.90	0.93	10	10

如表6-4（c）所示：

（1）在纸制品业中，2005~2015年50个经济体全要素生产率平均值最高的是加拿大（1.02），其次依次是马来西亚（1.01）、丹麦（1.00）、阿根廷（1.00）、罗马尼亚（0.99）、印度（0.99）等。最低值是印度尼西亚（0.89），其次依次是越南（0.93）、比利时（0.94）、澳大利亚（0.94）等。

（2）中国纸制品业2005~2015年全要素生产率平均值为0.98，居50个经济体第8位。

（3）中国纸制品业2014~2015年全要素生产率数值（0.98）与2000~2005年平均值（0.98）持平，但在50个经济体中的排序从第8位降至第27位。

表6-4（c） 2005~2015年50个经济体纸制品业全要素生产率测算结果

国家（地区）\年份	2005~2006	2006~2007	2007~2008	2008~2009	2009~2010	2010~2011	2011~2012	2012~2013	2013~2014	2014~2015	平均值	平均值排序	2014~2015排序
澳大利亚	0.81	0.98	0.96	0.92	0.97	0.97	0.97	0.99	0.96	0.88	0.94	47	50
巴西	0.93	0.93	0.87	0.88	1.04	0.94	0.81	1.09	0.98	0.97	0.94	41	38
加拿大	0.97	0.96	1.04	0.95	1.39	0.98	0.98	0.97	0.99	1.01	1.02	1	7
瑞士	0.89	0.95	0.96	0.94	1.04	0.99	0.94	0.98	1.00	0.99	0.97	16	24
中国	0.94	1.00	0.98	0.99	0.98	0.98	0.98	1.00	0.98	0.98	0.98	8	27
德国	0.91	0.94	0.89	0.93	0.97	0.98	1.01	0.98	0.99	0.97	0.96	27	34
西班牙	0.82	0.93	0.87	0.92	0.99	1.02	0.96	0.99	0.98	0.95	0.94	42	44

续表

国家 (地区)	2005~ 2006	2006~ 2007	2007~ 2008	2008~ 2009	2009~ 2010	2010~ 2011	2011~ 2012	2012~ 2013	2013~ 2014	2014~ 2015	平均 值	平均值 排序	2014~ 2015排序
法国	0.87	0.91	0.95	0.95	0.96	1.03	0.97	0.97	1.02	0.96	0.96	25	41
英国	0.81	0.88	0.88	0.85	1.03	1.02	1.02	1.02	1.00	1.00	0.95	36	15
印度	1.00	1.00	0.99	1.01	0.99	1.01	0.88	0.99	1.01	1.00	0.99	6	12
意大利	0.86	0.94	0.95	0.95	0.97	0.98	0.97	0.99	1.03	0.96	0.96	24	40
日本	0.76	0.91	0.99	1.01	1.08	0.69	0.94	0.93	0.95	1.44	0.95	33	1
韩国	0.82	0.86	0.95	1.08	0.96	0.99	1.06	0.98	0.97	0.98	0.96	22	32
墨西哥	0.86	0.90	0.95	0.89	0.98	0.97	0.98	0.97	0.98	0.98	0.95	40	30
俄罗斯	0.83	0.87	0.91	0.85	1.00	0.98	0.90	0.99	1.09	1.14	0.95	35	2
中国台湾	0.88	0.90	0.95	0.95	1.13	1.01	0.98	0.97	1.02	0.99	0.98	12	21
美国	0.89	0.84	0.86	1.06	0.94	0.94	0.99	1.05	0.98	1.02	0.96	28	5
阿根廷	0.93	1.03	0.98	0.97	1.06	1.02	0.98	0.98	1.00	1.01	1.00	4	6
爱尔兰	0.79	0.86	1.07	0.83	1.00	0.97	0.83	1.24	1.13	1.05	0.97	17	3
奥地利	0.88	0.92	0.83	0.97	1.00	0.97	0.97	0.97	0.97	0.95	0.94	43	43
保加利亚	0.86	0.98	0.83	1.03	0.99	1.18	0.96	0.93	0.99	0.99	0.97	14	22
比利时	0.82	0.86	0.87	0.94	0.95	1.01	0.98	0.97	1.04	0.95	0.94	48	45
冰岛	0.72	0.92	0.94	0.92	1.00	1.01	0.97	0.99	1.00	0.97	0.94	46	37
波兰	0.94	0.92	0.93	0.95	0.98	1.00	1.02	0.99	1.06	0.98	0.98	11	31
丹麦	0.98	0.95	1.03	0.98	1.00	1.08	0.94	1.02	1.07	0.99	1.00	3	19
菲律宾	1.00	0.90	0.90	0.91	0.92	0.92	0.93	0.99	1.01	1.00	0.95	37	14
芬兰	0.89	0.91	0.82	0.73	1.37	0.97	0.98	0.97	1.05	0.98	0.95	31	33
哥伦比亚	0.87	0.91	0.89	0.95	0.86	0.95	1.03	1.00	1.04	0.98	0.95	38	28
荷兰	1.00	1.03	0.95	1.00	0.96	1.01	0.93	0.96	1.02	0.97	0.98	7	39
捷克	0.93	0.94	0.89	0.94	0.97	0.93	0.95	1.01	1.13	1.00	0.96	20	9
罗马尼亚	0.91	1.16	1.05	1.01	1.01	1.23	0.73	1.03	0.88	0.99	0.99	5	26
马来西亚	1.02	1.02	1.02	1.02	1.02	0.99	1.01	1.00	1.00	0.99	1.01	2	16
秘鲁	0.88	0.94	0.97	0.99	1.00	0.98	0.99	1.01	0.97	0.97	0.97	18	35
南非	0.87	0.92	0.93	0.97	0.97	0.97	1.09	0.89	1.04	1.00	0.96	23	10
挪威	0.93	0.87	0.93	0.90	0.96	0.84	1.31	0.97	1.01	0.97	0.97	19	13
葡萄牙	0.91	0.92	0.90	0.91	0.96	0.92	0.98	1.03	0.97	1.05	0.95	29	4
瑞典	0.91	0.89	0.86	0.93	1.07	0.99	0.95	0.97	1.08	0.93	0.95	30	48
沙特阿拉伯	0.85	0.84	0.86	0.91	0.98	1.00	0.99	1.02	0.97	1.01	0.94	44	8
斯洛伐克	0.92	0.74	0.76	0.93	1.07	1.04	1.03	0.99	1.00	0.99	0.94	45	17
泰国	0.86	0.95	0.96	0.98	1.01	0.98	1.01	0.99	0.98	0.98	0.97	15	29
土耳其	0.85	0.92	0.92	0.89	0.99	1.01	1.02	0.99	1.00	0.94	0.95	34	46

续表

年份 国家 （地区）	2005~ 2006	2006~ 2007	2007~ 2008	2008~ 2009	2009~ 2010	2010~ 2011	2011~ 2012	2012~ 2013	2013~ 2014	2014~ 2015	平均 值	平均值 排序	2014~ 2015 排序
希腊	0.93	1.08	0.87	0.93	0.89	1.00	0.94	0.98	0.98	0.94	0.95	32	47
中国香港	0.87	0.94	0.95	0.96	0.98	1.01	0.95	1.00	0.99	0.99	0.96	21	20
新加坡	0.87	0.95	0.91	0.93	0.97	0.96	1.01	1.00	1.01	0.99	0.96	26	25
新西兰	0.94	0.97	0.97	0.97	0.97	0.97	0.97	0.99	1.01	1.00	0.98	10	11
匈牙利	0.83	1.05	0.93	0.91	1.04	0.97	1.06	1.09	1.01	0.96	0.98	9	42
以色列	0.91	0.93	1.00	0.98	0.99	0.99	0.97	1.00	0.99	0.99	0.97	13	23
印度尼西亚	0.69	0.80	0.91	0.91	0.99	1.00	0.85	1.00	0.99	0.91	0.89	50	49
越南	0.86	0.91	0.90	0.88	0.90	0.92	0.93	1.00	1.01	0.99	0.93	49	18
智利	0.92	0.95	0.95	0.75	1.11	0.90	0.74	1.04	1.26	0.97	0.95	39	36

（五）石油制品业增长效率国际比较[①]

如表 6-5（a）所示：

（1）γ 值为 0.4691，说明前沿生产函数的误差项 46.91% 来源于技术非效率项。总体标准偏差 σ^2 为 0.7518，且在 1% 的水平上通过显著性检验，表明测量值比较分散。大多数参数的估计结果都比较显著，模型拟合效果比较理想。

（2）依据技术无效率项各变量的估计系数，可以得到如下结果：在石油制品业中，VSS 指数和 LVDI 指数对技术效率有负面影响，意味着在其他条件不变的情况下，这些变量每增加 1 个单位，会导致技术效率降低这些变量所对应的估计系数值的比例。而 TC 指数对技术效率有正面影响，意味着在其他条件不变的情况下，该变量每增加 1 个单位，会促使技术效率提高该变量对应的估计系数绝对值的比例。

表 6-5（a）　2005~2015 年 44 个经济体石油制品业随机前沿函数及技术无效函数估计结果

前沿生产函数	参数	估计系数	T 检验值	技术无效函数	参数	估计系数	T 检验值
常数项	β_0	4.1596 ***	8.8098	常数项	σ_0	-5.3328 ***	-2.8480
$\ln K_{it}$	β_1	0.5277 ***	3.7881	VSS	σ_1	0.0677 ***	3.5036
$\ln L_{it}$	β_2	-0.3143 ***	-2.5160	LVDI	σ_2	0.6477 ***	2.4984
$(\ln K_{it})^2$	β_3	0.0164	1.2089	TC	σ_3	-0.0084 ***	-3.5058
$(\ln L_{it})^2$	β_4	-0.0087	-0.6014	σ^2		0.7518 ***	5.1469
$\ln K_{it}\ln L_{it}$	β_5	0.0511 **	2.2263	γ		0.4691 ***	3.7625
$t\ln K_{it}$	β_6	-0.0129 *	-1.3474	Log 函数值		-512.2439	
$t\ln L_{it}$	β_7	0.0037	0.3669	LR 值		94.7763	

---

①　巴西、意大利、保加利亚、冰岛、丹麦、荷兰 6 个经济体测算石油制品业增长效率相关数据异常，因而在石油制品业增长效率的国际比较是在 44 个经济体之间进行。

续表

前沿生产函数	参数	估计系数	T检验值	技术无效函数	参数	估计系数	T检验值
t	β_8	0.1221^*	1.6367				
t^2	β_9	-0.0034	-0.7360				

如表 6-5（b）所示：

（1）在石油制品业中，2005~2015 年 44 个经济体技术效率平均值最高的是俄罗斯（0.94），其次依次是沙特阿拉伯（0.93）、哥伦比亚（0.91）、阿根廷（0.90）、墨西哥（0.90）、马来西亚（0.90）等。最低值是爱尔兰（0.27），其次依次是捷克（0.33）、新加坡（0.35）、奥地利（0.40）等。

（2）中国石油制品业 2005~2015 年技术效率平均值为 0.86，居 44 个经济体的第 13 位。

（3）中国石油制品业 2015 年技术效率数值（0.89）高于 2000~2005 年平均值（0.86），呈现逐年上升态势。

表 6-5（b）　　2005~2015 年 44 个经济体石油制品业技术效率估计结果

国家（地区）＼年份	2005	2006	2007	2008	2009	2010	2011	2012	2013	2014	2015	平均值	平均值排序	2015排序
澳大利亚	0.86	0.86	0.88	0.85	0.85	0.86	0.85	0.82	0.84	0.85	0.88	0.85	14	14
加拿大	0.85	0.84	0.85	0.89	0.87	0.88	0.88	0.88	0.89	0.90	0.89	0.87	9	9
瑞士	0.70	0.72	0.70	0.67	0.77	0.77	0.74	0.77	0.76	0.77	0.83	0.75	24	24
中国	0.88	0.86	0.85	0.85	0.86	0.86	0.84	0.84	0.85	0.86	0.89	0.86	13	13
德国	0.77	0.77	0.71	0.54	0.66	0.76	0.64	0.64	0.69	0.68	0.72	0.69	27	27
西班牙	0.76	0.71	0.66	0.49	0.46	0.55	0.58	0.55	0.47	0.38	0.50	0.56	37	37
法国	0.65	0.57	0.66	0.50	0.55	0.56	0.54	0.57	0.56	0.60	0.60	0.58	36	36
英国	0.81	0.78	0.77	0.68	0.80	0.72	0.64	0.57	0.50	0.57	0.74	0.69	28	28
印度	0.85	0.84	0.84	0.79	0.84	0.83	0.76	0.76	0.78	0.80	0.84	0.81	20	20
日本	0.88	0.87	0.86	0.86	0.88	0.88	0.86	0.84	0.84	0.82	0.89	0.86	12	12
韩国	0.65	0.60	0.60	0.52	0.53	0.60	0.61	0.60	0.60	0.65	0.73	0.61	35	35
墨西哥	0.89	0.90	0.90	0.90	0.90	0.90	0.90	0.89	0.89	0.89	0.88	0.90	5	5
俄罗斯	0.94	0.94	0.94	0.94	0.93	0.94	0.94	0.94	0.94	0.94	0.93	0.94	1	1
中国台湾	0.76	0.71	0.72	0.53	0.74	0.62	0.55	0.56	0.62	0.60	0.69	0.65	32	32
美国	0.88	0.87	0.87	0.87	0.87	0.87	0.88	0.88	0.89	0.90	0.91	0.88	8	8
阿根廷	0.91	0.91	0.91	0.90	0.91	0.90	0.90	0.90	0.89	0.89	0.91	0.90	4	4
爱尔兰	0.21	0.22	0.26	0.28	0.34	0.20	0.22	0.28	0.25	0.21	0.52	0.27	44	44
奥地利	0.59	0.51	0.48	0.45	0.55	0.39	0.32	0.35	0.14	0.04	0.52	0.40	41	41
比利时	0.76	0.74	0.74	0.73	0.69	0.66	0.54	0.61	0.54	0.58	0.62	0.66	29	29

续表

国家 （地区）	2005	2006	2007	2008	2009	2010	2011	2012	2013	2014	2015	平均值	平均值排序	2015排序
波兰	0.78	0.73	0.70	0.79	0.80	0.80	0.81	0.82	0.82	0.76	0.81	0.78	23	23
菲律宾	0.85	0.82	0.84	0.83	0.86	0.85	0.83	0.86	0.87	0.87	0.89	0.85	16	16
芬兰	0.70	0.66	0.69	0.64	0.67	0.58	0.62	0.67	0.64	0.57	0.68	0.65	31	31
哥伦比亚	0.93	0.93	0.93	0.93	0.93	0.93	0.93	0.92	0.92	0.86	0.86	0.91	3	3
捷克	0.46	0.44	0.46	0.44	0.21	0.19	0.18	0.25	0.24	0.41	0.37	0.33	43	43
罗马尼亚	0.83	0.82	0.78	0.77	0.83	0.72	0.86	0.79	0.89	0.92	0.91	0.83	17	17
马来西亚	0.89	0.89	0.89	0.89	0.90	0.89	0.89	0.89	0.89	0.89	0.89	0.89	6	6
秘鲁	0.89	0.88	0.86	0.88	0.89	0.89	0.89	0.90	0.90	0.90	0.90	0.89	7	7
南非	0.87	0.81	0.80	0.78	0.81	0.85	0.83	0.80	0.80	0.81	0.84	0.82	19	19
挪威	0.88	0.88	0.88	0.88	0.88	0.87	0.88	0.87	0.86	0.85	0.85	0.87	11	11
葡萄牙	0.55	0.53	0.58	0.56	0.48	0.49	0.42	0.35	0.37	0.35	0.63	0.48	40	40
瑞典	0.48	0.53	0.59	0.64	0.78	0.67	0.66	0.58	0.68	0.75	0.79	0.65	30	30
沙特阿拉伯	0.93	0.93	0.83	0.94	0.94	0.94	0.94	0.94	0.94	0.94	0.94	0.93	2	2
斯洛伐克	0.71	0.64	0.65	0.65	0.47	0.40	0.36	0.45	0.41	0.47	0.58	0.53	38	38
泰国	0.82	0.84	0.86	0.85	0.87	0.86	0.85	0.85	0.85	0.85	0.88	0.85	15	15
土耳其	0.82	0.80	0.82	0.80	0.82	0.83	0.83	0.82	0.82	0.80	0.86	0.82	18	18
希腊	0.55	0.59	0.62	0.65	0.73	0.63	0.71	0.64	0.58	0.64	0.64	0.63	33	33
中国香港	0.68	0.64	0.64	0.65	0.69	0.59	0.61	0.58	0.60	0.61	0.69	0.60	34	34
新加坡	0.56	0.47	0.46	0.30	0.34	0.31	0.32	0.30	0.06	0.31	0.42	0.35	42	42
新西兰	0.82	0.77	0.81	0.76	0.80	0.78	0.78	0.76	0.78	0.83	0.86	0.80	21	21
匈牙利	0.81	0.82	0.80	0.78	0.78	0.72	0.68	0.71	0.62	0.65	0.66	0.73	25	25
以色列	0.74	0.82	0.76	0.77	0.77	0.80	0.81	0.79	0.81	0.81	0.83	0.79	22	22
印度尼西亚	0.86	0.85	0.86	0.86	0.89	0.89	0.88	0.88	0.88	0.88	0.87		10	10
越南	0.66	0.68	0.71	0.68	0.76	0.75	0.72	0.72	0.72	0.73	0.65	0.71	26	26
智利	0.45	0.45	0.48	0.41	0.53	0.51	0.45	0.49	0.60	0.67	0.74	0.53	39	39

如表 6-5（c）所示：

（1）在石油制品业中，2005~2015 年 44 个经济体全要素生产率平均值最高的是菲律宾（1.13），其次依次是罗马尼亚（1.11）、瑞典（1.10）、加拿大（1.06）、智利（1.04）、爱尔兰（1.04）等。最低值是哥伦比亚（0.79），其次依次是新加坡（0.80）、西班牙（0.82）、法国（0.89）等。

（2）中国石油制品业 2005~2015 年全要素生产率平均值为 0.94，居 44 个经济体第 25 位。

（3）中国石油制品业 2014~2015 年全要素生产率数值（1.17）高于 2000~2005 年平均值（0.94），在 50 个经济体中的排序上升至第 10 位。

表 6-5（c） 2005~2015 年 44 个经济体石油制品业全要素生产率测算结果

国家（地区）\年份	2005~2006	2006~2007	2007~2008	2008~2009	2009~2010	2010~2011	2011~2012	2012~2013	2013~2014	2014~2015	平均值	平均值排序	2014~2015 排序
澳大利亚	1.20	1.05	0.92	0.87	1.02	1.02	1.02	1.00	1.05	1.01	1.01	8	16
加拿大	0.75	1.24	1.02	1.04	1.13	1.15	1.19	1.24	0.98	1.01	1.06	4	17
瑞士	0.78	0.86	0.86	0.91	0.95	1.03	0.97	0.99	0.86	1.21	0.94	29	9
中国	0.67	0.87	0.93	0.93	0.91	0.97	0.97	0.98	1.13	1.17	0.94	25	10
德国	1.37	0.61	0.65	1.08	2.65	0.61	1.04	1.21	0.76	1.00	0.99	13	20
西班牙	0.66	0.69	0.57	0.66	1.70	1.27	0.87	0.59	0.54	1.29	0.82	42	6
法国	0.60	1.22	0.58	0.77	0.96	1.15	1.06	0.92	0.90	0.94	0.89	41	33
英国	0.75	0.84	0.74	1.92	0.72	0.91	0.90	0.67	0.99	1.26	0.92	33	8
印度	1.00	1.00	0.99	1.01	0.99	1.01	0.93	0.99	1.03	0.91	0.98	17	37
日本	0.96	0.82	1.06	0.75	1.22	0.84	0.92	1.03	0.80	1.69	0.98	18	3
韩国	0.71	0.93	0.79	0.79	1.53	1.11	0.90	0.92	1.03	0.90	0.94	27	38
墨西哥	1.69	0.68	1.07	0.70	1.20	0.93	1.06	0.70	1.13	0.97	0.98	21	29
俄罗斯	1.03	1.03	1.03	1.03	1.03	1.03	1.07	0.92	0.85	0.81	0.98	19	42
中国台湾	0.64	0.91	0.53	1.40	0.80	0.86	0.96	1.25	0.86	1.16	0.90	36	11
美国	0.71	0.92	0.87	0.60	1.06	1.27	0.96	0.92	1.01	0.87	0.90	37	40
阿根廷	0.89	0.92	0.87	1.02	0.98	1.13	1.02	0.99	0.86	1.37	0.99	14	4
爱尔兰	1.03	0.91	0.93	1.67	1.02	1.01	0.98	1.00	1.00	1.02	1.04	6	14
奥地利	1.02	0.92	0.82	1.21	0.68	0.92	1.18	0.15	0.07	128.23	0.99	15	1
比利时	0.93	1.14	0.78	0.88	0.89	0.64	1.51	0.74	1.00	1.01	0.93	32	18
波兰	0.85	0.87	1.17	1.20	1.25	1.19	0.89	0.88	0.60	1.00	0.97	22	21
菲律宾	1.09	1.13	1.16	1.18	1.22	1.30	1.30	0.97	1.01	1.00	1.13	1	19
芬兰	0.98	0.90	0.74	0.85	0.90	1.30	1.10	0.78	0.61	1.07	0.90	38	12
哥伦比亚	0.83	1.03	0.98	0.81	1.08	1.11	0.77	1.01	0.18	0.80	0.79	44	43
捷克	1.04	1.07	0.99	0.25	0.84	0.98	1.78	0.95	2.71	0.91	1.00	10	34
罗马尼亚	0.68	0.61	0.96	0.92	0.65	3.75	0.52	3.97	2.11	0.76	1.11	2	44
马来西亚	0.86	0.86	0.95	0.86	0.97	0.95	0.94	0.90	0.90	0.91	0.91	35	35
秘鲁	1.02	1.02	1.00	1.01	1.00	0.99	1.04	0.90	0.97	0.99	0.99	11	24
南非	1.00	1.00	0.99	1.00	0.78	1.07	0.86	0.97	1.05	0.88	0.96	24	39
挪威	1.03	1.09	0.99	1.00	1.01	0.98	0.90	1.02	1.06	1.00	1.01	9	22
葡萄牙	0.77	0.74	0.88	0.82	0.92	0.86	0.73	0.88	0.90	2.98	0.94	26	2
瑞典	1.23	1.20	1.38	1.53	0.64	1.17	0.70	1.33	1.21	0.98	1.10	3	27
沙特阿拉伯	0.74	0.78	0.84	0.92	1.01	0.91	1.01	0.82	1.01	0.94	0.89	40	31
斯洛伐克	0.99	1.12	0.73	0.46	1.12	0.94	1.21	0.75	1.14	1.29	0.94	28	7
泰国	0.80	0.93	0.86	0.96	1.00	0.97	0.99	0.96	0.95	0.95	0.93	30	30

国家（地区）＼年份	2005~2006	2006~2007	2007~2008	2008~2009	2009~2010	2010~2011	2011~2012	2012~2013	2013~2014	2014~2015	平均值	平均值排序	2014~2015 排序
土耳其	1.01	1.01	1.01	1.01	1.01	1.01	0.96	0.94	0.93	1.01	0.99	16	15
希腊	1.24	0.95	0.95	0.95	0.95	1.46	0.84	0.72	0.97	0.91	0.98	20	36
中国香港	0.77	0.89	0.82	1.00	0.93	1.08	1.00	0.99	0.90	1.35	0.96	23	5
新加坡	0.42	0.70	0.63	0.72	0.77	0.97	1.03	0.04	26.91	0.94	0.80	43	32
新西兰	1.01	1.05	1.06	1.05	1.06	1.07	1.04	0.92	1.05	1.00	1.03	7	23
匈牙利	1.76	0.81	1.11	0.81	0.99	1.01	0.97	0.72	1.04	0.99	0.99	12	25
以色列	0.79	0.76	0.97	0.95	0.96	0.96	0.90	0.97	0.98	0.98	0.92	34	26
印度尼西亚	0.78	0.82	0.93	0.93	1.00	1.04	0.89	0.87	0.91	0.85	0.90	39	41
越南	1.19	0.80	0.78	0.79	0.85	1.03	0.92	1.04	0.97	1.02	0.93	31	13
智利	0.93	0.97	0.96	1.26	0.93	0.99	1.14	1.15	1.18	0.97	1.04	5	28

（六）化工制品业增长效率国际比较

如表 6-6（a）所示：

（1）γ 值为 0.4749，说明前沿生产函数的误差项 47.49% 来源于技术非效率项。总体标准偏差 σ^2 为 0.0939，且在 1% 的水平上通过显著性检验，表明测量值比较集中。大多数参数的估计结果都比较显著，模型拟合效果比较理想。

（2）依据技术无效率项各变量的估计系数，可以得到如下结果：在化工制品业中，VSS 指数对技术效率有负面影响，意味着在其他条件不变的情况下，该变量每增加 1 个单位，会导致技术效率降低该变量所对应的估计系数值的比例。而 LVDI 指数和 TC 指数对技术效率有正面影响，意味着在其他条件不变的情况下，这些变量每增加 1 个单位，会促使技术效率提高这些变量对应的估计系数绝对值的比例。

表 6-6（a）　2005~2015 年 50 个经济体化工制品业随机前沿函数及技术无效函数估计结果

前沿生产函数	参数	估计系数	T 检验值	技术无效函数	参数	估计系数	T 检验值
常数项	β_0	2.6072	0.1200	常数项	σ_0	1.7167	0.0791
$\ln K_{it}$	β_1	1.2953 ***	9.4375	VSS	σ_1	0.0062 ***	4.0193
$\ln L_{it}$	β_2	-0.2432 **	-2.2688	LVDI	σ_2	-0.2878 ***	-4.4902
$(\ln K_{it})^2$	β_3	-0.0461 ***	-3.0676	TC	σ_3	-0.0056 ***	-12.1843
$(\ln L_{it})^2$	β_4	0.0034	0.2902	σ^2		0.0939 ***	16.6985
$\ln K_{it}\ln L_{it}$	β_5	0.0383 **	1.6784	γ		0.4749	0.1187
$t\ln K_{it}$	β_6	0.0010	0.1508	Log 函数值		-129.9037	
$t\ln L_{it}$	β_7	-0.0046	-0.6709	LR 值		144.0498	
t	β_8	0.0004	0.0093				
t^2	β_9	0.0015	0.7245				

如表6-6（b）所示：

（1）在化工制品业中，2005~2015年50个经济体技术效率平均值最高的是新加坡（0.44），其次依次是爱尔兰（0.43）、沙特阿拉伯（0.35）、美国（0.32）、印度（0.31）、马来西亚（0.31）等。最低值是希腊（0.15），其次依次是罗马尼亚（0.15）、越南（0.15）、新西兰（0.16）等。

（2）中国化工制品业2005~2015年技术效率平均值为0.30，居50个经济体的第8位。

（3）中国化工制品业2015年技术效率数值（0.31）高于2000~2005年平均值（0.30），在50个经济体中的排序上升至第5位。

表6-6（b）　　2005~2015年50个经济体化工制品业技术效率估计结果

国家（地区）＼年份	2005	2006	2007	2008	2009	2010	2011	2012	2013	2014	2015	平均值	平均值排序	2015排序
澳大利亚	0.17	0.18	0.18	0.18	0.18	0.18	0.17	0.17	0.17	0.18	0.17	0.18	43	43
巴西	0.23	0.23	0.21	0.21	0.21	0.20	0.19	0.18	0.18	0.18	0.18	0.20	29	39
加拿大	0.22	0.22	0.21	0.20	0.20	0.20	0.23	0.23	0.23	0.22	0.22	0.22	23	22
瑞士	0.28	0.27	0.27	0.28	0.27	0.28	0.27	0.28	0.27	0.27	0.27	0.27	10	10
中国	0.28	0.28	0.30	0.30	0.30	0.29	0.29	0.30	0.31	0.31	0.31	0.30	8	5
德国	0.27	0.26	0.26	0.26	0.25	0.25	0.24	0.23	0.23	0.23	0.22	0.25	17	21
西班牙	0.23	0.22	0.22	0.22	0.21	0.21	0.22	0.21	0.21	0.21	0.21	0.21	24	25
法国	0.28	0.27	0.26	0.26	0.25	0.26	0.25	0.25	0.25	0.25	0.25	0.26	12	17
英国	0.21	0.20	0.20	0.20	0.20	0.20	0.19	0.19	0.19	0.19	0.20	0.20	30	28
印度	0.33	0.33	0.31	0.30	0.31	0.30	0.34	0.29	0.30	0.29	0.29	0.31	5	9
意大利	0.21	0.20	0.20	0.19	0.19	0.20	0.19	0.19	0.19	0.19	0.19	0.19	31	33
日本	0.35	0.31	0.31	0.28	0.29	0.30	0.31	0.31	0.30	0.31	0.31	0.31	7	6
韩国	0.27	0.25	0.25	0.25	0.26	0.30	0.31	0.29	0.30	0.30	0.29	0.28	9	8
墨西哥	0.23	0.24	0.24	0.25	0.27	0.27	0.27	0.27	0.25	0.24	0.24	0.26	13	18
俄罗斯	0.25	0.25	0.26	0.27	0.24	0.25	0.25	0.23	0.21	0.22	0.27	0.24	18	12
中国台湾	0.24	0.23	0.25	0.21	0.24	0.26	0.24	0.22	0.23	0.22	0.26	0.24	21	14
美国	0.32	0.32	0.31	0.30	0.32	0.33	0.33	0.32	0.32	0.32	0.31	0.32	4	4
阿根廷	0.20	0.20	0.19	0.20	0.21	0.21	0.21	0.22	0.21	0.21	0.21	0.21	26	27
爱尔兰	0.42	0.40	0.41	0.36	0.47	0.45	0.48	0.47	0.41	0.41	0.44	0.43	2	1
奥地利	0.19	0.20	0.20	0.20	0.21	0.18	0.18	0.17	0.18	0.18	0.18	0.19	38	37
保加利亚	0.16	0.15	0.15	0.15	0.16	0.17	0.18	0.18	0.16	0.16	0.16	0.16	44	46
比利时	0.25	0.23	0.23	0.23	0.24	0.22	0.21	0.21	0.21	0.22	0.22	0.23	22	24
冰岛	0.16	0.15	0.16	0.16	0.16	0.16	0.16	0.17	0.16	0.16	0.15	0.16	45	49
波兰	0.18	0.18	0.19	0.19	0.19	0.19	0.19	0.20	0.19	0.19	0.19	0.19	35	30
丹麦	0.21	0.20	0.19	0.20	0.22	0.24	0.24	0.27	0.27	0.27	0.27	0.24	20	11

年份 国家 （地区）	2005	2006	2007	2008	2009	2010	2011	2012	2013	2014	2015	平均值	平均值排序	2015排序
菲律宾	0.20	0.20	0.20	0.19	0.19	0.19	0.18	0.18	0.18	0.18	0.17	0.19	40	42
芬兰	0.19	0.19	0.20	0.20	0.21	0.23	0.23	0.21	0.21	0.22	0.22	0.21	25	23
哥伦比亚	0.20	0.20	0.20	0.19	0.20	0.20	0.19	0.18	0.19	0.19	0.19	0.19	33	36
荷兰	0.27	0.28	0.27	0.27	0.25	0.25	0.25	0.26	0.23	0.23	0.23	0.25	14	20
捷克	0.20	0.20	0.19	0.19	0.17	0.18	0.19	0.19	0.18	0.20	0.19	0.19	37	31
罗马尼亚	0.14	0.14	0.14	0.14	0.13	0.13	0.14	0.19	0.18	0.19	0.18	0.15	49	40
马来西亚	0.34	0.33	0.31	0.31	0.31	0.30	0.30	0.30	0.30	0.29	0.30	0.31	6	7
秘鲁	0.18	0.19	0.20	0.19	0.20	0.20	0.20	0.19	0.19	0.19	0.19	0.19	32	34
南非	0.23	0.22	0.21	0.19	0.21	0.19	0.16	0.15	0.15	0.15	0.15	0.19	39	50
挪威	0.18	0.18	0.19	0.19	0.18	0.19	0.18	0.17	0.18	0.18	0.19	0.18	41	35
葡萄牙	0.15	0.15	0.16	0.16	0.15	0.16	0.16	0.16	0.16	0.16	0.17	0.16	46	41
瑞典	0.27	0.26	0.25	0.24	0.28	0.25	0.17	0.25	0.27	0.25	0.26	0.25	16	13
沙特阿拉伯	0.32	0.33	0.35	0.34	0.34	0.37	0.38	0.38	0.38	0.36	0.36	0.35	3	3
斯洛伐克	0.17	0.18	0.18	0.18	0.18	0.19	0.20	0.18	0.16	0.16	0.18	0.18	42	45
泰国	0.23	0.25	0.25	0.24	0.26	0.26	0.25	0.25	0.26	0.25	0.25	0.25	15	15
土耳其	0.18	0.18	0.18	0.19	0.19	0.19	0.19	0.20	0.20	0.20	0.20	0.19	34	29
希腊	0.14	0.14	0.13	0.14	0.14	0.14	0.16	0.17	0.19	0.17	0.17	0.15	50	44
中国香港	0.19	0.20	0.20	0.20	0.20	0.19	0.19	0.19	0.19	0.19	0.18	0.19	36	38
新加坡	0.51	0.45	0.50	0.45	0.43	0.41	0.44	0.47	0.39	0.39	0.41	0.44	1	2
新西兰	0.16	0.16	0.16	0.15	0.16	0.16	0.16	0.15	0.16	0.16	0.16	0.16	47	48
匈牙利	0.20	0.20	0.20	0.20	0.18	0.20	0.20	0.20	0.21	0.21	0.21	0.20	28	26
以色列	0.26	0.27	0.27	0.28	0.28	0.28	0.25	0.25	0.25	0.25	0.25	0.26	11	16
印度尼西亚	0.24	0.24	0.24	0.24	0.25	0.24	0.25	0.24	0.24	0.24	0.24	0.24	19	19
越南	0.15	0.16	0.17	0.16	0.16	0.15	0.15	0.15	0.15	0.15	0.16	0.15	48	47
智利	0.21	0.21	0.21	0.21	0.21	0.20	0.20	0.21	0.20	0.20	0.19	0.21	27	32

如表 6-6（c）所示：

（1）在化工制品业中，2005~2015 年 50 个经济体全要素生产率平均值最高的是丹麦（1.03），其次依次是爱尔兰（1.01）、英国（1.01）、沙特阿拉伯（1.00）、中国香港（1.00）、捷克（1.00）等。最低值是以色列（0.80），其次依次是南非（0.81）、法国（0.82）、新加坡（0.86）等。

（2）中国化工制品业 2005~2015 年全要素生产率平均值为 0.95，居 50 个经济体第 17 位。

（3）中国化工制品业 2014~2015 年全要素生产率数值（0.94）低于 2000~2005 年平均值（0.95），在 50 个经济体中的排序下降至第 36 位。

表 6-6（c） 2005~2015 年 50 个经济体化工制品业全要素生产率测算结果

国家（地区）	2005~2006	2006~2007	2007~2008	2008~2009	2009~2010	2010~2011	2011~2012	2012~2013	2013~2014	2014~2015	平均值	平均值排序	2014~2015 排序
澳大利亚	0.99	0.95	0.88	0.94	0.98	0.95	0.83	0.97	1.01	0.90	0.94	20	48
巴西	0.95	0.93	0.93	0.97	0.98	0.90	0.83	0.98	1.01	0.92	0.94	21	45
加拿大	0.81	0.73	0.75	0.91	1.29	1.09	0.98	1.00	0.98	0.99	0.94	19	11
瑞士	0.63	0.90	0.95	0.93	1.01	0.94	0.85	0.91	0.92	0.94	0.89	31	38
中国	0.97	1.01	0.91	0.87	0.91	0.96	0.95	0.97	0.99	0.94	0.95	17	36
德国	0.83	0.84	0.86	0.80	0.81	0.85	0.86	0.94	0.98	0.96	0.87	44	27
西班牙	0.81	0.79	0.78	0.79	0.82	0.85	0.85	0.98	1.05	0.95	0.87	45	34
法国	0.52	0.70	0.81	0.81	0.95	0.92	0.81	0.97	0.92	0.92	0.82	48	44
英国	0.98	1.04	1.02	1.01	1.06	0.92	0.97	0.97	1.05	1.07	1.01	3	7
印度	0.80	0.88	0.87	0.88	0.92	1.07	0.74	0.89	0.97	1.02	0.90	30	9
意大利	0.82	0.78	0.85	0.95	0.75	0.82	0.87	0.98	0.96	0.97	0.87	46	21
日本	0.69	0.84	0.81	0.93	0.99	1.05	0.93	0.87	0.92	1.12	0.91	25	4
韩国	0.77	0.79	0.78	0.87	1.18	0.99	0.86	0.96	0.94	0.97	0.90	28	22
墨西哥	0.94	1.04	1.20	0.99	1.00	0.92	1.00	0.83	0.96	0.99	0.99	10	15
俄罗斯	0.80	0.85	1.05	0.68	1.03	0.92	0.88	0.80	1.09	1.30	0.93	23	1
中国台湾	0.83	0.85	0.53	1.00	1.04	0.88	0.73	0.98	0.95	1.18	0.88	41	2
美国	0.92	0.88	0.91	1.04	1.00	0.98	0.93	0.97	0.96	0.99	0.96	14	14
阿根廷	0.76	0.84	0.97	0.87	1.04	1.01	0.97	0.93	0.92	0.98	0.93	22	16
爱尔兰	1.08	1.02	0.77	1.60	0.95	1.15	0.91	0.76	1.05	1.05	1.01	2	8
奥地利	0.94	0.99	0.89	1.03	0.83	1.00	0.85	1.05	1.00	0.98	0.95	15	19
保加利亚	0.78	0.91	0.76	0.83	0.87	1.21	0.89	0.87	1.06	0.93	0.90	29	43
比利时	0.79	0.80	0.84	0.80	0.79	0.87	0.94	1.02	1.04	0.98	0.88	39	20
冰岛	0.95	1.04	1.01	0.95	1.02	0.99	1.02	0.97	1.00	0.96	0.99	8	31
波兰	0.82	0.85	0.90	0.78	0.97	1.00	0.89	0.91	1.00	0.96	0.91	27	29
丹麦	0.96	0.84	1.21	1.06	1.17	0.99	1.16	1.00	0.99	0.99	1.03	1	10
菲律宾	0.97	0.96	0.96	0.95	0.96	0.96	0.96	0.99	1.00	0.97	0.97	13	24
芬兰	0.84	0.84	0.85	0.85	0.71	0.98	0.86	1.02	1.04	0.98	0.89	32	17
哥伦比亚	0.88	0.92	0.88	0.93	0.97	0.90	0.87	1.02	0.92	0.93	0.92	24	41
荷兰	1.09	1.03	0.94	0.83	1.05	1.03	1.01	0.81	0.97	1.11	0.98	11	6
捷克	0.97	0.92	0.95	0.80	1.19	1.05	1.01	0.97	1.21	0.95	1.00	6	35
罗马尼亚	0.91	0.78	0.94	0.86	0.60	1.25	1.68	0.82	1.06	0.94	0.95	16	39
马来西亚	0.73	0.86	0.92	0.80	0.99	0.96	0.88	0.89	0.95	0.91	0.88	38	47
秘鲁	0.82	0.71	0.92	0.92	0.95	0.95	0.90	0.88	0.89	0.90	0.88	42	49
南非	0.46	0.80	0.88	0.96	0.95	0.85	0.70	0.78	0.94	0.89	0.81	49	50

国家 (地区)	2005~ 2006	2006~ 2007	2007~ 2008	2008~ 2009	2009~ 2010	2010~ 2011	2011~ 2012	2012~ 2013	2013~ 2014	2014~ 2015	平均 值	平均值 排序	2014~ 2015 排序
挪威	1.03	1.13	0.96	0.94	0.96	0.87	0.89	1.10	1.01	1.11	1.00	7	5
葡萄牙	0.74	0.86	0.83	0.89	0.74	0.90	0.85	1.08	0.96	1.13	0.89	35	3
瑞典	0.83	0.75	0.77	1.07	0.42	0.78	2.18	1.00	0.92	0.94	0.89	33	37
沙特阿拉伯	1.07	1.07	0.99	1.01	1.00	1.00	0.95	0.97	0.96	0.97	1.00	4	25
斯洛伐克	0.88	0.83	0.89	0.89	0.94	0.92	0.73	0.68	1.06	0.99	0.87	43	12
泰国	0.73	0.84	0.90	0.93	1.00	0.98	0.92	0.93	0.92	0.94	0.91	26	40
土耳其	0.88	0.97	0.97	0.99	1.05	1.03	1.05	0.99	1.00	0.98	0.99	9	18
希腊	0.79	0.71	0.83	0.88	0.89	0.80	0.98	1.16	0.99	0.96	0.89	34	28
中国香港	0.96	1.03	1.02	0.98	1.03	0.98	1.02	0.97	1.01	0.97	1.00	5	23
新加坡	0.68	0.98	0.72	0.79	0.86	1.06	0.98	0.70	0.96	0.97	0.86	47	26
新西兰	0.94	0.99	1.00	1.00	0.99	0.98	1.00	1.02	0.94	0.95	0.98	12	33
匈牙利	0.91	0.77	0.80	0.70	0.82	0.88	0.88	1.03	1.04	0.99	0.88	40	13
以色列	0.46	0.86	0.85	0.84	0.98	0.70	0.87	0.90	0.80	0.93	0.80	50	42
印度尼西亚	0.67	0.84	0.91	0.93	0.96	0.96	0.96	0.87	0.93	0.96	0.89	36	30
越南	0.73	0.72	0.89	0.84	0.87	0.96	0.97	0.97	0.99	0.96	0.89	37	32
智利	0.92	0.96	1.00	0.91	0.93	1.07	0.95	0.87	0.92	0.91	0.94	18	46

(七)橡胶和塑料制品业增长效率国际比较

如表 6-7（a）所示：

（1）γ 值为 0.0644，说明前沿生产函数的误差项 6.44% 来源于技术非效率项。总体标准偏差 σ^2 为 0.0611，且在 1% 的水平上通过显著性检验，表明测量值比较集中。大多数参数的估计结果都比较显著，模型拟合效果比较理想。

（2）依据技术无效率项各变量的估计系数，可以得到如下结果：在橡胶和塑料制品业中，VSS 指数对技术效率有负面影响，意味着在其他条件不变的情况下，该变量每增加 1个单位，会导致技术效率降低该变量所对应的估计系数值的比例。而 LVDI 指数和 TC 指数对技术效率有正面影响，意味着在其他条件不变的情况下，这些变量每增加 1 个单位，会促使技术效率提高这些变量对应的估计系数绝对值的比例。

表 6-7（a） **2005~2015 年 50 个经济体橡胶和塑料制品业随机前沿函数及技术无效函数估计结果**

前沿生产函数	参数	估计系数	T 检验值	技术无效函数	参数	估计系数	T 检验值
常数项	β_0	1.6513	0.1937	常数项	σ_0	0.5431	0.0636
$\ln K_{it}$	β_1	0.9256 ***	14.0656	VSS	σ_1	0.0028 **	1.7959
$\ln L_{it}$	β_2	0.0589	0.8398	LVDI	σ_2	−0.0814 **	−1.7899
$(\ln K_{it})^2$	β_3	0.0274 ***	3.3066	TC	σ_3	−0.0019 ***	−4.6542

续表

前沿生产函数	参数	估计系数	T 检验值	技术无效函数	参数	估计系数	T 检验值
$(\ln L_{it})^2$	β_4	0.0598 ***	7.9639	σ^2		0.0611 ***	16.9549
$\ln K_{it}\ln L_{it}$	β_5	−0.0883 ***	−6.8303	γ		0.0644	0.0090
$t\ln K_{it}$	β_6	0.0208 ***	5.0812	Log 函数值		−11.9456	
$t\ln L_{it}$	β_7	−0.0213 ***	−4.3903	LR 值		31.4222	
t	β_8	−0.0703 ***	−2.7390				
t^2	β_9	0.0038 ***	2.5548				

如表 6-7 (b) 所示:

(1) 在橡胶和塑料制品业中, 2005~2015 年 50 个经济体技术效率平均值最高的是中国 (0.73), 其次依次是日本 (0.71)、印度 (0.68)、韩国 (0.67)、泰国 (0.67)、印度尼西亚 (0.67) 等。最低值是冰岛 (0.49), 其次依次是挪威 (0.52)、澳大利亚 (0.53)、保加利亚 (0.53) 等。

(2) 中国橡胶和塑料制品业 2005~2015 年技术效率平均值为 0.73, 居 50 个经济体的第 1 位。

(3) 中国橡胶和塑料制品业 2015 年技术效率数值 (0.75) 高于 2000~2005 年平均值 (0.73), 呈现逐年上升态势。

表 6-7 (b)   2005~2015 年 50 个经济体橡胶和塑料制品业技术效率估计结果

国家（地区） \ 年份	2005	2006	2007	2008	2009	2010	2011	2012	2013	2014	2015	平均值	平均值排序	2015排序
澳大利亚	0.55	0.54	0.54	0.53	0.54	0.53	0.53	0.53	0.52	0.52	0.52	0.53	48	48
巴西	0.63	0.64	0.64	0.61	0.62	0.61	0.60	0.59	0.59	0.59	0.59	0.61	16	19
加拿大	0.64	0.64	0.64	0.61	0.60	0.57	0.57	0.57	0.57	0.58	0.58	0.60	22	31
瑞士	0.58	0.57	0.57	0.57	0.56	0.57	0.58	0.57	0.57	0.58	0.57	0.57	39	35
中国	0.71	0.72	0.73	0.73	0.74	0.72	0.72	0.75	0.75	0.75	0.75	0.73	1	1
德国	0.64	0.64	0.64	0.65	0.65	0.64	0.63	0.63	0.63	0.63	0.63	0.64	10	12
西班牙	0.60	0.60	0.60	0.61	0.60	0.61	0.61	0.61	0.62	0.61	0.60	0.61	17	18
法国	0.60	0.60	0.60	0.60	0.60	0.59	0.59	0.59	0.59	0.59	0.58	0.59	23	27
英国	0.60	0.59	0.59	0.58	0.58	0.58	0.58	0.58	0.58	0.58	0.58	0.58	28	26
印度	0.71	0.71	0.69	0.69	0.68	0.67	0.70	0.69	0.66	0.66	0.65	0.68	3	8
意大利	0.64	0.64	0.64	0.65	0.65	0.65	0.64	0.65	0.65	0.64	0.64	0.64	8	9
日本	0.72	0.72	0.72	0.72	0.71	0.72	0.71	0.71	0.70	0.68	0.68	0.71	2	3
韩国	0.67	0.67	0.67	0.66	0.66	0.68	0.66	0.67	0.68	0.69	0.68	0.67	4	2
墨西哥	0.56	0.57	0.57	0.59	0.58	0.57	0.57	0.57	0.57	0.56	0.56	0.57	40	38
俄罗斯	0.54	0.55	0.55	0.55	0.55	0.53	0.53	0.54	0.55	0.54	0.55	0.54	45	41
中国台湾	0.62	0.62	0.63	0.63	0.63	0.63	0.64	0.66	0.66	0.66	0.66	0.64	9	5

国家 （地区）	2005	2006	2007	2008	2009	2010	2011	2012	2013	2014	2015	平均值	平均值排序	2015排序
美国	0.61	0.61	0.62	0.61	0.62	0.62	0.62	0.62	0.62	0.61	0.60	0.61	15	16
阿根廷	0.60	0.60	0.60	0.60	0.61	0.60	0.60	0.61	0.60	0.60	0.59	0.60	20	22
爱尔兰	0.56	0.55	0.56	0.56	0.53	0.54	0.55	0.55	0.55	0.55	0.59	0.55	43	25
奥地利	0.57	0.58	0.58	0.59	0.59	0.59	0.59	0.58	0.58	0.58	0.58	0.58	29	30
保加利亚	0.52	0.51	0.52	0.51	0.54	0.54	0.55	0.54	0.54	0.54	0.54	0.53	47	43
比利时	0.59	0.59	0.59	0.57	0.58	0.57	0.56	0.56	0.56	0.56	0.56	0.57	37	39
冰岛	0.50	0.48	0.49	0.48	0.49	0.49	0.49	0.50	0.50	0.50	0.50	0.49	50	50
波兰	0.61	0.61	0.61	0.60	0.61	0.62	0.62	0.62	0.63	0.62	0.62	0.62	14	15
丹麦	0.59	0.59	0.59	0.58	0.60	0.59	0.56	0.57	0.57	0.58	0.58	0.58	27	32
菲律宾	0.59	0.59	0.61	0.60	0.59	0.59	0.56	0.61	0.55	0.55	0.54	0.58	32	45
芬兰	0.60	0.60	0.61	0.61	0.60	0.59	0.60	0.59	0.59	0.59	0.59	0.60	21	23
哥伦比亚	0.59	0.59	0.59	0.59	0.59	0.58	0.57	0.56	0.56	0.54	0.54	0.57	38	46
荷兰	0.61	0.61	0.61	0.61	0.61	0.60	0.60	0.60	0.60	0.61	0.59	0.61	18	21
捷克	0.58	0.59	0.58	0.59	0.61	0.60	0.59	0.59	0.59	0.59	0.59	0.59	24	20
罗马尼亚	0.56	0.57	0.58	0.58	0.59	0.57	0.56	0.58	0.61	0.60	0.59	0.58	30	24
马来西亚	0.64	0.63	0.63	0.63	0.64	0.64	0.63	0.63	0.64	0.64	0.63	0.63	12	11
秘鲁	0.56	0.57	0.58	0.57	0.59	0.59	0.58	0.58	0.58	0.58	0.57	0.58	34	36
南非	0.59	0.59	0.58	0.57	0.59	0.59	0.58	0.57	0.56	0.56	0.56	0.58	35	40
挪威	0.52	0.51	0.51	0.52	0.52	0.53	0.53	0.52	0.52	0.53	0.52	0.52	49	49
葡萄牙	0.58	0.58	0.59	0.59	0.60	0.61	0.61	0.62	0.62	0.62	0.62	0.60	19	14
瑞典	0.57	0.58	0.58	0.57	0.58	0.59	0.58	0.58	0.59	0.58	0.58	0.58	31	33
沙特阿拉伯	0.54	0.54	0.55	0.55	0.56	0.57	0.56	0.56	0.57	0.56	0.56	0.56	42	37
斯洛伐克	0.55	0.55	0.56	0.56	0.57	0.58	0.59	0.60	0.60	0.60	0.60	0.58	33	17
泰国	0.67	0.66	0.67	0.66	0.69	0.70	0.67	0.66	0.67	0.66	0.67	0.67	5	4
土耳其	0.62	0.62	0.62	0.63	0.64	0.63	0.62	0.63	0.63	0.63	0.63	0.63	13	13
希腊	0.56	0.56	0.56	0.56	0.57	0.56	0.56	0.55	0.54	0.54	0.54	0.55	44	44
中国香港	0.69	0.68	0.69	0.66	0.66	0.63	0.68	0.66	0.65	0.64	0.66	0.66	7	6
新加坡	0.60	0.58	0.58	0.58	0.59	0.58	0.58	0.60	0.58	0.59	0.57	0.59	26	34
新西兰	0.57	0.57	0.56	0.55	0.56	0.56	0.55	0.57	0.56	0.55	0.55	0.56	41	42
匈牙利	0.56	0.55	0.56	0.56	0.58	0.58	0.58	0.59	0.59	0.58	0.57	0.57	36	28
以色列	0.64	0.62	0.64	0.64	0.64	0.63	0.64	0.63	0.63	0.63	0.64	0.63	11	10
印度尼西亚	0.69	0.67	0.68	0.66	0.69	0.67	0.67	0.66	0.65	0.66	0.66	0.67	6	7
越南	0.58	0.58	0.59	0.59	0.60	0.59	0.59	0.60	0.58	0.58	0.59	0.59	25	29
智利	0.54	0.54	0.53	0.52	0.53	0.54	0.54	0.53	0.53	0.53	0.53	0.53	46	47

如表6-7（c）所示：

（1）在橡胶和塑料制品业中，2005~2015年50个经济体全要素生产率平均值最高的是葡萄牙（1.03），其次依次是匈牙利（1.02）、中国台湾（1.01）、斯洛伐克（1.01）、捷克（1.01）、意大利（1.01）等。最低值是马来西亚（0.83），其次依次是法国（0.87）、印度尼西亚（0.89）、希腊（0.91）、越南（0.94）等。

（2）中国橡胶和塑料制品业2005~2015年全要素生产率平均值为0.96，居50个经济体第41位。

（3）中国橡胶和塑料制品业2014~2015年全要素生产率数值（0.99）高于2000~2005年平均值（0.96），在50个经济体中的排序上升至第14位。

表6-7（c）　　2005~2015年50个经济体橡胶和塑料制品业全要素生产率测算结果

国家（地区） \ 年份	2005~2006	2006~2007	2007~2008	2008~2009	2009~2010	2010~2011	2011~2012	2012~2013	2013~2014	2014~2015	平均值	平均值排序	2014~2015排序
澳大利亚	0.83	1.06	0.91	0.97	0.98	0.97	0.94	0.97	0.97	0.96	0.96	44	41
巴西	0.97	0.93	0.95	1.08	0.96	0.92	0.89	0.97	1.00	0.91	0.96	40	47
加拿大	0.94	0.99	0.86	0.99	1.26	0.99	1.03	1.01	0.98	0.99	1.00	7	15
瑞士	0.91	1.00	0.89	0.98	1.04	1.01	1.01	0.99	0.99	0.98	0.98	30	38
中国	0.99	1.01	0.92	0.91	0.92	0.93	0.93	0.99	1.00	0.99	0.96	41	14
德国	0.99	0.96	1.06	0.94	0.97	1.02	0.95	1.00	0.98	0.98	0.98	21	30
西班牙	0.92	0.94	1.06	1.04	0.97	0.99	0.95	1.00	1.02	0.98	0.99	13	25
法国	0.65	0.74	0.79	0.89	0.96	1.03	0.93	0.97	0.91	0.87	0.87	49	49
英国	0.85	1.01	1.02	0.98	1.02	1.01	1.03	1.00	1.00	1.00	0.99	15	8
印度	0.94	0.97	0.94	0.94	0.98	1.01	0.88	0.99	1.01	1.00	0.97	37	9
意大利	0.96	0.99	0.98	1.06	1.07	0.97	1.00	1.03	1.02	0.98	1.01	6	26
日本	0.93	1.04	0.95	0.90	1.01	0.93	1.04	0.99	0.99	1.02	0.98	27	5
韩国	0.95	1.00	0.93	0.94	1.19	0.96	0.95	0.94	0.97	0.99	0.98	23	16
墨西哥	1.03	1.06	1.06	0.97	1.01	1.01	1.00	0.78	0.98	1.00	0.99	18	11
俄罗斯	0.97	0.98	0.98	0.97	0.98	1.00	1.11	1.09	0.81	1.07	0.99	12	1
中国台湾	0.97	0.94	1.01	1.01	0.99	1.28	1.03	1.00	1.00	0.98	1.01	3	31
美国	0.97	0.96	0.88	1.26	0.98	0.97	1.04	0.99	0.89	1.02	0.99	16	4
阿根廷	0.91	1.01	0.89	0.97	1.05	1.01	0.95	0.97	0.99	0.97	0.98	28	32
爱尔兰	0.94	1.10	0.72	0.90	1.14	0.97	1.05	1.09	1.09	1.03	1.00	10	3
奥地利	0.99	1.00	0.90	0.95	1.09	1.04	0.89	1.00	0.98	0.98	0.98	33	45
保加利亚	0.91	0.96	0.94	1.02	0.99	1.10	0.87	0.89	1.02	1.01	0.97	36	6
比利时	0.97	0.98	0.93	0.99	0.99	0.98	0.95	1.00	1.01	0.98	0.98	31	23
冰岛	0.83	0.98	0.90	0.88	1.11	1.00	0.95	1.02	1.03	0.94	0.96	39	43
波兰	0.89	1.02	0.99	0.98	1.00	0.97	1.00	1.05	0.99	0.98	0.99	17	27

续表

国家（地区）\年份	2005~2006	2006~2007	2007~2008	2008~2009	2009~2010	2010~2011	2011~2012	2012~2013	2013~2014	2014~2015	平均值	平均值排序	2014~2015排序
丹麦	1.03	1.00	0.82	0.97	1.04	0.78	1.12	0.97	1.23	0.96	0.98	24	37
菲律宾	0.98	0.91	0.93	0.92	0.94	0.94	0.94	0.99	1.01	1.00	0.96	45	10
芬兰	1.01	0.99	0.96	0.90	1.00	1.04	0.99	0.93	1.05	0.98	0.99	19	20
哥伦比亚	0.99	0.94	0.94	0.97	0.96	0.97	1.03	0.99	0.82	0.96	0.96	43	40
荷兰	0.96	1.00	0.91	1.01	0.91	1.01	0.94	1.00	1.06	0.98	0.98	32	24
捷克	1.10	0.88	0.95	1.21	0.96	0.93	0.96	1.01	1.10	1.01	1.01	5	7
罗马尼亚	1.05	1.05	0.82	0.84	0.84	0.93	1.19	1.48	0.80	0.98	0.98	25	17
马来西亚	0.62	0.79	0.87	0.74	0.96	0.90	0.82	0.85	0.91	0.85	0.83	50	50
秘鲁	0.96	0.98	0.98	1.01	1.00	0.99	0.99	1.00	0.97	0.98	0.98	22	21
南非	0.95	0.97	0.97	1.00	0.95	0.93	1.03	1.02	1.04	0.95	0.98	29	42
挪威	0.94	0.96	0.99	0.97	0.99	0.99	0.99	1.02	1.01	0.89	0.97	34	48
葡萄牙	0.94	1.05	1.07	1.07	1.08	1.02	1.04	1.04	0.98	1.04	1.03	1	2
瑞典	1.01	1.01	0.97	0.94	1.18	1.00	0.99	0.97	1.00	0.98	1.00	9	29
沙特阿拉伯	0.99	1.03	0.97	0.96	1.01	1.01	0.99	1.02	0.97	0.97	0.99	14	36
斯洛伐克	0.87	1.00	0.84	1.07	1.06	1.09	1.19	1.09	0.95	0.98	1.01	4	28
泰国	0.98	1.00	1.01	1.00	1.01	0.99	1.00	0.99	0.99	1.00	1.00	11	19
土耳其	0.95	0.98	0.98	0.97	0.99	1.00	0.98	0.99	1.01	0.99	0.99	20	18
希腊	0.90	0.97	0.86	0.87	0.89	0.92	0.73	1.05	0.99	0.99	0.91	47	13
中国香港	0.91	1.02	0.89	0.98	1.04	1.01	1.01	0.98	1.00	0.97	0.98	26	33
新加坡	0.89	0.92	1.00	1.00	1.01	0.93	0.97	0.94	1.05	0.97	0.97	38	35
新西兰	0.94	1.01	1.00	1.00	1.02	1.02	1.03	0.98	1.00	0.96	1.00	8	39
匈牙利	0.91	0.96	1.03	1.10	1.12	1.04	1.05	0.99	1.01	0.98	1.02	2	22
以色列	0.93	0.97	0.98	0.96	0.98	0.99	0.98	0.99	1.00	0.97	0.97	35	34
印度尼西亚	0.82	0.86	0.89	0.89	0.96	0.93	0.86	0.87	0.91	0.94	0.89	48	44
越南	1.04	1.03	0.84	0.85	0.87	0.89	1.07	0.94	0.95	0.93	0.94	46	46
智利	0.86	0.88	0.87	0.94	1.15	0.98	1.03	0.96	0.96	0.99	0.96	42	12

（八）其他非金属制品业增长效率国际比较

如表6-8（a）所示：

（1）γ值为0.0321，说明前沿生产函数的误差项3.21%来源于技术非效率项。总体标准偏差σ²为0.0784，且在1%的水平上通过显著性检验，表明测量值比较集中。大多数参数的估计结果都比较显著，模型拟合效果比较理想。

（2）依据技术无效率项各变量的估计系数，可以得到如下结果：在其他非金属制品业中，VSS指数对技术效率有负面影响，意味着在其他条件不变的情况下，该变量每增加1

个单位，会导致技术效率降低该变量所对应的估计系数值的比例。而 LVDI 指数和 TC 指数对技术效率有正面影响，意味着在其他条件不变的情况下，这些变量每增加 1 个单位，会促使技术效率提高这些变量对应的估计系数绝对值的比例。

表 6-8 （a）　　2005~2015 年 50 个经济体其他非金属制品业随机前沿函数及技术无效函数估计结果

前沿生产函数	参数	估计系数	T 检验值	技术无效函数	参数	估计系数	T 检验值
常数项	β_0	1.4868 ***	5.6550	常数项	σ_0	0.8605 ***	7.7054
$\ln K_{it}$	β_1	0.9423 ***	10.2299	VSS	σ_1	0.0101 ***	6.5418
$\ln L_{it}$	β_2	0.0856	1.2014	LVDI	σ_2	-0.5057 ***	-10.0969
$(\ln K_{it})^2$	β_3	0.0082	0.8125	TC	σ_3	-0.0010 ***	-2.4312
$(\ln L_{it})^2$	β_4	0.0309 ***	4.6584	σ^2		0.0784 ***	12.9213
$\ln K_{it}\ln L_{it}$	β_5	-0.0476 ***	-3.5652	γ		0.0321 ***	4.1967
$t\ln K_{it}$	β_6	0.0105 **	2.2560	Log 函数值		-74.1964	
$t\ln L_{it}$	β_7	-0.0106 **	-2.0942	LR 值		153.6359	
t	β_8	-0.0512 **	-1.6571				
t^2	β_9	0.0025 *	1.3502				

如表 6-8 （b）所示：

（1）在其他非金属制品业中，2005~2015 年 50 个经济体技术效率平均值最高的是中国（1.00），其次依次是日本（0.99）、意大利（0.99）、印度尼西亚（0.98）、巴西（0.98）、西班牙（0.98）等。最低值是新加坡（0.53），其次依次是以色列（0.53）、冰岛（0.59）、丹麦（0.62）等。

（2）中国其他非金属制品业 2005~2015 年技术效率平均值为 1.00，居 50 个经济体的第 1 位。

（3）中国其他非金属制品业 2000~2015 年技术效率数值始终保持最高值 1.00。

表 6-8 （b）　　2005~2015 年 50 个经济体其他非金属制品业技术效率估计结果

国家（地区）／年份	2005	2006	2007	2008	2009	2010	2011	2012	2013	2014	2015	平均值	平均值排序	2015排序
澳大利亚	0.92	0.87	0.86	0.82	0.85	0.84	0.83	0.81	0.83	0.80	0.81	0.84	26	26
巴西	0.99	0.98	0.98	0.97	0.99	0.99	0.98	0.98	0.98	0.99	0.99	0.98	5	3
加拿大	0.80	0.79	0.81	0.78	0.78	0.80	0.81	0.80	0.77	0.74	0.71	0.78	32	40
瑞士	0.71	0.72	0.71	0.71	0.71	0.71	0.71	0.72	0.70	0.74	0.72	0.71	41	38
中国	1.00	1.00	1.00	1.00	1.00	1.00	1.00	1.00	1.00	1.00	1.00	1.00	1	1
德国	0.82	0.80	0.80	0.89	0.89	0.88	0.88	0.87	0.86	0.84	0.81	0.85	25	27
西班牙	0.98	0.98	0.98	0.99	0.99	0.99	0.99	0.99	0.99	0.99	0.95	0.98	6	9
法国	0.90	0.92	0.91	0.92	0.91	0.89	0.91	0.90	0.89	0.87	0.81	0.89	17	24
英国	0.76	0.79	0.79	0.78	0.73	0.70	0.69	0.71	0.73	0.80	0.80	0.75	37	29

年份 国家 （地区）	2005	2006	2007	2008	2009	2010	2011	2012	2013	2014	2015	平均值	平均值排序	2015排序
印度	0.90	0.96	0.96	0.97	0.97	0.92	0.70	0.73	0.87	0.85	0.82	0.88	20	18
意大利	0.99	0.99	0.99	0.99	0.99	0.99	0.99	0.99	0.99	0.99	0.97	0.99	3	5
日本	0.99	0.99	0.99	0.99	0.99	0.99	0.99	0.99	0.99	0.99	0.99	0.99	2	2
韩国	0.93	0.93	0.92	0.88	0.90	0.92	0.78	0.84	0.88	0.94	0.90	0.89	16	13
墨西哥	0.86	0.85	0.84	0.85	0.84	0.81	0.78	0.77	0.79	0.78	0.76	0.81	28	32
俄罗斯	0.89	0.92	0.94	0.91	0.92	0.89	0.90	0.89	0.91	0.90	0.96	0.91	13	7
中国台湾	0.79	0.83	0.78	0.72	0.79	0.75	0.78	0.76	0.76	0.81	0.87	0.79	31	15
美国	0.94	0.93	0.95	0.96	0.92	0.91	0.91	0.90	0.88	0.87	0.82	0.91	14	19
阿根廷	0.95	0.94	0.93	0.91	0.95	0.94	0.95	0.97	0.98	0.97	0.96	0.95	9	6
爱尔兰	0.67	0.65	0.64	0.77	0.66	0.65	0.63	0.67	0.66	0.64	0.61	0.66	44	46
奥地利	0.77	0.78	0.78	0.78	0.80	0.76	0.75	0.74	0.75	0.73	0.75	0.76	36	34
保加利亚	0.66	0.84	0.80	0.77	0.75	0.80	0.77	0.80	0.83	0.74	0.73	0.77	33	36
比利时	0.73	0.76	0.75	0.66	0.70	0.75	0.70	0.69	0.68	0.67	0.62	0.70	42	45
冰岛	0.62	0.61	0.64	0.61	0.61	0.56	0.54	0.55	0.55	0.58	0.58	0.59	48	48
波兰	0.83	0.81	0.80	0.91	0.92	0.93	0.93	0.94	0.92	0.90	0.87	0.89	18	16
丹麦	0.67	0.64	0.62	0.61	0.63	0.59	0.60	0.60	0.59	0.60	0.68	0.62	47	42
菲律宾	0.94	0.95	0.92	0.89	0.85	0.82	0.73	0.77	0.78	0.79	0.74	0.83	27	35
芬兰	0.86	0.89	0.88	0.91	0.90	0.85	0.86	0.84	0.82	0.80	0.82	0.86	24	21
哥伦比亚	0.95	0.94	0.95	0.93	0.94	0.94	0.91	0.91	0.86	0.92	0.92	0.93	12	12
荷兰	0.74	0.75	0.73	0.75	0.76	0.73	0.74	0.74	0.72	0.73	0.68	0.73	39	43
捷克	0.85	0.88	0.84	0.89	0.87	0.82	0.80	0.75	0.75	0.72	0.72	0.81	29	37
罗马尼亚	0.86	0.84	0.87	0.86	0.90	0.87	0.89	0.93	0.91	0.89	0.80	0.87	21	28
马来西亚	0.92	0.85	0.83	0.84	0.89	0.85	0.84	0.86	0.87	0.84	0.86	0.86	23	17
秘鲁	0.98	0.98	0.95	0.96	0.97	0.96	0.95	0.95	0.95	0.95	0.92	0.96	8	11
南非	0.92	0.93	0.88	0.84	0.97	0.97	0.97	0.95	0.95	0.93	0.95	0.93	10	10
挪威	0.70	0.70	0.72	0.73	0.72	0.81	0.84	0.81	0.80	0.81	0.77	0.76	35	30
葡萄牙	0.90	0.91	0.94	0.94	0.91	0.91	0.91	0.92	0.89	0.84	0.82	0.90	15	22
瑞典	0.73	0.73	0.72	0.72	0.72	0.71	0.73	0.72	0.70	0.73	0.71	0.72	40	41
沙特阿拉伯	0.68	0.58	0.63	0.63	0.63	0.66	0.67	0.67	0.66	0.67	0.66	0.65	46	44
斯洛伐克	0.76	0.73	0.80	0.81	0.71	0.72	0.74	0.72	0.69	0.71	0.71	0.74	38	39
泰国	0.93	0.96	0.96	0.92	0.98	0.94	0.90	0.92	0.93	0.90	0.90	0.93	11	14
土耳其	0.97	0.97	0.97	0.97	0.98	0.97	0.95	0.97	0.96	0.96	0.96	0.97	7	8
希腊	0.88	0.91	0.79	0.80	0.86	0.97	0.89	0.96	0.97	0.84	0.81	0.88	19	25
中国香港	0.64	0.66	0.65	0.62	0.66	0.66	0.68	0.67	0.74	0.75	0.81	0.69	43	23

续表

年份 国家 （地区）	2005	2006	2007	2008	2009	2010	2011	2012	2013	2014	2015	平均值	平均值排序	2015排序
新加坡	0.58	0.55	0.57	0.50	0.51	0.53	0.54	0.53	0.50	0.50	0.52	0.53	50	50
新西兰	0.81	0.82	0.83	0.76	0.83	0.80	0.82	0.82	0.81	0.81	0.76	0.81	30	31
匈牙利	0.75	0.72	0.74	0.68	0.67	0.62	0.60	0.59	0.58	0.58	0.59	0.65	45	47
以色列	0.48	0.47	0.51	0.53	0.57	0.54	0.55	0.55	0.55	0.54	0.57	0.53	49	49
印度尼西亚	0.99	0.99	0.99	0.98	0.99	0.99	0.99	0.98	0.98	0.98	0.98	0.98	4	4
越南	0.71	0.71	0.69	0.68	0.74	0.73	0.77	0.97	0.81	0.79	0.82	0.77	34	20
智利	0.84	0.91	0.89	0.82	0.91	0.91	0.92	0.88	0.89	0.86	0.75	0.87	22	33

如表 6-8（c）所示：

（1）在其他非金属制品业中，2005～2015 年 50 个经济体全要素生产率平均值最高的是韩国（1.03），其次依次是菲律宾（1.02）、荷兰（1.02）、瑞典（1.01）、沙特阿拉伯（1.01）、德国（1.01）等。最低值是巴西（0.81），其次依次是法国（0.86）、越南（0.87）、哥伦比亚（0.90）等。

（2）中国其他非金属制品业 2005～2015 年全要素生产率平均值为 0.94，居 50 个经济体第 35 位。

（3）中国其他非金属制品业 2014～2015 年全要素生产率数值（0.94）与 2000～2005 年平均值（0.94）持平，但在 50 个经济体中的排序从第 35 位下降到第 39 位。

表 6-8（c）　　2005～2015 年 50 个经济体其他非金属制品业全要素生产率测算结果

年份 国家 （地区）	2005～ 2006	2006～ 2007	2007～ 2008	2008～ 2009	2009～ 2010	2010～ 2011	2011～ 2012	2012～ 2013	2013～ 2014	2014～ 2015	平均值	平均值排序	2014～ 2015 排序
澳大利亚	0.97	1.04	0.99	0.78	1.01	1.10	1.01	0.96	0.98	0.93	0.97	24	43
巴西	0.89	0.65	0.71	0.90	0.87	0.88	0.80	0.88	0.90	0.70	0.81	50	50
加拿大	0.90	0.91	0.85	0.85	1.06	0.95	0.91	0.90	0.98	1.01	0.93	40	8
瑞士	0.95	1.02	0.92	0.91	0.99	0.97	0.94	0.96	1.00	0.94	0.96	27	38
中国	0.90	0.95	0.97	0.98	1.01	0.83	0.86	1.02	1.00	0.94	0.94	35	39
德国	1.07	1.06	1.03	0.91	0.98	1.02	0.99	1.01	1.05	0.99	1.01	6	22
西班牙	0.88	0.89	0.85	0.78	0.79	0.91	0.87	1.07	1.10	0.99	0.91	46	23
法国	0.70	0.82	0.77	0.81	0.88	0.99	0.85	0.95	0.96	0.96	0.86	49	45
英国	0.93	0.97	0.93	0.76	1.00	0.99	0.94	0.98	1.01	0.99	0.95	33	34
印度	1.00	1.00	0.99	0.98	0.98	1.01	0.88	0.94	1.01	1.00	0.98	21	14
意大利	0.99	1.00	0.99	0.99	0.99	0.97	0.96	1.03	1.01	0.99	0.99	14	24
日本	0.93	1.16	0.91	0.78	1.12	0.98	0.91	0.99	0.98	1.03	0.97	23	4
韩国	0.94	1.01	1.10	1.12	1.07	0.99	1.08	1.00	1.00	0.99	1.03	1	25
墨西哥	0.97	1.00	0.99	0.93	0.99	0.98	0.96	0.70	0.98	0.97	0.94	37	35

续表

国家（地区）	2005~2006	2006~2007	2007~2008	2008~2009	2009~2010	2010~2011	2011~2012	2012~2013	2013~2014	2014~2015	平均值	平均值排序	2014~2015 排序
俄罗斯	0.99	0.99	0.99	0.99	0.99	0.99	1.07	0.93	1.00	1.05	1.00	11	3
中国台湾	0.70	0.82	0.94	0.93	0.96	1.29	0.93	0.89	0.90	0.89	0.92	45	46
美国	0.86	0.85	0.84	0.82	0.94	0.98	1.01	1.09	0.99	0.99	0.93	39	26
阿根廷	0.90	0.99	0.91	0.86	1.01	1.01	1.00	0.95	0.93	1.02	0.96	31	6
爱尔兰	1.06	1.00	0.69	0.89	0.75	1.01	0.92	1.31	1.12	0.99	0.96	29	18
奥地利	1.02	1.00	0.90	0.91	1.15	0.98	0.96	1.03	0.97	0.99	0.99	16	27
保加利亚	0.97	0.97	0.97	0.92	0.97	1.23	0.95	0.83	0.99	1.01	0.98	22	9
比利时	0.98	0.95	0.84	0.93	0.90	0.97	0.88	0.97	1.05	0.99	0.94	36	28
冰岛	0.88	1.02	0.81	0.84	1.06	1.00	1.03	0.95	1.02	1.03	0.96	28	5
波兰	1.14	1.18	0.91	0.90	0.92	1.05	0.90	0.97	1.09	0.99	1.00	10	29
丹麦	1.00	1.00	0.94	0.87	0.93	1.13	0.94	1.02	1.07	0.99	0.99	17	30
菲律宾	1.00	1.03	1.03	1.04	1.04	1.04	1.04	0.99	1.01	1.00	1.02	2	10
芬兰	0.91	0.98	0.85	0.74	0.95	1.00	0.86	1.00	0.97	0.99	0.92	44	31
哥伦比亚	0.76	0.84	0.88	0.88	0.89	0.98	0.96	0.97	1.03	0.88	0.90	47	47
荷兰	1.09	1.10	0.98	0.99	0.92	1.06	0.87	0.98	1.07	1.14	1.02	3	1
捷克	1.03	1.01	0.95	0.92	0.95	1.00	0.90	1.00	1.08	1.02	0.98	20	7
罗马尼亚	0.83	0.82	0.95	0.65	0.78	1.05	1.73	0.90	1.14	0.86	0.94	38	48
马来西亚	0.95	0.99	0.99	0.92	0.83	0.90	0.96	1.00	1.00	0.99	0.95	32	16
秘鲁	0.92	0.83	0.98	0.95	1.00	0.98	0.98	0.98	0.99	1.00	0.96	30	11
南非	0.99	1.00	0.99	1.00	1.02	0.87	0.97	0.95	1.01	0.82	0.96	26	49
挪威	0.98	0.99	0.96	0.96	0.96	1.06	0.99	0.98	1.08	0.97	0.99	15	36
葡萄牙	0.85	0.97	0.97	0.97	0.92	0.86	0.85	1.01	1.01	0.93	0.93	41	42
瑞典	1.05	1.04	1.01	0.89	1.19	1.09	1.00	0.85	1.07	0.99	1.01	4	32
沙特阿拉伯	1.07	1.07	0.99	1.01	1.00	1.00	0.99	1.01	0.99	1.00	1.01	5	12
斯洛伐克	1.06	0.98	1.02	0.81	1.06	1.01	0.89	0.99	1.07	0.99	0.98	19	33
泰国	0.99	0.99	0.99	0.99	0.99	0.99	1.01	1.00	0.99	0.99	0.99	13	19
土耳其	1.01	1.02	1.02	1.00	1.02	1.02	0.98	0.99	1.01	1.00	1.01	7	15
希腊	0.94	0.82	0.85	0.85	0.78	0.93	1.12	1.14	0.99	0.94	0.93	43	40
中国香港	0.99	1.06	0.94	0.92	1.02	1.03	1.03	0.97	1.00	1.05	1.00	8	2
新加坡	1.12	1.14	0.93	0.93	0.93	1.04	1.04	0.84	1.01	0.99	0.99	12	20
新西兰	0.99	0.97	0.98	0.98	0.98	0.98	0.98	0.99	1.01	1.00	0.99	18	13
匈牙利	1.10	1.06	0.92	0.86	1.03	0.95	0.99	1.08	1.05	0.99	1.00	9	21
以色列	0.76	0.92	0.98	0.91	0.98	0.97	0.88	0.99	0.98	0.93	0.93	42	41
印度尼西亚	0.90	0.92	0.94	0.95	0.99	0.98	0.95	0.97	0.95	0.92	0.95	34	44

续表

国家 (地区)	2005~ 2006	2006~ 2007	2007~ 2008	2008~ 2009	2009~ 2010	2010~ 2011	2011~ 2012	2012~ 2013	2013~ 2014	2014~ 2015	平均 值	平均值 排序	2014~ 2015 排序
越南	0.59	0.78	0.84	0.81	0.87	0.99	1.00	0.97	0.97	0.95	0.87	48	37
智利	0.92	0.92	0.93	0.85	1.10	0.92	0.94	0.98	1.21	0.99	0.97	25	17

（九）基础金属制品业增长效率国际比较

如表 6-9（a）所示：

（1）γ 值为 0.0631，说明前沿生产函数的误差项 6.31% 来源于技术非效率项。总体标准偏差 σ^2 为 0.1573，且在 1% 的水平上通过显著性检验，表明测量值尚集中。大多数参数的估计结果都比较显著，模型拟合效果比较理想。

（2）依据技术无效率项各变量的估计系数，可以得到如下结果：在基础金属制品业中，VSS 指数和 TC 指数对技术效率有负面影响，意味着在其他条件不变的情况下，这些变量每增加 1 个单位，会导致技术效率降低这些变量所对应的估计系数值的比例。而 LV-DI 指数对技术效率有正面影响，意味着在其他条件不变的情况下，该变量每增加 1 个单位，会促使技术效率提高该变量对应的估计系数绝对值的比例。

表 6-9（a）　　2005~2015 年 50 个经济体基础金属制品业随机前沿函数及技术无效函数估计结果

前沿生产函数	参数	估计系数	T 检验值	技术无效函数	参数	估计系数	T 检验值
常数项	β_0	1.1391***	3.1139	常数项	σ_0	0.8998***	3.1851
$\ln K_{it}$	β_1	0.7693***	5.3634	VSS	σ_1	0.0045**	2.0710
$\ln L_{it}$	β_2	0.4010***	3.3788	LVDI	σ_2	-0.5091***	-3.1145
$(\ln K_{it})^2$	β_3	0.0858***	4.0113	TC	σ_3	0.0016**	2.3139
$(\ln L_{it})^2$	β_4	0.1372***	7.0981	σ^2		0.1573***	16.6626
$\ln K_{it}\ln L_{it}$	β_5	-0.2264***	-5.6912	γ		0.0631	0.8413
$t\ln K_{it}$	β_6	0.0456***	4.5094	Log 函数值		-265.5624	
$t\ln L_{it}$	β_7	-0.0539***	-6.0669	LR 值		29.7068	
t	β_8	-0.1601***	-3.3778				
t^2	β_9	0.0100***	3.8680				

如表 6-9（b）所示：

（1）在基础金属制品业中，2005~2015 年 50 个经济体技术效率平均值最高的是南非（0.97），其次依次是新西兰（0.96）、日本（0.93）、澳大利亚（0.93）、中国（0.92）、印度尼西亚（0.90）等。最低值是保加利亚（0.62），其次依次是加拿大（0.63）、芬兰（0.63）、斯洛伐克（0.64）等。

（2）中国基础金属制品业 2005~2015 年技术效率平均值为 0.92，居 50 个经济体的第5位。

（3）中国基础金属制品业 2015 年技术效率数值（0.96）高于 2000~2005 年平均值（0.92），在 50 个经济体中的排序上升至第 3 位。

表 6-9（b）　2005~2015 年 50 个经济体基础金属制品业技术效率估计结果

国家（地区）	2005	2006	2007	2008	2009	2010	2011	2012	2013	2014	2015	平均值	平均值排序	2015排序
澳大利亚	0.99	0.96	0.94	0.94	0.94	0.96	0.95	0.95	0.90	0.79	0.94	0.93	4	5
巴西	0.86	0.81	0.87	0.87	0.83	0.81	0.78	0.82	0.85	0.86	0.83	0.84	14	18
加拿大	0.64	0.66	0.65	0.64	0.60	0.61	0.60	0.61	0.60	0.63	0.62	0.63	49	48
瑞士	0.78	0.77	0.78	0.78	0.76	0.74	0.71	0.76	0.75	0.74	0.78	0.76	24	26
中国	0.94	0.94	0.92	0.90	0.93	0.89	0.88	0.92	0.93	0.95	0.96	0.92	5	3
德国	0.74	0.72	0.72	0.75	0.73	0.70	0.71	0.71	0.72	0.72	0.73	0.72	33	33
西班牙	0.88	0.87	0.87	0.86	0.83	0.81	0.79	0.80	0.80	0.81	0.82	0.83	15	20
法国	0.72	0.70	0.72	0.70	0.71	0.69	0.69	0.67	0.67	0.66	0.70	0.70	36	38
英国	0.70	0.70	0.70	0.67	0.66	0.65	0.63	0.64	0.65	0.70	0.67	0.67	40	37
印度	0.91	0.87	0.88	0.88	0.89	0.84	0.93	0.92	0.89	0.89	0.86	0.89	9	12
意大利	0.84	0.82	0.82	0.84	0.82	0.81	0.78	0.81	0.81	0.81	0.81	0.81	18	21
日本	0.94	0.94	0.94	0.95	0.93	0.92	0.92	0.94	0.93	0.93	0.92	0.93	3	8
韩国	0.85	0.83	0.84	0.81	0.80	0.79	0.77	0.79	0.81	0.81	0.82	0.81	19	19
墨西哥	0.84	0.84	0.84	0.83	0.81	0.81	0.81	0.82	0.83	0.83	0.83	0.83	16	16
俄罗斯	0.81	0.82	0.84	0.85	0.85	0.91	0.89	0.89	0.91	0.91	0.95	0.88	10	4
中国台湾	0.78	0.80	0.78	0.75	0.76	0.78	0.75	0.79	0.81	0.84	0.84	0.79	22	14
美国	0.90	0.88	0.88	0.88	0.83	0.85	0.85	0.86	0.87	0.87	0.86	0.87	11	13
阿根廷	0.82	0.82	0.83	0.82	0.87	0.82	0.82	0.88	0.90	0.89	0.92	0.85	12	9
爱尔兰	0.68	0.70	0.67	0.93	0.89	0.68	0.66	0.66	0.66	0.65	0.63	0.71	35	47
奥地利	0.69	0.68	0.68	0.69	0.71	0.65	0.66	0.67	0.68	0.70	0.68	0.68	38	36
保加利亚	0.74	0.63	0.59	0.60	0.67	0.63	0.59	0.60	0.58	0.60	0.59	0.62	50	50
比利时	0.68	0.69	0.69	0.60	0.62	0.67	0.65	0.65	0.65	0.66	0.61	0.65	44	49
冰岛	0.65	0.66	0.68	0.67	0.62	0.66	0.65	0.67	0.65	0.67	0.67	0.66	41	40
波兰	0.73	0.73	0.72	0.78	0.83	0.74	0.76	0.76	0.75	0.75	0.79	0.76	25	25
丹麦	0.74	0.72	0.72	0.73	0.73	0.71	0.72	0.73	0.73	0.74	0.75	0.73	30	28
菲律宾	0.92	0.88	0.90	0.92	0.88	0.81	0.85	0.88	0.89	0.94	0.93	0.89	8	6
芬兰	0.67	0.64	0.64	0.64	0.61	0.60	0.59	0.60	0.62	0.62	0.65	0.63	48	44
哥伦比亚	0.76	0.73	0.75	0.78	0.78	0.79	0.81	0.81	0.86	0.76	0.77	0.78	23	27
荷兰	0.69	0.69	0.67	0.67	0.66	0.63	0.63	0.64	0.65	0.68	0.66	0.66	43	43
捷克	0.80	0.79	0.78	0.77	0.74	0.71	0.71	0.71	0.71	0.72	0.74	0.74	28	31
罗马尼亚	0.76	0.76	0.75	0.79	0.84	0.83	0.85	0.84	0.82	0.81	0.80	0.80	20	22

续表

国家 （地区）\年份	2005	2006	2007	2008	2009	2010	2011	2012	2013	2014	2015	平均值	平均值 排序	2015 排序
马来西亚	0.77	0.72	0.71	0.70	0.76	0.73	0.71	0.74	0.73	0.75	0.73	0.73	29	32
秘鲁	0.96	0.93	0.87	0.86	0.84	0.83	0.82	0.85	0.92	0.93	0.97	0.89	7	1
南非	0.98	0.97	0.96	0.94	0.98	0.99	0.97	0.98	0.98	0.97	0.97	0.97	1	2
挪威	0.63	0.63	0.62	0.63	0.64	0.61	0.65	0.66	0.66	0.67	0.66	0.64	45	42
葡萄牙	0.79	0.74	0.78	0.80	0.82	0.76	0.73	0.73	0.73	0.73	0.71	0.76	26	34
瑞典	0.69	0.68	0.68	0.70	0.69	0.63	0.64	0.64	0.65	0.65	0.69	0.66	42	39
沙特阿拉伯	0.70	0.66	0.68	0.65	0.68	0.71	0.70	0.71	0.70	0.70	0.70	0.69	37	35
斯洛伐克	0.65	0.65	0.67	0.65	0.63	0.62	0.61	0.62	0.62	0.63	0.67	0.64	47	41
泰国	0.74	0.75	0.70	0.71	0.76	0.74	0.71	0.71	0.72	0.74	0.74	0.73	31	29
土耳其	0.87	0.83	0.82	0.77	0.83	0.84	0.81	0.82	0.82	0.84	0.84	0.82	17	15
希腊	0.80	0.79	0.73	0.80	0.87	0.80	0.74	0.82	0.83	0.85	0.83	0.80	21	17
中国香港	0.68	0.69	0.69	0.68	0.71	0.71	0.68	0.66	0.65	0.63	0.64	0.68	39	45
新加坡	0.75	0.70	0.72	0.69	0.67	0.72	0.74	0.77	0.75	0.73	0.74	0.72	34	30
新西兰	0.96	0.96	0.98	0.98	0.98	0.98	0.98	0.96	0.92	0.95	0.93	0.96	2	7
匈牙利	0.69	0.66	0.66	0.65	0.62	0.61	0.61	0.61	0.62	0.63	0.64	0.64	46	46
以色列	0.68	0.67	0.67	0.69	0.74	0.71	0.72	0.75	0.80	0.77	0.80	0.73	32	23
印度尼西亚	0.82	0.89	0.92	0.92	0.91	0.88	0.89	0.91	0.90	0.93	0.90	0.90	6	10
越南	0.78	0.76	0.75	0.70	0.78	0.75	0.74	0.72	0.76	0.75	0.79	0.75	27	24
智利	0.79	0.83	0.80	0.83	0.89	0.89	0.85	0.87	0.90	0.78	0.88	0.85	13	11

如表 6-9（c）所示：

（1）在基础金属制品业中，2005～2015 年 50 个经济体全要素生产率平均值最高的是沙特阿拉伯（1.01），其次依次是英国（1.00）、墨西哥（0.99）、希腊（0.99）、土耳其（0.99）、罗马尼亚（0.99）等。最低值是新加坡（0.85），其次依次是菲律宾（0.87）、澳大利亚（0.90）、新西兰（0.90）等。

（2）中国基础金属制品业 2005～2015 年全要素生产率平均值为 0.94，居 50 个经济体第 31 位。

（3）中国基础金属制品业 2014～2015 年全要素生产率数值（0.96）高于 2000～2005 年平均值（0.94），在 50 个经济体中的排序上升至第 28 位。

表 6-9（c）　2005～2015 年 50 个经济体基础金属制品业全要素生产率测算结果

国家 （地区）\年份	2005～ 2006	2006～ 2007	2007～ 2008	2008～ 2009	2009～ 2010	2010～ 2011	2011～ 2012	2012～ 2013	2013～ 2014	2014～ 2015	平均 值	平均值 排序	2014～ 2015 排序
澳大利亚	1.53	0.89	0.79	0.90	0.70	0.73	0.72	0.97	1.16	0.87	0.90	48	45
巴西	0.86	1.02	1.03	0.69	0.82	1.01	0.96	0.97	1.11	0.81	0.92	42	49

续表

国家（地区）	2005~2006	2006~2007	2007~2008	2008~2009	2009~2010	2010~2011	2011~2012	2012~2013	2013~2014	2014~2015	平均值	平均值排序	2014~2015排序
加拿大	0.72	1.00	0.86	0.75	1.32	1.05	0.92	0.85	1.00	0.97	0.93	36	23
瑞士	1.00	1.05	0.91	0.76	1.06	1.04	0.94	0.95	0.98	1.09	0.97	11	6
中国	0.96	0.96	0.87	0.87	0.89	1.03	1.02	0.94	0.96	0.96	0.94	31	28
德国	0.85	1.12	0.95	0.75	0.95	1.06	0.97	0.94	1.00	0.96	0.95	25	29
西班牙	0.89	0.97	0.74	0.82	0.91	0.93	1.02	1.00	1.14	0.96	0.93	37	31
法国	0.67	1.17	0.77	0.81	1.04	1.10	0.77	1.00	0.94	0.96	0.91	45	30
英国	1.20	1.06	0.91	0.52	1.56	0.99	0.99	1.00	1.05	1.04	1.00	2	7
印度	0.98	0.96	0.87	0.90	0.96	1.14	0.85	1.03	0.94	0.86	0.94	29	46
意大利	0.99	0.99	0.95	0.78	0.95	1.03	0.85	0.96	1.07	0.94	0.95	27	36
日本	1.23	0.98	0.95	0.75	1.25	0.46	1.06	0.92	1.02	1.51	0.97	12	1
韩国	0.87	0.96	1.13	0.73	1.18	0.98	0.91	0.96	0.98	0.95	0.96	18	33
墨西哥	1.20	1.16	1.18	0.82	1.04	0.99	0.94	0.77	0.98	0.95	0.99	3	34
俄罗斯	0.82	0.99	0.97	0.90	1.04	1.01	0.93	0.82	1.30	1.16	0.98	7	2
中国台湾	0.70	0.88	0.99	0.80	1.21	0.98	0.87	1.06	1.11	0.75	0.92	39	50
美国	0.65	0.91	1.01	0.74	1.14	1.07	0.96	0.93	0.98	0.92	0.92	40	42
阿根廷	1.02	1.02	0.91	0.82	1.04	1.02	0.97	0.95	0.95	1.12	0.98	9	3
爱尔兰	1.26	0.73	0.84	1.11	0.73	0.98	1.07	0.90	1.06	1.09	0.96	16	5
奥地利	1.01	1.03	0.91	0.78	1.11	0.95	0.96	0.86	1.00	0.97	0.95	20	24
保加利亚	1.00	1.01	0.92	1.34	0.98	1.18	0.96	0.67	0.92	0.98	0.98	8	13
比利时	1.00	1.09	0.69	0.87	1.03	0.97	0.82	1.05	1.03	0.94	0.94	33	38
冰岛	0.88	0.90	1.23	0.56	1.91	0.92	0.67	0.99	1.09	0.84	0.95	28	48
波兰	1.30	1.00	0.65	0.76	0.79	1.37	0.91	0.95	1.17	0.94	0.96	17	37
丹麦	1.01	1.02	0.88	0.62	0.94	1.15	0.92	1.02	1.03	0.94	0.94	30	32
菲律宾	0.79	0.89	0.82	0.79	0.88	0.87	0.82	1.00	0.94	0.93	0.87	49	40
芬兰	1.20	1.03	0.92	0.38	1.48	0.96	0.88	1.16	1.01	0.99	0.95	24	10
哥伦比亚	1.03	1.04	0.91	0.80	1.05	1.00	0.96	0.91	0.96	1.03	0.97	14	9
荷兰	1.07	0.93	0.79	0.66	1.10	0.87	0.93	0.97	1.13	0.87	0.92	41	44
捷克	0.96	0.95	0.83	0.62	0.89	1.23	0.87	1.06	1.19	0.97	0.94	34	20
罗马尼亚	0.58	1.04	1.22	1.17	1.73	0.95	0.81	0.94	0.87	0.97	0.99	6	18
马来西亚	0.98	0.99	0.99	0.96	0.98	0.98	0.98	0.97	0.98	0.94	0.97	10	35
秘鲁	1.05	0.96	0.93	0.80	1.08	1.00	0.85	0.97	0.94	1.12	0.96	15	4
南非	0.81	0.99	0.96	0.97	0.86	0.80	0.91	0.89	0.92	0.99	0.91	46	12
挪威	1.09	0.97	0.88	0.71	1.03	0.97	0.90	0.85	1.27	0.95	0.95	19	15
葡萄牙	1.17	0.89	0.90	0.88	0.88	0.96	0.88	1.04	1.01	0.84	0.94	32	47

续表

国家 （地区）	2005~ 2006	2006~ 2007	2007~ 2008	2008~ 2009	2009~ 2010	2010~ 2011	2011~ 2012	2012~ 2013	2013~ 2014	2014~ 2015	平均 值	平均值 排序	2014~ 2015 排序
瑞典	1.06	1.22	0.75	0.45	1.72	0.96	0.87	1.06	1.03	0.92	0.95	21	43
沙特阿拉伯	1.05	1.00	0.93	0.90	1.38	0.98	0.97	0.98	0.97	0.98	1.01	1	14
斯洛伐克	1.12	0.92	0.78	0.61	1.48	0.74	1.05	0.94	0.90	0.97	0.93	38	16
泰国	1.00	0.99	0.95	0.95	1.03	0.93	0.96	0.97	0.96	0.96	0.97	13	26
土耳其	1.00	0.99	0.97	0.92	1.12	1.05	0.91	1.02	1.00	0.96	0.99	5	27
希腊	0.75	0.94	0.94	0.90	0.86	1.05	1.71	1.07	0.98	0.97	0.99	4	19
中国香港	0.71	0.72	0.95	0.99	1.02	0.90	1.02	0.96	0.98	0.99	0.92	43	11
新加坡	0.76	0.82	0.82	0.85	0.96	0.97	0.92	0.58	0.94	1.03	0.85	50	8
新西兰	1.06	0.81	0.78	0.81	0.93	0.90	0.84	0.99	1.01	0.94	0.90	47	39
匈牙利	1.20	0.87	0.97	0.44	1.41	1.06	0.84	1.06	1.06	0.95	0.95	22	22
以色列	0.99	0.94	0.95	0.91	0.95	0.95	0.86	1.02	0.99	0.97	0.95	26	21
印度尼西亚	0.79	1.00	0.98	0.98	0.99	0.92	0.96	0.96	0.97	0.97	0.95	23	17
越南	1.12	1.20	0.75	0.88	0.83	0.88	0.92	0.99	1.00	0.96	0.94	35	25
智利	1.10	1.06	0.95	0.49	1.39	1.09	0.70	0.92	0.80	0.93	0.91	44	41

（十）金属制品业增长效率国际比较

如表 6-10（a）所示：

（1）γ 值为 0.0677，说明前沿生产函数的误差项 6.77% 来源于技术非效率项。总体标准偏差 σ^2 为 0.0697，且在 1% 的水平上通过显著性检验，表明测量值比较集中。大多数参数的估计结果都比较显著，模型拟合效果比较理想。

（2）依据技术无效率项各变量的估计系数，可以得到如下结果：在金属制品业中，VSS指数、LVDI 指数和 TC 指数对技术效率都有正面影响，意味着在其他条件不变的情况下，这些变量每增加 1 个单位，会促使技术效率提高这些变量对应的估计系数绝对值的比例。

表 6-10（a）2005~2015 年 50 个经济体金属制品业随机前沿函数及技术无效函数估计结果

前沿生产函数	参数	估计系数	T 检验值	技术无效函数	参数	估计系数	T 检验值
常数项	β_0	1.4115 ***	5.3887	常数项	σ_0	0.0728 ***	4.9449
$\ln K_{it}$	β_1	1.2076 ***	25.0784	VSS	σ_1	-0.0001	-0.0659
$\ln L_{it}$	β_2	-0.3157 ***	-4.0157	LVDI	σ_2	-0.1053 *	-1.5131
$(\ln K_{it})^2$	β_3	0.0102	1.1936	TC	σ_3	-0.0033 **	-2.1811
$(\ln L_{it})^2$	β_4	0.0689 ***	5.6353	σ^2		0.0697 ***	26.9126
$\ln K_{it}\ln L_{it}$	β_5	-0.0761 ***	-3.8279	γ		0.0677	0.2635
$t\ln K_{it}$	β_6	0.0119 **	2.2951	Log 函数值		-32.0705	
$t\ln L_{it}$	β_7	-0.0166 ***	-2.8021	LR 值		8.8349	

前沿生产函数	参数	估计系数	T检验值	技术无效函数	参数	估计系数	T检验值
t	β_8	-0.0477^*	-1.6242				
t^2	β_9	0.0052^{***}	3.0884				

如表6-10（b）所示：

（1）在金属制品业中，2005～2015年50个经济体技术效率平均值最高的是中国（0.99），其次依次是中国台湾（0.99）、日本（0.99）、意大利（0.98）、韩国（0.98）、以色列（0.98）等。最低值是冰岛（0.81），其次依次是沙特阿拉伯（0.83）、哥伦比亚（0.89）、越南（0.89）等。

（2）中国金属制品业2005～2015年技术效率平均值为0.99，居50个经济体的第1位。

（3）中国金属制品业2015年技术效率数值（0.99）与2000～2005年平均值（0.99）持平，始终保持在同一水平上。

表6-10（b）　2005～2015年50个经济体金属制品业技术效率估计结果

国家（地区） ＼ 年份	2005	2006	2007	2008	2009	2010	2011	2012	2013	2014	2015	平均值	平均值排序	2015排序
澳大利亚	0.93	0.93	0.92	0.91	0.92	0.91	0.89	0.90	0.89	0.88	0.87	0.90	46	47
巴西	0.97	0.96	0.97	0.96	0.95	0.95	0.95	0.95	0.94	0.94	0.95	0.95	32	34
加拿大	0.96	0.96	0.96	0.96	0.95	0.95	0.95	0.95	0.94	0.94	0.93	0.95	37	37
瑞士	0.97	0.97	0.97	0.97	0.97	0.97	0.98	0.97	0.97	0.97	0.97	0.97	20	20
中国	0.99	0.99	0.99	0.99	0.99	0.99	0.99	0.99	0.99	0.99	0.99	0.99	1	1
德国	0.98	0.98	0.98	0.98	0.98	0.98	0.98	0.98	0.98	0.98	0.98	0.98	8	8
西班牙	0.97	0.96	0.96	0.97	0.97	0.97	0.98	0.98	0.98	0.98	0.98	0.97	16	14
法国	0.96	0.95	0.95	0.96	0.96	0.96	0.95	0.95	0.95	0.95	0.95	0.95	33	33
英国	0.96	0.96	0.96	0.95	0.95	0.95	0.94	0.95	0.95	0.95	0.95	0.95	36	31
印度	0.98	0.98	0.98	0.98	0.98	0.98	0.98	0.98	0.98	0.98	0.98	0.98	7	11
意大利	0.99	0.98	0.98	0.99	0.98	0.98	0.98	0.99	0.99	0.98	0.98	0.98	4	4
日本	0.99	0.99	0.99	0.99	0.99	0.99	0.99	0.99	0.99	0.99	0.98	0.99	3	6
韩国	0.98	0.98	0.98	0.98	0.98	0.98	0.99	0.99	0.99	0.99	0.98	0.98	5	3
墨西哥	0.94	0.94	0.94	0.94	0.94	0.94	0.94	0.94	0.94	0.93	0.93	0.94	41	40
俄罗斯	0.95	0.95	0.94	0.94	0.94	0.95	0.95	0.95	0.96	0.96	0.91	0.95	39	30
中国台湾	0.99	0.99	0.99	0.99	0.99	0.99	0.99	0.99	0.99	0.99	0.99	0.99	2	2
美国	0.96	0.95	0.95	0.95	0.96	0.96	0.96	0.96	0.97	0.96	0.96	0.96	29	28
阿根廷	0.95	0.95	0.94	0.94	0.94	0.94	0.94	0.95	0.94	0.93	0.92	0.94	40	41
爱尔兰	0.94	0.94	0.94	0.94	0.96	0.96	0.97	0.97	0.97	0.97	0.97	0.97	30	12
奥地利	0.97	0.97	0.97	0.98	0.98	0.98	0.98	0.98	0.98	0.98	0.98	0.98	13	17

续表

国家（地区）＼年份	2005	2006	2007	2008	2009	2010	2011	2012	2013	2014	2015	平均值	平均值排序	2015排序
保加利亚	0.93	0.94	0.93	0.94	0.95	0.96	0.96	0.96	0.95	0.96	0.96	0.95	38	29
比利时	0.98	0.97	0.97	0.97	0.97	0.96	0.96	0.97	0.97	0.96	0.96	0.97	23	27
冰岛	0.78	0.78	0.78	0.81	0.82	0.82	0.82	0.85	0.83	0.84	0.82	0.81	50	49
波兰	0.98	0.98	0.97	0.97	0.97	0.97	0.98	0.98	0.98	0.98	0.98	0.98	12	13
丹麦	0.96	0.96	0.96	0.96	0.97	0.97	0.97	0.97	0.97	0.97	0.97	0.97	25	21
菲律宾	0.96	0.96	0.97	0.96	0.95	0.96	0.93	0.94	0.97	0.96	0.93	0.95	34	39
芬兰	0.97	0.97	0.97	0.97	0.97	0.97	0.97	0.97	0.97	0.97	0.97	0.97	21	25
哥伦比亚	0.92	0.91	0.91	0.93	0.92	0.88	0.86	0.86	0.86	0.85	0.87	0.89	48	48
荷兰	0.98	0.98	0.98	0.97	0.97	0.98	0.98	0.98	0.98	0.98	0.98	0.98	10	16
捷克	0.98	0.98	0.98	0.98	0.98	0.98	0.98	0.98	0.98	0.98	0.98	0.98	9	10
罗马尼亚	0.95	0.93	0.94	0.93	0.93	0.91	0.92	0.96	0.94	0.95	0.95	0.94	42	35
马来西亚	0.97	0.97	0.97	0.97	0.97	0.97	0.97	0.97	0.97	0.97	0.97	0.97	22	22
秘鲁	0.92	0.92	0.92	0.92	0.92	0.93	0.91	0.90	0.92	0.90	0.89	0.91	44	45
南非	0.98	0.97	0.97	0.97	0.97	0.98	0.98	0.98	0.97	0.97	0.97	0.97	14	18
挪威	0.90	0.89	0.90	0.92	0.94	0.93	0.93	0.92	0.93	0.90	0.91	0.92	43	42
葡萄牙	0.96	0.97	0.97	0.96	0.97	0.97	0.97	0.98	0.98	0.98	0.98	0.97	19	7
瑞典	0.97	0.97	0.97	0.97	0.97	0.97	0.97	0.97	0.97	0.97	0.97	0.97	18	19
沙特阿拉伯	0.89	0.87	0.86	0.84	0.80	0.85	0.84	0.83	0.81	0.80	0.80	0.83	49	50
斯洛伐克	0.97	0.97	0.97	0.97	0.97	0.97	0.97	0.98	0.98	0.98	0.98	0.97	15	15
泰国	0.95	0.97	0.97	0.97	0.98	0.96	0.96	0.96	0.97	0.96	0.97	0.97	26	26
土耳其	0.98	0.97	0.97	0.98	0.98	0.98	0.98	0.98	0.98	0.98	0.98	0.98	11	9
希腊	0.95	0.96	0.95	0.95	0.95	0.96	0.96	0.97	0.98	0.97	0.97	0.96	28	23
中国香港	0.99	0.99	0.99	0.99	0.99	0.99	0.99	0.99	0.97	0.95	0.90	0.97	17	44
新加坡	0.96	0.96	0.97	0.96	0.96	0.97	0.97	0.97	0.98	0.97	0.97	0.97	24	24
新西兰	0.96	0.97	0.97	0.97	0.96	0.96	0.96	0.97	0.96	0.95	0.94	0.96	27	36
匈牙利	0.96	0.96	0.96	0.95	0.95	0.96	0.96	0.96	0.96	0.96	0.95	0.96	31	32
以色列	0.98	0.98	0.98	0.98	0.98	0.98	0.98	0.98	0.98	0.98	0.98	0.98	6	5
印度尼西亚	0.97	0.97	0.96	0.95	0.95	0.94	0.95	0.95	0.94	0.94	0.93	0.95	35	38
越南	0.89	0.90	0.89	0.89	0.89	0.89	0.88	0.90	0.89	0.90	0.90	0.89	47	43
智利	0.92	0.92	0.92	0.91	0.90	0.91	0.92	0.91	0.91	0.90	0.88	0.91	45	46

如表6-10（c）所示：

（1）在金属制品业中，2005~2015年50个经济体全要素生产率平均值最高的是沙特阿拉伯（1.01），其次依次是泰国（1.01）、土耳其（1.01）、秘鲁（0.99）、冰岛

（0.99）、哥伦比亚（0.99）等。最低值是日本（0.85），其次依次是菲律宾（0.86）、瑞士（0.87）、希腊（0.89）等。

（2）中国金属制品业2005~2015年全要素生产率平均值为0.98，居50个经济体第9位。

（3）中国金属制品业2014~2015年全要素生产率数值（1.06）高于2000~2005年平均值（0.98），在50个经济体中的排序上升至第2位。

表6-10（c）　　2005~2015年50个经济体金属制品业全要素生产率测算结果

国家（地区）＼年份	2005~2006	2006~2007	2007~2008	2008~2009	2009~2010	2010~2011	2011~2012	2012~2013	2013~2014	2014~2015	平均值	平均值排序	2014~2015 排序
澳大利亚	1.10	0.90	0.97	0.84	0.98	1.02	0.92	0.87	0.92	0.87	0.94	29	48
巴西	0.84	0.98	0.90	0.92	0.91	1.03	0.86	0.92	0.94	0.81	0.91	44	49
加拿大	0.76	0.93	0.84	0.91	1.14	1.02	1.01	0.96	0.94	0.91	0.94	30	38
瑞士	0.58	0.76	0.85	0.78	1.01	1.04	0.90	0.93	0.96	0.95	0.87	48	24
中国	0.99	1.02	0.97	0.97	0.97	0.87	0.89	1.04	1.06	1.06	0.98	9	2
德国	1.02	0.88	0.88	0.77	1.04	1.01	0.89	0.98	0.97	0.89	0.93	38	46
西班牙	0.91	0.90	0.87	0.79	0.83	0.94	0.98	1.01	1.04	0.97	0.92	40	21
法国	0.89	0.89	0.97	0.86	0.98	0.92	0.93	0.99	0.97	0.91	0.94	25	41
英国	0.86	0.92	0.93	0.74	0.96	1.03	1.02	0.99	1.00	0.95	0.94	27	23
印度	0.90	0.94	0.94	0.91	0.96	0.98	0.97	0.91	0.89	0.94	0.94	22	15
意大利	0.91	0.89	0.92	0.83	0.94	0.97	0.89	1.00	1.00	0.90	0.92	39	42
日本	0.30	0.87	0.90	1.01	0.95	0.82	1.07	0.99	1.04	0.97	0.85	50	20
韩国	0.81	0.92	0.94	0.94	1.04	0.99	0.94	0.97	0.98	0.95	0.95	16	25
墨西哥	0.95	0.90	0.96	0.93	1.01	1.01	1.01	0.85	0.95	0.99	0.95	14	14
俄罗斯	0.82	0.95	0.95	0.81	1.05	0.97	1.01	1.00	0.86	0.93	0.93	35	27
中国台湾	0.85	0.89	0.94	0.92	1.05	1.03	0.89	0.95	1.01	0.94	0.94	19	33
美国	0.76	0.92	0.91	0.94	0.99	0.99	1.00	0.99	0.99	0.99	0.94	17	13
阿根廷	0.85	0.91	0.90	0.87	1.03	1.00	0.99	0.94	0.90	0.98	0.93	34	16
爱尔兰	0.87	1.04	0.81	0.67	0.88	0.96	1.00	1.11	0.99	1.26	0.94	20	1
奥地利	0.98	0.91	0.90	0.88	0.93	1.04	0.93	1.03	0.95	0.92	0.94	21	35
保加利亚	0.95	0.97	0.97	1.02	0.95	1.02	0.93	0.96	0.99	1.01	0.98	11	3
比利时	0.94	0.92	0.82	0.78	0.95	1.02	0.99	0.98	1.02	0.99	0.94	28	10
冰岛	0.93	1.04	0.93	0.92	1.09	1.00	1.03	0.97	0.97	0.99	0.99	5	11
波兰	0.96	0.85	0.96	0.82	1.01	1.07	0.97	0.89	1.05	0.92	0.95	15	36
丹麦	0.75	0.84	1.01	0.93	0.92	0.90	1.02	1.11	1.01	0.94	0.94	32	30
菲律宾	0.94	0.78	0.80	0.79	0.86	0.86	0.87	0.94	0.92	0.92	0.86	49	37
芬兰	0.83	1.01	0.92	0.72	0.91	1.05	0.92	0.94	0.93	0.92	0.91	42	34

续表

国家（地区）	2005~2006	2006~2007	2007~2008	2008~2009	2009~2010	2010~2011	2011~2012	2012~2013	2013~2014	2014~2015	平均值	平均值排序	2014~2015排序
哥伦比亚	0.93	1.04	0.94	0.94	1.06	0.99	1.04	0.97	0.98	0.98	0.99	6	19
荷兰	0.86	0.92	0.92	0.86	0.94	0.98	0.88	0.95	1.00	0.91	0.92	41	40
捷克	0.93	0.92	0.93	0.84	0.96	0.97	0.93	0.97	1.04	0.95	0.94	24	28
罗马尼亚	0.99	0.96	0.80	0.78	0.72	1.02	1.76	1.05	0.99	0.98	0.98	12	17
马来西亚	0.87	0.84	0.90	0.81	0.98	0.99	1.01	1.00	1.00	0.99	0.94	31	8
秘鲁	0.97	0.98	0.99	1.01	1.00	1.00	0.99	1.02	0.99	1.00	0.99	4	5
南非	0.90	0.83	0.89	0.86	0.92	0.96	0.94	0.86	0.93	0.95	0.91	43	26
挪威	0.91	0.92	0.91	0.85	0.92	1.01	0.99	0.90	0.90	0.78	0.91	45	50
葡萄牙	0.89	0.95	0.96	0.87	0.96	0.91	0.93	1.00	1.01	0.88	0.94	33	47
瑞典	0.92	0.86	0.86	0.71	1.31	0.93	1.02	0.98	0.94	0.96	0.94	26	22
沙特阿拉伯	1.07	1.07	0.99	1.01	1.00	1.00	0.99	1.01	1.00	1.00	1.01	1	6
斯洛伐克	0.84	1.07	1.10	0.82	0.98	1.07	0.97	0.92	1.04	0.89	0.97	13	44
泰国	1.02	1.02	1.02	1.02	1.02	0.99	1.01	1.00	1.00	0.99	1.01	2	9
土耳其	0.96	1.02	1.02	1.02	1.02	1.02	1.02	0.99	1.01	1.00	1.01	3	7
希腊	0.90	0.77	0.78	0.79	0.80	0.85	0.98	1.18	1.02	0.89	0.89	47	43
中国香港	0.92	1.04	0.94	0.94	1.06	1.00	1.04	0.97	0.98	0.98	0.98	7	18
新加坡	0.87	0.92	0.94	0.99	1.02	1.04	0.93	0.92	0.92	0.91	0.95	18	39
新西兰	0.77	0.94	0.94	0.93	1.00	0.98	0.99	0.97	0.99	0.94	0.94	23	32
匈牙利	0.93	0.96	0.95	0.75	0.99	1.04	0.90	1.00	0.96	0.89	0.93	36	45
以色列	0.93	0.89	0.94	0.88	0.95	0.98	0.91	0.95	0.94	0.94	0.94	37	31
印度尼西亚	0.92	0.98	0.98	1.00	0.99	1.01	0.99	0.97	1.01	1.00	0.98	8	4
越南	0.68	0.85	0.87	0.87	0.90	0.93	0.96	0.98	0.97	0.95	0.89	46	29
智利	0.95	0.97	0.97	1.05	1.03	1.18	0.95	0.84	0.92	0.99		10	12

（十一）机械和设备制造业增长效率国际比较

如表6-11（a）所示：

（1）γ 值为 0.0220，说明前沿生产函数的误差项 2.20% 来源于技术非效率项。总体标准偏差 σ^2 为 0.0521，且在 5% 的水平上通过显著性检验，表明测量值比较集中。部分参数的估计结果比较显著，模型拟合效果一般。

（2）依据技术无效率项各变量的估计系数，可以得到如下结果：在机械和设备制造业中，VSS 指数对技术效率有负面影响，意味着在其他条件不变的情况下，该变量每增加 1 个单位，会导致技术效率降低该变量所对应的估计系数值的比例。而 LVDI 指数和 TC 指数对技术效率有正面影响，意味着在其他条件不变的情况下，这些变量每增加 1 个单位，会促使技术效率提高这些变量对应的估计系数绝对值的比例。

表 6-11 （a） **2005~2015 年 50 个经济体机械和设备制造业随机前沿函数及技术无效函数估计结果**

前沿生产函数	参数	估计系数	T 检验值	技术无效函数	参数	估计系数	T 检验值
常数项	β_0	3.4918 ***	3.5118	常数项	σ_0	-0.0470	-0.0489
$\ln K_{it}$	β_1	1.9990 **	2.1931	VSS	σ_1	0.0012	0.0543
$\ln L_{it}$	β_2	-1.4966 **	-1.7840	LVDI	σ_2	-0.0440	-0.0806
$(\ln K_{it})^2$	β_3	0.1048	0.2274	TC	σ_3	-0.0019	-0.3868
$(\ln L_{it})^2$	β_4	0.2201	0.8065	σ^2		0.0521 **	1.9620
$\ln K_{it}\ln L_{it}$	β_5	-0.3060	-0.4728	γ		0.0220	0.0261
$t\ln K_{it}$	β_6	0.0632	0.2330	Log 函数值		39.1975	
$t\ln L_{it}$	β_7	-0.0875	-0.2238	LR 值		4.1978	
t	β_8	0.2569	0.3362				
t^2	β_9	0.0113	0.0822				

如表 6-11 （b） 所示：

（1） 在机械和设备制造业中，2005~2015 年 50 个经济体技术效率平均值最高的是日本 （1.00），其次依次是德国 （0.99）、中国香港 （0.99）、意大利 （0.99）、荷兰 （0.99）、中国 （0.99） 等。最低值是沙特阿拉伯 （0.89），其次依次是越南 （0.91）、秘鲁 （0.92）、智利 （0.93） 等。

（2） 中国机械和设备制造业 2005~2015 年技术效率平均值为 0.99，居 50 个经济体的第 6 位。

（3） 中国机械和设备制造业 2015 年技术效率数值 （0.99） 与 2000~2005 年平均值 （0.99） 持平，但在 50 个经济体中的排序从第 6 位上升至第 2 位。

表 6-11 （b） **2005~2015 年 50 个经济体机械和设备制造业技术效率估计结果**

国家 （地区）	2005	2006	2007	2008	2009	2010	2011	2012	2013	2014	2015	平均值	平均值排序	2015排序
澳大利亚	0.94	0.93	0.93	0.93	0.94	0.93	0.93	0.93	0.93	0.93	0.92	0.93	46	48
巴西	0.99	0.99	0.99	0.98	0.98	0.98	0.98	0.97	0.97	0.97	0.98	0.98	26	32
加拿大	0.98	0.98	0.97	0.97	0.97	0.97	0.97	0.97	0.97	0.97	0.97	0.97	32	34
瑞士	0.99	0.99	0.99	0.99	0.99	0.99	0.99	0.99	0.99	0.99	0.99	0.99	12	12
中国	0.99	0.99	0.99	0.99	0.99	0.99	0.99	0.99	0.99	0.99	0.99	0.99	6	2
德国	0.99	0.99	0.99	0.99	0.99	0.99	0.99	0.99	0.99	0.99	0.99	0.99	2	3
西班牙	0.98	0.98	0.98	0.98	0.98	0.98	0.98	0.98	0.98	0.98	0.98	0.98	21	17
法国	0.99	0.99	0.99	0.99	0.99	0.99	0.99	0.99	0.99	0.99	0.99	0.99	18	19
英国	0.99	0.99	0.99	0.99	0.99	0.99	0.99	0.99	0.99	0.99	0.99	0.99	17	18
印度	0.99	0.99	0.99	0.98	0.99	0.99	0.98	0.98	0.99	0.99	0.99	0.99	19	16
意大利	0.99	0.99	0.99	0.99	0.99	0.99	0.99	0.99	0.99	0.99	0.99	0.99	4	4

续表

年份 国家 （地区）	2005	2006	2007	2008	2009	2010	2011	2012	2013	2014	2015	平均值	平均值排序	2015排序
日本	1.00	1.00	1.00	1.00	1.00	1.00	1.00	1.00	1.00	1.00	1.00	1.00	1	1
韩国	0.99	0.99	0.99	0.99	0.99	0.99	0.99	0.99	0.99	0.99	0.99	0.99	10	7
墨西哥	0.97	0.97	0.97	0.96	0.97	0.97	0.97	0.97	0.97	0.97	0.97	0.97	35	38
俄罗斯	0.95	0.95	0.94	0.94	0.94	0.93	0.93	0.93	0.93	0.92	0.94	0.94	45	45
中国台湾	0.98	0.98	0.99	0.99	0.98	0.99	0.99	0.99	0.99	0.99	0.99	0.99	16	14
美国	0.99	0.99	0.99	0.99	0.99	0.99	0.99	0.99	0.99	0.99	0.99	0.99	15	21
阿根廷	0.95	0.95	0.95	0.95	0.97	0.96	0.96	0.96	0.96	0.95	0.95	0.96	41	43
爱尔兰	0.98	0.98	0.99	0.99	0.99	0.98	0.98	0.99	0.98	0.98	0.99	0.98	22	20
奥地利	0.99	0.99	0.99	0.99	0.99	0.99	0.99	0.99	0.99	0.99	0.99	0.99	14	13
保加利亚	0.96	0.95	0.95	0.94	0.95	0.98	0.98	0.98	0.98	0.97	0.97	0.96	40	36
比利时	0.98	0.98	0.98	0.99	0.98	0.98	0.98	0.98	0.98	0.98	0.98	0.98	23	27
冰岛	0.93	0.91	0.95	0.97	0.99	0.98	0.98	0.98	0.97	0.98	0.96	0.97	37	39
波兰	0.98	0.98	0.98	0.98	0.98	0.98	0.98	0.98	0.98	0.98	0.98	0.98	25	28
丹麦	0.99	0.99	0.99	0.99	0.99	0.99	0.99	0.99	0.99	0.99	0.99	0.99	8	6
菲律宾	0.97	0.97	0.98	0.97	0.98	0.97	0.96	0.97	0.97	0.97	0.96	0.97	34	40
芬兰	0.99	0.99	0.99	0.99	0.99	0.99	0.99	0.99	0.99	0.99	0.99	0.99	9	9
哥伦比亚	0.95	0.94	0.94	0.94	0.95	0.93	0.92	0.93	0.93	0.94	0.94	0.94	44	44
荷兰	0.99	0.99	0.99	0.99	0.99	0.99	0.99	0.99	0.99	0.99	0.99	0.99	5	8
捷克	0.99	0.99	0.99	0.99	0.99	0.99	0.99	0.99	0.99	0.99	0.99	0.99	13	15
罗马尼亚	0.98	0.98	0.98	0.97	0.98	0.98	0.99	0.99	0.98	0.98	0.98	0.98	27	25
马来西亚	0.97	0.98	0.98	0.98	0.98	0.98	0.98	0.98	0.98	0.98	0.98	0.98	28	24
秘鲁	0.93	0.92	0.91	0.90	0.91	0.91	0.91	0.91	0.92	0.92	0.94	0.92	48	46
南非	0.98	0.98	0.98	0.97	0.98	0.98	0.98	0.97	0.97	0.98	0.98	0.98	30	31
挪威	0.92	0.94	0.95	0.97	0.98	0.98	0.97	0.97	0.98	0.98	0.98	0.96	38	29
葡萄牙	0.96	0.97	0.98	0.98	0.98	0.96	0.97	0.98	0.98	0.98	0.98	0.97	31	30
瑞典	0.99	0.99	0.99	0.99	0.99	0.99	0.99	0.99	0.99	0.99	0.99	0.99	11	11
沙特阿拉伯	0.91	0.90	0.89	0.89	0.91	0.88	0.87	0.87	0.87	0.88	0.88	0.89	50	50
斯洛伐克	0.97	0.97	0.98	0.98	0.98	0.98	0.98	0.98	0.98	0.98	0.98	0.98	24	23
泰国	0.96	0.96	0.97	0.98	0.98	0.97	0.98	0.96	0.95	0.96	0.97	0.98	36	33
土耳其	0.96	0.95	0.96	0.96	0.97	0.97	0.96	0.97	0.96	0.97	0.97	0.96	39	35
希腊	0.92	0.93	0.91	0.93	0.94	0.95	0.96	0.97	0.97	0.95	0.96	0.94	43	41
中国香港	1.00	1.00	1.00	1.00	1.00	0.99	0.99	0.99	0.99	0.99	0.99	0.99	3	5
新加坡	0.99	0.99	0.99	0.99	0.99	0.99	0.99	0.99	0.99	1.00	0.99	0.99	7	10
新西兰	0.97	0.97	0.97	0.97	0.98	0.98	0.98	0.97	0.97	0.97	0.97	0.97	33	37

续表

国家 （地区）＼年份	2005	2006	2007	2008	2009	2010	2011	2012	2013	2014	2015	平均值	平均值 排序	2015 排序
匈牙利	0.97	0.97	0.97	0.95	0.98	0.98	0.98	0.98	0.98	0.98	0.98	0.98	29	26
以色列	0.99	0.98	0.99	0.98	0.99	0.99	0.98	0.98	0.99	0.99	0.99	0.99	20	22
印度尼西亚	0.95	0.96	0.96	0.94	0.96	0.94	0.94	0.94	0.95	0.95	0.95	0.95	42	42
越南	0.93	0.92	0.88	0.89	0.90	0.89	0.89	0.92	0.92	0.92	0.91	0.91	49	49
智利	0.92	0.93	0.93	0.91	0.92	0.92	0.92	0.92	0.93	0.94	0.93	0.93	47	47

如表 6-11（c）所示：

（1）在机械和设备制造业中，2005~2015 年 50 个经济体全要素生产率平均值最高的是匈牙利（1.06），其次依次是罗马尼亚（1.06）、哥伦比亚（1.05）、墨西哥（1.03）、智利（1.02）、葡萄牙（1.02）等。最低值是德国（0.83），其次依次是美国（0.84）、丹麦（0.87）、英国（0.88）等。

（2）中国机械和设备制造业 2005~2015 年全要素生产率平均值为 0.98，居 50 个经济体第 30 位。

（3）中国机械和设备制造业 2014~2015 年全要素生产率数值（1.05）高于 2000~2005 年平均值（0.98），在 50 个经济体中的排序上升至第 3 位。

表 6-11（c）　　2005~2015 年 50 个经济体机械和设备制造业全要素生产率测算结果

国家 （地区）＼年份	2005~ 2006	2006~ 2007	2007~ 2008	2008~ 2009	2009~ 2010	2010~ 2011	2011~ 2012	2012~ 2013	2013~ 2014	2014~ 2015	平均值	平均值 排序	2014~ 2015 排序
澳大利亚	1.14	1.08	0.95	1.00	0.97	0.97	0.95	0.96	1.13	0.70	0.98	29	50
巴西	0.92	1.03	1.01	0.87	1.17	0.94	0.89	1.02	1.02	0.89	0.97	34	47
加拿大	0.92	0.99	0.86	0.98	1.18	1.07	1.01	0.98	0.98	1.02	0.99	17	6
瑞士	0.71	1.05	0.95	0.94	1.11	1.00	1.01	0.96	1.05	0.94	0.97	38	40
中国	0.99	0.98	1.03	1.02	1.02	0.80	0.81	1.06	1.01	1.05	0.98	30	3
德国	0.55	0.75	0.78	0.66	1.02	1.04	0.92	0.97	0.96	0.84	0.83	50	49
西班牙	0.86	1.00	0.98	1.00	1.00	0.98	1.07	1.04	1.05	0.98	0.99	20	22
法国	0.70	1.01	1.09	0.90	1.04	1.05	0.97	0.97	1.03	0.98	0.97	37	25
英国	0.52	0.72	0.91	0.62	1.30	1.07	1.02	0.99	1.06	0.92	0.88	47	44
印度	1.00	1.00	0.98	0.99	0.99	0.99	0.88	0.98	1.01	0.99	0.98	28	12
意大利	0.65	0.97	0.99	1.00	1.01	1.00	0.99	1.00	1.02	0.98	0.96	39	17
日本	0.86	1.02	0.97	0.86	1.06	0.93	1.06	0.99	1.01	1.15	0.99	25	1
韩国	0.89	1.00	1.03	0.96	1.23	0.98	0.93	0.98	0.98	0.99	0.99	21	14
墨西哥	1.23	1.28	1.40	0.97	0.97	0.97	0.97	0.66	1.02	0.99	1.03	4	11
俄罗斯	0.99	0.99	0.99	0.95	0.99	1.00	1.09	0.83	1.02	0.98	0.98	27	26
中国台湾	0.99	0.99	0.91	1.03	1.05	1.07	1.05	0.98	1.09	0.97	1.01	8	32

续表

年份 国家 （地区）	2005~ 2006	2006~ 2007	2007~ 2008	2008~ 2009	2009~ 2010	2010~ 2011	2011~ 2012	2012~ 2013	2013~ 2014	2014~ 2015	平均值	平均值 排序	2014~ 2015 排序
美国	0.58	0.73	0.83	0.75	0.98	1.02	0.90	0.88	0.90	0.91	0.84	49	45
阿根廷	0.99	1.05	0.95	0.93	1.10	0.99	1.01	0.95	1.03	0.95	1.00	16	37
爱尔兰	0.79	1.01	0.86	1.07	0.81	1.10	1.12	0.99	1.02	1.05	0.97	33	4
奥地利	0.52	0.86	0.92	0.81	1.08	1.09	0.94	0.98	0.96	0.98	0.90	44	20
保加利亚	1.02	1.02	1.02	1.29	0.80	1.04	1.07	0.95	0.98	0.98	1.01	9	23
比利时	1.05	1.05	1.00	0.98	1.00	1.05	0.99	0.96	1.02	0.97	1.01	11	29
冰岛	0.99	1.06	0.95	0.93	1.14	0.99	1.02	0.96	1.04	0.94	1.00	13	38
波兰	1.02	0.85	1.04	1.03	1.03	1.00	0.93	0.96	1.04	0.97	0.99	26	28
丹麦	0.57	0.75	0.76	0.75	0.91	1.08	0.98	1.16	0.95	0.97	0.87	48	30
菲律宾	0.99	0.94	0.94	0.93	0.94	0.94	0.90	1.01	1.00	0.98	0.96	40	24
芬兰	0.62	0.79	0.84	0.76	1.08	0.99	0.94	0.95	1.00	0.98	0.88	45	27
哥伦比亚	0.93	0.99	0.92	0.98	0.93	0.92	1.01	0.83	2.90	0.96	1.05	3	35
荷兰	0.57	0.78	0.86	0.76	1.20	1.02	0.85	0.97	1.06	0.92	0.88	46	42
捷克	1.01	1.00	0.93	1.01	1.06	0.96	0.99	1.01	1.04	0.96	0.99	18	34
罗马尼亚	1.01	1.02	1.16	1.14	1.22	0.74	1.30	0.97	1.26	0.94	1.06	2	41
马来西亚	0.90	0.84	0.89	0.83	0.78	1.22	0.93	0.92	0.95	0.90	0.91	43	46
秘鲁	0.98	0.97	0.99	1.01	1.00	1.00	0.99	1.01	0.99	1.05	1.00	15	2
南非	0.95	1.00	0.98	0.99	0.99	0.92	0.99	0.93	1.06	0.96	0.98	31	33
挪威	0.86	1.10	1.02	1.02	1.00	1.03	0.92	0.91	1.00	0.88	0.97	35	48
葡萄牙	0.98	1.06	1.06	1.04	1.03	0.91	1.14	1.01	1.06	0.92	1.02	6	43
瑞典	0.62	0.94	0.97	0.71	1.88	1.04	0.93	0.92	0.97	0.98	0.96	41	19
沙特阿拉伯	1.07	1.07	0.99	1.01	1.00	1.00	0.99	1.01	0.99	1.00	1.01	7	8
斯洛伐克	0.96	0.96	0.95	0.84	1.41	0.92	0.93	0.99	1.13	0.95	0.99	19	36
泰国	1.01	1.01	1.01	1.01	1.01	0.99	1.01	1.00	0.98	0.99	1.00	12	15
土耳其	1.00	0.99	0.99	0.97	1.00	1.01	0.99	0.99	1.00	0.97	0.99	24	31
希腊	1.04	0.84	0.95	0.92	0.92	1.07	1.13	1.11	0.98	1.00	0.99	22	10
中国香港	0.99	1.05	0.95	0.92	1.05	1.00	1.02	0.96	1.05	0.94	0.99	23	39
新加坡	0.80	1.01	1.00	1.00	1.01	0.84	0.91	1.15	1.06	0.99	0.97	36	16
新西兰	0.99	1.02	1.02	1.01	1.03	1.02	1.02	0.99	1.01	0.98	1.01	10	21
匈牙利	1.10	1.00	0.97	1.76	1.04	0.92	1.08	0.95	1.02	0.98	1.06	1	18
以色列	0.84	0.99	1.01	0.98	0.99	0.96	0.98	0.99	1.02	1.00	0.97	32	9
印度尼西亚	0.99	1.01	1.00	1.00	0.99	1.02	0.99	1.00	1.01	1.00	1.00	14	7
越南	1.07	1.08	0.82	0.85	0.87	0.89	0.92	0.99	1.01	0.99	0.94	42	13
智利	1.04	1.04	1.00	1.08	0.98	0.96	1.01	1.01	1.09	1.04	1.02	5	5

（十二）计算机电子光学制造业增长效率国际比较

如表 6-12（a）所示：

（1）γ 值为 0.0006，说明前沿生产函数的误差项 0.06% 来源于技术非效率项。总体标准偏差 σ^2 为 0.0893，且在 1% 的水平上通过显著性检验，表明测量值比较集中。大多数参数的估计结果都比较显著，模型拟合效果比较理想。

（2）依据技术无效率项各变量的估计系数，可以得到如下结果：在计算机电子光学制造业中，VSS 指数、LVDI 指数和 TC 指数都对技术效率有正面影响，意味着在其他条件不变的情况下，这些变量每增加 1 个单位，会促使技术效率提高这些变量对应的估计系数绝对值的比例。

表 6-12（a）　2005~2015 年 50 个经济体计算机电子光学制造业随机前沿函数及技术无效函数估计结果

前沿生产函数	参数	估计系数	T 检验值	技术无效函数	参数	估计系数	T 检验值
常数项	β_0	1.3799 ***	2.7155	常数项	σ_0	1.1203 ***	7.5838
$\ln K_{it}$	β_1	1.1901 ***	17.6268	VSS	σ_1	-0.0025 **	-1.7270
$\ln L_{it}$	β_2	-0.2067 *	-1.4482	LVDI	σ_2	-0.5295 ***	-6.3663
$(\ln K_{it})^2$	β_3	-0.0004	-0.0890	TC	σ_3	-0.0047 ***	-9.1896
$(\ln L_{it})^2$	β_4	0.0487 ***	4.3888	σ^2		0.0893 ***	15.9590
$\ln K_{it} \ln L_{it}$	β_5	-0.0516 ***	-5.3247	γ		0.0006	0.3541
$t\ln K_{it}$	β_6	0.0142 ***	3.2489	Log 函数值		-119.3129	
$t\ln L_{it}$	β_7	-0.0213 ***	-2.9071	LR 值		258.2496	
t	β_8	-0.0247	-0.5739				
t^2	β_9	0.0078 ***	3.4149				

如表 6-12（b）所示：

（1）在计算机电子光学制造业中，2005~2015 年 50 个经济体技术效率平均值最高的是新加坡（1.00），其次依次是韩国（1.00）、中国台湾（1.00）、中国（0.97）、爱尔兰（0.93）、日本（0.91）等。最低值是哥伦比亚（0.41），其次依次是沙特阿拉伯（0.42）、智利（0.43）、秘鲁（0.44）等。

（2）中国计算机电子光学制造业 2005~2015 年技术效率平均值为 0.97，居 50 个经济体的第 4 位。

（3）中国计算机电子光学制造业 2015 年技术效率数值（0.98）高于 2000~2005 年平均值（0.97），呈现逐年上升态势。

表 6-12（b）　2005~2015 年 50 个经济体计算机电子光学制造业技术效率估计结果

国家 （地区）＼年份	2005	2006	2007	2008	2009	2010	2011	2012	2013	2014	2015	平均值	平均值排序	2015排序
澳大利亚	0.46	0.45	0.45	0.45	0.45	0.45	0.44	0.45	0.42	0.42	0.44	0.44	46	45

续表

国家 (地区)	2005	2006	2007	2008	2009	2010	2011	2012	2013	2014	2015	平均值	平均值 排序	2015 排序
巴西	0.61	0.60	0.59	0.55	0.52	0.50	0.49	0.48	0.49	0.49	0.51	0.53	36	38
加拿大	0.48	0.48	0.48	0.47	0.48	0.47	0.47	0.47	0.46	0.45	0.47	0.47	41	43
瑞士	0.96	0.89	0.92	0.96	0.86	0.89	0.81	0.92	0.91	0.92	0.93	0.91	7	7
中国	0.92	0.93	0.94	0.98	1.00	0.99	1.00	1.00	0.99	1.00	0.98	0.97	4	4
德国	0.76	0.74	0.77	0.70	0.67	0.65	0.68	0.67	0.69	0.68	0.67	0.70	22	20
西班牙	0.55	0.55	0.53	0.53	0.54	0.54	0.55	0.55	0.54	0.54	0.55	0.54	35	33
法国	0.62	0.61	0.61	0.62	0.60	0.61	0.62	0.61	0.61	0.61	0.59	0.61	26	28
英国	0.56	0.56	0.55	0.55	0.55	0.55	0.56	0.56	0.56	0.57	0.55	0.56	32	32
印度	0.53	0.54	0.54	0.60	0.57	0.56	0.59	0.57	0.58	0.55	0.52	0.56	31	35
意大利	0.58	0.60	0.62	0.61	0.58	0.56	0.59	0.62	0.62	0.60	0.60	0.60	29	26
日本	0.88	0.93	0.98	1.00	0.94	0.93	0.94	0.91	0.88	0.86	0.82	0.91	6	9
韩国	1.00	1.00	1.00	1.00	1.00	1.00	1.00	1.00	1.00	1.00	1.00	1.00	2	3
墨西哥	0.77	0.76	0.79	0.75	0.72	0.73	0.70	0.70	0.68	0.69	0.69	0.73	19	18
俄罗斯	0.48	0.47	0.47	0.46	0.48	0.46	0.48	0.47	0.48	0.49	0.52	0.48	40	36
中国台湾	0.99	1.00	1.00	1.00	1.00	1.00	1.00	1.00	1.00	1.00	1.00	1.00	3	1
美国	0.59	0.59	0.60	0.59	0.54	0.54	0.55	0.54	0.52	0.51	0.50	0.55	33	40
阿根廷	0.46	0.46	0.46	0.47	0.46	0.46	0.47	0.47	0.47	0.49	0.47	0.47	42	42
爱尔兰	1.00	1.00	0.95	0.98	1.00	0.86	0.88	0.91	0.89	0.83	0.96	0.93	5	5
奥地利	0.66	0.66	0.66	0.65	0.63	0.62	0.64	0.64	0.65	0.67	0.67	0.65	24	22
保加利亚	0.52	0.53	0.54	0.51	0.51	0.55	0.53	0.52	0.51	0.55	0.54	0.53	37	34
比利时	0.55	0.55	0.57	0.54	0.52	0.53	0.54	0.54	0.55	0.54	0.57	0.55	34	31
冰岛	0.44	0.47	0.44	0.43	0.44	0.45	0.47	0.47	0.46	0.47	0.43	0.45	45	47
波兰	0.59	0.61	0.63	0.61	0.63	0.68	0.67	0.67	0.65	0.66	0.63	0.64	25	24
丹麦	0.64	0.63	0.65	0.64	0.65	0.66	0.65	0.66	0.66	0.67	0.68	0.65	23	19
菲律宾	0.60	0.69	0.65	0.68	0.71	0.69	0.81	0.72	0.75	0.78	0.73	0.71	21	16
芬兰	0.83	0.82	0.81	0.84	0.84	0.84	0.83	0.80	0.77	0.77	0.71	0.81	13	17
哥伦比亚	0.41	0.41	0.41	0.41	0.42	0.42	0.44	0.42	0.42	0.41	0.41	0.41	50	49
荷兰	0.92	0.93	0.86	0.87	0.88	0.87	0.88	0.90	0.89	0.90	0.86	0.89	8	8
捷克	0.73	0.76	0.74	0.75	0.69	0.68	0.68	0.70	0.72	0.73	0.74	0.72	20	12
罗马尼亚	0.49	0.51	0.54	0.56	0.62	0.66	0.68	0.66	0.62	0.64	0.59	0.60	28	27
马来西亚	0.80	0.81	0.82	0.86	0.85	0.82	0.87	0.92	0.94	0.94	0.96	0.87	10	6
秘鲁	0.45	0.43	0.43	0.44	0.44	0.44	0.44	0.44	0.44	0.43	0.43	0.44	47	46
南非	0.43	0.43	0.45	0.43	0.51	0.50	0.51	0.54	0.51	0.52	0.50	0.48	39	39
挪威	0.52	0.52	0.55	0.57	0.56	0.58	0.58	0.57	0.56	0.56	0.58	0.56	30	30

续表

年份 国家 (地区)	2005	2006	2007	2008	2009	2010	2011	2012	2013	2014	2015	平均值	平均值 排序	2015 排序
葡萄牙	0.60	0.61	0.63	0.61	0.56	0.58	0.62	0.60	0.60	0.58	0.59	0.60	27	29
瑞典	0.80	0.79	0.79	0.81	0.72	0.70	0.70	0.71	0.72	0.71	0.61	0.73	18	25
沙特阿拉伯	0.40	0.40	0.39	0.42	0.40	0.44	0.44	0.43	0.42	0.41	0.41	0.42	49	48
斯洛伐克	0.66	0.68	0.72	0.74	0.80	0.79	0.76	0.76	0.77	0.79	0.73	0.74	17	13
泰国	0.81	0.78	0.83	0.84	0.87	0.87	0.84	0.80	0.80	0.81	0.81	0.82	12	10
土耳其	0.56	0.55	0.54	0.54	0.53	0.53	0.52	0.54	0.49	0.50	0.48	0.52	38	41
希腊	0.44	0.45	0.45	0.46	0.43	0.45	0.46	0.48	0.49	0.49	0.51	0.47	43	37
中国香港	1.00	1.00	1.00	0.95	0.86	0.92	0.82	0.80	0.73	0.70	0.73	0.86	11	14
新加坡	1.00	1.00	1.00	1.00	1.00	1.00	1.00	1.00	1.00	1.00	1.00	1.00	1	2
新西兰	0.47	0.47	0.47	0.47	0.46	0.47	0.46	0.46	0.46	0.46	0.45	0.46	44	44
匈牙利	0.76	0.76	0.76	0.77	0.77	0.78	0.78	0.76	0.74	0.75	0.73	0.76	14	15
以色列	0.85	0.82	0.84	0.91	0.90	0.91	0.93	0.90	0.92	0.82	0.80	0.87	9	11
印度尼西亚	0.93	0.96	0.85	0.67	0.74	0.70	0.71	0.69	0.67	0.67	0.67	0.75	15	23
越南	0.77	0.76	0.76	0.81	0.79	0.84	0.83	0.68	0.67	0.67	0.67	0.75	16	21
智利	0.41	0.41	0.42	0.41	0.41	0.45	0.46	0.44	0.45	0.43	0.40	0.43	48	50

如表 6-12（c）所示：

（1）在计算机电子光学制造业中，2005~2015 年 50 个经济体全要素生产率平均值最高的是希腊（1.03），其次依次是日本（1.03）、菲律宾（1.02）、澳大利亚（1.02）、斯洛伐克（1.01）、罗马尼亚（1.01）等。最低值是芬兰（0.82），其次依次是以色列（0.89）、新加坡（0.91）、加拿大（0.92）等。

（2）中国计算机电子光学制造业 2005~2015 年全要素生产率平均值为 0.94，居 50 个经济体第 44 位。

（3）中国计算机电子光学制造业 2014~2015 年全要素生产率数值（0.99）高于 2000~2005 年平均值（0.94），在 50 个经济体中的排序上升至第 17 位。

表 6-12（c） 2005~2015 年 50 个经济体计算机电子光学制造业全要素生产率测算结果

年份 国家 (地区)	2005~ 2006	2006~ 2007	2007~ 2008	2008~ 2009	2009~ 2010	2010~ 2011	2011~ 2012	2012~ 2013	2013~ 2014	2014~ 2015	平均值	平均值 排序	2014~ 2015 排序
澳大利亚	1.03	0.92	0.95	1.06	1.03	1.06	1.04	0.93	0.89	1.32	1.02	4	2
巴西	0.94	0.94	0.99	0.93	0.95	1.01	0.91	1.12	0.90	0.81	0.95	40	49
加拿大	0.71	0.91	0.87	0.98	1.08	0.89	0.82	0.85	0.93	1.20	0.92	47	4
瑞士	0.91	0.99	0.94	0.89	1.15	1.00	0.93	0.94	0.96	0.88	0.96	36	46
中国	1.03	1.01	0.93	0.91	0.94	0.85	0.87	0.95	0.97	0.99	0.94	44	17
德国	0.95	1.01	0.78	0.71	1.43	1.05	0.91	0.97	0.99	0.95	0.96	34	31

续表

国家(地区) 年份	2005~2006	2006~2007	2007~2008	2008~2009	2009~2010	2010~2011	2011~2012	2012~2013	2013~2014	2014~2015	平均值	平均值排序	2014~2015排序
西班牙	0.91	1.01	1.00	0.97	1.04	0.97	1.02	1.00	1.01	0.96	0.99	12	26
法国	0.82	0.95	0.84	0.85	1.15	0.97	0.94	0.98	0.96	0.92	0.93	45	41
英国	0.92	0.96	1.02	0.97	1.03	0.94	1.02	0.93	1.01	0.92	0.97	30	42
印度	0.92	0.96	0.96	0.99	0.95	0.96	0.88	0.99	1.01	1.03	0.96	33	7
意大利	0.96	0.95	0.95	1.07	1.09	0.98	0.92	0.92	0.99	0.93	0.98	27	39
日本	0.79	0.97	0.88	0.89	1.03	0.84	0.88	0.93	0.97	3.13	1.03	2	1
韩国	0.74	0.91	0.86	0.92	1.22	1.00	0.97	0.99	0.97	0.95	0.95	41	32
墨西哥	0.95	0.93	0.92	0.97	1.01	0.97	0.99	0.75	1.03	1.01	0.95	38	11
俄罗斯	0.95	0.97	0.97	0.97	1.00	1.02	0.97	0.98	0.99	0.85	0.97	32	48
中国台湾	0.91	0.95	0.86	0.96	1.02	1.13	1.00	1.02	1.03	0.94	0.98	22	37
美国	0.97	0.94	1.04	1.04	1.04	0.94	0.99	1.01	0.99	1.03	1.00	7	8
阿根廷	0.87	0.98	0.96	0.96	1.17	0.97	0.97	0.98	1.00	0.98	0.98	20	19
爱尔兰	0.76	0.94	0.92	0.96	0.95	1.03	0.89	0.87	0.95	1.28	0.95	42	3
奥地利	1.03	0.91	0.90	0.89	1.42	1.10	0.89	0.99	0.93	0.89	0.98	19	45
保加利亚	0.85	0.91	0.87	1.22	1.12	0.94	1.15	0.89	0.99	1.01	0.99	13	12
比利时	0.96	0.99	1.08	0.93	0.97	0.99	0.99	1.03	1.05	0.96	0.99	9	27
冰岛	0.74	0.98	0.83	0.99	1.28	0.97	1.04	0.75	1.14	1.00	0.96	35	13
波兰	0.98	0.84	1.06	1.08	1.02	0.99	0.94	0.95	1.06	0.96	0.98	17	28
丹麦	1.05	0.98	0.90	0.90	1.09	0.99	0.94	0.98	0.91	0.94	0.97	28	35
菲律宾	1.00	0.99	1.05	1.06	1.09	1.02	1.05	0.98	1.00	0.97	1.02	3	23
芬兰	0.74	0.87	0.78	0.51	1.06	0.81	0.44	1.58	1.05	0.87	0.82	50	47
哥伦比亚	0.88	1.07	0.94	0.95	1.21	0.97	0.99	0.97	0.97	0.99	0.99	10	15
荷兰	0.97	0.97	0.80	0.94	0.94	0.88	0.93	0.94	0.87	1.04	0.93	46	6
捷克	0.97	0.75	1.14	1.03	1.16	0.94	1.03	1.00	1.07	0.95	1.00	8	30
罗马尼亚	1.13	0.98	1.31	1.53	2.25	0.72	0.32	1.29	0.77	0.94	1.01	6	38
马来西亚	0.95	0.94	0.91	0.93	1.00	0.95	0.95	0.94	0.96	0.91	0.94	43	44
秘鲁	0.92	0.91	0.98	0.90	1.16	1.00	0.96	0.98	0.97	1.00	0.98	26	14
南非	0.91	0.90	0.93	0.98	0.95	0.93	0.95	1.08	1.13	0.93	0.97	31	40
挪威	0.91	1.05	1.00	1.00	1.00	0.95	0.99	0.96	1.01	0.98	0.99	14	20
葡萄牙	0.89	1.07	1.08	1.09	1.16	0.72	0.90	1.09	0.95	0.98	0.99	15	21
瑞典	0.87	0.96	0.82	0.82	1.90	0.94	0.84	1.03	0.96	0.73	0.95	37	50
沙特阿拉伯	1.00	0.98	0.94	0.97	1.07	0.95	0.94	1.03	1.02	0.99	0.99	11	16
斯洛伐克	1.34	0.81	1.37	0.66	1.25	1.07	0.92	0.85	1.19	0.94	1.01	5	36
泰国	0.95	0.99	1.00	1.01	1.04	0.92	1.04	0.92	0.96	0.95	0.98	24	33

续表

年份 国家 （地区）	2005～ 2006	2006～ 2007	2007～ 2008	2008～ 2009	2009～ 2010	2010～ 2011	2011～ 2012	2012～ 2013	2013～ 2014	2014～ 2015	平均值	平均值 排序	2014～ 2015 排序
土耳其	0.92	0.96	0.98	0.98	0.94	1.03	1.01	0.99	1.01	0.98	0.98	21	22
希腊	0.77	0.96	1.08	1.09	1.16	1.33	1.10	0.91	0.98	1.02	1.03	1	9
中国香港	0.89	0.98	0.95	0.97	1.16	0.96	0.99	0.94	0.95	0.99	0.97	29	18
新加坡	0.74	0.86	0.94	0.95	1.08	0.80	0.88	1.02	0.95	0.94	0.91	48	34
新西兰	0.94	1.00	0.97	0.98	1.03	0.96	1.01	0.91	1.00	0.96	0.98	18	25
匈牙利	0.95	0.68	1.06	1.03	0.94	1.21	0.78	1.08	0.95	0.91	0.95	39	43
以色列	0.66	0.76	0.89	0.85	0.96	0.97	1.06	0.88	0.94	0.96	0.89	49	29
印度尼西亚	0.92	0.96	0.97	0.98	0.98	0.98	0.99	1.00	1.01	1.01	0.98	23	10
越南	1.03	1.07	0.94	0.91	1.00	0.88	1.07	0.97	0.97	0.98	25	24
智利	0.93	0.94	0.86	1.01	0.97	1.02	1.05	1.06	0.99	1.06	0.99	16	5

（十三）电气设备制造业增长效率国际比较

如表 6-13（a）所示：

（1）γ 值为 0.1851，说明前沿生产函数的误差项 18.51% 来源于技术非效率项。总体标准偏差 σ^2 为 0.0639，且在 1% 的水平上通过显著性检验，表明测量值比较集中。大多数参数的估计结果都比较显著，模型拟合效果比较理想。

（2）依据技术无效率项各变量的估计系数，可以得到如下结果：在电气设备制造业中，VSS 指数对技术效率有负面影响，意味着在其他条件不变的情况下，该变量每增加 1 个单位，会导致技术效率降低该变量所对应的估计系数值的比例。而 LVDI 指数和 TC 指数对技术效率有正面影响，意味着在其他条件不变的情况下，这些变量每增加 1 个单位，会促使技术效率提高这些变量对应的估计系数绝对值的比例。

表 6-13（a）　2005～2015 年 50 个经济体电气设备制造业随机前沿函数及技术无效函数估计结果

前沿生产函数	参数	估计系数	T 检验值	技术无效函数	参数	估计系数	T 检验值
常数项	β_0	0.6029 ***	2.5001	常数项	σ_0	0.1276	0.6949
$\ln K_{it}$	β_1	1.4179 ***	24.2011	VSS	σ_1	0.0022 *	1.6143
$\ln L_{it}$	β_2	-0.2918 ***	-3.3286	LVDI	σ_2	-0.0189	-0.2308
$(\ln K_{it})^2$	β_3	0.1050 ***	10.6161	TC	σ_3	-0.0033 ***	-4.6409
$(\ln L_{it})^2$	β_4	0.1647 ***	16.0099	σ^2		0.0639 ***	13.2904
$\ln K_{it} \ln L_{it}$	β_5	-0.2824 ***	-15.1685	γ		0.1851	1.1725
$t\ln K_{it}$	β_6	0.0579 ***	11.0726	Log 函数值		-16.0306	
$t\ln L_{it}$	β_7	-0.0632 ***	-10.4850	LR 值		50.9991	
t	β_8	-0.0037	-0.1258				
t^2	β_9	0.0086 ***	5.3100				

如表 6-13（b）所示：

（1）在电气设备制造业中，2005~2015 年 50 个经济体技术效率平均值最高的是中国（0.94），其次依次是中国香港（0.93）、新加坡（0.92）、菲律宾（0.92）、日本（0.91）、德国（0.90）等。最低值是秘鲁（0.62），其次依次是冰岛（0.62）、澳大利亚（0.67）、智利（0.67）等。

（2）中国电气设备制造业 2005~2015 年技术效率平均值为 0.94，居 50 个经济体的第 1 位。

（3）中国电气设备制造业 2015 年技术效率数值（0.95）高于 2000~2005 年平均值（0.94），呈现逐年上升态势。

表 6-13（b）　2005~2015 年 50 个经济体电气设备制造业技术效率估计结果

年份 国家 （地区）	2005	2006	2007	2008	2009	2010	2011	2012	2013	2014	2015	平均值	平均值排序	2015年排序
澳大利亚	0.68	0.68	0.69	0.66	0.67	0.68	0.68	0.66	0.65	0.64	0.65	0.67	48	47
巴西	0.82	0.84	0.82	0.80	0.79	0.74	0.73	0.71	0.71	0.70	0.68	0.76	34	43
加拿大	0.69	0.68	0.67	0.69	0.69	0.70	0.71	0.70	0.69	0.68	0.69	0.69	43	39
瑞士	0.78	0.78	0.79	0.78	0.77	0.78	0.84	0.78	0.80	0.78	0.77	0.79	23	29
中国	0.93	0.93	0.93	0.94	0.93	0.93	0.94	0.94	0.95	0.95	0.95	0.94	1	1
德国	0.89	0.90	0.90	0.91	0.91	0.91	0.91	0.91	0.91	0.90	0.89	0.90	6	7
西班牙	0.79	0.80	0.79	0.79	0.79	0.80	0.80	0.81	0.82	0.82	0.82	0.80	18	18
法国	0.81	0.81	0.82	0.82	0.81	0.79	0.79	0.79	0.79	0.77	0.77	0.80	20	28
英国	0.74	0.74	0.74	0.76	0.72	0.73	0.74	0.73	0.73	0.73	0.73	0.74	36	35
印度	0.84	0.82	0.79	0.80	0.79	0.79	0.75	0.76	0.77	0.78	0.83	0.79	21	14
意大利	0.87	0.86	0.86	0.87	0.87	0.86	0.87	0.87	0.87	0.86	0.84	0.86	9	13
日本	0.94	0.93	0.93	0.92	0.92	0.93	0.91	0.90	0.89	0.89	0.87	0.91	5	8
韩国	0.88	0.89	0.89	0.89	0.90	0.91	0.90	0.90	0.91	0.92	0.92	0.90	7	2
墨西哥	0.87	0.87	0.87	0.88	0.87	0.87	0.86	0.87	0.81	0.81	0.80	0.85	12	21
俄罗斯	0.72	0.71	0.70	0.70	0.67	0.68	0.67	0.69	0.68	0.68	0.69	0.69	44	40
中国台湾	0.78	0.75	0.77	0.76	0.76	0.78	0.77	0.80	0.81	0.79	0.79	0.78	27	24
美国	0.78	0.80	0.79	0.80	0.80	0.80	0.78	0.78	0.78	0.77	0.76	0.79	24	30
阿根廷	0.73	0.72	0.71	0.71	0.71	0.72	0.72	0.73	0.71	0.70	0.69	0.71	42	41
爱尔兰	0.72	0.74	0.76	0.74	0.68	0.60	0.71	0.73	0.74	0.75	0.82	0.73	38	16
奥地利	0.81	0.81	0.85	0.86	0.86	0.89	0.88	0.88	0.87	0.86	0.86	0.86	10	9
保加利亚	0.74	0.71	0.71	0.73	0.79	0.82	0.83	0.81	0.80	0.81	0.81	0.78	29	19
比利时	0.75	0.75	0.72	0.73	0.75	0.74	0.73	0.70	0.71	0.71	0.70	0.73	37	38
冰岛	0.62	0.56	0.57	0.59	0.58	0.61	0.63	0.66	0.66	0.63	0.67	0.62	49	46
波兰	0.84	0.84	0.84	0.84	0.84	0.85	0.84	0.85	0.84	0.84	0.84	0.84	15	12

国家（地区）＼年份	2005	2006	2007	2008	2009	2010	2011	2012	2013	2014	2015	平均值	平均值排序	2015排序
丹麦	0.76	0.76	0.75	0.77	0.78	0.79	0.78	0.77	0.77	0.77	0.81	0.77	31	20
菲律宾	0.94	0.93	0.92	0.92	0.92	0.92	0.88	0.93	0.93	0.91	0.90	0.92	4	6
芬兰	0.80	0.82	0.82	0.85	0.84	0.87	0.86	0.87	0.86	0.87	0.85	0.85	14	11
哥伦比亚	0.76	0.75	0.76	0.75	0.75	0.71	0.69	0.70	0.69	0.67	0.68	0.72	40	44
荷兰	0.79	0.83	0.84	0.85	0.82	0.82	0.83	0.83	0.82	0.77	0.78	0.82	17	26
捷克	0.84	0.84	0.86	0.85	0.86	0.85	0.87	0.86	0.87	0.87	0.85	0.86	11	10
罗马尼亚	0.86	0.86	0.86	0.85	0.87	0.92	0.91	0.94	0.89	0.91	0.92	0.89	8	3
马来西亚	0.84	0.83	0.82	0.81	0.81	0.79	0.78	0.78	0.78	0.78	0.78	0.80	19	25
秘鲁	0.65	0.63	0.63	0.62	0.60	0.61	0.59	0.60	0.61	0.62	0.62	0.62	50	49
南非	0.68	0.68	0.70	0.66	0.67	0.73	0.72	0.66	0.64	0.64	0.64	0.68	45	48
挪威	0.70	0.71	0.72	0.72	0.72	0.73	0.72	0.71	0.72	0.70	0.69	0.71	41	42
葡萄牙	0.72	0.74	0.77	0.78	0.80	0.79	0.79	0.80	0.81	0.80	0.79	0.78	26	23
瑞典	0.73	0.73	0.72	0.71	0.79	0.79	0.82	0.80	0.80	0.82	0.76	0.77	33	31
沙特阿拉伯	0.84	0.81	0.78	0.76	0.74	0.66	0.67	0.67	0.68	0.68	0.70	0.73	39	37
斯洛伐克	0.81	0.79	0.78	0.80	0.74	0.78	0.78	0.78	0.78	0.75	0.75	0.78	30	33
泰国	0.86	0.83	0.83	0.81	0.81	0.84	0.81	0.79	0.82	0.82	0.83	0.82	16	15
土耳其	0.82	0.80	0.80	0.79	0.79	0.77	0.76	0.78	0.79	0.81	0.79	0.79	22	22
希腊	0.77	0.82	0.80	0.77	0.76	0.75	0.77	0.78	0.80	0.78	0.77	0.78	28	27
中国香港	0.94	0.94	0.94	0.93	0.93	0.93	0.93	0.92	0.92	0.91	0.91	0.93	2	4
新加坡	0.93	0.90	0.94	0.93	0.93	0.92	0.92	0.93	0.93	0.90	0.90	0.92	3	5
新西兰	0.73	0.72	0.71	0.65	0.62	0.65	0.66	0.67	0.67	0.67	0.67	0.67	46	45
匈牙利	0.85	0.83	0.85	0.84	0.72	0.75	0.75	0.76	0.76	0.75	0.78	0.78	25	32
以色列	0.70	0.71	0.77	0.77	0.77	0.78	0.78	0.76	0.77	0.74	0.73	0.75	35	34
印度尼西亚	0.91	0.90	0.89	0.84	0.85	0.84	0.84	0.82	0.82	0.82	0.82	0.85	13	17
越南	0.84	0.85	0.84	0.77	0.76	0.76	0.75	0.73	0.72	0.73	0.72	0.77	32	36
智利	0.70	0.69	0.68	0.65	0.67	0.72	0.73	0.75	0.60	0.56	0.62	0.67	47	50

如表 6-13（c）所示：

（1）在电气设备制造业中，2005～2015 年 50 个经济体全要素生产率平均值最高的是韩国（0.99），其次依次是德国（0.99）、美国（0.99）、芬兰（0.99）、加拿大（0.99）、葡萄牙（0.98）等。最低值是马来西亚（0.84），其次依次是智利（0.87）、秘鲁（0.90）、印度（0.90）等。

（2）中国电气设备制造业 2005～2015 年全要素生产率平均值为 0.94，居 50 个经济体第 35 位。

（3）中国电气设备制造业 2014～2015 年全要素生产率数值（0.99）高于 2000～2005

年平均值（0.94），在 50 个经济体中的排序上升至第 13 位。

表 6-13（c）　2005~2015 年 50 个经济体电气设备制造业全要素生产率测算结果

国家 （地区）	2005~ 2006	2006~ 2007	2007~ 2008	2008~ 2009	2009~ 2010	2010~ 2011	2011~ 2012	2012~ 2013	2013~ 2014	2014~ 2015	平均值	平均值 排序	2014~ 2015 排序
澳大利亚	0.94	0.91	0.97	1.01	0.96	0.97	0.92	0.89	0.93	0.92	0.94	33	44
巴西	0.97	0.88	0.99	0.98	0.81	0.94	0.84	0.98	0.89	0.82	0.91	46	48
加拿大	0.84	0.96	1.05	0.96	1.20	1.02	0.97	0.92	0.91	1.07	0.99	5	6
瑞士	0.84	0.97	0.94	0.84	1.06	0.99	0.97	0.95	0.93	0.94	0.94	31	38
中国	0.90	0.98	0.90	0.86	0.91	0.90	0.90	1.04	1.00	0.99	0.94	35	13
德国	1.00	1.05	1.11	0.90	1.02	1.01	0.95	0.96	1.00	0.93	0.99	2	42
西班牙	1.04	0.93	0.93	0.88	1.06	0.93	0.96	1.07	1.02	0.96	0.98	11	31
法国	0.95	1.01	1.04	0.89	1.01	0.97	0.99	0.99	0.96	0.93	0.97	14	40
英国	1.05	0.93	1.06	0.78	1.09	1.02	0.95	0.97	1.05	0.96	0.98	8	27
印度	0.83	0.83	0.92	0.85	0.90	0.90	0.83	0.90	0.94	1.18	0.90	47	3
意大利	0.90	0.94	0.98	0.97	1.03	0.99	0.95	0.99	0.92	0.96	0.96	19	28
日本	1.00	0.92	0.89	0.91	1.01	0.75	1.00	0.93	1.06	0.77	0.92	42	50
韩国	0.95	0.97	1.01	0.98	1.21	0.97	0.93	1.00	0.97	0.96	0.99	1	30
墨西哥	0.97	1.00	1.00	0.89	1.00	0.98	1.00	0.67	0.99	0.99	0.94	32	14
俄罗斯	0.90	0.96	0.95	0.85	1.03	1.00	0.98	0.89	0.96	0.96	0.95	27	32
中国台湾	0.93	1.05	0.84	0.98	1.14	0.94	1.01	1.00	0.94	0.99	0.98	10	15
美国	1.09	0.91	1.08	0.95	0.94	0.89	1.02	1.03	0.98	1.00	0.99	3	10
阿根廷	0.89	0.98	0.93	0.86	1.13	0.99	0.98	0.94	0.92	0.97	0.96	22	21
爱尔兰	0.96	0.88	1.02	0.68	0.63	1.35	1.09	1.08	1.08	1.12	0.96	16	5
奥地利	0.93	1.04	0.99	0.90	1.32	0.88	1.06	0.89	0.96	0.94	0.98	7	36
保加利亚	0.87	0.92	0.96	1.11	0.89	0.98	0.93	0.91	0.95	0.98	0.95	26	19
比利时	0.95	0.83	1.14	0.93	0.96	0.98	0.84	0.96	1.02	0.92	0.95	25	43
冰岛	0.75	1.04	0.91	0.83	1.23	1.12	1.03	0.99	0.60	1.28	0.95	23	1
波兰	0.91	0.93	1.01	0.93	1.00	0.96	0.97	0.93	1.04	0.97	0.96	17	22
丹麦	0.93	0.94	1.09	0.81	1.13	0.99	0.94	0.99	1.03	1.00	0.98	12	11
菲律宾	0.78	0.85	0.93	0.89	0.99	0.97	1.01	0.98	0.99	0.97	0.93	37	23
芬兰	1.04	0.94	1.04	0.80	1.31	0.98	0.98	0.91	1.04	0.94	0.99	4	39
哥伦比亚	0.84	0.94	0.90	0.88	0.98	0.93	0.97	0.96	0.92	0.89	0.92	41	47
荷兰	1.07	1.03	0.99	0.80	0.95	1.05	0.90	0.98	0.79	1.15	0.96	18	4
捷克	0.91	1.08	0.91	1.00	1.02	1.01	0.93	0.96	1.05	0.94	0.98	9	37
罗马尼亚	1.04	0.93	0.90	0.91	1.18	0.94	1.25	0.67	1.03	1.02	0.97	13	7
马来西亚	0.59	0.75	0.85	0.75	0.88	1.03	0.92	0.86	0.93	0.91	0.84	50	45

续表

国家 （地区）	2005~ 2006	2006~ 2007	2007~ 2008	2008~ 2009	2009~ 2010	2010~ 2011	2011~ 2012	2012~ 2013	2013~ 2014	2014~ 2015	平均值	平均值 排序	2014~ 2015 排序
秘鲁	0.79	0.90	0.90	0.73	1.04	0.84	1.00	1.01	0.93	0.90	0.90	48	46
南非	0.88	1.01	0.91	0.91	1.35	0.87	0.68	0.95	0.97	0.98	0.94	34	17
挪威	0.98	0.95	0.97	0.94	1.00	0.95	0.93	1.03	0.93	0.80	0.95	28	49
葡萄牙	0.95	1.05	1.06	1.03	1.08	0.89	0.91	0.98	0.96	0.96	0.98	6	33
瑞典	0.94	0.85	0.91	0.73	1.22	1.14	0.84	0.99	0.84	1.01	0.94	36	9
沙特阿拉伯	0.87	0.91	0.94	0.89	0.79	0.98	0.96	0.99	0.97	0.98	0.93	38	16
斯洛伐克	0.91	0.92	1.05	0.66	1.37	0.93	0.96	0.99	0.81	0.96	0.94	29	29
泰国	0.72	0.88	0.88	0.85	1.07	0.92	0.97	0.96	0.95	0.97	0.91	44	26
土耳其	0.81	0.89	0.90	0.84	0.93	0.96	0.97	1.00	0.96	0.93	0.92	43	41
希腊	1.06	0.99	0.87	0.81	0.91	0.98	0.90	1.08	0.96	0.98	0.95	24	18
中国香港	0.92	1.01	0.91	0.88	1.07	0.96	0.99	0.95	0.96	0.97	0.96	20	25
新加坡	0.95	0.99	0.86	0.86	0.91	0.96	1.03	0.99	0.99	0.95	0.94	30	34
新西兰	0.83	0.93	0.75	0.77	1.07	1.01	0.98	1.02	0.99	0.97	0.93	39	24
匈牙利	0.84	1.04	0.96	0.51	1.14	0.97	0.96	1.00	1.03	0.95	0.92	40	35
以色列	0.93	1.00	1.00	0.95	0.98	0.85	0.96	0.97	1.09	0.98	0.97	15	20
印度尼西亚	0.95	0.98	0.96	0.95	0.98	0.98	0.87	0.94	0.97	1.01	0.96	21	8
越南	0.98	1.01	0.72	0.80	0.83	0.87	0.93	1.00	1.01	1.00	0.91	45	12
智利	0.81	0.81	0.60	0.91	1.29	1.06	1.01	0.64	0.63	1.24	0.87	49	2

（十四）　机动车辆制造业增长效率国际比较

如表 6-14（a）所示：

（1）γ 值为 0.0035，说明前沿生产函数的误差项 0.35%来源于技术非效率项。总体标准偏差 σ² 为 0.0820，且在 1%的水平上通过显著性检验，表明测量值比较集中。大多数参数的估计结果都比较显著，模型拟合效果比较理想。

（2）依据技术无效率项各变量的估计系数，可以得到如下结果：在机动车辆制造业中，VSS 指数对技术效率有负面影响，意味着在其他条件不变的情况下，该变量每增加 1 个单位，会导致技术效率降低该变量所对应的估计系数值的比例。而 LVDI 指数和 TC 指数对技术效率有正面影响，意味着在其他条件不变的情况下，这些变量每增加 1 个单位，会促使技术效率提高这些变量对应的估计系数绝对值的比例。

表 6-14（a）　2005~2015 年 50 个经济体机动车辆制造业随机前沿函数及技术无效函数估计结果

前沿生产函数	参数	估计系数	T 检验值	技术无效函数	参数	估计系数	T 检验值
常数项	β_0	3.6393 ***	7.1841	常数项	σ_0	0.2739 **	2.2392
$\ln K_{it}$	β_1	1.5344 ***	13.5316	VSS	σ_1	0.0035 **	2.3486

前沿生产函数	参数	估计系数	T检验值	技术无效函数	参数	估计系数	T检验值
$\ln L_{it}$	β_2	-0.9765^{***}	-5.0913	LVDI	σ_2	-0.0144	-0.4285
$(\ln K_{it})^2$	β_3	0.0098	1.1184	TC	σ_3	-0.0061^{***}	-14.2826
$(\ln L_{it})^2$	β_4	0.1196^{***}	6.5954	σ^2		0.0820^{***}	16.2844
$\ln K_{it}\ln L_{it}$	β_5	-0.1155^{***}	-5.1606	γ		0.0035^{***}	4.1249
$t\ln K_{it}$	β_6	0.0258^{***}	4.1748	Log函数值		-97.3144	
$t\ln L_{it}$	β_7	-0.0463^{***}	-4.8410	LR值		218.6006	
t	β_8	0.0973^{**}	1.8996				
t^2	β_9	0.0108^{***}	4.5167				

如表6-14（b）所示：

（1）在机动车辆制造业中，2005~2015年50个经济体技术效率平均值最高的是日本（1.00），其次依次是韩国（1.00）、德国（0.96）、墨西哥（0.84）、捷克（0.82）、匈牙利（0.82）等。最低值是沙特阿拉伯（0.37），其次依次是中国香港（0.38）、冰岛（0.38）、新西兰（0.38）等。

（2）中国机动车辆制造业2005~2015年技术效率平均值为0.72，居50个经济体的第16位。

（3）中国机动车辆制造业2015年技术效率数值（0.68）低于2000~2005年平均值（0.72），在50个经济体中的排序下降至第20位。

表6-14（b） 2005~2015年50个经济体机动车辆制造业技术效率估计结果

国家（地区）＼年份	2005	2006	2007	2008	2009	2010	2011	2012	2013	2014	2015	平均值	平均值排序	2015排序
澳大利亚	0.47	0.45	0.44	0.46	0.42	0.42	0.42	0.42	0.41	0.41	0.40	0.43	38	44
巴西	0.96	0.93	0.86	0.76	0.72	0.72	0.68	0.68	0.68	0.63	0.70	0.76	12	17
加拿大	0.61	0.61	0.61	0.62	0.60	0.62	0.61	0.63	0.63	0.63	0.62	0.62	26	26
瑞士	0.41	0.44	0.43	0.41	0.43	0.42	0.52	0.41	0.41	0.43	0.42	0.43	37	38
中国	0.78	0.77	0.81	0.80	0.71	0.67	0.67	0.68	0.67	0.65	0.68	0.72	16	20
德国	0.95	0.96	0.97	0.96	0.93	0.97	0.96	0.97	0.97	0.97	0.98	0.96	3	3
西班牙	0.67	0.66	0.65	0.69	0.76	0.76	0.75	0.77	0.77	0.74	0.74	0.73	15	12
法国	0.75	0.73	0.70	0.68	0.69	0.67	0.66	0.67	0.67	0.66	0.66	0.69	21	23
英国	0.60	0.59	0.58	0.60	0.62	0.61	0.61	0.62	0.63	0.61	0.61	0.61	27	27
印度	0.83	0.82	0.75	0.72	0.76	0.75	0.74	0.75	0.81	0.83	0.82	0.78	9	7
意大利	0.61	0.62	0.62	0.67	0.66	0.66	0.67	0.73	0.75	0.73	0.70	0.67	23	16
日本	1.00	1.00	1.00	1.00	1.00	1.00	1.00	1.00	1.00	1.00	1.00	1.00	1	1
韩国	1.00	1.00	1.00	1.00	1.00	1.00	1.00	1.00	1.00	1.00	1.00	1.00	2	2
墨西哥	0.80	0.81	0.81	0.81	0.83	0.84	0.84	0.85	0.87	0.87	0.87	0.84	4	4

国家 （地区）＼年份	2005	2006	2007	2008	2009	2010	2011	2012	2013	2014	2015	平均值	平均值排序	2015排序
俄罗斯	0.47	0.45	0.43	0.41	0.43	0.41	0.40	0.41	0.42	0.43	0.45	0.43	39	35
中国台湾	0.65	0.67	0.69	0.73	0.70	0.67	0.67	0.74	0.74	0.70	0.69	0.70	19	18
美国	0.54	0.54	0.55	0.55	0.56	0.55	0.55	0.53	0.53	0.53	0.53	0.54	31	32
阿根廷	0.67	0.68	0.68	0.66	0.74	0.68	0.66	0.68	0.66	0.73	0.68	0.68	22	22
爱尔兰	0.38	0.38	0.38	0.38	0.41	0.40	0.41	0.41	0.39	0.38	0.38	0.39	45	48
奥地利	0.69	0.70	0.70	0.70	0.70	0.68	0.67	0.69	0.69	0.69	0.70	0.69	20	15
保加利亚	0.36	0.36	0.37	0.38	0.49	0.49	0.52	0.50	0.52	0.47	0.48	0.45	34	33
比利时	0.64	0.63	0.62	0.63	0.58	0.58	0.59	0.61	0.60	0.59	0.55	0.60	28	29
冰岛	0.38	0.37	0.38	0.38	0.40	0.40	0.39	0.38	0.38	0.38	0.37	0.38	48	49
波兰	0.76	0.74	0.71	0.68	0.75	0.72	0.73	0.75	0.75	0.73	0.72	0.73	14	14
丹麦	0.43	0.42	0.42	0.42	0.45	0.44	0.46	0.44	0.43	0.45	0.45	0.44	36	36
菲律宾	0.91	0.84	0.91	0.88	0.81	0.80	0.75	0.67	0.68	0.68	0.60	0.78	10	28
芬兰	0.46	0.47	0.52	0.48	0.47	0.44	0.46	0.46	0.45	0.46	0.47	0.47	33	34
哥伦比亚	0.47	0.42	0.47	0.43	0.41	0.40	0.38	0.38	0.39	0.38	0.42	0.41	42	39
荷兰	0.56	0.57	0.57	0.57	0.53	0.52	0.52	0.52	0.52	0.53	0.53	0.54	32	31
捷克	0.83	0.83	0.82	0.81	0.85	0.84	0.83	0.82	0.82	0.81	0.79	0.82	5	9
罗马尼亚	0.56	0.52	0.53	0.57	0.80	0.83	0.78	0.79	0.81	0.79	0.73	0.70	18	13
马来西亚	0.43	0.45	0.46	0.47	0.45	0.43	0.43	0.43	0.44	0.45	0.44	0.44	35	37
秘鲁	0.39	0.39	0.38	0.38	0.39	0.38	0.38	0.38	0.38	0.39	0.39	0.39	46	45
南非	0.65	0.65	0.64	0.73	0.74	0.72	0.65	0.65	0.62	0.65	0.68	0.67	24	21
挪威	0.42	0.42	0.41	0.42	0.42	0.41	0.41	0.41	0.41	0.41	0.41	0.41	41	42
葡萄牙	0.59	0.60	0.60	0.59	0.61	0.60	0.64	0.71	0.69	0.65	0.64	0.63	25	25
瑞典	0.81	0.80	0.80	0.79	0.77	0.77	0.79	0.81	0.81	0.79	0.79	0.79	8	8
沙特阿拉伯	0.38	0.37	0.37	0.36	0.37	0.38	0.37	0.37	0.37	0.37	0.38	0.37	50	47
斯洛伐克	0.67	0.68	0.70	0.71	0.76	0.75	0.76	0.78	0.78	0.78	0.76	0.74	13	11
泰国	0.76	0.83	0.86	0.83	0.84	0.78	0.73	0.72	0.75	0.82	0.85	0.80	7	5
土耳其	0.68	0.71	0.73	0.75	0.78	0.70	0.66	0.72	0.68	0.71	0.69	0.71	17	19
希腊	0.40	0.38	0.37	0.39	0.39	0.40	0.41	0.42	0.41	0.40	0.40	0.40	44	43
中国香港	0.42	0.41	0.39	0.39	0.39	0.37	0.36	0.36	0.35	0.35	0.36	0.38	49	50
新加坡	0.49	0.53	0.57	0.55	0.58	0.64	0.64	0.76	0.62	0.60	0.53	0.59	29	30
新西兰	0.39	0.38	0.39	0.38	0.40	0.39	0.39	0.38	0.38	0.38	0.38	0.38	47	46
匈牙利	0.72	0.74	0.76	0.83	0.89	0.88	0.86	0.85	0.83	0.82	0.84	0.82	6	6
以色列	0.42	0.44	0.45	0.40	0.45	0.44	0.41	0.43	0.41	0.41	0.41	0.43	40	40
印度尼西亚	0.51	0.56	0.57	0.53	0.57	0.55	0.53	0.54	0.55	0.60	0.64	0.56	30	24

国家（地区）\年份	2005	2006	2007	2008	2009	2010	2011	2012	2013	2014	2015	平均值	平均值排序	2015排序
越南	0.62	0.81	0.72	0.68	0.65	0.72	0.73	0.92	0.91	0.84	0.77	0.76	11	10
智利	0.40	0.42	0.43	0.39	0.41	0.39	0.39	0.39	0.39	0.40	0.41	0.40	43	41

如表 6-14（c）所示：

（1）在机动车辆制造业中，2005~2015 年 50 个经济体全要素生产率平均值最高的是新加坡（1.05），其次依次是希腊（1.04）、保加利亚（1.03）、沙特阿拉伯（1.01）、冰岛（1.01）、爱尔兰（1.01）等。最低值是南非（0.79），其次依次是美国（0.82）、巴西（0.82）、法国（0.83）等。

（2）中国机动车辆制造业 2005~2015 年全要素生产率平均值为 0.96，居 50 个经济体第 18 位。

（3）中国机动车辆制造业 2014~2015 年全要素生产率数值（0.99）高于 2000~2005 年平均值（0.96），但在 50 个经济体中的排序下降至第 20 位。

表 6-14（c）　2005~2015 年 50 个经济体机动车辆制造业全要素生产率测算结果

国家（地区）\年份	2005~2006	2006~2007	2007~2008	2008~2009	2009~2010	2010~2011	2011~2012	2012~2013	2013~2014	2014~2015	平均值	平均值排序	2014~2015 排序
澳大利亚	0.62	0.92	1.10	1.12	0.87	0.89	0.84	0.95	0.99	1.03	0.92	25	7
巴西	0.66	0.82	0.92	0.69	1.23	0.80	0.73	0.87	0.74	0.82	0.82	48	50
加拿大	0.58	0.73	0.74	0.79	1.56	0.96	1.03	0.97	0.99	1.01	0.91	28	9
瑞士	0.95	1.00	0.88	0.92	1.22	0.99	0.94	1.01	0.97	0.97	0.98	11	33
中国	0.94	0.96	0.94	0.93	0.94	0.95	0.95	0.98	1.00	0.96	0.96	18	20
德国	0.63	0.78	0.71	0.66	1.31	1.03	0.88	0.96	1.05	0.93	0.87	40	39
西班牙	0.70	0.77	0.76	0.81	0.92	0.84	1.11	1.07	0.98	0.88	37	26
法国	0.59	0.75	0.73	0.72	1.05	0.93	0.81	0.96	0.89	0.83	47	44
英国	0.62	0.74	0.85	0.59	1.32	0.94	0.96	1.23	1.11	0.91	0.90	32	42
印度	0.76	0.98	0.89	0.98	1.13	0.95	0.94	0.99	0.99	0.98	0.95	19	24
意大利	0.70	0.80	0.79	0.84	1.13	0.94	0.84	1.08	1.00	0.97	0.90	30	34
日本	0.57	0.80	0.78	0.72	1.08	0.95	1.22	0.89	1.03	1.00	0.88	34	11
韩国	0.62	0.82	0.73	0.82	1.13	1.00	0.91	0.98	0.99	0.96	0.88	35	36
墨西哥	0.79	0.93	0.97	0.96	1.05	0.94	1.02	0.96	0.99	0.97	14	18
俄罗斯	0.79	0.94	0.94	0.88	1.08	1.02	1.18	0.76	1.10	0.84	0.94	20	49
中国台湾	0.67	0.75	0.84	0.87	0.95	1.00	0.88	0.95	1.00	0.95	0.88	38	37
美国	0.46	0.84	0.54	0.49	1.54	0.98	0.95	0.86	0.98	1.04	0.82	49	4
阿根廷	0.70	0.81	0.85	0.76	1.12	0.98	0.89	0.96	0.84	0.88	0.87	41	45

续表

国家 （地区）＼年份	2005~ 2006	2006~ 2007	2007~ 2008	2008~ 2009	2009~ 2010	2010~ 2011	2011~ 2012	2012~ 2013	2013~ 2014	2014~ 2015	平均值	平均值 排序	2014~ 2015 排序
爱尔兰	0.94	1.26	0.80	0.77	1.35	1.10	0.94	1.12	0.92	1.03	1.01	6	6
奥地利	0.69	0.80	0.86	0.76	1.04	0.99	0.97	0.98	0.99	0.98	0.90	31	27
保加利亚	1.02	1.02	1.03	1.37	1.00	0.91	0.98	0.96	1.01	1.01	1.03	3	10
比利时	0.64	0.67	0.87	0.80	1.01	0.97	0.91	0.97	0.92	0.97	0.87	45	31
冰岛	0.95	1.05	1.14	1.00	0.75	1.11	0.90	1.33	1.00	1.00	1.01	5	12
波兰	0.79	0.86	0.97	0.89	0.97	1.13	0.92	0.99	0.99	0.94	0.94	21	38
丹麦	0.96	0.75	1.05	0.82	1.21	1.07	0.93	1.05	0.98	0.97	12	23
菲律宾	0.83	1.02	0.91	0.81	1.05	0.93	0.85	0.99	0.99	1.00	0.94	23	14
芬兰	0.77	0.97	0.88	0.68	1.21	1.15	0.87	0.97	1.07	0.98	0.94	22	25
哥伦比亚	0.62	0.93	0.81	0.87	1.24	0.93	0.98	1.01	0.95	0.92	0.92	26	29
荷兰	0.90	1.08	0.95	0.49	1.56	1.15	0.81	1.02	1.00	1.08	0.97	15	1
捷克	0.70	0.80	0.82	0.75	1.02	1.00	0.85	0.96	1.09	0.90	0.88	36	43
罗马尼亚	1.10	0.96	1.02	1.03	1.00	0.95	0.44	1.04	0.87	0.99	0.92	27	17
马来西亚	0.59	1.00	1.01	1.02	1.10	0.99	1.01	1.00	1.00	0.96	17	19
秘鲁	0.94	0.96	0.90	0.93	1.23	0.96	0.97	1.01	0.98	0.98	10	30
南非	0.60	0.71	0.68	0.81	0.99	0.85	0.75	0.82	0.93	0.85	0.79	50	48
挪威	0.80	0.85	1.01	0.98	1.07	0.96	0.99	1.02	0.99	1.05	0.97	13	2
葡萄牙	0.66	0.81	0.78	0.81	0.98	0.99	0.88	1.00	1.01	0.87	42	46
瑞典	0.66	0.78	0.72	0.47	1.87	0.93	0.80	0.98	0.98	1.05	0.87	44	3
沙特阿拉伯	1.08	1.06	1.00	1.01	1.00	0.99	1.00	1.01	0.99	1.00	1.01	4	13
斯洛伐克	0.69	1.10	0.88	0.59	1.18	1.04	0.83	0.98	1.08	0.85	0.90	29	47
泰国	1.00	1.00	0.98	1.00	1.03	0.98	1.01	0.99	0.99	0.99	1.00	7	22
土耳其	0.77	0.97	1.00	0.92	1.03	1.02	0.95	1.02	1.00	0.96	16	15
希腊	0.89	1.31	0.89	0.90	0.92	0.87	0.97	1.94	1.00	1.03	1.04	2	5
中国香港	0.60	0.83	0.85	0.90	0.91	0.94	0.96	0.95	0.94	0.97	0.88	39	32
新加坡	1.08	1.08	1.03	1.03	1.06	1.03	1.01	1.01	1.19	0.98	1.05	1	28
新西兰	0.98	0.97	0.98	0.99	1.01	1.00	0.98	1.00	1.00	1.03	0.99	9	8
匈牙利	0.77	0.86	0.77	0.65	1.14	0.92	0.79	1.19	1.02	0.97	0.89	33	35
以色列	0.50	1.14	0.85	0.80	0.92	0.65	0.91	0.93	1.33	0.92	0.87	43	40
印度尼西亚	0.65	0.72	0.86	0.88	1.01	0.96	0.87	0.94	0.89	0.91	0.86	46	41
越南	1.20	1.21	0.72	0.77	0.82	0.86	0.87	0.99	1.01	1.00	0.93	24	16
智利	1.00	0.99	0.97	1.01	0.99	1.02	0.98	1.00	1.01	0.99	1.00	8	21

（十五）其他交通设备制造业增长效率国际比较

如表 6-15（a）所示：

（1）γ 值为 0.1311，说明前沿生产函数的误差项 13.11% 来源于技术非效率项。总体标准偏差 σ^2 为 0.0784，且在 1% 的水平上通过显著性检验，表明测量值比较集中。大多数参数的估计结果都比较显著，模型拟合效果比较理想。

（2）依据技术无效率项各变量的估计系数，可以得到如下结果：在其他交通设备制造业中，VSS 指数、LVDI 指数和 TC 指数对技术效率都有正面影响，意味着在其他条件不变的情况下，这些变量每增加 1 个单位，会促使技术效率提高这些变量对应的估计系数绝对值的比例。

表 6-15（a）　2005~2015 年 50 个经济体其他交通设备制造业随机前沿函数及技术无效函数估计结果

前沿生产函数	参数	估计系数	T 检验值	技术无效函数	参数	估计系数	T 检验值
常数项	β_0	0.6228***	2.3692	常数项	σ_0	0.1741	0.6674
$\ln K_{it}$	β_1	1.0348***	16.5357	VSS	σ_1	-0.0016	-0.8370
$\ln L_{it}$	β_2	-0.0363	-0.4022	LVDI	σ_2	-0.2402**	-1.8001
$(\ln K_{it})^2$	β_3	-0.0037	-0.6114	TC	σ_3	-0.0066***	-5.4569
$(\ln L_{it})^2$	β_4	0.0246***	2.6384	σ^2		0.0784***	12.1276
$\ln K_{it}\ln L_{it}$	β_5	-0.0242**	-1.9256	γ		0.1311**	2.2744
$t\ln K_{it}$	β_6	0.0141***	3.1706	Log 函数值		-58.3704	
$t\ln L_{it}$	β_7	-0.0197***	-3.4046	LR 值		80.8747	
t	β_8	0.0089	0.3108				
t^2	β_9	0.0049***	2.7532				

如表 6-15（b）所示：

（1）在其他交通设备制造业中，2005~2015 年 50 个经济体技术效率平均值最高的是韩国（0.99），其次依次是日本（0.98）、罗马尼亚（0.98）、中国（0.98）、美国（0.98）、中国台湾（0.98）等。最低值是希腊（0.63），其次依次是爱尔兰（0.64）、哥伦比亚（0.66）、中国香港（0.66）等。

（2）中国其他交通设备制造业 2005~2015 年技术效率平均值为 0.98，居 50 个经济体的第 4 位。

（3）中国其他交通设备制造业 2015 年技术效率数值（0.98）与 2000~2005 年平均值（0.98）持平，但在 50 个经济体中的排序下降至第 5 位。

表 6-15（b）　2005~2015 年 50 个经济体其他交通设备制造业技术效率估计结果

国家 （地区）＼年份	2005	2006	2007	2008	2009	2010	2011	2012	2013	2014	2015	平均值	平均值排序	2015排序
澳大利亚	0.76	0.82	0.77	0.72	0.74	0.78	0.75	0.72	0.73	0.78	0.79	0.76	41	37

国家（地区）＼年份	2005	2006	2007	2008	2009	2010	2011	2012	2013	2014	2015	平均值	平均值排序	2015排序
巴西	0.97	0.97	0.97	0.96	0.95	0.94	0.94	0.93	0.94	0.92	0.92	0.94	21	30
加拿大	0.96	0.96	0.95	0.96	0.96	0.97	0.96	0.96	0.96	0.96	0.95	0.96	14	22
瑞士	0.90	0.90	0.91	0.94	0.91	0.90	0.95	0.95	0.96	0.96	0.94	0.93	25	24
中国	0.98	0.98	0.98	0.99	0.99	0.99	0.99	0.99	0.98	0.98	0.98	0.98	4	5
德国	0.95	0.92	0.96	0.95	0.95	0.94	0.95	0.97	0.97	0.97	0.97	0.95	17	11
西班牙	0.95	0.95	0.96	0.96	0.97	0.96	0.97	0.97	0.98	0.98	0.97	0.97	12	12
法国	0.98	0.98	0.98	0.98	0.98	0.98	0.97	0.98	0.98	0.98	0.98	0.98	7	10
英国	0.97	0.97	0.96	0.95	0.95	0.94	0.97	0.97	0.96	0.96	0.96	0.96	13	18
印度	0.83	0.78	0.84	0.84	0.88	0.92	0.95	0.92	0.96	0.97	0.95	0.89	34	23
意大利	0.98	0.98	0.98	0.98	0.98	0.97	0.97	0.97	0.98	0.98	0.97	0.98	8	13
日本	0.98	0.98	0.98	0.99	0.99	0.99	0.99	0.99	0.98	0.98	0.98	0.98	2	3
韩国	0.99	0.99	0.99	0.99	0.99	0.99	0.99	0.99	0.99	0.99	0.98	0.99	1	1
墨西哥	0.94	0.95	0.94	0.95	0.96	0.96	0.96	0.96	0.96	0.96	0.96	0.95	19	16
俄罗斯	0.95	0.96	0.94	0.94	0.92	0.95	0.81	0.94	0.92	0.84	0.94	0.92	28	25
中国台湾	0.96	0.97	0.97	0.98	0.98	0.98	0.98	0.98	0.98	0.98	0.98	0.98	6	9
美国	0.98	0.98	0.98	0.98	0.98	0.98	0.98	0.98	0.98	0.98	0.98	0.98	5	4
阿根廷	0.70	0.78	0.75	0.74	0.71	0.75	0.82	0.81	0.82	0.70	0.70	0.75	42	42
爱尔兰	0.65	0.67	0.67	0.74	0.59	0.60	0.67	0.63	0.62	0.62	0.60	0.64	49	50
奥地利	0.98	0.99	0.96	0.96	0.97	0.97	0.97	0.96	0.96	0.96	0.96	0.97	10	14
保加利亚	0.84	0.93	0.93	0.92	0.86	0.95	0.93	0.90	0.92	0.94	0.96	0.92	29	20
比利时	0.92	0.97	0.96	0.91	0.92	0.97	0.97	0.97	0.98	0.97	0.98	0.96	15	8
冰岛	0.70	0.65	0.64	0.66	0.64	0.68	0.65	0.66	0.72	0.68	0.65	0.67	46	45
波兰	0.98	0.98	0.97	0.96	0.94	0.92	0.92	0.92	0.93	0.92	0.92	0.94	22	27
丹麦	0.89	0.86	0.79	0.82	0.68	0.77	0.95	0.77	0.71	0.65	0.65	0.78	39	46
菲律宾	0.97	0.94	0.92	0.91	0.97	0.93	0.93	0.95	0.81	0.90	0.94	0.92	27	26
芬兰	0.97	0.97	0.97	0.98	0.97	0.97	0.93	0.90	0.93	0.97	0.96	0.96	16	21
哥伦比亚	0.68	0.68	0.69	0.67	0.63	0.66	0.64	0.65	0.65	0.64	0.63	0.66	48	48
荷兰	0.97	0.96	0.98	0.97	0.96	0.97	0.97	0.97	0.97	0.97	0.96	0.97	11	15
捷克	0.94	0.97	0.97	0.97	0.98	0.97	0.98	0.97	0.98	0.97	0.98	0.97	9	7
罗马尼亚	0.98	0.98	0.98	0.98	0.99	0.98	0.98	0.98	0.98	0.98	0.98	0.98	3	2
马来西亚	0.95	0.95	0.87	0.92	0.90	0.92	0.89	0.88	0.87	0.90	0.92	0.91	32	28
秘鲁	0.68	0.68	0.67	0.70	0.71	0.67	0.74	0.76	0.71	0.78	0.69	0.71	43	43
南非	0.82	0.82	0.80	0.80	0.78	0.84	0.81	0.86	0.91	0.87	0.79	0.83	37	38
挪威	0.93	0.91	0.88	0.83	0.83	0.76	0.76	0.84	0.86	0.80	0.72	0.83	36	39

年份 国家 （地区）	2005	2006	2007	2008	2009	2010	2011	2012	2013	2014	2015	平均值	平均值排序	2015排序
葡萄牙	0.77	0.71	0.77	0.74	0.67	0.66	0.86	0.82	0.84	0.84	0.89	0.78	38	33
瑞典	0.94	0.93	0.92	0.94	0.97	0.97	0.95	0.95	0.96	0.96	0.96	0.95	20	19
沙特阿拉伯	0.64	0.64	0.63	0.64	0.67	0.66	0.75	0.69	0.73	0.74	0.70	0.68	45	41
斯洛伐克	0.93	0.93	0.94	0.95	0.95	0.96	0.93	0.92	0.91	0.92	0.88	0.93	26	35
泰国	0.97	0.97	0.97	0.96	0.95	0.97	0.93	0.90	0.89	0.91	0.90	0.94	23	31
土耳其	0.92	0.93	0.95	0.93	0.88	0.84	0.82	0.86	0.92	0.92	0.88	0.90	33	34
希腊	0.66	0.63	0.61	0.64	0.60	0.59	0.62	0.63	0.64	0.62	0.65	0.63	50	47
中国香港	0.69	0.67	0.67	0.67	0.66	0.68	0.66	0.66	0.65	0.67	0.63	0.66	47	49
新加坡	0.93	0.93	0.92	0.93	0.95	0.96	0.97	0.97	0.98	0.98	0.98	0.95	18	6
新西兰	0.80	0.80	0.76	0.85	0.76	0.80	0.76	0.79	0.70	0.67	0.67	0.76	40	44
匈牙利	0.90	0.80	0.84	0.94	0.93	0.95	0.95	0.95	0.95	0.95	0.86	0.91	31	36
以色列	0.95	0.94	0.92	0.93	0.96	0.95	0.96	0.90	0.92	0.93	0.90	0.93	24	32
印度尼西亚	0.95	0.86	0.87	0.90	0.81	0.86	0.90	0.85	0.90	0.93	0.92	0.88	35	29
越南	0.93	0.93	0.87	0.88	0.82	0.86	0.91	0.95	0.95	0.98	0.96	0.91	30	17
智利	0.75	0.69	0.69	0.66	0.73	0.66	0.67	0.66	0.65	0.64	0.71	0.68	44	40

如表6-15（c）所示：

（1）在其他交通设备制造业中，2005~2015年50个经济体全要素生产率平均值最高的是保加利亚（1.03），其次依次是希腊（1.03）、葡萄牙（1.02）、新加坡（1.02）、匈牙利（1.02）、西班牙（1.01）等。最低值是巴西（0.83），其次依次是新西兰（0.84）、以色列（0.85）、芬兰（0.85）等。

（2）中国其他交通设备制造业2005~2015年全要素生产率平均值为0.98，居50个经济体第27位。

（3）中国其他交通设备制造业2014~2015年全要素生产率数值（1.00）高于2000~2005年平均值（0.98），在50个经济体中的排序上升至第17位。

表6-15（c）　2005~2015年50个经济体其他交通设备制造业全要素生产率测算结果

年份 国家 （地区）	2005~2006	2006~2007	2007~2008	2008~2009	2009~2010	2010~2011	2011~2012	2012~2013	2013~2014	2014~2015	平均值	平均值排序	2014~2015排序
澳大利亚	1.12	0.88	0.78	1.17	1.03	1.03	1.04	0.83	1.07	0.95	0.98	24	41
巴西	0.73	0.84	0.66	0.62	0.97	0.97	0.73	0.95	0.90	1.00	0.83	50	20
加拿大	0.88	0.97	1.01	0.85	1.36	1.02	0.92	1.09	0.99	1.01	1.00	9	9
瑞士	0.96	1.04	1.01	0.95	1.10	1.00	1.00	1.01	0.97	0.93	1.00	13	46
中国	1.03	1.02	0.94	0.94	0.95	0.95	0.95	0.99	1.01	1.00	0.98	27	17
德国	0.63	0.91	0.85	0.78	0.95	1.05	0.99	0.91	1.05	0.99	0.90	41	22

续表

国家 （地区）	2005~ 2006	2006~ 2007	2007~ 2008	2008~ 2009	2009~ 2010	2010~ 2011	2011~ 2012	2012~ 2013	2013~ 2014	2014~ 2015	平均值	平均值 排序	2014~ 2015 排序
西班牙	0.96	0.97	1.12	0.90	0.91	1.27	0.99	1.06	0.98	0.99	1.01	6	23
法国	0.69	0.81	0.87	0.80	1.02	0.85	1.05	1.00	1.02	0.99	0.90	42	24
英国	0.80	0.74	0.66	0.88	0.76	1.36	0.81	1.03	0.95	1.07	0.89	44	4
印度	0.95	1.05	1.00	0.95	1.10	1.00	1.00	1.01	0.97	0.93	0.99	15	47
意大利	0.69	0.84	0.87	0.70	0.79	0.87	0.94	0.90	1.19	0.99	0.87	46	25
日本	0.97	1.00	0.97	0.83	1.10	0.80	0.84	1.03	0.96	1.23	0.96	30	1
韩国	0.75	0.85	0.82	0.83	1.02	0.87	0.85	0.93	0.82	0.99	0.87	45	26
墨西哥	0.76	0.86	0.92	0.87	1.01	1.10	1.07	0.69	0.97	1.00	0.92	38	13
俄罗斯	0.85	0.95	0.99	0.87	0.97	0.99	1.07	1.00	1.10	1.21	0.99	16	2
中国台湾	0.85	1.20	1.01	0.84	0.98	1.13	0.98	0.99	1.04	1.03	1.00	10	6
美国	0.86	1.03	0.94	0.95	0.98	0.99	0.96	1.02	1.03	1.02	0.98	28	7
阿根廷	0.95	1.04	1.00	0.95	1.10	1.00	1.00	1.01	0.96	0.93	0.99	17	48
爱尔兰	1.02	1.06	1.19	0.37	1.67	1.06	0.95	1.15	1.03	0.99	0.99	18	31
奥地利	1.15	0.75	0.89	0.69	1.21	1.04	0.69	1.33	0.91	0.99	0.94	35	35
保加利亚	1.02	1.03	1.03	0.73	2.13	0.74	1.14	0.97	1.00	1.01	1.03	1	10
比利时	0.86	0.95	0.85	0.88	0.96	1.32	1.00	0.86	1.09	0.99	0.97	29	32
冰岛	0.93	0.95	1.00	0.89	1.25	1.00	0.80	1.50	0.80	0.94	0.99	22	43
波兰	0.82	0.69	0.79	0.84	0.85	1.23	1.00	1.05	1.08	0.99	0.92	37	27
丹麦	0.92	1.04	1.23	0.71	1.45	0.98	1.01	0.97	0.83	0.99	1.00	14	36
菲律宾	0.90	0.98	1.00	1.00	1.00	0.99	1.01	0.99	1.00	1.01	0.99	23	11
芬兰	0.59	0.64	1.12	0.65	0.94	1.03	0.80	1.03	0.93	0.99	0.85	47	21
哥伦比亚	0.96	1.05	0.98	0.95	1.10	1.00	1.00	1.01	0.97	0.93	0.99	19	49
荷兰	0.76	1.10	0.94	0.76	0.85	0.79	0.99	1.08	0.99	0.97	0.92	39	39
捷克	0.91	1.04	1.04	0.94	0.99	1.12	0.91	0.98	1.03	1.05	0.99	11	5
罗马尼亚	0.83	0.82	0.84	1.04	0.86	1.18	0.78	1.08	0.91	0.99	0.92	36	33
马来西亚	0.88	0.88	0.91	0.91	0.92	0.99	1.01	1.00	0.99	0.99	0.95	34	28
秘鲁	0.86	1.00	1.00	0.96	1.08	1.00	1.00	1.01	0.97	0.93	0.98	25	44
南非	0.98	0.99	0.98	1.01	1.00	1.01	0.94	1.04	1.02	1.00	1.00	12	15
挪威	0.83	0.90	1.01	1.01	1.02	0.99	0.94	1.02	0.94	0.97	0.96	31	40
葡萄牙	0.99	1.00	0.98	1.01	1.00	1.09	1.02	0.97	1.05	1.14	1.02	3	3
瑞典	0.61	0.84	0.85	1.04	1.04	0.94	0.81	1.03	1.03	0.99	0.91	40	29
沙特阿拉伯	1.07	1.06	0.96	1.00	1.03	1.00	1.00	1.01	0.99	1.00	1.01	7	16
斯洛伐克	0.83	0.93	0.98	0.88	1.77	0.59	1.07	0.92	0.96	0.98	0.96	33	38
泰国	1.01	1.00	1.00	1.02	1.02	0.99	1.01	1.00	1.00	0.99	1.00	8	34

续表

年份 国家 （地区）	2005~ 2006	2006~ 2007	2007~ 2008	2008~ 2009	2009~ 2010	2010~ 2011	2011~ 2012	2012~ 2013	2013~ 2014	2014~ 2015	平均值	平均值 排序	2014~ 2015 排序
土耳其	0.87	0.95	0.93	0.87	0.93	1.03	1.03	0.99	1.01	1.00	0.96	32	18
希腊	1.00	0.95	0.93	0.96	0.97	1.07	1.35	1.13	0.99	1.01	1.03	2	8
中国香港	0.83	1.01	1.01	0.95	1.10	1.00	1.00	1.01	0.97	0.93	0.98	26	45
新加坡	1.14	1.17	0.99	0.99	0.99	1.02	1.02	0.89	1.00	0.99	1.02	4	30
新西兰	0.62	0.78	0.71	0.96	1.00	0.90	0.86	0.95	0.87	0.82	0.84	49	50
匈牙利	0.86	0.98	1.07	1.00	0.93	1.01	1.10	1.12	1.26	0.99	1.02	5	37
以色列	0.59	0.81	0.83	0.81	0.98	0.74	0.88	0.97	1.00	1.01	0.85	48	12
印度尼西亚	0.98	0.97	0.96	1.00	1.01	1.02	0.99	1.00	1.00	0.99	0.99	20	14
越南	1.28	1.28	0.59	0.68	0.76	0.81	0.84	0.99	1.01	1.00	0.90	43	19
智利	0.95	1.04	0.98	0.95	1.10	1.00	1.01	1.01	0.96	0.94	0.99	21	42

（十六） 其他制造业增长效率国际比较

如表6-16（a）所示：

（1）γ 值为0.0443，说明前沿生产函数的误差项4.43%来源于技术非效率项。总体标准偏差 σ^2 为0.0634，且在1%的水平上通过显著性检验，表明测量值比较集中。大多数参数的估计结果都比较显著，模型拟合效果比较理想。

（2）依据技术无效率项各变量的估计系数，可以得到如下结果：在其他制造业中，VSS指数和LVDI指数对技术效率有负面影响，意味着在其他条件不变的情况下，这些变量每增加1个单位，会导致技术效率降低这些变量所对应的估计系数值的比例。而TC指数对技术效率有正面影响，意味着在其他条件不变的情况下，该变量每增加1个单位，会促使技术效率提高该变量对应的估计系数绝对值的比例。

表6-16（a）　2005~2015年50个经济体其他制造业随机前沿函数及技术无效函数估计结果

前沿生产函数	参数	估计系数	T检验值	技术无效函数	参数	估计系数	T检验值
常数项	β_0	1.4924***	4.8742	常数项	σ_0	-0.4566**	-2.1400
$\ln K_{it}$	β_1	0.7369***	5.6938	VSS	σ_1	0.0171***	7.5505
$\ln L_{it}$	β_2	0.1729*	1.4827	LVDI	σ_2	0.1086*	1.3000
$(\ln K_{it})^2$	β_3	0.0885***	5.2579	TC	σ_3	-0.0043***	-6.0937
$(\ln L_{it})^2$	β_4	0.0959***	7.3065	σ^2		0.0634***	15.8232
$\ln K_{it}\ln L_{it}$	β_5	-0.1843***	-7.4807	γ		0.0443	0.5172
$t\ln K_{it}$	β_6	0.0331***	4.6450	Log 函数值		-19.5595	
$t\ln L_{it}$	β_7	-0.0357***	-4.7417	LR 值		123.4698	
t	β_8	-0.0617**	-1.8916				
t^2	β_9	0.0076***	4.0549				

如表 6-16（b）所示：

（1）在其他制造业中，2005～2015 年 50 个经济体技术效率平均值最高的是中国（0.99），其次依次是印度尼西亚（0.98）、菲律宾（0.97）、波兰（0.97）、意大利（0.96）、荷兰（0.96）等。最低值是沙特阿拉伯（0.51），其次依次是韩国（0.67）、智利（0.67）、比利时（0.69）等。

（2）中国其他制造业 2005～2015 年技术效率平均值为 0.99，居 50 个经济体的第 1 位。

（3）中国其他制造业 2015 年技术效率数值（0.99）与 2000～2005 年平均值（0.99），始终保持在 50 个经济体中排序第 1 的地位。

表 6-16（b）　　2005～2015 年 50 个经济体其他制造业技术效率估计结果

国家（地区）　年份	2005	2006	2007	2008	2009	2010	2011	2012	2013	2014	2015	平均值	平均值排序	2015排序
澳大利亚	0.78	0.75	0.74	0.74	0.74	0.70	0.70	0.69	0.69	0.69	0.68	0.72	43	45
巴西	0.98	0.99	0.98	0.98	0.97	0.95	0.93	0.90	0.88	0.88	0.86	0.94	12	18
加拿大	0.91	0.91	0.89	0.80	0.77	0.76	0.75	0.73	0.75	0.72	0.78	0.80	33	34
瑞士	0.81	0.79	0.77	0.77	0.74	0.72	0.74	0.70	0.69	0.72	0.72	0.74	41	42
中国	0.99	0.99	0.99	0.99	0.99	0.99	0.99	0.99	0.99	0.99	0.99	0.99	1	1
德国	0.96	0.97	0.96	0.96	0.97	0.94	0.92	0.92	0.91	0.93	0.94	0.94	11	12
西班牙	0.83	0.82	0.78	0.82	0.91	0.86	0.83	0.88	0.90	0.87	0.86	0.85	21	19
法国	0.87	0.86	0.84	0.84	0.88	0.84	0.83	0.83	0.84	0.84	0.86	0.85	22	17
英国	0.92	0.88	0.90	0.89	0.90	0.92	0.93	0.87	0.89	0.90	0.92	0.90	14	13
印度	0.97	0.97	0.97	0.88	0.91	0.83	0.83	0.91	0.91	0.93	0.95	0.91	13	9
意大利	0.98	0.97	0.97	0.96	0.97	0.95	0.95	0.96	0.97	0.96	0.97	0.96	5	6
日本	0.97	0.90	0.88	0.85	0.92	0.91	0.90	0.81	0.77	0.77	0.82	0.86	20	26
韩国	0.81	0.77	0.72	0.65	0.71	0.63	0.59	0.59	0.61	0.62	0.66	0.67	49	48
墨西哥	0.97	0.97	0.96	0.96	0.97	0.96	0.94	0.93	0.91	0.93	0.90	0.94	10	14
俄罗斯	0.79	0.80	0.76	0.75	0.84	0.81	0.66	0.78	0.72	0.78	0.78	0.77	38	33
中国台湾	0.85	0.85	0.85	0.79	0.83	0.77	0.74	0.75	0.77	0.77	0.82	0.80	32	27
美国	0.83	0.83	0.82	0.82	0.89	0.86	0.83	0.82	0.82	0.82	0.83	0.83	23	24
阿根廷	0.89	0.86	0.83	0.83	0.85	0.80	0.80	0.80	0.79	0.79	0.80	0.82	27	31
爱尔兰	0.89	0.86	0.80	0.85	0.89	0.88	0.94	0.79	0.83	0.98	0.87	18	3
奥地利	0.92	0.92	0.92	0.85	0.85	0.87	0.85	0.84	0.84	0.84	0.83	0.87	19	23
保加利亚	0.71	0.63	0.63	0.65	0.75	0.76	0.77	0.71	0.68	0.74	0.74	0.71	46	38
比利时	0.71	0.69	0.69	0.61	0.70	0.74	0.72	0.69	0.71	0.72	0.66	0.69	47	46
冰岛	0.75	0.75	0.76	0.85	0.88	0.87	0.84	0.85	0.80	0.81	0.75	0.81	30	37
波兰	0.98	0.98	0.98	0.97	0.97	0.96	0.95	0.96	0.96	0.96	0.97	0.97	4	7

续表

年份 国家 （地区）	2005	2006	2007	2008	2009	2010	2011	2012	2013	2014	2015	平均值	平均值 排序	2015 排序
丹麦	0.94	0.92	0.89	0.92	0.97	0.96	0.96	0.96	0.96	0.97	0.96	0.95	8	8
菲律宾	0.97	0.91	0.97	0.98	0.99	0.99	0.98	0.98	0.98	0.98	0.98	0.97	3	4
芬兰	0.88	0.84	0.86	0.80	0.88	0.85	0.81	0.77	0.76	0.78	0.81	0.82	26	29
哥伦比亚	0.94	0.93	0.94	0.92	0.93	0.90	0.86	0.86	0.86	0.84	0.84	0.89	16	21
荷兰	0.96	0.97	0.96	0.96	0.97	0.96	0.96	0.96	0.96	0.97	0.95	0.96	6	11
捷克	0.88	0.87	0.82	0.83	0.85	0.82	0.80	0.78	0.79	0.77	0.76	0.81	29	36
罗马尼亚	0.96	0.95	0.94	0.87	0.94	0.93	0.96	0.95	0.96	0.94	0.95	0.95	9	10
马来西亚	0.74	0.79	0.76	0.73	0.79	0.79	0.74	0.80	0.82	0.83	0.85	0.79	34	20
秘鲁	0.98	0.98	0.94	0.90	0.93	0.90	0.85	0.82	0.82	0.84	0.89	0.89	15	15
南非	0.92	0.88	0.85	0.79	0.81	0.87	0.91	0.76	0.77	0.79	0.83	25	32	
挪威	0.82	0.84	0.81	0.71	0.74	0.75	0.75	0.75	0.76	0.72	0.73	0.76	40	40
葡萄牙	0.85	0.82	0.83	0.79	0.86	0.79	0.81	0.84	0.87	0.85	0.84	0.83	24	22
瑞典	0.91	0.91	0.89	0.88	0.91	0.89	0.89	0.88	0.89	0.88	0.88	0.89	17	16
沙特阿拉伯	0.52	0.48	0.48	0.45	0.51	0.55	0.52	0.53	0.54	0.52	0.54	0.51	50	50
斯洛伐克	0.80	0.77	0.72	0.74	0.84	0.82	0.78	0.79	0.77	0.73	0.78	36	41	
泰国	0.85	0.83	0.84	0.78	0.85	0.84	0.73	0.75	0.76	0.79	0.82	0.81	31	25
土耳其	0.97	0.96	0.95	0.95	0.97	0.95	0.92	0.93	0.94	0.97	0.97	0.95	7	5
希腊	0.73	0.73	0.80	0.70	0.74	0.77	0.84	0.87	0.82	0.80	0.81	0.78	35	30
中国香港	0.98	0.98	0.97	0.97	0.98	0.96	0.84	0.61	0.56	0.54	0.64	0.82	28	49
新加坡	0.71	0.70	0.72	0.71	0.73	0.75	0.70	0.74	0.80	0.68	0.66	0.72	44	47
新西兰	0.78	0.80	0.78	0.73	0.81	0.77	0.75	0.76	0.76	0.76	0.76	0.77	39	35
匈牙利	0.73	0.72	0.71	0.68	0.73	0.73	0.72	0.72	0.72	0.71	0.69	0.72	45	43
以色列	0.68	0.64	0.71	0.72	0.80	0.74	0.73	0.73	0.76	0.81	0.74	42	28	
印度尼西亚	0.98	0.99	0.99	0.98	0.99	0.99	0.98	0.98	0.97	0.98	0.98	0.98	2	2
越南	0.79	0.76	0.74	0.74	0.82	0.79	0.77	0.81	0.76	0.76	0.74	0.77	37	39
智利	0.73	0.71	0.67	0.63	0.67	0.67	0.65	0.64	0.67	0.68	0.68	0.67	48	44

如表6-16（c）所示：

（1）在其他制造业中，2005~2015年50个经济体全要素生产率平均值最高的是希腊（1.05），其次依次是沙特阿拉伯（1.01）、印度尼西亚（1.00）、澳大利亚（1.00）、印度（0.99）、韩国（0.99）等。最低值是瑞士（0.86），其次依次是加拿大（0.87）、巴西（0.87）、德国（0.88）等。

（2）中国其他制造业2005~2015年全要素生产率平均值为0.94，居50个经济体第13位。

（3）中国其他制造业2014~2015年全要素生产率数值（0.90）低于2000~2005年平

均值（0.94），在 50 个经济体中的排序下降至第 34 位。

表 6-16（c）　2005～2015 年 50 个经济体其他制造业全要素生产率测算结果

国家 （地区）	2005~ 2006	2006~ 2007	2007~ 2008	2008~ 2009	2009~ 2010	2010~ 2011	2011~ 2012	2012~ 2013	2013~ 2014	2014~ 2015	平均值	平均值 排序	2014~ 2015 排序
澳大利亚	0.85	1.23	1.00	0.96	1.02	1.02	1.02	0.86	1.00	1.05	1.00	4	4
巴西	0.85	0.86	1.03	0.83	0.93	0.90	0.81	0.89	0.94	0.73	0.87	48	50
加拿大	0.71	0.78	0.79	0.86	1.06	0.95	0.92	0.91	0.89	0.90	0.87	49	33
瑞士	0.68	0.86	0.86	0.81	0.91	0.57	0.96	0.99	1.01	1.04	0.86	50	5
中国	0.98	0.93	0.95	0.93	0.96	1.03	1.00	0.87	0.91	0.90	0.94	13	34
德国	0.79	0.79	0.84	0.84	0.89	1.00	0.88	0.93	0.98	0.89	0.88	47	40
西班牙	0.82	0.86	0.96	0.86	0.87	0.92	0.90	0.96	0.98	0.89	0.90	38	38
法国	0.84	0.88	0.88	0.88	0.94	0.99	0.92	0.97	0.95	0.86	0.91	28	45
英国	0.69	0.91	0.87	0.86	1.04	0.99	0.93	1.02	1.01	0.97	0.92	25	18
印度	1.00	1.00	0.99	1.01	0.99	1.01	0.88	0.99	1.01	1.00	0.99	5	7
意大利	0.91	0.94	0.93	0.99	1.00	1.01	0.99	1.01	1.00	0.91	0.97	8	30
日本	0.48	1.00	0.96	0.96	1.01	0.73	0.90	0.82	0.94	3.60	0.98	7	1
韩国	0.90	0.89	0.90	1.10	1.24	1.00	0.92	1.01	0.99	0.98	0.99	6	13
墨西哥	0.98	0.98	0.99	1.00	1.00	1.00	1.00	0.67	0.96	0.93	0.94	14	26
俄罗斯	0.82	0.81	0.92	0.80	0.96	0.88	1.01	0.90	1.03	0.84	0.90	41	48
中国台湾	0.82	0.83	0.82	0.86	0.96	1.03	0.92	0.94	0.98	0.95	0.91	34	23
美国	0.74	0.77	0.86	0.97	0.94	0.90	0.94	0.93	0.97	0.98	0.90	40	11
阿根廷	0.72	0.86	0.91	0.89	0.97	1.06	0.87	0.94	0.92	0.98	0.91	32	14
爱尔兰	0.87	0.92	0.95	1.08	0.49	1.15	0.76	1.09	0.99	1.36	0.94	16	2
奥地利	0.81	0.90	0.79	0.77	1.00	0.92	0.90	0.96	0.95	0.85	0.88	45	47
保加利亚	0.93	0.97	0.90	0.96	0.86	1.07	0.88	0.98	1.11	0.95	0.96	11	22
比利时	0.84	0.92	0.86	1.04	0.91	1.02	0.87	1.00	0.97	0.90	0.93	19	32
冰岛	0.73	0.84	0.88	0.79	1.07	1.13	0.94	1.03	1.02	0.98	0.93	18	15
波兰	0.78	1.00	0.91	0.76	0.88	0.98	0.97	0.95	1.03	0.92	0.91	29	28
丹麦	0.72	0.78	0.97	0.93	1.04	1.02	0.97	0.97	0.99	0.95	0.93	20	21
菲律宾	0.72	0.86	0.86	0.86	0.98	0.96	0.94	0.93	0.96	0.96	0.90	39	19
芬兰	0.69	0.92	0.86	0.82	0.94	0.96	0.92	0.94	0.98	0.89	0.89	43	37
哥伦比亚	0.81	0.89	0.84	0.83	0.95	0.89	0.93	0.90	1.28	0.98	0.92	23	17
荷兰	0.74	0.85	0.92	0.84	0.92	0.99	0.94	0.96	1.00	0.96	0.91	33	20
捷克	0.85	0.91	0.86	0.84	0.90	1.01	0.89	0.96	0.95	0.88	0.90	36	41
罗马尼亚	0.79	0.83	0.82	1.01	1.26	0.93	0.86	1.13	0.90	0.92	0.93	17	29
马来西亚	0.92	0.86	0.87	0.82	0.97	1.06	1.03	0.92	0.93	0.87	0.92	24	42

续表

国家 （地区） 年份	2005~ 2006	2006~ 2007	2007~ 2008	2008~ 2009	2009~ 2010	2010~ 2011	2011~ 2012	2012~ 2013	2013~ 2014	2014~ 2015	平均值	平均值 排序	2014~ 2015 排序
秘鲁	0.84	0.88	0.89	0.98	0.93	0.93	0.96	0.93	0.91	1.01	0.93	22	6
南非	0.84	0.88	0.91	1.00	1.06	1.01	1.03	1.03	1.04	0.86	0.96	10	46
挪威	0.76	0.80	0.81	0.84	0.98	0.97	0.99	0.99	0.90	0.83	0.88	46	49
葡萄牙	0.72	0.84	0.88	0.90	0.90	0.93	0.87	0.97	0.97	0.90	0.88	44	35
瑞典	0.77	0.86	0.87	1.03	1.02	0.97	0.91	0.91	0.96	0.86	0.91	27	44
沙特阿拉伯	1.07	1.07	0.99	1.01	1.00	1.00	0.99	1.02	0.99	0.99	1.01	2	10
斯洛伐克	0.76	0.74	1.03	0.89	1.07	0.96	0.85	1.01	0.94	0.92	0.91	30	27
泰国	0.92	0.99	0.98	0.99	0.94	0.91	1.01	0.94	0.95	0.94	0.97	9	25
土耳其	0.78	0.87	0.88	0.82	0.99	0.98	0.97	0.91	0.97	0.91	0.90	35	31
希腊	0.91	0.85	1.12	1.15	1.22	1.13	1.28	0.93	1.00	0.98	1.05	1	16
中国香港	0.78	0.95	0.96	0.95	0.97	0.67	0.95	0.98	0.99	1.00	0.91	26	8
新加坡	0.97	1.00	0.91	0.93	0.98	0.83	1.06	0.98	0.86	0.90	0.94	15	36
新西兰	0.81	0.92	0.85	0.92	1.00	0.99	0.95	0.95	0.96	0.87	0.93	21	43
匈牙利	0.77	0.87	0.90	0.90	0.96	0.95	0.90	1.02	0.98	0.89	0.91	31	39
以色列	0.75	0.82	0.91	0.88	0.96	0.74	0.88	1.01	1.19	0.94	0.90	37	24
印度尼西亚	0.99	1.01	1.00	1.00	0.99	1.02	0.99	1.00	1.01	0.98	1.00	3	12
越南	0.82	0.88	0.95	0.92	1.00	1.00	1.01	0.99	1.01	0.99	0.95	12	9
智利	0.72	0.77	0.62	0.98	1.11	0.89	0.93	1.02	0.83	1.22	0.89	42	3

三、中国制造业细分产业增长效率总结分析

（一）中国制造业技术效率（TE）国际比较的测算结果

1. 中国制造业细分产业技术效率数值及其在 50 个经济体中的排序

将前面表 6-1（b）至表 6-16（b）中的中国制造业细分产业技术效率的数据集中在一起，得到表 6-17。

如表 6-17 所示：

（1）从整体考察来看，中国制造业技术效率处于全球领先地位。在 16 个细分产业中，有 13 个产业 2005~2015 年平均技术效率或 2015 年数值在 50 个经济体中排名前 5 位。具体而言，纺织服装业、橡胶和塑料制品业、其他非金属制品业、金属制品业、电气设备制造业和其他制造业 6 个产业排名第 1 位；纸制品业和机械设备制造业排名第 2 位；基础金属制品业排名第 3 位；计算机电子及光学制造业和其他交通运输设备制造业排名第 4 位；食品加工业、化工制品业和其他交通设备制造业排名第 5 位。中国制造业细分产业技术效率较低的有 3 个细分产业：石油制品在世界排名第 13 位、木制品业排名第 11 位、机动车

制造业排名第 16 位。

（2）从整体考察来看，中国制造业的技术效率呈现出逐年提高的趋势。16 个细分产业中有 13 个产业 2015 年技术效率数值高于其 2005~2015 年的平均值。但是有 3 个细分产业——木制品业、机动车制造业和其他交通运输设备制造业，2015 年技术效率数值低于其 2005~2015 年的平均值。

表 6-17　2005~2015 年中国制造业细分产业技术效率（TE）

年份行业	2005	2006	2007	2008	2009	2010	2011	2012	2013	2014	2015	平均值	平均值排序	2015排序
食品加工	0.63	0.60	0.58	0.57	0.57	0.55	0.55	0.56	0.58	0.60	0.62	0.58	6	5
纺织服装	0.92	0.95	0.98	0.99	0.99	0.99	0.99	1.00	1.00	1.00	1.00	0.98	1	1
木制品	0.94	0.95	0.97	1.00	1.00	1.00	0.93	0.91	0.93	0.93	0.95	0.96	12	11
纸制品	0.96	0.97	0.98	0.98	0.98	0.98	0.98	0.99	0.99	0.99	0.99	0.98	2	2
石油制品	0.88	0.86	0.85	0.85	0.86	0.86	0.84	0.84	0.85	0.86	0.89	0.86	13	13
化工制品	0.28	0.28	0.30	0.30	0.30	0.29	0.29	0.30	0.31	0.31	0.31	0.30	8	5
橡胶塑料制品	0.71	0.72	0.73	0.73	0.74	0.72	0.72	0.75	0.75	0.75	0.75	0.73	1	1
其他非金属制品	1.00	1.00	1.00	1.00	1.00	1.00	1.00	1.00	1.00	1.00	1.00	1.00	1	1
基础金属制品	0.94	0.94	0.92	0.90	0.93	0.89	0.88	0.92	0.93	0.95	0.96	0.92	5	3
金属制品	0.99	0.99	0.99	0.99	0.99	0.99	0.99	0.99	0.99	0.99	0.99	0.99	1	1
机械和设备	0.99	0.99	0.99	0.99	0.99	0.99	0.99	0.99	0.99	0.99	0.99	0.99	6	2
计算机电子光学	0.92	0.92	0.94	0.98	1.00	0.99	1.00	1.00	0.99	1.00	0.98	0.97	4	4
电气设备	0.93	0.93	0.93	0.94	0.93	0.93	0.94	0.94	0.95	0.95	0.95	0.94	1	1
机动车辆	0.78	0.77	0.81	0.80	0.71	0.67	0.67	0.68	0.67	0.65	0.68	0.72	16	20
其他交通设备	0.98	0.98	0.98	0.99	0.98	0.98	0.98	0.98	0.98	0.98	0.98	0.98	4	5
其他制造业	0.99	0.99	0.99	0.99	0.99	0.99	0.99	0.99	0.99	0.99	0.99	0.99	1	1

2. 三个主要影响因素变量参数估计结果与中国制造业三个主要指标的数值及其排序

将前面表 6-1（a）至表 6-16（a）中的三个主要影响因素变量参数估计数据集中在一起，结合第五章中对中国制造业各细分产业的 VSS 指标与 LVDI 指标的测算结果（增加测算"其他制造业"的数据），再加以对 TC 指标的测算结果，得到表 6-18。

如表 6-18 所示：

（1）VSS（垂直专业化指数）对产业的技术效率有负向影响。在 16 个细分产业中，有 13 个产业的 VSS 估计值为正，即对技术效率有负向的影响，表明 VSS 每增加 1 个单位，技术效率就会降低所对应的系数估计值的比例。只有金属制品业、计算机电子光学制造业和其他交通运输设备制造业的 VSS 估计值为负，即对技术效率有正向的影响。这一现象意味着，在全球价值链下游可能面临分工锁定的低效率风险。表 6-18 中 VSS 列的数据显示，在 50 个经济体中，中国制造业大部分细分产业的 VSS 值较低，对技术效率的负向影响不大。

（2）LVDI（进口中间品国内配套增值率指数）对产业的技术效率有正向影响。在16个细分产业中，有13个产业的LVDI估计值为负，即对技术效率有正向影响，表明LVDI每增加1个单位，技术效率就会提高所对应的系数估计绝对值的比例。只有食品加工业、石油制品和其他制造业LVDI估计值为正，即对技术效率有负向影响。这一现象意味着，提高国内集成配套能力有利于提升产业技术效率。表6-18中LVDI列的数据显示，在50个经济体中，中国制造业大部分细分产业的LVDI值较高，这是提升中国制造业技术效率的主要因素之一。

（3）TC（产业贸易竞争力指数）对产业技术效率的影响也是正向的。在16个细分产业中，有14个产业的TC估计值为负，即对技术效率有正向影响，表明TC每增加1个单位，技术效率就会提高所对应的系数估计绝对值的比例。只有石油制品业和基础金属制品业TC估计值为正，即对技术效率有负向影响。这一现象意味着，提高产业贸易竞争力有利于提升产业技术效率。表中TC列的数据显示，中国制造业贸易竞争力指标TC表现参差不齐，但总体尚处于50个经济体的中上游水平，对于中国制造业细分产业技术效率的影响以正向为主。

表6-18　中国制造业细分产业 VSS、LVDI、TC 数值及其排序，三个主要影响因素变量参数估计结果

行业＼类别	中国三个指标数值及其排序						三个主要影响因素变量参数估计		
	VSS		LVDI		TC		VSS	LVDI	TC
	平均值	2015	平均值	2015	平均值	2015			
食品加工业	(48) 8.87	(48) 7.78	(8) 2.53	(5) 2.64	(31) 4.27	(40) -10.82	0.0198***	-0.0764**	0.0008**
纺织服装业	(48) 13.46	(49) 10.52	(1) 2.88	(1) 3.06	(1) 83.58	(1) 80.68	0.0099***	-0.2368***	-0.0025***
木制品业	(39) 16.06	(43) 14.03	(24) 2.01	(22) 2.03	(21) 13.55	(28) -10.46	0.0226***	0.1560***	-0.0019***
纸制品业	(45) 15.32	(48) 12.07	(4) 2.33	(3) 2.38	(35) -24.78	(29) -14.17	0.0156***	-0.4709***	-0.0001
石油制品业	(40) 33.6655	(37) 28.7600	(18) 1.2607	(15) 1.3279	(35) -40.9433	(32) -38.7656	0.0677***	0.6477***	-0.0084***
化工制品业	(41) 20.31	(46) 15.55	(3) 2.14	(1) 2.35	(28) -15.93	(26) -11.56	0.0062***	-0.2878***	-0.0056***
橡胶和塑料制品业	(46) 20.5891	(47) 15.9600	(2) 2.3488	(1) 2.5283	(5) 39.2269	(3) 44.6658	0.0028**	-0.0814**	-0.0019***
其他非金属制品业	(42) 15.01	(45) 11.80	(1) 2.98	(1) 3.13	(1) 66.66	(1) 60.58	0.0101***	-0.5057***	-0.0010***
基础金属制品业	(37) 23.43	(44) 17.79	(5) 1.97	(4) 2.25	(22) 4.50	(17) 15.69	0.0045**	-0.5091***	0.0016**

续表

类别\行业	中国三个指标数值及其排序						三个主要影响因素变量参数估计		
	VSS		LVDI		TC		VSS	LVDI	TC
	平均值	2015	平均值	2015	平均值	2015			
金属制品业	(42) 20.55	(46) 15.18	(2) 3.18	(1) 3.67	(2) 64.57	(1) 66.55	−0.0001	−0.1053*	−0.0033**
计算机电子光学制造业	(21) 34.89	(27) 30.37	(4) 1.71	(1) 1.75	(10) 23.04	(9) 20.19	−0.0025**	−0.5295***	−0.0047***
电气设备制造业	(44) 24.51	(46) 18.97	(1) 2.44	(1) 2.51	(3) 56.25	(2) 60.73	0.0022*	−0.0189	−0.0033***
机械和设备制造业	(43) 20.86	(47) 16.19	(1) 2.61	(1) 2.80	(13) 12.31	(10) 25.85	0.0012	−0.0440	−0.0019
机动车辆制造业	(48) 20.32	(49) 16.96	(2) 2.76	(2) 2.69	(22) −4.46	(25) −13.71	0.0035**	−0.0144	−0.0061***
其他交通设备制造业	(42) 21.51	(42) 18.71	(1) 2.33	(1) 2.08	(6) 23.51	(9) 10.23	−0.0016	−0.2402**	−0.0066***
其他制造业	(44) 15.58	(47) 12.90	(1) 2.54	(1) 2.54	(1) 76.63	(2) 67.00	0.0171***	0.1086*	−0.0043***

注："中国三个指标数值及其排序"有三大列，每列分为2个小列，分别表示 VSS、LVDI、TC 三个指标 2005～2015 年中国的平均值和 2015 年的数值与排序。其中每个单元格上面括号中的数值是中国该产业该指标在 50 个经济体中的排序，下面的数值是中国该产业该指标的数值。"三个主要影响因素变量参数估计"列举了三个技术无效项变量的估计数值。每一个单元格上面的数值是该变量的估计值，下面的星号表示该估计通过显著性检验的程度。

（二）中国制造业细分产业全要素生产率（TFP）国际比较测算结果

1. 中国制造业细分产业全要素生产率（TFP）的数值及其排序

将前面表6-1（c）至表6-16（c）中的中国制造业细分产业全要素生产率的数据集中在一起，得到表6-19。

如表6-19所示：

（1）从整体考察来看，中国制造业全要素生产率在世界排名较低，且绝大多数小于1，即代表负增长。在16个细分产业中，只有食品加工业、纸制品业、石油制品业、金属制品业和机械设备制造业5个产业 2005～2015 年 TFP 平均值或 2015 年数值排名世界前 10位；其余细分产业大多排名世界中等水平；还有少数产业（如木制品业），TFP 排名 50 个经济体的后 10 位。

（2）从整体考察来看，2005～2015 年，中国制造业全要素生产率逐年提升。在16个细分产业中，食品加工业、纺织服装业、石油制品业、橡胶和塑料制品业、基础金属制品业、金属制品业、计算机电子光学制造业、电气设备制造业、机械和设备制造业和其他交通设备制造业10个产业的 2014～2015 年 TFP 数值高于 2005～2015 年平均值。但是也有少数细分产业（如纸制品业）的 2014～2015 年 TFP 数值低于 2005～2015 年平均值。

表6-19　2005~2015年中国制造业细分产业全要素生产率（TFP）

年份 行业	2005~ 2006	2006~ 2007	2007~ 2008	2008~ 2009	2009~ 2010	2010~ 2011	2011~ 2012	2012~ 2013	2013~ 2014	2014~ 2015	平均 值	平均值 排序	2014~ 2015 排序
食品加工	0.80	0.84	0.96	0.93	0.95	1.00	1.01	1.05	1.04	1.01	0.96	47	10
纺织服装	0.94	0.98	0.99	0.98	0.99	0.85	0.86	1.01	1.00	0.99	0.96	34	30
木制品	0.99	0.99	0.96	0.96	0.96	0.98	0.98	0.98	0.98	0.98	0.98	42	43
纸制品	0.94	1.00	0.98	0.99	0.98	0.99	0.98	1.00	0.98	0.98	0.98	8	27
石油制品	0.67	0.87	0.96	0.93	0.91	0.97	0.97	1.00	1.13	1.17	0.94	25	10
化工制品	0.97	1.01	0.91	0.87	0.91	0.96	0.95	0.97	0.99	0.94	0.95	17	36
橡胶塑料制品	0.99	1.01	0.92	0.91	0.92	0.93	0.93	0.95	1.00	0.99	0.96	41	14
其他非金属制品	0.90	0.95	0.97	0.98	1.01	0.83	0.86	0.95	0.95	0.94	0.94	35	39
基础金属制品	0.96	0.96	0.87	0.87	0.89	1.03	1.02	0.94	0.96	0.94	0.94	31	28
金属制品	0.99	1.02	0.96	0.97	0.97	0.87	0.89	1.04	1.04	1.06	0.99	9	2
机械和设备	0.99	0.98	1.03	1.02	1.02	0.80	0.81	1.06	1.06	1.05	0.98	30	3
计算机电子光学	1.03	1.01	0.93	0.91	0.94	0.85	0.87	0.95	0.97	0.95	0.94	44	17
电气设备	0.90	0.98	0.99	0.86	0.91	0.95	0.95	1.04	1.04	1.00	0.95	35	13
机动车辆	0.94	0.96	0.96	0.93	0.92	0.95	0.95	0.95	0.99	0.99	0.95	18	20
其他交通设备	1.03	1.02	0.96	0.94	0.92	0.95	0.95	0.99	1.01	1.00	0.98	27	17
其他制造业	0.98	0.93	0.95	0.93	0.96	1.03	1.00	0.87	0.91	0.90	0.94	13	34

2. 中国制造业细分产业全要素生产率分解

本章运用同样的数据对制造业增长效率展开全方位的国际比较研究时，观察到中国制造业各细分产业在技术效率与全要素生产率两个指标之间在全球水平的显著差异。表6-20依据世界经济组织（OECD）网站提供的2005~2015年世界各国投入产出数据测算出"中国制造业细分产业2005~2015年全要素生产率（TFP）平均值分解"，解释了导致这一差异的主要原因。

（1）考察表6-20中第一个分解：TFP指标=技术效率指标×技术进步指标。在16个细分产业中，食品加工业、纺织服装业、纸制品业、石油制品业、化工制品业、其他非金属制品业、基础金属制品业、金属制品业、电气设备制造业、机械和设备制造业、其他交通设备制造业和其他制造业12个产业技术进步指标低于技术效率指标；只有其余4个产业技术进步指标高于技术效率指标。这表明，技术创新不足是导致中国制造业全要素生产率低下的主要原因。

（2）考察表6-20中第二个分解：技术效率指标=纯技术效率指标×规模效率指标。在16个细分产业中有9个产业纯技术效率大于规模效率，说明这些产业中影响技术效率提升的主要因素是资源配置能力的不足；另外，7个产业纯技术效率小于规模效率，说明这些产业中影响技术效率提升的主要因素是对先进技术的学习模仿能力、现有资源有效利用能力的不足。

表 6-20　2005~2015 年中国制造业细分产业全要素生产率（TFP）平均值分解

全要素生产率平均值 制造业细分产业	技术效率指标	技术进步指标	纯技术效率指标	规模效率指标	TFP
食品加工业	1.0020	0.9530	1.0190	0.9830	0.9550
纺织服装业	0.9900	0.9640	1.0000	0.9900	0.9550
木制品业	0.9800	0.9970	1.0000	0.9800	0.9760
纸制品业	1.0100	0.9710	1.0000	1.0100	0.9810
石油制品业	1.0560	0.8940	1.0230	1.0330	0.9440
化工制品业	1.0340	0.9140	0.9820	1.0530	0.9450
橡胶和塑料制品业	0.9680	0.9890	1.0000	0.9680	0.9570
其他非金属制品业	1.0090	0.9360	1.0000	1.0090	0.9440
基础金属制品业	0.9900	0.9530	1.0120	0.9780	0.9430
金属制品业	1.0720	0.8740	1.0510	1.0200	0.9830
计算机电子光学制造业	0.9660	0.9760	1.0180	0.9480	0.9420
电气设备制造业	1.0360	0.9020	1.0000	1.0360	0.9350
机械和设备制造业	1.0100	0.9680	1.0000	1.0100	0.9780
机动车辆制造业	0.9640	0.9930	0.9900	0.9740	0.9570
其他交通设备制造业	1.0160	0.9610	0.9890	1.0270	0.9770
其他制造业	0.9870	0.9550	1.0230	0.9650	0.9430

（三）与几个经济体技术效率与全要素生产率比较研究

为了更好地分析中国制造业增长效率在世界的水平，整理表 6-1（b）至表 6-16（b）、表 6-1（c）至表 6-16（c）的相关数据，得到表 6-21，对中国与几个制造业先进经济体——美国、日本、德国技术效率与全要素生产率进行比较。表 6-21 共有四大列，每列分为 2 个小列，分别表示 2015 年技术效率与 2014~2015 年全要素生产率。每个单元格上面括号中的数值是该经济体该产业该指标在 50 个经济体中的排序，下面的数值是该经济体该产业该指标的数值。

如表 6-21 所示：

（1）在四个经济体中，中国制造业细分产业技术效率占有一定优势。在 16 个细分产业中有 9 个产业（纺织服装业、木制品业、橡胶和塑料制品业、其他非金属制品业、基础金属制品业、金属制品业、计算机电子光学制造业、电气设备制造业、其他制造业）中国产业技术效率在四个经济体中居第 1 位。但是，在食品加工业、纸制品业、石油制品业、机械设备制造业、机动车辆制造业、其他交通设备制造业 6 个细分产业中，中国制造业细分产业技术效率低于日本；同时在石油制品业、化工制品业、其他交通设备制造业 3 个细分产业中，中国制造业细分产业技术效率低于美国；在机动车辆制造业，中国的技术效率低于德国。

（2）在四个经济体中，中国在制造业细分产业全要素生产率处于劣势地位。在 16 个细分产业中只有金属制品业，中国制造业占据第一的位置；其他 15 个细分产业中，同时低于美国、日本、德国三个经济体的有纺织服装业、木制品业、化工制品业、其他非金属制品业 4 个细分产业；同时低于美国、日本两个经济体的有食品加工业、纸制品业、橡胶和塑料制品业、计算机电子光学制造业、机动车辆制造业、其他交通设备制造业、其他制造业 7 个细分产业；低于日本的有石油制品业、基础金属制品业、机械设备制造业 3 个细分产业；低于美国的细分产业是电气设备制造业。

（3）从技术效率与全要素生产率在世界排序的水平考察，中国制造业细分产业 16 个细分产业除机动车辆制造业两个指标在世界排序相同外，其余 15 个细分产业，其全要素生产率在世界排序显著低于技术效率的排序。而其他三个经济体，许多细分产业技术效率与全要素生产率在世界的排序呈现反向的差异。日本有 12 个细分产业（食品加工业、纺织服装业、木制品业、纸制品业、石油制品业、化工制品业、其他非金属制品业、基础金属制品业、计算机电子光学制造业、机械设备制造业、其他交通设备制造业、其他制造业）全要素生产率在世界排序高于或等于技术效率在世界的排序；美国有 9 个细分产业（食品加工业、纺织服装业、纸制品业、橡胶和塑料制品业、金属制品业、计算机电子光学制造业、电气设备制造业、机动车辆制造业、其他制造业）全要素生产率在世界排序高于或等于技术效率在世界的排序；德国有 5 个产业（纺织服装业、木制品业、石油制品业、其他非金属制品业、基础金属制品业）全要素生产率在世界排序高于技术效率在世界的排序。

上述比较分析表明，中国制造业在技术效率上占据优势，而在全要素生产率上处于劣势地位，说明中国制造业对先进技术的学习模仿能力、现有资源有效利用能力和资源配置能力在不断提升；但与先进经济体相比，技术创新水平还存在较大的差距。

（4）对美国、日本、德国三个经济体增长效率进行比较，日本表现最好，不仅在多个细分产业中体现技术进步的全要素生产率指标在世界名列前茅，技术效率指标的表现也很突出；美国的表现也不错，但与日本相比，差距还是比较明显的；德国的表现在这三个经济体中是最弱的，但在金属制品业、电气设备制造业、机械设备制造业、机动车辆制造业、其他制造业 5 个细分产业中，其技术效率比美国更高。

表 6-21　中国、美国、日本、德国技术效率与全要素生产率比较

制造业	中国		美国		日本		德国	
	2015 TE	2014~2015 TFP	2015 TE	2014~2015 TFP	2015 TE	2014~2015 TFP	2015 TE	2014~2015 TFP
食品加工业	（5）0.6179	（10）1.0120	（8）0.5559	（8）1.0210	（3）0.6263	（1）1.7310	（36）0.3537	（38）0.9730
纺织服装业	（1）0.9955	（30）0.9890	（28）0.4708	（11）0.9970	（31）0.4592	（1）2.0750	（29）0.4639	（16）0.9920
木制品业	（11）0.9546	（43）0.9820	（13）0.9314	（42）0.9840	（30）0.8195	（15）1.0070	（31）0.7961	（29）0.9920

续表

制造业	中国		美国		日本		德国	
	2015 TE	2014~2015 TFP	2015 TE	2014~2015 TFP	2015 TE	2014~2015 TFP	2015 TE	2014~2015 TFP
纸制品业	(2) 0.9854	(27) 0.9830	(10) 0.9078	(5) 1.0190	(1) 0.9877	(1) 1.4400	(31) 0.7316	(34) 0.9730
石油制品业	(10) 0.8896	(10) 1.1710	(5) 0.9088	(40) 0.8720	(8) 0.8912	(3) 1.6860	(29) 0.7233	(20) 0.9980
化工制品业	(5) 0.3104	(38) 0.9430	(4) 0.3140	(14) 0.9890	(6) 0.3055	(4) 1.1190	(21) 0.2240	(27) 0.9640
橡胶和塑料制品业	(1) 0.7505	(14) 0.9890	(16) 0.6014	(4) 1.0230	(3) 0.6751	(5) 1.0220	(12) 0.6280	(30) 0.9760
其他非金属制品业	(1) 1.0000	(39) 0.9380	(19) 0.8236	(26) 0.9920	(2) 0.9857	(4) 1.0280	(37) 0.8055	(22) 0.9920
基础金属制品业	(3) 0.9582	(28) 0.9570	(13) 0.8564	(42) 0.9230	(8) 0.9221	(1) 1.5100	(33) 0.7257	(29) 0.9560
金属制品业	(1) 0.9916	(2) 1.0590	(28) 0.9610	(13) 0.9900	(6) 0.9818	(20) 0.9740	(8) 0.9779	(46) 0.8910
计算机电子光学制造业	(4) 0.9780	(17) 0.9870	(40) 0.4972	(8) 1.0290	(9) 0.8194	(1) 3.1330	(20) 0.6704	(31) 0.9480
电气设备制造业	(1) 0.9475	(13) 0.9890	(30) 0.7584	(10) 1.0040	(8) 0.8698	(50) 0.7670	(7) 0.8862	(42) 0.9260
机械设备制造业	(2) 0.9946	(3) 1.0520	(21) 0.9864	(45) 0.9090	(1) 0.9952	(1) 1.1480	(3) 0.9942	(49) 0.8380
机动车辆制造业	(20) 0.6840	(20) 0.9910	(32) 0.5269	(4) 1.0370	(1) 1.0000	(11) 1.0040	(3) 0.9770	(39) 0.9250
其他交通设备制造业	(5) 0.9780	(17) 0.9980	(4) 0.9797	(7) 1.0160	(3) 0.9798	(1) 1.2270	(11) 0.9748	(22) 0.9920
其他制造业	(1) 0.9897	(34) 0.8990	(24) 0.8243	(11) 0.9840	(26) 0.8183	(1) 3.5960	(12) 0.9356	(40) 0.8880

中国制造业效益指标的国际比较

本章对中国制造业效益的研究主要依据 OECD 网站提供的 2005~2015 年世界各国投入产出表提供的数据。按照该表对制造业细分产业的分类，分为 16 个细分产业：食品加工业、纺织服装业、木制品业、纸制品业、石油制品业、化工制品业、橡胶和塑料制品业、其他非金属制品业、基础金属制品业、金属制品业、机械和设备制造业、计算机电子光学制造业、电气设备制造业、机动车辆制造业、其他交通设备制造业、其他制造业。

考虑到研究整体一致性，本章依然选择 17 个代表性经济体进行国际比较。按经济体英文名的排列顺序为：澳大利亚、巴西、加拿大、瑞士、中国、德国、西班牙、法国、英国、印度、意大利、日本、韩国、墨西哥、俄罗斯、中国台湾、美国。

第一节　中国制造业细分产业增加值率的国际比较

增加值率是指在一定时期内增加值占总产值的比重，是企业盈利能力和发展水平的综合体现。

一、食品加工业增加值率指标的国际比较

如表 7-1 所示：

(1) 在食品加工业中，2005~2015 年 17 个经济体增加值率平均值最高的是墨西哥（38.07），其次依次是日本（37.13）、英国（30.86）、瑞士（30.15）、加拿大（29.61）、澳大利亚（27.47）等。增加值率平均值最低的是韩国（17.42），其次依次是巴西（18.09）、印度（18.27）、意大利（19.67）等。

(2) 中国食品加工业 2005~2015 年增加值率平均值为 24.56，居 17 个经济体的第 9 位。

(3) 中国食品加工业 2015 年增加值率（23.46%）低于 2005~2015 年的平均值（24.56），在 17 个经济体中的排序下降至第 11 位。

表 7-1　2005~2015 年食品加工业 17 个经济体增加值率　　　单位：%

国家（地区）＼年份	2005	2006	2007	2008	2009	2010	2011	2012	2013	2014	2015	平均值	平均值排序	2015排序
澳大利亚	28.42	26.19	26.93	26.62	27.70	28.11	28.23	28.90	28.97	27.04	25.03	27.47	6	10
巴西	16.40	16.64	16.65	16.12	16.56	19.62	20.22	19.91	19.24	18.71	18.96	18.09	16	15
加拿大	30.73	31.20	30.72	30.54	30.88	30.53	29.14	28.90	28.14	27.34	27.59	29.61	5	6
瑞士	29.03	28.42	28.12	28.13	27.93	29.16	33.72	33.16	32.11	30.70	31.15	30.15	4	3
中国	25.70	25.14	23.94	24.62	24.21	25.03	24.19	23.77	25.26	24.85	23.46	24.56	9	11
德国	25.71	24.80	24.09	22.15	24.01	23.93	22.39	22.41	22.38	23.15	25.16	23.65	11	9
西班牙	21.06	21.01	21.59	20.89	22.51	22.06	21.18	20.72	20.46	20.09	19.73	21.03	13	14
法国	28.76	27.48	26.87	25.33	26.62	26.10	25.42	25.66	26.19	26.50	27.71	26.60	7	5
英国	34.33	32.21	30.41	30.34	32.42	30.18	29.35	29.64	30.05	29.98	30.60	30.86	3	4
印度	20.03	19.85	19.18	19.41	18.57	18.07	18.61	18.51	16.38	15.55	16.77	18.27	15	17
意大利	20.48	20.25	19.74	19.03	20.35	20.20	19.44	18.86	18.86	19.23	19.94	19.67	14	13
日本	39.75	39.09	38.13	36.71	36.92	37.62	36.91	36.78	35.43	35.20	35.89	37.13	2	2
韩国	19.35	19.20	18.90	17.32	16.90	16.90	16.59	16.33	16.14	16.53	17.46	17.42	17	16
墨西哥	38.36	38.49	38.17	37.83	37.76	38.03	37.85	37.81	38.14	38.02	38.23	38.07	1	1
俄罗斯	23.22	24.15	21.68	22.79	24.28	21.83	22.26	24.99	25.91	23.48	20.00	23.15	12	12
中国台湾	24.30	25.43	24.41	22.72	24.05	22.60	22.44	23.16	23.73	24.26	25.86	23.91	10	8
美国	25.55	27.62	25.56	24.50	29.31	26.35	22.88	23.37	23.76	24.28	26.55	25.43	8	7

二、纺织服装业增加值率指标的国际比较

如表 7-2 所示：

（1）在纺织服装业中，2005~2015 年 17 个经济体增加值率平均值最高的是英国（45.05），其次依次是澳大利亚（40.73）、日本（36.51）、瑞士（35.95）、墨西哥（35.63）、俄罗斯（35.23）等。增加值率平均值最低的是中国（21.81），其次依次是中国台湾（24.96）、韩国（25.83）、意大利（28.11）等。

（2）中国纺织服装业 2005~2015 年增加值率平均值为 21.81，居 17 个经济体的倒数第 1 位。

（3）中国纺织服装业 2015 年增加值率（19.90）低于 2005~2015 年的平均值（21.81），呈现逐年下降态势，在 17 个经济体中的排序仍旧为第 17 位。

表 7-2　2005~2015 年纺织服装业 17 个经济体增加值率　　　单位：%

国家（地区）＼年份	2005	2006	2007	2008	2009	2010	2011	2012	2013	2014	2015	平均值	平均值排序	2015排序
澳大利亚	40.03	33.62	33.32	40.06	43.59	42.94	41.02	41.58	46.02	46.12	39.74	40.73	2	2
巴西	30.14	32.55	33.52	31.93	34.34	36.92	37.80	36.56	35.86	36.07	34.85	34.59	7	6

国家 （地区）	2005	2006	2007	2008	2009	2010	2011	2012	2013	2014	2015	平均值	平均值 排序	2015 排序
加拿大	31.88	31.17	31.29	31.83	32.27	32.25	31.98	31.96	32.11	32.30	32.57	31.96	10	8
瑞士	35.54	35.34	35.31	35.55	36.67	37.18	36.91	36.14	35.53	35.27	36.02	35.95	4	5
中国	22.61	22.14	21.06	22.46	22.46	23.02	22.12	21.48	21.50	21.16	19.90	21.81	17	17
德国	32.08	31.60	30.86	31.56	31.52	32.16	31.27	32.80	32.93	33.23	32.92	32.08	9	7
西班牙	27.38	27.22	27.07	30.30	31.38	29.45	29.56	29.40	28.63	27.92	27.12	28.68	12	15
法国	28.26	28.46	29.70	30.00	33.95	31.01	31.71	33.16	33.05	31.66	32.07	31.18	11	9
英国	39.45	41.48	42.60	43.66	40.12	48.34	45.81	46.42	49.56	49.12	48.99	45.05	1	1
印度	29.96	29.11	29.22	28.47	28.13	26.74	25.91	28.10	26.63	27.34	29.85	28.13	13	12
意大利	28.48	27.92	28.25	28.55	28.87	27.64	27.14	27.29	27.96	28.29	28.85	28.11	14	14
日本	35.75	36.00	36.82	36.38	37.93	37.56	35.09	37.44	36.58	35.63	36.43	36.51	3	4
韩国	27.64	27.49	26.25	26.09	26.45	25.32	24.51	23.96	25.33	25.67	25.39	25.83	15	16
墨西哥	32.96	33.27	33.78	35.43	35.98	35.92	35.65	36.31	36.70	37.27	38.62	35.63	5	3
俄罗斯	30.85	35.79	36.71	40.16	39.28	30.84	35.77	37.25	36.20	34.31	30.38	35.23	6	11
中国台湾	25.59	24.00	23.40	25.39	26.46	22.89	23.51	25.04	25.44	25.71	29.34	24.96	16	13
美国	30.67	31.34	34.79	37.23	39.31	38.14	32.53	31.30	31.32	30.78	31.75	33.56	8	10

三、木制品业增加值率指标的国际比较

如表 7-3 所示：

（1）在木制品业中，2005～2015 年 17 个经济体增加值率平均值最高的是日本（45.03），其次依次是巴西（39.78）、瑞士（38.81）、墨西哥（37.36）、英国（36.35）、印度（35.56）等。增加值率平均值最低的是中国（24.50），其次依次是韩国（24.75）、德国（28.09）、中国台湾（28.24）等。

（2）中国木制品业 2005～2015 年增加值率平均值为 24.50，居 17 个经济体的倒数第 1 位。

（3）中国木制品业 2015 年增加值率（21.46）低于 2005～2015 年的平均值（24.50），呈现逐年下降态势，在 17 个经济体中的排序仍旧为第 17 位。

表 7-3　2005～2015 年木制品业 17 个经济体增加值率　　　　单位：%

国家 （地区）	2005	2006	2007	2008	2009	2010	2011	2012	2013	2014	2015	平均值	平均值 排序	2015 排序
澳大利亚	39.40	36.01	35.64	36.36	34.10	32.70	33.56	36.61	37.50	31.97	30.17	34.91	7	9
巴西	38.89	37.59	40.66	41.82	42.77	40.74	40.03	39.16	39.60	39.49	36.81	39.78	2	4
加拿大	36.62	34.45	34.30	33.51	31.54	32.05	31.23	32.87	33.41	31.71	32.11	33.07	9	8

续表

国家（地区）\年份	2005	2006	2007	2008	2009	2010	2011	2012	2013	2014	2015	平均值	平均值排序	2015排序
瑞士	39.34	39.22	38.46	38.42	38.90	39.14	38.71	38.91	37.93	37.85	40.03	38.81	3	1
中国	25.11	24.67	23.11	25.16	25.87	26.65	25.47	22.70	24.91	24.35	21.46	24.50	17	17
德国	30.46	29.60	28.27	28.48	27.22	28.68	28.36	26.86	26.53	26.17	28.36	28.09	15	14
西班牙	27.17	27.44	27.02	30.33	31.22	30.56	28.80	29.62	30.46	28.80	28.42	29.08	13	13
法国	28.12	26.87	27.89	29.61	32.66	28.74	30.01	30.52	31.16	27.38	28.92	29.26	12	12
英国	39.89	36.28	39.81	40.26	35.58	35.18	33.92	36.00	36.40	33.56	32.99	36.35	5	7
印度	34.38	36.23	37.39	36.36	36.25	33.10	36.13	35.14	33.15	36.47	36.62	35.56	6	5
意大利	30.77	30.38	29.62	32.22	33.13	31.85	31.53	31.15	32.99	32.81	33.41	31.81	10	6
日本	44.47	44.27	44.89	45.32	47.71	47.53	47.91	43.53	45.04	44.79	39.85	45.03	1	2
韩国	27.03	26.16	25.80	24.47	25.71	24.82	24.28	23.22	23.31	23.78	23.64	24.75	16	16
墨西哥	36.45	36.01	36.68	36.51	36.24	37.14	37.60	37.86	38.30	38.91	39.25	37.36	4	3
俄罗斯	38.74	38.99	38.65	37.27	36.54	33.85	32.28	31.43	32.19	33.32	28.35	34.69	8	15
中国台湾	31.52	30.18	27.96	28.61	29.65	27.18	25.50	26.29	26.95	27.32	29.48	28.24	14	11
美国	30.85	28.16	28.82	28.96	32.12	31.48	31.27	29.89	29.67	28.90	29.51	29.97	11	10

四、纸制品业增加值率指标的国际比较

如表7-4所示：

（1）在纸制品业中，2005～2015年17个经济体增加值率平均值最高的是瑞士（42.14），其次依次是英国（39.61）、澳大利亚（37.71）、美国（36.51）、加拿大（35.58）、俄罗斯（35.30）等。增加值率平均值最低的是墨西哥（26.19），其次依次是中国（27.91）、中国台湾（28.11）、韩国（28.76）等。

（2）中国纸制品业2005～2015年增加值率平均值为27.91，居17个经济体的倒数第2位。

（3）中国纸制品业2015年增加值率（26.67）低于2005～2015年的平均值（27.91），呈现逐年下降态势，在17个经济体中的排序下降为第17位。

表7-4　2005～2015年纸制品业17个经济体增加值率　　　　单位：%

国家（地区）\年份	2005	2006	2007	2008	2009	2010	2011	2012	2013	2014	2015	平均值	平均值排序	2015排序
澳大利亚	39.48	38.20	40.09	39.56	38.49	38.13	38.21	37.05	34.97	39.23	31.40	37.71	3	8
巴西	33.03	31.80	33.80	29.32	27.29	31.17	33.01	29.26	30.68	30.30	31.08	30.98	11	9
加拿大	36.24	36.82	35.24	35.43	36.38	36.19	35.52	35.39	34.73	34.62	34.85	35.58	5	4
瑞士	41.83	41.72	41.29	41.46	42.42	42.92	43.07	43.21	42.36	42.66	40.62	42.14	1	1

续表

国家 （地区）	2005	2006	2007	2008	2009	2010	2011	2012	2013	2014	2015	平均值	平均值 排序	2015 排序
中国	28.01	27.47	26.42	28.12	29.07	29.50	28.79	28.37	27.37	27.18	26.67	27.91	16	17
德国	36.06	34.59	33.37	31.68	32.36	30.53	29.21	31.52	31.64	32.47	33.31	32.43	8	5
西班牙	34.32	32.84	32.02	32.88	34.01	33.56	32.19	32.11	31.36	30.48	29.97	32.36	9	12
法国	32.49	31.02	30.38	29.73	31.72	28.98	29.64	31.38	31.26	32.66	32.40	31.06	10	6
英国	43.40	41.10	40.05	39.70	38.87	38.46	38.78	38.92	39.12	39.22	38.09	39.61	2	2
印度	30.92	31.53	32.07	29.83	29.20	30.77	28.30	26.75	26.06	26.09	30.21	29.25	12	11
意大利	31.20	30.23	29.77	29.42	30.74	28.09	27.83	28.47	28.18	29.29	27.96	29.20	13	15
日本	40.81	37.97	35.38	33.88	36.52	35.96	35.27	33.92	33.16	31.94	32.32	35.19	7	7
韩国	31.42	30.67	29.44	27.30	29.34	26.89	26.36	28.30	28.60	28.82	29.16	28.76	14	13
墨西哥	25.31	25.05	25.21	25.64	26.01	25.75	26.28	26.71	27.04	27.23	27.83	26.19	17	16
俄罗斯	42.96	43.22	38.04	39.83	38.37	37.60	31.34	28.12	28.58	31.79	28.49	35.30	6	14
中国台湾	31.07	29.61	27.97	26.18	28.34	27.23	25.99	26.86	27.21	27.99	30.71	28.11	15	10
美国	37.33	39.19	37.28	34.76	40.17	37.37	35.11	33.91	35.01	35.60	35.90	36.51	4	3

五、石油制品业增加值率指标的国际比较

如表 7-5 所示：

（1）在石油制品业中，2005～2015 年 17 个经济体增加值率平均值最高的是俄罗斯（29.63），其次依次是美国（24.30）、瑞士（24.06）、日本（22.53）、中国（18.13）、澳大利亚（16.83）等。增加值率平均值最低的是意大利（4.79），其次依次是法国（4.81）、巴西（5.11）、西班牙（6.34）等。

（2）中国石油制品业 2005～2015 年增加值率平均值为 18.13，居 17 个经济体的第 5 位。

（3）中国石油制品业 2015 年增加值率（15.42）低于 2005～2015 年的平均值（18.13），呈现逐年下降态势，在 17 个经济体中的排序下降为第 8 位。

表 7-5　2005～2015 年石油制品业 17 个经济体增加值率　　　　　单位：%

国家 （地区）	2005	2006	2007	2008	2009	2010	2011	2012	2013	2014	2015	平均值	平均值 排序	2015 排序
澳大利亚	14.38	17.53	17.35	13.35	13.53	15.64	17.19	16.75	15.31	18.70	25.45	16.83	6	3
巴西	14.71	12.22	14.04	7.03	18.49	7.22	-4.03	-9.78	-8.87	-4.57	9.71	5.11	15	13
加拿大	7.34	7.20	9.55	6.91	11.32	9.61	10.20	12.09	12.80	13.92	14.10	10.46	11	11
瑞士	23.25	23.66	24.18	23.22	22.78	23.68	23.35	24.01	24.53	24.08	27.92	24.06	3	2
中国	18.52	19.53	18.26	18.58	20.95	19.81	19.36	19.68	14.81	14.53	15.42	18.13	5	8

国家 （地区）\年份	2005	2006	2007	2008	2009	2010	2011	2012	2013	2014	2015	平均值	平均值排序	2015排序
德国	8.00	9.67	7.88	4.59	7.39	8.81	4.60	4.92	6.06	5.25	10.61	7.07	13	12
西班牙	12.55	9.73	7.75	4.43	4.86	5.66	6.06	4.65	3.12	1.95	9.01	6.34	14	14
法国	6.16	4.40	6.13	3.64	4.20	3.93	3.72	4.26	4.49	4.58	7.38	4.81	16	16
英国	13.29	12.00	14.73	9.66	24.69	17.10	12.24	10.86	7.21	9.01	16.41	13.38	8	7
印度	11.13	11.45	11.43	11.43	9.71	10.18	6.41	10.50	10.98	16.01	14.65	11.26	10	10
意大利	8.54	7.64	8.62	7.11	4.71	3.94	3.53	2.64	1.83	-1.36	5.49	4.79	17	17
日本	29.53	26.71	23.49	20.68	25.62	26.24	21.78	18.59	18.84	15.19	21.14	22.53	4	4
韩国	12.20	9.78	9.41	6.26	6.34	7.07	6.81	6.05	6.60	6.38	8.82	7.79	12	15
墨西哥	4.46	19.63	12.21	10.86	8.40	11.20	8.80	11.28	8.03	11.99	18.51	11.40	9	6
俄罗斯	39.72	33.05	31.26	32.83	26.64	28.54	30.37	30.20	27.99	26.14	19.21	29.63	1	5
中国台湾	16.20	15.40	15.85	10.77	17.49	14.05	11.43	10.67	11.68	12.54	14.81	13.72	7	9
美国	31.15	26.40	25.73	21.43	23.93	21.63	20.97	20.89	19.94	22.89	32.33	24.30	2	1

六、化工制品业增加值率指标的国际比较

如表7-6所示：

（1）在化工制品业中，2005~2015年17个经济体增加值率平均值最高的是美国（42.77），其次依次是英国（36.98）、德国（36.74）、瑞士（33.71）、日本（33.27）、俄罗斯（33.10）等。增加值率平均值最低的是中国台湾（14.05），其次依次是韩国（21.00）、中国（23.40）、意大利（24.32）等。

（2）中国化工制品业2005~2015年增加值率平均值为23.40，居17个经济体的第15位。

（3）中国化工制品业2015年增加值率（22.19）低于2005~2015年的平均值（23.40），呈现逐年下降态势，在17个经济体中的排序下降为第16位。

表7-6　2005~2015年化工制品业17个经济体增加值率　　　　单位：%

国家 （地区）\年份	2005	2006	2007	2008	2009	2010	2011	2012	2013	2014	2015	平均值	平均值排序	2015排序
澳大利亚	29.12	29.48	29.46	27.70	30.28	30.00	28.42	29.47	33.43	33.38	35.50	30.57	8	6
巴西	27.31	28.14	27.03	26.07	25.18	24.44	22.81	20.91	21.49	22.37	22.23	24.36	13	15
加拿大	25.81	26.11	25.69	24.65	30.68	31.67	33.53	33.65	32.61	32.14	32.74	29.94	9	9
瑞士	34.74	34.09	34.34	33.39	32.37	33.60	33.47	32.72	33.32	32.99	35.80	33.71	4	5
中国	24.29	23.89	21.86	23.67	24.45	24.92	24.21	22.13	22.97	22.78	22.19	23.40	15	16
德国	38.39	36.74	35.92	36.04	38.18	37.73	35.69	35.79	34.93	36.71	38.07	36.74	3	3

续表

国家 （地区）	2005	2006	2007	2008	2009	2010	2011	2012	2013	2014	2015	平均值	平均值 排序	2015 排序
西班牙	29.59	29.09	27.79	26.94	29.84	25.78	24.39	22.93	24.21	25.99	27.56	26.74	12	12
法国	32.61	32.34	32.04	30.27	33.77	30.32	29.72	29.94	32.27	32.51	35.12	31.90	7	7
英国	37.39	36.86	36.29	38.47	36.63	36.99	35.08	36.40	37.02	36.85	38.78	36.98	2	2
印度	28.19	28.63	28.58	27.57	30.46	28.62	30.98	28.52	27.82	26.96	31.22	28.87	10	10
意大利	25.74	23.67	22.76	22.36	26.47	24.95	23.69	23.50	23.99	24.20	26.13	24.32	14	13
日本	35.00	32.82	31.07	28.94	36.13	35.11	33.50	33.64	32.19	31.05	36.51	33.27	5	4
韩国	23.39	21.86	21.52	18.85	21.25	21.50	19.41	18.92	19.71	20.12	24.45	21.00	16	14
墨西哥	23.57	27.04	25.65	24.93	28.22	28.58	26.93	32.24	30.86	25.61	27.89	27.41	11	11
俄罗斯	34.25	34.77	32.39	38.69	35.86	35.20	31.05	30.40	26.90	31.72	32.83	33.10	6	8
中国台湾	15.28	14.52	14.40	11.47	16.47	14.13	13.45	11.80	12.57	12.32	18.19	14.05	17	17
美国	37.29	39.55	37.97	38.08	49.90	46.33	43.29	42.29	43.44	44.42	47.88	42.77	1	1

七、橡胶和塑料制品业增加值率指标的国际比较

如表 7-7 所示：

（1）在橡胶和塑料制品业中，2005~2015 年 17 个经济体增加值率平均值最高的是英国（39.11），其次依次是瑞士（38.99）、法国（37.73）、澳大利亚（36.04）、德国（35.67）、加拿大（34.90）等。增加值率平均值最低的是俄罗斯（20.99），其次依次是中国（21.09）、中国台湾（24.68）、巴西（26.29）等。

（2）中国橡胶和塑料制品业 2005~2015 年增加值率平均值为 21.09，居 17 个经济体的第 16 位。

（3）中国橡胶和塑料制品业 2015 年增加值率（18.31）低于 2005~2015 年的平均值（21.09），呈现逐年下降态势，在 17 个经济体中的排序下降为第 17 位。

表 7-7　2005~2015 年橡胶和塑料制品业 17 个经济体增加值率　　单位：%

国家 （地区）	2005	2006	2007	2008	2009	2010	2011	2012	2013	2014	2015	平均值	平均值 排序	2015 排序
澳大利亚	36.70	34.50	36.21	35.74	36.02	35.75	35.89	37.78	39.33	35.68	32.89	36.04	4	8
巴西	25.13	24.26	23.37	23.07	28.88	29.44	28.71	26.98	26.58	27.16	25.64	26.29	14	15
加拿大	35.72	34.93	35.97	34.11	35.46	35.82	34.90	35.46	33.78	33.66	34.09	34.90	6	7
瑞士	41.51	40.97	39.22	39.58	40.29	38.10	38.59	37.72	37.87	36.83	38.25	38.99	2	2
中国	21.78	21.40	19.40	21.82	22.44	23.12	22.10	20.05	21.00	20.54	18.31	21.09	16	17
德国	37.26	35.88	35.32	35.47	36.72	35.52	34.12	34.67	35.27	35.49	36.68	35.67	5	5
西班牙	28.47	27.91	27.25	29.25	34.05	31.18	28.79	29.31	30.56	30.87	30.77	29.86	10	9

年份 国家 （地区）	2005	2006	2007	2008	2009	2010	2011	2012	2013	2014	2015	平均值	平均值 排序	2015 排序
法国	40.46	39.46	38.18	36.21	41.45	35.49	34.21	35.89	37.39	38.14	38.17	37.73	3	3
英国	40.18	36.49	37.09	38.23	39.09	39.52	38.63	39.86	40.01	39.34	41.76	39.11	1	1
印度	36.57	37.74	38.10	38.97	33.96	34.06	23.00	20.74	25.61	23.79	28.48	31.00	9	13
意大利	26.66	25.54	25.91	25.17	29.67	26.79	25.29	27.42	27.51	28.01	28.88	26.99	12	11
日本	33.27	30.89	32.09	31.05	32.38	33.22	31.43	33.33	32.72	32.22	37.93	32.78	7	4
韩国	31.68	30.57	29.96	26.56	27.71	26.01	25.37	24.82	25.51	25.98	28.09	27.48	11	14
墨西哥	26.80	26.08	25.90	26.56	25.87	26.54	26.48	26.22	26.14	27.13	28.72	26.62	13	12
俄罗斯	20.96	22.87	18.98	19.89	24.04	19.36	19.83	21.82	23.81	20.49	18.80	20.99	17	16
中国台湾	24.94	23.71	22.46	21.93	24.51	22.47	24.03	24.78	26.03	26.97	29.63	24.68	15	10
美国	32.13	30.76	30.91	28.42	36.99	34.13	32.32	32.52	31.72	29.98	34.57	32.22	8	6

八、其他非金属制品业增加值率指标的国际比较

如表7-8所示：

（1）在其他非金属制品业中，2005～2015年17个经济体增加值率平均值最高的是日本（44.54），其次依次是瑞士（42.54）、美国（40.72）、加拿大（36.65）、德国（36.57）、印度（35.17）等。增加值率平均值最低的是中国（27.86），其次依次是墨西哥（28.42）、中国台湾（29.48）、韩国（29.88）等。

（2）中国其他非金属制品业2005～2015年增加值率平均值为27.86，居17个经济体的第17位。

（3）中国其他非金属制品业2015年增加值率（27.01）低于2005～2015年的平均值（27.86），但在17个经济体中的排序上升至第16位。

表7-8　2005～2015年其他非金属制品业17个经济体增加值率　　单位：%

年份 国家 （地区）	2005	2006	2007	2008	2009	2010	2011	2012	2013	2014	2015	平均值	平均值 排序	2015 排序
澳大利亚	37.06	33.98	34.34	37.29	30.69	28.90	32.82	36.46	35.15	33.84	30.58	33.74	7	13
巴西	26.83	32.98	29.63	29.45	33.65	34.96	35.45	34.54	33.63	32.83	30.82	32.25	11	12
加拿大	38.20	38.37	38.20	36.04	37.59	36.85	37.19	36.77	35.17	34.14	34.58	36.65	4	7
瑞士	44.84	43.54	42.70	42.64	43.90	41.88	40.91	41.10	41.80	42.39	42.20	42.54	2	3
中国	27.30	27.03	28.24	27.44	28.32	29.21	27.90	29.19	27.57	27.30	27.01	27.86	17	16
德国	37.70	37.07	37.53	35.99	35.42	36.70	34.64	35.88	36.02	37.28	38.04	36.57	5	4
西班牙	31.93	29.55	27.71	31.46	32.77	31.75	30.84	31.27	31.42	32.01	31.73	31.13	13	10
法国	33.37	32.56	34.05	33.60	34.48	33.73	32.10	32.02	33.03	33.51	35.22	33.42	8	5

续表

国家 (地区)	2005	2006	2007	2008	2009	2010	2011	2012	2013	2014	2015	平均值	平均值 排序	2015 排序
英国	38.73	37.22	35.93	35.97	31.59	31.92	31.65	31.36	30.47	30.60	31.65	33.37	9	11
印度	33.34	34.30	34.46	37.88	39.88	34.20	36.97	34.75	33.90	32.52	34.69	35.17	6	6
意大利	32.59	31.59	31.87	30.35	32.91	31.67	30.50	30.29	31.05	31.59	31.96	31.49	12	9
日本	47.18	46.54	46.90	44.74	43.25	44.84	44.58	42.87	42.90	41.92	44.27	44.54	1	1
韩国	32.89	31.04	29.93	29.15	30.30	29.85	29.09	28.26	28.70	29.10	30.36	29.88	14	14
墨西哥	29.45	28.96	29.08	28.39	28.38	28.11	27.28	28.15	28.35	27.61	28.81	28.42	16	15
俄罗斯	38.35	38.35	40.55	38.41	33.71	31.71	29.43	30.87	29.19	29.78	25.51	33.27	10	17
中国台湾	30.81	29.28	28.37	27.30	31.55	28.92	27.42	28.27	29.19	30.38	32.75	29.48	15	8
美国	43.71	40.55	39.68	38.64	42.05	39.92	39.10	39.10	41.00	41.16	43.02	40.72	3	2

九、基础金属制品业增加值率指标的国际比较

如表7-9所示：

（1）在基础金属制品业中，2005~2015年17个经济体增加值率平均值最高的是瑞士（34.86），其次依次是墨西哥（31.00）、俄罗斯（30.29）、美国（23.79）、巴西（22.65）、日本（22.27）等。增加值率平均值最低的是中国台湾（14.25），其次依次是意大利（14.61）、西班牙（16.59）、澳大利亚（16.64）等。

（2）中国基础金属制品业2005~2015年增加值率平均值为19.30，居17个经济体的第11位。

（3）中国基础金属制品业2015年增加值率（17.50）低于2005~2015年的平均值（19.30），呈现逐年下降态势，在17个经济体中的排序下降为第12位。

表7-9　2005~2015年基础金属制品业17个经济体增加值率　　　　单位：%

国家 (地区)	2005	2006	2007	2008	2009	2010	2011	2012	2013	2014	2015	平均值	平均值 排序	2015 排序
澳大利亚	25.25	23.33	24.42	16.94	18.68	17.43	12.43	9.25	10.91	13.67	10.69	16.64	14	17
巴西	25.40	23.61	24.18	26.14	19.04	18.77	21.15	21.89	22.17	25.34	21.49	22.65	5	8
加拿大	25.08	24.27	24.04	21.97	19.57	17.65	17.53	16.72	15.55	16.74	16.49	19.60	10	13
瑞士	39.34	38.89	37.69	37.06	34.39	32.78	32.05	32.63	32.68	32.79	33.14	34.86	1	1
中国	21.95	19.42	19.95	19.58	20.27	20.70	20.07	19.23	16.88	16.75	17.50	19.30	11	12
德国	25.76	23.12	23.71	22.82	24.77	19.46	18.49	19.97	20.93	21.63	21.92	22.05	7	7
西班牙	19.91	18.56	15.25	14.22	17.04	15.62	14.31	15.24	15.79	17.55	19.02	16.59	15	11
法国	21.52	18.13	19.40	20.28	21.97	18.66	19.77	17.79	19.07	18.76	20.42	19.62	9	9
英国	17.65	20.18	20.13	18.35	12.25	16.89	17.20	17.31	17.04	17.63	19.46	17.64	12	10

续表

年份 国家 （地区）	2005	2006	2007	2008	2009	2010	2011	2012	2013	2014	2015	平均值	平均值 排序	2015 排序
印度	18.18	18.33	18.25	16.31	16.24	14.62	19.04	17.64	21.24	19.06	14.19	17.55	13	16
意大利	18.00	16.30	15.79	14.37	14.47	14.24	12.85	12.92	12.82	14.14	14.78	14.61	16	15
日本	24.74	22.97	21.70	19.21	21.38	24.46	20.07	21.37	21.86	22.39	24.79	22.27	6	4
韩国	26.83	24.58	23.81	20.91	21.00	21.58	19.72	19.10	20.74	21.54	22.53	22.03	8	6
墨西哥	33.43	31.74	31.25	31.86	31.15	30.84	29.56	29.44	30.41	31.10	30.22	31.00	2	2
俄罗斯	33.98	37.51	34.87	30.41	26.97	28.19	27.25	27.84	25.65	30.49	30.07	30.29	3	3
中国台湾	16.15	15.16	14.82	14.14	14.61	14.49	13.56	11.54	12.94	14.46	14.88	14.25	17	14
美国	28.07	27.10	25.32	24.10	24.21	20.73	20.80	22.50	21.75	22.43	24.70	23.79	4	5

十、金属制品业增加值率指标的国际比较

如表 7-10 所示：

（1）在金属制品业中，2005～2015 年 17 个经济体增加值率平均值最高的是瑞士（47.12），其次依次是英国（45.87）、德国（40.84）、日本（40.34）、美国（39.83）、巴西（39.51）等。增加值率平均值最低的是中国（21.59），其次依次是俄罗斯（26.77）、墨西哥（27.57）、中国台湾（29.55）等。

（2）中国金属制品业 2005～2015 年增加值率平均值为 21.59，居 17 个经济体的第 17 位。

（3）中国金属制品业 2015 年增加值率（20.01）低于 2005～2015 年的平均值（21.59），呈现逐年下降态势，始终位居 17 个经济体中的第 17 位。

表 7-10　2005～2015 年金属制品业 17 个经济体增加值率　　　　单位：%

年份 国家 （地区）	2005	2006	2007	2008	2009	2010	2011	2012	2013	2014	2015	平均值	平均值 排序	2015 排序
澳大利亚	37.15	36.62	35.93	36.87	37.72	39.90	42.28	42.12	38.65	38.94	35.52	38.34	8	10
巴西	42.00	38.37	41.11	39.03	44.34	38.85	40.36	38.45	37.51	37.20	37.39	39.51	6	8
加拿大	36.46	36.62	36.77	36.00	37.96	39.61	41.00	41.49	41.01	40.45	40.97	38.94	7	4
瑞士	46.09	45.51	44.35	44.68	47.51	47.93	48.24	48.40	48.23	47.34	50.00	47.12	1	1
中国	22.91	23.40	21.29	22.40	23.28	23.53	22.00	20.98	18.96	18.74	20.01	21.59	17	17
德国	41.66	41.95	38.95	39.10	39.28	40.86	39.55	40.99	41.56	42.14	43.17	40.84	3	3
西班牙	32.63	31.66	31.15	33.50	37.12	34.37	33.29	33.26	34.35	33.97	32.82	33.47	11	12
法国	38.36	37.04	36.66	36.55	38.54	37.84	37.08	37.97	38.89	38.77	39.39	37.92	9	7
英国	47.73	44.10	42.88	46.55	42.10	42.97	45.40	46.54	48.11	48.55	49.65	45.87	2	2
印度	28.55	29.95	29.67	28.14	30.21	28.65	29.54	33.46	29.83	30.28	32.44	30.07	12	14

国家 (地区) \ 年份	2005	2006	2007	2008	2009	2010	2011	2012	2013	2014	2015	平均值	平均值 排序	2015 排序
意大利	32.03	31.54	31.56	32.36	36.56	33.89	33.38	33.68	34.56	35.76	35.67	33.72	10	9
日本	44.97	42.51	40.98	39.58	42.09	40.73	36.47	38.57	38.50	38.45	40.93	40.34	4	5
韩国	31.75	30.60	29.85	26.14	27.41	28.95	28.71	29.47	31.04	31.93	32.86	29.88	13	11
墨西哥	28.03	27.99	27.95	27.69	27.59	27.19	26.75	27.03	27.97	27.35	27.69	27.57	15	15
俄罗斯	27.56	26.96	26.52	26.70	27.90	27.74	25.96	27.46	28.03	25.63	24.06	26.77	16	16
中国台湾	31.27	29.73	28.05	27.64	31.73	28.14	27.47	28.56	29.30	30.37	32.76	29.55	14	13
美国	42.83	40.27	39.56	37.25	42.04	40.79	38.84	38.73	38.86	38.98	39.93	39.83	5	6

十一、机械和设备制造业增加值率指标的国际比较

如表 7-11 所示：

（1）在机械和设备制造业中，2005~2015 年 17 个经济体增加值率平均值最高的是日本（42.87），其次依次是加拿大（40.29）、德国（37.99）、美国（37.73）、瑞士（37.52）、英国（36.85）等。增加值率平均值最低的是中国台湾（23.98），其次依次是中国（24.94）、韩国（28.76）、意大利（29.17）等。

（2）中国机械和设备制造业 2005~2015 年增加值率平均值为 24.94，居 17 个经济体的第 16 位。

（3）中国机械和设备制造业 2015 年增加值率（22.53）低于 2005~2015 年的平均值（24.94），呈现逐年下降态势，在 17 个经济体中的排序下降为第 17 位。

表 7-11　2005~2015 年机械和设备制造业 17 个经济体增加值率　　　单位：%

国家 (地区) \ 年份	2005	2006	2007	2008	2009	2010	2011	2012	2013	2014	2015	平均值	平均值 排序	2015 排序
澳大利亚	37.33	37.07	37.09	32.60	34.86	37.76	39.15	38.19	36.05	41.30	33.52	36.81	7	8
巴西	30.46	30.79	30.78	33.90	30.38	31.61	32.06	30.92	29.60	30.75	31.04	31.12	13	12
加拿大	40.63	40.93	40.92	39.58	39.29	40.37	40.62	40.13	40.23	40.00	40.52	40.29	2	2
瑞士	36.39	36.02	34.93	35.28	38.90	38.76	37.66	38.22	38.58	38.66	39.29	37.52	5	3
中国	25.41	25.71	24.70	25.82	26.65	27.47	26.26	22.74	23.65	23.38	22.53	24.94	16	17
德国	39.08	37.95	37.21	36.49	36.89	38.51	37.54	37.92	38.22	38.86	39.18	37.99	3	4
西班牙	34.16	31.69	30.44	31.89	38.40	37.85	35.52	36.45	37.18	37.91	38.52	35.46	9	6
法国	31.77	30.96	31.54	31.22	33.15	33.49	32.81	32.91	32.77	33.93	33.08	32.51	12	9
英国	40.21	37.75	36.33	38.63	31.07	38.54	40.32	37.99	37.25	35.13	32.08	36.85	6	11
印度	33.54	34.98	34.63	33.13	35.75	34.09	34.11	33.91	31.31	31.37	32.53	33.58	11	10
意大利	28.50	28.22	27.76	27.68	30.00	29.61	29.07	29.04	29.73	30.44	30.79	29.17	14	13

续表

国家 （地区）＼年份	2005	2006	2007	2008	2009	2010	2011	2012	2013	2014	2015	平均值	平均值排序	2015排序
日本	41.12	40.87	40.65	41.29	43.54	43.91	42.48	43.79	44.43	44.08	45.41	42.87	1	1
韩国	30.36	29.25	28.73	27.43	29.26	27.57	26.93	27.76	28.93	29.43	30.74	28.76	15	14
墨西哥	36.00	35.60	34.65	35.52	35.26	36.40	36.56	36.78	36.73	36.02	36.18	35.97	8	7
俄罗斯	38.18	35.78	34.66	36.74	35.97	34.85	35.90	38.85	33.79	34.08	29.80	35.33	10	15
中国台湾	25.01	23.77	23.26	21.96	25.57	22.48	21.88	23.43	24.82	24.63	27.01	23.98	17	16
美国	38.22	37.63	37.64	36.92	40.70	38.69	37.46	35.17	37.04	36.92	38.65	37.73	4	5

十二、计算机电子光学制造业增加值率指标的国际比较

如表 7-12 所示：

（1）在计算机电子光学制造业中，2005~2015 年 17 个经济体增加值率平均值最高的是美国（63.19），其次依次是澳大利亚（47.14）、法国（45.69）、德国（43.96）、加拿大（42.59）、日本（40.61）等。增加值率平均值最低的是墨西哥（18.02），其次依次是中国（18.36）、巴西（20.79）、韩国（26.69）等。

（2）中国计算机电子光学制造业 2005~2015 年增加值率平均值为 18.36，居 17 个经济体的第 16 位。

（3）中国计算机电子光学制造业 2015 年增加值率（17.72）低于 2005~2015 年的平均值（18.36），呈现逐年下降态势，始终位居 17 个经济体中的第 16 位。

表 7-12　2005~2015 年计算机电子光学制造业 17 个经济体增加值率　　　单位：%

国家 （地区）＼年份	2005	2006	2007	2008	2009	2010	2011	2012	2013	2014	2015	平均值	平均值排序	2015排序
澳大利亚	41.98	43.09	43.54	37.94	34.97	37.36	45.03	57.27	66.42	54.55	56.35	47.14	2	2
巴西	20.56	21.24	22.20	21.97	23.52	21.74	22.99	20.11	20.40	17.96	16.01	20.79	15	17
加拿大	38.17	37.86	39.29	40.60	44.73	46.38	45.36	43.69	43.73	44.05	44.61	42.59	5	5
瑞士	38.92	38.83	38.80	38.96	38.62	37.10	38.64	38.33	37.73	38.27	37.37	38.32	7	11
中国	19.13	18.95	18.50	19.06	18.55	19.07	18.79	18.42	17.06	16.73	17.72	18.36	16	16
德国	43.12	41.40	40.67	40.76	42.86	44.77	44.28	45.48	45.72	47.11	47.07	43.96	4	3
西班牙	27.53	27.27	29.36	32.76	41.26	34.98	40.12	44.25	46.26	43.35	39.70	36.99	10	8
法国	44.10	43.62	44.87	44.18	47.36	44.17	44.77	46.74	48.04	47.84	46.94	45.69	3	4
英国	33.94	32.16	32.35	36.06	38.21	39.70	38.52	39.88	38.97	39.00	39.77	37.14	9	7
印度	31.35	30.14	29.90	29.54	26.43	28.45	29.08	30.00	28.00	25.67	30.64	29.02	13	13
意大利	33.91	33.09	32.59	32.82	34.89	35.18	35.49	36.96	36.84	38.41	39.07	35.39	11	9
日本	41.56	40.38	40.11	37.29	39.20	40.88	39.35	40.93	42.16	41.46	43.36	40.61	6	6

续表

年份 国家 （地区）	2005	2006	2007	2008	2009	2010	2011	2012	2013	2014	2015	平均值	平均值 排序	2015 排序
韩国	26.64	26.25	27.04	25.55	23.85	26.49	25.13	26.61	28.09	28.35	29.61	26.69	14	14
墨西哥	19.67	18.68	17.64	17.36	15.82	14.51	15.76	17.68	18.35	20.26	22.50	18.02	17	15
俄罗斯	38.35	36.15	35.16	37.95	37.65	36.52	38.42	38.55	40.75	42.02	37.09	38.05	8	12
中国台湾	33.03	31.40	29.58	29.06	32.04	27.97	32.19	34.39	35.35	35.26	38.67	32.63	12	10
美国	53.00	54.15	52.72	55.83	64.88	67.65	66.24	67.78	68.94	70.80	73.12	63.19	1	1

十三、电气设备制造业增加值率指标的国际比较

如表7-13所示：

（1）在电气设备制造业中，2005~2015年17个经济体增加值率平均值最高的是美国（43.40），其次依次是日本（39.54）、德国（39.54）、英国（36.54）、加拿大（35.14）、澳大利亚（34.17）等。增加值率平均值最低的是中国（18.34），其次依次是墨西哥（22.87）、巴西（23.31）、中国台湾（25.41）等。

（2）中国电气设备制造业2005~2015年增加值率平均值为18.34，居17个经济体的第17位。

（3）中国电气设备制造业2015年增加值率（18.73）高于2005~2015年的平均值（18.34），但在17个经济体中的排序仍旧为第17位。

表7-13　2005~2015年电气设备制造业17个经济体增加值率 单位：%

年份 国家 （地区）	2005	2006	2007	2008	2009	2010	2011	2012	2013	2014	2015	平均值	平均值 排序	2015 排序
澳大利亚	31.58	32.41	32.36	31.48	31.36	32.60	35.03	37.34	37.59	38.67	35.44	34.17	6	5
巴西	22.44	23.14	17.35	19.28	24.03	25.06	25.97	24.64	25.74	25.16	23.54	23.31	15	16
加拿大	35.25	32.30	33.29	33.47	36.06	36.55	37.51	36.78	36.27	34.29	34.73	35.14	5	6
瑞士	26.94	26.92	26.13	26.44	26.15	26.43	26.73	25.73	26.84	25.34	25.18	26.26	12	14
中国	18.75	17.56	17.26	17.68	18.26	18.81	17.86	17.62	19.83	19.39	18.73	18.34	17	17
德国	37.26	37.41	37.60	37.67	39.72	41.50	39.30	39.72	41.10	42.22	41.39	39.54	3	2
西班牙	25.53	26.27	24.27	25.59	29.08	27.44	24.56	25.01	27.98	27.89	27.22	26.44	11	12
法国	35.38	32.93	32.77	32.65	35.73	33.09	30.68	32.85	33.72	33.80	34.01	33.42	7	7
英国	34.21	35.45	36.34	39.42	34.35	36.41	37.96	35.74	36.39	38.37	37.27	36.54	4	4
印度	26.34	26.26	26.17	27.39	26.16	25.20	25.80	25.06	23.46	22.82	31.23	25.99	13	8
意大利	26.66	26.53	26.28	27.30	29.44	26.75	26.73	27.98	28.44	26.48	27.91	27.32	9	11
日本	43.44	41.51	40.99	40.17	39.84	39.30	38.35	37.70	37.23	37.93	38.48	39.54	2	3
韩国	27.68	27.02	26.24	26.29	26.47	25.89	25.35	25.65	27.30	27.82	29.09	26.80	10	10

国家 （地区） \ 年份	2005	2006	2007	2008	2009	2010	2011	2012	2013	2014	2015	平均值	平均值 排序	2015 排序
墨西哥	22.40	22.57	22.53	23.07	22.70	21.93	21.21	23.31	22.11	24.42	25.32	22.87	16	13
俄罗斯	29.00	25.02	26.10	28.31	28.79	29.41	28.12	29.73	27.79	28.56	24.99	27.80	8	15
中国台湾	24.29	23.25	24.69	22.83	26.58	26.15	23.32	25.22	26.64	27.10	29.46	25.41	14	9
美国	39.63	43.91	39.67	43.66	49.51	46.67	41.24	41.93	44.56	41.72	44.96	43.40	1	1

十四、机动车辆制造业增加值率指标的国际比较

如表 7-14 所示：

（1）在机动车辆制造业中，2005~2015 年 17 个经济体增加值率平均值最高的是瑞士（35.65），其次依次是德国（28.35）、日本（27.64）、澳大利亚（26.69）、中国台湾（25.68）、印度（24.45）等。增加值率平均值最低的是俄罗斯（16.22），其次依次是西班牙（18.75）、加拿大（19.64）、中国（20.36）等。

（2）中国机动车辆制造业 2005~2015 年增加值率平均值为 20.36，居 17 个经济体的第 14 位。

（3）中国机动车辆制造业 2015 年增加值率（18.31）低于 2005~2015 年的平均值（20.36），呈现逐年下降态势，在 17 个经济体中的排序下降为第 16 位。

表 7-14　2005~2015 年机动车辆制造业 17 个经济体增加值率　　　　单位：%

国家 （地区） \ 年份	2005	2006	2007	2008	2009	2010	2011	2012	2013	2014	2015	平均值	平均值 排序	2015 排序
澳大利亚	38.49	24.54	23.63	25.03	28.95	30.53	29.78	26.09	21.47	23.84	21.21	26.69	4	11
巴西	22.01	22.79	23.88	24.24	23.95	26.19	24.15	23.23	21.61	19.91	18.72	22.79	9	15
加拿大	21.30	20.15	20.45	19.44	19.80	20.89	19.38	18.73	18.65	18.52	18.76	19.64	15	14
瑞士	33.13	33.63	31.35	31.79	31.78	38.10	38.02	37.43	40.85	38.20	37.85	35.65	1	1
中国	22.23	21.89	18.98	21.56	21.45	22.07	21.27	20.81	17.81	17.60	18.31	20.36	14	16
德国	26.20	27.27	26.85	24.48	24.35	28.82	28.96	29.39	30.87	32.34	32.35	28.35	2	2
西班牙	19.65	20.07	19.32	19.90	21.29	18.35	16.81	16.45	17.42	18.16	18.86	18.75	16	13
法国	22.84	21.90	22.09	22.37	25.52	24.51	23.10	23.21	24.31	23.70	23.38	23.35	7	10
英国	21.38	20.81	18.65	21.07	17.62	21.68	19.95	19.23	25.12	26.69	25.70	21.63	12	6
印度	27.57	27.01	26.97	22.96	24.88	23.27	22.78	23.64	21.17	22.40	26.28	24.45	6	5
意大利	22.29	21.15	20.31	19.72	21.55	22.69	21.73	20.78	21.69	20.72	20.72	21.21	13	12
日本	29.95	28.11	28.06	24.75	27.86	27.18	25.20	28.20	27.37	28.05	29.30	27.64	3	3
韩国	21.65	21.20	21.94	20.80	23.48	23.23	22.37	22.52	23.66	22.32	24.76	22.63	11	7
墨西哥	22.59	22.73	22.72	22.59	22.41	22.71	22.72	22.89	22.23	22.94	23.81	22.76	10	9

国家 (地区)	2005	2006	2007	2008	2009	2010	2011	2012	2013	2014	2015	平均值	平均值 排序	2015 排序
俄罗斯	19.35	18.89	18.93	15.71	14.76	16.45	15.20	17.00	13.98	15.37	12.77	16.22	17	17
中国台湾	27.64	26.27	25.99	24.84	27.76	23.91	23.37	23.25	24.76	25.77	28.88	25.68	5	4
美国	26.15	25.68	24.40	21.78	15.16	22.02	22.77	24.62	24.38	23.50	24.09	23.14	8	8

十五、其他交通设备制造业增加值率指标的国际比较

如表7-15所示：

（1）在其他交通设备制造业中，2005～2015年17个经济体增加值率平均值最高的是美国（42.33），其次依次是加拿大（39.39）、澳大利亚（38.32）、英国（34.77）、德国（34.54）、西班牙（34.39）等。增加值率平均值最低的是中国（23.15），其次依次是法国（24.77）、中国台湾（26.62）、韩国（27.52）等。

（2）中国其他交通设备制造业2005～2015年增加值率平均值为23.15，居17个经济体的第17位。

（3）中国其他交通设备制造业2015年增加值率（23.49）高于2005～2015年的平均值（23.15），但在17个经济体中的排序仍旧为第17位。

表7-15　2005～2015年其他交通设备制造业17个经济体增加值率　　　　单位：%

国家 (地区)	2005	2006	2007	2008	2009	2010	2011	2012	2013	2014	2015	平均值	平均值 排序	2015 排序
澳大利亚	55.67	35.48	33.12	31.13	35.46	38.44	39.22	38.72	37.76	40.05	36.48	38.32	3	7
巴西	36.36	39.17	38.51	31.13	26.89	28.80	29.17	27.25	27.74	24.47	23.53	30.28	12	16
加拿大	36.41	37.88	39.09	38.91	39.43	39.33	38.28	39.85	41.72	40.92	41.48	39.39	2	2
瑞士	31.80	30.44	28.06	28.30	28.75	36.82	37.60	35.04	36.85	40.63	42.69	34.27	8	1
中国	22.99	22.55	22.91	22.97	23.69	24.20	23.33	23.23	22.15	23.16	23.49	23.15	17	17
德国	37.69	35.46	34.50	33.41	32.46	35.44	35.44	35.07	32.72	33.57	34.21	34.54	5	8
西班牙	32.75	31.18	32.21	29.16	31.87	29.99	37.53	38.30	40.18	38.26	36.86	34.39	6	6
法国	25.28	24.77	25.85	26.17	25.92	25.21	22.54	24.99	24.08	23.56	24.07	24.77	16	15
英国	40.93	42.64	36.45	34.84	34.41	30.11	30.15	30.85	32.72	30.40	33.96	34.77	4	9
印度	33.26	32.57	32.53	27.70	30.00	28.07	27.47	27.59	30.61	32.39	38.01	30.93	11	4
意大利	30.86	29.92	29.05	30.05	28.26	28.18	27.38	27.56	25.56	28.01	25.80	28.24	13	13
日本	33.75	31.19	29.74	32.40	32.61	34.56	34.02	29.02	28.87	26.66	31.79	31.33	10	11
韩国	30.98	30.06	29.97	28.62	27.82	28.40	25.49	25.38	26.53	25.17	24.25	27.52	14	14
墨西哥	34.83	35.07	34.58	34.75	35.07	33.00	30.00	30.74	29.62	31.68	32.77	32.93	9	10
俄罗斯	32.20	30.05	27.53	32.19	34.85	35.06	34.68	37.66	37.42	38.50	36.89	34.27	7	5

续表

国家 (地区)	2005	2006	2007	2008	2009	2010	2011	2012	2013	2014	2015	平均值	平均值排序	2015排序
中国台湾	27.47	28.41	27.89	26.94	28.94	26.79	24.31	23.89	24.12	24.90	29.17	26.62	15	12
美国	44.61	45.26	43.66	41.25	44.80	45.28	45.09	38.62	38.58	38.38	40.05	42.33	1	3

十六、其他制造业增加值率指标的国际比较

如表 7-16 所示：

（1）在其他制造业中，2005～2015 年 17 个经济体增加值率平均值最高的是美国（46.05），其次依次是英国（45.60）、西班牙（41.70）、德国（41.53）、巴西（41.39）、法国（40.96）等。增加值率平均值最低的是印度（21.44），其次依次是俄罗斯（28.17）、韩国（32.15）、墨西哥（32.27）等。

（2）中国其他制造业 2005～2015 年增加值率平均值为 34.51，居 17 个经济体的第 12 位。

（3）中国其他制造业 2015 年增加值率（30.97）低于 2005～2015 年的平均值（34.51），呈现逐年下降态势，在 17 个经济体中的排序下降为第 14 位。

表 7-16　2005～2015 年其他制造业 17 个经济体增加值率　　单位：%

国家 (地区)	2005	2006	2007	2008	2009	2010	2011	2012	2013	2014	2015	平均值	平均值排序	2015排序
澳大利亚	27.54	33.26	34.75	40.49	34.13	31.05	32.73	36.08	37.87	39.85	36.98	34.98	10	10
巴西	39.31	38.63	37.61	40.71	40.57	43.89	44.36	43.22	43.32	43.56	40.10	41.39	5	8
加拿大	40.05	40.24	39.90	39.61	39.47	39.58	39.02	39.26	38.59	38.84	48.34	40.26	8	1
瑞士	41.54	40.94	40.11	40.20	40.73	40.70	41.29	40.04	40.02	40.33	41.75	40.69	7	7
中国	31.99	36.57	33.59	37.56	38.78	39.12	37.69	32.33	30.74	30.29	30.97	34.51	12	14
德国	41.46	40.64	39.07	38.85	40.12	41.81	42.10	43.11	42.48	43.03	44.14	41.53	4	4
西班牙	38.71	38.57	37.53	39.92	42.74	41.48	42.19	42.19	45.65	44.47	43.16	41.70	3	5
法国	40.81	40.25	39.38	38.92	40.49	41.21	40.72	42.04	42.24	42.16	42.35	40.96	6	6
英国	43.03	42.00	43.45	42.98	44.33	47.25	47.77	46.69	48.57	48.05	47.48	45.60	2	2
印度	22.44	22.35	22.97	23.33	18.06	23.07	22.13	20.50	19.21	18.57	23.24	21.44	17	17
意大利	33.70	33.60	33.24	33.81	35.83	34.85	34.56	34.54	35.73	35.52	35.80	34.65	11	12
日本	45.67	39.98	39.39	38.78	41.78	41.54	37.83	38.32	38.71	39.40	38.82	40.02	9	9
韩国	44.29	40.69	38.18	36.09	37.80	26.35	25.11	25.68	26.78	26.43	26.22	32.15	15	15
墨西哥	32.79	32.86	32.96	33.27	33.39	32.62	31.68	32.33	30.82	30.96	31.34	32.27	14	13
俄罗斯	32.49	33.04	26.25	29.58	35.03	29.31	23.13	26.38	23.87	27.12	23.71	28.17	16	16
中国台湾	35.99	36.30	36.30	34.32	36.18	32.29	31.39	31.51	32.53	33.53	36.17	34.23	13	11
美国	44.42	44.82	44.84	44.03	49.78	49.24	46.74	46.55	44.12	46.14	45.86	46.05	1	3

十七、中国制造业细分产业增加值率指标的综合分析

将前面表 7-1 至表 7-16 中国制造业细分产业的数据集中在一起，得到表 7-17。

如表 7-17 所示：

（1）从整体角度考察，中国制造业细分产业增加值率在 17 个经济体中处于十分低下的地位。2005~2015 年中国制造业细分产业增加值率平均值或 2015 年增加值率居最后的有 9 个产业：纺织服装业、木制品业、纸制品业、橡胶和塑料制品业、其他非金属制品业、金属制品业、机械和设备制造业、电气设备制造业、其他交通设备制造业；居倒数第 2 位的有 3 个产业：化工制品业、计算机电子光学制造业、机动车辆制造业；其他制造业居倒数第 4 位；基础金属制品居第 12 位；食品加工居第 11 位。只有石油制造业增加值率排序相对靠前，2005~2015 年平均值居第 5 位，而 2015 年数值居第 8 位。

（2）从整体角度考察，2005~2015 年中国制造业细分产业增加值率呈现逐年递减的态势。16 个细分产业中只有电气设备制造业和其他交通设备制造业 2015 年增加值率略高于其 2005~2015 年平均值，其他 14 个细分产业 2015 年增加值率均低于其 2005~2015 年平均值。

中国制造业细分产业增加值率低下，且逐年下降，反映出企业盈利能力和发展水平尚存在较大差距。

表 7-17　2005~2015 年中国制造业细分产业增加值率　　　　单位：%

产业 \ 年份	2005	2006	2007	2008	2009	2010	2011	2012	2013	2014	2015	平均值	平均值排序	2015排序
食品加工	25.70	25.14	23.94	24.62	24.21	25.03	24.19	23.77	25.26	24.85	23.46	24.56	9	11
纺织服装	22.61	22.14	21.06	22.46	22.46	23.02	22.12	21.48	21.50	21.16	19.90	21.81	17	17
木制品	25.11	24.67	23.11	25.16	25.87	26.65	25.47	22.70	24.91	24.35	21.46	24.50	17	17
纸制品	28.01	27.47	26.42	28.12	29.07	29.50	28.79	28.37	27.37	27.18	26.67	27.91	16	17
石油制品	18.52	19.53	18.26	18.58	20.95	19.81	19.36	19.68	14.81	14.53	15.42	18.13	5	8
化工制品	24.29	23.89	21.86	23.67	24.45	24.92	24.21	22.13	22.97	22.78	23.40		15	16
橡胶塑料制品	21.78	21.40	19.40	21.82	22.44	23.12	22.10	20.05	21.00	20.54	18.31	21.09	16	17
其他非金属制品	27.30	27.03	28.24	27.44	28.32	29.21	27.90	29.19	27.57	27.30	27.01	27.86	17	16
基础金属制品	21.95	19.42	19.95	19.58	20.27	20.70	20.07	19.19	16.88	16.75	17.50	19.30	11	12
金属制品	22.91	23.40	21.29	22.40	23.28	23.53	22.00	20.98	18.96	18.74	20.01	21.59	17	17
机械和设备	25.41	25.71	24.70	25.82	26.65	27.47	26.26	22.74	23.65	23.38	22.53	24.94	16	17
计算机电子光学	19.13	18.95	18.50	19.06	18.55	19.07	18.79	18.42	17.06	16.73	17.72	18.36	16	16
电气设备	18.75	17.56	17.26	17.68	18.26	18.81	17.86	17.62	19.83	19.39	18.73	18.34	17	17
机动车辆	22.23	21.89	18.98	21.56	21.45	22.07	21.27	20.81	17.81	17.60	18.31	20.36	14	16
其他交通设备	22.99	22.55	22.91	22.97	23.69	24.20	23.33	23.23	22.15	23.16	23.49	23.15	17	17
其他制造业	31.99	36.57	33.59	37.56	38.78	39.12	37.69	32.33	30.74	30.29	30.97	34.51	12	14

第二节　中国制造业细分产业劳动报酬占比的国际比较

世界经合组织（OECD）网站提供的 2005~2015 年 64 个经济体（63 个经济体与其余经济体）的各国投入产出表中，"增加值构成表"展示了各年各经济体各细分产业增加值的具体构成，主要包括劳动报酬、企业盈利和税收三个部分。本章第二节、第三节、第四节将分别对中国制造业细分产业劳动报酬占比（劳动报酬/增加值）、利润占比（企业盈利/增加值）、税收占比（税收/增加值）进行国际比较。仍旧选择本章第一节所采用的 17 个经济体、制造业 16 个细分产业，时间区间为 2005~2015 年。①

一、食品加工业劳动报酬占比指标的国际比较

如表 7-18 所示：

（1）在食品加工业中，2005~2015 年 17 个经济体劳动报酬占比平均值最高的是德国（70.42），其次依次是英国（70.22）、巴西（56.69）、澳大利亚（56.40）、法国（54.35）、意大利（51.16）等。劳动报酬占比平均值最低的是墨西哥（15.27），其次依次是印度（23.98）、日本（29.25）、中国（30.66）等。

（2）中国食品加工业 2005~2015 年劳动报酬占比平均值为 30.66，居 17 个经济体的第 14 位。

（3）中国食品加工业 2015 年劳动报酬占比（28.23）低于 2005~2015 年的平均值（30.66），呈现逐年递减态势，但在 17 个经济体中的排序仍旧为第 14 位。

表 7-18　2005~2015 年食品加工业 17 个经济体劳动报酬占比　　单位：%

国家 （地区）	2005	2006	2007	2008	2009	2010	2011	2012	2013	2014	2015	平均值	平均值排序	2015排序
澳大利亚	51.37	58.22	58.90	58.70	55.26	55.47	55.67	55.88	53.88	56.50	60.51	56.40	4	3
巴西	49.32	49.68	56.99	61.67	61.68	53.11	56.94	55.81	58.80	60.55	58.98	56.69	3	4
加拿大	45.72	45.47	46.66	47.17	48.54	41.06	42.73	43.25	42.62	42.96	42.42	44.42	11	11
瑞士	46.17	49.99	49.13	50.52	49.15	47.87	48.13	46.30	46.45	47.36	44.03	47.74	9	9
中国	21.04	25.70	30.37	31.99	33.61	35.23	34.67	34.11	32.15	30.19	28.23	30.66	14	14
德国	66.33	63.54	63.69	68.93	69.67	74.31	74.91	73.89	72.68	73.02	73.60	70.42	1	1
西班牙	58.73	60.66	57.98	51.93	51.08	48.85	47.60	46.21	46.94	45.98	46.34	51.12	7	8
法国	55.22	57.37	56.93	57.30	58.73	52.70	51.70	52.74	51.60	51.56	51.97	54.35	5	6

---

① 日本的增加值构成存在异常数据，考虑到国际比较的完整性，在这里仍旧展示日本的数据。阅读时须考虑日本数据的异常情况。

续表

年份 国家 （地区）	2005	2006	2007	2008	2009	2010	2011	2012	2013	2014	2015	平均值	平均值排序	2015排序
英国	65.65	71.94	75.93	73.76	65.54	74.36	74.73	70.65	67.56	65.85	66.44	70.22	2	2
印度	22.70	22.76	22.75	22.98	22.85	23.02	22.90	25.95	26.15	25.82	25.88	23.98	16	15
意大利	48.76	48.90	48.87	49.19	49.62	50.05	52.40	53.13	54.12	53.61	54.03	51.16	6	5
日本	17.39	21.35	21.51	21.18	21.59	20.40	43.44	44.89	44.18	44.24	21.55	29.25	15	16
韩国	49.73	50.29	49.90	49.38	47.03	48.67	49.00	49.16	49.37	49.50	49.90	49.27	8	7
墨西哥	20.47	18.58	16.69	14.80	14.76	14.73	14.69	14.66	12.84	12.94	12.78	15.27	17	17
俄罗斯	39.07	39.48	39.88	40.29	40.70	41.10	41.51	35.26	34.49	35.33	35.20	38.39	13	13
中国台湾	41.02	41.38	42.02	41.87	39.83	40.16	40.16	38.46	40.02	40.24	40.16	40.48	12	12
美国	48.58	45.30	47.10	46.22	38.89	42.98	45.77	44.62	43.77	44.54	43.45	44.66	10	10

二、纺织服装业劳动报酬占比指标的国际比较

如表7-19所示：

（1）在纺织服装业中，2005~2015年17个经济体劳动报酬占比平均值最高的是美国（75.92），其次依次是中国台湾（71.23）、德国（70.54）、英国（70.08）、法国（69.76）、加拿大（68.76）等。劳动报酬占比平均值最低的是印度（23.98），其次依次是墨西哥（36.02）、中国（46.65）、韩国（54.98）等。

（2）中国纺织服装业2005~2015年劳动报酬占比平均值为46.65，居17个经济体的第15位。

（3）中国纺织服装业2015年劳动报酬占比（51.98）高于2005~2015年的平均值（46.65），呈现逐年递增态势，在17个经济体中的排序上升为第13位。

表7-19　2005~2015年纺织服装业17个经济体劳动报酬占比　　　　单位：%

年份 国家 （地区）	2005	2006	2007	2008	2009	2010	2011	2012	2013	2014	2015	平均值	平均值排序	2015排序
澳大利亚	67.27	70.28	65.51	53.10	44.08	50.51	56.95	63.38	64.21	60.98	64.78	60.09	11	5
巴西	52.04	53.56	53.26	55.82	57.68	64.56	62.42	67.69	69.79	67.78	72.29	61.54	10	1
加拿大	76.43	77.35	78.53	72.01	71.60	63.11	63.41	61.84	63.94	64.45	63.64	68.76	6	6
瑞士	61.24	65.62	63.52	65.96	67.75	61.49	60.80	61.09	61.40	60.54	56.88	62.39	9	11
中国	43.16	42.49	41.82	41.22	40.61	40.01	47.98	55.94	54.62	53.30	51.98	46.65	15	13
德国	69.00	66.39	65.17	71.30	78.98	71.58	69.87	72.59	72.48	69.02	69.56	70.54	3	4
西班牙	74.23	72.57	72.52	69.49	69.91	64.45	60.74	62.41	60.81	61.43	61.92	66.41	7	7
法国	69.96	69.53	68.22	71.48	72.36	72.90	68.89	66.32	67.68	69.72	70.27	69.76	5	3
英国	77.83	78.26	76.09	80.00	85.40	65.40	63.35	64.98	59.78	58.73	61.03	70.08	4	8

续表

年份 国家 （地区）	2005	2006	2007	2008	2009	2010	2011	2012	2013	2014	2015	平均值	平均值排序	2015排序
印度	22.70	22.76	22.75	22.98	22.85	23.02	22.90	25.95	26.15	25.82	25.88	23.98	17	17
意大利	61.64	61.82	61.78	62.18	59.43	56.67	55.46	57.19	55.13	54.33	54.76	58.22	12	12
日本	33.05	45.35	43.38	44.14	49.01	50.93	103.68	95.08	100.36	102.37	49.34	65.15	8	15
韩国	65.55	66.04	67.07	61.99	53.52	47.09	46.65	47.47	47.59	50.68	51.09	54.98	14	14
墨西哥	38.52	35.81	33.11	30.40	30.58	30.76	30.94	31.12	44.96	45.32	44.75	36.02	16	16
俄罗斯	58.80	57.84	56.87	55.91	54.95	53.98	53.02	53.99	56.27	56.98	57.69	56.03	13	10
中国台湾	77.46	78.14	75.66	78.84	80.14	78.31	66.08	63.77	62.68	62.84	59.61	71.23	2	9
美国	77.55	77.83	80.31	81.38	77.66	74.06	75.45	73.70	72.71	72.52	71.91	75.92	1	2

三、木制品业劳动报酬占比指标的国际比较

如表 7-20 所示：

（1）在木制品业中，2005~2015 年 17 个经济体劳动报酬占比平均值最高的是中国台湾（77.98），其次依次是法国（76.67）、美国（73.67）、西班牙（71.95）、英国（68.69）、德国（67.99）等。劳动报酬占比平均值最低的是印度（23.98），其次依次是墨西哥（35.23）、中国（40.41）、俄罗斯（49.61）等。

（2）中国木制品业 2005~2015 年劳动报酬占比平均值为 40.41，居 17 个经济体的第 15 位。

（3）中国木制品业 2015 年劳动报酬占比（45.19）高于 2005~2015 年的平均值（40.41），呈现逐年递增态势，在 17 个经济体中的排序上升为第 14 位。

表 7-20　2005~2015 年木制品业 17 个经济体劳动报酬占比　　单位：%

年份 国家 （地区）	2005	2006	2007	2008	2009	2010	2011	2012	2013	2014	2015	平均值	平均值排序	2015排序
澳大利亚	53.85	62.10	60.31	55.18	60.43	62.83	65.23	67.64	61.27	64.43	60.55	61.26	9	8
巴西	40.92	41.28	43.01	47.15	53.79	54.57	59.07	58.76	59.28	53.91	60.06	51.98	12	10
加拿大	56.81	62.30	64.53	75.08	84.52	62.29	63.86	59.69	53.63	54.05	53.38	62.74	8	12
瑞士	56.78	59.64	55.86	60.23	63.40	58.65	57.85	56.93	58.44	56.79	54.25	58.08	11	11
中国	35.85	35.99	36.14	37.84	39.54	41.25	42.01	42.77	43.57	44.28	45.19	40.41	15	14
德国	60.11	56.03	57.41	73.16	76.98	67.23	67.45	71.95	71.48	72.78	73.35	67.99	6	3
西班牙	65.98	65.19	64.33	67.43	70.24	78.77	82.20	78.72	72.99	72.53	73.10	71.95	4	4
法国	72.76	74.06	69.35	65.49	66.86	87.45	77.18	78.71	78.57	86.13	86.81	76.67	2	1
英国	65.68	74.22	71.04	67.98	76.52	68.35	74.95	66.05	67.29	62.42	61.11	68.69	5	6
印度	22.70	22.76	22.75	22.98	22.85	23.02	22.90	25.95	26.15	25.82	25.88	23.98	17	17

续表

年份 国家 （地区）	2005	2006	2007	2008	2009	2010	2011	2012	2013	2014	2015	平均值	平均值 排序	2015 排序
意大利	50.27	50.42	50.39	50.71	51.24	51.77	51.30	53.21	51.35	50.03	50.43	51.01	13	13
日本	52.40	67.98	65.81	62.09	67.57	60.90	64.88	66.95	65.23	61.28	60.86	63.27	7	7
韩国	62.25	59.69	57.79	55.97	63.14	55.65	56.48	61.87	59.88	59.90	60.38	59.36	10	9
墨西哥	34.52	35.50	36.47	37.45	35.63	33.80	31.98	30.15	37.32	37.61	37.14	35.23	16	16
俄罗斯	51.07	51.04	51.01	50.98	50.96	50.93	50.90	49.69	48.56	45.45	45.15	49.61	14	15
中国台湾	73.98	74.64	79.32	81.58	80.36	78.65	73.88	76.33	80.45	78.94	79.61	77.98	1	2
美国	71.19	78.12	81.01	83.85	78.95	71.81	73.52	70.72	66.88	66.64	67.70	73.67	3	5

四、纸制品业劳动报酬占比指标的国际比较

如表7-21所示：

（1）在纸制品业中，2005~2015年17个经济体劳动报酬占比平均值最高的是英国（72.16），其次依次是法国（71.97）、中国台湾（63.77）、澳大利亚（61.94）、加拿大（61.06）、德国（60.88）等。劳动报酬占比平均值最低的是印度（23.98），其次依次是墨西哥（30.45）、中国（34.20）、俄罗斯（49.34）等。

（2）中国纸制品业2005~2015年劳动报酬占比平均值为34.20，居17个经济体的第15位。

（3）中国纸制品业2015年劳动报酬占比（34.08）略低于2005~2015年的平均值（34.20），但在17个经济体中的排序仍为第15位。

表7-21　2005~2015年纸制品业17个经济体劳动报酬占比　　单位：%

年份 国家 （地区）	2005	2006	2007	2008	2009	2010	2011	2012	2013	2014	2015	平均值	平均值 排序	2015 排序
澳大利亚	52.86	62.18	61.03	57.71	59.25	60.75	62.25	63.75	64.69	66.30	70.55	61.94	4	2
巴西	46.00	45.82	46.72	51.85	56.92	53.31	51.47	61.14	56.00	56.21	55.03	52.77	11	10
加拿大	66.35	68.19	71.32	68.33	71.65	51.70	52.91	54.13	55.63	56.07	55.36	61.06	5	9
瑞士	53.74	54.84	53.40	54.76	56.39	53.02	52.17	53.49	54.38	53.88	53.11	53.93	10	11
中国	36.35	35.07	33.78	34.05	33.62	33.70	33.83	34.06	33.58	34.05	34.08	34.20	15	15
德国	58.68	56.40	56.67	61.38	63.57	63.02	63.02	61.65	62.06	62.55	60.88	6	5
西班牙	58.62	59.18	56.38	62.18	61.88	59.73	56.89	58.95	59.36	59.93	60.41	59.41	8	6
法国	68.50	71.32	69.42	71.80	73.88	75.53	72.48	72.38	73.54	71.12	71.69	71.97	2	1
英国	71.09	72.04	73.31	74.67	80.69	74.55	71.97	70.50	69.12	68.75	67.02	72.16	1	3
印度	22.70	22.76	22.75	22.98	22.85	23.02	22.90	25.95	26.15	25.82	25.88	23.98	17	17
意大利	55.99	56.15	56.12	56.48	56.31	56.15	56.03	56.74	57.18	55.12	55.55	56.16	9	8

年份 国家 （地区）	2005	2006	2007	2008	2009	2010	2011	2012	2013	2014	2015	平均值	平均值排序	2015排序
日本	36.16	44.13	45.31	44.35	43.07	39.03	58.81	61.01	63.03	65.66	42.76	49.39	13	13
韩国	53.96	55.46	58.20	54.81	46.97	48.85	49.04	46.14	47.04	48.63	49.02	50.74	12	12
墨西哥	34.62	32.42	30.22	28.03	28.50	28.97	29.45	29.92	30.92	31.16	30.77	30.45	16	16
俄罗斯	48.80	48.94	48.91	49.41	49.11	49.49	49.23	54.43	55.25	49.77	39.44	49.34	14	14
中国台湾	62.53	63.08	65.61	67.34	69.36	61.27	60.92	62.11	64.00	62.50	62.77	63.77	3	4
美国	66.19	60.91	62.46	66.14	57.00	58.41	60.94	61.34	58.34	59.23	57.63	60.78	7	7

五、石油制品业劳动报酬占比指标的国际比较

如表 7-22 所示：

（1）在石油制品业中，2005～2015 年 17 个经济体劳动报酬占比平均值最高的是英国（70.02），其次依次是西班牙（44.62）、意大利（43.02）、法国（40.03）、德国（37.90）、瑞士（28.03）等。劳动报酬占比平均值最低的是巴西（-3.05），其次依次是日本（4.27）、俄罗斯（8.24）、美国（11.10）等。

（2）中国石油制品业 2005～2015 年劳动报酬占比平均值为 22.95，居 17 个经济体的第 10 位。

（3）中国石油制品业 2015 年劳动报酬占比（13.31）低于 2005～2015 年的平均值（22.95），呈现逐年递减态势，在 17 个经济体中的排序下降为第 13 位。

表 7-22　2005～2015 年石油制品业 17 个经济体劳动报酬占比　　单位：%

年份 国家 （地区）	2005	2006	2007	2008	2009	2010	2011	2012	2013	2014	2015	平均值	平均值排序	2015排序
澳大利亚	19.19	16.04	15.26	16.66	19.13	18.73	18.33	17.93	17.60	16.49	14.75	17.29	12	11
巴西	29.60	47.08	35.87	125.02	14.30	30.80	-130.64	-34.18	-50.47	-130.28	29.36	-3.05	17	6
加拿大	42.39	43.01	31.49	24.79	23.94	21.18	18.44	15.31	11.21	11.30	11.16	23.11	9	15
瑞士	24.37	25.82	27.11	31.02	30.52	31.17	27.71	28.27	28.26	32.96	21.16	28.03	6	9
中国	19.63	24.41	29.20	28.07	26.93	25.80	24.68	23.55	20.14	16.73	13.31	22.95	10	13
德国	34.94	25.56	41.60	63.66	58.77	22.19	36.49	34.50	27.48	35.73	36.01	37.90	5	5
西班牙	14.76	18.12	24.28	39.39	59.82	35.17	27.79	30.80	51.09	94.42	95.17	44.62	2	2
法国	28.62	37.66	26.66	45.21	49.20	50.28	41.59	38.35	40.17	41.14	41.46	40.03	4	4
英国	65.53	70.88	73.73	86.20	42.86	56.95	61.19	65.01	90.68	89.49	67.69	70.02	1	3
印度	22.70	22.76	22.75	22.98	22.85	23.02	22.90	25.95	26.15	25.82	25.88	23.98	8	7
意大利	28.22	28.30	28.28	28.47	45.30	62.13	59.71	72.78	120.68	-142.58	141.91	43.02	3	1
日本	4.95	3.64	4.14	3.53	5.44	3.85	4.68	4.81	4.32	5.38	2.23	4.27	16	17

续表

国家（地区）＼年份	2005	2006	2007	2008	2009	2010	2011	2012	2013	2014	2015	平均值	平均值排序	2015排序
韩国	27.27	28.65	26.65	29.20	29.91	16.99	16.56	16.78	18.27	14.75	14.87	21.81	11	10
墨西哥	38.41	32.17	25.93	19.69	19.59	19.48	19.38	19.28	24.69	24.88	24.57	24.37	7	8
俄罗斯	8.87	8.63	8.39	8.15	7.91	7.67	7.43	6.87	7.40	8.66	10.63	8.24	15	16
中国台湾	16.33	16.48	12.49	23.38	14.55	18.05	19.56	19.94	14.21	17.28	13.87	16.92	13	12
美国	9.43	11.09	10.19	10.44	14.38	12.66	10.01	10.38	11.14	10.71	11.66	11.10	14	14

六、化工制品业劳动报酬占比指标的国际比较

如表7-23所示：

（1）在化工制品业中，2005~2015年17个经济体劳动报酬占比平均值最高的是意大利（58.68），其次依次是德国（50.89）、法国（49.67）、英国（48.86）、澳大利亚（48.71）、西班牙（48.62）等。劳动报酬占比平均值最低的是墨西哥（20.69），其次依次是印度（23.98）、美国（28.56）、中国（32.12）等。

（2）中国化工制品业2005~2015年劳动报酬占比平均值为32.12，居17个经济体的第14位。

（3）中国化工制品业2015年劳动报酬占比（34.27）高于2005~2015年的平均值（32.12），呈现逐年递增态势，在17个经济体中的排序上升为第9位。

表7-23　2005~2015年化工制品业17个经济体劳动报酬占比　　单位：%

国家（地区）＼年份	2005	2006	2007	2008	2009	2010	2011	2012	2013	2014	2015	平均值	平均值排序	2015排序
澳大利亚	55.27	47.12	45.46	46.89	46.34	48.78	51.21	53.65	48.40	45.64	47.00	48.71	5	4
巴西	41.71	40.06	42.95	46.09	44.21	44.83	49.52	53.27	52.13	50.61	51.93	47.03	7	2
加拿大	50.02	48.69	51.51	48.64	46.43	35.31	32.01	32.35	32.08	32.33	31.93	40.12	9	12
瑞士	41.94	43.70	42.22	41.56	42.19	40.58	41.34	39.87	41.29	40.90	42.30	41.63	8	7
中国	30.75	29.81	28.87	29.97	31.07	32.16	33.26	34.36	34.63	34.20	34.27	32.12	14	9
德国	58.41	58.04	55.94	50.20	54.49	44.66	45.43	46.83	48.89	48.27	48.66	50.89	2	3
西班牙	52.18	52.51	52.89	52.35	54.42	49.76	44.94	47.27	45.00	41.60	41.93	48.62	6	8
法国	53.83	52.73	53.87	56.55	56.36	46.10	45.73	46.66	44.67	44.73	45.09	49.67	3	5
英国	50.75	51.65	49.69	48.88	47.97	45.01	48.71	49.95	51.29	48.80	44.76	48.86	4	6
印度	22.70	22.76	22.75	22.98	22.85	23.02	22.90	25.95	26.15	25.82	25.88	23.98	16	15
意大利	66.96	67.15	67.11	67.55	59.30	51.05	52.42	54.17	52.92	53.19	53.61	58.68	1	1
日本	37.34	39.62	37.70	45.38	41.21	38.60	31.50	30.32	30.35	31.59	27.05	35.51	12	13
韩国	45.42	47.45	45.58	42.71	40.61	27.99	27.51	29.80	29.69	31.69	31.94	36.40	11	11

年份 国家 （地区）	2005	2006	2007	2008	2009	2010	2011	2012	2013	2014	2015	平均值	平均值排序	2015排序
墨西哥	31.10	26.45	21.79	17.13	17.16	17.18	17.21	17.24	20.75	20.92	20.66	20.69	17	17
俄罗斯	34.45	34.21	33.97	33.72	33.48	33.24	33.00	35.56	41.56	35.73	25.29	34.02	13	16
中国台湾	40.55	40.91	36.74	48.32	36.82	29.19	32.55	41.27	37.98	39.57	32.70	37.87	10	10
美国	35.56	31.30	31.04	30.95	27.18	25.99	25.73	26.46	26.15	26.94	26.88	28.56	15	14

七、橡胶和塑料制品业劳动报酬占比指标的国际比较

如表 7-24 所示：

（1）在橡胶和塑料制品业中，2005~2015 年 17 个经济体劳动报酬占比平均值最高的是英国（78.85），其次依次是法国（74.21）、日本（68.14）、巴西（67.32）、意大利（65.72）、德国（65.31）等。劳动报酬占比平均值最低的是印度（23.98），其次依次是墨西哥（34.34）、中国（42.81）、韩国（54.53）等。

（2）中国橡胶和塑料制品业 2005~2015 年劳动报酬占比平均值为 42.81，居 17 个经济体的第 15 位。

（3）中国橡胶和塑料制品业 2015 年劳动报酬占比（49.92）高于 2005~2015 年的平均值（42.81），呈现逐年递增态势，但在 17 个经济体中的排序仍为第 15 位。

表 7-24　2005~2015 年橡胶和塑料制品业 17 个经济体劳动报酬占比　　单位：%

年份 国家 （地区）	2005	2006	2007	2008	2009	2010	2011	2012	2013	2014	2015	平均值	平均值排序	2015排序
澳大利亚	57.10	63.58	57.99	61.32	60.79	61.96	63.14	64.31	63.57	61.63	60.19	61.42	9	7
巴西	60.02	60.79	63.46	65.11	59.86	62.43	67.42	74.60	74.97	73.04	78.81	67.32	4	1
加拿大	62.53	63.94	63.79	73.93	73.62	57.71	58.02	55.62	54.05	54.48	53.79	61.04	11	13
瑞士	53.73	57.07	55.34	61.84	62.41	59.45	58.72	56.87	57.99	57.84	59.61	58.26	13	9
中国	35.54	34.52	33.49	36.80	40.11	43.43	46.74	50.05	50.44	49.81	49.92	42.81	15	15
德国	67.17	64.53	66.10	61.51	64.75	66.19	63.97	65.87	65.50	66.13	66.66	65.31	6	5
西班牙	64.93	67.07	70.16	65.40	61.85	63.45	63.36	65.70	61.25	59.52	59.99	63.88	8	8
法国	72.84	74.37	79.45	73.75	72.92	75.40	73.40	73.26	73.05	73.67	74.25	74.21	2	2
英国	77.01	86.49	84.95	82.11	81.67	78.85	77.74	75.05	75.11	74.57	73.76	78.85	1	3
印度	22.70	22.76	22.75	22.98	22.85	23.02	22.90	25.95	26.15	25.82	25.88	23.98	17	17
意大利	72.04	72.25	72.21	72.68	67.30	61.92	63.27	62.59	60.56	58.80	59.27	65.72	5	10
日本	63.79	65.24	61.22	64.11	70.97	70.08	75.10	71.78	69.53	69.63	68.12	68.14	3	4
韩国	54.89	55.31	54.09	57.61	57.74	48.16	48.41	52.07	55.79	57.62	58.08	54.53	14	11
墨西哥	39.34	36.66	33.98	31.29	30.87	30.45	30.03	29.60	38.48	38.79	38.30	34.34	16	16

续表

国家 (地区) \ 年份	2005	2006	2007	2008	2009	2010	2011	2012	2013	2014	2015	平均值	平均值 排序	2015 排序
俄罗斯	63.48	63.66	63.63	64.28	63.89	64.39	64.04	56.51	51.29	61.70	53.48	60.94	12	14
中国台湾	70.78	71.40	73.34	73.76	73.13	74.13	57.87	56.07	56.80	55.48	54.78	65.23	7	12
美国	63.90	64.05	64.14	71.45	56.31	57.32	58.86	55.96	56.86	63.70	62.10	61.33	10	6

八、其他非金属制品业劳动报酬占比指标的国际比较

如表7-25所示：

（1）在其他非金属制品业中，2005~2015年17个经济体劳动报酬占比平均值最高的是英国（76.12），其次依次是法国（64.02）、西班牙（63.72）、德国（63.46）、意大利（62.16）、美国（59.18）等。劳动报酬占比平均值最低的是墨西哥（22.57），其次依次是印度（23.98）、中国（34.86）、韩国（39.62）等。

（2）中国其他非金属制品业2005~2015年劳动报酬占比平均值为34.86，居17个经济体的第15位。

（3）中国其他非金属制品业2015年劳动报酬占比（36.25）高于2005~2015年的平均值（34.86），呈现逐年递增态势，但在17个经济体中的排序却下降为第14位。

表7-25　2005~2015年其他非金属制品业17个经济体劳动报酬占比　　单位：%

国家 (地区) \ 年份	2005	2006	2007	2008	2009	2010	2011	2012	2013	2014	2015	平均值	平均值 排序	2015 排序
澳大利亚	61.67	58.79	54.20	51.41	61.78	59.17	56.57	53.96	54.15	55.03	56.55	56.66	8	8
巴西	52.46	49.46	57.64	56.95	52.55	53.49	54.28	58.55	60.66	61.97	72.08	57.28	7	1
加拿大	52.76	52.71	54.04	54.84	56.60	46.90	45.21	45.74	48.25	48.63	48.02	50.34	13	13
瑞士	50.91	51.82	49.01	51.92	55.85	54.89	53.73	51.72	53.51	53.37	50.70	52.49	11	12
中国	32.79	33.92	35.05	32.37	29.70	27.03	34.84	42.65	40.52	38.39	36.25	34.86	15	14
德国	71.03	65.14	61.33	59.31	63.46	64.69	63.74	64.57	63.64	60.34	60.82	63.46	4	6
西班牙	54.67	54.62	56.95	57.71	62.39	71.27	72.17	75.88	69.02	62.89	63.39	63.72	3	5
法国	64.93	62.41	60.67	63.61	65.84	65.27	64.16	65.38	64.87	63.30	63.80	64.02	2	4
英国	80.99	78.34	75.98	74.00	86.98	77.66	73.20	73.83	73.54	72.35	70.41	76.12	1	2
印度	22.70	22.76	22.75	22.98	22.85	23.02	22.90	25.95	26.15	25.82	25.88	23.98	16	17
意大利	59.63	59.80	59.77	60.16	60.92	61.67	63.76	66.35	64.35	63.44	63.94	62.16	5	3
日本	45.54	48.93	42.33	46.41	59.34	52.81	54.04	59.14	59.71	60.63	58.95	53.44	10	7
韩国	45.72	48.53	48.24	43.92	39.12	36.56	36.94	34.18	34.07	34.15	34.42	39.62	14	15
墨西哥	24.70	22.92	21.14	19.36	19.15	18.93	18.72	18.51	28.24	28.46	28.11	22.57	17	16
俄罗斯	51.75	52.50	53.24	53.99	54.73	55.48	56.22	52.51	56.74	56.89	54.42	54.41	9	10

国家 （地区）　年份	2005	2006	2007	2008	2009	2010	2011	2012	2013	2014	2015	平均值	平均值 排序	2015 排序
中国台湾	51.36	51.81	54.11	54.21	55.25	57.02	43.42	44.27	48.00	51.22	52.53	51.20	12	11
美国	57.44	57.79	59.04	63.40	60.84	61.69	62.94	60.47	55.45	55.70	56.16	59.18	6	9

九、基础金属制品业劳动报酬占比指标的国际比较

如表 7-26 所示：

（1）在基础金属制品业中，2005~2015 年 17 个经济体劳动报酬占比平均值最高的是日本（81.75），其次依次是英国（78.48）、俄罗斯（74.85）、法国（72.65）、中国台湾（70.08）、西班牙（69.76）等。劳动报酬占比平均值最低的是印度（23.98），其次依次是墨西哥（35.64）、中国（39.04）、韩国（54.48）等。

（2）中国基础金属制品业 2005~2015 年劳动报酬占比平均值为 39.04，居 17 个经济体的第 15 位。

（3）中国基础金属制品业 2015 年劳动报酬占比（40.36）高于 2005~2015 年的平均值（39.04），呈现逐年递增态势，但在 17 个经济体中的排序仍为第 15 位。

表 7-26　2005~2015 年基础金属制品业 17 个经济体劳动报酬占比　　单位：%

国家 （地区）　年份	2005	2006	2007	2008	2009	2010	2011	2012	2013	2014	2015	平均值	平均值 排序	2015 排序
澳大利亚	80.81	64.94	66.33	60.25	63.35	63.88	64.40	64.92	69.38	67.87	66.66	66.62	9	8
巴西	40.84	45.45	46.51	49.10	47.88	57.61	57.84	61.77	63.71	64.95	66.06	54.70	13	9
加拿大	68.36	70.02	69.78	79.88	80.54	65.30	62.78	59.95	59.95	60.43	59.67	66.97	8	12
瑞士	55.73	59.99	57.57	61.32	65.69	61.70	62.04	59.71	61.67	62.93	64.43	61.16	11	11
中国	35.35	34.62	33.90	34.89	35.89	36.88	42.20	47.51	45.13	42.75	40.36	39.04	15	15
德国	69.50	62.41	65.28	69.54	78.28	70.53	68.29	70.43	70.02	69.97	70.53	69.53	7	4
西班牙	66.76	66.26	65.50	67.74	67.83	75.21	75.50	74.78	71.91	67.65	68.18	69.76	6	6
法国	75.18	75.80	74.94	70.47	74.79	72.27	70.50	70.24	70.71	71.84	72.41	72.65	4	3
英国	76.98	82.07	80.06	75.33	84.53	84.37	79.92	76.20	76.18	74.27	73.39	78.48	2	2
印度	22.70	22.76	22.75	22.98	22.85	23.02	22.90	25.95	26.15	25.82	25.88	23.98	17	17
意大利	59.40	59.57	59.53	59.92	58.60	57.29	58.36	60.04	59.74	58.39	58.85	59.06	12	13
日本	18.63	81.08	81.20	87.42	82.97	86.24	105.44	96.06	91.33	84.33	84.51	81.75	1	1
韩国	58.35	59.12	58.87	54.60	52.05	50.52	50.36	53.21	53.21	54.38	54.81	54.48	14	14
墨西哥	40.05	37.84	35.62	33.41	33.07	32.72	32.38	32.04	38.25	38.56	38.07	35.64	16	16
俄罗斯	75.16	75.38	75.33	76.11	75.65	76.23	75.82	73.12	72.52	78.68	79.30	74.85	3	5
中国台湾	74.00	74.66	75.47	75.18	74.24	68.95	61.61	67.29	67.29	64.78	67.43	70.08	5	7
美国	66.02	67.29	65.94	68.20	65.96	64.96	66.08	65.42	64.74	65.54	65.51	65.97	10	10

十、金属制品业劳动报酬占比指标的国际比较

如表 7-27 所示：

（1）在金属制品业中，2005~2015 年 17 个经济体劳动报酬占比平均值最高的是英国（81.78），其次依次是法国（67.79）、加拿大（66.56）、德国（65.59）、意大利（64.11）、俄罗斯（63.81）等。劳动报酬占比平均值最低的是印度（23.98），其次依次是中国台湾（32.97）、韩国（35.89）、日本（42.93）等。

（2）中国金属制品业 2005~2015 年劳动报酬占比平均值为 45.35，居 17 个经济体的第 13 位。

（3）中国金属制品业 2015 年劳动报酬占比（53.73）高于 2005~2015 年的平均值（45.35），呈现逐年递增态势，在 17 个经济体中的排序上升为第 10 位。

表 7-27   2005~2015 年金属制品业 17 个经济体劳动报酬占比   单位：%

国家（地区） \ 年份	2005	2006	2007	2008	2009	2010	2011	2012	2013	2014	2015	平均值	平均值排序	2015排序
澳大利亚	72.45	63.80	65.75	66.57	61.00	58.50	56.00	53.50	57.63	64.68	47.18	60.64	8	13
巴西	56.57	55.05	54.99	52.97	55.20	58.98	59.55	64.59	57.55	64.10	73.76	59.39	9	2
加拿大	76.27	79.19	77.05	75.45	67.04	54.60	56.31	60.36	61.88	62.37	61.59	66.56	3	4
瑞士	51.29	55.15	53.06	54.54	55.95	46.49	47.63	48.73	49.92	50.18	51.20	51.29	12	11
中国	39.18	37.01	34.85	36.95	39.05	41.15	49.10	57.05	55.94	54.84	53.73	45.35	13	10
德国	66.73	66.46	63.49	78.94	100.50	59.49	55.23	56.36	58.30	57.74	58.20	65.59	4	7
西班牙	68.40	68.72	64.84	63.55	64.41	57.62	58.81	57.16	56.95	56.41	56.86	61.25	7	8
法国	72.87	75.31	76.70	81.85	85.75	58.41	58.62	58.17	58.26	59.61	60.08	67.79	2	5
英国	84.00	88.54	86.64	81.54	82.18	78.47	82.21	77.28	80.26	78.56	79.90	81.78	1	1
印度	22.70	22.76	22.75	22.98	22.85	23.02	22.90	25.95	26.15	25.82	25.88	23.98	17	16
意大利	71.25	71.46	71.42	71.88	64.90	57.91	58.11	58.80	62.63	58.20	58.67	64.11	5	6
日本	33.20	41.24	40.14	43.72	47.01	45.46	53.78	56.23	51.68	49.69	10.08	42.93	14	17
韩国	41.88	42.98	41.67	42.63	40.10	31.04	30.98	30.32	30.93	31.02	31.26	35.89	15	14
墨西哥	43.84	44.81	45.77	46.74	46.02	45.31	44.59	43.88	69.55	70.10	69.22	51.80	11	3
俄罗斯	64.95	65.14	65.10	65.77	65.37	65.88	65.52	65.29	64.43	58.27	56.19	63.81	6	9
中国台湾	34.78	35.08	36.04	39.58	35.82	35.91	31.05	30.32	28.67	26.95	28.51	32.97	16	15
美国	58.35	58.01	58.02	54.75	51.82	49.58	51.74	50.88	49.14	49.81	49.60	52.88	10	12

十一、机械和设备制造业劳动报酬占比指标的国际比较

如表 7-28 所示：

（1）在机械和设备制造业中，2005～2015年17个经济体劳动报酬占比平均值最高的是英国（83.42），其次依次是法国（71.20）、德国（68.48）、俄罗斯（67.72）、巴西（67.16）、澳大利亚（67.07）等。劳动报酬占比平均值最低的是印度（23.98），其次依次是墨西哥（33.60）、中国（40.06）、韩国（56.81）等。

（2）中国机械和设备制造业2005～2015年劳动报酬占比平均值为40.06，居17个经济体的第15位。

（3）中国机械和设备制造业2015年劳动报酬占比（42.06）高于2005～2015年的平均值（40.06），呈现逐年递增态势，但在17个经济体中的排序仍为第15位。

表7-28　2005～2015年机械和设备制造业17个经济体劳动报酬占比　　单位：%

国家（地区）＼年份	2005	2006	2007	2008	2009	2010	2011	2012	2013	2014	2015	平均值	平均值排序	2015排序
澳大利亚	74.13	64.85	60.12	62.27	60.97	63.44	65.91	68.38	70.51	61.44	85.69	67.07	6	1
巴西	61.54	65.64	63.78	63.16	70.32	61.15	65.16	72.63	71.18	69.38	74.84	67.16	5	3
加拿大	63.63	64.25	65.10	75.82	76.20	62.80	58.78	57.92	58.80	59.27	58.52	63.74	7	10
瑞士	60.74	61.26	58.05	60.66	64.13	57.49	57.66	56.51	59.15	56.48	60.00	59.29	12	9
中国	35.70	36.25	36.81	35.45	34.09	32.73	42.19	51.66	48.46	45.42	42.06	40.06	15	15
德国	72.02	69.94	67.58	63.81	77.44	67.23	64.39	66.85	68.28	67.60	68.14	68.48	3	6
西班牙	66.52	63.91	63.94	65.30	64.46	63.69	64.60	60.03	57.83	54.66	55.09	61.83	11	12
法国	77.08	74.95	74.40	67.74	74.61	70.45	66.97	68.92	70.81	68.34	68.89	71.20	2	5
英国	76.12	81.44	82.78	76.59	115.88	85.43	81.21	79.69	80.58	76.16	81.76	83.42	1	2
印度	22.70	22.76	22.75	22.98	22.85	23.02	22.90	25.95	26.15	25.82	25.88	23.98	17	17
意大利	63.51	63.70	63.66	64.07	62.93	61.78	61.89	62.00	61.85	60.66	61.14	62.47	9	8
日本	59.18	46.85	45.84	47.25	54.73	51.33	55.59	52.07	52.53	51.74	44.34	51.04	14	14
韩国	61.11	61.53	61.67	59.47	60.99	49.33	50.14	53.74	54.89	55.77	56.22	56.81	13	11
墨西哥	52.21	42.53	32.57	23.18	23.82	24.47	25.12	25.27	39.82	40.14	39.64	33.60	16	16
俄罗斯	64.28	65.03	65.78	66.52	67.27	68.02	68.76	62.46	74.83	72.06	69.87	67.72	4	4
中国台湾	65.88	66.47	66.90	73.12	69.07	64.71	60.06	56.71	57.71	52.48	53.88	62.45	10	13
美国	65.64	64.88	63.82	64.90	63.99	61.57	60.91	61.81	60.34	60.81	61.47	62.74	8	7

十二、计算机电子光学制造业劳动报酬占比指标的国际比较

如表7-29所示：

（1）在计算机电子光学制造业中，2005～2015年17个经济体劳动报酬占比平均值最高的是英国（81.78），其次依次是法国（67.79）、加拿大（66.56）、德国（65.59）、意大利（64.11）、俄罗斯（63.81）等。劳动报酬占比平均值最低的是印度（23.98），其次依次是中国台湾（32.97）、韩国（35.89）、日本（42.93）等。

（2）中国计算机电子光学制造业 2005~2015 年劳动报酬占比平均值为 45.35，居 17 个经济体的第 13 位。

（3）中国计算机电子光学制造业 2015 年劳动报酬占比（53.73）高于 2005~2015 年的平均值（45.35），呈现逐年递增态势，在 17 个经济体中的排序上升为第 10 位。

表 7-29　2005~2015 年计算机电子光学制造业 17 个经济体劳动报酬占比　　单位：%

国家（地区）\年份	2005	2006	2007	2008	2009	2010	2011	2012	2013	2014	2015	平均值	平均值排序	2015排序
澳大利亚	72.45	63.80	65.75	66.57	61.00	58.50	56.00	53.50	57.63	64.68	47.18	60.64	8	13
巴西	56.57	55.05	54.99	52.97	55.20	58.98	59.55	64.59	57.55	64.10	73.76	59.39	9	2
加拿大	76.27	79.19	77.05	75.45	67.04	54.60	56.31	60.36	61.88	62.37	61.59	66.56	3	4
瑞士	51.29	55.15	53.06	54.54	55.95	46.49	47.63	48.73	49.92	50.18	51.20	51.29	12	11
中国	39.18	37.01	34.85	36.95	39.05	41.15	49.10	57.05	55.94	54.84	53.73	45.35	13	10
德国	66.73	66.46	63.49	78.94	100.50	59.49	55.23	56.36	58.30	57.74	58.20	65.59	4	7
西班牙	68.40	68.72	64.84	63.55	64.41	57.62	58.81	57.16	56.95	56.41	56.86	61.25	7	8
法国	72.87	75.31	76.70	81.85	85.75	58.41	58.62	58.17	58.26	59.61	60.08	67.79	2	5
英国	84.00	88.54	86.64	81.54	82.18	78.47	82.21	77.28	80.26	78.56	79.90	81.78	1	1
印度	22.70	22.76	22.75	22.98	22.85	23.02	22.90	25.95	26.15	25.82	25.88	23.98	17	16
意大利	71.25	71.46	71.42	71.88	64.90	57.91	58.11	58.80	62.63	58.20	58.67	64.11	5	6
日本	33.20	41.24	40.14	43.72	47.01	45.46	53.78	56.23	51.68	49.69	10.08	42.93	14	17
韩国	41.88	42.98	41.67	42.63	40.10	31.04	30.98	30.32	30.93	31.02	31.26	35.89	15	14
墨西哥	43.84	44.81	45.77	46.74	46.03	45.31	44.52	69.55	69.55	70.10	69.22	51.80	11	3
俄罗斯	64.95	65.14	65.10	65.77	65.37	65.88	65.52	65.29	64.43	58.27	56.19	63.81	6	9
中国台湾	34.78	35.08	36.04	39.58	35.82	35.91	31.05	30.24	28.67	26.95	28.51	32.97	16	15
美国	58.35	58.01	58.02	54.75	51.82	49.58	51.74	50.88	49.14	49.81	49.60	52.88	10	12

十三、电气设备制造业劳动报酬占比指标的国际比较

如表 7-30 所示：

（1）在电气设备制造业中，2005~2015 年 17 个经济体劳动报酬占比平均值最高的是法国（78.56），其次依次是英国（77.92）、德国（67.41）、俄罗斯（67.04）、巴西（66.32）、加拿大（64.65）等。劳动报酬占比平均值最低的是印度（23.98），其次依次是中国（37.21）、墨西哥（37.42）、韩国（51.06）等。

（2）中国电气设备制造业 2005~2015 年劳动报酬占比平均值为 37.21，居 17 个经济体的第 16 位。

（3）中国电气设备制造业 2015 年劳动报酬占比（40.15）高于 2005~2015 年的平均

值（37.21），呈现逐年递增态势，但在 17 个经济体中的排序仍为第 16 位。

表 7-30　2005~2015 年电气设备制造业 17 个经济体劳动报酬占比　　　单位：%

国家 （地区）	2005	2006	2007	2008	2009	2010	2011	2012	2013	2014	2015	平均值	平均值 排序	2015 排序
澳大利亚	61.11	59.03	61.56	61.68	56.32	58.60	60.88	63.15	64.15	63.87	65.72	61.46	7	5
巴西	53.94	52.50	54.26	57.82	59.93	71.42	68.75	75.66	73.00	77.43	84.77	66.32	5	1
加拿大	74.04	82.70	82.08	72.31	70.74	55.69	54.26	52.87	55.42	55.86	55.16	64.65	6	12
瑞士	54.85	56.92	54.25	56.78	63.97	55.57	56.37	55.66	57.57	59.53	61.44	57.55	11	9
中国	35.65	32.07	28.50	31.11	33.72	36.33	40.86	45.39	43.64	41.90	40.15	37.21	16	16
德国	82.02	79.01	72.07	62.31	65.68	63.41	61.82	62.06	64.51	64.08	64.59	67.41	3	6
西班牙	66.94	58.99	58.95	61.29	64.87	57.68	60.77	59.95	54.47	52.34	52.76	59.00	10	13
法国	84.22	83.83	80.84	75.12	81.12	75.81	77.16	75.45	75.14	77.42	78.03	78.56	1	2
英国	86.44	76.86	79.54	71.50	87.84	78.54	76.76	78.68	77.81	72.87	70.65	77.92	2	3
印度	22.70	22.76	22.75	22.98	22.85	23.02	22.90	25.95	26.15	25.82	25.88	23.98	17	17
意大利	62.15	62.33	62.30	62.70	60.10	57.50	58.17	58.70	58.63	63.43	63.93	60.91	8	7
日本	48.60	42.30	42.51	45.75	46.91	46.00	63.34	60.30	57.67	52.44	70.20	52.37	13	4
韩国	58.50	58.57	58.36	54.64	53.20	43.47	44.52	47.49	47.06	47.76	48.14	51.06	14	15
墨西哥	38.45	35.70	32.94	30.19	30.18	30.16	30.14	30.12	51.20	51.61	50.96	37.42	15	14
俄罗斯	65.91	66.11	66.07	66.75	66.34	66.86	66.50	67.17	71.68	70.36	63.67	67.04	4	8
中国台湾	59.69	60.21	54.67	63.42	61.69	53.57	57.09	55.07	53.71	57.03	56.51	57.52	12	11
美国	67.26	58.90	61.84	55.91	56.57	57.32	63.08	61.44	59.59	59.98	60.59	60.23	9	10

十四、机动车辆制造业劳动报酬占比指标的国际比较

如表 7-31 所示：

（1）在机动车辆制造业中，2005~2015 年 17 个经济体劳动报酬占比平均值最高的是英国（86.64），其次依次是巴西（82.00）、澳大利亚（79.71）、法国（77.07）、俄罗斯（69.98）、意大利（69.77）等。劳动报酬占比平均值最低的是墨西哥（20.91），其次依次是中国（41.58）、中国台湾（48.37）、美国（56.38）等。

（2）中国机动车辆制造业 2005~2015 年劳动报酬占比平均值为 41.58，居 17 个经济体的第 16 位。

（3）中国机动车辆制造业 2015 年劳动报酬占比（46.43）高于 2005~2015 年的平均值（41.58），呈现逐年递增态势，在 17 个经济体中的排序上升为第 14 位。

表 7-31　2005~2015 年机动车辆制造业 17 个经济体劳动报酬占比　　　单位：%

国家 （地区）	2005	2006	2007	2008	2009	2010	2011	2012	2013	2014	2015	平均值	平均值 排序	2015 排序
澳大利亚	65.49	82.21	80.80	70.54	60.52	70.59	80.67	90.75	93.04	93.47	88.78	79.71	3	2

续表

国家（地区）＼年份	2005	2006	2007	2008	2009	2010	2011	2012	2013	2014	2015	平均值	平均值排序	2015排序
巴西	140.25	103.45	96.78	74.55	78.55	49.13	57.33	64.62	65.31	78.69	93.38	82.00	2	1
加拿大	66.40	73.23	73.71	72.47	77.75	48.19	49.78	48.26	49.33	49.73	49.10	59.81	9	12
瑞士	55.75	57.83	55.34	60.40	64.56	52.89	54.79	56.67	55.79	56.89	58.14	57.19	12	8
中国	35.20	35.49	35.79	37.94	40.09	42.24	44.40	46.55	46.92	46.33	46.43	41.58	16	14
德国	79.09	75.49	70.67	78.77	100.33	55.85	51.14	52.84	54.99	51.39	51.80	65.67	8	10
西班牙	63.24	60.86	60.03	73.66	77.77	67.02	72.06	76.73	67.96	62.33	62.83	67.68	7	7
法国	65.16	74.90	76.51	85.72	102.55	69.80	69.78	75.36	76.54	75.42	76.01	77.07	4	4
英国	88.65	96.46	94.08	91.79	113.68	84.00	87.21	88.77	72.72	66.37	69.32	86.64	1	5
印度	55.75	57.83	55.34	60.40	64.56	52.89	54.79	56.67	55.79	56.89	58.14	57.19	11	9
意大利	77.29	77.51	77.47	77.97	68.52	59.08	63.32	68.86	64.90	65.99	66.52	69.77	6	6
日本	64.79	60.44	56.30	65.07	70.68	60.24	64.07	55.82	55.40	51.37	48.49	59.33	10	13
韩国	65.91	66.84	63.17	61.48	55.45	51.08	49.86	52.33	52.55	50.62	51.02	56.39	13	11
墨西哥	21.73	21.79	21.78	21.92	21.35	20.77	20.19	19.62	20.27	20.43	20.17	20.91	17	17
俄罗斯	68.90	69.10	69.06	69.77	69.35	69.88	69.51	58.57	77.38	69.18	79.13	69.98	5	3
中国台湾	53.84	54.31	52.93	55.48	49.59	44.74	43.41	46.16	45.54	43.82	42.25	48.37	15	16
美国	55.59	56.60	58.48	70.34	100.68	53.12	48.07	45.97	44.32	44.53	42.51	56.38	14	15

十五、其他交通设备制造业劳动报酬占比指标的国际比较

如表 7-32 所示：

（1）在其他交通设备制造业中，2005~2015 年 17 个经济体劳动报酬占比平均值最高的是俄罗斯（73.90），其次依次是德国（72.12）、巴西（70.35）、澳大利亚（69.95）、英国（69.27）、瑞士（64.59）等。劳动报酬占比平均值最低的是墨西哥（26.27），其次依次是加拿大（52.58）、韩国（55.40）、中国（56.97）等。

（2）中国其他交通设备制造业 2005~2015 年劳动报酬占比平均值为 56.97，居 17 个经济体的第 14 位。

（3）中国其他交通设备制造业 2015 年劳动报酬占比（63.57）高于 2005~2015 年的平均值（56.97），呈现逐年递增态势，在 17 个经济体中的排序上升为第 8 位。

表 7-32　2005~2015 年其他交通设备制造业 17 个经济体劳动报酬占比　　　单位：%

国家（地区）＼年份	2005	2006	2007	2008	2009	2010	2011	2012	2013	2014	2015	平均值	平均值排序	2015排序
澳大利亚	72.11	57.45	64.69	82.07	70.45	68.21	65.97	63.73	77.19	71.79	75.79	69.95	4	2
巴西	66.51	66.41	68.24	70.19	68.50	64.78	63.53	72.42	72.39	80.33	80.55	70.35	3	1

续表

国家 （地区）	2005	2006	2007	2008	2009	2010	2011	2012	2013	2014	2015	平均值	平均值 排序	2015 排序
加拿大	59.37	58.58	59.04	58.40	64.39	46.71	45.82	49.63	45.43	45.79	45.21	52.58	16	16
瑞士	66.40	69.14	65.46	64.52	67.75	61.61	61.63	61.59	61.10	63.26	67.96	64.59	6	3
中国	50.90	49.43	47.97	51.12	54.27	57.42	60.58	63.73	64.23	63.43	63.57	56.97	14	8
德国	76.19	80.44	83.11	81.98	88.98	65.11	60.91	61.25	67.04	63.92	64.43	72.12	2	6
西班牙	76.64	71.24	72.50	64.94	67.46	59.00	46.55	47.03	44.27	45.04	45.39	58.19	13	15
法国	71.18	68.98	69.35	80.44	85.30	53.46	58.95	50.60	49.56	48.40	48.78	62.27	9	14
英国	59.57	55.96	63.39	78.34	72.65	89.50	68.48	71.12	66.82	70.34	65.81	69.27	5	5
印度	66.40	69.14	65.46	64.52	67.75	61.61	61.63	61.59	61.10	63.26	67.96	64.59	7	4
意大利	65.33	65.52	65.48	65.90	64.77	63.64	64.51	63.52	70.82	59.48	59.95	64.45	8	10
日本	58.73	53.09	52.80	54.40	63.72	49.13	64.59	74.80	72.93	75.88	61.83	61.99	10	9
韩国	75.91	68.97	55.27	48.23	47.23	41.91	43.69	49.75	51.75	63.09	63.59	55.40	15	7
墨西哥	24.50	24.57	24.55	24.71	23.44	22.16	20.88	19.60	34.82	35.09	34.65	26.27	17	17
俄罗斯	77.27	77.49	77.45	78.24	77.77	78.37	77.95	73.10	73.23	66.79	55.20	73.90	1	12
中国台湾	74.46	75.12	57.89	57.16	62.83	63.23	54.52	55.97	56.48	54.33	52.72	60.46	12	13
美国	63.50	64.19	57.68	61.21	59.72	59.29	59.97	62.71	61.70	60.00	59.07	60.82	11	11

十六、其他制造业劳动报酬占比指标的国际比较

如表7-33所示：

（1）在其他制造业中，2005~2015年17个经济体劳动报酬占比平均值最高的是法国（73.68），其次依次是德国（71.13）、中国台湾（66.87）、加拿大（64.65）、韩国（63.83）、美国（63.27）等。劳动报酬占比平均值最低的是印度（23.98），其次依次是墨西哥（37.06）、巴西（42.48）、中国（43.00）等。

（2）中国其他制造业2005~2015年劳动报酬占比平均值为43.00，居17个经济体的第14位。

（3）中国其他制造业2015年劳动报酬占比（53.11）高于2005~2015年的平均值（43.00），呈现逐年递增态势，在17个经济体中的排序上升为第11位。

表7-33 2005~2015年其他制造业17个经济体劳动报酬占比 单位：%

国家 （地区）	2005	2006	2007	2008	2009	2010	2011	2012	2013	2014	2015	平均值	平均值 排序	2015 排序
澳大利亚	61.83	73.00	57.72	57.71	60.12	58.96	57.80	56.64	65.59	65.56	61.63	61.51	9	5
巴西	44.41	35.85	36.03	33.50	36.80	42.20	43.20	47.75	48.46	46.83	52.30	42.48	15	12
加拿大	62.80	63.67	65.25	73.02	72.80	61.58	61.75	61.51	62.87	63.37	62.58	64.65	4	4

续表

年份 国家 (地区)	2005	2006	2007	2008	2009	2010	2011	2012	2013	2014	2015	平均值	平均值 排序	2015 排序
瑞士	56.08	62.09	57.72	60.20	59.32	57.87	58.27	55.77	57.85	57.62	51.96	57.70	10	13
中国	41.64	42.51	43.38	43.00	42.62	42.25	39.17	36.10	41.77	47.44	53.11	43.00	14	11
德国	70.29	65.24	70.67	65.78	66.62	75.64	71.95	72.61	75.43	73.79	74.38	71.13	2	1
西班牙	71.78	71.35	73.15	63.29	63.50	61.96	62.23	56.46	55.00	54.35	54.78	62.53	8	9
法国	68.58	71.20	72.30	75.51	76.98	76.41	74.88	73.85	73.48	73.37	73.96	73.68	1	2
英国	64.52	68.78	65.67	65.64	64.59	59.35	59.73	62.58	60.86	59.89	59.30	62.81	7	7
印度	22.70	22.76	22.75	22.98	22.85	23.02	22.90	25.95	26.15	24.65	25.88	23.98	17	16
意大利	55.39	55.55	55.52	55.88	55.70	55.52	54.91	55.72	55.39	54.07	54.49	55.29	11	10
日本	19.89	41.54	38.77	39.62	40.87	39.85	75.49	72.73	71.18	69.80	11.54	47.39	13	17
韩国	71.48	71.37	73.09	74.33	67.38	54.52	54.33	59.14	58.40	58.82	59.29	63.83	5	8
墨西哥	30.63	31.12	31.62	32.11	32.22	32.33	32.44	32.55	50.83	51.23	50.59	37.06	16	14
俄罗斯	59.34	58.27	57.19	56.11	55.03	53.96	52.88	57.90	56.25	46.36	45.13	54.40	12	15
中国台湾	68.38	68.99	68.99	71.57	72.93	72.31	66.15	64.24	62.72	60.33	59.59	66.87	3	6
美国	65.06	63.95	65.97	65.91	59.35	58.54	61.50	62.47	64.11	64.55	64.56	63.27	6	3

十七、中国制造业细分产业劳动报酬占比指标的综合分析

将前面表7-18至表7-33的中国制造业细分产业的数据集中在一起，得到表7-34。
如表7-34所示：

（1）从整体角度考察来看，中国制造业细分产业劳动报酬占比在17个经济体中处于
十分低下的位置。中国制造业细分产业劳动报酬占比2005~2015年平均值或2015年数值
居倒数第2位的有2个产业：电气设备制造业和机动车辆制造业；居倒数第3位的有7个
产业：纺织服装业、木制品业、纸制品业、橡胶和塑料制品业、其他非金属制品业、基础
金属制品业、机械和设备制造业；居倒数第4位的有4个产业：食品加工业、化工制品
业、其他交通设备制造业、其他制造业；居倒数第5位的有3个产业：石油制品业、金属
制品业、计算机电子光学制造业。

（2）从整体角度考察来看，中国制造业13个细分产业劳动报酬占比2015年数值高于
2005~2015年平均值，呈现逐年递增的态势。13个产业包括纺织服装业、木制品业、化工
制品业、橡胶塑料制品业、其他非金属制品业、基础金属制品、金属制品业、机械和设备
制造业、计算机电子光学制造业、电气设备制造业、机动车辆制造业、其他交通设备制造
业、其他制造业。其他3个产业——食品加工业、纸制品业、石油制品业，其劳动报酬占
比2015年数值低于2005~2015年平均值，呈现逐年递减的态势。

中国制造业细分产业劳动报酬占比低下一方面是造成增加率低下的主要因素（作为增
加值构成的要素之一），另一方面也是中国制造业细分产业技术效率较高的主要原因（作

为投入要素之一的劳动力成本低）。

表 7-34 2005~2015 年中国制造业细分产业劳动报酬占比 单位：%

年份 制造业	2005	2006	2007	2008	2009	2010	2011	2012	2013	2014	2015	平均值	平均值排序	2015排序
食品加工	21.04	25.70	30.37	31.99	33.61	35.23	34.67	34.11	32.15	30.19	28.23	30.66	14	14
纺织服装	43.16	42.49	41.82	41.22	40.61	40.01	47.98	55.94	54.62	53.30	51.98	46.65	15	13
木制品	35.85	35.99	36.14	37.84	39.54	41.25	42.01	42.77	43.57	44.38	45.19	40.41	15	14
纸制品	36.35	35.07	33.78	34.05	33.62	33.70	33.83	34.06	33.58	34.05	34.08	34.20	15	15
石油制品	19.63	24.41	29.20	28.07	26.93	25.80	24.68	23.55	20.14	16.73	13.31	22.95	10	13
化工制品	30.75	29.81	28.87	29.97	31.07	32.16	33.26	34.36	34.63	34.20	34.27	32.12	14	9
橡胶塑料制品	35.54	34.52	33.49	36.80	40.11	43.43	46.74	50.05	50.30	49.81	49.92	42.81	15	15
其他非金属制品	32.79	33.92	35.05	32.37	29.70	27.03	34.84	42.65	40.52	38.39	36.25	34.86	15	14
基础金属制品	35.35	34.62	33.90	34.89	35.89	36.88	42.20	47.51	45.13	42.75	40.36	39.04	15	15
金属制品	39.18	37.01	34.85	36.95	39.05	41.15	49.10	57.05	55.94	54.84	53.73	45.35	13	10
机械和设备	35.70	36.25	36.81	35.45	34.09	32.73	42.19	51.66	48.46	45.26	42.06	40.06	15	15
计算机电子光学	39.18	37.01	34.85	36.95	39.05	41.15	49.10	57.05	55.94	54.84	53.73	45.35	13	10
电气设备	35.65	32.07	28.50	31.11	33.72	36.33	40.86	45.39	43.64	41.90	40.15	37.21	16	16
机动车辆	35.20	35.49	35.79	37.94	40.09	42.24	44.40	46.55	46.92	46.33	46.43	41.58	16	14
其他交通设备	50.90	49.43	47.97	51.12	54.27	57.42	60.58	63.73	64.23	63.43	63.57	56.97	14	8
其他制造业	41.64	42.51	43.38	43.00	42.62	42.25	39.17	36.10	41.77	47.44	53.11	43.00	14	11

第三节　中国制造业细分产业利润占比的国际比较

一、食品加工业利润占比指标的国际比较

如表 7-35 所示：

（1）在食品加工业中，2005~2015 年 17 个经济体利润占比平均值最高的是墨西哥（84.19），其次依次是印度（71.68）、俄罗斯（59.73）、加拿大（53.74）、日本（53.13）、美国（51.59）等。利润占比平均值最低的是英国（28.79），其次依次是德国（29.37）、中国台湾（30.02）、巴西（39.23）等。

（2）中国食品加工业 2005~2015 年利润占比平均值为 39.55，居 17 个经济体的第 13 位。

（3）中国食品加工业 2015 年利润占比（40.61）高于 2005～2015 年的平均值（39.55），呈现逐年递增态势，在 17 个经济体中的排序上升为第 12 位。

表 7-35　2005～2015 年食品加工业 17 个经济体利润占比　　　　单位：%

国家（地区）＼年份	2005	2006	2007	2008	2009	2010	2011	2012	2013	2014	2015	平均值	平均值排序	2015排序
澳大利亚	45.20	38.11	37.37	39.05	42.76	42.48	42.21	41.93	43.94	41.16	37.01	41.02	11	14
巴西	46.77	46.73	38.61	33.32	33.17	42.85	39.49	40.66	37.31	35.59	37.03	39.23	14	13
加拿大	52.34	52.60	51.34	50.91	49.83	57.10	55.58	55.03	55.52	55.17	55.73	53.74	4	5
瑞士	48.23	46.40	46.24	45.47	46.79	47.30	48.22	49.71	50.21	49.17	49.44	47.93	9	8
中国	44.90	41.34	37.78	39.22	40.65	42.09	38.40	34.72	36.68	38.65	40.61	39.55	13	12
德国	33.05	34.97	34.87	31.12	32.13	25.73	25.05	25.98	27.14	26.80	26.22	29.37	16	17
西班牙	41.49	39.49	42.23	47.97	48.83	51.31	52.64	53.73	52.79	53.70	53.34	48.87	8	6
法国	38.49	36.33	36.33	36.75	34.76	42.79	43.65	42.31	43.43	44.08	43.64	40.23	12	10
英国	33.31	26.96	22.92	24.88	33.47	24.56	24.29	28.37	31.62	33.45	32.84	28.79	17	15
印度	71.70	73.63	72.62	73.00	73.10	72.15	73.45	70.07	70.51	70.70	67.59	71.68	2	2
意大利	50.14	50.00	49.37	49.70	48.46	47.22	44.55	44.24	43.29	43.87	43.42	46.79	10	11
日本	69.69	65.04	65.05	64.90	65.04	66.30	31.28	29.46	30.01	31.65	66.00	53.13	5	3
韩国	49.45	48.79	49.16	49.66	52.02	50.47	50.26	50.08	49.71	49.47	49.07	49.83	7	9
墨西哥	79.07	80.93	82.79	84.66	84.73	84.80	84.87	84.94	86.44	86.33	86.50	84.19	1	1
俄罗斯	58.26	58.03	57.80	57.57	57.34	57.11	56.88	63.37	64.10	63.21	63.31	59.73	3	4
中国台湾	29.67	29.05	27.76	28.65	30.33	28.85	29.57	32.15	30.48	31.07	32.64	30.02	15	16
美国	47.76	51.18	49.37	50.03	57.53	53.08	50.10	51.17	52.09	51.92	53.32	51.59	6	7

二、纺织服装业利润占比指标的国际比较

如表 7-36 所示：

（1）在纺织服装业中，2005～2015 年 17 个经济体利润占比平均值最高的是印度（73.56），其次依次是墨西哥（63.13）、韩国（44.42）、俄罗斯（43.22）、意大利（38.61）、澳大利亚（36.98）等。利润占比平均值最低的是美国（20.66），其次依次是法国（25.53）、中国台湾（27.81）、德国（28.68）等。

（2）中国纺织服装业 2005～2015 年利润占比平均值为 33.99，居 17 个经济体的第 10 位。

（3）中国纺织服装业 2015 年利润占比（33.53）低于 2005～2015 年的平均值（33.99），呈现逐年递减态势，在 17 个经济体中的排序下降为第 12 位。

表 7-36　2005~2015 年纺织服装业 17 个经济体利润占比　　单位：%

国家（地区）＼年份	2005	2006	2007	2008	2009	2010	2011	2012	2013	2014	2015	平均值	平均值排序	2015排序
澳大利亚	28.16	24.11	28.86	44.88	54.43	47.79	41.15	34.51	33.45	36.42	33.05	36.98	6	13
巴西	45.75	44.43	44.63	41.62	39.91	33.21	35.35	30.01	27.74	29.81	25.05	36.14	7	16
加拿大	21.48	20.67	19.50	27.19	27.23	35.88	35.75	37.49	35.26	34.75	35.57	30.07	11	11
瑞士	36.19	32.10	33.55	31.77	30.24	36.24	37.04	35.74	36.27	37.17	40.36	35.15	8	7
中国	42.05	39.46	36.88	39.44	42.00	44.56	30.32	16.07	21.89	27.71	33.53	33.99	10	12
德国	28.83	31.36	32.70	27.72	21.18	28.30	29.95	27.22	27.26	30.75	30.20	28.68	14	14
西班牙	26.90	28.53	29.00	31.64	31.36	36.67	40.31	38.17	39.35	38.35	37.86	34.38	9	10
法国	25.08	25.63	26.81	24.04	22.97	22.61	28.95	27.24	25.87	25.53	16	15
英国	20.39	20.33	22.54	18.32	12.81	33.64	35.61	33.89	39.57	40.71	38.51	28.76	13	9
印度	74.73	74.96	74.31	74.75	75.14	74.71	74.95	70.89	71.52	71.89	71.36	73.56	1	1
意大利	34.51	34.32	34.36	33.93	37.33	40.73	42.04	39.65	42.44	42.95	42.50	38.61	5	5
日本	62.24	50.63	52.58	51.61	47.00	44.71	-11.54	-2.69	-7.91	-11.04	45.93	29.23	12	4
韩国	33.90	33.30	32.23	37.36	45.89	52.40	52.82	52.04	51.80	48.63	48.22	44.42	3	3
墨西哥	60.39	63.16	65.92	68.68	68.56	68.44	68.32	68.20	54.24	53.93	54.51	63.13	2	2
俄罗斯	39.80	40.92	42.24	43.16	44.28	45.40	45.61	45.24	43.04	42.79	41.63	43.22	4	6
中国台湾	21.40	20.71	23.29	20.18	18.87	20.61	33.07	35.41	36.46	36.30	39.59	27.81	15	8
美国	19.42	18.94	16.18	15.29	18.31	22.26	20.85	22.85	23.97	24.35	24.90	20.66	17	17

三、木制品业利润占比指标的国际比较

如表 7-37 所示：

（1）在木制品业中，2005~2015 年 17 个经济体利润占比平均值最高的是印度（73.78），其次依次是墨西哥（64.21）、俄罗斯（48.03）、巴西（45.80）、意大利（45.41）、中国（40.58）等。利润占比平均值最低的是法国（17.58），其次依次是中国台湾（20.78）、美国（23.65）、西班牙（28.33）等。

（2）中国木制品业 2005~2015 年利润占比平均值为 40.58，居 17 个经济体的第 6 位。

（3）中国木制品业 2015 年利润占比（38.22）低于 2005~2015 年的平均值（40.58），呈现逐年递减态势，在 17 个经济体中的排序下降为第 8 位。

表 7-37　2005~2015 年木制品业 17 个经济体利润占比　　单位：%

国家（地区）＼年份	2005	2006	2007	2008	2009	2010	2011	2012	2013	2014	2015	平均值	平均值排序	2015排序
澳大利亚	43.84	35.21	37.04	42.46	36.75	34.11	31.47	28.82	35.13	31.81	36.16	35.71	9	11
巴西	57.24	56.86	54.94	50.33	43.96	42.90	38.54	38.95	38.44	43.95	37.72	45.80	4	9

续表

国家（地区）\年份	2005	2006	2007	2008	2009	2010	2011	2012	2013	2014	2015	平均值	平均值排序	2015排序
加拿大	41.23	35.52	33.38	22.94	13.04	35.94	34.40	38.65	44.91	44.47	45.17	35.42	10	5
瑞士	41.01	38.10	41.28	37.87	34.69	38.90	40.38	40.64	39.77	41.27	42.59	39.68	8	6
中国	50.81	47.00	43.18	42.89	42.60	42.31	37.15	31.99	34.07	36.15	38.22	40.58	6	8
德国	38.32	41.96	40.21	26.68	23.30	32.72	32.47	27.93	28.43	27.16	26.58	31.43	11	14
西班牙	34.88	35.61	36.69	33.04	30.04	21.50	18.34	21.49	26.67	26.96	26.38	28.33	14	15
法国	20.66	19.45	24.30	29.05	27.59	7.23	17.51	15.78	15.60	8.48	7.75	17.58	17	17
英国	31.82	23.47	26.61	29.37	20.28	29.07	22.55	31.25	30.85	35.31	36.67	28.84	12	10
印度	75.09	74.98	74.39	75.11	75.35	74.53	75.34	71.62	72.06	72.24	70.96	73.78	1	1
意大利	45.50	45.34	45.37	45.01	45.11	45.20	45.61	43.51	45.73	46.80	46.38	45.41	5	4
日本	40.45	23.97	26.04	29.42	24.32	30.60	27.71	25.55	27.49	30.35	29.73	28.69	13	13
韩国	37.22	39.60	41.48	43.29	36.21	43.77	43.02	37.53	39.50	39.36	38.88	39.99	7	7
墨西哥	64.83	63.93	63.03	62.14	63.94	65.75	67.56	69.36	61.98	61.68	62.16	64.21	2	2
俄罗斯	45.01	45.39	45.78	46.16	40.55	46.93	47.32	48.77	49.89	53.12	53.43	48.03	3	3
中国台湾	24.91	24.25	19.60	17.24	18.29	19.87	24.80	22.33	18.14	19.94	19.19	20.78	16	16
美国	26.73	19.48	16.30	13.42	17.71	25.13	23.46	26.42	30.53	30.97	29.95	23.65	15	12

四、纸制品业利润占比指标的国际比较

如表7-38所示：

（1）在纸制品业中，2005～2015年17个经济体利润占比平均值最高的是印度（73.89），其次依次是墨西哥（68.56）、俄罗斯（49.22）、韩国（48.72）、巴西（44.53）、日本（44.07）等。利润占比平均值最低的是法国（21.56），其次依次是英国（25.87）、澳大利亚（35.33）、中国台湾（35.42）等。

（2）中国纸制品业2005～2015年利润占比平均值为42.92，居17个经济体的第8位。

（3）中国纸制品业2015年利润占比（43.02）高于2005～2015年的平均值（42.92），呈现逐年递增态势，在17个经济体中的排序上升为第7位。

表7-38　2005～2015年纸制品业17个经济体利润占比　　　　单位：%

国家（地区）\年份	2005	2006	2007	2008	2009	2010	2011	2012	2013	2014	2015	平均值	平均值排序	2015排序
澳大利亚	44.38	34.06	35.12	39.88	38.28	37.04	35.80	34.55	33.34	30.21	25.92	35.33	15	16
巴西	51.45	51.87	50.68	44.73	39.24	44.03	46.30	36.29	41.42	41.32	42.53	44.53	5	9
加拿大	30.61	28.58	25.17	28.38	24.97	46.50	45.32	44.07	42.58	42.12	42.84	36.47	12	8

国家（地区）＼年份	2005	2006	2007	2008	2009	2010	2011	2012	2013	2014	2015	平均值	平均值排序	2015排序
瑞士	44.04	42.48	43.27	43.18	41.76	45.30	46.04	44.61	43.78	44.12	44.72	43.94	7	6
中国	39.91	41.72	43.52	43.08	43.79	43.67	43.44	43.06	43.86	43.07	43.02	42.92	8	7
德国	39.57	41.50	41.28	38.42	36.32	36.61	36.80	39.65	38.20	37.80	37.31	38.50	11	13
西班牙	41.19	40.51	43.31	37.81	38.26	40.42	43.21	40.93	40.08	39.15	38.67	40.32	10	12
法国	22.63	19.33	21.19	21.74	19.15	19.08	22.29	22.39	21.09	24.44	23.84	21.56	17	17
英国	27.17	25.99	24.88	23.09	17.08	23.27	26.06	27.39	28.98	29.46	31.20	25.87	16	15
印度	75.09	74.56	73.93	74.96	75.31	75.30	75.32	72.15	72.01	72.18	71.95	73.89	1	1
意大利	40.30	40.13	40.16	39.77	40.45	41.12	41.09	40.49	40.22	42.35	41.89	40.73	9	10
日本	58.37	50.31	49.06	49.82	51.54	55.28	33.54	31.12	29.32	25.46	50.98	44.07	6	4
韩国	45.60	43.95	41.17	44.56	52.48	50.62	50.50	53.41	52.44	50.77	50.38	48.72	4	5
墨西哥	64.41	66.58	68.75	70.93	70.54	70.16	69.77	69.39	67.90	67.64	68.05	68.56	2	2
俄罗斯	49.74	49.60	49.63	49.11	49.42	49.03	49.30	44.17	43.12	48.77	59.55	49.22	3	3
中国台湾	36.61	36.05	33.56	31.81	29.77	37.96	38.35	37.15	35.20	36.74	36.45	35.42	14	14
美国	31.07	36.49	34.76	31.08	40.18	38.76	36.13	35.79	38.97	38.10	39.77	36.46	13	11

五、石油制品业利润占比指标的国际比较

如表 7-39 所示：

（1）在石油制品业中，2005～2015 年 17 个经济体利润占比平均值最高的是巴西（101.14），其次依次是俄罗斯（88.06）、美国（86.90）、澳大利亚（82.25）、韩国（76.19）、加拿大（75.41）等。利润占比平均值最低的是中国台湾（18.69），其次依次是英国（28.66）、日本（35.88）、中国（42.59）等。

（2）中国石油制品业 2005～2015 年利润占比平均值为 42.59，居 17 个经济体的第 14 位。

（3）中国石油制品业 2015 年利润占比（30.54）低于 2005～2015 年的平均值（42.59），但在 17 个经济体中的排序却上升为第 13 位。

表 7-39　2005～2015 年石油制品业 17 个经济体利润占比　　　　单位：%

国家（地区）＼年份	2005	2006	2007	2008	2009	2010	2011	2012	2013	2014	2015	平均值	平均值排序	2015排序
澳大利亚	79.21	82.72	83.63	82.84	80.37	81.06	81.76	82.45	82.89	82.94	84.94	82.25	4	4
巴西	66.31	47.26	58.99	-48.45	83.25	65.72	241.72	137.07	152.38	239.77	68.52	101.14	1	7
加拿大	55.15	54.44	66.86	73.23	74.45	77.82	80.58	83.78	87.76	87.66	87.82	75.41	6	1
瑞士	67.35	67.34	64.99	57.90	58.99	55.17	64.66	63.95	65.16	58.41	67.05	62.82	9	8

续表

国家（地区） \ 年份	2005	2006	2007	2008	2009	2010	2011	2012	2013	2014	2015	平均值	平均值排序	2015排序
中国	47.25	44.94	42.62	39.71	36.80	33.88	45.99	58.10	48.91	39.73	30.54	42.59	14	13
德国	61.30	71.25	54.39	35.76	39.28	77.16	62.27	64.50	72.01	62.68	62.39	60.27	10	10
西班牙	83.15	79.48	73.19	58.01	35.67	63.41	71.18	66.92	44.53	-5.58	-6.41	51.23	12	16
法国	59.39	47.41	62.16	35.57	29.38	33.46	38.59	44.91	45.19	45.80	45.37	44.29	13	12
英国	33.66	28.37	25.72	12.93	56.82	42.20	37.86	33.85	6.76	7.33	29.73	28.66	16	14
印度	69.03	70.41	69.35	65.93	66.66	63.31	69.47	66.28	67.27	65.54	62.33	66.87	8	11
意大利	66.35	66.26	66.28	66.06	48.43	30.80	34.17	24.56	-21.79	245.00	-44.35	52.89	11	17
日本	10.37	42.11	36.57	52.18	26.50	40.93	31.96	26.44	34.98	27.34	65.32	35.88	15	9
韩国	71.42	69.58	71.54	68.28	67.83	80.89	81.63	81.29	79.65	83.04	82.91	76.19	5	5
墨西哥	57.68	63.07	68.46	73.86	74.09	74.33	74.56	74.80	71.52	71.30	71.66	70.48	7	6
俄罗斯	82.25	83.79	85.34	86.88	88.43	89.97	91.52	91.91	91.14	89.80	87.64	88.06	2	2
中国台湾	16.24	15.49	38.01	0.48	33.41	24.35	7.44	3.22	29.05	10.21	27.74	18.69	17	15
美国	89.00	87.19	88.05	87.71	82.86	84.84	88.08	87.83	86.83	87.29	86.20	86.90	3	3

六、化工制品业利润占比指标的国际比较

如表 7-40 所示：

（1）在化工制品业中，2005~2015 年 17 个经济体利润占比平均值最高的是墨西哥（78.00），其次依次是印度（73.79）、美国（68.17）、俄罗斯（63.90）、韩国（62.85）、中国台湾（61.13）等。利润占比平均值最低的是中国（36.72），其次依次是意大利（36.82），法国（44.73）、德国（48.25）等。

（2）中国化工制品业 2005~2015 年利润占比平均值为 36.72，居 17 个经济体的第 17 位。

（3）中国化工制品业 2015 年利润占比（26.20）低于 2005~2015 年的平均值（36.72），呈现逐年递减态势，在 17 个经济体中的排序始终为第 17 位。

表 7-40   2005~2015 年化工制品业 17 个经济体利润占比   单位：%

国家（地区） \ 年份	2005	2006	2007	2008	2009	2010	2011	2012	2013	2014	2015	平均值	平均值排序	2015排序
澳大利亚	41.17	49.72	51.49	51.21	51.80	49.39	46.97	44.55	49.62	52.18	50.88	49.00	13	13
巴西	55.53	57.56	54.21	50.44	52.39	52.53	47.72	43.76	44.78	46.41	44.86	50.02	12	15
加拿大	47.45	48.85	46.04	49.21	51.67	63.90	67.00	66.64	66.99	66.73	67.14	58.33	7	6
瑞士	56.20	54.40	54.78	56.57	55.90	57.10	56.53	57.06	56.94	57.10	55.03	56.15	9	10
中国	47.12	48.87	50.62	45.70	40.78	35.86	30.94	26.01	25.43	26.36	26.20	36.72	17	17

国家 （地区）	2005	2006	2007	2008	2009	2010	2011	2012	2013	2014	2015	平均值	平均值排序	2015排序
德国	38.98	39.05	41.99	49.72	45.40	55.11	54.43	52.91	50.79	51.36	50.98	48.25	14	12
西班牙	47.62	47.24	47.12	47.96	45.91	50.46	55.31	52.68	54.83	58.05	57.72	51.35	10	9
法国	38.90	40.40	38.84	36.76	36.80	49.55	49.56	48.59	50.69	51.14	50.75	44.73	15	14
英国	48.23	47.34	49.44	50.33	51.41	54.35	50.73	49.39	48.04	50.64	54.82	50.43	11	11
印度	75.44	75.34	74.25	75.15	75.24	74.67	74.97	70.98	72.07	72.17	71.45	73.79	2	3
意大利	27.35	27.14	27.18	26.71	36.20	45.70	43.86	41.90	43.54	42.95	42.50	36.82	16	16
日本	54.03	52.43	54.29	45.87	50.95	53.38	61.64	62.86	63.13	60.72	64.73	56.73	8	8
韩国	53.93	51.79	53.64	56.50	58.68	71.34	71.86	69.53	69.55	67.41	67.15	62.85	5	5
墨西哥	67.61	72.29	76.98	81.67	81.75	81.84	81.92	82.01	77.35	77.17	77.46	78.00	1	1
俄罗斯	62.48	62.97	63.45	63.94	64.43	64.92	65.41	62.90	56.35	62.53	73.48	63.90	4	2
中国台湾	58.42	58.05	62.15	50.38	62.17	70.07	66.52	57.63	61.05	59.46	66.52	61.13	6	7
美国	62.12	66.57	66.79	65.41	69.15	70.48	69.94	69.92	70.34	69.51	68.17	—	3	4

七、橡胶和塑料制品业利润占比指标的国际比较

如表7-41所示：

（1）在橡胶和塑料制品业中，2005~2015年17个经济体利润占比平均值最高的是印度（73.40），其次依次是墨西哥（64.54）、韩国（44.89）、瑞士（39.11）、俄罗斯（37.12）、加拿大（37.12）等。利润占比平均值最低的是英国（19.12），其次依次是法国（19.75）、日本（23.81），巴西（29.52）等。

（2）中国橡胶和塑料制品业2005~2015年利润占比平均值为36.25，居17个经济体的第8位。

（3）中国橡胶和塑料制品业2015年利润占比（24.91）低于2005~2015年的平均值（36.25），呈现逐年递减态势，在17个经济体中的排序下降为第13位。

表7-41　2005~2015年橡胶和塑料制品业17个经济体利润占比　　　　单位：%

国家 （地区）	2005	2006	2007	2008	2009	2010	2011	2012	2013	2014	2015	平均值	平均值排序	2015排序
澳大利亚	39.31	32.37	38.05	36.11	36.67	35.30	33.93	32.56	33.24	34.79	36.78	35.38	10	10
巴西	36.48	35.95	32.82	31.01	36.60	34.76	29.87	22.66	22.05	24.24	18.25	29.52	14	17
加拿大	35.30	33.68	33.91	23.90	24.07	41.07	40.81	42.86	44.28	43.84	44.54	37.12	6	4
瑞士	43.88	40.37	41.26	35.59	35.08	38.32	38.86	40.19	39.76	39.66	37.26	39.11	4	9
中国	47.50	49.36	51.21	45.92	40.62	35.32	30.02	24.72	24.12	25.07	24.91	36.25	8	13
德国	31.01	33.47	31.85	38.36	35.16	33.70	35.87	33.94	34.28	33.75	33.23	34.06	11	12

国家 (地区)	2005	2006	2007	2008	2009	2010	2011	2012	2013	2014	2015	平均值	平均值排序	2015排序
西班牙	35.39	33.27	30.24	34.71	38.18	36.75	36.85	34.16	38.47	40.06	39.59	36.15	9	7
法国	20.01	18.60	12.92	19.95	20.59	19.39	21.18	21.24	21.31	21.36	20.74	19.75	16	16
英国	20.97	11.25	12.85	15.57	15.81	19.01	20.27	23.02	23.10	23.76	24.73	19.12	17	14
印度	74.91	74.68	73.85	74.44	74.64	74.75	74.69	71.13	71.60	71.67	70.99	73.40	1	1
意大利	23.39	23.17	23.22	22.72	28.54	34.36	32.94	33.38	36.13	37.76	37.27	30.26	13	8
日本	28.76	26.71	30.85	27.60	20.81	21.47	17.22	20.77	23.17	21.91	22.66	23.81	15	15
韩国	44.62	44.09	45.30	41.73	41.64	51.29	51.09	47.45	43.64	41.70	41.24	44.89	3	6
墨西哥	59.71	62.29	64.88	67.47	67.98	68.49	68.99	69.50	60.23	59.92	60.42	64.54	2	2
俄罗斯	34.50	34.31	34.35	33.67	34.07	33.57	33.92	41.76	46.97	36.27	44.94	37.12	5	3
中国台湾	27.08	26.43	24.22	23.71	24.53	23.62	40.20	42.04	41.15	42.65	43.39	32.64	12	5
美国	33.95	33.76	33.45	25.94	41.18	40.28	38.76	41.90	41.02	34.04	35.73	36.37	7	11

八、其他非金属制品业利润占比指标的国际比较

如表 7-42 所示：

（1）在其他非金属制品业中，2005~2015 年 17 个经济体利润占比平均值最高的是墨西哥（76.65），其次依次是印度（73.22）、韩国（59.84）、加拿大（45.64）、瑞士（44.70）、中国（44.69）等。利润占比平均值最低的是英国（20.91），其次依次是法国（29.63）、意大利（34.76），西班牙（35.61）等。

（2）中国其他非金属制品业 2005~2015 年利润占比平均值为 44.69，居 17 个经济体的第 6 位。

（3）中国其他非金属制品业 2015 年利润占比（46.53）高于 2005~2015 年的平均值（44.69），呈现逐年递增态势，在 17 个经济体中的排序上升为第 5 位。

表 7-42　2005~2015 年其他非金属制品业 17 个经济体利润占比　　单位：%

国家 (地区)	2005	2006	2007	2008	2009	2010	2011	2012	2013	2014	2015	平均值	平均值排序	2015排序
澳大利亚	35.00	37.47	42.07	45.46	34.52	37.23	39.94	42.64	42.21	41.21	39.44	39.74	10	10
巴西	44.76	48.04	39.16	39.73	44.38	44.25	43.83	39.45	37.12	35.78	25.37	40.17	9	17
加拿大	44.53	43.36	41.24	40.33	38.41	49.43	51.49	50.51	47.64	47.22	47.88	45.64	4	4
瑞士	46.29	45.16	47.54	45.47	41.39	42.37	44.03	45.44	44.05	44.17	45.83	44.70	5	6
中国	51.05	47.21	43.37	46.41	49.46	52.50	42.71	32.92	37.46	42.00	46.53	44.69	6	5
德国	27.32	32.89	36.59	40.57	35.87	35.10	35.87	35.05	36.07	39.15	38.67	35.74	13	11
西班牙	45.08	45.16	42.94	42.19	37.25	28.20	27.23	23.24	29.78	35.59	35.08	35.61	14	12

国家(地区) \ 年份	2005	2006	2007	2008	2009	2010	2011	2012	2013	2014	2015	平均值	平均值排序	2015排序
法国	27.21	30.10	31.90	30.13	27.14	29.23	30.13	28.66	29.07	31.43	30.89	29.63	16	15
英国	16.66	19.15	21.39	23.63	9.73	19.36	21.21	23.32	23.68	24.95	26.91	20.91	17	16
印度	74.51	74.22	73.80	74.41	74.40	74.23	74.86	71.22	71.41	71.71	70.65	73.22	2	2
意大利	36.82	36.64	36.68	36.27	36.07	35.88	33.55	30.87	32.94	33.59	33.06	34.76	15	13
日本	45.56	42.73	49.48	44.70	31.65	38.09	37.78	32.47	32.25	30.29	31.24	37.84	11	14
韩国	53.80	50.89	51.16	55.51	60.36	62.96	62.64	65.37	65.41	65.23	64.96	59.84	3	3
墨西哥	74.42	76.27	78.12	79.98	80.24	80.50	80.77	81.03	70.65	70.42	70.79	76.65	1	1
俄罗斯	45.40	44.81	44.22	43.63	43.04	42.45	41.86	45.69	41.13	41.01	43.58	43.35	7	7
中国台湾	38.42	37.87	35.42	36.17	35.81	35.64	52.32	51.59	47.25	43.57	42.50	41.50	8	8
美国	40.18	39.76	38.32	33.62	35.52	34.67	33.42	36.18	41.51	41.37	40.99	37.78	12	9

九、基础金属制品业利润占比指标的国际比较

如表 7-43 所示：

（1）在基础金属制品业中，2005～2015 年 17 个经济体利润占比平均值最高的是墨西哥（87.86），其次依次是印度（73.31）、日本（71.35）、俄罗斯（67.89）、韩国（65.62）、中国台湾（61.33）等。利润占比平均值最低的是英国（14.99），其次依次是法国（22.26）、意大利（30.39），澳大利亚（35.00）等。

（2）中国基础金属制品业 2005～2015 年利润占比平均值为 43.54，居 17 个经济体的第 11 位。

（3）中国基础金属制品业 2015 年利润占比（42.80）低于 2005～2015 年的平均值（43.54），呈现逐年递减态势，在 17 个经济体中的排序仍为第 11 位。

表 7-43　2005～2015 年基础金属制品业 17 个经济体利润占比　　　　单位：%

国家(地区) \ 年份	2005	2006	2007	2008	2009	2010	2011	2012	2013	2014	2015	平均值	平均值排序	2015排序
澳大利亚	45.63	66.75	63.18	56.88	54.43	37.46	20.49	3.53	7.36	15.70	13.54	35.00	14	16
巴西	67.23	62.66	63.12	64.16	53.26	41.17	42.96	43.63	43.01	50.14	44.72	52.37	7	10
加拿大	50.20	54.00	56.86	51.41	37.54	56.28	59.10	57.14	50.67	50.28	50.90	52.22	8	7
瑞士	49.53	51.42	53.00	50.92	41.16	44.41	46.17	44.17	42.56	41.52	48.39	46.66	10	9
中国	53.07	50.32	47.57	47.16	46.75	46.34	38.97	31.60	35.33	39.07	42.80	43.54	11	11
德国	36.91	36.44	43.75	45.50	30.87	30.23	35.62	36.07	33.13	32.79	32.25	35.78	13	14
西班牙	54.54	61.02	60.76	49.79	42.62	36.37	33.78	38.79	41.04	49.88	48.88	46.99	9	8
法国	33.52	33.67	43.87	28.41	14.13	20.51	28.19	11.54	12.55	9.61	8.90	22.26	16	17

续表

国家（地区）	2005	2006	2007	2008	2009	2010	2011	2012	2013	2014	2015	平均值	平均值排序	2015排序
英国	-0.86	17.35	24.25	22.33	-35.74	18.00	18.68	20.75	21.69	25.80	32.65	14.99	17	13
印度	74.65	74.84	73.52	74.66	74.42	74.85	75.20	70.88	71.19	71.61	70.59	73.31	2	4
意大利	37.38	37.20	37.24	36.83	32.40	27.98	31.21	21.96	20.44	26.14	25.55	30.39	15	15
日本	75.15	80.32	81.09	81.03	78.26	82.80	53.12	57.74	57.71	58.71	78.93	71.35	3	2
韩国	69.32	66.86	65.96	71.43	61.59	67.53	66.98	64.26	63.03	62.57	62.28	65.62	5	5
墨西哥	80.20	83.54	86.89	90.24	90.26	90.28	90.30	90.32	88.15	88.06	88.21	87.86	1	1
俄罗斯	66.45	66.85	67.25	67.65	68.05	68.45	68.85	66.97	59.83	70.14	76.37	67.89	4	3
中国台湾	62.88	62.56	62.87	63.10	54.53	62.85	62.46	59.04	62.27	66.61	55.46	61.33	6	6
美国	42.05	45.74	46.13	47.56	30.12	39.95	44.69	44.11	41.68	41.66	39.00	42.06	12	12

十、金属制品业利润占比指标的国际比较

如表7-44所示：

（1）在金属制品业中，2005～2015年17个经济体利润占比平均值最高的是印度（73.59），其次依次是墨西哥（63.35）、韩国（44.98）、巴西（43.22）、中国（40.37）、意大利（37.87）等。利润占比平均值最低的是日本（10.63），其次依次是英国（19.64）、法国（22.72）、俄罗斯（23.89）等。

（2）中国金属制品业2005～2015年利润占比平均值为40.37，居17个经济体的第5位。

（3）中国金属制品业2015年利润占比（43.01）高于2005～2015年的平均值（40.37），呈现逐年递增态势，在17个经济体中的排序上升为第4位。

表7-44　2005~2015年金属制品业17个经济体利润占比　　单位：%

国家（地区）	2005	2006	2007	2008	2009	2010	2011	2012	2013	2014	2015	平均值	平均值排序	2015排序
澳大利亚	16.21	32.22	30.84	37.25	34.00	33.56	33.12	32.68	27.62	28.80	30.04	30.57	11	12
巴西	57.11	53.12	51.90	48.57	50.21	40.12	40.10	36.11	33.98	32.69	31.53	43.22	4	10
加拿大	29.46	27.82	28.05	18.16	17.22	33.65	36.33	39.25	39.28	38.80	39.56	31.60	9	5
瑞士	41.98	37.82	39.35	36.68	32.16	35.84	36.04	37.52	36.40	34.96	31.75	36.41	7	8
中国	49.50	47.73	45.97	45.55	45.13	44.71	33.78	22.84	29.57	36.29	43.01	40.37	5	4
德国	28.53	35.43	32.22	30.32	21.67	29.38	31.59	29.37	29.76	29.85	29.29	29.77	12	14
西班牙	34.00	34.43	35.30	32.84	32.68	25.38	24.95	25.50	28.01	32.14	31.60	30.62	10	9
法国	19.42	18.96	19.93	24.45	19.63	23.75	25.29	25.44	24.80	24.41	23.81	22.72	15	16
英国	21.39	15.82	18.30	22.67	13.08	13.41	18.20	21.94	22.12	24.05	25.06	19.64	16	15

续表

国家（地区） ＼ 年份	2005	2006	2007	2008	2009	2010	2011	2012	2013	2014	2015	平均值	平均值排序	2015排序
印度	75.01	75.05	74.17	75.02	75.01	74.52	75.19	71.28	71.92	72.07	70.30	73.59	1	1
意大利	37.35	37.17	37.20	36.80	38.44	40.09	38.97	36.60	37.31	38.56	38.07	37.87	6	6
日本	78.77	10.70	10.58	3.92	8.50	4.65	-12.95	-3.22	1.72	7.64	6.60	10.63	17	17
韩国	41.16	40.30	40.52	44.75	47.35	49.00	49.22	46.54	46.31	45.05	44.62	44.98	3	3
墨西哥	59.07	61.21	63.35	65.49	65.90	66.30	66.71	67.11	60.61	60.29	60.79	63.35	2	2
俄罗斯	23.53	23.30	23.35	22.56	23.03	22.43	22.85	25.71	26.29	20.10	29.61	23.89	14	13
中国台湾	24.64	23.98	23.13	23.49	24.37	29.54	37.16	31.38	31.32	33.92	31.24	28.56	13	11
美国	32.08	30.82	32.12	29.86	31.72	32.80	31.75	32.55	33.25	32.52	32.56	32.00	8	7

十一、机械和设备制造业利润占比指标的国际比较

如表7-45所示：

（1）在机械和设备制造业中，2005~2015年17个经济体利润占比平均值最高的是印度（73.59），其次依次是墨西哥（65.78）、日本（43.06）、韩国（42.61）、中国（40.03）、西班牙（38.65）等。利润占比平均值最低的是英国（14.74），其次依次是法国（23.91）、澳大利亚（30.23）、巴西（30.24）等。

（2）中国机械和设备制造业2005~2015年利润占比平均值为40.03，居17个经济体的第5位。

（3）中国机械和设备制造业2015年利润占比（42.12）高于2005~2015年的平均值（40.03），呈现逐年递增态势，但在17个经济体中的排序却下降为第7位。

表7-45　2005~2015年机械和设备制造业17个经济体利润占比　　单位：%

国家（地区） ＼ 年份	2005	2006	2007	2008	2009	2010	2011	2012	2013	2014	2015	平均值	平均值排序	2015排序
澳大利亚	22.90	32.33	37.06	35.21	36.83	34.24	31.66	29.08	26.79	35.68	10.81	30.23	15	17
巴西	35.47	32.15	33.91	33.58	26.39	36.21	32.70	25.05	26.29	28.22	22.70	30.24	14	15
加拿大	34.42	33.83	32.92	22.30	21.82	36.28	40.39	41.34	40.78	40.31	41.06	35.04	9	8
瑞士	36.34	36.59	38.74	37.50	33.51	40.25	40.42	40.73	38.88	41.39	36.75	38.28	7	9
中国	48.12	45.49	42.87	45.31	47.75	50.19	35.34	20.48	27.70	34.91	42.12	40.03	5	7
德国	26.28	28.19	30.29	36.05	22.59	32.76	35.55	33.01	31.57	32.32	31.79	30.95	13	12
西班牙	34.17	36.70	36.73	35.30	36.25	36.93	36.04	40.37	42.32	45.38	44.95	38.65	6	4
法国	17.36	19.78	20.30	27.01	19.62	25.23	28.44	26.43	24.36	27.52	26.94	23.91	16	14
英国	22.50	16.83	15.61	21.80	-18.30	13.00	17.35	18.63	17.33	21.10	16.33	14.74	17	16
印度	74.39	75.08	74.04	75.18	74.80	74.72	75.18	71.30	71.88	72.04	70.87	73.59	1	1

续表

国家 (地区)	2005	2006	2007	2008	2009	2010	2011	2012	2013	2014	2015	平均值	平均值 排序	2015 排序
意大利	33.14	32.95	32.99	32.55	34.23	35.90	35.78	35.20	35.61	36.81	36.31	34.68	11	10
日本	35.63	47.66	48.76	47.25	40.05	43.16	38.24	41.85	41.48	41.09	48.50	43.06	3	3
韩国	38.32	37.82	37.64	39.85	38.37	50.16	49.41	45.81	44.59	43.62	43.17	42.61	4	6
墨西哥	47.10	56.83	66.56	76.29	75.63	74.97	74.31	73.65	59.47	59.15	59.66	65.78	2	2
俄罗斯	33.32	32.83	32.33	31.84	31.35	30.86	30.37	36.70	24.22	27.30	30.07	31.02	12	13
中国台湾	32.83	32.23	31.80	25.42	29.21	33.84	38.73	42.11	40.98	46.38	44.93	36.22	8	5
美国	31.81	32.62	33.65	32.73	33.19	35.76	36.61	35.78	37.34	36.94	36.27	34.79	10	11

十二、计算机电子光学制造业利润占比指标的国际比较

如表7-46所示：

（1）在计算机电子光学制造业中，2005～2015年17个经济体利润占比平均值最高的是印度（73.80），其次依次是中国台湾（66.42）、韩国（63.11）、日本（51.74）、墨西哥（47.19）、瑞士（46.50）等。利润占比平均值最低的是英国（17.05），其次依次是法国（28.71）、加拿大（30.36）、意大利（32.69）等。

（2）中国计算机电子光学制造业2005～2015年利润占比平均值为39.01，居17个经济体的第9位。

（3）中国计算机电子光学制造业2015年利润占比（38.30）低于2005～2015年的平均值（39.01），呈现逐年递减态势，在17个经济体中的排序下降为第12位。

表7-46　2005～2015年计算机电子光学制造业17个经济体利润占比　　单位：%

国家 (地区)	2005	2006	2007	2008	2009	2010	2011	2012	2013	2014	2015	平均值	平均值 排序	2015 排序
澳大利亚	23.57	32.52	30.23	30.86	36.63	39.22	41.81	44.40	40.15	32.64	50.58	36.60	11	5
巴西	39.82	43.23	43.41	44.11	42.06	36.78	36.58	30.97	38.02	30.87	20.64	36.96	10	16
加拿大	21.32	18.35	20.68	23.34	28.20	41.88	40.67	36.24	34.50	33.98	34.80	30.36	15	14
瑞士	46.41	42.78	43.78	43.30	42.03	51.39	50.73	48.93	48.21	47.74	46.16	46.50	6	7
中国	49.97	48.08	46.19	46.32	46.46	46.59	32.41	18.22	24.91	31.60	38.30	39.01	9	12
德国	32.29	31.96	34.94	21.39	0.35	40.91	45.04	43.83	41.85	42.44	41.98	34.27	13	10
西班牙	32.55	32.18	36.27	37.62	36.76	43.01	41.90	43.14	42.99	43.75	43.31	39.41	8	8
法国	22.40	20.10	18.72	15.10	9.53	38.81	38.47	38.79	38.77	37.81	37.32	28.71	16	13
英国	14.61	10.14	11.99	17.12	16.67	20.33	16.68	21.77	18.61	20.55	19.12	17.05	17	17
印度	75.01	75.16	74.10	74.85	75.14	74.86	75.46	71.71	71.97	72.09	71.48	73.80	1	2
意大利	24.51	24.29	24.34	23.85	31.79	39.72	39.50	38.59	34.92	39.29	38.81	32.69	14	11

年份 国家 （地区）	2005	2006	2007	2008	2009	2010	2011	2012	2013	2014	2015	平均值	平均值 排序	2015 排序
日本	63.45	53.29	54.50	50.81	47.69	48.97	40.05	37.44	42.15	42.99	87.79	51.74	4	1
韩国	56.84	55.61	56.86	55.88	57.72	68.51	68.54	69.18	68.56	68.36	68.11	63.11	3	4
墨西哥	55.69	54.64	53.59	52.53	53.31	54.09	54.87	55.64	28.31	27.75	28.65	47.19	5	15
俄罗斯	34.10	33.91	33.95	33.27	33.67	33.16	33.52	33.82	34.73	40.94	42.99	35.28	12	9
中国台湾	64.43	64.12	63.14	59.67	63.46	63.45	68.43	69.29	70.89	72.67	71.12	66.42	2	3
美国	39.25	39.64	39.46	42.33	45.06	47.59	45.37	46.29	48.11	47.53	47.83	44.41	7	6

十三、电气设备制造业利润占比指标的国际比较

如表7-47所示：

（1）在电气设备制造业中，2005~2015年17个经济体利润占比平均值最高的是印度（73.45），其次依次是墨西哥（61.61）、韩国（46.93）、日本（41.70）、西班牙（41.51）、中国（41.24）等。利润占比平均值最低的是法国（15.85），其次依次是英国（20.67）、巴西（30.85）、俄罗斯（31.66）等。

（2）中国电气设备制造业2005~2015年利润占比平均值为41.24，居17个经济体的第6位。

（3）中国电气设备制造业2015年利润占比（44.36）高于2005~2015年的平均值（41.24），呈现逐年递增态势，但在17个经济体中的排序仍为第6位。

表 7-47　2005~2015 年电气设备制造业 17 个经济体利润占比　　单位：%

年份 国家 （地区）	2005	2006	2007	2008	2009	2010	2011	2012	2013	2014	2015	平均值	平均值 排序	2015 排序
澳大利亚	35.39	37.18	34.21	35.79	41.55	39.05	36.56	34.06	32.84	32.29	31.53	35.50	11	13
巴西	43.16	45.74	43.72	39.31	36.60	25.36	28.58	21.42	23.98	19.59	11.94	30.85	15	17
加拿大	23.96	15.03	15.48	25.76	27.56	43.77	45.25	46.75	44.35	43.90	44.61	34.22	12	5
瑞士	42.30	40.59	42.07	41.18	33.96	42.03	41.85	41.09	40.33	38.33	34.84	39.87	7	11
中国	48.58	49.61	50.64	50.01	49.38	48.75	33.09	17.42	26.40	35.38	44.36	41.24	6	6
德国	16.89	19.80	26.17	37.61	34.38	36.63	38.08	37.89	35.42	35.87	35.36	32.19	13	9
西班牙	34.14	41.86	42.15	39.34	35.85	42.82	39.83	40.26	45.67	47.57	47.15	41.51	5	4
法国	9.26	9.75	13.09	19.54	12.89	19.17	17.33	19.05	19.39	17.77	17.12	15.85	17	16
英国	11.74	21.46	18.89	27.09	10.93	20.18	22.01	19.98	20.78	26.06	28.21	20.67	16	14
印度	74.45	74.74	73.56	74.97	75.09	74.57	75.33	70.81	71.99	72.03	70.40	73.45	1	1
意大利	35.30	35.11	35.15	34.73	37.61	40.50	39.74	38.67	39.15	34.27	33.75	36.73	10	12
日本	47.46	52.36	52.15	48.60	48.12	48.83	30.79	33.91	36.66	40.72	19.05	41.70	4	15

国家 (地区)	2005	2006	2007	2008	2009	2010	2011	2012	2013	2014	2015	平均值	平均值 排序	2015 排序
韩国	37.49	37.25	37.48	41.64	44.02	56.03	55.02	52.04	52.42	51.60	51.22	46.93	3	2
墨西哥	60.85	63.57	66.29	69.01	69.02	69.02	69.02	69.02	47.35	46.93	47.59	61.61	2	3
俄罗斯	32.79	32.59	32.63	31.94	32.35	31.83	32.19	31.71	26.87	28.19	35.17	31.66	14	10
中国台湾	36.80	36.24	42.03	33.15	34.78	43.36	39.95	42.29	43.51	40.13	40.62	39.35	8	7
美国	30.23	39.14	36.11	42.09	41.17	40.46	34.56	36.36	38.36	38.00	37.40	37.63	9	8

十四、机动车辆制造业利润占比指标的国际比较

如表 7-48 所示：

（1）在机动车辆制造业中，2005~2015 年 17 个经济体利润占比平均值最高的是墨西哥（78.20），其次依次是韩国（42.88）、美国（40.95）、印度（39.13）、瑞士（39.13）、加拿大（39.07）等。利润占比平均值最低的是英国（11.88），其次依次是巴西（13.80）、法国（15.98）、澳大利亚（17.07）等。

（2）中国机动车辆制造业 2005~2015 年利润占比平均值为 28.35，居 17 个经济体的第 11 位。

（3）中国机动车辆制造业 2015 年利润占比（21.57）低于 2005~2015 年的平均值（28.35），呈现逐年递减态势，在 17 个经济体中的排序下降为第 14 位。

表 7-48　2005~2015 年机动车辆制造业 17 个经济体利润占比　　　　单位：%

国家 (地区)	2005	2006	2007	2008	2009	2010	2011	2012	2013	2014	2015	平均值	平均值 排序	2015 排序
澳大利亚	31.16	13.62	14.63	27.07	37.46	27.01	16.57	6.13	3.31	2.64	8.16	17.07	14	16
巴西	-50.62	-7.82	-1.44	20.63	16.37	48.21	40.38	32.74	31.70	18.27	3.33	13.80	16	17
加拿大	31.81	24.67	24.06	25.77	20.36	50.75	49.60	51.25	50.56	50.17	50.79	39.07	6	3
瑞士	41.11	38.23	39.73	36.09	31.63	42.98	42.24	39.11	41.46	40.30	37.59	39.13	5	8
中国	36.17	36.57	36.98	33.86	30.73	27.61	24.49	21.37	20.74	21.74	21.57	28.35	11	14
德国	20.27	23.82	27.83	21.15	-0.22	43.95	48.59	46.94	44.77	48.41	48.00	33.96	7	5
西班牙	37.05	39.37	40.35	27.54	23.75	34.17	29.00	24.16	32.32	37.65	37.15	32.95	9	10
法国	28.18	17.86	15.63	4.47	-11.42	24.78	24.65	18.28	16.88	18.55	17.90	15.98	15	15
英国	9.54	1.76	4.26	6.60	-16.02	14.51	11.32	9.83	26.28	32.75	29.83	11.88	17	13
印度	41.11	38.23	39.73	36.09	31.63	42.98	42.24	39.11	41.46	40.30	37.59	39.13	4	9
意大利	20.47	20.23	20.28	19.76	29.51	39.25	34.90	28.41	33.60	31.99	31.45	28.17	12	12
日本	27.17	31.81	36.15	26.92	21.25	31.94	29.18	37.87	38.42	41.31	43.38	33.22	8	6
韩国	33.26	32.21	35.94	37.61	43.74	48.31	49.60	47.13	46.83	48.71	48.30	42.88	2	4

续表

国家 （地区）\年份	2005	2006	2007	2008	2009	2010	2011	2012	2013	2014	2015	平均值	平均值 排序	2015 排序
墨西哥	77.56	77.50	77.51	77.37	77.99	78.61	79.23	79.86	78.21	78.03	78.31	78.20	1	1
俄罗斯	31.27	31.07	31.11	30.40	30.82	30.29	30.66	40.47	21.02	43.26	38.74	32.65	10	7
中国台湾	16.35	15.61	19.84	21.68	32.58	29.41	30.96	28.15	30.18	32.65	36.82	26.75	13	11
美国	42.72	41.63	39.56	26.43	-6.82	43.66	49.23	51.64	53.44	53.39	55.62	40.95	3	2

十五、其他交通设备制造业利润占比指标的国际比较

如表 7-49 所示：

（1）在其他交通设备制造业中，2005~2015 年 17 个经济体利润占比平均值最高的是墨西哥（73.13），其次依次是加拿大（46.53）、西班牙（45.08）、韩国（43.98）、美国（37.26）、意大利（34.66）等。利润占比平均值最低的是中国（22.58），其次依次是俄罗斯（25.42）、巴西（26.74）、澳大利亚（27.08）等。

（2）中国其他交通设备制造业 2005~2015 年利润占比平均值为 22.58，居 17 个经济体的第 17 位。

（3）中国其他交通设备制造业 2015 年利润占比（15.68）低于 2005~2015 年的平均值（22.58），呈现逐年递减态势，在 17 个经济体中的排序始终为第 17 位。

表 7-49　2005~2015 年其他交通设备制造业 17 个经济体利润占比　　单位：%

国家 （地区）\年份	2005	2006	2007	2008	2009	2010	2011	2012	2013	2014	2015	平均值	平均值 排序	2015 排序
澳大利亚	23.90	39.23	31.73	14.81	26.99	29.28	31.57	33.85	19.73	25.31	21.49	27.08	14	15
巴西	29.83	30.19	28.16	25.59	27.25	34.99	35.01	25.32	25.16	16.46	16.14	26.74	15	16
加拿大	39.33	39.92	39.47	41.23	34.99	52.58	53.36	49.55	53.86	53.50	54.08	46.53	2	3
瑞士	31.26	27.33	30.85	32.96	29.44	36.23	36.62	35.96	37.01	34.45	29.37	32.86	8	12
中国	29.63	30.70	31.77	28.51	25.25	21.98	18.72	15.46	14.79	15.86	15.68	22.58	17	17
德国	24.09	19.49	16.23	18.78	12.17	36.06	40.33	39.05	33.03	36.21	35.70	28.29	13	9
西班牙	28.75	33.52	32.25	39.62	37.01	44.51	56.11	54.93	57.27	56.13	55.77	45.08	3	2
法国	22.91	25.17	24.32	12.94	6.62	43.04	36.37	45.35	46.10	47.61	47.20	32.51	10	4
英国	39.81	43.48	36.05	20.90	26.71	9.72	30.97	28.38	32.69	29.09	33.80	30.14	12	11
印度	31.26	27.33	30.85	32.96	29.44	36.23	36.62	35.96	37.01	34.45	29.37	32.86	9	13
意大利	34.00	33.81	33.85	33.42	34.29	35.16	35.16	35.86	28.37	38.93	38.44	34.66	6	8
日本	35.28	39.03	39.26	37.78	28.57	43.13	28.31	17.76	19.49	15.38	29.24	30.29	11	14
韩国	23.51	30.40	44.13	51.20	52.18	57.57	55.52	49.73	47.61	36.06	35.55	43.98	4	10
墨西哥	75.05	74.98	74.99	74.83	76.13	77.43	78.73	80.03	64.14	63.86	64.31	73.13	1	1

续表

国家 （地区） 　　年份	2005	2006	2007	2008	2009	2010	2011	2012	2013	2014	2015	平均值	平均值 排序	2015 排序
俄罗斯	22.21	21.99	22.03	21.23	21.71	21.10	21.52	25.72	25.40	32.43	44.25	25.42	16	5
中国台湾	15.85	15.11	35.51	35.63	33.95	31.12	39.30	38.06	37.50	39.69	41.57	33.03	7	6
美国	34.55	33.88	40.55	36.91	38.25	38.75	38.12	35.24	36.34	38.15	39.13	37.26	5	7

十六、其他制造业利润占比指标的国际比较

如表 7-50 所示：

（1）在其他制造业中，2005～2015 年 17 个经济体利润占比平均值最高的是印度（73.95），其次依次是墨西哥（62.14）、巴西（56.00）、日本（47.99）、俄罗斯（44.35）、意大利（41.57）等。利润占比平均值最低的是法国（22.14），其次依次是德国（28.33）、中国（31.50），中国台湾（32.14）等。

（2）中国其他制造业 2005～2015 年利润占比平均值为 31.50，居 17 个经济体的第 15 位。

（3）中国其他制造业 2015 年利润占比（35.64）高于 2005～2015 年的平均值（31.50），呈现逐年递增态势，在 17 个经济体中的排序上升为第 13 位。

表 7-50　2005～2015 年其他制造业 17 个经济体利润占比　　　　单位：%

国家 （地区） 　　年份	2005	2006	2007	2008	2009	2010	2011	2012	2013	2014	2015	平均值	平均值 排序	2015 排序
澳大利亚	35.61	22.79	38.29	39.62	37.24	38.31	39.39	40.47	31.09	31.12	35.34	35.39	11	14
巴西	53.57	62.71	62.46	65.48	61.98	56.38	55.30	50.74	49.93	51.55	45.85	56.00	3	5
加拿大	35.24	34.35	32.74	25.04	25.60	37.16	37.05	37.30	36.14	35.63	36.44	33.88	13	12
瑞士	41.83	35.94	39.96	38.27	39.01	39.91	39.97	40.81	40.39	40.50	45.84	40.22	7	6
中国	45.77	40.75	35.73	36.45	37.16	37.87	23.46	9.05	17.91	26.78	35.64	31.50	15	13
德国	28.19	33.01	27.47	34.10	33.28	24.28	27.97	27.28	24.43	26.11	25.53	28.33	16	16
西班牙	28.95	29.35	27.75	37.57	37.27	38.79	38.59	44.04	45.29	45.84	45.41	38.08	8	7
法国	26.36	23.74	22.43	20.27	18.46	20.16	21.40	22.35	22.51	23.25	22.64	22.14	17	17
英国	34.01	29.73	29.67	32.13	33.88	33.19	38.92	36.31	37.88	39.13	39.60	35.81	9	11
印度	75.21	75.26	74.93	75.48	75.49	74.76	75.34	70.64	72.09	72.29	71.92	73.95	1	2
意大利	41.39	41.22	41.26	40.88	41.12	41.37	41.88	40.93	41.78	42.93	42.48	41.57	6	8
日本	77.95	54.49	57.33	56.37	55.32	56.13	17.65	20.46	22.57	22.51	87.12	47.99	4	1
韩国	28.06	27.95	26.21	24.96	31.97	45.09	45.32	40.50	41.21	40.72	40.25	35.66	10	9
墨西哥	68.71	68.19	67.66	67.13	67.05	66.97	66.89	66.81	48.11	47.70	48.36	62.14	2	4
俄罗斯	38.51	39.78	41.05	42.32	43.59	44.86	46.13	41.40	42.96	53.03	54.26	44.35	5	3

续表

年份 国家 （地区）	2005	2006	2007	2008	2009	2010	2011	2012	2013	2014	2015	平均值	平均值 排序	2015 排序
中国台湾	30.53	29.92	29.92	27.32	26.57	26.62	32.93	34.91	36.40	38.80	39.62	32.14	14	10
美国	33.56	34.67	32.57	32.25	38.71	39.55	36.51	35.52	33.81	33.40	33.47	34.91	12	15

十七、中国制造业细分产业利润占比指标的综合分析

将前面表7-35至表7-50数据中的中国制造业细分产业的数据集中在一起，得到表7-51。

如表7-51所示：

（1）中国制造业各细分产业利润占比在17个经济体中的排序表现出很不相同的状态，从总体考察，处于中等偏低的水平。中国制造业细分产业利润占比2005~2015年平均值或2015年数值居17个经济体前5位的有3个产业：其他非金属制品业、金属制品业、机械和设备制造业；居第6~10名的有5个产业：木制品业、纸制品业、橡胶塑料制品业、计算机电子光学制造业、电气设备制造业；居第11~17名的有8个产业：食品加工业、纺织服装业、石油制品业、化工制品业、基础金属制品业、机动车辆制造业、其他交通设备制造业、其他制造业。

（2）中国制造业16个细分产业利润占比的发展变化状况也表现出较大的差异，16个产业中，有7个产业——食品加工业、纸制品业、其他非金属制品业、金属制品业、机械和设备制造业、电气设备制造业、其他制造业，其利润占比2015年数值高于2000~2015年平均值，呈现逐年递增的态势；而另外9个产业——纺织服装业、木制品业、橡胶塑料制品业、石油制品业、化工制品业、基础金属制品业、计算机电子光学制造业、机动车辆制造业、其他交通设备制造业，其利润占比2015年数值低于2000~2015年平均值，呈现逐年递减的态势。

表7-51　2005~2015年中国制造业细分产业利润占比　　　　单位：%

年份 制造业	2005	2006	2007	2008	2009	2010	2011	2012	2013	2014	2015	平均值	平均值 排序	2015 排序
食品加工	44.90	41.34	37.78	39.22	40.65	42.09	38.40	34.72	36.68	38.65	40.61	39.55	13	12
纺织服装	42.05	39.46	36.88	39.44	42.00	44.56	30.32	16.07	21.89	27.71	33.53	33.99	10	12
木制品	50.81	47.00	43.18	42.89	42.60	42.31	37.15	31.99	34.07	36.15	38.22	40.58	6	8
纸制品	39.91	41.72	43.52	43.08	43.79	43.67	43.44	43.06	43.86	43.07	43.02	42.92	8	7
石油制品	47.25	44.42	47.62	39.71	36.80	33.88	45.99	58.10	48.91	39.73	30.54	42.59	14	13
化工制品	47.12	48.87	50.62	45.70	40.78	35.86	30.94	26.01	25.43	26.36	26.20	36.72	17	17
橡胶塑料制品	47.50	49.36	51.21	45.92	40.62	35.32	30.02	24.72	24.12	25.07	24.91	36.25	8	13
其他非金属制品	51.05	47.21	43.37	46.41	49.46	52.50	42.71	32.92	37.46	42.00	46.53	44.69	6	5

续表

制造业 \ 年份	2005	2006	2007	2008	2009	2010	2011	2012	2013	2014	2015	平均值	平均值排序	2015排序
基础金属制品	53.07	50.32	47.57	47.16	46.75	46.34	38.97	31.60	35.33	39.07	42.80	43.54	11	11
金属制品	49.50	47.73	45.97	45.55	45.13	44.71	33.78	22.84	29.57	36.29	43.01	40.37	5	4
机械和设备	48.12	45.49	42.87	45.31	47.75	50.19	35.34	20.48	27.70	34.91	42.12	40.03	5	7
计算机电子光学	49.97	48.08	46.19	46.32	46.46	46.59	32.41	18.22	24.91	31.60	38.30	39.01	9	12
电气设备	48.58	49.61	50.64	50.01	49.38	48.75	33.09	17.42	26.40	35.38	44.36	41.24	6	6
机动车辆	36.17	36.57	36.98	33.86	30.73	27.61	24.49	21.37	20.74	21.74	21.57	28.35	11	14
其他交通设备	29.63	30.70	31.77	28.51	25.25	21.98	18.72	15.46	14.79	15.86	15.68	22.58	17	17
其他制造业	45.77	40.75	35.73	36.45	37.16	37.87	23.46	9.05	17.91	26.78	35.64	31.50	15	13

第四节　中国制造业细分产业税收占比的国际比较

一、食品加工业税收占比指标的国际比较

如表7-52所示：

（1）在食品加工业中，2005~2015年17个经济体税收占比平均值最高的是中国（29.79），其次依次是中国台湾（29.50）、日本（17.62）、法国（5.42）、瑞士（4.34）、印度（4.34）等。税收占比平均值最低的是西班牙（0.02），其次依次是德国（0.22）、墨西哥（0.55）、韩国（0.90）等。

（2）中国食品加工业2005~2015年税收占比平均值为29.79，居17个经济体的第1位。

（3）中国食品加工业2015年税收占比（31.16）高于2005~2015年的平均值（29.79），呈现逐年递增态势，在17个经济体中的排序仍为第1位。

表7-52　2005~2015年食品加工业17个经济体税收占比　　　　单位：%

国家（地区） \ 年份	2005	2006	2007	2008	2009	2010	2011	2012	2013	2014	2015	平均值	平均值排序	2015排序
澳大利亚	3.43	3.67	3.73	2.26	1.98	2.05	2.12	2.19	2.19	2.34	2.47	2.58	9	10
巴西	3.91	3.59	4.40	5.01	5.15	4.04	3.56	3.53	3.89	3.86	3.99	4.08	7	7
加拿大	1.94	1.93	1.99	1.92	1.63	1.83	1.69	1.73	1.86	1.87	1.85	1.84	12	11
瑞士	5.60	3.61	4.63	4.01	4.06	4.82	3.65	3.99	3.33	3.47	6.53	4.34	5	4
中国	34.05	32.95	31.85	28.79	25.74	22.68	26.93	31.17	31.17	31.16	31.16	29.79	1	1

年份 国家 （地区）	2005	2006	2007	2008	2009	2010	2011	2012	2013	2014	2015	平均值	平均值 排序	2015 排序
德国	0.62	1.50	1.43	-0.05	-1.79	-0.04	0.04	0.13	0.18	0.18	0.18	0.22	16	17
西班牙	-0.22	-0.15	-0.21	0.10	0.09	-0.16	-0.24	0.06	0.26	0.32	0.32	0.02	17	16
法国	6.29	6.31	6.74	5.95	6.51	4.51	4.65	4.95	4.97	4.36	4.40	5.42	4	6
英国	1.05	1.09	1.15	1.36	0.99	1.09	0.98	0.98	0.81	0.70	0.72	0.99	13	14
印度	5.60	3.61	4.63	4.01	4.06	4.82	3.65	3.99	3.33	3.47	6.53	4.34	6	5
意大利	1.10	1.10	1.10	1.11	1.91	2.72	3.04	2.82	2.59	2.53	2.55	2.05	10	9
日本	12.92	13.61	13.44	13.92	13.37	13.30	25.29	25.65	25.81	24.11	12.45	17.62	3	3
韩国	0.82	0.92	0.94	0.96	0.95	0.87	0.74	0.76	0.92	1.03	1.03	0.90	14	13
墨西哥	0.46	0.49	0.52	0.55	0.51	0.47	0.44	0.40	0.72	0.73	0.72	0.55	15	15
俄罗斯	2.67	2.50	2.32	2.14	1.96	1.78	1.61	1.37	1.41	1.46	1.49	1.88	11	12
中国台湾	29.31	29.57	30.23	29.48	29.84	30.99	30.27	29.39	29.50	28.69	27.20	29.50	2	2
美国	3.66	3.52	3.53	3.75	3.59	3.95	4.14	4.21	4.14	3.54	3.23	3.75	8	8

二、纺织服装业税收占比指标的国际比较

如表 7-53 所示：

（1）在纺织服装业中，2005～2015 年 17 个经济体税收占比平均值最高的是中国（19.36），其次依次是日本（5.62）、法国（4.71）、美国（3.42）、意大利（3.17）、澳大利亚（2.92）等。税收占比平均值最低的是西班牙（-0.78），其次依次是韩国（0.60）、俄罗斯（0.75）、德国（0.78）等。

（2）中国纺织服装业 2005～2015 年税收占比平均值为 19.36，居 17 个经济体的第 1 位。

（3）中国纺织服装业 2015 年税收占比（14.49）低于 2005～2015 年的平均值（19.36），呈现逐年递减态势，在 17 个经济体中的排序仍为第 1 位。

表 7-53　2005～2015 年纺织服装业 17 个经济体税收占比　　单位：%

年份 国家 （地区）	2005	2006	2007	2008	2009	2010	2011	2012	2013	2014	2015	平均值	平均值 排序	2015 排序
澳大利亚	4.57	5.62	5.62	2.02	1.50	1.70	1.90	2.11	2.34	2.60	2.18	2.92	6	9
巴西	2.22	2.01	2.11	2.56	2.41	2.23	2.23	2.30	2.48	2.41	2.66	2.33	9	8
加拿大	2.09	1.98	1.97	0.80	1.17	1.01	0.84	0.67	0.79	0.80	0.79	1.17	10	11
瑞士	2.57	2.28	2.94	2.27	2.01	2.27	2.16	3.17	2.33	2.29	2.76	2.46	8	6
中国	14.79	18.05	21.31	19.35	17.39	15.43	21.70	27.98	23.48	18.99	14.49	19.36	1	1
德国	2.17	2.25	2.13	0.98	-0.16	0.12	0.17	0.19	0.26	0.23	0.23	0.78	14	16

续表

年份 国家 （地区）	2005	2006	2007	2008	2009	2010	2011	2012	2013	2014	2015	平均值	平均值排序	2015排序
西班牙	-1.13	-1.10	-1.51	-1.13	-1.27	-1.12	-1.05	-0.58	-0.16	0.22	0.22	-0.78	17	17
法国	4.96	4.84	4.96	4.48	4.67	4.49	4.78	4.74	5.09	4.41	4.45	4.71	3	3
英国	1.78	1.41	1.37	1.68	1.79	0.96	1.04	1.13	0.65	0.56	0.46	1.17	11	15
印度	2.57	2.28	2.94	2.27	2.01	2.27	2.16	3.17	2.33	2.29	2.76	2.46	7	5
意大利	3.85	3.86	3.86	3.89	3.24	2.59	2.51	3.16	2.43	2.72	2.74	3.17	5	7
日本	4.70	4.02	4.04	4.26	3.99	4.36	7.86	7.62	7.55	8.67	4.73	5.62	2	2
韩国	0.55	0.66	0.70	0.64	0.59	0.50	0.52	0.49	0.61	0.69	0.69	0.60	16	13
墨西哥	1.09	1.03	0.97	0.92	0.86	0.80	0.74	0.68	0.75	0.75	0.74	0.85	13	12
俄罗斯	1.40	1.24	1.09	0.93	0.77	0.61	0.46	0.40	0.46	0.23	0.69	0.75	15	14
中国台湾	1.14	1.15	1.05	0.98	0.98	1.08	0.84	0.82	0.85	0.87	0.81	0.96	12	10
美国	3.02	3.23	3.52	3.34	4.03	3.68	3.69	3.45	3.32	3.13	3.18	3.42	4	4

三、木制品业税收占比指标的国际比较

如表 7-54 所示：

（1）在木制品业中，2005～2015 年 17 个经济体税收占比平均值最高的是中国（19.01），其次依次是日本（8.04）、法国（5.75）、意大利（3.58）、澳大利亚（3.03）、美国（2.68）等。税收占比平均值最低的是西班牙（-0.28），其次依次是墨西哥（0.55）、德国（0.57）、韩国（0.65）等。

（2）中国木制品业 2005～2015 年税收占比平均值为 19.01，居 17 个经济体的第 1 位。

（3）中国木制品业 2015 年税收占比（16.59）低于 2005～2015 年的平均值（19.01），呈现逐年递减态势，在 17 个经济体中的排序仍为第 1 位。

表 7-54　2005~2015 年木制品业 17 个经济体税收占比　　单位：%

年份 国家 （地区）	2005	2006	2007	2008	2009	2010	2011	2012	2013	2014	2015	平均值	平均值排序	2015排序
澳大利亚	2.31	2.69	2.65	2.37	2.82	3.06	3.30	3.54	3.61	3.75	3.29	3.03	5	4
巴西	1.84	1.85	2.04	2.52	2.25	2.53	2.39	2.29	2.28	2.15	2.22	2.21	11	10
加拿大	1.97	2.18	2.08	1.98	2.44	1.77	1.73	1.66	1.46	1.47	1.46	1.84	12	11
瑞士	2.21	2.26	2.86	1.91	1.90	2.45	1.76	2.44	1.79	1.94	3.16	2.24	10	6
中国	13.34	17.01	20.68	19.26	17.85	16.44	20.84	25.24	22.36	19.47	16.59	19.01	1	1
德国	1.57	2.01	2.38	0.16	-0.28	0.05	0.08	0.11	0.10	0.06	0.06	0.57	15	17
西班牙	-0.86	-0.80	-1.02	-0.47	-0.28	-0.26	-0.53	-0.21	0.34	0.51	0.52	-0.28	17	16

国家（地区）\年份	2005	2006	2007	2008	2009	2010	2011	2012	2013	2014	2015	平均值	平均值排序	2015排序
法国	6.58	6.49	6.35	5.45	5.55	5.32	5.31	5.51	5.83	5.40	5.44	5.75	3	3
英国	2.51	2.31	2.35	2.65	3.19	2.59	2.50	2.70	1.86	2.28	2.22	2.47	7	9
印度	2.21	2.26	2.86	1.91	1.90	2.45	1.76	2.44	1.79	1.94	3.16	2.24	9	7
意大利	4.23	4.25	4.24	4.27	3.65	3.03	3.09	3.28	2.92	3.17	3.19	3.58	4	5
日本	7.15	8.05	8.15	8.50	8.11	8.50	7.41	7.50	7.27	8.36	9.41	8.04	2	2
韩国	0.53	0.71	0.74	0.74	0.66	0.58	0.50	0.60	0.62	0.74	0.74	0.65	14	14
墨西哥	0.65	0.57	0.49	0.41	0.43	0.45	0.47	0.48	0.70	0.71	0.70	0.55	16	15
俄罗斯	3.93	3.57	3.21	2.85	2.49	2.14	1.78	1.55	1.54	1.42	1.41	2.35	8	12
中国台湾	1.10	1.11	1.08	1.17	1.34	1.48	1.32	1.34	1.41	1.12	1.20	1.24	13	13
美国	2.07	2.40	2.69	2.73	3.34	3.06	3.02	2.86	2.59	2.39	2.36	2.68	6	8

四、纸制品业税收占比指标的国际比较

如表 7-55 所示：

（1）在纸制品业中，2005～2015 年 17 个经济体税收占比平均值最高的是中国（22.88），其次依次是日本（6.53）、法国（6.47）、意大利（3.11）、美国（2.75）、澳大利亚（2.74）等。税收占比平均值最低的是西班牙（0.27），其次依次是韩国（0.54）、德国（0.62）、中国台湾（0.80）等。

（2）中国纸制品业 2005～2015 年税收占比平均值为 22.88，居 17 个经济体的第 1 位。

（3）中国木纸制品业 2015 年税收占比（22.89）高于 2005～2015 年的平均值（22.88），呈现逐年递增态势，在 17 个经济体中的排序仍为第 1 位。

表 7-55　2005～2015 年纸制品业 17 个经济体税收占比　　　　单位：%

国家（地区）\年份	2005	2006	2007	2008	2009	2010	2011	2012	2013	2014	2015	平均值	平均值排序	2015排序
澳大利亚	2.77	3.76	3.86	2.41	2.46	2.21	1.95	1.69	1.97	3.49	3.52	2.74	6	4
巴西	2.55	2.31	2.60	3.42	3.85	2.66	2.23	2.57	2.58	2.47	2.44	2.70	7	7
加拿大	3.04	3.23	3.51	3.30	3.38	1.80	1.77	1.81	1.80	1.81	1.79	2.48	8	10
瑞士	2.21	2.67	3.32	2.05	1.85	1.68	1.79	1.91	1.84	2.00	2.17	2.14	9	9
中国	23.74	23.22	22.69	22.87	22.59	22.63	22.73	22.88	22.56	22.87	22.89	22.88	1	1
德国	1.76	2.10	2.06	0.05	0.11	0.03	0.17	0.14	0.15	0.14	0.14	0.62	15	17
西班牙	0.19	0.31	0.31	0.01	-0.14	-0.16	-0.09	0.12	0.56	0.92	0.92	0.27	17	14
法国	8.87	9.34	9.39	6.47	6.97	5.39	5.23	5.23	5.37	4.43	4.47	6.47	3	3

续表

国家 （地区）	年份 2005	2006	2007	2008	2009	2010	2011	2012	2013	2014	2015	平均值	平均值 排序	2015 排序
英国	1.73	1.97	1.81	2.23	2.23	2.17	1.97	2.11	1.90	1.79	1.78	1.97	11	11
印度	2.21	2.67	3.32	2.05	1.85	1.68	1.79	1.91	1.84	2.00	2.17	2.14	10	8
意大利	3.71	3.72	3.72	3.75	3.24	2.73	2.88	2.77	2.59	2.53	2.55	3.11	4	6
日本	5.47	5.56	5.63	5.83	5.39	5.69	7.65	7.87	7.65	8.88	6.25	6.53	2	2
韩国	0.45	0.59	0.62	0.63	0.55	0.53	0.45	0.45	0.51	0.60	0.61	0.54	16	16
墨西哥	0.97	1.00	1.02	1.05	0.96	0.87	0.78	0.70	1.19	1.20	1.18	0.99	13	12
俄罗斯	1.46	1.46	1.46	1.48	1.47	1.48	1.47	1.40	1.62	1.46	1.01	1.43	12	13
中国台湾	0.86	0.87	0.84	0.85	0.87	0.77	0.73	0.74	0.80	0.76	0.78	0.80	14	15
美国	2.74	2.60	2.78	2.77	2.82	2.83	2.92	2.87	2.69	2.67	2.60	2.75	5	5

五、石油制品业税收占比指标的国际比较

如表 7-56 所示：

（1）在石油制品业中，2005~2015 年 17 个经济体税收占比平均值最高的是中国台湾（64.39），其次依次是日本（59.85）、中国（34.46）、法国（15.68）、印度（9.15）、瑞士（9.15）等。税收占比平均值最低的是澳大利亚（0.46），其次依次是英国（1.32）、加拿大（1.47）、德国（1.83）等。

（2）中国石油制品业 2005~2015 年税收占比平均值为 34.46，居 17 个经济体的第 3 位。

（3）中国石油制品业 2015 年税收占比（56.15）高于 2005~2015 年的平均值（34.46），呈现逐年递增态势，在 17 个经济体中的排序上升为第 2 位。

表 7-56　2005~2015 年石油制品业 17 个经济体税收占比　　　　单位：%

国家 （地区）	年份 2005	2006	2007	2008	2009	2010	2011	2012	2013	2014	2015	平均值	平均值 排序	2015 排序
澳大利亚	1.59	1.24	1.11	0.50	0.49	0.20	-0.09	-0.38	-0.49	0.56	0.31	0.46	17	17
巴西	4.09	5.66	5.14	23.44	2.45	3.47	-11.08	-2.89	-1.92	-9.49	2.12	1.91	13	13
加拿大	2.45	2.55	1.65	1.98	1.61	1.00	0.98	0.91	1.02	1.03	1.02	1.47	15	16
瑞士	8.28	6.83	7.90	11.09	10.49	13.67	7.63	7.78	6.58	8.63	11.79	9.15	6	6
中国	33.13	30.65	28.18	32.22	36.27	40.31	29.33	18.35	30.95	43.55	56.15	34.46	3	2
德国	3.77	3.19	4.01	0.58	1.95	0.65	1.24	1.00	0.51	1.59	1.60	1.83	14	15
西班牙	2.09	2.40	2.54	2.60	4.51	1.42	1.03	2.28	4.38	11.15	11.24	4.15	8	7
法国	11.99	14.93	11.18	19.22	21.42	16.26	19.83	16.74	14.64	13.06	13.16	15.68	4	4
英国	0.81	0.75	0.55	0.87	0.32	0.85	0.95	1.14	2.56	3.17	2.58	1.32	16	9

国家（地区）＼年份	2005	2006	2007	2008	2009	2010	2011	2012	2013	2014	2015	平均值	平均值排序	2015排序
印度	8.28	6.83	7.90	11.09	10.49	13.67	7.63	7.78	6.58	8.63	11.79	9.15	5	5
意大利	5.43	5.44	5.44	5.48	6.28	7.08	6.12	2.66	1.11	-2.42	2.44	4.09	9	10
日本	84.68	54.25	59.29	44.29	68.06	55.22	63.36	68.74	60.70	67.28	32.45	59.85	2	3
韩国	1.32	1.77	1.81	2.52	2.26	2.11	1.81	1.93	2.08	2.21	2.22	2.00	12	11
墨西哥	3.91	4.76	5.61	6.45	6.32	6.19	6.06	5.93	3.79	3.82	3.77	5.15	7	8
俄罗斯	8.88	7.57	6.27	4.96	3.66	2.36	1.05	1.22	1.46	1.55	1.74	3.70	10	14
中国台湾	67.43	68.03	49.51	76.14	52.04	57.60	73.00	76.84	56.74	72.51	58.39	64.39	1	1
美国	1.57	1.72	1.77	1.85	2.76	2.50	1.91	1.80	2.03	2.00	2.14	2.00	11	12

六、化工制品业税收占比指标的国际比较

如表 7-57 所示：

（1）在化工制品业中，2005～2015 年 17 个经济体税收占比平均值最高的是中国（31.16），其次依次是日本（7.76）、法国（5.61）、意大利（4.50）、美国（3.27）、巴西（2.95）等。税收占比平均值最低的是西班牙（0.02），其次依次是英国（0.71）、韩国（0.75）、德国（0.86）等。

（2）中国化工制品业 2005～2015 年税收占比平均值为 31.16，居 17 个经济体的第 1 位。

（3）中国化工制品业 2015 年税收占比（39.52）高于 2005～2015 年的平均值（31.16），呈现逐年递增态势，在 17 个经济体中的排序仍为第 1 位。

表 7-57　2005～2015 年化工制品业 17 个经济体税收占比　　　　单位：%

国家（地区）＼年份	2005	2006	2007	2008	2009	2010	2011	2012	2013	2014	2015	平均值	平均值排序	2015排序
澳大利亚	3.56	3.16	3.04	1.90	1.85	1.84	1.82	1.80	1.98	2.18	2.13	2.30	7	9
巴西	2.75	2.38	2.84	3.47	3.40	2.64	2.77	2.97	3.09	2.98	3.21	2.95	6	6
加拿大	2.53	2.46	2.45	2.15	1.90	0.80	1.00	1.01	0.94	0.94	0.93	1.55	11	12
瑞士	1.86	1.90	3.00	1.86	1.91	2.31	2.13	3.07	1.77	2.01	2.67	2.23	8	8
中国	22.13	21.32	20.51	24.33	28.16	31.98	35.80	39.63	39.94	39.44	39.52	31.16	1	1
德国	2.60	2.91	2.07	0.07	0.10	0.22	0.14	0.26	0.32	0.36	0.37	0.86	14	16
西班牙	0.20	0.25	-0.01	-0.31	-0.33	-0.22	-0.25	0.05	0.17	0.35	0.35	0.02	17	17
法国	7.26	6.87	7.29	6.69	6.84	4.35	4.71	4.75	4.64	4.13	4.16	5.61	3	3
英国	1.02	1.01	0.87	0.79	0.62	0.64	0.56	0.66	0.67	0.57	0.42	0.71	16	15
印度	1.86	1.90	3.00	1.86	1.91	2.31	2.13	3.07	1.77	2.01	2.67	2.23	9	7

年份 国家 （地区）	2005	2006	2007	2008	2009	2010	2011	2012	2013	2014	2015	平均值	平均值排序	2015排序
意大利	5.69	5.71	5.70	5.74	4.49	3.25	3.71	3.93	3.54	3.86	3.89	4.50	4	4
日本	8.63	7.96	8.01	8.76	7.84	8.02	6.86	6.82	6.52	7.69	8.21	7.76	2	2
韩国	0.65	0.76	0.78	0.78	0.71	0.67	0.62	0.66	0.76	0.90	0.91	0.75	15	13
墨西哥	1.29	1.26	1.23	1.20	1.09	0.98	0.87	0.76	1.90	1.91	1.89	1.31	12	10
俄罗斯	3.08	2.83	2.58	2.33	2.08	1.84	1.59	1.54	2.09	1.74	1.23	2.08	10	11
中国台湾	1.03	1.04	1.12	1.30	1.01	0.74	0.92	1.10	0.98	0.96	0.77	1.00	13	14
美国	2.32	2.13	2.16	3.64	3.67	3.53	4.33	3.62	3.56	3.55	3.48	3.27	5	5

七、橡胶和塑料制品业税收占比指标的国际比较

如表 7-58 所示：

（1）在化工制品业中，2005～2015 年 17 个经济体税收占比平均值最高的是中国（20.94），其次依次是日本（8.05）、法国（6.03）、意大利（4.02）、澳大利亚（3.21）、巴西（3.16）等。税收占比平均值最低的是西班牙（-0.03），其次依次是韩国（0.58）、德国（0.63）、墨西哥（1.12）等。

（2）中国化工制品业 2005～2015 年税收占比平均值为 20.94，居 17 个经济体的第 1 位。

（3）中国化工制品业 2015 年税收占比（25.17）高于 2005～2015 年的平均值（20.94），呈现逐年递增态势，在 17 个经济体中的排序仍为第 1 位。

表 7-58　2005～2015 年橡胶和塑料制品业 17 个经济体税收占比　　单位：%

年份 国家 （地区）	2005	2006	2007	2008	2009	2010	2011	2012	2013	2014	2015	平均值	平均值排序	2015排序
澳大利亚	3.59	4.05	3.96	2.57	2.54	2.74	2.93	3.13	3.19	3.58	3.03	3.21	5	7
巴西	3.51	3.26	3.72	3.89	3.54	2.80	2.71	2.74	2.98	2.71	2.94	3.16	6	8
加拿大	2.17	2.37	2.30	2.17	2.31	1.22	1.17	1.52	1.67	1.68	1.66	1.84	13	11
瑞士	2.39	2.55	3.40	2.57	2.51	2.23	2.41	2.93	2.25	2.50	3.13	2.63	7	5
中国	16.96	16.12	15.29	17.28	19.27	21.26	23.24	25.23	25.43	25.11	25.17	20.94	1	1
德国	1.81	2.00	2.06	0.13	0.10	0.11	0.15	0.18	0.21	0.11	0.12	0.63	15	17
西班牙	-0.31	-0.33	-0.40	-0.11	-0.04	-0.20	-0.21	0.14	0.28	0.42	0.42	-0.03	17	16
法国	7.15	7.03	7.63	6.30	6.48	5.21	5.43	5.51	5.64	4.97	5.01	6.03	3	3
英国	2.02	2.26	2.20	2.32	2.51	2.14	1.99	1.93	1.79	1.66	1.51	2.03	11	13
印度	2.39	2.55	3.40	2.57	2.51	2.23	2.41	2.93	2.25	2.50	3.13	2.63	8	6
意大利	4.57	4.58	4.58	4.61	4.16	3.72	3.79	4.03	3.31	3.43	3.46	4.02	4	4

续表

国家（地区）\年份	2005	2006	2007	2008	2009	2010	2011	2012	2013	2014	2015	平均值	平均值排序	2015排序
日本	7.45	8.05	7.93	8.29	8.21	8.46	7.68	7.45	7.30	8.46	9.23	8.05	2	2
韩国	0.49	0.60	0.61	0.66	0.62	0.55	0.48	0.48	0.57	0.68	0.68	0.58	16	15
墨西哥	0.95	1.05	1.14	1.24	1.15	1.07	0.98	0.89	1.29	1.30	1.28	1.12	14	14
俄罗斯	2.02	2.03	2.03	2.05	2.03	2.05	2.04	1.72	1.74	2.03	1.58	1.94	12	12
中国台湾	2.15	2.16	2.44	2.53	2.34	2.24	1.93	1.89	2.05	1.87	1.82	2.13	10	10
美国	2.15	2.18	2.41	2.61	2.50	2.39	2.38	2.14	2.12	2.27	2.17	2.30	9	9

八、其他非金属制品业税收占比指标的国际比较

如表 7-59 所示：

（1）在其他非金属制品业中，2005～2015 年 17 个经济体税收占比平均值最高的是中国（20.44），其次依次是日本（8.72）、中国台湾（7.30）、法国（6.35）、加拿大（4.02）、澳大利亚（3.59）等。税收占比平均值最低的是韩国（0.53），其次依次是西班牙（0.66）、墨西哥（0.78）、德国（0.80）等。

（2）中国其他非金属制品业 2005～2015 年税收占比平均值为 20.44，居 17 个经济体的第 1 位。

（3）中国其他非金属制品业 2015 年税收占比（17.21）低于 2005～2015 年的平均值（20.44），呈现逐年递减态势，但在 17 个经济体中的排序仍为第 1 位。

表 7-59　2005～2015 年其他非金属制品业 17 个经济体税收占比　　单位：%

国家（地区）\年份	2005	2006	2007	2008	2009	2010	2011	2012	2013	2014	2015	平均值	平均值排序	2015排序
澳大利亚	3.33	3.74	3.73	3.13	3.70	3.60	3.50	3.40	3.64	3.76	4.01	3.59	6	6
巴西	2.78	2.50	3.19	3.32	3.07	2.26	1.89	1.99	2.21	2.25	2.55	2.55	12	12
加拿大	2.71	3.93	4.73	4.83	4.99	3.67	3.30	3.75	4.11	4.15	4.09	4.02	5	5
瑞士	2.80	3.02	3.45	2.61	2.76	2.74	2.24	2.83	2.43	2.46	3.47	2.80	11	8
中国	16.16	18.87	21.58	21.21	20.84	20.47	22.45	24.43	22.02	19.62	17.21	20.44	1	1
德国	1.65	1.97	2.08	0.12	0.67	0.21	0.39	0.38	0.30	0.50	0.51	0.80	14	17
西班牙	0.25	0.22	0.11	0.10	0.36	0.53	0.60	0.88	1.20	1.52	1.53	0.66	16	14
法国	7.86	7.49	7.43	6.26	7.02	5.50	5.70	5.96	6.06	5.27	5.31	6.35	4	3
英国	2.35	2.51	2.63	2.37	3.29	2.98	5.59	2.85	2.78	2.71	2.69	2.98	9	11
印度	2.80	3.02	3.45	2.61	2.76	2.74	2.24	2.83	2.43	2.46	3.47	2.80	10	7
意大利	3.55	3.56	3.55	3.58	3.01	2.45	2.69	2.78	2.71	2.97	2.99	3.08	7	9
日本	8.90	8.34	8.20	8.89	9.01	9.10	8.18	8.39	8.04	9.08	9.80	8.72	2	2

国家（地区） \ 年份	2005	2006	2007	2008	2009	2010	2011	2012	2013	2014	2015	平均值	平均值排序	2015排序
韩国	0.48	0.58	0.60	0.57	0.52	0.48	0.42	0.46	0.52	0.62	0.62	0.53	17	16
墨西哥	0.88	0.81	0.74	0.66	0.61	0.56	0.51	0.46	1.11	1.12	1.10	0.78	15	15
俄罗斯	2.85	2.70	2.54	2.38	2.23	2.07	1.92	1.80	2.13	2.10	2.00	2.25	13	13
中国台湾	10.23	10.32	10.47	9.63	8.93	7.34	4.26	4.14	4.76	5.22	4.97	7.30	3	4
美国	2.38	2.45	2.64	2.98	3.64	3.64	3.64	3.35	3.04	2.93	2.85	3.05	8	10

九、基础金属制品业税收占比指标的国际比较

如表 7-60 所示：

（1）在基础金属制品业中，2005~2015 年 17 个经济体税收占比平均值最高的是中国（24.28），其次依次是法国（7.17）、日本（5.71）、意大利（4.61）、美国（4.20）、巴西（2.94）、等。税收占比平均值最低的是澳大利亚（-1.23），其次依次是西班牙（-0.35）、德国（0.35）、韩国（0.81）等。

（2）中国基础金属制品业 2005~2015 年税收占比平均值为 24.28，居 17 个经济体的第 1 位。

（3）中国基础金属制品业 2015 年税收占比（19.81）低于 2005~2015 年的平均值（24.28），呈现逐年递减态势，但在 17 个经济体中的排序仍为第 1 位。

表 7-60　2005~2015 年基础金属制品业 17 个经济体税收占比　　单位：%

国家（地区） \ 年份	2005	2006	2007	2008	2009	2010	2011	2012	2013	2014	2015	平均值	平均值排序	2015排序
澳大利亚	2.65	1.78	1.96	1.46	1.49	-2.67	-6.83	-10.99	-9.41	3.84	3.17	-1.23	17	7
巴西	2.67	2.74	3.13	2.97	3.48	3.48	2.71	2.67	2.87	2.51	3.06	2.94	6	9
加拿大	2.60	2.30	2.12	2.23	3.95	1.73	1.50	1.60	1.76	1.78	1.76	2.12	11	11
瑞士	2.65	2.40	3.73	2.36	2.73	2.13	1.91	3.17	2.66	2.57	3.53	2.71	8	5
中国	22.60	24.43	26.26	22.94	19.62	16.30	25.59	34.89	29.86	24.83	19.81	24.28	1	1
德国	2.04	2.57	2.59	-0.07	-0.16	-0.54	-0.44	-0.49	-1.17	-0.27	-0.26	0.35	15	17
西班牙	-0.04	0.06	-0.39	-0.84	-1.09	-0.66	-0.90	-0.39	-0.08	0.25	0.25	-0.35	16	16
法国	7.79	8.30	7.26	7.68	7.97	6.03	5.76	7.05	7.33	6.84	6.89	7.17	2	2
英国	3.29	2.27	2.22	3.17	4.59	3.33	2.27	2.32	2.76	2.84	2.52	2.87	7	10
印度	2.65	2.40	3.73	2.36	2.73	2.13	1.91	3.17	2.66	2.57	3.53	2.71	9	6
意大利	6.96	6.98	6.97	7.02	4.79	2.56	2.55	3.72	3.02	3.08	3.11	4.61	4	8
日本	5.35	4.25	4.14	4.27	4.43	4.02	8.07	7.71	7.59	8.50	4.51	5.71	3	3
韩国	0.72	0.87	0.90	0.97	0.97	0.67	0.63	0.71	0.75	0.84	0.85	0.81	14	15

国家 （地区）＼年份	2005	2006	2007	2008	2009	2010	2011	2012	2013	2014	2015	平均值	平均值排序	2015排序
墨西哥	1.77	1.78	1.78	1.79	1.72	1.66	1.59	1.53	0.94	0.95	0.93	1.50	12	14
俄罗斯	3.61	3.30	2.99	2.68	2.37	2.06	1.75	1.70	2.15	1.69	1.27	2.32	10	13
中国台湾	1.13	1.14	1.13	1.16	1.58	1.20	1.32	1.57	1.38	1.20	1.62	1.31	13	12
美国	3.77	3.48	3.65	3.41	6.06	4.97	4.23	3.98	4.23	4.09	4.35	4.20	5	4

十、金属制品业税收占比指标的国际比较

如表 7-61 所示：

（1）在金属制品业中，2005～2015 年 17 个经济体税收占比平均值最高的是中国（20.59），其次依次是日本（7.63）、法国（4.63）、意大利（3.07）、澳大利亚（2.81）、印度（2.43）等。税收占比平均值最低的是西班牙（-0.38），其次依次是韩国（0.53）、德国（0.71）、墨西哥（1.01）等。

（2）中国金属制品业 2005～2015 年税收占比平均值为 20.59，居 17 个经济体的第 1 位。

（3）中国金属制品业 2015 年税收占比（16.62）低于 2005～2015 年的平均值（20.59），呈现逐年递减态势，但在 17 个经济体中的排序仍为第 1 位。

表 7-61　2005～2015 年金属制品业 17 个经济体税收占比　　单位：%

国家 （地区）＼年份	2005	2006	2007	2008	2009	2010	2011	2012	2013	2014	2015	平均值	平均值排序	2015排序
澳大利亚	2.97	2.84	2.83	2.50	2.65	2.57	2.48	2.40	3.01	3.33	3.30	2.81	5	6
巴西	2.05	1.44	1.60	2.32	1.91	2.27	2.06	2.11	2.31	2.37	2.41	2.08	8	8
加拿大	2.18	2.17	2.16	1.96	2.24	1.05	0.89	0.81	0.77	0.78	0.77	1.43	11	14
瑞士	2.29	2.19	3.08	2.00	2.14	2.46	1.91	2.77	1.93	2.11	3.82	2.43	7	4
中国	15.15	17.64	20.14	19.56	18.98	18.40	24.02	29.65	25.30	20.96	16.62	20.59	1	1
德国	1.97	2.15	2.50	0.14	0.05	0.09	0.12	0.20	0.21	0.17	0.18	0.71	15	17
西班牙	-0.76	-0.69	-0.80	-0.57	-0.51	-0.59	-0.45	-0.28	0.07	0.22	0.22	-0.38	17	16
法国	5.40	5.24	5.14	5.08	5.58	3.99	4.21	4.32	4.48	3.75	3.78	4.63	3	5
英国	1.62	2.11	1.64	2.00	2.39	2.22	1.89	1.86	1.70	1.69	1.55	1.88	10	10
印度	2.29	2.19	3.08	2.00	2.14	2.46	1.91	2.77	1.93	2.11	3.82	2.43	6	3
意大利	3.25	3.26	3.26	3.28	2.95	2.62	2.67	3.36	2.95	3.06	3.08	3.07	4	7
日本	2.59	8.22	8.22	8.67	8.52	9.11	7.50	7.16	6.95	8.03	8.90	7.63	2	2
韩国	0.48	0.58	0.62	0.65	0.60	0.48	0.42	0.40	0.48	0.57	0.57	0.53	16	15
墨西哥	0.88	0.95	1.02	1.10	1.03	0.97	0.91	0.85	1.14	1.15	1.13	1.01	14	12

续表

年份 国家 （地区）	2005	2006	2007	2008	2009	2010	2011	2012	2013	2014	2015	平均值	平均值 排序	2015 排序
俄罗斯	1.32	1.32	1.32	1.33	1.32	1.33	1.33	1.17	1.19	1.22	1.09	1.27	13	13
中国台湾	1.35	1.36	1.40	1.33	1.40	1.51	1.23	1.34	1.38	1.30	1.33	1.36	12	11
美国	1.90	1.89	1.94	1.94	2.32	2.24	2.17	2.02	2.01	1.94	1.93	2.03	9	9

十一、机械和设备制造业税收占比指标的国际比较

如表 7-62 所示：

（1）在机械和设备制造业中，2005~2015 年 17 个经济体税收占比平均值最高的是中国（19.91），其次依次是日本（5.90）、法国（4.90）、意大利（2.85）、澳大利亚（2.70）、巴西（2.60）等。税收占比平均值最低的是西班牙（-0.48），其次依次是德国（0.57）、韩国（0.58）、墨西哥（0.62）等。

（2）中国机械和设备制造业 2005~2015 年税收占比平均值为 19.91，居 17 个经济体的第 1 位。

（3）中国机械和设备制造业 2015 年税收占比（15.81）低于 2005~2015 年的平均值（19.91），呈现逐年递减态势，但在 17 个经济体中的排序仍为第 1 位。

表 7-62　2005~2015 年机械和设备制造业 17 个经济体税收占比　　　单位：%

年份 国家 （地区）	2005	2006	2007	2008	2009	2010	2011	2012	2013	2014	2015	平均值	平均值 排序	2015 排序
澳大利亚	2.97	2.81	2.81	2.52	2.21	2.32	2.43	2.54	2.70	2.89	3.50	2.70	5	4
巴西	2.99	2.21	2.30	3.26	3.30	2.64	2.15	2.31	2.53	2.41	2.46	2.60	6	8
加拿大	1.95	1.92	1.99	1.88	1.97	0.93	0.83	0.74	0.42	0.43	0.42	1.22	13	14
瑞士	2.91	2.16	3.21	1.84	2.36	2.26	1.92	2.75	1.96	2.13	3.25	2.43	9	6
中国	16.18	18.25	20.32	19.24	18.16	17.08	22.47	27.86	23.84	19.83	15.81	19.91	1	1
德国	1.71	1.86	2.13	0.13	-0.03	0.01	0.07	0.14	0.15	0.07	0.07	0.57	16	15
西班牙	-0.69	-0.61	-0.66	-0.60	-0.71	-0.62	-0.72	-0.40	-0.16	-0.04	-0.04	-0.48	17	17
法国	5.56	5.28	5.30	5.25	5.77	4.32	4.59	4.66	4.84	4.14	4.17	4.90	3	3
英国	1.38	1.73	1.61	1.62	2.42	1.58	1.44	1.68	2.10	2.74	1.91	1.84	10	10
印度	2.91	2.16	3.21	1.84	2.36	2.26	1.92	2.75	1.96	2.13	3.25	2.43	8	5
意大利	3.35	3.36	3.35	3.38	2.84	2.31	2.33	2.80	2.54	2.52	2.54	2.85	4	7
日本	5.19	5.49	5.40	5.50	5.23	5.51	6.17	6.08	5.98	7.17	7.16	5.90	2	2
韩国	0.57	0.65	0.69	0.68	0.64	0.51	0.45	0.46	0.52	0.61	0.61	0.58	15	13
墨西哥	0.69	0.64	0.58	0.53	0.54	0.56	0.57	0.58	0.71	0.71	0.62	0.62	14	12
俄罗斯	2.40	2.15	1.89	1.63	1.38	1.12	0.87	0.84	0.96	0.64	0.06	1.27	12	16

续表

国家 (地区)＼年份	2005	2006	2007	2008	2009	2010	2011	2012	2013	2014	2015	平均值	平均值 排序	2015 排序
中国台湾	1.29	1.30	1.30	1.46	1.72	1.45	1.21	1.18	1.30	1.14	1.19	1.32	11	11
美国	2.54	2.51	2.53	2.37	2.82	2.67	2.48	2.41	2.32	2.25	2.26	2.47	7	9

十二、计算机电子光学制造业税收占比指标的国际比较

如表 7-63 所示：

（1）在计算机电子光学中，2005~2015 年 17 个经济体税收占比平均值最高的是中国（15.65），其次依次是日本（5.33）、巴西（3.65）、法国（3.51）、意大利（3.20）、加拿大（3.08）等。税收占比平均值最低的是西班牙（-0.66），其次依次是德国（0.14）、中国台湾（0.61）、俄罗斯（0.91）等。

（2）中国计算机电子光学 2005~2015 年税收占比平均值为 15.65，居 17 个经济体的第 1 位。

（3）中国计算机电子光学 2015 年税收占比（7.97）低于 2005~2015 年的平均值（15.65），呈现逐年递减态势，但在 17 个经济体中的排序仍为第 1 位。

表 7-63　2005~2015 年计算机电子光学制造业 17 个经济体税收占比　　单位：%

国家 (地区)＼年份	2005	2006	2007	2008	2009	2010	2011	2012	2013	2014	2015	平均值	平均值 排序	2015 排序
澳大利亚	3.98	3.68	4.02	2.57	2.37	2.28	2.19	2.10	2.22	2.68	2.24	2.76	7	9
巴西	3.61	1.73	1.60	2.92	2.74	4.24	3.87	4.44	4.43	5.02	5.60	3.65	3	2
加拿大	2.41	2.46	2.27	1.21	4.76	3.51	3.02	3.40	3.62	3.65	3.61	3.08	6	3
瑞士	2.30	2.07	3.15	2.17	2.02	2.12	1.64	2.34	1.87	2.08	2.64	2.22	9	5
中国	10.85	14.90	18.96	16.73	14.50	12.26	18.50	24.73	19.14	13.56	7.97	15.65	1	1
德国	0.99	1.59	1.57	-0.33	-0.85	-0.40	-0.27	-0.19	-0.15	-0.19	-0.19	0.14	16	17
西班牙	-0.95	-0.90	-1.11	-1.18	-1.18	-0.63	-0.71	-0.30	0.06	-0.17	-0.16	-0.66	17	16
法国	4.73	4.59	4.58	3.05	4.72	2.78	2.91	3.04	2.98	2.58	2.60	3.51	4	6
英国	1.39	1.32	1.37	1.35	1.15	1.20	1.11	0.95	1.13	0.89	0.98	1.17	11	12
印度	2.30	2.07	3.15	2.17	2.02	2.12	1.64	2.34	1.87	2.08	2.64	2.22	10	4
意大利	4.24	4.25	4.25	4.27	3.32	2.36	2.38	2.62	2.44	2.50	2.52	3.20	5	8
日本	3.35	5.47	5.35	5.47	5.30	5.57	6.17	6.33	6.17	7.32	2.12	5.33	2	11
韩国	1.27	1.42	1.46	1.49	2.18	0.45	0.48	0.50	0.51	0.62	0.62	1.00	13	14
墨西哥	0.46	0.55	0.64	0.73	0.67	0.60	0.54	0.48	2.14	2.15	2.13	1.01	12	10
俄罗斯	0.95	0.95	0.95	0.96	0.96	0.96	0.96	0.89	0.84	0.79	0.83	0.91	14	13
中国台湾	0.79	0.80	0.82	0.75	0.71	0.64	0.53	0.47	0.44	0.38	0.37	0.61	15	15
美国	2.40	2.36	2.52	2.92	3.12	2.83	2.90	2.83	2.75	2.65	2.57	2.71	8	7

十三、电气设备制造业税收占比指标的国际比较

如表 7-64 所示：

（1）在电气设备制造业中，2005~2015 年 17 个经济体税收占比平均值最高的是中国（21.55），其次依次是日本（5.94）、法国（5.59）、中国台湾（3.13）、澳大利亚（3.04）、巴西（2.83）等。税收占比平均值最低的是西班牙（-0.51），其次依次是德国（0.39）、墨西哥（0.97）、加拿大（1.13）等。

（2）中国电气设备制造业 2005~2015 年税收占比平均值为 21.55，居 17 个经济体的第 1 位。

（3）中国电气设备制造业 2015 年税收占比（15.49）低于 2005~2015 年的平均值（21.55），呈现逐年递减态势，但在 17 个经济体中的排序仍为第 1 位。

表 7-64　2005~2015 年电气设备制造业 17 个经济体税收占比　　　　单位：%

国家（地区）	2005	2006	2007	2008	2009	2010	2011	2012	2013	2014	2015	平均值	平均值排序	2015排序
澳大利亚	3.51	3.79	4.22	2.53	2.13	2.35	2.57	2.78	3.01	3.85	2.75	3.04	5	8
巴西	2.90	1.76	2.02	2.87	3.46	3.22	2.68	2.92	3.03	2.97	3.29	2.83	6	6
加拿大	2.00	2.28	2.44	1.94	1.70	0.54	0.49	0.38	0.23	0.24	0.23	1.13	14	15
瑞士	2.86	2.49	3.69	2.04	2.07	2.41	1.77	3.25	1.86	2.14	3.72	2.57	7	4
中国	15.77	18.32	20.86	18.88	16.90	14.92	26.06	37.19	29.96	22.72	15.49	21.55	1	1
德国	1.09	1.18	1.76	0.08	-0.06	-0.04	0.10	0.05	0.07	0.05	0.05	0.39	16	17
西班牙	-1.07	-0.84	-1.10	-0.63	-0.72	-0.50	-0.60	-0.20	-0.14	0.09	0.09	-0.51	17	16
法国	6.52	6.42	6.07	5.34	5.98	5.02	5.51	5.50	5.47	4.81	4.85	5.59	3	3
英国	1.82	1.68	1.58	1.41	1.59	1.28	1.23	1.34	1.40	1.07	1.14	1.41	12	13
印度	2.86	2.49	3.69	2.04	2.07	2.41	1.77	3.25	1.86	2.14	3.72	2.57	8	5
意大利	2.55	2.55	2.55	2.57	2.44	2.00	2.48	2.63	2.22	2.29	2.31	2.37	9	9
日本	3.94	5.34	5.34	5.65	4.97	5.17	5.87	5.78	5.67	6.84	10.75	5.94	2	2
韩国	4.01	4.19	4.16	3.72	2.78	0.50	0.46	0.47	0.53	0.64	0.64	2.01	11	14
墨西哥	0.70	0.73	0.76	0.79	0.81	0.82	0.84	0.86	1.45	1.46	1.45	0.97	15	11
俄罗斯	1.30	1.30	1.30	1.32	1.31	1.32	1.31	1.13	1.45	1.46	1.16	1.30	13	12
中国台湾	3.51	3.54	3.30	3.43	3.53	3.08	2.96	2.64	2.78	2.84	2.87	3.13	4	7
美国	2.51	1.95	2.05	2.00	2.26	2.22	2.36	2.19	2.05	2.01	2.01	2.15	10	10

十四、机动车辆制造业税收占比指标的国际比较

如表 7-65 所示：

（1）在机动车辆制造业中，2005~2015年17个经济体税收占比平均值最高的是中国（30.07），其次依次是中国台湾（24.88）、日本（7.45）、法国（6.95）、巴西（4.20）、瑞士（3.68）等。税收占比平均值最低的是俄罗斯（-2.63），其次依次是西班牙（-0.64）、德国（0.38）、韩国（0.73）等。

（2）中国机动车辆制造业2005~2015年税收占比平均值为30.07，居17个经济体的第1位。

（3）中国机动车辆制造业2015年税收占比（32.00）高于2005~2015年的平均值（30.07），呈现逐年递增态势，在17个经济体中的排序仍为第1位。

表7-65　2005~2015年机动车辆制造业17个经济体税收占比　　　单位：%

国家（地区）＼年份	2005	2006	2007	2008	2009	2010	2011	2012	2013	2014	2015	平均值	平均值排序	2015排序
澳大利亚	3.35	4.17	4.57	2.39	2.03	2.39	2.76	3.13	3.65	3.89	3.06	3.22	8	8
巴西	10.37	4.37	4.66	4.82	5.08	2.66	2.29	2.64	2.99	3.03	3.29	4.20	5	7
加拿大	1.80	2.10	2.24	1.77	1.88	1.06	0.62	0.49	0.10	0.10	0.10	1.11	12	15
瑞士	3.14	3.94	4.93	3.51	3.81	4.13	2.97	4.22	2.75	2.81	4.27	3.68	6	5
中国	28.63	27.93	27.23	28.20	29.17	30.14	31.11	32.08	32.34	31.93	32.00	30.07	1	1
德国	0.64	0.70	1.50	0.08	-0.11	0.19	0.27	0.23	0.24	0.19	0.19	0.38	15	14
西班牙	-0.29	-0.23	-0.38	-1.20	-1.52	-1.19	-1.07	-0.89	-0.28	0.02	0.02	-0.64	16	16
法国	6.66	7.24	7.85	9.82	8.87	5.42	5.57	6.36	6.58	6.04	6.08	6.95	4	4
英国	1.81	1.78	1.67	1.61	2.34	1.49	1.47	1.40	1.00	0.89	0.85	1.48	11	12
印度	3.14	3.94	4.93	3.51	3.81	4.13	2.97	4.22	2.75	2.81	4.27	3.68	7	6
意大利	2.25	2.25	2.25	2.27	1.97	1.68	1.78	2.74	1.50	2.01	2.03	2.07	10	9
日本	8.04	7.75	7.55	8.01	8.06	7.82	6.75	6.31	6.18	7.32	8.14	7.45	3	3
韩国	0.83	0.96	0.90	0.90	0.81	0.61	0.54	0.54	0.62	0.67	0.68	0.73	14	13
墨西哥	0.71	0.71	0.71	0.71	0.67	0.62	0.57	0.52	1.53	1.54	1.52	0.89	13	11
俄罗斯	-0.17	-0.17	-0.17	-0.17	-0.17	-0.17	-0.17	0.96	1.61	-12.44	-17.87	-2.63	17	17
中国台湾	29.82	30.08	27.24	22.84	17.83	25.85	25.63	25.68	24.28	23.54	20.93	24.88	2	2
美国	1.69	1.78	1.95	3.24	6.15	3.22	2.70	2.39	2.24	2.08	1.87	2.66	9	10

十五、其他交通运输设备制造业税收占比指标的国际比较

如表7-66所示：

（1）在其他交通运输设备制造业中，2005~2015年17个经济体税收占比平均值最高的是中国（20.46），其次依次是日本（7.72）、中国台湾（6.51）、法国（5.22）、澳大利亚（2.97）、巴西（2.91）等。税收占比平均值最低的是西班牙（-3.27），其次依次是德国（-0.41）、英国（0.59）、墨西哥（0.60）等。

（2）中国其他交通运输设备制造业 2005~2015 年税收占比平均值为 20.46，居 17 个经济体的第 1 位。

（3）中国其他交通运输设备制造业 2015 年税收占比（20.76）高于 2005~2015 年的平均值（20.46），呈现逐年递增态势，在 17 个经济体中的排序仍为第 1 位。

表 7-66　2005~2015 年其他交通运输设备制造业 17 个经济体税收占比　　单位：%

国家（地区）\年份	2005	2006	2007	2008	2009	2010	2011	2012	2013	2014	2015	平均值	平均值排序	2015排序
澳大利亚	3.99	3.31	3.58	3.12	2.56	2.51	2.46	2.42	3.08	2.90	2.72	2.97	5	6
巴西	3.66	3.40	3.59	4.23	4.25	0.23	1.46	2.26	2.45	3.21	3.32	2.91	6	5
加拿大	1.30	1.50	1.48	0.37	0.62	0.71	0.81	0.82	0.71	0.71	0.70	0.89	11	13
瑞士	2.34	3.53	3.70	2.52	2.80	2.15	1.75	2.45	1.89	2.29	2.67	2.55	7	7
中国	19.47	19.87	20.26	20.37	20.48	20.59	20.70	20.81	20.98	20.71	20.76	20.46	1	1
德国	-0.28	0.07	0.66	-0.76	-1.15	-1.16	-1.24	-0.29	-0.07	-0.13	-0.13	-0.41	16	16
西班牙	-5.40	-4.76	-4.75	-4.56	-4.47	-3.52	-2.66	-1.95	-1.54	-1.17	-1.16	-3.27	17	17
法国	5.91	5.85	6.32	6.62	8.08	3.49	4.69	4.05	4.34	3.99	4.02	5.22	4	4
英国	0.62	0.57	0.56	0.76	0.64	0.78	0.56	0.50	0.50	0.56	0.39	0.59	15	15
印度	2.34	3.53	3.70	2.52	2.80	2.15	1.75	2.45	1.89	2.29	2.67	2.55	8	8
意大利	0.67	0.67	0.67	0.68	0.94	1.20	0.32	0.62	0.82	1.60	1.61	0.89	10	10
日本	5.99	7.88	7.94	7.82	7.70	7.74	7.10	7.45	7.58	8.74	8.93	7.72	2	2
韩国	0.58	0.63	0.60	0.57	0.59	0.52	0.49	0.52	0.59	0.85	0.86	0.62	13	12
墨西哥	0.46	0.46	0.46	0.46	0.44	0.41	0.39	0.37	1.04	1.05	1.04	0.60	14	11
俄罗斯	0.52	0.52	0.52	0.53	0.52	0.53	0.53	1.18	1.37	0.78	0.55	0.69	12	14
中国台湾	9.69	9.77	6.60	7.22	3.22	5.65	5.84	5.97	6.02	5.98	5.71	6.51	3	3
美国	1.94	1.94	1.77	1.88	2.03	1.96	1.91	2.05	1.96	1.85	1.80	1.92	9	9

十六、其他制造业税收占比指标的国际比较

如表 7-67 所示：

（1）在其他制造业中，2005~2015 年 17 个经济体税收占比平均值最高的是中国（25.50），其次依次是日本（4.62）、法国（4.17）、意大利（3.15）、澳大利亚（3.11）、瑞士（2.08）等。税收占比平均值最低的是西班牙（-0.61），其次依次是韩国（0.51）、德国（0.54）、墨西哥（0.79）等。

（2）中国其他制造业 2005~2015 年税收占比平均值为 25.50，居 17 个经济体的第 1 位。

（3）中国其他制造业 2015 年税收占比（11.25）低于 2005~2015 年的平均值（25.50），呈现逐年递减态势，在 17 个经济体中的排序仍为第 1 位。

表 7-67　2005~2015 年其他交通运输设备制造业 17 个经济体税收占比　　单位：%

国家 （地区）	2005	2006	2007	2008	2009	2010	2011	2012	2013	2014	2015	平均值	平均值 排序	2015 排序
澳大利亚	2.56	4.20	3.99	2.67	2.64	2.72	2.81	2.90	3.33	3.32	3.03	3.11	5	3
巴西	2.02	1.44	1.51	1.02	1.22	1.42	1.50	1.51	1.61	1.62	1.84	1.52	9	8
加拿大	1.96	1.98	2.01	1.94	1.60	1.26	1.20	1.19	0.99	1.00	0.98	1.46	10	12
瑞士	2.09	1.98	2.32	1.54	1.66	2.22	1.76	3.41	1.76	1.88	2.20	2.08	6	6
中国	12.59	16.74	20.89	20.55	20.22	19.89	37.37	54.86	40.32	25.79	11.25	25.50	1	1
德国	1.51	1.75	1.86	0.12	0.10	0.08	0.08	0.11	0.14	0.10	0.10	0.54	15	16
西班牙	-0.72	-0.70	-0.90	-0.86	-0.77	-0.76	-0.82	-0.49	-0.29	-0.19	-0.19	-0.61	17	17
法国	5.06	5.05	5.27	4.22	4.56	3.43	3.73	3.80	4.01	3.38	3.40	4.17	3	2
英国	1.47	1.49	1.50	2.04	1.53	1.35	1.35	1.11	1.26	0.98	1.09	1.38	11	10
印度	2.09	1.98	2.32	1.54	1.66	2.22	1.76	3.41	1.76	1.88	2.20	2.08	7	5
意大利	3.21	3.22	3.22	3.24	3.18	3.11	3.21	3.35	2.83	3.00	3.02	3.15	4	4
日本	2.16	3.97	3.89	4.01	3.81	4.02	6.86	6.81	6.26	7.70	1.34	4.62	2	9
韩国	0.46	0.68	0.70	0.70	0.65	0.39	0.35	0.36	0.39	0.46	0.46	0.51	16	15
墨西哥	0.66	0.69	0.72	0.75	0.72	0.70	0.67	0.64	1.06	1.07	1.05	0.79	14	11
俄罗斯	2.14	1.95	1.76	1.57	1.37	1.18	0.99	0.70	0.79	0.60	0.62	1.24	12	14
中国台湾	1.09	1.10	1.10	1.11	1.10	1.06	0.91	0.85	0.88	0.87	0.79	0.99	13	13
美国	1.38	1.38	1.46	1.84	1.94	1.91	2.00	2.00	2.08	2.05	1.97	1.82	8	7

十七、中国制造业细分产业税收占比指标的综合分析

将前面表 7-52 至表 7-67 数据中的中国制造业细分产业的数据集中在一起，得到表 7-68。

如表 7-68 所示：

（1）对中国制造业细分产业税收占比进行国际比较，十分惊讶地发现，中国制造业细分产业税收占比 2005~2015 年平均值或 2015 年数值在 17 个经济体中名列前茅，且与其他经济体差距悬殊。16 个细分产业中除了石油制品业居第 2 位，其他 15 个细分产业税收占比均居第 1 位，且不仅比排序最后的经济体高出数十倍之多，比排序次低的经济体也高出许多（参见前面各表）。

（2）中国制造业 16 个细分产业税收占比的发展变化状况也表现出较大的差异，16 个产业中，有 7 个产业——食品加工业、纸制品业、石油制品业、化工制品业、橡胶塑料制品业、机动车辆制造业、其他交通设备制造业，其税收占比 2015 年数值高于 2000~2015 年平均值，呈现逐年递增的态势；而另外 9 个产业——纺织服装业、木制品业、其他非金属制品业、基础金属制品业、金属制品业、机械和设备制造业、计算机电子光学制造业、电气设备制造业、其他制造业，其利润占比 2015 年数值低于 2000~2015 年平均值，呈现

逐年递减的态势。

中国制造业各细分产业增加值率如此低下，而作为增加值构成要素之一的税收又如此高企，一方面印证了中国制造业细分产业劳动报酬占比低下是造成增加率低下的主要因素，另一方面也说明税收占比高企可能是一个制约中国制造业创新发展不容忽视的问题。

表7-68 2005~2015年中国制造业细分产业税收占比　　　单位：%

制造业 ＼ 年份	2005	2006	2007	2008	2009	2010	2011	2012	2013	2014	2015	平均值	平均值排序	2015排序
食品加工	34.05	32.95	31.85	28.79	25.74	22.68	26.93	31.17	31.17	31.16	31.16	29.79	1	1
纺织服装	14.79	18.05	21.31	19.35	17.39	15.43	21.70	27.98	23.48	18.99	14.49	19.36	1	1
木制品	13.34	17.01	20.68	19.26	17.85	16.44	20.84	25.24	22.36	19.47	16.59	19.01	1	1
纸制品	23.74	23.22	22.69	22.87	22.59	22.63	22.73	22.88	22.56	22.87	22.89	22.88	1	1
石油制品	33.13	30.65	28.18	32.22	36.27	40.31	29.33	18.35	30.95	43.55	56.15	34.46	3	2
化工制品	22.13	21.32	20.51	24.33	28.16	31.98	35.80	39.63	39.94	39.44	39.52	31.16	1	1
橡胶塑料制品	16.96	16.12	15.29	17.28	19.27	21.26	23.24	25.23	25.43	25.11	25.17	20.94	1	1
其他非金属制品	16.16	18.87	21.58	21.21	20.84	20.47	22.45	24.43	22.02	19.62	17.21	20.44	1	1
基础金属制品	22.60	24.43	26.26	22.94	19.62	16.30	25.59	34.89	29.86	24.83	19.81	24.28	1	1
金属制品	15.15	17.64	20.14	19.56	18.98	18.40	24.02	29.65	25.30	20.96	16.62	20.59	1	1
机械和设备	16.18	18.25	20.32	19.24	18.16	17.08	22.47	27.86	23.84	19.83	15.81	19.91	1	1
计算机电子光学	10.85	14.90	18.96	16.73	14.50	12.26	18.50	24.73	19.14	13.56	7.97	15.65	1	1
电气设备	15.77	18.32	20.86	18.88	14.92	26.06	37.19	29.96	22.72	15.49	15.49	21.55	1	1
机动车辆	28.63	27.93	27.23	28.20	29.17	30.14	31.11	32.08	32.34	31.93	32.00	30.07	1	1
其他交通设备	19.47	19.87	20.26	20.37	20.48	20.59	20.70	20.81	20.98	20.71	20.76	20.46	1	1
其他制造业	12.59	16.74	20.89	20.55	20.22	19.89	37.37	54.86	40.32	25.79	11.25	25.50	1	1

第五节　中国制造业细分产业出口占总产值比重的国际比较

研究制造业细分产业出口占总产值的比重，能够考察各国内需市场回旋空间的大小。本节运用经济合作与发展组织（OECD）国家投入产出表提供的"全部投入产出表"数据，依然选择17个代表性经济体，对2005~2015年中国制造业16个细分产业出口占总产值比重指标进行国际比较。

一、食品加工业出口占总产值比重指标的国际比较

如表7-69所示：

（1）在食品加工业中，2005~2015年17个经济体出口占总产值比重平均值最高的是

加拿大（20.26），其次依次是德国（19.36）、瑞士（19.31）、澳大利亚（19.05）、法国（17.15）、巴西（15.22）等。出口占总产值比重平均值最低的是日本（0.81），其次依次是俄罗斯（4.11）、韩国（4.49）、中国（4.61）等。

（2）中国食品加工业2005~2015年出口占总产值比重平均值为4.61，居17个经济体的第14位。

（3）中国食品加工业2015年出口占总产值比重（3.36）低于2005~2015年的平均值（4.61），呈现逐年递减态势，在17个经济体中的排序下降为第16位。

表7-69　2005~2015年食品加工业17个经济体出口占总产值比重　　单位：%

国家 （地区） \ 年份	2005	2006	2007	2008	2009	2010	2011	2012	2013	2014	2015	平均值	平均值 排序	2015 排序
澳大利亚	19.61	20.67	19.01	19.56	17.97	17.67	17.20	16.03	18.90	20.93	21.96	19.05	4	3
巴西	18.24	16.48	15.85	15.28	13.86	14.58	14.50	14.60	14.88	13.57	15.59	15.22	6	6
加拿大	22.08	22.04	22.11	23.24	16.82	18.47	20.04	20.33	20.64	21.68	15.44	20.26	1	7
瑞士	11.66	13.11	15.64	17.32	17.18	19.43	24.04	21.78	27.45	22.60	22.19	19.31	3	2
中国	6.39	6.14	5.62	4.82	4.01	4.30	4.55	4.03	3.81	3.65	3.36	4.61	14	16
德国	14.79	15.87	17.18	17.91	18.09	19.37	20.62	21.35	22.06	22.86	22.87	19.36	2	1
西班牙	10.85	10.75	11.24	11.20	11.61	12.44	13.14	14.63	14.75	14.85	14.74	12.75	9	8
法国	15.28	16.16	15.88	16.50	15.54	16.44	17.60	18.47	18.84	18.34	19.54	17.15	5	4
英国	10.40	11.44	12.44	12.86	12.52	13.90	15.62	14.87	14.77	14.31	13.61	13.24	7	9
印度	7.14	7.48	7.87	9.37	6.90	8.20	10.77	12.81	12.39	10.77	9.38	9.37	10	10
意大利	10.46	11.13	11.37	11.79	11.64	12.90	14.09	14.55	15.03	15.29	15.83	13.10	8	5
日本	0.62	0.77	0.85	0.80	0.71	0.77	0.75	0.73	0.86	0.96	1.11	0.81	17	17
韩国	3.31	3.07	3.27	3.94	4.32	4.66	5.65	5.96	5.55	5.00	4.64	4.49	15	15
墨西哥	4.56	5.15	5.19	5.42	5.88	5.96	6.57	6.37	6.48	6.65	7.54	5.98	12	12
俄罗斯	3.39	3.58	3.30	3.56	4.38	3.65	4.13	4.67	4.55	5.20	4.83	4.11	16	14
中国台湾	5.63	5.40	5.84	6.30	6.12	6.36	6.85	7.40	7.73	8.32	8.73	6.79	11	11
美国	4.20	4.53	4.82	5.40	5.00	5.68	6.07	6.53	6.99	7.12	6.43	5.71	13	13

二、纺织服装业出口占总产值比重指标的国际比较

如表7-70所示：

（1）在纺织服装业中，2005~2015年17个经济体出口占总产值比重平均值最高的是瑞士（62.34），其次依次是中国台湾（53.45）、法国（41.63）、西班牙（35.76）、意大利（34.59）、中国（34.48）等。出口占总产值比重平均值最低的是俄罗斯（6.48），其次依次是巴西（8.01）、日本（8.38）、美国（12.13）等。

（2）中国纺织服装业2005~2015年出口占总产值比重平均值为34.48，居17个经济

体的第6位。

（3）中国纺织服装业2015年出口占总产值比重（26.73）低于2005~2015年的平均值（34.48），呈现逐年递减态势，在17个经济体中的排序下降为第8位。

表7-70　2005~2015年纺织服装业17个经济体出口占总产值比重　　　　单位：%

年份 国家 （地区）	2005	2006	2007	2008	2009	2010	2011	2012	2013	2014	2015	平均值	平均值 排序	2015 排序
澳大利亚	19.34	19.34	17.23	15.62	13.40	13.53	13.90	19.42	16.49	16.62	17.19	16.55	13	13
巴西	12.82	11.69	10.27	8.75	6.70	6.02	5.39	5.46	6.24	6.69	8.03	8.01	16	16
加拿大	15.05	16.29	18.28	25.03	21.51	22.91	23.30	24.69	23.94	22.46	22.40	21.44	12	11
瑞士	64.03	62.23	63.84	63.91	64.17	62.10	59.05	62.80	63.53	60.49	59.57	62.34	1	1
中国	42.81	43.23	41.18	37.89	31.94	33.37	33.19	30.47	29.84	28.68	26.73	34.48	6	8
德国	29.35	30.01	30.73	32.04	32.91	34.32	33.86	33.97	35.04	36.74	36.75	33.25	7	6
西班牙	24.74	26.20	29.25	32.46	36.12	38.41	39.75	41.52	41.73	42.23	40.95	35.76	4	4
法国	35.12	38.04	39.34	41.32	42.49	42.06	43.08	43.38	43.99	44.97	44.18	41.63	3	3
英国	30.93	31.19	31.64	33.34	31.66	32.56	32.15	33.18	33.50	32.58	31.01	32.43	8	7
印度	27.47	26.24	25.34	27.57	24.02	25.34	28.52	27.09	24.78	25.58	24.54	26.04	9	10
意大利	13.93	34.43	34.70	35.67	33.42	35.12	37.05	38.08	39.38	39.97	38.70	34.59	5	5
日本	3.66	8.98	9.05	8.94	7.69	8.66	7.95	8.69	9.39	9.73	9.42	8.38	15	15
韩国	27.48	24.36	22.93	23.89	21.98	20.50	20.94	19.88	19.91	18.92	18.13	21.72	11	12
墨西哥	30.37	26.72	24.63	23.23	23.78	23.13	23.74	24.17	23.92	25.13	26.48	25.03	10	9
俄罗斯	10.10	8.31	6.69	6.20	6.28	5.10	4.87	5.77	5.41	6.39	6.19	6.48	17	17
中国台湾	8.25	61.75	60.90	59.30	58.05	55.80	57.28	56.50	56.20	55.98	57.96	53.45	2	2
美国	23.95	10.29	11.39	12.21	11.42	13.04	13.01	9.14	9.49	9.92	9.58	12.13	14	14

三、木制品业出口占总产值比重指标的国际比较

如表7-71所示：

（1）在木制品业中，2005~2015年17个经济体出口占总产值比重平均值最高的是加拿大（53.78），其次依次是俄罗斯（39.32）、巴西（22.78）、德国（21.45）、中国台湾（18.24）、法国（14.82）等。出口占总产值比重平均值最低的是日本（1.19），其次依次是韩国（2.29）、美国（5.86）、墨西哥（6.30）等。

（2）中国木制品业2005~2015年出口占总产值比重平均值为14.68，居17个经济体的第7位。

（3）中国木制品业2015年出口占总产值比重（10.10）低于2005~2015年的平均值（14.68），呈现逐年递减态势，在17个经济体中的排序下降为第9位。

表 7-71　2005~2015 年木制品业 17 个经济体出口占总产值比重　　单位：%

国家 （地区）＼年份	2005	2006	2007	2008	2009	2010	2011	2012	2013	2014	2015	平均值	平均值排序	2015排序
澳大利亚	9.86	10.32	9.48	12.06	10.19	8.95	7.74	6.80	6.97	7.28	7.16	8.80	12	12
巴西	41.60	38.34	33.64	24.06	17.58	14.15	12.79	13.22	15.03	15.95	24.20	22.78	3	3
加拿大	72.21	66.82	60.83	52.87	49.23	40.81	42.32	44.57	48.72	54.35	58.87	53.78	1	1
瑞士	9.46	13.66	14.51	11.59	11.80	12.92	16.56	11.50	13.05	10.16	9.77	12.27	10	10
中国	20.76	22.13	20.55	16.75	12.52	12.90	12.60	11.69	10.71	10.73	10.10	14.68	7	9
德国	21.19	22.33	24.89	24.29	20.73	20.72	20.24	20.49	20.23	20.34	20.51	21.45	4	4
西班牙	8.36	8.23	8.82	10.23	12.65	13.22	15.28	17.73	18.91	17.80	18.47	13.61	9	5
法国	14.81	15.34	14.97	13.51	12.22	14.48	13.87	14.71	15.28	15.68	18.12	14.82	6	6
英国	7.55	7.78	7.68	7.00	6.94	6.86	7.82	7.18	6.58	7.09	6.96	7.22	13	13
印度	17.52	15.04	14.11	13.69	16.42	19.46	25.69	8.28	9.98	8.28	7.75	14.20	8	11
意大利	8.29	8.82	8.72	10.92	9.43	11.62	12.09	13.28	14.34	14.62	14.79	11.54	11	7
日本	1.16	0.91	1.01	1.05	1.02	1.09	1.27	1.28	1.33	1.45	1.51	1.19	17	17
韩国	2.36	1.84	1.85	2.09	2.18	1.72	2.07	3.39	2.60	2.57	2.51	2.29	16	16
墨西哥	7.56	8.19	6.95	6.32	6.00	5.44	5.10	5.19	6.02	5.87	6.70	6.30	14	14
俄罗斯	44.02	42.91	41.03	36.87	42.03	40.18	42.70	35.49	32.08	37.71	37.53	39.32	2	2
中国台湾	27.93	24.75	23.51	20.01	17.23	15.36	15.15	14.76	14.84	13.82	13.33	18.24	5	8
美国	3.78	4.14	4.55	5.34	5.53	6.59	7.13	7.11	6.81	7.13	6.38	5.86	15	15

四、纸制品业出口占总产值比重指标的国际比较

如表 7-72 所示：

（1）在纸制品业中，2005~2015 年 17 个经济体出口占总产值比重平均值最高的是加拿大（31.85），其次依次是瑞士（29.11）、德国（26.65）、法国（20.67）、俄罗斯（18.64）、西班牙（16.28）等。出口占总产值比重平均值最低的是日本（2.69），其次依次是中国（5.02）、印度（5.07）、澳大利亚（7.87）等。

（2）中国纸制品业 2005~2015 年出口占总产值比重平均值为 5.02，居 17 个经济体的第 16 位。

（3）中国纸制品业 2015 年出口占总产值比重（5.34）高于 2005~2015 年的平均值（5.02），呈现逐年递增态势，在 17 个经济体中的排序上升为第 15 位。

表 7-72　2005~2015 年纸制品业 17 个经济体出口占总产值比重　　单位：%

国家 （地区）＼年份	2005	2006	2007	2008	2009	2010	2011	2012	2013	2014	2015	平均值	平均值排序	2015排序
澳大利亚	6.58	6.33	5.79	5.64	5.93	7.63	7.70	8.71	9.70	11.52	11.06	7.87	14	12
巴西	14.66	14.84	13.91	15.60	14.82	14.43	14.07	14.40	15.88	15.97	22.65	15.57	7	5

续表

年份 国家 （地区）	2005	2006	2007	2008	2009	2010	2011	2012	2013	2014	2015	平均值	平均值 排序	2015 排序
加拿大	29.15	29.37	28.28	28.77	26.05	34.11	34.61	33.65	35.74	34.02	36.62	31.85	1	1
瑞士	28.61	28.68	29.34	30.54	26.78	31.65	26.61	29.89	36.47	26.59	25.09	29.11	2	3
中国	4.71	5.45	5.20	4.83	4.38	4.73	5.11	5.03	5.18	5.29	5.34	5.02	16	15
德国	26.00	27.16	27.41	24.57	24.20	25.97	26.10	26.58	27.29	28.22	29.66	26.65	3	2
西班牙	12.21	12.28	13.26	13.73	13.48	17.14	18.06	19.57	20.36	19.74	19.18	16.28	6	6
法国	18.13	19.00	20.60	19.73	19.91	20.31	21.13	21.27	21.76	22.17	23.32	20.67	4	4
英国	11.34	10.57	10.43	12.03	12.05	12.67	13.33	12.43	12.31	11.94	11.47	11.89	10	10
印度	4.84	4.60	4.01	4.56	4.45	5.49	6.63	5.29	5.86	5.05	5.00	5.07	15	16
意大利	10.71	10.95	11.32	12.85	12.87	14.20	14.96	16.02	16.82	16.95	16.41	14.01	9	7
日本	1.86	2.48	2.68	2.66	2.20	2.72	2.27	2.62	2.91	3.35	3.88	2.69	17	17
韩国	10.38	9.70	9.62	11.13	10.91	10.46	11.67	12.48	12.82	11.28	10.52	11.00	11	14
墨西哥	7.43	7.39	7.23	8.10	8.20	8.53	8.85	9.17	9.38	9.82	10.81	8.63	13	13
俄罗斯	26.54	23.78	18.98	20.24	19.34	18.57	17.89	14.99	13.33	16.32	15.09	18.64	5	9
中国台湾	14.59	14.37	15.99	14.77	15.65	15.43	15.01	16.27	15.92	16.06	15.49	15.41	8	8
美国	7.65	7.97	8.39	9.28	9.15	10.43	10.70	10.70	11.34	11.50	11.15	9.84	12	11

五、石油制品业出口占总产值比重指标的国际比较

如表 7-73 所示：

（1）在石油制品业中，2005~2015 年 17 个经济体出口占总产值比重平均值最高的是俄罗斯（48.11），其次依次是韩国（31.28）、中国台湾（28.31）、英国（26.85）、西班牙（26.68）、加拿大（22.61）等。出口占总产值比重平均值最低的是中国（3.52），其次依次是墨西哥（5.49）、日本（5.83）、巴西（6.00）等。

（2）中国石油制品业 2005~2015 年出口占总产值比重平均值为 3.52，居 17 个经济体的第 17 位。

（3）中国石油制品业 2015 年出口占总产值比重（2.20）低于 2005~2015 年的平均值（3.52），呈现逐年递减态势，在 17 个经济体中的排序仍为第 17 位。

表 7-73　2005~2015 年石油制品业 17 个经济体出口占总产值比重　　　单位：%

年份 国家 （地区）	2005	2006	2007	2008	2009	2010	2011	2012	2013	2014	2015	平均值	平均值 排序	2015 排序
澳大利亚	7.47	9.30	7.79	9.01	7.75	8.46	8.98	8.61	6.89	8.47	6.66	8.13	12	13
巴西	7.93	8.34	8.16	6.69	2.84	4.81	5.45	6.47	5.97	5.13	4.20	6.00	14	16
加拿大	19.84	19.19	17.84	21.37	21.23	25.22	26.01	27.16	25.95	22.05	22.80	22.61	6	5

续表

年份 国家 （地区）	2005	2006	2007	2008	2009	2010	2011	2012	2013	2014	2015	平均值	平均值 排序	2015 排序
瑞士	4.22	5.36	5.40	6.48	4.37	5.32	8.83	6.78	8.93	7.88	6.32	6.35	13	14
中国	4.42	4.03	3.76	4.84	3.11	3.52	3.56	3.10	3.14	3.08	2.20	3.52	17	17
德国	16.62	20.56	20.17	18.31	15.24	16.93	18.40	20.67	22.47	24.66	26.35	20.04	7	4
西班牙	15.01	19.82	23.59	25.20	25.11	26.45	29.54	34.38	33.73	33.15	27.44	26.68	5	3
法国	15.85	17.35	17.33	18.76	14.99	17.30	18.61	19.42	19.78	19.20	15.85	17.68	8	10
英国	19.85	21.75	20.78	31.57	25.02	29.43	33.88	33.24	32.15	27.28	20.43	26.85	4	7
印度	10.21	14.09	14.58	19.74	13.48	17.86	19.53	18.16	20.75	20.31	11.58	16.39	9	11
意大利	11.87	12.31	14.36	16.54	13.54	15.53	15.56	17.67	16.54	16.48	16.29	15.15	10	9
日本	3.91	3.93	5.10	7.21	5.00	5.58	6.89	5.31	6.79	7.14	7.22	5.83	15	12
韩国	23.46	24.88	26.13	32.49	29.91	29.36	36.00	37.91	37.13	34.89	31.92	31.28	2	2
墨西哥	5.22	5.00	5.25	6.50	6.78	5.49	5.48	4.42	5.26	5.29	5.66	5.49	16	15
俄罗斯	46.79	47.13	42.91	50.29	43.24	50.08	48.92	51.77	48.62	53.92	45.53	48.11	1	1
中国台湾	24.70	27.15	30.25	36.11	27.75	28.71	27.23	28.51	30.38	29.13	21.53	28.31	3	6
美国	5.82	6.82	7.20	10.02	10.71	12.13	13.98	14.76	15.83	16.21	17.01	11.86	11	8

六、化工制品业出口占总产值比重指标的国际比较

如表 7-74 所示：

（1）在化工制品业中，2005~2015 年 17 个经济体出口占总产值比重平均值最高的是瑞士（73.93），其次依次是法国（61.24）、德国（52.69）、英国（52.17）、俄罗斯（46.22）、中国台湾（37.05）等。出口占总产值比重平均值最低的是巴西（8.03），其次依次是中国（10.80）、墨西哥（13.40）、美国（16.29）等。

（2）中国化工制品业 2005~2015 年出口占总产值比重平均值为 10.80，居 17 个经济体的第 16 位。

（3）中国化工制品业 2015 年出口占总产值比重（8.32）低于 2005~2015 年的平均值（10.80），呈现逐年递减态势，在 17 个经济体中的排序仍为第 16 位。

表 7-74　2005~2015 年化工制品业 17 个经济体出口占总产值比重　　单位：%

年份 国家 （地区）	2005	2006	2007	2008	2009	2010	2011	2012	2013	2014	2015	平均值	平均值 排序	2015 排序
澳大利亚	24.24	26.47	26.72	28.23	24.16	22.36	20.79	21.44	22.42	20.61	23.33	23.71	11	11
巴西	8.87	9.65	9.36	8.52	8.00	6.87	7.29	8.04	7.45	6.77	7.48	8.03	17	17
加拿大	35.91	35.26	38.51	35.72	32.79	36.90	36.43	36.78	37.86	38.75	39.34	36.75	7	7
瑞士	71.58	72.72	75.62	75.68	75.57	73.78	73.42	74.57	74.94	73.20	72.19	73.93	1	1

续表

国家（地区）\年份	2005	2006	2007	2008	2009	2010	2011	2012	2013	2014	2015	平均值	平均值排序	2015排序
中国	12.21	12.43	11.72	13.40	9.66	11.47	12.40	9.48	8.81	8.91	8.32	10.80	16	16
德国	46.44	50.03	51.52	48.29	47.13	53.32	54.26	57.29	55.53	56.76	59.04	52.69	3	3
西班牙	32.79	32.06	34.28	29.98	32.32	35.10	37.40	36.69	39.71	38.87	41.74	35.54	9	6
法国	56.17	58.25	60.54	60.33	59.99	61.42	60.77	62.96	63.66	64.62	64.90	61.24	2	2
英国	43.37	45.79	46.68	51.92	53.33	54.87	58.96	58.44	55.84	52.54	52.13	52.17	4	4
印度	15.07	16.70	16.88	18.01	16.21	20.16	20.01	27.06	28.08	24.33	22.61	20.46	12	12
意大利	32.68	33.08	32.78	31.95	34.01	35.37	37.05	37.13	38.01	39.36	42.37	35.80	8	5
日本	15.03	17.77	19.25	17.76	16.28	17.50	15.99	16.80	18.89	20.41	20.24	17.81	13	13
韩国	28.11	28.32	29.93	33.00	34.13	33.64	35.00	36.02	37.94	36.44	35.78	33.52	10	10
墨西哥	9.97	10.34	10.98	11.58	13.23	13.81	15.01	16.82	15.14	14.68	15.85	13.40	15	15
俄罗斯	48.25	46.68	44.01	53.43	41.71	51.35	55.82	47.88	42.11	41.30	35.87	46.22	5	9
中国台湾	36.37	35.81	37.08	37.90	37.95	37.97	38.54	36.36	36.98	36.24	36.32	37.05	6	8
美国	13.68	14.19	14.74	16.28	16.79	17.32	17.23	17.08	16.82	17.67	17.41	16.29	14	14

七、橡胶和塑料制品业出口占总产值比重指标的国际比较

如表 7-75 所示：

（1）在橡胶和塑料制品业中，2005~2015 年 17 个经济体出口占总产值比重平均值最高的是瑞士（72.14），其次依次是中国台湾（53.30）、加拿大（51.05）、德国（38.41）、法国（33.52）、西班牙（30.67）等。出口占总产值比重平均值最低的是巴西（7.52），其次依次是俄罗斯（10.08）、澳大利亚（10.18）、美国（10.72）等。

（2）中国橡胶和塑料制品业 2005~2015 年出口占总产值比重平均值为 12.00，居 17 个经济体的第 13 位。

（3）中国橡胶和塑料制品业 2015 年出口占总产值比重（10.91）低于 2005~2015 年的平均值（12.00），呈现逐年递减态势，在 17 个经济体中的排序下降为第 14 位。

表 7-75　2005~2015 年橡胶和塑料制品业 17 个经济体出口占总产值比重　　单位：%

国家（地区）\年份	2005	2006	2007	2008	2009	2010	2011	2012	2013	2014	2015	平均值	平均值排序	2015排序
澳大利亚	9.18	11.83	10.58	9.51	9.67	9.04	8.89	10.24	11.70	10.95	10.36	10.18	15	16
巴西	8.78	8.95	9.03	8.44	7.25	6.38	6.47	6.64	6.56	6.24	7.97	7.52	17	17
加拿大	60.86	62.10	60.09	53.65	56.50	41.84	41.77	41.00	38.74	50.53	54.51	51.05	3	2
瑞士	69.69	70.72	74.17	68.15	63.81	72.87	74.10	74.23	82.11	72.94	70.69	72.14	1	1
中国	13.43	13.81	13.48	11.88	9.75	10.94	11.60	12.48	12.15	11.55	10.91	12.00	13	14

续表

国家 （地区）\年份	2005	2006	2007	2008	2009	2010	2011	2012	2013	2014	2015	平均值	平均值 排序	2015 排序
德国	36.04	37.15	39.10	36.13	35.79	37.60	37.17	38.68	39.42	39.83	45.58	38.41	4	4
西班牙	25.32	27.11	29.06	26.51	27.76	30.59	32.04	34.49	34.77	34.42	35.36	30.67	6	6
法国	28.55	30.38	31.44	28.74	29.09	34.40	34.25	36.43	37.81	38.98	38.68	33.52	5	5
英国	23.66	24.51	26.14	27.40	26.67	29.80	32.90	30.50	30.04	30.07	29.20	28.26	7	9
印度	12.97	12.91	12.15	13.50	11.27	13.94	16.66	16.63	16.24	13.99	13.29	13.96	12	12
意大利	25.69	26.62	27.85	26.17	26.50	26.41	27.75	28.69	28.78	29.01	31.83	27.75	8	8
日本	10.62	12.30	13.56	13.71	13.21	14.84	14.64	14.29	15.36	16.33	15.48	14.03	11	11
韩国	16.65	15.81	15.78	18.50	19.92	18.63	21.56	22.73	21.76	20.23	19.26	19.17	10	10
墨西哥	20.85	20.34	21.27	22.13	23.15	23.59	24.44	27.96	28.79	29.90	32.15	24.96	9	7
俄罗斯	11.71	11.73	10.38	9.99	10.75	7.38	8.40	9.83	9.75	10.64	10.36	10.08	16	15
中国台湾	52.96	54.66	58.96	58.55	57.35	57.40	49.25	48.92	49.00	49.46	49.79	53.30	2	3
美国	8.46	8.53	9.07	10.14	10.31	11.15	11.38	12.00	12.22	12.70	11.93	10.72	14	13

八、其他非金属制品业出口占总产值比重指标的国际比较

如表7-76所示：

（1）在其他非金属制品业中，2005~2015年17个经济体出口占总产值比重平均值最高的是瑞士（23.67），其次依次是意大利（22.52）、德国（22.44）、西班牙（20.93）、中国台湾（16.81）、法国（14.74）等。出口占总产值比重平均值最低的是澳大利亚（3.63），其次依次是俄罗斯（4.73）、印度（5.82）、韩国（6.70）等。

（2）中国其他非金属制品业2005~2015年出口占总产值比重平均值为9.44，居17个经济体的第11位。

（3）中国其他非金属制品业2015年出口占总产值比重（9.62）高于2005~2015年的平均值（9.44），呈现逐年递增态势，在17个经济体中的排序仍为第11位。

表7-76　2005~2015年其他非金属制品业17个经济体出口占总产值比重　　单位：%

国家 （地区）\年份	2005	2006	2007	2008	2009	2010	2011	2012	2013	2014	2015	平均值	平均值 排序	2015 排序
澳大利亚	4.68	4.53	4.13	3.80	3.66	3.44	2.98	3.36	3.25	2.90	3.23	3.63	17	17
巴西	11.92	10.60	10.17	7.03	5.22	5.14	4.39	4.62	5.19	5.18	7.52	7.00	13	14
加拿大	9.87	9.42	9.19	9.62	8.03	9.03	9.20	9.35	9.20	10.31	10.72	9.45	10	10
瑞士	21.81	24.14	26.04	22.49	20.19	22.41	26.66	23.30	26.85	22.92	23.58	23.67	1	4
中国	10.11	10.79	9.64	9.81	8.06	9.03	9.22	9.26	9.35	8.92	9.62	9.44	11	11
德国	21.66	22.49	23.69	22.44	20.23	22.32	21.48	22.45	22.62	22.50	24.91	22.44	3	3

年份 国家 (地区)	2005	2006	2007	2008	2009	2010	2011	2012	2013	2014	2015	平均值	平均值排序	2015排序
西班牙	12.65	11.71	12.35	14.38	16.33	19.69	22.57	27.03	30.28	30.47	32.76	20.93	4	1
法国	14.84	14.64	14.41	13.28	12.41	15.10	14.42	14.71	15.19	15.84	17.28	14.74	6	5
英国	13.30	13.15	12.76	13.33	11.86	12.96	14.20	13.56	12.69	13.05	12.35	13.02	7	9
印度	6.39	6.12	5.44	5.14	4.88	5.92	6.42	5.89	6.25	5.67	5.84	5.82	15	15
意大利	17.39	18.32	18.58	19.49	18.57	21.45	22.89	25.58	27.57	28.36	29.50	22.52	2	2
日本	8.87	9.87	10.60	10.58	9.82	12.18	12.39	11.83	12.13	12.55	12.65	11.22	9	8
韩国	6.21	5.95	5.86	5.88	5.09	5.37	6.32	7.83	8.17	8.33	8.69	6.70	14	13
墨西哥	11.35	11.56	11.06	11.17	11.05	12.38	12.11	13.54	14.10	14.22	15.15	12.52	8	7
俄罗斯	5.94	6.08	4.51	4.09	5.64	4.18	3.43	4.43	4.24	4.49	4.94	4.73	16	16
中国台湾	14.67	15.40	16.51	16.69	18.93	19.09	16.26	18.81	17.01	15.56	15.89	16.81	5	6
美国	5.57	5.68	5.83	6.92	6.89	8.76	9.38	9.54	9.64	9.66	8.75	7.87	12	12

九、基础金属制品业出口占总产值比重指标的国际比较

如表7-77所示：

（1）在基础金属制品业中，2005～2015年17个经济体出口占总产值比重平均值最高的是瑞士（75.40），其次依次是加拿大（71.13）、法国（63.31）、英国（56.59）、澳大利亚（52.88）、德国（48.96）等。出口占总产值比重平均值最低的是中国（9.60），其次依次是日本（12.89）、印度（14.64）、美国（22.08）等。

（2）中国基础金属制品业2005～2015年出口占总产值比重平均值为9.60，居17个经济体的第17位。

（3）中国基础金属制品业2015年出口占总产值比重（6.73）低于2005～2015年的平均值（9.60），呈现逐年递减态势，在17个经济体中的排序仍为第17位。

表7-77　2005～2015年基础金属制品业17个经济体出口占总产值比重　　单位：%

年份 国家 (地区)	2005	2006	2007	2008	2009	2010	2011	2012	2013	2014	2015	平均值	平均值排序	2015排序
澳大利亚	31.30	45.70	53.59	49.12	51.17	56.95	57.93	56.12	59.13	62.98	57.71	52.88	5	5
巴西	38.28	38.82	27.82	27.53	25.17	20.53	24.89	26.32	23.81	26.51	36.58	28.75	13	8
加拿大	67.86	64.71	72.43	71.43	76.34	69.70	73.46	70.24	71.83	70.82	73.62	71.13	2	2
瑞士	70.08	65.39	67.37	71.24	75.24	80.20	85.35	75.61	86.52	77.12	75.24	75.40	1	1
中国	10.99	13.73	14.95	15.45	5.73	7.75	8.59	7.34	6.69	7.63	6.73	9.60	17	17
德国	44.42	48.84	49.83	46.95	47.20	52.64	52.08	53.06	49.30	48.29	46.00	48.96	6	6
西班牙	23.50	23.89	25.47	33.61	27.47	27.99	30.52	33.02	31.55	32.00	31.50	29.14	11	9

续表

年份 国家 （地区）	2005	2006	2007	2008	2009	2010	2011	2012	2013	2014	2015	平均值	平均值 排序	2015 排序
法国	50.48	56.55	57.24	56.86	53.71	63.40	68.50	73.40	71.23	72.19	72.79	63.31	3	3
英国	41.71	45.17	47.32	57.85	48.03	58.96	69.01	66.17	64.76	64.30	59.25	56.59	4	4
印度	15.25	15.34	14.69	16.18	12.62	17.88	13.71	12.94	14.63	14.01	13.76	14.64	15	16
意大利	28.08	31.88	31.69	31.82	32.08	32.94	33.77	38.38	36.06	36.56	36.97	33.66	8	7
日本	11.14	12.47	12.94	12.41	12.31	12.89	13.18	12.60	13.80	13.83	14.27	12.89	16	15
韩国	24.58	27.64	26.79	30.60	30.12	28.87	31.98	33.04	31.24	32.21	30.80	29.81	10	10
墨西哥	17.96	19.69	22.91	26.08	30.46	33.66	37.52	36.47	33.52	29.90	29.60	28.89	12	11
俄罗斯	47.48	48.00	42.90	42.55	43.43	39.44	35.70	34.45	30.55	31.12	28.29	38.54	7	12
中国台湾	33.83	31.48	35.75	35.13	35.34	31.31	35.22	30.67	26.87	27.77	27.91	31.93	9	13
美国	14.04	17.18	19.54	22.37	26.75	25.28	28.37	26.36	24.14	19.50	19.38	22.08	14	14

十、金属制品业出口占总产值比重指标的国际比较

如表 7-78 所示：

（1）在金属制品业中，2005~2015 年 17 个经济体出口占总产值比重平均值最高的是中国台湾（43.73），其次依次是瑞士（34.86）、德国（24.41）、墨西哥（24.07）、加拿大（22.87）、意大利（20.99）等。出口占总产值比重平均值最低的是巴西（5.60），其次依次是日本（7.19）、澳大利亚（7.21）、俄罗斯（9.94）等。

（2）中国金属制品业 2005~2015 年出口占总产值比重平均值为 19.37，居 17 个经济体的第 8 位。

（3）中国金属制品业 2015 年出口占总产值比重（16.27）低于 2005~2015 年的平均值（19.37），呈现逐年递减态势，在 17 个经济体中的排序下降为第 11 位。

表 7-78　2005~2015 年金属制品业 17 个经济体出口占总产值比重　　单位：%

年份 国家 （地区）	2005	2006	2007	2008	2009	2010	2011	2012	2013	2014	2015	平均值	平均值 排序	2015 排序
澳大利亚	7.44	7.76	7.55	6.17	6.38	7.46	7.09	7.35	7.00	7.82	7.32	7.21	15	17
巴西	6.36	5.99	4.94	5.41	4.62	4.97	4.87	5.92	5.34	5.62	7.57	5.60	17	16
加拿大	22.74	22.55	23.71	23.79	23.24	23.96	23.24	22.46	20.89	22.88	22.07	22.87	5	7
瑞士	27.02	32.03	33.69	27.63	30.20	35.40	46.12	36.77	45.00	35.12	34.50	34.86	2	2
中国	22.24	23.14	23.35	22.87	17.48	18.28	18.89	17.48	16.64	16.44	16.27	19.37	8	11
德国	23.78	25.23	25.45	24.23	23.43	23.64	22.90	24.23	24.11	24.83	26.68	24.41	3	4
西班牙	10.55	9.97	11.08	16.19	18.21	19.21	22.17	25.44	27.93	27.56	26.16	19.50	7	5
法国	13.34	13.65	14.16	17.31	16.46	17.01	16.65	16.96	17.32	17.15	17.00	16.09	10	10

续表

国家（地区）＼年份	2005	2006	2007	2008	2009	2010	2011	2012	2013	2014	2015	平均值	平均值排序	2015排序
英国	15.98	15.93	15.40	17.10	16.03	16.77	18.29	17.28	16.76	16.61	17.92	16.73	9	8
印度	13.32	12.22	11.56	12.87	11.55	13.67	15.52	15.14	16.20	15.33	14.36	13.79	12	12
意大利	19.10	19.68	19.84	19.47	20.46	18.86	20.23	22.46	23.17	23.28	24.32	20.99	6	6
日本	5.83	6.56	6.96	6.89	5.91	7.56	7.39	7.47	8.08	8.36	8.07	7.19	16	15
韩国	11.28	11.81	11.50	13.36	15.80	12.99	16.31	17.05	16.13	16.33	17.46	14.55	11	9
墨西哥	22.83	22.26	23.44	22.72	23.07	21.99	22.46	24.87	25.73	26.55	28.80	24.07	4	3
俄罗斯	9.73	8.90	7.12	7.40	9.84	12.07	14.47	12.90	12.57	5.65	8.67	9.94	14	14
中国台湾	47.72	45.95	46.50	45.80	39.49	41.34	40.21	42.00	42.22	43.56	46.26	43.73	1	1
美国	7.71	7.96	7.96	8.57	9.01	10.20	10.46	11.28	12.01	12.42	11.96	9.96	13	13

十一、机械和设备制造业出口占总产值比重指标的国际比较

如表7-79所示：

（1）在机械和设备制造业中，2005～2015年17个经济体出口占总产值比重平均值最高的是瑞士（80.98），其次依次是法国（66.96）、中国台湾（60.39）、墨西哥（58.28）、英国（51.66）、德国（51.64）等。出口占总产值比重平均值最低的是俄罗斯（14.37），其次依次是巴西（16.72）、澳大利亚（17.09）、中国（18.20）等。

（2）中国机械和设备制造业2005～2015年出口占总产值比重平均值为18.20，居17个经济体的第14位。

（3）中国机械和设备制造业2015年出口占总产值比重（15.46）低于2005～2015年的平均值（18.20），呈现逐年递减态势，在17个经济体中的排序下降为第16位。

表7-79　2005～2015年机械和设备制造业17个经济体出口占总产值比重　　单位：%

国家（地区）＼年份	2005	2006	2007	2008	2009	2010	2011	2012	2013	2014	2015	平均值	平均值排序	2015排序
澳大利亚	16.74	15.56	16.05	18.25	18.03	16.81	16.76	16.91	16.31	17.94	18.65	17.09	15	14
巴西	24.89	21.71	19.23	19.71	16.40	13.07	13.16	14.80	12.50	12.21	16.24	16.72	16	15
加拿大	39.29	38.14	37.72	41.46	35.43	41.80	39.22	39.21	38.46	40.41	31.51	38.42	8	10
瑞士	73.20	81.43	82.82	83.04	84.91	81.12	80.95	81.95	82.27	79.79	79.30	80.98	1	1
中国	18.28	20.08	21.72	22.10	16.53	17.78	18.09	17.36	16.59	16.22	15.46	18.20	14	16
德国	49.50	50.94	50.69	51.52	50.47	52.86	52.14	53.69	52.56	51.95	51.71	51.64	6	6
西班牙	32.63	30.87	32.87	30.87	34.79	35.95	39.46	42.21	46.36	41.92	44.14	37.46	9	8
法国	65.96	69.08	66.97	68.32	63.53	64.88	64.45	65.49	65.44	67.30	75.09	66.96	2	2
英国	43.89	45.31	48.17	53.46	53.73	54.80	58.36	56.23	53.30	51.24	49.79	51.66	5	7

国家 （地区） 年份	2005	2006	2007	2008	2009	2010	2011	2012	2013	2014	2015	平均值	平均值 排序	2015 排序
印度	15.52	15.93	15.77	19.61	16.64	18.09	21.70	22.60	25.66	23.98	24.13	19.97	13	13
意大利	47.82	48.30	50.49	47.42	47.55	48.62	51.60	53.23	54.18	54.04	58.16	51.04	7	5
日本	25.22	25.49	26.51	26.35	22.12	28.74	29.93	27.13	28.89	30.54	29.17	27.28	12	11
韩国	26.33	26.81	30.29	35.77	34.64	34.24	37.80	38.90	39.50	37.32	37.25	34.44	10	9
墨西哥	53.14	53.92	58.45	51.88	59.00	56.55	56.18	60.14	60.13	64.10	67.63	58.28	4	3
俄罗斯	21.46	19.24	15.03	15.61	16.94	11.81	10.25	11.45	11.40	11.59	13.33	14.37	17	17
中国台湾	64.71	64.16	66.35	63.89	51.34	60.59	58.44	59.32	58.38	58.07	59.03	60.39	3	4
美国	26.37	27.37	28.87	31.11	29.61	32.61	31.64	29.63	26.97	26.50	25.21	28.72	11	12

十二、计算机电子光学制造业出口占总产值比重指标的国际比较

如表 7-80 所示：

（1）在计算机电子光学制造业中，2005~2015 年 17 个经济体出口占总产值比重平均值最高的是法国（70.91），其次依次是墨西哥（70.23）、中国台湾（61.68）、瑞士（56.40）、韩国（49.56）、德国（49.44）等。出口占总产值比重平均值最低的是巴西（7.74），其次依次是俄罗斯（10.35）、印度（15.83）、美国（21.25）等。

（2）中国计算机电子光学制造业 2005~2015 年出口占总产值比重平均值为 47.06，居 17 个经济体的第 8 位。

（3）中国计算机电子光学制造业 2015 年出口占总产值比重（39.14）低于 2005~2015 年的平均值（47.06），呈现逐年递减态势，在 17 个经济体中的排序下降为第 9 位。

表 7-80　2005~2015 年计算机电子光学制造业 17 个经济体出口占总产值比重　　单位：%

国家 （地区） 年份	2005	2006	2007	2008	2009	2010	2011	2012	2013	2014	2015	平均值	平均值 排序	2015 排序
澳大利亚	27.76	27.55	27.65	26.33	25.02	26.06	26.22	25.32	26.34	29.70	38.40	27.85	13	11
巴西	16.07	14.25	10.59	9.71	8.58	6.01	4.27	4.06	3.63	3.30	4.69	7.74	17	17
加拿大	31.67	31.70	32.03	35.31	32.44	28.34	27.81	27.83	30.07	28.61	21.80	29.78	12	13
瑞士	57.09	50.09	52.15	57.19	48.51	58.28	46.32	62.27	73.97	55.17	59.32	56.40	4	4
中国	54.23	54.06	53.94	50.16	43.46	47.77	46.21	44.83	43.35	40.45	39.14	47.06	8	9
德国	29.60	33.17	33.41	49.70	52.32	56.00	55.15	59.07	58.93	61.08	55.43	49.44	6	5
西班牙	43.84	40.57	36.04	33.33	34.34	35.21	39.99	42.47	43.52	46.28	47.30	40.26	9	8
法国	74.18	73.99	74.02	64.74	64.86	63.67	72.67	71.90	73.72	73.33	72.98	70.91	1	2
英国	53.69	38.90	46.72	48.94	49.88	51.65	52.55	47.38	47.81	48.21	49.38	48.65	7	7
印度	12.05	13.15	12.98	15.58	17.83	18.15	22.50	18.33	17.37	14.24	11.97	15.83	15	15

续表

国家 （地区）＼年份	2005	2006	2007	2008	2009	2010	2011	2012	2013	2014	2015	平均值	平均值 排序	2015 排序
意大利	43.28	44.01	42.13	34.64	32.47	34.17	34.55	37.01	37.22	37.18	38.52	37.74	10	10
日本	27.95	30.36	30.28	29.01	25.16	27.60	26.31	31.46	33.32	33.63	33.95	29.91	11	12
韩国	48.90	46.61	48.88	52.22	48.57	51.15	45.87	48.28	50.63	51.07	52.98	49.56	5	6
墨西哥	51.41	54.69	53.42	65.27	72.63	71.72	75.23	81.72	82.74	81.37	82.33	70.23	2	1
俄罗斯	12.04	12.20	8.95	9.51	11.68	9.42	9.80	8.42	8.36	12.11	11.40	10.35	16	16
中国台湾	57.29	63.91	64.01	61.89	60.69	62.17	61.05	60.40	61.42	62.03	63.69	61.68	3	3
美国	22.11	22.64	22.19	22.39	20.28	21.08	20.67	20.92	21.06	20.53	19.83	21.25	14	14

十三、电气设备制造业出口占总产值比重指标的国际比较

如表 7-81 所示：

（1）在电气设备制造业中，2005～2015 年 17 个经济体出口占总产值比重平均值最高的是法国（66.20），其次依次是墨西哥（64.00）、瑞士（52.89）、德国（41.36）、意大利（38.74）、英国（37.24）等。出口占总产值比重平均值最低的是巴西（10.37），其次依次是俄罗斯（12.30）、澳大利亚（12.55）、印度（16.69）等。

（2）中国电气设备制造业 2005～2015 年出口占总产值比重平均值为 28.22，居 17 个经济体的第 11 位。

（3）中国电气设备制造业 2015 年出口占总产值比重（26.05）低于 2005～2015 年的平均值（28.22），呈现逐年递减态势，在 17 个经济体中的排序下降为第 12 位。

表 7-81　2005～2015 年电气设备制造业 17 个经济体出口占总产值比重　　单位：%

国家 （地区）＼年份	2005	2006	2007	2008	2009	2010	2011	2012	2013	2014	2015	平均值	平均值 排序	2015 排序
澳大利亚	11.33	13.93	14.08	10.30	11.02	11.31	11.32	13.81	12.55	13.95	14.47	12.55	15	15
巴西	14.76	14.54	13.82	11.75	9.43	7.75	7.30	8.45	8.49	8.08	9.71	10.37	17	17
加拿大	35.22	35.48	33.70	40.71	37.06	34.50	33.59	32.56	31.04	34.67	26.40	34.08	10	10
瑞士	42.27	51.03	51.44	47.18	45.89	57.99	59.77	56.12	68.81	51.99	49.26	52.89	3	3
中国	31.56	31.68	31.99	31.07	24.74	27.62	26.98	26.23	26.22	26.26	26.05	28.22	11	12
德国	32.53	32.73	36.39	43.23	41.35	44.20	43.41	44.32	45.86	45.54	45.45	41.36	4	5
西班牙	25.11	23.10	25.63	26.15	29.40	32.14	40.33	42.11	48.50	44.10	47.10	34.88	9	4
法国	57.21	63.10	65.24	60.56	58.43	67.09	66.26	69.62	71.52	73.04	76.10	66.20	1	2
英国	30.28	28.85	35.44	37.86	34.77	37.75	43.42	40.43	40.00	40.56	40.24	37.24	6	8
印度	10.82	12.90	13.23	16.32	13.76	15.45	16.99	21.44	21.84	21.20	19.69	16.69	14	14
意大利	27.31	28.99	30.98	42.72	41.17	38.51	40.84	43.35	45.75	46.03	40.55	38.74	5	6

国家 （地区）＼年份	2005	2006	2007	2008	2009	2010	2011	2012	2013	2014	2015	平均值	平均值排序	2015排序
日本	26.83	25.53	25.07	24.15	20.30	23.57	23.78	23.12	24.48	25.93	26.24	24.45	12	11
韩国	28.81	30.91	25.36	32.34	33.94	31.59	36.11	43.02	46.81	42.01	40.53	35.58	8	7
墨西哥	58.67	58.15	56.13	55.32	59.37	61.40	63.41	69.16	70.88	74.19	77.36	64.00	2	1
俄罗斯	14.88	14.03	11.31	13.30	14.77	10.49	10.21	11.43	11.28	12.05	11.57	12.30	16	16
中国台湾	48.77	37.64	38.13	37.65	32.40	34.30	32.20	32.63	32.64	33.37	34.70	35.86	7	9
美国	17.57	18.58	18.25	18.76	18.04	19.73	19.81	20.71	21.16	21.48	20.81	19.54	13	13

十四、机动车辆制造业出口占总产值比重指标的国际比较

如表 7-82 所示：

（1）在机动车辆制造业中，2005~2015 年 17 个经济体出口占总产值比重平均值最高的是瑞士（77.14），其次依次是加拿大（64.54）、墨西哥（64.54）、法国（57.77）、西班牙（56.90）、德国（47.03）等。出口占总产值比重平均值最低的是印度（9.50），其次依次是俄罗斯（9.83）、中国（10.05）、巴西（13.24）等。

（2）中国机动车辆制造业 2005~2015 年出口占总产值比重平均值为 10.05，居 17 个经济体的第 15 位。

（3）中国机动车辆制造业 2015 年出口占总产值比重（8.22）低于 2005~2015 年的平均值（10.05），呈现逐年递减态势，在 17 个经济体中的排序下降为第 17 位。

表 7-82　2005~2015 年机动车辆制造业 17 个经济体出口占总产值比重　　单位：%

国家 （地区）＼年份	2005	2006	2007	2008	2009	2010	2011	2012	2013	2014	2015	平均值	平均值排序	2015排序
澳大利亚	28.02	19.23	17.39	22.09	12.36	14.19	12.44	14.50	15.08	15.46	15.17	16.90	13	14
巴西	19.43	17.74	14.47	12.37	9.56	10.38	10.79	11.57	12.23	10.48	16.58	13.24	14	12
加拿大	46.35	50.30	55.14	77.74	71.30	71.41	70.61	71.49	70.81	69.51	55.29	64.54	2	5
瑞士	77.11	77.92	77.30	77.71	77.61	76.56	77.42	76.67	77.21	76.52	76.54	77.14	1	1
中国	10.94	12.00	13.34	12.77	6.75	9.25	10.23	9.40	8.82	8.80	8.22	10.05	15	17
德国	46.14	44.70	45.27	43.77	39.58	45.78	47.71	49.16	51.64	50.96	52.60	47.03	6	6
西班牙	50.08	49.55	52.83	54.00	54.18	56.29	60.81	63.09	63.45	60.95	60.69	56.90	5	4
法国	58.63	58.71	58.29	56.30	55.47	53.52	55.39	57.15	60.30	59.34	62.36	57.77	4	3
英国	40.34	39.35	41.74	45.36	40.87	47.41	52.98	49.99	53.44	49.23	46.51	46.11	7	8
印度	7.17	7.35	7.37	9.36	7.25	10.31	8.62	10.67	13.16	11.87	11.37	9.50	17	15
意大利	37.85	36.84	36.85	39.95	37.41	40.60	44.40	47.61	49.38	47.67	48.58	42.47	9	7
日本	24.91	28.23	30.42	29.42	23.34	26.23	26.12	26.65	29.01	30.03	30.18	27.69	11	11

年份 国家 （地区）	2005	2006	2007	2008	2009	2010	2011	2012	2013	2014	2015	平均值	平均值 排序	2015 排序
韩国	38.87	38.12	39.44	44.63	42.45	44.64	49.00	51.75	51.46	47.31	43.68	44.67	8	9
墨西哥	55.05	54.98	56.10	54.61	57.69	61.35	64.24	63.46	62.92	64.65	68.31	64.54	3	2
俄罗斯	15.87	14.15	12.67	12.43	11.03	6.08	5.51	6.59	7.16	7.54	9.10	9.83	16	16
中国台湾	33.45	28.24	31.39	29.35	30.05	30.61	31.13	35.69	37.72	37.74	40.45	33.26	10	10
美国	13.44	15.58	17.04	20.17	18.44	19.05	18.90	18.35	17.50	17.29	15.79	17.41	12	13

十五、其他交通设备制造业出口占总产值比重指标的国际比较

如表7-83所示：

（1）在其他交通设备制造业中，2005~2015年17个经济体出口占总产值比重平均值最高的是法国（77.54），其次依次是瑞士（75.54）、德国（66.76）、韩国（64.88）、英国（53.66）、加拿大（51.70）等。出口占总产值比重平均值最低的是澳大利亚（12.65），其次依次是俄罗斯（17.63）、印度（18.42）、中国（27.39）等。

（2）中国其他交通设备制造业2005~2015年出口占总产值比重平均值为27.39，居17个经济体的第14位。

（3）中国其他交通设备制造业2015年出口占总产值比重（23.03）低于2005~2015年的平均值（27.39），呈现逐年递减态势，在17个经济体中的排序下降为第15位。

表7-83　2005~2015年其他交通设备制造业17个经济体出口占总产值比重　单位：%

年份 国家 （地区）	2005	2006	2007	2008	2009	2010	2011	2012	2013	2014	2015	平均值	平均值 排序	2015 排序
澳大利亚	16.28	9.68	10.10	13.87	13.72	8.89	10.32	10.31	13.57	16.24	16.21	12.65	17	16
巴西	35.85	30.72	31.56	30.48	25.40	22.97	20.19	27.24	29.74	26.36	36.56	28.83	13	12
加拿大	56.67	55.88	54.57	55.76	46.44	53.70	51.85	51.30	47.67	46.50	48.38	51.70	6	6
瑞士	81.62	83.07	81.42	83.59	82.10	59.69	77.42	62.10	74.94	73.01	72.03	75.54	2	3
中国	21.98	26.08	26.21	30.03	31.37	36.96	34.00	28.50	22.03	21.10	23.03	27.39	14	15
德国	46.52	61.09	59.49	62.23	61.31	75.56	70.27	73.35	75.48	72.23	76.80	66.76	3	2
西班牙	57.46	51.80	41.63	24.85	30.93	35.48	40.60	40.16	47.61	40.63	37.24	40.76	8	11
法国	66.10	68.23	69.23	74.24	74.06	84.24	81.91	83.36	84.26	83.82	83.12	77.54	1	1
英国	48.38	53.52	46.87	51.97	51.88	58.48	53.62	55.70	59.50	54.36	56.01	53.66	5	5
印度	6.91	7.33	9.55	20.09	15.80	17.26	19.96	18.32	28.93	34.12	24.33	18.42	15	14
意大利	32.95	31.36	35.64	35.87	37.57	40.97	40.68	43.04	41.60	43.48	38.87	38.37	9	9
日本	32.13	41.57	39.50	38.40	37.48	37.18	33.45	37.48	36.45	36.68	34.43	36.80	10	13
韩国	58.00	55.80	52.08	71.19	74.91	73.18	77.21	62.21	62.65	60.17	66.27	64.88	4	4

国家 （地区）＼年份	2005	2006	2007	2008	2009	2010	2011	2012	2013	2014	2015	平均值	平均值排序	2015排序
墨西哥	25.21	31.40	39.69	36.26	30.61	32.26	34.89	35.01	35.83	44.48	41.28	35.17	12	8
俄罗斯	21.91	20.75	15.74	16.72	11.73	19.21	14.40	27.05	22.25	10.48	13.64	17.63	16	17
中国台湾	40.99	40.84	42.31	44.43	45.18	43.59	40.64	39.94	39.21	38.59	41.61	41.57	7	7
美国	33.55	39.17	36.39	35.04	32.77	32.06	34.13	34.19	36.71	38.47	38.72	35.56	11	10

十六、其他制造业出口占总产值比重指标的国际比较

如表 7-84 所示：

（1）在其他制造业中，2005～2015 年 17 个经济体出口占总产值比重平均值最高的是印度（55.97），其次依次是墨西哥（46.31）、瑞士（45.58）、中国台湾（40.16）、中国（35.91）、英国（27.62）等。出口占总产值比重平均值最低的是巴西（4.03），其次依次是美国（9.25）、俄罗斯（10.78）、西班牙（13.38）等。

（2）中国其他制造业 2005～2015 年出口占总产值比重平均值为 35.91，居 17 个经济体的第 5 位。

（3）中国其他制造业 2015 年出口占总产值比重（29.42）低于 2005～2015 年的平均值（35.91），呈现逐年递减态势，在 17 个经济体中的排序下降为第 6 位。

表 7-84　2005～2015 年其他制造业 17 个经济体出口占总产值比重　单位：%

国家 （地区）＼年份	2005	2006	2007	2008	2009	2010	2011	2012	2013	2014	2015	平均值	平均值排序	2015排序
澳大利亚	15.56	18.89	18.71	17.98	16.39	16.07	16.87	14.36	17.34	16.05	15.91	16.74	12	13
巴西	4.83	5.32	5.03	4.10	3.29	3.41	3.19	3.75	3.71	3.53	4.16	4.03	17	17
加拿大	24.10	23.56	22.74	17.82	15.31	14.32	13.55	14.42	16.46	18.75	25.99	18.82	11	9
瑞士	42.40	41.89	42.04	42.77	45.57	47.39	44.82	48.73	49.37	49.04	47.39	45.58	3	3
中国	40.10	40.62	36.71	37.77	31.80	33.99	35.05	37.58	36.06	35.94	29.42	35.91	5	6
德国	14.82	15.65	16.30	22.46	20.21	20.60	20.17	21.87	22.55	24.38	23.78	20.25	10	10
西班牙	10.40	9.76	10.01	11.67	11.84	12.86	12.61	17.08	18.17	16.95	15.77	13.38	14	14
法国	8.31	8.69	8.41	13.42	14.02	15.53	15.84	16.71	16.96	17.87	16.51	13.84	13	12
英国	23.31	21.58	23.62	26.04	26.32	30.67	34.65	28.93	29.67	28.27	30.77	27.62	6	5
印度	54.60	46.83	44.29	42.37	53.10	62.22	71.94	73.96	63.55	53.20	49.62	55.97	1	2
意大利	19.13	19.06	19.33	21.26	19.58	23.00	23.97	26.24	27.52	27.64	27.82	23.14	8	7
日本	27.74	24.39	26.14	26.23	23.42	26.47	36.98	25.82	25.98	28.53	26.57	27.11	7	8
韩国	27.29	23.18	19.88	23.11	23.15	17.83	19.28	21.72	21.18	18.05	16.75	21.04	9	11
墨西哥	41.83	41.06	42.09	37.84	40.74	46.14	46.47	50.04	50.67	54.88	57.65	46.31	2	1

国家 （地区）＼年份	2005	2006	2007	2008	2009	2010	2011	2012	2013	2014	2015	平均值	平均值排序	2015排序
俄罗斯	7.14	7.28	6.57	7.07	14.51	14.54	3.40	16.56	10.10	16.24	15.17	10.78	15	15
中国台湾	44.78	41.43	41.43	44.18	40.99	40.33	36.22	36.82	36.92	38.47	40.17	40.16	4	4
美国	8.01	8.74	9.38	9.94	9.22	9.82	9.74	9.80	9.16	9.19	8.74	9.25	16	16

十七、中国制造业细分产业出口占总产值比重指标的综合分析

将前面表7-69至表7-84数据中的中国制造业细分产业的数据集中在一起，得到表7-85。

如表7-85所示：

（1）从整体角度考察来看，中国制造业细分产业出口占总产值比重平均值在17个经济体中的排序偏后。中国制造业细分产业出口占总产值比重2005~2015年平均值或2015年数值居最后的有3个产业：石油制品业、基础金属制品业、机动车辆制品业；居倒数第2位的有4个产业：食品加工业、纸制品业、化工制品业、机械和设备制造业；居倒数第3位的是其他交通设备制造业；居倒数第4位的是橡胶和塑料制品业；居第12位的是电气设备制造业；居第11位的有2个产业：其他非金属制品业和金属制品业；居前10位的有4个产业：纺织服装业（第8位）、木制品业（第9位）、计算机电子光学制造业（第9位）、其他制造业（第6位）。

（2）从总体考察来看，2005~2015年中国制造业出口占总产值比重呈现逐年下降趋势，16个细分产业中只有纸制品业和其他非金属制品业出口占总产值比2015年数值高于2005~2015年平均值，其他14个产业均为2015年数值低于2005~2015年平均值，呈现逐年递减的态势。

中国制造业细分产业出口占总产值比重较低，且大多呈现逐年递减态势，反映出中国内需市场的巨大潜力和回旋空间。

表7-85　2005~2015年中国制造业细分产业出口占总产值比重　　　　单位：%

制造业＼年份	2005	2006	2007	2008	2009	2010	2011	2012	2013	2014	2015	平均值	平均值排序	2015排序
食品加工	6.39	6.14	5.62	4.82	4.01	4.30	4.55	4.03	3.81	3.65	3.36	4.61	14	16
纺织服装	42.81	43.23	41.18	37.89	31.94	33.37	33.19	30.47	29.84	28.68	26.73	34.48	6	8
木制品	20.76	22.13	20.55	16.75	12.52	12.90	12.60	11.69	10.71	10.73	10.10	14.68	7	9
纸制品	4.71	5.45	5.20	4.83	4.38	4.73	5.11	5.03	5.18	5.29	5.34	5.02	16	15
石油制品	4.42	4.03	3.76	4.84	3.11	3.52	3.56	3.10	3.14	3.08	2.20	3.52	17	17
化工制品	12.21	12.43	11.72	13.40	9.66	11.47	12.40	9.48	8.81	8.91	8.32	10.80	16	16
橡胶塑料制品	13.43	13.81	13.48	11.88	9.75	10.94	11.60	12.48	12.15	11.55	10.91	12.00	13	14

续表

年份 制造业	2005	2006	2007	2008	2009	2010	2011	2012	2013	2014	2015	平均值	平均值排序	2015排序
其他非金属制品	10.11	10.79	9.64	9.81	8.06	9.03	9.22	9.26	9.35	8.92	9.62	9.44	11	11
基础金属制品	10.99	13.73	14.95	15.45	5.73	7.75	8.59	7.34	6.69	7.63	6.73	9.60	17	17
金属制品	22.24	23.14	23.35	22.87	17.48	18.28	18.89	17.48	16.64	16.44	16.27	19.37	8	11
机械和设备	18.28	20.08	21.72	22.10	16.53	17.78	18.09	17.36	16.59	16.22	15.46	18.20	14	16
计算机电子光学	54.23	54.06	53.94	50.16	43.46	47.77	46.21	44.83	43.35	40.45	39.14	47.06	8	9
电气设备	31.56	31.68	31.99	31.07	24.74	27.62	26.98	26.23	26.22	26.26	26.05	28.22	11	12
机动车辆	10.94	12.00	13.34	12.77	6.75	9.25	10.23	9.40	8.82	8.80	8.22	10.05	15	17
其他交通设备	21.98	26.08	26.21	30.03	31.37	36.96	34.00	28.50	22.03	21.10	23.03	27.39	14	15
其他制造业	40.10	40.62	36.71	37.77	31.80	33.99	35.05	37.58	36.06	35.94	29.42	35.91	5	6

第八章

总结与建议

第一节　本书总结

一、文献综述与研究思路

本书以两种工业化战略为基点，通过对国内外比较优势与产业升级理论的梳理，创新性地将其概括为比较优势动态转换的三条途径与产业升级的四个维度，并将两者融会贯通，构建中国制造业比较优势动态转换与产业升级演进轨迹的理论框架。本书依据产业升级的四个维度——产业垂直结构升级、产业水平结构升级、产业效率提升、产业效益提升展开，并剖析动态比较优势三种途径在产业升级四个维度的具体功能与作用。

二、产业比较优势指标的确定与国际比较

研究"比较优势动态提升"，首先要将评价比较优势的主要指标确定下来。依据比较优势的基本理论，一国的比较优势应该根据该国参与贸易前的"相对要素价格"进行计测。但是，由于过去对世界各国各产业"相对要素价格"进行统计分析比较困难，因此，学术界一般采用各国参与国际贸易的数据进行测算，间接地推测贸易参与国的产品或产业的比较优势或劣势。

由于 VRCA 指数同时考虑了某国某产业的出口和进口对该产业比较优势的影响，且以该产业世界贸易整体状况为基础，因此，被认为更能如实地反映某国某产业在世界中真正的比较优势。本书第二章主要采用 VRCA 指数对中国制造业各细分产业的比较优势进行比较和排序。

依据 WIOD 网站提供的 2016 年版 2000~2014 年世界投入产出表，按照总产出数值的大小并参考其代表性，选择 18 个经济体，对制造业 18 个细分产业进行 VRCA 指数测算，最后将中国制造业各细分产业 2000 年、2014 年 VRCA 指数汇总列表，并按降序排列，得到表 8-1。

表 8-1 2000 年、2014 年中国制造业细分产业 VRCA 指数（按降序排列）

2000 年		2014 年	
纺织服装业	4.08	纺织服装业	2.28
家具制造业等	2.18	电气设备制造业	1.09
电气设备制造业	1.27	家具制造业等	1.03
橡胶塑料制品业	1.09	金属制品业	0.73
计算机电子光学制造业	1.01	计算机电子光学制造业	0.25
金属制品	0.57	橡胶塑料制品业	0.25
其他交通设备制造业	0.33	印刷业	0.13
石油制品业	0.16	机械设备制造业	0.10
木制品业	0.16	其他交通设备制造业	0.08
医药制品业	0.15	食品加工业	-0.19
基础金属制品业	0.10	医药制品业	-0.19
其他非金属制品业	0.10	其他非金属制品业	-0.22
机动车辆制造业	-0.08	机动车辆制造业	-0.30
机械设备制造业	-0.18	化工制品业	-0.52
化工制品业	-0.22	木制品业	-0.53
纸制品业	-0.72	纸制品业	-0.54
食品加工业	-1.09	石油制品业	-0.83
印刷业	-2.14	基础金属制品业	-1.50

表 8-1 中比较优势指数（VRCA）按照降序排列，位于表上方的细分产业，比较优势地位显著，位于表下方的细分产业，比较劣势显著。如果用两种工业化战略的思路来表述，位于表上方的产业，采用了（或适合采用）出口导向型战略；而位于表下方的产业，采用了（或适用采用）进口替代型战略。

表 8-1 从上到下显示了两种工业化战略的划分并非泾渭分明，而是比较优势渐进的递增过程，即比较优势从"出口部门→边际部门→进口部门"的阶梯推进的发展进程。再考察 2000 年和 2014 年中国制造业细分产业 VRCA 指数最大值和最小值的差距，2014 年为 3.78，明显小于 2000 年这一数值 6.22，也从一个角度反映了中国制造业细分产业之间比较优势动态升级、差距缩小的状况。关于这一现象，第五章"中国制造业在全球价值链发展状况研究"将给出进一步的证明。

三、发展规模主要指标的国际比较

第三章的研究仍然依据 WIOD 网站提供的 2016 年版 2000~2014 年世界投入产出表，选择 18 个主要经济体和制造业 18 个细分产业，对三个发展规模指标——总产值、增加值、出口额进行国际比较。得到如下五点结论：

（1）中国制造业细分产业，无论是处于比较优势地位的，还是处于比较劣势地位的，在 2000~2014 年，其总产值、增加值、出口额都得以迅猛发展，反映了中国在加入 WTO、融入全球化进程中，原先处于比较优势地位的产业，成功地实现了从比较优势向竞争优势的升级转化；而原先处于相对劣势地位的产业，在全球化的进程中，迅猛赶超，大大缩小了与优势产业的距离。中国制造业细分产业已经实现了全方位的崛起，完成了从低端产业向高端产业的垂直结构升级。

（2）在发展规模指标中，中国制造业 18 个细分产业在总产值指标上表现最为瞩目。2000 年，18 个细分产业中只有纺织服装业的总产值份额以微弱优势处于世界第一位，其他产业的总产值都处于世界中下游。在 2014 年，18 个细分产业中除了家具制造等总产值份额处于世界第 2 位以外，其他 17 个细分产业总产值份额都处于世界第 1 位，且大多数处于鹤立鸡群、遥遥领先的地位。总产值份额在 40% 以上的产业有纺织服装业、非金属制品、电气设备制造、木制品业、基本金属制品业、计算机电子光学制造业；总产值份额在 30% 以上的产业有机械设备制造业、化工制品业、医药制品业、橡胶塑料制品业；总产值份额在 20% 以上的产业有机动车辆制造业、其他交通设备制造业、食品加工业、金属制品业、印刷业、纸制品业、石油制品业。

（3）在发展规模指标中，尽管 2000~2014 年中国制造业 18 个细分产业增加值指标的增长也很可观，但明显弱于总产值指标。2000 年，18 个细分产业的增加值份额都处于世界中下游。在 2014 年，18 个细分产业中增加值份额处于世界领先地位的有非金属制品业、纺织服装业、基本金属制品业、木制品业、电气设备制造业、机械设备制造业、食品加工业、橡胶塑料制品业、机动车辆制造业 9 个产业；18 个细分产业中增加值份额处于世界第二位的产业有计算机电子光学制造业、化工制品业、医药制品业、石油制品业、其他交通设备制造业、纸制品业、印刷业、金属制品业、家具制造 9 个产业。2000~2014 年中国制造业 18 个细分产业增加值指标明显弱于总产值指标，也反映了在全球化进程中，中国制造业增加值率（增加值/总产值）低下的现象。

（4）在发展规模指标中，出口额指标是最体现产业国际竞争力的指标。2000~2014 年中国制造业 18 个细分产业出口额指标的增长依然十分可观，但还是弱于总产值指标和增加值指标。2000 年，18 个细分产业中只有纺织服装业的出口额份额以微弱优势处于世界第 1 位，其余产业的出口额份额都处于世界中下游。在 2014 年，18 个细分产业中出口额处于世界领先地位的有纺织服装业、电气设备制造、计算机电子光学制造业、非金属制品业、金属制品业、家具制造等、木制品业、橡胶塑料制品业、基本金属制品业 18 个细分产业中处于世界第 2 位的产业是机械设备制造业 9 个产业；处于世界第 3 位的产业有化工制品业、纸制品业、食品加工业、印刷业 4 个产业；此外，按在世界地位排序的产业有其他交通设备制造业第 4 位、医药制品业第 6 位、机动车辆制造业第 6 位、石油制品业第 7 位。2000~2014 年中国制造业 18 个细分产业出口额指标明显弱于总产值指标，一方面，说明一些细分产业，特别是一些科技含量较高的产业（如其他交通设备制造业、医药制品业、机动车辆制造业等）国际竞争力尚存在一定差距；另一方面，也反映中国制造业产品内需比例较大（如石油制品业）。

（5）中国制造业细分产业总产值和出口额指标的变化展示了两种工业化战略进程中比较优势的培育从"出口部门→边际部门→进口部门"的阶梯推进和动态升级的发展进程。表 8-1 中 VRCA 指数排序靠前的（采用或适宜采用出口导向战略）的产业，例如，纺织服装业、电气设备制造业、计算机电子光学制造业等，其 2014 年总产值占全球比重达到 40% 以上，出口额占全球比重均排在 17 个经济体的第 1 位，显示出比较优势向竞争优势的提升；而 VRCA 指数排序靠后的（采用或适宜采用进口替代战略）的产业，例如，机动车辆制造业、其他交通设备制造业、医药制品业、化工制品业等，其 2014 年总产值占全球比重大多在 20% ~ 30%，出口额占全球比重排在 17 个经济体的第 3 ~ 6 位，与 VRCA 指数排序靠前的产业仍有一定差距，但赶超态势十分明显。

为了更好地把握中国制造业细分产业发展规模比较优势的阶梯推进与动态升级状况，第三章对中国制造业各细分产业发展规模指标进行了收敛性分析。所谓收敛性，是指在封闭经济条件下，一个既定的经济体初期的静态指标（如总产值、人均收入、出口值等）与其经济增长速度之间存在负相关关系，也就是落后经济体比先进经济体拥有更高的经济增长率，从而使各经济体之间期初在静态指标上的差异逐渐消失。收敛机制分为 σ 收敛和 β 收敛；β 收敛又分为绝对 β 收敛和条件 β 收敛两种情况。σ 收敛是指不同经济体之间的某个经济指标的离散程度随着时间推移具有下降的趋势。β 收敛是指初期某个经济指标较低的经济体比初期该经济指标较高的经济体的增长速度更快。如果每个经济体的某个经济指标都能达到完全相同的稳态水平，就是 β 绝对收敛，而如果每个经济体都朝着各自不同的稳态水平趋近则是条件 β 收敛。

运用 σ 收敛和 β 收敛分析工具，第三章的研究得出如下两点结论：

（1）中国制造业 18 个细分产业总产值和增加值指标 2000 ~ 2014 年不具有 σ 收敛性；而中国制造业 18 个细分产业出口额在 2007 ~ 2014 年呈现出比较明显的 σ 收敛性。

（2）中国制造业细分产业 3 个发展规模指标——总产值、增加值、出口额，在 2000 年以后，从不同的时间点开始，呈现出绝对 β 收敛性。具体而言，中国制造业 18 个细分产业的总产值、增加值和出口额指标分别从 2008 年、2000 年、2005 年开始，收敛于共同的稳态水平，并具有相同的增长率。

四、发展规模主要指标所有制结构分析

基于将两种工业化战略与跨国公司直接投资的因素相联系的思路，第四章的研究转到国内，对中国制造业发展规模指标的所有制结构进行分析，以期研究中国制造业比较优势动态转换中不同所有制企业所发挥的作用。

与 WIOD 网站提供的 2016 年版 2000 ~ 2014 年世界投入产出表相比较，中国工业统计年鉴对制造业细分产业划分更为细致，共 27 个大类，时间期限更近，最新数据到 2016 年。由于中国各级统计年鉴从 2008 年开始，不再提供工业细分产业增加值的数据，第四章所研究的发展规模指标主要是总产值与出口额两个指标。根据数据可得性，总产值指标的比较期限为 1999 ~ 2016 年，出口额指标的比较期限为 2001 ~ 2016 年。

依据比较结果，三类所有制企业在中国制造业 27 个细分产业的总产值和出口额发展状况大致可分为五大类：

（1）国有控股企业占据主体地位的产业。如烟草制品业、石油加工炼焦核燃料加工业。这些细分产业至今未向外商与港澳台投资企业、民营企业开放或完全开放，国有控股企业在总产值比重和出口额比重始终占据优势地位。然而，可以看到，即使是有限开放，

外商与港澳台投资企业、民营企业的比重也在快速增长，石油加工炼焦核燃料加工业的数据就反映了这种状况。

（2）国有控股企业相对民营企业具有一定优势、但与外商与港澳台投资企业竞争激烈的产业。交通运输设备制造业是这类产业的典型代表。国有控股企业在交通运输设备制造业的总产值比重从1999年的62.45%（第1位）降至2016年的38.72%，略低于外商与港澳台投资企业（39.10%），居第2位；国有控股企业出口额比重从2001年的45.12%（第1位）降至2016年的27.22%，低于外商与港澳台投资企业（41.92%）和民营企业（30.86%），居第3位。交通运输设备制造业是对外商与港澳台投资企业、民营企业开放较晚，且至今尚未完全开放的产业，即便如此，可以看到，外商与港澳台投资企业、民营企业的比重也在快速增长。

（3）民营企业由弱到强、日益成为主力军的产业。如农副食品加工业、食品制造业、酒饮料精制茶制造业、纺织业、木材加工木竹藤棕草制品业、家具制造业、化学原料化学制品业、医药制造业、化学纤维制造业、非金属矿物制品业、黑色金属冶炼压延加工业、有色金属冶炼压延加工业等产业。这些产业以传统制造业居多。在这些产业中，民营企业相继超越国有控股企业、外商与港澳台投资企业，2016年民营企业不仅总产值比重遥遥领先，出口额比重也大多位居第1位。

（4）外商与港澳台投资企业国际竞争力（出口额比重）相对民营企业占据优势的产业。如纺织服装服饰业、皮革毛皮羽毛及其制品制鞋业、造纸纸制品业、印刷和记录媒介复制业、文教工美体育娱乐用品制造业、橡胶塑料制品业、金属制品业、通用设备制造业、专用设备制造业、电气机械器材制造业、仪器仪表制造业等。在这些产业中，2016年民营企业总产值比重居第1位，而其出口额比重低于外商与港澳台投资企业，居第2位。但是，与2001年相比，在这些产业中，民营企业与外商与港澳台投资企业出口额比重的差距已经明显缩小。

（5）外商与港澳台投资企业占据绝对优势的产业。计算机通信电子设备制造业是这类产业的典型代表。在对外商与港澳台投资企业、民营企业开放较早的计算机通信电子设备制造业中，外商与港澳台投资企业1999~2016年总产值比重和2001~2016年出口额比重始终遥遥领先居第1位。然而，尽管如此，在计算机通信电子设备制造业中，民营企业总产值比重和出口额比重与外商与港澳台投资企业的差距也在逐年缩小。

从两种工业化战略进程中比较优势动态提升视角考察，可以得出如下四点结论：

（1）在拥有比较优势地位、以出口导向为其主要战略定位的细分产业中，民营企业已经成长为中国制造业的主体力量。在绝大多数细分产业中，民营企业总产值比重超越外商与港澳台投资企业、国有控股企业，处于领先地位。在大多数传统产业中，民营企业出口额比重也超越外商与港澳台投资企业、国有控股企业，居第1位。在科技含量较高的装备制造业的一些细分产业中，民营企业国际竞争力（出口额比重）虽然尚低于外商与港澳台投资企业，但差距已经明显缩小。即使在民营企业目前仍然处于明显劣势、科技含量较高的一些细分产业，如计算机通信其电子设备制造业和交通运输设备制造业，无论从总产值比重还是从出口额比重来看，民营企业与其他所有制企业的差距也在逐步缩小。

（2）在不具备比较优势、以进口替代为其主要战略定位的细分产业中，国有控股企业在政府政策的保护和支持下，在处于劣势地位的产业中形成了不可或缺的支撑力量，对劣势产业的赶超发挥了重要的作用。然而，随着比较优势的转换、国际竞争规则压力的加大、政府政策保护力度的减弱，国有控股企业坚守的领地正在日趋减少。截至 2016 年，基于准入限制保护下国有控股企业具有完全优势的产业仅剩下烟草制品业和石油加工炼焦核燃料加工业；国有控股企业曾经最具优势的交通运输设备制造业，其总产值比重和出口额比重已经被外商与港澳台投资企业超越，民营企业也显示出强劲的发展潜力。随着准入限制的日益减弱，民营企业在这些领域取代国有控股企业，应当只是时间问题。

（3）外商与港澳台投资企业对于中国制造业比较优势动态提升功不可没。一方面，在"产品出口型"企业（与中国出口导向战略相匹配的外资企业类型）中，外商与港澳台投资企业积极有效地将中国产业纳入全球价值链分工体系，在开拓全球市场的同时，不断做大产业规模，将产业比较优势转换为竞争优势。外商与港澳台投资企业这一功效在通信其电子设备制造业表现得十分突出。另一方面，在"先进技术型"企业（与中国进口替代战略相匹配的外资企业类型）中，外商与港澳台投资企业的进入带动了对民营企业的准入，同时，受益于其不可避免的技术外溢外部性，中国内资企业在"干中学"中成长壮大，内外资企业共同推动了产业从劣势地位向优势地位的提升和转化。交通运输设备制造业堪称外商与港澳台投资企业发挥这一功效的典型代表。

（4）外商与港澳台投资企业在科技含量较高的细分产业中依然保持显著的竞争优势。尽管中国制造业民营企业在与外商与港澳台投资企业的竞争较量中日益发展壮大，在大多数传统产业已经超越外商与港澳台投资企业，但是在科研含量较高的装备制造业的主要细分产业中，民营企业尚存在较大的差距。差距有些体现在产品国际竞争力水平（出口额比重），有些则体现在发展规模的所有指标上。民营企业与外商与港澳台投资企业科技创新能力的差距应当是其主要原因。

五、在全球价值链中发展状况的国际比较

中国制造业早已深刻地融入全球价值链（GVC）的分工之中。研究中国制造业比较优势的动态提升，无疑需要研究在 GVC 分工中中国制造业的发展状况。

学术界研究各经济体参与全球价值链分工状况的主要方法按发展顺序可分为两大类：一是 Hummels 等（2001）提出的垂直专业化指数 VSS（进口中间品用于生产出口品的那部分中间投入品的价值占该国（某产业）总出口中的比重）；二是 Johnson 和 Noguera（2012）、Daudin 等（2011）以及 Koopman 等（2010，2012，2014）等使用世界投入产出表测量贸易附加值，构建了一国参与 GVC 分工的"出口中的国内价值增值率""上游参与度"（出口中的间接附加值率）、"下游参与度"（出口中的国外附加值率）、"GVC 参与率"、"GVC 地位"等一系列指数，进一步完善了测算各经济体参与 GVC 分工状况的指标体系，其中，"下游参与度"（出口中的国外附加值率）与前面的 VSS 在概念上是一致的。

第五章的研究对上述测算指数做了一点延伸性的探索，增加了两个测算指数：

（1）进口中间品国内增值率（$LVDI$）$= \dfrac{VSS_{MD}}{VSS_M}$。式中，$VSS_{MD}$ 是指考虑在国内的投入产出循环利用效应计算的 VSS，VSS_M 是指不考虑在国内的投入产出循环利用效应计算的 VSS。两者相除，即可得到进口中间品的价值在国内生产循环体系中的增值比例，可以用

来作为反映一个国家各产业国内集成配套能力的测算指数。

（2）进出口中间品增值率（*IVRIE*）$=\dfrac{\text{出口中间品产值}-\text{进口中间品产值}}{\text{出口中间品产值}+\text{进口中间品产值}}\times 100\%$。反映某经济体某产业在 GVC 分工中的中间品贸易价值增值的程度，用以弥补 Koopman 等所构建的 GVC 地位指数的缺陷。Koopman 等所构建的 GVC 地位指数（本书称其为 GVCK）仅仅以产业在 GVC 不同阶段的位置作为划分地位高低的依据，缺少在 GVC 分工中中间品价值增值高低的比较，测算中发现许多不合理、不符合实际情况的结果。

在此基础上，第五章分两步展开对中国制造业在全球价值链发展状况的研究。

1. 垂直专业化指数 VSS 与进口中间品国内增值率 LVDI 的国际比较

依据 OECD 国家投入产出表提供的 2005~2015 年数据，对世界 17 个主要经济体制造业 15 个细分产业垂直专业化指数 VSS 和进口中间品国内增值率 LVDI 进行国际比较，得出如下结论：

（1）从整体角度考察来看，中国制造业细分产业 VSS 数值在世界 17 个经济体中排序靠后，说明从整体角度考察，中国制造业细分产业出口产品中承接国外材料加工比重较小。中国制造业全部细分产业 VSS 指数 2015 年数值低于 2005~2015 年平均值，呈现逐年降低的态势。

（2）中国制造业大多数细分产业 LVDI 指标在世界 17 个经济体中排序名列前茅。说明中国制造业大多数细分产业出口产品承接国外进口中间品在国内生产循环体系中的增值比例较大，亦即中国制造业大多数细分产业国内集成配套能力较强。中国制造业中大多数细分产业 LVDI 指数 2015 年数值高于 2005~2015 年平均值，呈现逐年增长的态势。

2. GVC 分工地位指数 GVCK 与进出口中间品增值率指数 IVRIE 的国际比较

依据 WIOD 网站提供的 2000~2014 年世界投入产出表数据，对世界 17 个主要经济体制造业 15 个细分产业 GVCK 和 IVRIE 两个指数进行国际比较，得出如下结论：

（1）15 个细分产业中有 5 个产业，GVCK 指数最大值的经济体，其 IVRIE 指数又是最小值，印证了本书所论证的单一用狭义的 GVC 地位指数 GVCK 评判一个经济体（及其产业）在 GVC 的地位是不科学、不完善的，本书构建进出口中间品增值率指数 IVRIE 补充 GVC 地位指标体系是必要的。

（2）从 GVCK 和 IVRIE 两个指数综合考察，中国制造业细分产业在世界 17 个经济体中 GVC 分工地位相对较高的只有金属制品业和电气设备制造业，金属制品业 GVCK 指标排序居中下游，而 IVRIE 指标名列前茅，反映金属制品业在 GVC 分工中居于中游阶段，掌控了 GVC 增值较高的环节；电气设备制造业 GVCK 指标排序很低，而 IVRIE 指标位居中游偏上，反映电气设备制造业在 GVC 分工中居于下游阶段，但在 GVC 增值相对较高。

（3）从 GVCK 和 IVRIE 两个指数综合考察，中国制造业大多数细分产业在世界 17 个经济体中 GVC 分工地位较低，可以归为两种情况：

第一，GVCK 低-IVRIE 低：计算机电子光学制品业、其他非金属制品业、木制品业、纺织服装业、橡胶和塑料制品业，这 5 个细分产业两种指数排序都居于后位，说明这些产业在 GVC 分工中居于下游阶段，且价值增值很低。

第二，GVCK 高-IVRIE 低：食品加工业、纸制品业、石油制品业、化工制品业、基础金属制品业、机动车辆制造业、机械和设备制造业、其他交通设备制造业，这 8 个细分产业 GVCK 指数排序位居前中位，但 IVRIE 指数排序位居后位，说明这些产业虽然在 GVC 分工中居于中上游阶段，但价值增值很低。

中国制造业大多数细分产业在 GVC 分工地位较低，反映出中国制造业大多数产业还没有摆脱发达国家跨国公司的技术主导与控制，尚未实现从 GVC 低端向高端的跨越。

六、产业增长效率比较与分析

第六章着眼于体现产业技术进步和技术效率的增长效率指标进行国际比较，将从以下三个角度展开探索性研究：①进行全方位的国际比较，估量中国制造业整体及其细分产业增长效率在世界中的真实水平；②引入和设置在全球价值链发展状况的变量，分析影响中国制造业增长效率的主要因素；③比较技术效率与全要素生产率两个增长效率指标的测算结果，剖析驱动中国制造业增长效率的内在机制。

在现代西方效率理论中，度量效率与生产率的关键在于生产前沿面的确定。至今主要形成两大分支：参数方法和非参数方法。参数方法主要沿袭传统生产函数（增长核算法或索洛余值法）的估计思想，首先需要确定一种具体的生产函数形式，然后利用现代计量经济学方法，估计出前沿生产函数中的未知参数，从而完成前沿生产函数的构造。非参数方法则利用纯数学的线性规划技术和对偶原理确定生产前沿面，并完成对效率的测度。这两类方法统称为前沿分析方法（或生产前沿面方法）。其中，参数方法以随机前沿模型为代表，非参数方法则以数据包络分析为代表。

随机前沿模型与数据包络分析两种方法各有千秋。总体来看，随机前沿生产函数在技术效率的测度中具有优势，且能够通过技术无效项的设置和测度，在测算产业技术效率的同时，判断可能影响产业技术效率各种因素的影响方向与力度；数据包络分析方法则在分解全要素生产率（TFP）方面取得突破，测算结果能够显示全要素生产率变化的基本构成（TFP 指数＝技术效率指数×技术进步指数，技术效率指数＝纯技术效率指数×规模效率指数），明确各构成指数产业发展的优势与劣势所在。

第六章依据 OECD 网站提供的国家投入产出表最新时间区间（2005~2015）的数据，选择 50 个经济体（涵盖 OECD 提供的 64 个经济体中的绝大多数经济体），运用两类方法对中国制造业 16 个细分产业的增长效率展开全方位的国际比较。首先，运用随机前沿分析方法测算世界各主要经济体制造业细分产业的技术效率，并选择适宜的体现在全球价值链中发展状况的指标作为随机影响因素（技术无效项），分析其对技术效率影响的方向和力度；其次，运用数据包络分析方法测算世界各主要经济体制造业细分产业的全要素生产率及其分解，分析制约中国制造业全要素生产率提升的主要原因。

1. 中国制造业细分产业技术效率国际比较的测算结果

（1）从整体考察来看，中国制造业技术效率处于全球领先地位。在 16 个细分产业中，有 13 个产业 2005~2015 年平均技术效率或 2015 年数值在 50 个经济体中排名前 5 位。具体而言，纺织服装业、橡胶和塑料制品业、其他非金属制品业、金属制品业，电气设备制造业和其他制造业 6 个产业排名第 1 位；纸制品业和机械设备制造业排名第 2 位；基本金属制品业排名第 3 位；计算机电子及光学制造业和其他交通运输设备制造业排名第 4 位；食品加工业、化工制品业和其他交通设备制造业排名第 5 位。中国制造业细分产业技术效率较低的有 3 个细分产业：石油制品在世界排名第 13 位、木制品业排名第 11 位、机动车制造业排名第 16 位。

（2）从整体考察来看，中国制造业的技术效率呈现出逐年提高的趋势。16 个细分产业中有 13 个产业 2015 年技术效率数值高于其 2005～2015 年的平均值。但是有 3 个细分产业——木制品业、机动车制造业和其他交通运输设备制造业，2015 年技术效率数值低于其 2005～2015 年的平均值。

（3）三个主要影响因素变量参数估计结果。

1）VSS（垂直专业化指数）对产业的技术效率有负向影响。在 16 个细分产业中，有 13 个产业的 VSS 估计值为正，即对技术效率有负向的影响，表明 VSS 每增加 1 个单位，技术效率就会降低所对应的系数估计值的比例。只有金属制品业、计算机电子光学制造业和其他交通运输设备制造业的 VSS 估计值为负，即对技术效率有正向的影响。这一现象意味着在全球价值链下游可能面临分工锁定的低效率风险。在 50 个经济体中，中国制造业大部分细分产业的 VSS 值较低，对技术效率的负向影响不大。

2）LVDI（进口中间品国内配套增值率指数）对产业的技术效率有正向影响。在 16 个细分产业中，有 13 个产业的 LVDI 估计值为负，即对技术效率有正向影响，表明 LVDI 每增加 1 个单位，技术效率就会提高所对应的系数估计绝对值的比例。只有食品加工业、石油制品和其他制造业 LVDI 估计值为正，即对技术效率有负向影响。这一现象意味着提高国内集成配套能力有利于提升产业技术效率。在 50 个经济体中，中国制造业大部分细分产业的 LVDI 值较高，这是提升中国制造业技术效率的主要因素之一。

3）TC（产业贸易竞争力指数）对产业技术效率的影响也是正向的。在 16 个细分产业中，有 14 个产业的 TC 估计值为负，即对技术效率有正向影响，表明 TC 每增加 1 个单位，技术效率就会提高所对应的系数估计绝对值的比例。只有石油制品业和基础金属制品业 TC 估计值为正，即对技术效率有负向影响。这一现象意味着，提高产业贸易竞争力有利于提升产业技术效率。中国制造业贸易竞争力指标 TC 表现参差不齐，但总体尚处于 50 个经济体的中上游水平，对于中国制造业细分产业技术效率的影响以正向为主。

2. 中国制造业细分产业全要素生产率（TFP）国际比较测算结果

（1）中国制造业细分产业全要素生产率（TFP）的数值及其排序。

1）从整体考察来看，中国制造业全要素生产率在世界排名较低，且绝大多数小于 1，即代表负增长。在 16 个细分产业中，只有食品加工业、纸制品业、石油制品业、金属制品业和机械设备制造业 5 个产业 2005～2015 年 TFP 平均值或 2015 年数值排名世界前 10 位；其余细分产业大多排名世界中等水平；还有少数产业（如木制品业），TFP 排名 50 个经济体的后 10 位。

2）从整体考察来看，2005～2015 年，中国制造业全要素生产率逐年提升。在 16 个细分产业中，食品加工业、纺织服装业、石油制品业、橡胶和塑料制品业、基础金属制品业、金属制品业、计算机电子光学制造业、电气设备制造业、机械和设备制造业和其他交通设备制造业 10 个产业的 2014～2015 年 TFP 数值高于 2005～2015 年平均值。但是也有少数细分产业（如纸制品业）的 2014～2015 年 TFP 数值低于 2005～2015 年平均值。

（2）中国制造业细分产业全要素生产率分解。

前面运用同样的数据对制造业增长效率展开全方位的国际比较研究时，观察到中国制造业各细分产业在技术效率与全要素生产率两个指标之间在全球水平的显著差异。"中国制造业细分产业2005~2015年全要素生产率（TFP）平均值分解"，解释了导致这一差异的主要原因。

第一个分解：TFP指标=技术效率指标×技术进步指标。在16个细分产业中，食品加工业、纺织服装业、纸制品业、石油制品业、化工制品业、其他非金属制品业、基础金属制品业、金属制品业、电气设备制造业、机械和设备制造业、其他交通设备制造业和其他制造业12个产业技术进步指标低于技术效率指标；只有其余4个产业技术进步指标高于技术效率指标。这表明，技术创新不足是导致中国制造业全要素生产率低下的主要原因。

第二个分解：技术效率指标=纯技术效率指标×规模效率指标，16个细分产业中有9个产业纯技术效率大于规模效率，说明这些产业中影响技术效率提升的主要因素是资源配置能力的不足；另外7个产业纯技术效率小于规模效率，说明这些产业中影响技术效率提升的主要因素是对先进技术的学习模仿能力、现有资源有效利用能力的不足。

七、产值效益指标的国际比较

第七章对中国制造业效益的研究主要依据OECD网站2005~2015年世界各国投入产出表提供的数据，依然选择17个代表性经济体，对中国制造业16个细分产业的增加值率（增加值/总产值）、劳动报酬占比（劳动报酬/增加值）、利润占比（企业盈利/增加值）、税收占比（税收/增加值）以及出口占总产值比重几个指标进行国际比较。得到如下结论：

1. 中国制造业细分产业增加值率的国际比较

（1）从整体角度考察来看，中国制造业细分产业增加值率在17个经济体中处于十分低下的地位。2005~2015年中国制造业细分产业增加值率平均值或2015年增加值率位居最后的有9个产业：纺织服装业、木制品业、纸制品业、橡胶和塑料制品业、其他非金属制品业、金属制品业、机械和设备制造业、电气设备制造业、其他交通设备制造业；居倒数第2位的有3个产业：化工制品业、计算机电子光学制造业、机动车辆制造业；其他制造业居倒数第4位；基础金属制品居第12位；食品加工居第11位。只有石油制造业增加值率排序相对靠前，2005~2015年平均值居第5位，而2015年数值居第8位。

（2）从整体角度考察来看，2005~2015年中国制造业细分产业增加值率呈现逐年递减的态势。16个细分产业中只有电气设备制造业和其他交通设备制造业2015年增加值率略高于其2005~2015年平均值，其他14个细分产业2015年增加值率均低于其2005~2015年平均值。

中国制造业细分产业增加值率低下，且逐年下降，反映出企业盈利能力和发展水平尚存在较大差距。

2. 中国制造业细分产业劳动报酬占比的国际比较

（1）从整体角度考察来看，中国制造业细分产业劳动报酬占比在17个经济体中处于十分低下的位置。中国制造业细分产业劳动报酬占比2005~2015年平均值或2015年数值位居倒数第2位的有2个产业：电气设备制造业和机动车辆制造业；位居倒数第3位的有7个产业：纺织服装业、木制品业、纸制品业、橡胶和塑料制品业、其他非金属制品业、基础金属制品业、机械和设备制造业；居倒数第4位的有4个产业：食品加工业、化工制品业、其他交通设备制造业、其他制造业；居倒数第 5 位有 3 个产业：石油制品业、金属制品业、计算机电子光学制造业。

（2）从整体角度考察来看，中国制造业 13 个细分产业劳动报酬占比 2015 年数值高于 2005~2015 年平均值，呈现逐年递增的态势。13 个产业包括纺织服装业、木制品业、化工制品业、橡胶塑料制品业、其他非金属制品业、基础金属制品、金属制品业、机械和设备制造业、计算机电子光学制造业、电气设备制造业、机动车辆制造业、其他交通设备制造业、其他制造业。其他 3 个产业——食品加工业、纸制品业、石油制品业，其劳动报酬占比 2015 年数值低于 2005~2015 年平均值，呈现逐年递减的态势。

中国制造业细分产业劳动报酬占比低下一方面是造成增加率低下的主要因素（作为增加值构成的要素之一）；另一方面也是中国制造业细分产业技术效率较高的主要原因（作为投入要素之一的劳动力成本低）。

3. 中国制造业细分产业利润占比的国际比较

（1）中国制造业各细分产业利润占比在 17 个经济体中的排序表现出很不相同的状态，从总体考察，处于中等偏低的水平。中国制造业细分产业利润占比 2005~2015 年平均值或 2015 年数值居 17 个经济体前 5 位的有 3 个产业：其他非金属制品业、金属制品业、机械和设备制造业；居第 6~10 名的有 6 个产业：木制品业、纸制品业、橡胶塑料制品业、机械和设备制造业、计算机电子光学制造业、电气设备制造业；居第 11~17 名的有 8 个产业：食品加工业、纺织服装业、石油制品业、化工制品业、基础金属制品业、机动车辆制造业、其他交通设备制造业、其他制造业。

（2）中国制造业 16 个细分产业利润占比的发展变化状况也表现出较大的差异，16 个产业中，有 7 个产业——食品加工业、纸制品业、其他非金属制品业、金属制品业、机械和设备制造业、电气设备制造业、其他制造业，其利润占比 2015 年数值高于 2000~2015 年平均值，呈现逐年递增的态势；而另外 9 个产业——纺织服装业、木制品业、橡胶塑料制品业、石油制品业、化工制品业、基础金属制品业、计算机电子光学制造业、机动车辆制造业、其他交通设备制造业，其利润占比 2015 年数值低于 2000~2015 年平均值，呈现逐年递减的态势。

4. 中国制造业细分产业税收占比的国际比较

（1）对中国制造业细分产业税收占比进行国际比较，十分惊讶地发现，中国制造业细分产业税收占比 2005~2015 年平均值或 2015 年数值在 17 个经济体中名列前茅，且与其他经济体差距悬殊。16 个细分产业中除了石油制品业居第 2 位，其他 15 个细分产业税收占比均居第 1 位，且不仅比排序最后的经济体高出数十倍之多，比排序次低的经济体也高出许多。

（2）中国制造业 16 个细分产业税收占比的发展变化状况也表现出较大的差异，16 个产业中，有 7 个产业——食品加工业、纸制品业、石油制品业、化工制品业、橡胶塑料制品业、机动车辆制造业、其他交通设备制造业，其税收占比 2015 年数值高于 2000~2015 年平均值，呈现逐年递增的态势；而另外 9 个产业——纺织服装业、木制品业、其他非金属制品业、基础金属制品业、金属制品业、机械和设备制造业、计算机电子光学制造业、电气设备制造业、其他制造业，其利润占比 2015 年数值低于 2000~2015 年平均值，呈现逐年递减的态势。

中国制造业各细分产业增加值率如此低下，而作为增加值构成要素之一的税收又如此高企，一方面，印证了中国制造业细分产业劳动报酬占比低下是造成增加率低下的主要因素；另一方面，也说明税收占比高企可能是一个制约中国制造业创新发展不容忽视的问题。

5. 中国制造业细分产业出口占总产值比重的国际比较

（1）从整体角度考察来看，中国制造业细分产业出口占总产值比重平均值在 17 个经济体中的排序偏后。中国制造业细分产业出口占总产值比重 2005～2015 年平均值或 2015 年数值居最后的有 3 个产业：石油制品业、基础金属制品业、机动车辆制品业；居倒数第 2 位的有 4 个产业：食品加工业、纸制品业、化工制品业、机械和设备制造业；居倒数第 3 位的是其他交通设备制造业；居倒数第 4 位的是橡胶和塑料制品业；居第 12 位的是电气设备制造业；居第 11 位的有 2 个产业：其他非金属制品业和金属制品业；位居前 10 位的有 4 个产业：纺织服装业（第 8 位）、木制品业（第 9 位）、计算机电子光学制造业（第 9 位）、其他制造业（第 6 位）。

（2）从总体考察来看，2005～2015 年中国制造业出口占总产值比重呈现逐年下降趋势，16 个细分产业中只有纸制品业和其他非金属制品业出口占总产值比 2015 年数值高于 2005～2015 年平均值，其他 14 个产业均为 2015 年数值低于 2005～2015 年平均值，呈现逐年递减的态势。

中国制造业细分产业出口占总产值比重较低，且大多呈现逐年递减态势，反映出中国内需市场的巨大潜力和回旋空间。

第二节　对策建议

一、全面贯彻实施中国制造业发展战略，加快实现制造大国向制造强国的转变

研究结果表明，随着比较优势的阶梯推进和动态升级，中国制造业细分产业呈现出全方位崛起、相互配套支撑发展的态势；中国制造业不仅发展规模指标在世界处于领先地位，且日益完备健全的集成配套体系支撑着中国制造业增长效率指标在世界同样名列前茅。研究结果也表明，中国制造业大多数细分产业在 GVC 分工地位较低，还没有摆脱发达国家跨国公司的技术主导与控制，技术进步水平与先进经济体还存在较大差距；大多数细分产业增加值率和劳动报酬率低下、利润率也处于较低的水平；在科技含量较高的产业中内资企业国际竞争力与外资企业相比依然存在较大差距。从制造大国迈向制造强国，中国制造业任重道远。

中国制造业发展战略的核心，就是要将改革开放 40 年来建立在大量廉价劳动力基础上、拥有世界最完备工业部门体系的制造大国推向制造强国的行列。这是中国制造业坚定不移的发展方向。全面贯彻实施中国制造业发展战略，无疑是中国制造业当前首当其冲的主要任务。

二、提升创新层次，推进产业转型升级

全面贯彻实施中国制造业发展战略，提升创新层次，推进产业转型升级势在必行。

1. 培育新的竞争优势、实现从 GVC 低端向高端的攀升

建立在劳动力红利比较优势基础上的中国制造业，还没有根本改变"低端产品在国际经济贸易利益分配中处于劣势地位，高端产品国际竞争力不强"的被动局面，近年来又面临国内劳动力成本快速上升、新兴经济体以更低劳动力成本竞争、以及欧美等发达国家"再工业化"战略等诸多挑战。中国制造业唯有坚持创新驱动战略，培育新的竞争优势，才能突破重重困境，逐步实现从 GVC 低端向高端的攀升。

2. 加大对新技术的跟随与应用，强化技术效率优势，保持在全球的技术效率优势地位

即使从跟随创新和模仿创新考察，中国制造业仍旧大有潜力可挖。要继续谦虚谨慎，戒骄戒躁，努力学习和及时应用先进国家的新技术、新设备，紧跟先进国家创造的新的生产前沿面。同时，要不断强化已经形成的集成配套能力，克服低水平重复建设、产能过剩、规模不经济等问题，进一步提高资源配置水平，保持在全球的技术效率优势地位。

3. 全力推进自主创新和原始创新，全面提高全要素生产率（TFP）

建立在"以市场换技术"思路上的跟随创新和模仿创新，促使中国制造业在世界分工中通过"干中学"迅速缩小了与发达国家技术差距；但是如果仅仅停留跟随创新和模仿创新，中国制造业永远不可能站在世界科技前沿，还会遭致发达国家的挤压和攻击。自主创新和原始创新，是中国制造业避免残酷的低水平竞争、开辟蓝海、攀登科技高峰的唯一途径。推进自主创新和原始创新，要在科研体制、研发人才和经费投入等软硬环境的完善上下功夫，全面提高全要素生产率（TFP）。

三、适时调整产业政策，健全公平竞争的动力机制

研究结果表明，两种工业化战略实施进程中，在不具备比较优势、以进口替代为主要战略定位的细分产业中，国有控股企业在政府政策的保护和支持下，在处于劣势地位的产业中形成了不可或缺的支撑力量，对劣势产业的赶超发挥了重要的作用；在拥有比较优势地位、以出口导向为主要战略定位的细分产业中，民营企业已经成长为中国制造业的主体力量；外商与港澳台投资企业在科技含量较高的细分产业中依然保持显著的竞争优势。

研究结果还表明，民营企业在中国制造业显示了极其强劲的生命力和发展后劲。不论是在对其开放较晚甚至至今尚未完全开放的产业，还是在外商与港澳台投资企业始终占据优势地位的产业，民营企业与国有控股企业、外商与港澳台投资企业的差距都日益缩小。民营企业终将发展成为中国制造业的中坚力量。

在中国制造业呈现全方位崛起、收敛于共同的稳态水平的时刻，适时调整产业政策，鼓励和支持民营企业的发展，健全公平竞争的动力机制就变得尤为重要。"创造与持续产业竞争优势的最大关联因素是国内市场强有力的竞争对手。在国际竞争中，成功的产业必然先经过国内市场的搏斗，迫使其进行改进和创新，海外市场则是竞争力的延伸。而在政府的保护和补贴下，没有竞争对手的'超级明星企业'通常并不具有国际竞争能力"。

适时调整产业政策，鼓励和支持民营企业的发展，健全公平竞争的动力机制，从长远来看，是完善中国制造业发展制度环境的必然选择；从近期来看，也是应对国际竞争与争端的必要手段。

四、进一步加大吸引外资力度，不断优化投资环境

研究结果表明，外商与港澳台投资企业对于中国制造业比较优势动态转换与产业升级提升功不可没。在中国制造业比较优势动态转换与产业转型升级的进程中，外商直接投资的技术转让、技术外溢和竞争效应仍将发挥不可替代的作用。进一步加大吸引外资力度，优化投资环境，是确保中国制造业成功实现产业转型升级不可或缺的举措。

五、改进制造业国民收入分配格局，努力降低企业税赋，优化完善营商环境

中国制造业成本高企已经成为制约其发展的主要障碍。人工成本不断上升是难以逆转的趋势和潮流，也是扩大内需市场的必要条件。降低制造业成本只有从其他方面找出路。努力降低企业已不堪重负的税赋，是当前降低中国制造业成本、改进制造业国民收入分配格局、优化营商环境的最明智之举。

六、巩固和加强内需市场，奠定企业全球竞争的基础

国内需求市场是产业发展的动力。中国巨大的内需市场是产业升级难得的优势条件。一方面，随着中国经济的迅猛发展，中产阶级崛起，追求品质、个性化成为时代的潮流。"如果能满足本国内最挑剔难缠的消费者，就会激发出该国企业的竞争优势，应对国际市场的竞争将变得游刃有余"。另一方面，基于中国人口众多、人均收入水平低下、地域辽阔等国情特征，可能会产生不同于发达国家的"预期需求"，中国的高铁、物美价廉智能手机的发展都是其例。"如果本国的顾客需求领先于其他国家，也可以造就本国企业在全球的竞争优势"。巩固和加强内需市场应从两个方面着眼：一是适时提高低收入人群的收入水平，以提高国民整体的消费能力；二是鼓励和支持企业开发生产适销对路的产品，以满足日益挑剔的消费者持续增长的消费需求。

参考文献

［1］Kirkpatrick C，Lee N，Nixson F. Industrial Structure and Policy in Less Developed Countries ［M］. London：George，Allen and Unwin，1984.

［2］江小涓. 中国工业发展与对外经济贸易关系的研究 ［M］. 北京：经济管理出版社，1993.

［3］［德］弗里德里希·李斯特. 政治经济学的国民体系 ［M］. 陈万熙译. 蔡受百校. 北京：商务印书馆，1961.

［4］王岳平. 培育我国产业动态比较优势的机理分析与政策研究 ［J］. 经济研究参考，2012（15）：35-72.

［5］［英］大卫·李嘉图. 西方经济学圣经译丛：政治经济学及赋税原理 ［M］. 周洁译. 北京：华夏出版社，2013.

［6］［英］亚当·斯密. 国富论 ［M］. 富强译. 北京：北京联合出版公司，2013.

［7］余永定等. 西方经济学 ［M］. 北京：经济科学出版社，1997.

［8］梁枫，张文姝. 进口替代和出口导向战略与工业化进程——基于历史的视角 ［J］. 东方企业文化，2010（3）：29.

［9］周小兵. 东亚经济的结构性矛盾与解决 ［J］. 当代亚太，2005（4）：8-15.

［10］［美］H. 钱纳里，S. 鲁宾逊，M. 塞尔奎因. 工业化和经济增长的比较研究 ［M］. 吴奇，王松宝等译；陶文达，徐宽等校. 上海：上海三联书店，1989.

［11］李应振，李玉举. 论新特征的外贸发展战略 ［J］. 国际贸易问题，2006（2）：40-43.

［12］李玉娟. 进口替代与出口导向战略的实证分析——基于后金融危机时代的思考 ［J］. 云南财经大学学报，2011（4）：58-65.

［13］周怀峰，张岳恒. 进口替代批判述评 ［J］. 生产力研究，2006（4）：274-278.

［14］世界银行. 1987 年世界发展报告 ［R］. 北京：中国财政出版社，1987.

［15］Prebisch R. Commercial Policy in the Underdeveloped Countries ［M］. American Economic Review，May，1959.

［16］Prebisch R. Towards a New Trade Policy for Development ［R］. Venue：Proceedings of the Uniteal Nations Conference on Traele and Development. I-VIII DD To Neta Cart，1964：1-8.

［17］［美］安妮·克鲁格. 发展中国家的贸易与就业 ［M］. 李实译. 上海：上海人民出版社，1995.

［18］John H. Power. Import Substitution as an Industrialization Strategy ［J］. The Philippine Economic Journal，1966，5（2）：58-79.

［19］M. da C Tavares. The Growth and Decline of Import Substitution in Brazil ［J］. Economic Bulletin for Latin America，1964：25- 48.

［20］Santiago Marcario. Protectionism and Industrialization in Latin America ［J］. Economic Bulletin for Latin America，1964 IX（1）：78.

［21］I. M. D Little T. Scitovsky and Scott M. Industry and Trade in Some Developing Countries：A Comparative Study ［M］. London：Oxford University Press for OECD，1970.

［22］宋泓. 国际贸易与幼稚产业成长：一个综述，载李向阳. 世界经济前沿问题（上）［C］. 北京：社会科学文献出版社，2007：39-70.

［23］耿伟. 内生比较优势演进的理论与实证 ［M］. 北京：中国财政经济出版社，2008.

［24］Balassa B. The Newly Industrialising Countries in the World Economy ［M］. Oxford Pergamon Press，1981.

［25］陈三毛. 新贸易理论与出口导向发展战略 ［J］. 铁道师院学报，1998，15（6）：27-30.

［26］Amsden A H. Asia's Next Giant：How Korea Competes in the World Economy ［J］. Technology Review，1989，92（4）：46-53.

［27］Lee J R，Chen J S. Dynamics Synergy Creation with Multiple Business Activities：Toward a Competence-based Business Model for OEM Suppliers ［J］. Advances in Applied Business Strategy，1999（1）：125-167.

［28］世界经济论坛. 2002~2003 年全球竞争力报告 ［M］. 北京：机械工业出版社，2003.

［29］汪建成，毛蕴诗. 从 OEM 到 ODM、OBM 的企业升级路径——基于海鸥卫浴与成霖股份的比较案例研究 ［J］. 中国工业经济，2007（12）：110-116.

［30］汪建成，毛蕴诗，邱楠. 由 OEM 到 ODM 再到 OBM 的自主创新与国际化路径——格兰仕技术能力构建与企业升级案例研究 ［J］. 管理世界，2008（6）：148-155.

［31］夏先良. 中国企业从 OEM 升级到 OBM 的商业模式抉择 ［J］. 财贸经济，2003（9）：64-69.

［32］徐印州，屈韬. 中国家电业 OEM/ODM/OBM 跨国经营战略的转变 ［J］. 国际经贸探索，2005（3）：81-84.

［33］吕宏芬，余向平. OEM 方式的内在劣势及其产业链升级对策探讨 ［J］. 商业研究，2006（2）：104-105.

［34］周旭，庞东. 中国制造业的品牌战略：从 OEM 到 OBM ［J］. 技术经济与管理研究，2006（6）：98-99.

［35］于明超，刘志彪等. 外来资本主导代工生产模式下当地企业升级困境与突破——以中国台湾笔记本电脑内地封闭式生产网络为例 ［J］. 中国工业经济，2006（11）：108-116.

［36］石敬韬. 进口替代背景的中国汽车内资企业出路研究 ［D］. 首都经济贸易大学博士学位论文，2013.

［37］魏喆. 江小涓. 继续用两个市场两种资源改善要素结构 ［N］. 搜狐财经，

2007-04-27.

　　[38] 余永定 . 见证失衡——双顺差、人民币汇率和美元陷阱 [J] . 国际经济评论，2010（3）：7-44.

　　[39] Kai Guo and Papa N' Diaye. Is China's Export-Oriented Growth Sustainable？[J] . IMF Working Paper，WP/2009/172：3-20.

　　[40] Chow，Gregory C，and Kui Wai Li. China's Economic Growth：1952-2010 [J] . Economic Development and Cultural Change，2002，15（1）：247-56.

　　[41] 杨先明，赵果庆 . 基于技术创新能力的国际直接投资阶段论及对中国的验证 [J] . 世界经济研究，2007（3）：55-62.

　　[42] CEPII. Geographical Bilateral Distance Database [DB] . 2010（Paris：CEPII，http：//www. cepii. fr/ anglaisgraph/bdd/ distances. htm）.

　　[43] Bosworth，Barry，and Susan Collins. Accounting for Growth：Comparing China and India [Z] . NBER Working Paper，2007.

　　[44] 卢映西 . 出口导向型发展战略已不可持续——全球经济危机背景下的理论反思 [J] . 海派经济学，2009（10）：80-91.

　　[45] 干春晖，余典范 . 中国构建动态比较优势的战略研究 [J] . 学术月刊，2013（4）：76-85.

　　[46] 余永定 . 走向再平衡：终结出口导向型创汇政策 [J] . 中国市场，2010（29）：35-38.

　　[47] 邹昭晞 . 从规模到质量：中国利用外资的历史进程 [M] . 北京：科学出版社，2009.

　　[48] 邹昭晞，李志新 . 中国吸引外资的整体战略性成效 [J] . 经济管理，2008（13）：22-26.

　　[49] 邹昭晞 . "进口替代型"引资战略背景的本土品牌出路：剖析汽车制造业与制药业 [J] . 改革，2012（5）：101-109.

　　[50] Stephen H. Hymer. International Operations of National Firms：A Study of Direct Foreign Investment [D] . Ph. D. Thesis. MIT（Published by MIT Press under the same title in 1976）.

　　[51] Kindleberger C P. American Business Abroad：Six Lectures on Direct Investment [M] . New Haven，Conn，Yale U. P. 1969.

　　[52] 徐二明 . 国际企业管理概论 [M] . 北京：中国人民大学出版社，1995.

　　[53] Mundell，R. A.，International Trade and Factor Mobility [J] . America Economic Review，1957，47（6）：321-335.

　　[54] [日] 小岛清 . 对外贸易论 [M] . 周宝廉译 . 天津：南开大学出版社，1987.

　　[55] [瑞典] 伊·菲·赫克歇尔，戈特哈德·贝蒂·俄林 . 赫克歇尔—俄林贸易理论 [M] . 陈颂译 . 北京：商务印书馆，2019.

　　[56] 杨小凯，张永生 . 新贸易理论、比较利益理论及其经验研究的新成果：文献综述 [J] . 经济学（季刊），2001（10）：19-44.

　　[57] 杨小凯，张永生 . 新贸易理论及内生与外生比较利益理论的新发展：回应 [J] .

经济学（季刊），2002（10）：251-256.

［58］Stephen Redding，Dynamic Comparative Advantage and the Welfare Effects of Trade ［J］．Oxford Economic Papers，1999（51）：15-39.

［59］陆明涛，袁富华，张平．经济增长的结构性冲击与增长效率：国际比较的启示 ［J］．世界经济，2016（1）：24-51.

［60］郎丽华，周明生，刘召圣．中国70年发展历程与大国发展模式——第十三届中国经济增长与周期高峰论坛综述 ［J］．经济研究，2019（10）：204-208.

［61］Ernst，Dieter. GlobalProduction Networkand Industrial Upgrading-Knowledge-Centered Approach ［R］．East-Wester Center Working Paper：Economic Series，2001.

［62］王俊豪．产业经济学 ［M］．北京：高等教育出版社，2008.

［63］Pavitt K . The Sources of Innovation ：Eric von Hippel，Oxford University Press，1988 ［J］．Research Policy，1989，18（5）：1.

［64］Humphrey J，Schmitz H. Governance and upgrading：linking industrial cluster and global value chain research. IDS Working Paper 120，Brighton，Institute of Development Studies，University of Sussex，2000.

［65］［美］迈克尔·波特：国家竞争优势 ［M］．李明轩等译．北京：华夏出版社，2002.

［66］Kaplinsky R & Morris M.，Governance Matters inValue Chains ［J］．Developing Alternatives，2003，9（1）：11-18.

［67］刘拥军．论比较优势与产业升级 ［J］．财经科学，2005（3）：45-61.

［68］刘增恒．论我国产业素质的提高 ［J］．当代经济研究，1994（6）：44-47.

［69］管怀鎏．论产业素质 ［J］．江淮论坛，1997（2）：27-34.

［70］Farrell M J. The Measurement of Production Efficiency ［J］．Journal of Royal Statistical Society，Series A，General，1957，120（3）：253-281.

［71］Battese E，Coelli T. Frontier Production Functions，Technical Efficiency and Panel Data：With Application to Paddy Farmers in India ［J］．Journal of Productivity Analysis，1992（3）：153-169.

［72］Battese E，Coelli T. A Model of Technical Inefficiency Effects in Stochastic Frontier Production for Panel Data ［J］．Empirical Economics，1995（20）：325-332.

［73］Battese E，Coelli T. Prediction of Firm-level Technical Efficiency With a Generalised Frontier Production Function and Panel Data ［J］．Australia Journal of Economics，1998（38）：378-399.

［74］Chares A，W Cooper，Rhodes E. Measuring the Efficiency of Decision-making Units ［J］．European Journal of Operation Research，1978（2）：429-444.

［75］Banker R D，Chares A，Cooper W W．Some Models for Estimating Technical and Scale Inefficiencies in Data Envelopment Analysis ［J］．Management Science，1984（30）：1078-1092.

［76］Andersen P，Petersen NC. A Procedure for Ranking Efficient Units in Data Envelopment Analysis ［J］．Management Science，1993（10）：1261-1264.

［77］康成文．显示性比较优势指数研究述评 ［J］．商业研究，2014（5）：32-39.

［78］Liesner H. H. The European Common Market and British Industry ［J］. The Economic Journal, 1958 （68）: 302-316.

［79］Michael Michaely. Concentration in International Trade ［M］. North- Holland Pub. Co. , 1962.

［80］Balassa, B. Trade Liberalization and Revealed Comparative Advantage ［J］. The Manchester School, 1965, 33 （2）: 99-123.

［81］Balassa B. Comparative Advantage, Trade Policy and Economic Development ［M］. New York University Press, 1989.

［82］Lafay, Gerard. The Measurement of Revealed Comparative Advantages ［C］//In International Trade Modeling, edited by M. G. Dagenais, and P. A. Muet, London: Chapman & Hall, 1992.

［83］Vollrath, T. L. and De Huu, Vo. Investigating the Nature of World Agricultural Competitiveness, U. S. Department of Agriculture, Economic Research Service ［J］. Technical Bulletin （1754）.

［84］Vollrath T. L. A Theoretical Evaluation of Alternative Trade Intensity Measures of Revealed Comparative Advantage ［J］. Weltwirtschaftliches Arch, 1991 （127）: 265-280.

［85］Van Rooyen, C. J. , Esterhuizen, D. & Doyer, O. T. How Competitive is Agribusiness in the South African Food Commodity Chain? ［J］. Working Paper, University of Pretoria, South Africa, 1999-2001.

［86］Van Rooyen, C. J. , bEsterhuizen, D. & Doyer, O. T. How Competitive is Agribusiness in the South African Food Commodity Chain ［C］//In Chain management in agribusiness and the food industry. J H Trienekens and P. J. P. Zuurbier （eds. ）. Waginingen Pers, Waginingen, The Netherlands, 2000.

［87］Baumol WJ. Macroeconomics of Unbalanced Growth ［J］. American Economic Review, 1967 （57）: 53-58.

［88］Baumol W J. Productivity Growth, Convergence and Welfare: What the Long-run Data Show ［J］. American Economic Review, 1986 （76）: 1072-1085.

［89］Barro R, X. Sala-I-Martin. Convergence Across States and Regions ［J］. Brooking Papers on Economic Activity, 1991 （1）: 107-182.

［90］Barro R, X. Sala-I-Martin. Convergence ［J］. Journal of Political Economy, 1992, 100 （2）: 223-251.

［91］Mankiw NG, Romer D, Weil DN. A contribution to the Empirics of Economic Growth ［J］. The Quarterly Journal of Economics, 1992 （107）: 407-437.

［92］Yeats, A. J. Just How Big is Global Production Sharing? ［M］. Arndt, S. W. and H. Kierzkowski （eds. ）: Fragmentation, New Production Patterns in the World Economy, 2001: 108-143.

［93］Hummels, D. , J. Ishii, and K. M. Yi. The Nature and Growth of Vertical Specialization in World Trade ［J］. Journal of International Economics, 2001, 54 （1）: 75-96.

［94］Johnson, R. C. , and G. Noguera. Accounting for Intermediates: Production and

Trade in Value Added［J］. Journal of International Economics，2012a，86（2）：224-236.

［95］Johnson，R. C.，and G. Noguera. Fragmentation and Trade in Value Added over Four Decades［Z］. NBER Working Paper，2012b：18186.

［96］Johnson，R. C.，and G. Proximity and Production Fragmentation［J］. American Economic Review，2012c，102（3）：407-411.

［97］Daudin，G.，C. Rifflart，and D. Schweisguth. Who Produces for Whom in the World Economy?［J］. Canadian Journal of Economics，2011，44（4）：1403-1437.

［98］Koopman，R.，W. Powers，Z. Wang，and S. J. Wei. Give Credit to Where Credit is Due：Tracing Value Added in Global Production Chains［R］. NBER Working Papers，No. 16426，2010.

［99］Koopman，R.，Z. Wang，and S. J. Wei. Estimating Domestic Content in Exports When Processing Trade is Pervasive［J］. Journal of Development Economics，2012，99（1）：178-189.

［100］Koopman，R.，Z. Wang，and S. J. Wei. Tracing Value-Added and Double Counting in Gross Exports［J］. The American Economic Review，2014，104（2）：1-37.

［101］杨汝岱. 中国制造业企业全要素生产率研究［J］. 经济研究，2015（2）：61-74.

［102］蔡昉. 中国经济增长如何转向全要素生产率驱动型［J］. 中国社会科学，2013（1）：56-71.

［103］张杨，陈娟娟. 农业生态效率的国际比较及中国的定位研究［J］. 中国软科学，2019（10）：165-172.

［104］Koopmans T. C. An Analysis of Production as an Efficient Combination of Activities，in T. C Koopmans（ED.）Activity Analysis of Production and Allocation，Cowles Commission for Research in Economics. Monograph No. 13，Wiley，New York，1951.

［105］Leibenstein H. Allocative Efficiency vs X-efficiency［J］. American Economic Review，1966（56）：392-415.

［106］Craig C E，Harris R C. Total Productivity Measurement at the Firm Level［J］. Sloan Management Review，1973，14（3）：13-29.

［107］Coelli，T. A Guide to DEAP Version 2. I：A Data Envelopment Analysis（Compute）Program［J］. Center for Efficiency and Productivity Analysis（CEAP）Working Paper，2005，96（8）.

［108］Davis Hiram S. Productivity Accounting［M］. University of Pennsylvania Press，1955.

［109］Solow R M. A contribution to the Theory of Economic Growth［J］. Quarterly Journal of Economics，1956（70）：65-94.

［110］Solow R M. Technical Change and the Aggregate Production Function［J］. Review of Economics and Statistics，1957，39（3）：154-155.

［111］Nishimizu M，Page J M. Total Factor Productivity Growth，Technological Progress and Technical Efficiency Change：Dimensions of Productivity Change in Yugoslavia，1965-1978［J］. Economic Journal，1982（92）：920-936.

[112] Kalirajan K P, Obwona M B, Zhao S. A Decomposition of Total Factor Productivity Growth: the Case of China's Agricultural Growth before and after Reform [J]. American Journal of Agricultural Economics, 1996, 78 (2): 331-338.

[113] Wu Yanrui. Is China's Economic Growth Sustainable? A Productivity Analysis [J]. China Economic Review, 2000 (11): 278-296.

[114] Aigner D J, Lovell C A K, Schmidt P. Formulation and Estimation of Stochastic Frontier Production Models [J]. Journal of Econometrics, 1977 (6): 21-37.

[115] Meeusen W, J van den Broeck. Efficiency Estimation from Cobb-Douglas Production Functions with Composed Error [J]. International Economic Review, 1977, 18 (2): 435-444.

[116] Battese G E, Corra G S. Estimation of a Production Frontier Model: with Application to the Pastoral Zone of Eastern Australia [J]. Australian Journal of Agricultural Economics, 1977, 21 (3): 169-179.

[117] Pitt M M, Lee L F. The Measurement and Sources of Technical Inefficiency in the Indonesian Weaving Industry [J]. Journal of Development Economics, 1981 (9): 43-64.

[118] Kumbhakar SC. Production Frontiers, Panel Data and Time-Varying Technical Inefficiency [J]. Journal of Econometrics, 1990 (46): 201-211.

[119] 李双杰, 王林, 范超. 统一分布假设的随机前沿模型 [J]. 数量经济技术经济研究, 2007 (4): 84-91.

[120] Kumbhakar S, Ghosh S, McGuchin J. A Generalized Production Frontier Approach for Estimating Determinants of Inefficiency in U. S. Dairy Farms [J]. Journal of Business and Economic Statistics, 1991 (9): 279-286.

[121] Reifschnieder D, Stevenson R. Systematic Departures form the Frontier: A Framework for the Analysis of Firm Inefficiency [J]. International Economic Review, 1991 (32): 715-723.

[122] Malmquist S. Index Numbers and Indifference Curves [J]. Trabajos de Estatistica, 1953 (4): 209-242.

[123] Caves D. W. , Christensen L. R. , Diewert W. E. The Economic Theory of Index Numbers and the Measurement of Input and Output, and Productivity [J]. Econometrica, 1982 (50): 1393-1414.

[124] Fare R, Grosskopf S, Norris M, et al. Productivity Growth, Technical Progress and Efficiency Change in Industrialized Countyies [J]. American Econmil Review, 1994, 84 (1): 66-83.